中国古文精典

鲍思陶 孔路 韩广颐 林开甲 李浙音 李沁 张晓玲 魏成信

山东大学出版社

图书在版编目(CIP)数据

中国古文精典/鲍思陶,林开甲等校理.—2 版.—济南:山东大学出版社,2008.1

(国学精典)

ISBN 978-7-5607-1551-3

Ⅰ.中...

Ⅱ.①鲍...②林...

Ⅲ.古典散文-作品集-中国-古代

Ⅳ.H194.1

中国版本图书馆 CIP 数据核字(2007)第 179559 号

山东大学出版社出版发行

(山东省济南市山大南路 27 号　邮政编码:250100)

山东省新华书店经销

山东新华印刷厂印刷

720×1010 毫米　1/16　40 印张　826 千字

2008 年 1 月第 2 版　2008 年 1 月第 3 次印刷

定价:80.00 元

出版说明

精神与文化是人类社会的最高追求，也是不同历史时期、不同群体与地区人们的基本需求，尤其是积文明传承之结晶的传统文化，更是其中的基点所在。进入21世纪以来，随着中国社会的飞速发展与历史巨变，国人对精神与文化的追求也与日俱增，特别是当我们的物质世界在不断地告别历史、远离传统之际，我们对于精神家园的缅怀与追寻已成为愈浓的乡思。无论是经典秘籍、诸子百家，还是唐诗宋词、古文小说，都在被身处现代化的人们重新找回。这是民族精神与文化建设的动力所在，也是社会和谐发展的基础所系。基于此，我社对以往出版的传统文化精典著作重加整理，汇成本套“国学精典”丛书，计有《中国智慧精典》、《中国诗词精典》、《中国古文精典》、《中国书信精典》、《中国文言小说精典》、《中国话本小说精典》，共六种，旨在涵括传统国学之精粹。读者一编在手，既可以饱览诸子百家的智慧，又可领略唐诗宋词的美韵；既可鉴赏古代散文的汪洋纵恣，又可体会书柬信札中的文思华采；既可品味文言小说的隽永，又可欣赏话本小说的乐趣。每册内容，都可圈可点，当然，也都可随时读之，高阁藏之。进德修业，堪为良友。

山东大学出版社
2007年12月

目录

◎古文观止

前言 鲍思陶等/3
序 吴兴祚/4

【古文观止卷之一】

周文

《左传》

郑伯克段于鄢/5 周郑交质/8 石碏谏宠州吁/9 臧僖伯谏观鱼/11 郑庄公戒饬守臣/12 臧哀伯谏纳郜鼎/14 季梁谏追楚师/16 曹刿论战/18 齐桓公伐楚盟屈完/19 宫之奇谏假道/20 齐桓下拜受胙/21 阴饴甥对秦伯/22 子鱼论战/23 寺人披见文公/25 介之推不言禄/26 展喜犒师/27 烛之武退秦师/28 蹇叔哭师/29

【古文观止卷之二】

周文

《左传》

郑子家告赵宣子/31 王孙满对楚子/33 齐国佐不辱命/34 楚归晋知罃/36 吕相绝秦/37 驹支不屈于晋/40 祁奚请免叔向/41 子产告范宣子轻币/43 晏子不死君难/44 季札观周乐/45 子产坏晋馆垣/48 子产论尹何为邑/51 子产却楚逆女以兵/52 子革对灵王/54 子产论政宽猛/56 吴许越成/57

【古文观止卷之三】

周文

《国语》
祭公谏征犬戎/60　召公谏厉王止谤/62　襄王不许请隧/64　单子知陈必亡/65　展禽论祀爰居/69　里革断罟匡君/71　敬姜论劳逸/73　叔向贺贫/74　王孙圉论楚宝/76　诸稽郢行成于吴/77　申胥谏许越成/79
《公羊传》
春王正月/80　宋人及楚人平/81　吴子使札来聘/82
《穀梁传》
郑伯克段于鄢/84　虞师晋师灭夏阳/84
《檀弓》
晋献公杀世子申生/86　曾子易箦/87　有子之言似夫子/87　公子重耳对秦客/89　杜蒉扬觯/89　晋献文子成室/90

【古文观止卷之四】

秦文

《战国策》
苏秦以连横说秦/92　司马错论伐蜀/95　范雎说秦王/97　邹忌讽齐王纳谏/99　颜斶说齐王/100　冯煖客孟尝君/101　赵威后问齐使/104　庄辛论幸臣/105　触詟说赵太后/107　鲁仲连义不帝秦/109　鲁共公择言/112　唐雎说信陵君/113　唐雎不辱使命/114　乐毅报燕王书/115
秦　文
李斯谏逐客书/118
《楚辞》
卜　居/121　宋玉对楚王问/122

【古文观止卷之五】

汉文

《史记》
五帝本纪赞/124　项羽本纪赞/125　秦楚之际月表/126　高祖功臣侯年表/127　孔子世家赞/128　外戚世家序/129　伯夷列传/130　管晏列传/132　屈原列传/135　酷吏列传序/139　游侠列传序/140　滑稽列传/142　货殖列传序/144　太史公自序/146
司马迁
报任安书/149

【古文观止卷之六】

汉文

西汉文

高帝求贤诏/157　文帝议佐百姓诏/158　景帝令二千石修职诏/158　武帝求茂材异等诏/159　贾谊过秦论(上)/160　贾谊治安策(一)/163　晁错论贵粟疏/168　邹阳狱中上梁王书/170　司马相如上书谏猎/175　李陵答苏武书/176　路温舒尚德缓刑书/180　杨恽报孙会宗书/182

东汉文

光武帝临淄劳耿弇/184　马援诫兄子严敦书/185

后汉文

诸葛亮前出师表/186　诸葛亮后出师表/188

【古文观止卷之七】

六朝唐文

李　密

陈情表/191

王羲之

兰亭集序/193

陶渊明

归去来辞/194　桃花源记/196　五柳先生传/197

孔稚珪

北山移文/198

魏　征

谏太宗十思疏/200

骆宾王

为徐敬业讨武曌檄/202

王　勃

滕王阁序/204

李　白

与韩荆州书/208　春夜宴桃李园序/209

李　华

吊古战场文/210

刘禹锡

陋室铭/212

杜　牧

阿房宫赋/213

韩　愈

原　道/215　原　毁/218　获麟解/220　杂　说(一)/220　杂　说(四)/221

【古文观止卷之八】

唐文

韩　愈

师　说/222　进学解/223　圬者王承福传/226　讳　辩/227　争臣论/229　后十九日复上宰相书/232　后廿九日复上宰相书/233　与于襄阳书/234　与陈给事书/236　应科目时与人书/237　送孟东野序/238　送李愿归盘谷序/240　送董邵南序/242　送杨少尹序/243　送石处士序/244　送温处士赴河阳军序/246　祭十二郎文/247　祭鳄鱼文/249　柳子厚墓志铭/251

【古文观止卷之九】

唐宋文

柳宗元

驳复仇议/253　桐叶封弟辨/254　箕子碑/255　捕蛇者说/256　种树郭橐驼传/258　梓人传/259　愚溪诗序/261　永州韦使君新堂记/263　钴鉧潭西小丘记/264　小石城山记/265　贺进士王参元失火书/266

王禹偁

待漏院记/267　黄冈竹楼记/269

李格非

书《洛阳名园记》后/270

范仲淹

严先生祠堂记/271　岳阳楼记/272

司马光

谏院题名记/273

钱公辅

义田记/274

李　觏

袁州州学记/275

欧阳修

朋党论/277　纵囚论/278　释秘演诗集序/279

【古文观止卷之十】

宋文

欧阳修

梅圣俞诗集序/282　送杨寘序/283　五代史伶官传序/284　五代史宦者传论/285　相州昼锦堂记/286　丰乐亭记/287　醉翁亭记/288　秋声赋/290　祭石曼卿文/291　泷冈阡表/292

苏　洵

管仲论/295　辨奸论/296　心　术/298　张益州画像记/299

苏　轼

刑赏忠厚之至论/301　范增论/303　留侯论/304　贾谊论/306　晁错论/307

【古文观止卷之十一】

宋文

苏轼

上梅直讲书/310　喜雨亭记/311　凌虚台记/312　超然台记/313　放鹤亭记/315　石钟山记/317　潮州韩文公庙碑/318　乞校正陆贽奏议进御劄子/322　前赤壁赋/323　后赤壁赋/325　三槐堂铭/326　方山子传/328

苏　辙

六国论/329　上枢密韩太尉书/331　黄州快哉亭记/332

曾　巩

寄欧阳舍人书/333　赠黎安二生序/335

王安石

读《孟尝君传》/336　同学一首别子固/337　游褒禅山记/337　泰州海陵县主簿许君墓志铭/339

明文

宋　濂

送天台陈庭学序/341　阅江楼记/342

刘　基

司马季主论卜/344　卖柑者言/345

方孝孺

深虑论/346　豫让论/347

王　鏊

亲政篇/349

王守仁

尊经阁记/351　象祠记/352　瘗旅文/354

唐顺之

信陵君救赵论/355

宗　臣

报刘一丈书/357

归有光

吴山图记/359　沧浪亭记/360

茅　坤

青霞先生文集序/361

王世贞

蔺相如完璧归赵论/362

袁宏道

徐文长传/363

张　溥

五人墓碑记/365

◎ 续古文观止

前言 林开甲等/369
《续古文观止》序 王文濡/371
凡例 /372
小传/373

【续古文观止卷之一】

顾炎武

复庵记/379 与三侄书/380 与人书/381 与叶讱庵书/382 与友人辞祝书/382 与王虹友书/383 与李中孚书/384

黄宗羲

过云木冰记/385

侯方域

王猛论/387 马伶传/389 李姬传/391 癸未去金陵日与阮光禄书/393 答田中丞书/395 为司徒公与宁南侯书/396

魏 禧

留侯论/399 与李翰林书/400 复六松书/400 瓶庵小传/401

周 容

小港渡者/402 鹅笼夫人传/403

顾景星

蔡邕论/405

王猷定

钱烈女墓志铭/407

王弘撰

与赵韫退大参书/409

【续古文观止卷之二】

郑日奎
醉书斋记/411　游钓台记/412
汪　琬
送王进士之任扬州序/414
朱彝尊
寄谭十一兄左羽书/415
施闰章
送杜审舒归里序/416
王士禛
吴顺恪六奇别传/418　书剑侠事/420
谢济世
戆子记/421
陆陇其
崇明老人记/423
方　苞
书孝妇魏氏诗后/424　送左未生南归序/425　白云先生传/426　二贞妇传/428　高节妇传/428　陈驭虚墓志铭/429　杜苍略先生墓志铭/431　武季子哀辞/432
全祖望
书明辽东经略熊公传后/433　阳曲傅先生事略/435　梅花岭记/439

【续古文观止卷之三】

杭世骏
师制服议/443
袁　枚
书王荆公文集后/445　书潘荆山/446　祭妹文/448
刘大櫆
息　争/451　海舶三集序/453　送姚姬传南归序/454　胡孝子传/454　章大家行略/455　窦祠记/456　祭舅氏文/457
胡天游
命　说/458　书侯振东/459
赵　佑
书书永清张乞人事后/460
彭绍升
表　微/461　重修盘门双忠祠记/463
罗有高
邓先生墓表/464
朱仕琇
兰陔爱日图记/466

【续古文观止卷之四】

彭　绩
亡妻龚氏圹铭/468
姚　鼐
读《孙子》/468　泰山道里记序/469　南园诗存序/470　复鲁絜非书/472　复蒋松如书/474　萧孝子祠堂碑文/476　博山知县武君墓表/477　汪玉飞墓志铭/478　祭朱竹君学士文/479
秦　瀛
赠邵秀才序/480
恽　敬
纪　言/481　张皋文墓志铭/484
吴　定
答鲍觉生书/486　示诸生书/488
陆继辂
与友人书/489　掌广西道监察御史管君墓表/490
王庆麟
书魏叔子集后/492
张惠言
周维城传/493　先妣事略/494　崔景偁哀辞/496　祭金先生文/497

【续古文观止卷之五】

周树槐
汉高帝论/500
杨凤苞
黄贞文传/501
龚自珍
说居庸关/502　送夏进士序/504　病梅馆记/506
刘　开
知己说/507
梅曾亮
韩非论/508　管异之文集书后/509　书复社人姓氏后/510　赠孙秋士序/511　送周石生序/512　书李林孙事/513　书杨氏婢/515　上某公书/515　诰授朝议大夫贵州遵义府知府胡公墓志铭/516

【续古文观止卷之五】

管　同

蒯通论/517　书苏明允《辨奸论》后/519　孝史序/520　跋团勇助军约记/521　祭檀默斋明府文/521

王　拯

媭砧课诵图序/523

龙启瑞

书郭玉传后/524　大冈埠团练公局记/525

【续古文观止卷之六】

吴敏树

序意赠西垣/527　先考行状/527　亡弟云松事状/529　答李香州书/530　己未上曾侍郎书/531　梅伯言先生诔辞/532　吴云台哀辞/533　石君砚铭/534

曾国藩

原　才/535　书归震川文集后/536　欧阳生文集序/537　陈仲鸾同年之父母七十寿序/540　欧阳氏姑妇节孝家传/542　何君殉难碑记/545　复贺耦庚中丞书/548　复彭丽生书/550　与李眉生书/551　复陈右铭太守书/552　复吴南屏书/554　大界墓表/555　台洲墓表/558　谨言箴/561

【续古文观止卷之七】

姚　谌

景詹阁遗文自序/562

施补华

题登高图/562　潘锦芳传/563　别弟文/565

李慈铭

猫娘传/567　复某书/568　六十一岁小像自赞/568

张裕钊

跋明三原焦公家书/569　送黄蒙九序/570　游狼山记/571　与黎莼斋书/572　祭杨慰农先生文/573

黎庶昌

读王弼《老子注》/575　《何忠诚公编年纪略》书后/575　卜来敦记/578

薛福成

代曾侯相《忠孝录》序/580　杂　记(二首)/582

【续古文观止卷之七】

吴汝纶
跋五公尺牍/583　跋蒋湘帆尺牍/585　送张廉卿序/586　祭李文忠公文/587
王闿运
今列女传/590　赠太子太保兵部尚书世袭一等轻车都尉刚直彭公墓志铭/592　曾孝子妻严氏灵表/594
杨　岘
安吉施氏遗著序/596
刘可毅
记毗陵驿马/597
王先谦
女慰慈圹铭/600
易顺鼎
哭庵传/600
贺　涛
送张先生序/602

【续古文观止卷之八】

熊其英
章大传/604
李　桢
读《信陵君传》/605
李　佳
郑康成画像赞并序/606
冯　煦
跋成恭恪临《庙堂碑》/607
章炳麟
书黄侃《梦谒母坟图记》后/608　甲寅五月二十三日家书/609
林　纾
黠　骄/610　湖之鱼/611　书杜袠喻繁钦语后/612　陈猴传/613　答周生书/614　二箴并序/615
张　謇
儿子怡祖字说/617　博物苑美人石记/618
李　详
题吴温叟《清溪泛月图》/619
梁启超
跋周印昆所藏左文襄书牍/621

古文观止

◎（清）吴楚材 吴调侯 选编
鲍思陶 孔 路
张晓玲 韩广颐 校理

前言

《古文观止》十二卷，是清初康熙年间山阴人吴楚材、吴调侯选编的古文选本。它包括了上起东周、下至明末各种文体的二百二十二篇古文，有散文，有骈文，也有少数是韵文。绝大部分是脍炙人口的古文名篇。所以，问世后即风行海内，成为最受欢迎的古文范本。

周秦两汉古文历来被认为是古文的典范，后代衍为支派，或学《庄》，或学《孟》，或得力于《左》氏，或熏蒸于《国策》，《史》、《汉》笔法也成为人们学习的对象。所以，在这一时期，编者着重撷取名篇佳作。唐宋时代，古文运动复兴，出现八大家，各自风姿摇曳。于是，编者在这一时期则着重收录名家作品。这样的收文原则，确实起到"观止"的效应，这是本书的第一个特点。

明代以来，评点文章之风大盛。然而，许多古文评点往往流于空疏，评语不着边际，空泛多雷同。所以，章学诚等人曾讥刺之。《古文观止》亦评亦注，以明史实、通训诂为主，以示开合、探精微为辅，使评注文字深中肯綮，有声有色，极便初学。这是本书的第二个特点。

中国古代文体的划分不胜其繁，从晋陆机《文赋》析为十类，到明徐师曾《文体明辨》厘至一百二十七目，实则诗、词、文、赋而已。而赋、论、书、传各体，人们所常见；戒、对、赞、檄等体，初学则茫然。《古文观止》则骈、散兼收，不拘一格，照顾到不同体裁和风格，收入各种文体之文三十余类，而且都是典要之作，读者于中可以了解中国古文的各种体裁和不同风格。这是本书的又一特点。

我们这次整理以映雪堂本为底本，参照1934年新文化书社本，用新式标点重排，将夹评夹注性文字置于篇后，并删除了评注中直音注音、显句读一类的文字，纠正了其中的断句错误及个别明显误字，其余一仍其旧。囿于学识，疏略之处难免，希望随时得到读者的指正。

鲍思陶等

序

余束发就学时，辄喜读古人书传。每纵观大意，于源流得失之故，亦尝探其要领。若乃析义理于精微之蕴，辨字句于毫发之间，此衷盖阙如也。岁戊午，奉天子命抚八闽，会稽章子、习子，以古文课余子于三山之凌云处。维时从子楚材实左右之。楚材天性孝友，潜心力学，工举业，尤好读经史。于寻常讲贯之外，别有会心，与从孙调侯日以古学相砥砺。调侯奇伟倜傥，敦尚气谊，本其家学，每思继序前人而光大之。二子才器过人，下笔洒洒数千言无懈漫，盖其得力于古者深矣。

今年春，余统帅云中，寄身绝塞，不胜今昔聚散之感。二子寄余《古文观止》一编，阅其选，简而该；评注详而不繁；其审音辨字，无不精切而确当。披阅数过，觉向时之所阙如者，今则豁然以喜矣。以此正蒙养而裨后学，厥功岂浅鲜哉！亟命付诸梨枣，而为数语，以弁其首。

康熙三十四年五月端阳日愚伯兴祚题

古文观止卷之一

周文

《左传》

郑伯克段于鄢

初，郑武公娶于申，曰武姜[1]，生庄公及共叔段[2]。庄公寤生[3]，惊姜氏，故名曰寤生[4]，遂恶之[5]。爱共叔段，欲立之，亟请于武公。公弗许[6]。及庄公即位，为之请制[7]。公曰："制，岩邑也，虢叔死焉，他邑唯命[8]。"请京[9]，使居之，谓之京城大叔[10]。祭仲[11]曰："都城过百雉，国之害也[12]。先王之制：大都不过参[13]国之一[14]，中[15]五[16]之一[17]，小九之一[18]。今京不度，非制也[19]，君将不堪[20]。"公曰："姜氏欲之，焉辟[21]害[22]？"对曰："姜氏何厌之有[23]！不如早为之所[24]。无使滋蔓[25]，蔓，难图也。蔓草犹不可除[26]，况君之宠弟乎[27]？"公曰："多行不义必自毙，子姑待之[28]。"

既而大叔命西鄙、北鄙贰于己[29]。公子吕[30]曰："国不堪贰，君将若之何[31]？欲与大叔，臣请事之[32]；若弗与，则请除之，无生民心[33]。"公曰："无庸，将自及[34]。"大叔又收贰以为己邑，至于廪延[35]。子封曰："可矣[36]！厚将得众[37]。"公曰："不义不昵，厚将崩[38]。"大叔完聚[39]，缮甲兵[40]，具卒乘[41]，将袭郑[42]。夫人[43]将启之[44]。公闻其期[45]，曰："可矣[46]！"命子封帅车二百乘以伐京。京叛大叔段。段入于鄢[47]。公伐诸鄢[48]。五月辛丑，大叔出奔共[49]。

书曰："郑伯克段于鄢[50]。"段不弟，故不言弟。如二君，故曰克。称郑伯，讥失教也。谓之郑志[51]。不言出奔，难之也[52]。

遂寘[53]姜氏于城颍[54]，而誓之曰："不及黄泉，无相见也[55]！"既而悔之[56]。颍考叔[57]为颍谷封人[58]，闻之[59]，有献于公[60]。公赐之食，食舍肉[61]。公问之[62]。对曰："小人有母[63]，皆尝小人之食矣，未尝君之羹，请以遗之[64]。"公曰："尔有母遗，繄我独无[65]。"颍考叔曰："敢问何谓也[66]？"公语之故[67]，且告之悔[68]。对曰："君何患焉[69]！若阙地及泉，隧而相见，其谁曰不然？"[70]公从之。公入而赋："大隧之中，其乐也融融[71]。"姜出而赋："大隧之外，其乐也泄泄[72]。"遂为母子如初[73]。

君子曰[74]："颍考叔，纯孝也。爱其母，施及庄公[75]。《诗》曰：'孝子不匮，永锡尔类。'其是之谓乎[76]！"

【注释】

①初者，叙其始也。郑，姬姓国。武公，名掘突。申，姜姓国。武姜者，姓姜而谥武也。

②共，国名。段奔共国，故名共叔。

③寤，犹苏也。寤生，言生之难，绝而复苏也。

④命名奇。

⑤一“遂”字，写尽妇人任性情况。

⑥恶庄公而因爱段，欲立为太子。亟请者，不一请也。庄公蓄怨，非一日矣！　以上叙武姜爱恶之偏，以基骨肉相残之祸。

⑦制邑最险，姜请封段。

⑧言制乃岩险之邑，昔虢叔居此，恃险灭亡，他邑则唯命是听。　庄公似为爱段之言，实恐段居制邑，太险难除。他邑虽极大，谅不若制邑之险，适可以养其骄而灭除之。“他邑唯命”，四字毒甚。

⑨京邑最大，姜请封段。

⑩邑大可以养骄，而不除亦必易制，故使居之。大叔者，张大其名，所以张大其心也。庄公处心积虑，主于杀弟。封邑之始，已早计之矣！

⑪祭仲，郑大夫。

⑫邑有先君之庙曰都。城方丈曰堵。三堵曰雉。雉，长三丈，高一丈。言都城不可过三百丈也。

⑬参，同“三”。

⑭侯伯之国，其城长三百雉。大都，三分其国之一，不过百雉也。

⑮省“都”字。

⑯省“国”字。

⑰中都，五分其国之一，不过六十雉也。

⑱小都，九分其国之一，不过三十三雉也。

⑲京城过于百雉，不合法度，非先王之制。

⑳叔段据有大邑，将为郑害，庄公必不堪也。　祭仲一梦中人。

㉑辟，同“避”。

㉒直称母姜氏而故作无可奈何语，毒声。

㉓厌，足也。

㉔或裁抑，或变置。

㉕滋蔓，滋长而蔓延。

㉖先出“蔓”字，后出“草”字，顿挫。

㉗言向后即欲为之所而不能。　梦中。

㉘毙，败也。滋蔓自多行不义，则必自败。“待之”云者，唯恐其不行不义，而欲待其行也。庄公之心愈毒矣！而祭仲终未之知也。

㉙鄙，边邑。贰，两属也。段命西、北二边之邑两属于己，果行不义也。

㉚公子吕，郑大夫，字子封。

㉛国不堪使人有携贰、两属之心，君将何以处段。

㉜先拗一笔。

㉝无使郑国之民生他心也。　　子封又一梦中人。

㉞言无用除之，将自及于祸。　　庄公实欲杀弟，而曰“自毙”，曰“自及”，故为段自作自受之语，毒甚。

㉟廪延，郑邑。前两属者，今皆取以为己邑，直至廪延，所侵愈多也。

㊱可正段罪。

㊲厚，地广也。前犹贰己，故云生心；今直收贰，故云得众。　　梦中。

㊳昵，亲近也。不义于君，不亲于兄，非众所附，虽厚必崩。崩者，势如土崩，民逃身窜，直至灭亡。较“自毙”、“自及”，更加惨毒矣！而子封终未之知也。

㊴完城郭，聚人民。

㊵缮，治也。

㊶步曰卒，车曰乘。

㊷掩其不备曰袭。　　段至此不义甚矣！然庄公平日处段，能小惩而大戒之，段必不至此。段之将袭郑，庄公养之也。

㊸夫人，武姜。

㊹启，开也，言欲为内应。　　妇人姑息之爱，不晓大义，故欲启段。使庄公平日在母前能开陈大义，动之以至情，惕之以利害，夫人必不至此。夫人之启段，庄公陷之也。

㊺闻其袭郑之期也。　　祭仲不闻，子封不闻，何独公闻？盖公含毒已久，刻刻留心，时时侦探，故独闻之也。

㊻两字写庄公得计声口，与上“可矣”句紧照，言这遭才好伐了。郑庄公蓄怨一生，到此尽然发露，不觉一句说出来。

㊼鄢，郑邑名。

㊽既命子封伐诸京，公又自伐诸鄢。两路夹攻，期在必杀。

㊾叙段事止此。

㊿经文，下释经也。

51庄公养成弟恶，故曰失教。郑志者，郑伯之志，在于杀弟也。　　“郑志”二字，是一篇断案。

52段实出奔，而以“克”为文，明郑伯志在杀段，难言其奔也。　　释经止此，下遥接前文再叙。

53寘，同“置”。

54寘，弃也。城颍，郑地。

55黄泉，地中之泉也。立誓永不见母，将前日恶己爱段之忿一总发泄，忍哉！

56悔誓之过，是天性萌动。　　“无相见也”以上，纯是杀机。“颍考叔”以下，纯是太和元气。“既而悔之”一句，是转杀机为太和的紧关。

57颍考叔，郑大夫。

58时为颍谷典封疆之官。

59闻其悔也。

60或献谋，或献物。

61食而舍肉，挑其问也。

62公问何故舍肉不食。

63只四字，妙甚。直刺人心。

㊅善于诱君，使之自然心动情发。

㊅繄，语助也。　　哀哀之音，宛然孺子失乳而啼，非复前日含毒恶声。

㊅佯为不知，妙。

㊅公语以誓母之故。

㊅且告以追悔无及之意。

㊅黄泉之誓，何足患焉。

㉠隧，地道也。掘地使及黄泉，为地道以见母，便是相见于黄泉，谁以此说为背誓也。　　天下难事，轻轻便解。

㉠赋，赋诗也。"大隧"二句，公所赋诗辞。融融，和乐也。则知其前之阴毒矣。

㉠"大隧"二句，姜所赋诗辞。泄泄，舒散也。则知其前之隐忍矣。　　从前一路刻毒惨伤之心，俱于"融融"、"泄泄"四字中消尽。摹写生色。

㉠叙姜氏止此。　　"初"字起，"初"字结。

㉠左氏设君子之言，以为论断也。

㉠拈"爱"字妙。亲之偏爱，足以召祸。子之真爱，可以回天。

㉠《诗·大雅·既醉》篇。言孝子之心无穷，又能以己孝感君之孝，而锡及其畴类也，其颍考叔纯孝之谓乎！　　引《诗》咏叹作结，意致冷然。

郑庄志欲杀弟，祭仲、子封诸臣皆不得而知。"姜氏欲之"、"焉辟害"、"必自毙，子姑待之"、"将自及"、"厚将崩"等语，分明是逆料其必至于此。故虽婉言直谏，一切不听。迨后乘时迅发，并及于母，是以兵机施于骨肉，真残忍之尤。幸良心忽现，又被考叔一番救正，得母子如初。左氏以纯孝赞考叔作结，寓慨殊深。

周郑交质

郑武公、庄公为平王卿士[1]。王贰于虢[2]。郑伯[3]怨王[4]，王曰："无之[5]。"故周郑交质[6]。王子狐为质于郑，郑公子忽为质于周[7]。王崩，周人将畀虢公政[8]。四月，郑祭足[9]帅师取温之麦。秋，又取成周之禾[10]。周郑交恶[11]。

君子曰：信不由中，质无益也[12]。明恕而行，要之以礼，虽无有质，谁能间之[13]？苟有明信[14]，涧、溪、沼、沚之毛[15]，蘋、蘩、薀藻之菜[16]，筐、筥、锜、釜之器[17]，潢汙、行潦之水[18]，可荐于鬼神，可羞于王公[19]；而况君子结二国之信，行之以礼，又焉用质[20]？《风》有《采蘩》、《采蘋》，《雅》有《行苇》、《泂酌》[21]，昭忠信也[22]。

【注释】

①父子俱秉周政。

②王病郑之专，欲分政于虢公。

③郑伯，庄公。

④"贰"与"怨"，俱根心上来，伏下"信不由中"。

⑤只用"无之"二字支吾，全是小儿畏扑光景。

⑥质,物相质当也。君权替,臣纪废,自此极矣。

⑦平王子名狐,郑公子名忽。　　先言王出质,而后言郑出质者,明郑伯偪王立质毕,而后聊以公子塞责,是恶平王先与人质也。

⑧畀,与也。将者,未决之辞。却为郑庄窥破。故王以三月崩,而祭足以四月寇,言其疾也。

⑨祭足,即祭仲。

⑩温,周邑名。成周,今洛阳县。　　书"温",又书"成周"者,四月犹温,秋则径入成周。写郑庄之恶,不唯无君,直是异样惨毒。

⑪叙事止此。下皆左氏断辞。

⑫一句喝倒交质之非。

⑬明则不欺,恕则不忌,所谓由中之信也。言本明恕而行,又以礼文,彼此要结,虽不以子交质,谁能间离之也。

⑭推开一步说。

⑮山夹水曰涧。水注川曰溪。方池曰沼。小渚曰沚。毛,草也。即下文所谓菜也。

⑯蘋,大萍也。蘩,白蒿也。蕴藻,聚藻也。皆生于涧、溪、沼、沚,可以为菜者。

⑰方曰筐,圆曰筥,皆竹器。有足曰锜,无足曰釜,皆鼎属。

⑱潢汙,停水也。行潦,流水也。

⑲荐,祭也。羞,进也。　　以上七句,言至薄之物,犹可藉明信以为祭祀燕享。

⑳此通言凡结信者不得用质,非专指周郑也。　　上言"要之以礼",此又言"行之以礼",全是恶周郑交质之非礼也。

㉑《采蘩》、《采蘋》,《国风》二篇名。义取于不嫌薄物。《行苇》、《泂酌》,《大雅》二篇名。《行苇》篇,义明忠厚。《泂酌》篇,义取虽行潦可以供祭。

㉒此四诗者,明有忠信之行,虽薄物皆可用也。　　引《诗》作结,以"蘩"、"蘋"、"苇"、"酌"等字,与"涧"、"溪"、"沼"、"沚"等十六字相映照,而仍以"忠信"字关应"信不由中",风韵悠然。

通篇以"信"、"礼"二字作眼。平王欲退郑伯而不能退,欲进虢公而不敢进,乃用虚词欺饰,致行敌国质子之事,是不能处己以信而驭下以礼矣。郑庄之不臣,平王致之也。曰"周郑",曰"交质",曰"二国",寓讥刺于不言之中矣。

石碏谏宠州吁

卫庄公娶于齐东宫得臣之妹,曰庄姜[①]。美而无子[②],卫人所为赋《硕人》也[③]。又娶于陈,曰厉妫。生孝伯,蚤死。其娣戴妫生桓公,庄姜以为己子[④]。

公子州吁,嬖人之子也[⑤],有宠而好兵[⑥]。公弗禁[⑦],庄姜恶之[⑧]。石碏[⑨]谏曰:"臣闻爱子教之以义方,弗纳于邪[⑩]。骄奢淫佚,所自邪也;四者之来,宠禄过也[⑪]。将立州吁,乃定之矣[⑫]。若犹未也,阶之为祸[⑬]。夫宠而不骄,骄而能降,降而不憾,憾而能眕者,鲜矣[⑭]!且夫[⑮]贱妨贵[⑯],少陵长[⑰],远间亲[⑱],新间旧[⑲],小加大[⑳],淫破义[㉑],所谓六逆也[㉒]。君义,臣行[㉓],父慈,子孝,兄爱,弟敬[㉔],所谓六顺也[㉕]。去顺效逆[㉖],所以速祸也。君人者,将祸是务去,而速之,无乃不可乎[㉗]?"弗听[㉘]。其子厚与

州吁游，禁之㉙，不可㉚。桓公立，乃老㉛。

【注释】

①东宫，太子宫也。得臣，齐太子名。　　叙庄姜与太子同母，表其所生之贵也。与下"嬖人"紧照。

②美于色，贤于德而不见答，终以无子。　　四字深妙。

③《硕人》，《国风》篇名。国人以庄姜美而不见答，作《硕人》之诗以闵之。　　引证冷隽。

④妫，陈姓。厉、戴，皆谥也。妻之妹从妻来者曰娣。桓公虽非正出，然为正嫡所子，自然当立。　　"庄姜以为己子"，应"无子"句。

⑤庄公嬖妾，生子名曰州吁。贱而得幸曰嬖。

⑥母嬖故有宠。"宠"字是一篇主脑，伏下六逆祸根。

⑦以宠故弗禁。

⑧纵其好兵，必致祸，故恶之。　　以上叙庄姜贤美而不见答，所宠者乃嬖人之子州吁，卫国之祸，自此始矣，以起下文。

⑨石碏，卫大夫。

⑩方，矩则也。《易》曰："义以方外。"纳，使之入也。邪者，义之反，指好兵言。

⑪骄奢淫佚，乃邪之所自起。而所以有此四者，由宠禄之过。禄者，宠之实也。　　以上推言宠之流弊，适所以纳子于邪，实非爱子也。

⑫先拗一笔。

⑬不定其位，势必缘宠而为祸。　　四句与"欲与大叔"数句，笔法相同。

⑭眕，安重貌。言宠爱而不骄肆，骄肆而能降心，降心而不怨恨，怨恨而能安重，如此者少也。　　此就人常情上申言所自邪之义，以明州吁之必为祸也。

⑮以下推开一步，就庄姜、桓公与嬖人、州吁，两两相对说。

⑯以爵言。

⑰以齿言。

⑱以地言。

⑲以情言。

⑳以势言。

㉑以德言。

㉒此六者，皆逆理之事。

㉓以在国言。

㉔以在家言。

㉕此六者，皆顺理之事。

㉖今宠州吁，其于六逆，则贱妨贵，少陵长；其于六顺，则弟不敬。是去顺而效逆矣。

㉗两"祸"字，应前"阶之为祸"。"君人"以下十六字，一气三转，词意恺切。

㉘庄公不听。

㉙应"弗禁"。

㉚石厚不听。

㉛老，谓告老致仕。　　夫以石碏之贤，谏既不行于君，令复不行于子，命也。夫其见几而作，不俟终日，智矣哉！

“宠”字乃此篇始终关键。自古宠子未有不骄，骄子未有不败。石碏有见于此，故以教之义方为爱子之法，是拔本塞源，而预绝其祸根也。庄公愎而弗图，辨之不早，贻祸后嗣，呜呼惨哉！

臧僖伯谏观鱼

春，公将如棠观鱼[①]者[②]。臧僖伯[③]谏曰：“凡物不足以讲大事，其材不足以备器用，则君不举焉[④]。君，将纳民于轨物者也[⑤]。故讲事以度轨量谓之轨[⑥]，取材以章物采谓之物[⑦]。不轨不物，谓之乱政。乱政亟行，所以败也[⑧]。故春蒐、夏苗、秋狝、冬狩[⑨]，皆于农隙以讲事也[⑩]。三年而治兵，入而振旅[⑪]，归而饮至[⑫]，以数军实[⑬]，昭文章[⑭]，明贵贱[⑮]，辨等列[⑯]，顺少长[⑰]，习威仪也[⑱]。鸟兽之肉，不登于俎[⑲]；皮革齿牙，骨角毛羽，不登于器[⑳]，则君不射，古之制也[㉑]。若夫山林川泽之实，器用之资，皂隶之事，官司之守，非君所及也[㉒]。”公曰：“吾将略地焉[㉓]。”遂往，陈鱼而观之[㉔]。僖伯称疾不从。书曰：“公矢鱼于棠[㉕]。”非礼也，且言远地也[㉖]。

【注释】

①鱼，同“渔”。

②如，往也。棠，鲁之远地。隐公将往棠地陈鱼而观之。

③臧僖伯，公子弫。

④物，鸟兽之属。讲，习也。大事，谓祀与戎也。材，谓皮革齿牙、骨角毛羽也。器用，军国之资。举，行也。此言君人之道，以军国祀戎为重，以游观宴乐为轻。　提出“君”字作主。三句是一篇之纲领。

⑤一定者为轨，当然者为物。　承上“君”字转下，见得君之所举，关系甚大。“轨”字承“凡物”句，“物”字承“其材”句，观下文自见。

⑥轨有差等曰量。

⑦物有华饰曰采。

⑧反收四句，以明“则君不举”之故。

⑨蒐、苗、狝、狩，皆猎名。蒐，搜索、择取不孕者。苗，为苗除害也。狝，杀也。以杀为名，顺秋气也。狩，围守也。冬物毕成，获则取之，无所择也。

⑩四时讲武，各因农力之闲。

⑪虽四时讲武，犹复三年而大习。出曰治兵，入曰振旅。振，整也。旅，众也。谓整众而还也。

⑫归乃告至于庙而饮。

⑬以计军徒器械及所获之数。

⑭昭，著也。君、大夫、士，车服旌旗，各有文章。

⑮田猎之制，贵者先杀，所以明君、大夫、士、庶人之贵贱。

⑯辨上下之等第行列。坐作进退皆是也。

⑰出则少者在前，趋敌之义；还则少者在后，殿师之义，所谓顺也。

⑱皆所以讲习上下之威仪也。　此一段应“讲大事”句。

⑲谓不足登于俎，以供祭祀。

⑳谓不足登于法度之器，以为采饰。

㉑君不亲射，此古先王之法制。　　此一段应“备器用”句。

㉒山林，谓材木樵薪之类。川泽，谓菱芡鱼鳖之类。所资取以为器用者，是贱臣皂隶之事，小臣有司之职，非君之所亲也。　　此一段应“君不举”句。

㉓言欲按行边境，不专为观鱼也。　　饰说。

㉔陈，设张也。公大设捕鱼之具而观之。

㉕矢，亦陈也。

㉖非礼便是乱政。棠实他境，故曰远地。

隐公以观鱼为无害于民，不知人君举动，关系甚大。僖伯开口便提出“君”字，说得十分郑重。中间历陈典故，俱与观鱼映照，盖观鱼正与纳民轨物相反。末以非礼斥之，隐然见观鱼即为乱政，不得视为小节而可以纵欲逸游也。

郑庄公戒饬守臣

秋七月，公会齐侯、郑伯，伐许。庚辰，傅于许[①]。颍考叔取郑伯之旗蝥弧以先登[②]，子都[③]自下射之[④]，颠[⑤]。瑕叔盈[⑥]又以蝥弧登，周麾而呼曰：“君登矣[⑦]！”郑师毕登[⑧]。壬午，遂入许。许庄公奔卫。

齐侯以许让公[⑨]。公曰：“君谓许不共[⑩]，故从君讨之。许既伏其罪矣，虽君有命，寡人弗敢与闻[⑪]。”乃与郑人[⑫]。郑伯使许大夫百里奉许叔[⑬]以居许东偏[⑭]，曰：“天祸许国，鬼神实不逞于许君，而假手于我寡人[⑮]。寡人唯是一二父兄[⑯]不能共[⑰]亿，其敢以许自为功乎[⑱]？寡人有弟[⑲]，不能和协，而使糊其口于四方，其况能久有许乎[⑳]？吾子其奉许叔以抚柔此民也[㉑]。吾将使获[㉒]也佐吾子[㉓]。若寡人得没于地，天其以礼悔祸于许[㉔]，无宁兹许公复奉其社稷。唯我郑国之有请谒焉，如旧昏[㉕]媾，其能降以相从也[㉖]。无滋他族，实偪处此，以与我郑国争此土也。吾子孙其覆亡之不暇，而况能禋祀许乎[㉗]？寡人之使吾子处此[㉘]，不惟许国之为[㉙]，亦聊以固吾圉也[㉚]。”乃使公孙获处许西偏，曰：“凡而器用财贿，无置于许[㉛]。我死[㉜]，乃亟去之[㉝]。吾先君新邑于此[㉞]，王室而既卑矣[㉟]，周之子孙日失其序[㊱]。夫许，大岳之胤也[㊲]。天而既厌周德矣，吾其能与许争乎[㊳]？”

君子谓郑庄公于是乎有礼[㊴]。礼，经国家，定社稷，序人民，利后嗣者也[㊵]。许，无刑而伐之[㊶]，服而舍之，度德而处之，量力而行之。相时而动，无累后人[㊷]，可谓知礼矣[㊸]。

【注释】

①三国之师，俱附于许之城下。

②蝥弧，旗名。

③子都，郑大夫公孙阏。

④恨考叔夺其车，故射之。

⑤颠，坠也。考叔坠而死。

⑥瑕叔盈，郑大夫。

⑦周，遍也。麾，招也，蝥弧，郑伯旗，故呼曰君登。

⑧郑师见君之旗，故尽登城。

⑨齐不取。

⑩共，同“供”。　　谓许不供职贡。

⑪鲁不取。

⑫郑庄始以三国之师同克许，难自专功，而佯让齐逊鲁。及齐、鲁交让，而郑伯因受焉，是齐、鲁堕郑术中也。盖郑与许为邻，庄公眈眈虎视已久，一日得许，心满意足，又欲掩饰其贪许狡谋，故下文逐层商量，逐步打算，遂成曲曲折折、袅袅亭亭之笔。

⑬许叔，许庄之弟。

⑭偏，边鄙也。　　己弟叔段何在？而爱及他人之弟。特借此布置一番，是奸雄手段。

⑮逞，快也。言许祸降自天，非我欲伐许也。

⑯父兄，同姓群臣。

⑰共，同“供”。

⑱共，给也。亿，安也。　　就处常推出一层。

⑲弟，叔段。

⑳糊口，寄食也。段出奔共国，故云寄食于四方。是怕人说，自开口先说。　　就处变推出一层。

㉑以上追前，以下料后，只此句点题。

㉒获，郑大夫公孙获。

㉓伏下。

㉔以礼，如人以恩礼相遇。悔祸，悔前日之祸许，而转而佑之。根上“天祸许国”来。　　十五字作一句读。若者，逆料之词。是说在自己身后者，明明自己在时，天未必其悔祸于许也。下乃紧承悔祸意，作两层写。

㉕昏，同“婚”。

㉖无宁，犹宁无也。兹，此也。言宁无此许公复奉许之社稷，唯我郑国之有所请告于许，如旧昏姻，许其能降心以从郑也。　　三十字作一气读。就有益于郑处，推出一层。

㉗言无长他族类迫近居此，以与我郑国争此许地。吾子孙将颠覆危亡，救之不暇，而况能禋祀许之山川乎？精意以享曰禋。或谓“他族”是暗指齐、鲁，似极有照应。但此是说在自己身后者，恐非专指齐、鲁也。玩“子孙”二字可见。　　三十三字作一气读。就有害于郑处，推出一层。

㉘居许东偏。

㉙应“许公复奉其社稷”。

㉚圉，边陲也。应“无滋他族，实偪处此”。　　三句总收上文。

㉛而，汝也。

㉜应前“得没于地”。

㉝乃，亦汝也。以无财物之累，可以速于去许。　　亦说在自己身后者，明明自己在时，汝一日不可去许也。

㉞新邑，河南新郑也。旧郑在京兆。庄公之父武公始迁邑于河南。

㉟周自东迁之后，日见衰微。

㊱序，班列也。周序，先同姓，后异姓。王室既卑，故子孙日失其序。

㊲大岳，神农之后，尧四岳也。胤，嗣也。见许非周子孙，后未可量。

㊳王室既卑，子孙失序，是天厌周德。而郑亦周之子孙，岂能与许争此地乎？此明公孙获不可久居许之意。　　以上两边戒饬之词。满口假仁假义，只为自家掩饰。绝不厌其词之烦。快笔英锋，文中仅有。

㊴“于是乎有礼”者，见郑庄一生无礼，唯此若有礼耳。

㊵四句是礼之用。

㊶刑，法也。

㊷六句是说郑庄用礼。

㊸又断一句。言从外面看去，真可谓知礼矣。

郑庄戒饬之词，委婉纡曲。忽为许计，忽为郑计，语语放宽，字字放活。篇中三提“天”字，见事之成败，一听于天，己未尝容心于其际。曰“得没于地”，曰“我死亟去”，俱从身后着想，可见生前断不容许吐气。更妙在用四个“乎”字，是心口相商，吞吞吐吐，无从捉摸，真奸雄之尤。但辞令妙品，洵不多得。谓之有礼，亦止论其事，未暇诛其心也。

臧哀伯谏纳郜鼎

夏四月，取郜大鼎于宋，纳于大庙[1]。非礼也[2]。臧哀伯[3]谏曰：“君人者，将昭德塞违，以临照百官，犹惧或失之。故昭令德，以示子孙[4]。是以清庙茅屋[5]，大路越席[6]，大羹不致[7]，粢食不凿[8]，昭其俭也[9]。衮冕黻珽[10]，带裳幅舄[11]，衡紞纮綖[12]，昭其度也[13]。藻率鞞鞛[14]，鞶厉游缨[15]，昭其数也[16]。火龙黼黻[17]，昭其文也[18]。五色比象[19]，昭其物也[20]。钖鸾和铃[21]，昭其声也[22]。三辰旂旗[23]，昭其明也[24]。夫德：俭而有度，登降有数，文物以纪之，声明以发之，以临照百官。百官于是乎戒惧，而不敢易纪律[25]。今灭德立违[26]，而寘[27]其赂器于大庙[28]，以明示百官。百官象之，其又何诛焉[29]？国家之败，由官邪也[30]。官之失德，宠赂章也[31]。郜鼎在庙，章孰甚焉[32]？武王克商，迁九鼎于雒[33]邑[34]，义士犹或非之[35]。而况将昭违乱之赂器于大庙，其若之何[36]？”公不听[37]。周内史[38]闻之曰：“臧孙达[39]其有后于鲁乎[40]！君违，不忘谏之以德[41]。”

【注释】

①宋华督弑殇公，恐诸侯讨己，故以郜国所造之鼎赂鲁。桓公至是取所赂之鼎于宋，纳于大庙。　　曰“取”，曰“纳”，书法凛然。

②受弑逆者之赂器，以汙宗庙，非礼之甚也。　　断一句。

③臧哀伯，鲁大夫，僖伯之子。

④言人君者，将昭明善德，闭塞邪违，以显示百官，如日月之临照焉，犹恐不能世守而弗失。故复以其德之最善者，昭著于物，以垂示子孙。　“昭德”、“塞违”并提，是一篇主意。然“昭德”正所以“塞违”也，故下历言“昭德”之实。

⑤清庙，肃然清净之庙也。茅屋，以茅饰屋也。

⑥大路，祀天车，朴素无饰。越席，结草为席也。

⑦大羹，大古之羹，肉汁也。不致，谓无盐梅之和也。

⑧黍稷曰粢。凿，精米也。一石舂为八斗。

⑨俭约不敢奢侈。　“昭令德，以示子孙”者一。

⑩衮，画衣。冕，冠也。黻，蔽膝也。珽，玉笏也。

⑪带，革带。裳，下衣。幅，今之行縢，即裹脚也。舄，复履也。

⑫衡，维持冠者。紞，冠之垂者。纮，缨从下而上者。綖，冠上覆者。

⑬尊卑各有制度。　“昭令德，以示子孙”者二。

⑭藻率，以韦为之，所以借玉也。佩刀之鞘，上饰曰鞞，下饰曰鞛。

⑮鞶，大带。厉，大带之垂者。游，旌之末垂者。缨，马饰。

⑯尊卑各有等数。　“昭令德，以示子孙”者三。

⑰火，画火也。龙，画龙也。黑与白谓之黼，黑与青谓之黻。龙画于衣。火、黼黻，绣于裳。

⑱上下各有文章。　“昭令德，以示子孙”者四。

⑲车服器械之有五色，皆以比象天地四方。

⑳大小各有物色。　“昭令德，以示子孙”者五。

㉑四者皆铃类，钖在马额，鸾在镳，和在衡，铃在旂。

㉒四者齐声，自然节奏。　“昭令德，以示子孙”者六。

㉓三辰，日月星也。画于旂旗。交龙为旂，熊虎为旗。

㉔旌旗灿烂，象天之明。　“昭令德，以示子孙”者七。

㉕登降，谓有损益。纪，维也。发，扬也。纪律，纪纲、法律也。　总“昭德”作一收。戒惧而不敢易纪律，即所以“塞违”也。

㉖今受赂立督，是不昭德而灭德，不塞违而立违。

㉗寘，同“置”。

㉘寘，犹纳也。

㉙象，效尤也。诛，责也。　不可纳者一。

㉚由百官之违邪。

㉛谓宠臣之受贿赂，章明而无所忌惮也。

㉜大庙，百官助祭之所。章明昭著，莫过于此。　不可纳者二。

㉝雒，同“洛”。

㉞九鼎，夏禹所铸，三代相传，以为有国之宝。武王克商，迁九鼎于成周之雒邑。

㉟义士，伯夷之属。

㊱其见非于义士必甚。　不可纳者三。　历言灭德立违之失，以见赂鼎当速出之于庙也。

㊲仍寘大庙。

㊳周内史，大夫官。

㊴臧孙达，即哀伯。

㊵僖伯谏隐观鱼。其子哀伯谏桓纳鼎。积善之家,必有余庆,故曰“有后于鲁”。

㊶桓公虽灭德立违,哀伯惓惓不忘谏之以昭德。　　“昭德塞违”总结。

劈头将“昭德塞违”四字提纲,而“塞违”全在“昭德”处见。故中间节节将“昭”字分疏,见庙堂中何一非令德所在,则大庙容不得违乱赂鼎可知。后复将“塞违”意,分作三样写法。以冀君之一寤而出鼎,故曰“不忘”。

季梁谏追楚师

楚武王侵随[①],使薳章[②]求成焉[③]。军于瑕以待之[④]。随人使少师董成[⑤]。斗伯比[⑥]言于楚子曰:“吾不得志于汉东也,我则使然[⑦]。我张吾三军,而被吾甲兵,以武临之,彼则惧而协以谋我,故难间也[⑧]。汉东之国,随为大。随张,必弃小国,小国离,楚之利也[⑨]。少师侈[⑩],请羸师以张之[⑪]。”熊率且比[⑫]曰:“季梁[⑬]在,何益[⑭]?”斗伯比曰:“以为后图。少师得其君[⑮]。”王毁军而纳少师[⑯]。

少师归,请追楚师。随侯将许之,季梁止之曰:“天方授楚,楚之羸,其诱我也,君何急焉[⑰]!臣闻小之能敌大也,小道大淫[⑱]。所谓道,忠于民而信于神也[⑲]。上思利民,忠也;祝史正辞,信也[⑳]。今民馁而君逞欲[㉑],祝史矫举以祭[㉒],臣不知其可也[㉓]。”公曰:“吾牲牷肥腯,粢盛丰备,何则不信[㉔]?”对曰:“夫民,神之主也,是以圣王先成民而后致力于神[㉕]。故奉牲以告[㉖]曰:博硕肥腯[㉗]。谓民力之普存也[㉘],谓其畜之硕大蕃滋也,谓其不疾瘯蠡也,谓其备腯咸有也[㉙]。奉盛以告曰:洁粢丰盛。谓其三时不害而民和年丰也。奉酒醴以告曰:嘉栗旨酒[㉚]。谓其上下皆有嘉德而无违心也[㉛]。所谓馨香,无谗慝也[㉜]。故务其三时[㉝],修其五教,亲其九族[㉞],以致其禋祀[㉟],于是乎民和而神降之福。故动则有成[㊱]。今民各有心,而鬼神乏主[㊲]。君虽独丰,其何福之有[㊳]?君姑修政而亲兄弟之国,庶免于难[㊴]。”随侯惧而修政。楚不敢伐[㊵]。

【注释】

①随,汉东姬姓国。

②薳章,楚大夫。

③使之求平于随,诈也。

④瑕,地名。楚军于此,以待随之报。

⑤少师,随大夫。董成,主行成之事。

⑥斗伯比,楚大夫。

⑦言不得志于汉东,是我失策使然。

⑧张,侈大也。楚之失策,正坐此患,故不能得志。下乃为楚画策。

⑨张则不惧,离则不协,楚然后可以得志,故曰利。

⑩随之少师,素自侈大。

⑪请藏其精兵,示以羸弱之卒,使少师忽楚,而愈自侈大。　　三“张”字,呼应紧峭。

⑫熊率且比，楚大夫。

⑬季梁，随贤臣。

⑭言季梁在彼必谏，虽羸师无益于楚。

⑮言不徒为今日计。且随君宠少师，未必听季梁之言。

⑯毁军，羸师也。王从伯比之计。

⑰一句喝破毁军之诈。

⑱小有道，大淫乱，然后小能敌大。

⑲忠民信神，是一篇主意。　承“道”。

⑳祝史正辞，谓祝官史官实其言辞，而不欺诳鬼神。　又承“忠”、“信”。

㉑是无利民之忠。

㉒矫举，谓诈称功德以告鬼神。　是无正辞之信。

㉓臣不知其小之可以敌大也。此断言楚不可追之意。

㉔牲，牛、羊、豕也。牷，纯色完全也。腯，肥貌。黍稷曰粢。在器曰盛。　上兼举“忠民信神”。随侯单说“信神”一边，已忘却“忠民”了。故下归重民为神之主上。

㉕“信神”只在“忠民”上看出。故下三告，皆关民上。成民，指养与教言。

㉖祝史奉牲以告神，下仿此。

㉗博，广也。硕，大也。言是牲广大而肥充。　告神只一句。下仿此。

㉘告神以“博硕肥腯”者，谓民力之普遍安存，所以能如此也。

㉙瘯蠡，疥癣也。三句俱承“民力普存”说。唯民力之普存，故其所养之畜蕃大而无疥癣，咸备而不阙失。　答上“牲牷肥腯”句。

㉚以善敬之心，将其旨酒。

㉛答上“粢盛丰备”句。“酒醴”一段是补笔。

㉜牺牲、粢盛、酒醴，所以谓之馨香者，乃民德之馨香，无谗谀邪慝故也。　总一笔，答上“何则不信”句。　内用七个“谓”字，七个“也”字，顿挫生姿。末“所谓馨香”一句，直与上“所谓道”一句呼应。

㉝养以成民。

㉞九族，上至高祖，下及玄孙。　教以成民。

㉟精意以享曰禋。　致力于神。

㊱谓祭则受福，战则必克也。

㊲应“夫民，神之主”句。

㊳收完上文。

㊴修政，指忠信而言。兄弟之国，谓汉东姬姓小国。言当与之亲而协，不可与之弃而离，庶免于楚国之难也。　又找一笔，与斗伯比之意暗合，妙。

㊵应“惧”字结。

起手将“忠民”、“信神”并提，转到“民为神主”。先民后神，乃千古不易之论。篇中偏从致力于神处，看出成民作用来。故足以破随侯之惑，而起其惧心。至其行文，如流云织锦，天花乱坠，令人应接不暇。

曹刿论战

齐师伐我。公将战，曹刿[①]请见[②]。其乡人曰："肉食者谋之，又何间焉[③]？"刿曰："肉食者鄙，未能远谋[④]。"遂入见。问何以战[⑤]。公曰："衣食所安，弗敢专也，必以分人[⑥]。"对曰："小惠未遍，民弗从也[⑦]。"公曰："牺牲玉帛，弗敢加也，必以信[⑧]。"对曰："小信未孚，神弗福也[⑨]。"公曰："小大之狱，虽不能察，必以情[⑩]。"对曰："忠之属也，可以一战[⑪]。战则请从[⑫]。"

公与之乘[⑬]。战于长勺[⑭]。公将鼓之[⑮]，刿曰："未可。"齐人三鼓，刿曰："可矣。"齐师败绩[⑯]。公将驰之[⑰]，刿曰："未可。"下，视其辙；登，轼而望之[⑱]。曰："可矣！"遂逐齐师[⑲]。

既克，公问其故[⑳]。对曰："夫战，勇气也。一鼓作气，再而衰，三而竭。彼竭我盈，故克之[㉑]。夫大国，难测也，惧有伏焉。吾视其辙乱，望其旗靡，故逐之[㉒]。"

【注释】

①曹刿，鲁人。

②请见庄公。

③肉食，谓在位有禄者。间，犹与也。言在位者自能谋之，汝又何与其谋焉。

④肉食者所见鄙陋，其谋未能远大也。　"远谋"二字，是一篇关眼。

⑤问何恃以与齐战。　问得峭。

⑥衣、食二者，必分之冻馁之人，或者感吾之德，而可以战乎？

⑦分惠未能遍及，民心不肯从上所使，未可恃以为战。

⑧牺牲，祭牲也。玉，苍璧、黄琮之类。帛，币也。此皆礼神之物。言祭祀之礼，不敢有加于旧，而祝史告神，必以诚信，或者感格神明，而可以战乎？

⑨一时之小信，未能感孚于神。而神亦弗肯降之以福，未可恃以为战。

⑩小狱，争讼也。大狱，杀伤也。情，实也。言小大之狱，虽不能明察，然必尽己之心，以求其实，或者狱无冤枉，而可以战乎？

⑪察狱以情，不使有枉，是能尽己之心，亦忠之一端也。君能尽心于民，则民宜尽心于君，庶可以一战。　"可以一战"，紧照"问何以战"。一"可"字，又与下四"可"字相应。

⑫若与齐战，则请从行。　请从，与上"请见"相应。

⑬乘，兵车也。

⑭长勺，地名。

⑮公欲鸣鼓以进兵。

⑯大崩曰败绩。

⑰公欲驰车而逐齐兵。　"将鼓"、"将驰"，与上"将战"相应。

⑱辙，车迹也。轼，车前横木。

⑲两"未可"，两"可矣"，突兀相应。

⑳公问刿不鼓及下视、登望之故。　又与"问何以战"相应。

㉑言所以必待齐人三鼓之故。　未战论忠，将战论气，肉食人见不到此。

㉒言所以下视、登望之故。　　“克之”，“逐之”，作两样写法，笔墨精采。

“肉食者鄙，未能远谋”，骂尽谋国偾事一流人，真千古笑柄。未战考君德，方战养士气，既战察敌情，步步精详，着着奇妙，此乃所谓“远谋”也。左氏推论始末，复备参差错综之观。

齐桓公伐楚盟屈完

春，齐侯以诸侯之师侵蔡。蔡溃，遂伐楚①。楚子使与师言曰：“君处北海，寡人处南海，唯是风马牛不相及也②。不虞君之涉吾地也，何故③？”管仲对曰：“昔召康公命我先君太公曰④：‘五侯九伯，女实征之，以夹辅周室⑤。’赐我先君履，东至于海，西至于河，南至于穆陵，北至于无棣⑥。尔贡包茅不入，王祭不共，无以缩酒，寡人是征。昭王南征而不复，寡人是问⑦。”对曰：“贡之不入，寡君之罪也，敢不共给？昭王之不复，君其问诸水滨⑧。”师进，次于陉⑨。

夏，楚子使屈完⑩如师⑪。师退，次于召陵⑫。齐侯陈诸侯之师，与屈完乘而观之⑬。齐侯曰：“岂不穀是为？先君之好是继，与不穀同好，何如⑭？”对曰：“君惠徼福于敝邑之社稷，辱收寡君，寡君之愿也⑮。”齐侯曰：“以此众战，谁能御之？以此攻城，何城不克⑯？”对曰：“君若以德绥诸侯，谁敢不服？君若以力，楚国方城以为城⑰，汉水以为池⑱，虽众，无所用之⑲。”屈完及诸侯盟⑳。

【注释】

①无钟鼓曰侵。有钟鼓曰伐。民逃其上曰溃。　　看齐来楚踪迹，便不正大。

②牛走顺风，马走逆风，两不相及，喻齐、楚不相干也。

③问得冷隽。绝不以齐为意，妙。

④召康公，周太保召公奭也。太公吕望，齐始封之君也。

⑤五侯，五等诸侯。九伯，九州伯长。　　一援王命，破“不相及”问。

⑥履，所践履之地。穆陵、无棣，皆齐境。言其所赐之履，不限地界也。　　二宣赐履，破“涉吾地”句。

⑦包，裹束也。茅，菁茅也。《禹贡》：“荆州贡菁茅。”缩酒，束茅立之祭前，而灌鬯酒其上，象神饮之也。征，问也。昭王，成王孙也。南巡狩，渡汉水，船坏而溺死。　　三举楚罪，破“何故”句。

⑧昭王时，汉水非楚境，故不受罪。　　管仲问罪之词，原开一条生路。故对便一认一推，恰好。“问诸水滨”一语，近谑。

⑨陉，楚地，颍州召陵县南有陉亭。

⑩屈完，楚大夫。

⑪如，往也。使往齐师观兵势。

⑫屈完请盟故也。楚不服罪，故师进。楚既请盟，故师退。

⑬乘，共载也。　　写齐总不正大。

⑭不穀，诸侯谦称。言诸侯之附从，非为我一人，乃是寻我先君之好。未知汝楚君肯与我同

好否。　　此处一番和缓，后复一番恐喝，霸术往往如是。

⑮徼，求也。言我以君之惠，而得徼社稷之福，使寡君见收于君。虽为君辱，实寡君之愿也。

⑯前犹是挟天子以令诸侯，此直是挟诸侯以令诸侯矣！宜乎其穷于屈完之对也。

⑰方城之山，可用为城。

⑱江汉之水，可用为池。

⑲齐桓说攻说战，何等矜张，屈完只闲闲将“以德”、“以力”两路合来，一扬一抑，又何等安雅。

⑳“及诸侯盟”，则非专与齐盟也，与篇首关应。

齐桓合八国之师以伐楚，不责楚以僭王猾夏之罪，而顾责以“包茅不入”、“昭王不复”，一则为罪甚细，一则与楚无干。何哉？盖齐之内失德而外失义者多矣。我以大恶责之，彼必斥吾之恶以对，其何以服楚而对诸侯乎？故舍其所当责，而及其不必责。霸者举动，极有收放，类如此也。篇中写齐处，一味是权谋笼络之态；写楚处，忽而巽顺，忽而诙谐，忽而严厉，节节生峰。真辞令妙品。

宫之奇谏假道

晋侯①复假道于虞以伐虢②。宫之奇③谏曰：“虢，虞之表也④。虢亡，虞必从之⑤。晋不可启，寇不可玩，一之为甚，其可再乎⑥？谚所谓‘辅车相依，唇亡齿寒’者，其虞、虢之谓也⑦。”公曰：“晋，吾宗也，岂害我哉⑧？”对曰：“大伯、虞仲，大王之昭也⑨。大伯不从，是以不嗣⑩。虢仲、虢叔，王季之穆也⑪。为文王卿士，勋在王室，藏于盟府⑫。将虢是灭，何爱于虞⑬？且⑭虞能亲于桓、庄乎？其爱之也⑮。桓、庄之族何罪，而以为戮？不唯偪乎⑯？亲以宠偪，犹尚害之。况以国乎⑰？”公曰：“吾享祀丰洁，神必据我⑱。”对曰：“臣闻之：鬼神非人实亲，惟德是依⑲。故《周书》曰：‘皇天无亲，惟德是辅⑳。’又曰：‘黍稷非馨，明德惟馨㉑。’又曰：‘民不易物，惟德繄物㉒。’如是㉓，则非德，民不和，神不享矣㉔。神所冯依，将在德矣㉕。若晋取虞，而明德以荐馨香，神其吐之乎㉖？”弗听，许晋使。宫之奇以其族行㉗，曰：“虞不腊矣，在此行也㉘。晋不更举矣㉙。”

冬，晋灭虢。师还，馆于虞。遂袭虞，灭之，执虞公。

【注释】

①晋侯，献公。

②二年，虞师、晋师伐虢，灭下阳。至是又假道以伐虢。　　下一“复”字，便伏下“一甚”、“可再”意。

③宫之奇，虞贤大夫。

④表，外护也。言虢为虞之外护。

⑤虞失外护，则必与之俱灭。　　事急，故陡作险语。通篇著眼在此。

⑥玩，狎也。在昔为晋，在今为寇；在昔为启，在今为玩。晋不可启，故一为甚；寇不可玩，故

不可再也。

⑦辅：颊辅。车，牙车。言虞如牙车，如齿在里。虢如颊辅，如唇在表。虢存，则辅车相依；虢灭，则唇亡齿寒。　　此言灭虢正所以自灭。应“虢亡，虞必从之”句。

⑧晋、虞皆姬姓，故曰“吾宗”。

⑨虞仲，即仲雍。二人皆太王之子，王季之兄也。太王于周为穆，穆生昭，故太王之子为昭。

⑩大伯不从太王翦商，与虞仲俱逊国而奔吴，是以不嗣于周。而虞仲支子，别封西吴，是为虞之始祖。　　此段只说虞固出于太王。

⑪虢仲、虢叔，二人皆王季之子，文王之弟也。王季于周为昭，昭生穆，故王季之子为穆。仲封东虢，为郑所灭。叔封西虢，为今虢公始祖。

⑫王功曰勋。盟府，司盟之官。二人皆有功于王室，文王与为盟誓之书，而藏于盟府。　　此段乃说虢更亲于虞仲。

⑬虢比虞于晋，又近一世。晋既灭虢，何爱于虞，而反不灭乎？　　破“晋吾宗”句。

⑭进一层说。

⑮桓叔，始封于曲沃，庄伯其子也。献公乃桓叔曾孙，庄伯之孙。言晋、虞不过同宗，而桓、庄之族，为献公同祖兄弟，实至亲也。　　倒句妙。若顺写，则将云：“且晋爱虞，能过于桓、庄乎？”

⑯偪，贵近也。桓叔、庄伯之族无罪，而献公尽杀之。是恶其族大势偪也。

⑰至亲而以宠势相偪，犹尚杀害之。况虞有一国之利，献公肯相容乎？　　破“岂害我”句。

⑱据，犹依也。言虞有神祐，晋虽欲害而不能。　　写痴人如画。

⑲鬼神非实亲近乎人，惟有德者，乃依据之。

⑳《蔡仲之命》篇辞。　　“德”字引《书》一。

㉑《君陈》篇辞。　　“德”字引《书》二。

㉒《旅獒》篇辞。言祭者不改易其物，而神唯享有德者之物。繄，语助也。　　“德”字引《书》三。

㉓总三《书》。

㉔民为神之主，神享要从民和看出。故带说此句。

㉕冷语，妙。

㉖吐，不食其所祭也。言虞国社稷山川之神，亦享晋明德之祀，所谓“非人实亲，惟德是依”也。　　破“享祀丰洁，神必据我”二句。

㉗恐惧晋祸，挈其妻子以奔曹。

㉘腊，岁终合祭诸神之名。言虞不能及岁终腊祭，即在吾族既行，而遂灭也。　　“腊”字根上“享祀”来。

㉙即以灭虢之兵灭虞，不再举兵也。　　说“虢亡，虞必从之”，何等斩截。

宫之奇三番谏诤，前段论势，中段论情，后段论理。层次井井，激昂尽致。奈君听不聪，终寻覆辙。读竟为之掩卷三叹。

齐桓下拜受胙

会于葵丘。寻盟，且修好，礼也①。王使宰孔赐齐侯胙②，曰：“天子有事于文、

武，使孔赐伯舅胙[3]。”齐侯将下拜[4]。孔曰：“且有后命[5]。天子使孔曰：‘以伯舅耋老，加劳，赐一级，无下拜[6]。’”对曰：“天威不违颜咫尺[7]。小白余敢贪天子之命‘无下拜’？恐陨越于下，以遗天子羞，敢不下拜[8]？”下，拜。登，受。

【注释】

①修睦以尊周室，故以为礼。

②宰，官。孔，名。胙，祭肉。异姓诸侯，非夏商之后，不赐胙。襄王使宰孔赐齐桓胙，盖尊之比于二王也。

③有事于文、武，谓有祭祀之事于文、武之庙。天子称异姓诸侯，皆曰伯舅。　本与下“以伯舅耋老”句连文，只因齐侯欲下拜歇住，王命遂分两番说，错落入妙。

④将下阶拜，受天子之赐。　插入一句，妙。

⑤紧接。

⑥七十曰耋。劳，功劳也。级，等也。言天子以伯舅年老，且有功劳于王室，故进一等，不令下阶而拜。

⑦言君尊如天，其威严常在颜面之前。八寸曰咫。

⑧小白，桓公名。陨越，颠坠也。公自称名，言我岂敢贪天子之宠命，不下阶而拜。恐得罪于天，而颠坠于下，适足以昭天子之辱，敢不下阶而拜乎？

看他一连写五个“下拜”，两“无下拜”，与“敢不下拜”应。“将下拜”与“下，拜。登，受”应。

阴饴甥对秦伯

十月，晋阴饴甥[1]会秦伯[2]，盟于王城[3]。秦伯曰：“晋国和乎？”对曰：“不和[4]。小人耻失其君而悼丧其亲，不惮征缮，以立圉也。曰：‘必报仇，宁事戎狄[5]。’君子爱其君而知其罪，不惮征缮，以待秦命。曰：‘必报德，有死无二[6]。’以此不和[7]。”秦伯曰：“国谓君何[8]？”对曰：“小人戚，谓之不免。君子恕，以为必归[9]。小人曰：‘我毒秦，秦岂归君[10]？’君子曰：‘我知罪矣，秦必归君[11]。’贰而执之，服而舍之[12]，德莫厚焉，刑莫威焉[13]。服者怀德，贰者畏刑[14]。此一役也，秦可以霸[15]。纳而不定[16]，废而不立[17]，以德为怨，秦不其然[18]。”秦伯曰：“是吾心也[19]。”改馆晋侯，馈七牢焉[20]。

【注释】

①阴饴甥，即吕甥。

②秦伯，穆公。

③王城，秦地。秦许晋平之后，晋惠使郤乞召吕甥迎己。故会秦伯盟于此。

④“不和”二字，对得骇人。

⑤小人，在下之人也。君，指惠公。亲，谓死于战者。征缮，征赋治兵也。圉，惠公太子名。言小人耻其君为秦所执，痛其亲为秦所杀，不惮征赋治兵以立太子。曰：必报秦之仇，宁事戎狄，而与之共图也。

⑥君子，在上之人也。言君子爱其君，而知晋国之有罪，不惮征赋治兵，以待秦归晋君之命。曰：必报秦之德，唯有死而无二心也。　初读"不和"二字，只谓尽露其短。今说出"不和"之故来，始知正炫其长。两边一样加"不惮征缮"四字，是制缚秦伯要著。

⑦又用"不和"二字作一束。笔法严整。

⑧或死，或归。

⑨小人不知事理，徒为忧戚，以为秦必害其君。君子以己之心，度人之心，以为秦必归其君也。

⑩毒秦，谓晋背施闭籴，毒害秦国也。　所以可戚。

⑪所以为恕。　即承上"君子"、"小人"说来。双开双合，章法极整，又极变。

⑫晋有贰心，而秦执之。晋既知罪，而秦舍之。

⑬舍之，则秦之德莫厚于此。执之，则秦之刑莫威于此。

⑭服秦者，怀秦之德。贰秦者，畏秦之刑。

⑮秦归晋君之役，使诸侯怀德畏刑，可以成霸业也。

⑯若秦初纳晋君，今执之而不安定其位。

⑰秦既执晋君，今不归而使之复立为君。

⑱是秦始有德于晋，而今则变德为怨，秦岂肯为此？　前两段，并述君子、小人意中事。"贰而执之"以下，单就君子意中，一反一正歆动他。

⑲入其彀中。

⑳牛、羊、豕各一为一牢。将归之，故加其礼焉。

通篇作整对格，而反正开合，又复变幻无端。尤妙在借君子、小人之言，说我之意，到底自己不曾下一语。奇绝。

子鱼论战

楚人伐宋以救郑①，宋公将战，大司马②固谏曰："天之弃商久矣③！君将兴之④，弗可赦也已⑤。"弗听。及楚人战于泓⑥。宋人既成列⑦，楚人未既济⑧，司马曰："彼众我寡，及其未既济也，请击之。"公曰："不可⑨。"既济而未成列⑩，又以告⑪，公曰："未可⑫。"既陈而后击之。

宋师败绩⑬，公伤股，门官歼焉⑭。国人皆咎公⑮。公曰："君子不重伤，不禽⑯二毛⑰。古之为军也，不以阻隘也⑱。寡人虽亡国之余，不鼓不成列⑲。"子鱼曰："君未知战⑳。勍敌之人，隘而不列，天赞我也㉑。阻而鼓之，不亦可乎㉒？犹有惧焉㉓。且今之勍者，皆吾敌也。虽及胡耇，获则取之，何有于二毛㉔？明耻教战，求杀敌也。伤未及死，如何勿重㉕？若爱重伤，则如勿伤。爱其二毛，则如服焉㉖。三军以利用也㉗，金鼓以声气也㉘。利而用之，阻隘可也㉙。声盛致志，鼓儳可也㉚。"

【注释】

①以宋襄公伐郑故。

②大司马，即子鱼。

③宋，商之后。
④公将图霸兴复。
⑤获罪于天，不可赦宥。　　言不可与楚战。
⑥泓，水名。　　总一句。
⑦宋兵列阵已定。
⑧楚人尚未尽渡泓水。　　是绝好机会。
⑨何意？
⑩机会犹未失。
⑪省句法。
⑫又何意？
⑬大崩曰败绩。
⑭门官，守门之官，师行则从。歼，尽杀也。　　二句，写败绩不堪。
⑮归咎襄公不用子鱼之言。
⑯禽，同“擒”。
⑰重，再也。二毛，头黑白色者。言君子于敌人被伤者，不忍再伤。头黑白色者，不忍擒之。　　二句引起。
⑱阻，迫也。隘，险也。言不迫人于险。　　释上“不可”意。
⑲亡国之余，根“弃商”句来。鼓，鸣鼓进兵也。言不进兵以击未成阵者。　　释上“未可”意。　　寡固不可以敌众。宋公既不量力以致丧师，又为迂腐之说以自解，可发一笑。
⑳一句断尽。
㉑勍，强也。强敌厄于险隘，而不成阵，是天助我以取胜机会。
㉒迫而鼓进之，何不可之有？
㉓犹恐未必能胜也。　　加一句，更透。　　辨“不以阻隘”、“不鼓不成列”。
㉔胡耇，元老之称。言与我争强者，皆吾之仇敌。虽及元老，犹将擒之，何有于二毛之人。　　辨“不禽二毛”。
㉕明设刑戮之耻，以教战斗，原求其杀人至死。若伤而未死，何可不再伤以死之？　　辨“不重伤”。
㉖若不忍再伤人，则不如不伤之。不忍禽二毛，则不如早服从之。　　再辨“不重伤，不禽二毛”，更加痛快。
㉗凡行三军，以利而动。
㉘兵以金退，以鼓进，以声佐士众之气。
㉙若以利而动，则虽迫敌于险，无不可也。
㉚儳，参错不齐之貌。指未整阵而言。声士气之盛，以致其志，则鼓敌之儳，勇气百倍，无不可也。　　再辨“不以阻隘”、“不鼓不成列”，更加痛快。　　篇中几个“可”字相呼应，妙。

宋襄欲以假仁假义，笼络诸侯以继霸，而不知适成其愚。篇中只重阻险鼓进意，“重伤”、“二毛”带说。子鱼之论，从“不阻”、“不鼓”，说到“不重”、“不禽”。复从“不重”、“不禽”，说到“不阻”、“不鼓”。层层辩驳，句句斩截，殊为痛快。

寺人披见文公

吕、郤畏偪，将焚公宫而弑晋侯①。寺人披请见②。公使让之，且辞焉③，曰：“蒲城之役④，君命一宿，女即至⑤。其后余从狄君以田渭滨⑥，女为惠公来求杀余，命女三宿，女中宿至⑦。虽有君命，何其速也⑧？夫祛犹在，女其行乎⑨！”对曰：“臣谓君之入也，其知之矣！若犹未也，又将及难⑩。君命无二，古之制也⑪。除君之恶，唯力是视⑫。蒲人、狄人，余何有焉⑬？今君即位，其无蒲、狄乎⑭？齐桓公置射钩而使管仲相⑮。君若易之，何辱命焉⑯！行者甚众，岂唯刑臣⑰？”公见之，以难告⑱。

晋侯潜会秦伯于王城⑲。己丑晦，公宫火。瑕甥⑳、郤芮不获公，乃如河上。秦伯诱而杀之㉑。

【注释】

①吕甥、郤芮，皆惠公旧臣，恐为文公所偪害，欲焚公宫而弑之。

②寺人，内官也，名披。请见文公，欲以难告。

③让，责也。公使人数其罪而责之，且辞不相见。　　总二句。

④五年，献公使寺人披伐公于蒲城。

⑤献公命汝经宿乃至，汝不待宿，而即日至。

⑥其后我奔狄国，从狄君田猎于渭水之滨。

⑦惠公命汝三宿乃至，汝不待三宿，而次宿即至。　　就文公口中说出伐狄一事，补传所未及。

⑧二者虽奉献公、惠公之命，何其至之太速也。　　已上皆让之之词。

⑨祛，衣袂也。披伐蒲，斩公祛。言所斩之祛尚在，汝其去乎！　　二句，是辞之之词。

⑩臣谓君之入晋也，庶几知君人之道矣。若犹未也，又将及于祸难。　　含讥带诮，小人轻薄口吻。“又将及难”句，已微露其意。下就文公之言，作两层辩驳。

⑪奉君命无二心，古之法制如此。

⑫前此伐公乃为君除恶，当尽吾力为之。

⑬公在献公时，则为蒲人。在惠公时，则为狄人。于我何关，而不速杀之？　　竟斥之为恶，复等之蒲、狄人，快语。

⑭今安知无有如蒲、狄而能为公害者乎？当亦有人奉命速至如披者也。意在含吐间，隽甚。　　已上答“虽有君命，何其速也”之意。

⑮庄公九年，鲁纳子纠，与齐战于乾时。管仲射中齐桓公带钩，后桓公用管仲为相。“射钩”对“斩祛”，恰好。

⑯君若反其所为，则我将自去，无所辱于君命。

⑰披，阉人，故称“刑臣”。言但恐惧罪而行者甚多，宁独我刑余之人。言外见旧臣畏偪不安，必有祸难，意在含吐间，隽甚。　　已上答“夫祛犹在，女其行乎”之意。

⑱公乃召见寺人披。披以吕、郤之谋告。

⑲避难也。

⑳瑕甥，即吕甥。

㉑吕、郤之才，不亚狐、赵，一事失计，自取戮辱，惜哉。

寺人披倾险反覆，诚无足道。然持机事告人，危言迫胁，说得毛骨俱悚，人自不得不从之，可谓阉人之雄。

介之推不言禄

晋侯赏从亡者①。介之推不言禄，禄亦弗及②。推曰："献公之子九人，唯君在矣③。惠、怀无亲，外内弃之④。天未绝晋，必将有主⑤。主晋祀者，非君而谁⑥？天实置之，而二三子以为己力，不亦诬乎⑦？窃人之财，犹谓之盗，况贪天之功以为己力乎⑧？下义其罪，上赏其奸。上下相蒙，难与处矣⑨。"其母曰："盍亦求之？以死，谁怼⑩？"对曰："尤而效之，罪又甚焉⑪。且出怨言，不食其食⑫。"其母曰："亦使知之，若何⑬？"对曰："言，身之文也。身将隐，焉用文之？是求显也⑭。"其母曰："能如是乎⑮？与汝偕隐⑯。"遂隐而死⑰。

晋侯求之不获，以緜上为之田⑱。曰："以志吾过，且旌善人⑲。"

【注释】

①文公返国，赏从亡之臣。

②介，姓。之，语助。推，名。介推亦在从亡中，未尝言禄，而文公颁禄，亦不及介推。先正多责推借正言以泄私怨。看此叙事，先书"不言禄"三字，便知推本自过人一等。

③八人皆死，唯文公独存。　一非人力。

④惠公、怀公，皆忮害无亲。外而诸侯，内而臣民，无不弃之。　二非人力。

⑤三非人力。

⑥四非人力。

⑦置，立也。　总断一笔。二三子更有何说？

⑧再痛骂之，快极。

⑨贪天之功，在人为罪，在国为奸。而下反以为义，上反以推赏，是上下相欺，难与一日并处于朝矣。　此即是归隐意，乃"不言禄"之由也。

⑩言何不自去求赏，即不求以死，将谁怨耶？　母特试之，故作相商语。

⑪尤，过也。我以贪天者为过，今复效之，则我之罪又甚于彼矣。

⑫看推自亦认有怨言，何劳后人又责其怨。

⑬母特再试之，故再作相商语。　上是试以求利，此是试以求名。

⑭人之有言，所以文饰其身。吾身将隐于山林，何用假言辞以文饰之？若自言之，是非隐而求显也。　上是不欲享其利，此是不欲享其名。

⑮细玩此四字，乃知其母上二番特试之也。

⑯有此贤母，故能成子之高。

⑰"不言禄"，结案。

⑱緜上，西河地名。以此为介推供祭之田。

⑲志，记也。旌，表也。言以此田记吾禄不及推之过，且表推"不言禄"之善也。　"禄亦

弗及"结案。

晋文返国之初,从行诸臣骈首争功,有市人之所不忍为者。而介推独超然众纷之外,孰谓此时而有此人乎?是宜百世之后,闻其风者,犹咨嗟叹息不能已也。篇中三提其母,作三样写法。介推之高,其母成之欤!

展喜犒师

齐孝公伐我北鄙,公使展喜犒师①,使受命于展禽②。

齐侯未入竟③,展喜从之④,曰:"寡君闻君亲举玉趾,将辱于敝邑,使下臣犒执事⑤。"齐侯曰:"鲁人恐乎?"对曰:"小人恐矣,君子则否⑥。"齐侯曰:"室如县⑦罄,野无青草,何恃而不恐⑧?"对曰:"恃先王之命⑨。昔周公⑩、大公⑪股肱周室,夹辅成王。成王劳之,而赐之盟⑫。曰:'世世子孙,无相害也⑬。'载在盟府,太师职之⑭。桓公是以纠合诸侯而谋其不协,弥缝其阙而匡救其灾,昭旧职也⑮。及君即位⑯,诸侯之望曰:'其率桓之功⑰。'我敝邑用不敢保聚,曰:'岂其嗣世九年,而弃命废职,其若先君何⑱?君必不然⑲。'恃此以不恐⑳。"齐侯乃还㉑。

【注释】

①展喜,鲁大夫展禽之弟。犒,劳也。　　人来伐我,却往迎劳之,便妙。

②受命,受犒师之辞命也。展禽,即柳下惠,名获,字禽,食采于柳邑,谥曰惠。

③竟,同"境"。

④伏后"乃还"二字,妙。

⑤不敢斥尊,托言来犒执事之臣。　　辞令婉转。

⑥小人、君子,以无识、有识言。　　说恐不得,说不恐又不得,分作君子、小人说,奇妙。

⑦县,同"悬"。

⑧县,系也。罄,《国语》作"磬"。谓府藏空虚,如县磬然。青草,蔬食也。时夏四月,今之二月,百物未成。故言在内而府藏空虚,在野而蔬食不备,鲁之所恃者何在,而不恐乎?

⑨先王,成王也。　　一句喝出,辞气正大。

⑩周公,鲁祖。

⑪大公,齐祖。

⑫提出二国之祖,转到王命。论有根据。

⑬此句是先王之命。

⑭太师,司盟之官。职,主也。　　加此二句,见王命凛凛至今。

⑮阙,失也。灾,难也。"弥缝"、"匡救",所以谋其不协。若此者,盖欲昭明太公夹辅之旧职也。　　"是以"字,紧承上王命来。三"其"字,皆指鲁而言。

⑯先之以桓公,疾接"及君即位",妙。

⑰诸侯之望君,咸曰:"其能率循桓公弥缝、匡救之功。"　　不独写鲁,通写诸侯,妙。

⑱我敝邑用是不敢聚众保守。咸曰:"岂其嗣桓公世方及九年而遽弃王命、废旧职,其若先君太公、桓公何?"　　二十五字作一气读。"曰"者,心口相商之词。盖用反语收上"王命"、

"旧职"二层,宕逸。

⑲正转一句,紧峭。

⑳直收到"君子则否"句。　　三"恃"字,呼应。

㉑齐侯更不下一语,妙。

篇首"受命于展禽"一语,包括到底。盖展喜应对之词,虽取给于临时,而其援王命、称祖宗大旨,总是受命于展禽者。大义凛然之中,亦复委婉动听。齐侯无从措口,乘兴而来,败兴而返。所谓子猷山阴之棹,何必见戴也。真奇妙之文。

烛之武退秦师

晋侯①、秦伯②围郑③,以其无礼于晋④,且贰于楚也⑤。晋军函陵,秦军氾南⑥。佚之狐⑦言于郑伯曰:"国危矣。若使烛之武⑧见秦君,师必退⑨。"公从之⑩。辞曰:"臣之壮也,犹不如人;今老矣,无能为也已⑪。"公曰:"吾不能早用子,今急而求子,是寡人之过也⑫。然郑亡,子亦有不利焉⑬。"许之⑭。

夜缒而出⑮。见秦伯,曰:"秦晋围郑,郑既知亡矣⑯。若亡郑而有益于君,敢以烦执事⑰。越国以鄙远,君知其难也⑱。焉用亡郑以陪邻?邻之厚,君之薄也⑲。若舍郑以为东道主,行李之往来,共⑳其乏困,君亦无所害㉑。且君尝为晋君赐矣。许君焦、瑕,朝济而夕设版焉。君之所知也㉒。夫晋,何厌之有㉓?既东封郑,又欲肆其西封。若不阙秦,将焉取之㉔?阙秦以利晋,唯君图之㉕。"秦伯说㉖,与郑人盟。使杞子、逢孙、杨孙戍之㉗,乃还㉘。子犯㉙请击之㉚。公曰:"不可。微夫人之力不及此㉛。因人之力而敝之,不仁㉜。失其所与,不知㉝。以乱易整,不武㉞。吾其还也。"亦去之㉟。

【注释】

①晋侯,文公。

②秦伯,穆公。

③晋文主兵,秦穆会之。

④文公出亡过郑,郑不礼之。

⑤郑伯虽受曹盟,犹有二心于楚。　　二句,言致伐之由。

⑥函陵、氾南,皆郑地。　　二句,写秦晋分军次舍。可以乘间私说,伏下烛之武夜缒见秦君。

⑦佚之狐,郑大夫。

⑧烛之武,郑大夫。

⑨佚之狐已有定算。

⑩遣烛之武。

⑪隐示不早见用意。虽近怨,然辞亦婉曲。

⑫公先自责。
⑬转语急切，自然感动。
⑭乃许出见秦君。
⑮缒，悬索也。至夜乃悬城而下，恐晋觉也。
⑯提过郑事一边，妙绝。
⑰反跌一句。下乃历言亡郑之无益而有害，极为透快。
⑱秦在西，郑在东，晋居其间。设若得郑，而秦欲越晋国，以为边鄙，相隔甚远。君亦当知其难也。　　亡郑无益。
⑲陪，益也。邻，谓晋也。言秦得郑，必为晋所有，是益邻矣。邻之地厚，则秦之地相形而薄也。　　亡郑又有害。
⑳共，同“供”。
㉑郑在秦东，故曰东道。行李，使人也。言秦能舍郑以为东道主人，秦之使者，往来过此，或资粮乏困，郑能供给之，于秦又何所害焉。　　舍郑有益无害。
㉒晋君，谓惠公。赐，犹德也。焦、瑕，晋河外二邑。言穆公曾纳惠公，亦云有德矣。惠公许秦以河外焦、瑕二邑，乃朝济河，而夕即设版筑，以守二城。其背秦之速，君之所知也。此借旧事以见晋惯背秦德，与之共事，断无有益。绝好一证。
㉓宕笔妙。进一层说。
㉔封，疆也。肆，大也。阙，削也。言既灭郑，以辟其东方之封疆，势必又欲大其西方之封疆。若不削小秦地，将何所取之，以肆其西封也。　　此言晋不独得郑，后必将欲得秦，为害甚大。
㉕上言“亡郑以陪邻”，此直言“阙秦以利晋”，何等透快。
㉖说，悦。
㉗杞子、逢孙、杨孙，三子皆秦大夫。戍，屯兵以守也。
㉘秦师退矣。
㉙子犯，晋文公舅。
㉚请击秦师。
㉛微，无也。夫人，指秦伯。文公亦秦所纳，故言微秦伯之力，何缘得为晋君。
㉜赖秦力得国，而反害秦，是不仁也。
㉝误与同事，是不知也。
㉞二国整师而来，而乃自相攻击，易之以乱，是不武也。
㉟晋师亦退矣。

郑近于晋而远于秦，秦得郑而晋收之，势必至者。越国鄙远，亡郑陪邻，阙秦利晋，俱为至理。古今破同事之国，多用此说。篇中前段写亡郑乃以陪晋，后段写亡郑即以亡秦，中间引晋背秦一证，思之毛骨俱竦。宜乎秦伯之不但去郑，而且戍郑也。

蹇叔哭师

杞子[①]自郑使告于秦，曰：“郑人使我掌其北门之管[②]。若潜师以来，国可得

也。”穆公访诸蹇叔[3]。蹇叔曰：“劳师以袭远，非所闻也[4]。师劳力竭，远主备之[5]，无乃不可乎[6]？师之所为，郑必知之。勤而无所，必有悖心[7]。且行千里，其谁不知[8]？”公辞焉[9]。召孟明、西乞、白乙，使出师于东门之外[10]。蹇叔哭之曰：“孟子[11]，吾见师之出，而不见其入也[12]。”公使谓之曰：“尔何知！中寿，尔墓之木拱矣[13]。”蹇叔之子与师，哭而送之。曰：“晋人御师必于殽[14]。殽有二陵焉[15]，其南陵，夏后皋[16]之墓也；其北陵，文王之所辟[17]风雨也[18]。必死是间。余收尔骨焉[19]。”秦师遂东[20]。

【注释】

①杞子，秦大夫。三十年，秦伯与郑人盟，使杞子等戍郑。

②管，锁钥也。

③蹇叔，秦大夫。

④轻行而掩之曰袭。　　总断一句。破潜师得国之非，下作两层写。

⑤兵师劳苦，其力必尽。远方之主，易为之备。

⑥一层言郑不可得。

⑦郑既知之，则秦兵勤劳而无所得，必生悖逆之心而妄为。

⑧不但郑知，他国无不尽知，伏下晋人御师。　　一层言师不可潜。

⑨不受其言。

⑩孟明，姓百里，名视。西乞，名术。白乙，名丙。

⑪孟子，呼孟明也。

⑫十三字，要作哭声读。

⑬合手曰拱。言尔何有知识，设当中寿而死，尔之墓木已拱矣。极诋其衰老失智也。

⑭殽地险阻，可以邀击。晋有宿怨，御师必在于此。

⑮大阜曰陵。

⑯夏后皋，桀之祖。

⑰辟，同“避”。

⑱殽之北陵，两山相嵚，故可以避风雨。　　点缀情景，惨淡凄其，不堪再诵。

⑲四十一字，要作哭声读。

⑳为明年晋败秦于殽张本。

谈覆军之所，如在目前，后果中之，蹇叔可谓老成先见。一哭再哭，出军时诚恶闻此。然蹇叔不得不哭，若穆公之既败而哭，晚矣！

古文观止卷之二

《左　传》

郑子家告赵宣子

晋侯[①]合诸侯于扈[②]，平宋也[③]。于是晋侯不见郑伯[④]，以为贰于楚也[⑤]。郑子家[⑥]使执讯而与之书[⑦]，以告赵宣子[⑧]，曰[⑨]："寡君即位三年，召蔡侯[⑩]而与之事君[⑪]。九月，蔡侯入于敝邑以行。敝邑以侯宣多[⑫]之难[⑬]，寡君是以不得与蔡侯偕。十一月，克减侯宣多[⑭]，而随蔡侯以朝于执事[⑮]。十二年六月，归生[⑯]佐寡君之嫡夷[⑰]，以请陈侯[⑱]于楚，而朝诸君[⑲]。十四年七月，寡君又朝，以蒇陈事[⑳]。十五年五月，陈侯[㉑]自敝邑往朝于君[㉒]。往年正月，烛之武[㉓]往朝夷也[㉔]。八月，寡君又往朝[㉕]。以陈、蔡之密迩于楚，而不敢贰焉，则敝邑之故也[㉖]。虽敝邑之事君，何以不免[㉗]？在位之中，一朝于襄，而再见于君[㉘]。夷与孤之二三臣相及于绛[㉙]。虽我小国，则蔑以过之矣[㉚]。今大国曰：'尔未逞吾志[㉛]。'敝邑有亡，无以加焉[㉜]。古人有言曰：'畏首畏尾，身其余几[㉝]？'又曰：'鹿死不择音[㉞]。'小国之事大国也，德，则其人也；不德，则其鹿也[㉟]。铤而走险，急何能择[㊱]？命之罔极，亦知亡矣[㊲]。将悉敝赋，以待于鯈，唯执事命之[㊳]。文公二年，朝于齐。四年，为齐侵蔡，亦获成于楚[㊴]。居大国之间，而从于强令，岂其罪也[㊵]？大国若弗图，无所逃命[㊶]。"

晋巩朔[㊷]行成于郑。赵穿[㊸]、公婿池[㊹]为质焉[㊺]。

【注释】

①晋侯，灵公。

②扈，郑地。

③平宋乱以立文公。

④郑伯，穆公。

⑤以其有二心于楚，故不与相见。

⑥郑子家，公子归生。

⑦执讯，通讯问之官。

⑧赵宣子，晋卿赵盾。

⑨下皆书辞。

⑩蔡侯，庄公。

⑪君，晋襄公。

⑫侯宣多，郑大夫。

⑬侯宣多以援立穆公之故，恃宠专权而作乱。

⑭克减，少除其难也。

⑮踵蔡庄公朝晋之后，即来朝也。　　朝襄一。

⑯归生，子家自称名。

⑰嫡夷，郑太子名夷。

⑱陈侯，共公。

⑲陈共公将朝晋而畏楚，故归生辅太子夷，先为请命于楚。君，晋灵公。　　朝灵二。

⑳蒇，成也。郑穆又亲朝，以成往年陈共之好。　　朝灵三。

㉑陈侯，灵公。

㉒陈灵新即位，自郑入朝。　　朝灵四。

㉓烛之武，郑大夫。

㉔烛之武又辅太子夷往朝于晋。"往朝夷"三字是倒语。　　朝灵五。

㉕郑穆又亲朝。　　朝灵六。　　以上叙朝晋之数，叙朝晋之年，叙朝晋之月，叙朝晋之人，真是账簿皆成妙文。下复结算一通，妙，妙！

㉖陈、蔡之朝，皆郑之功。　　结上召蔡侯、请陈侯、往朝君三事。

㉗无论陈、蔡，虽以郑自己事晋而言，何以不免于罪？　　百忙中复作此二语，以起下二层意，何等委婉。

㉘结上随蔡侯蒇陈事。又往朝三事。

㉙夷，郑太子。孤，谓君也。二三臣，谓烛之武及子家自谓。绛，晋都邑。相及于绛，谓朝晋不绝也。　　结上归生佐夷、烛之武往朝夷二事。

㉚郑虽小国，其事晋无以过之矣。　　又总结一笔，遒紧。

㉛逞，快也。　只一句点题。

㉜郑国唯有灭亡而已，不能复加其事晋之礼也。　　八字激切而沉痛。下乃引古人成语，曲曲转出不能复事晋意。

㉝既畏首，又畏尾，则身之不畏者，有几何哉？

㉞音，同"荫"。　　鹿将死，不暇择庇荫之所。

㉟德，恩恤也。言以人视我，我还是人。以鹿视我，我便是鹿。　　奇思创解。

㊱铤，疾走貌。鹿知死而走险，何暇择荫？国知危而事大，何暇择邻？皆由急则生变也。

㊲晋命过苛，无有穷极。事之亦亡，叛之亦亡，郑已知之矣。　　"亡"字呼应。

㊳赋，兵也。鯈，晋、郑之境。言将尽起郑兵，以待于鯈地，唯听晋执事之命令也。　　收紧敌晋意。

㊴郑文公二年，朝于齐桓公。后复从齐侵蔡，蔡属楚而郑为齐侵之。宜获罪于楚，而反获成。　　晋责郑贰于楚，忽反写楚之宽大以讽晋，奇妙。

㊵郑居晋、楚之间，而从于大国之强令，未可执以为罪。言贰楚出于不得已也。　　开胸放喉，索性承认，妙，妙！

㊶晋若弗图恤郑国，则唯晋所命，不敢逃避也。　　结语，多少激烈愤懑！

㊷巩朔，晋大夫。

㊸赵穿，晋卿。

㊹公婿池，晋侯女婿。

㊺晋见郑之词强，故使巩朔行成。而赵穿、公婿池为质于郑以示信。此以见晋之失政而霸

业之衰也。

前幅写事晋唯谨，逐年逐月算之，犹为兢兢畏大国之言。后幅写到晋之不知恤小，郑亦不能复耐，竟说出贰楚亦势之不得不然。晋必欲见罪，我亦顾忌不得许多。一团愤懑之气，令人难犯，所以晋人竟为之屈。

王孙满对楚子

楚子[①]伐陆浑之戎[②]。遂至于雒[③]，观兵于周疆[④]。定王使王孙满[⑤]劳楚子[⑥]。楚子问鼎之大小轻重焉[⑦]。对曰："在德不在鼎[⑧]。昔夏之方有德也[⑨]，远方图物[⑩]，贡金九牧[⑪]，铸鼎象物[⑫]，百物而为之备[⑬]，使民知神奸[⑭]。故民入川泽山林，不逢不若[⑮]。螭魅罔两，莫能逢之[⑯]。用能协于上下，以承天休[⑰]。桀有昏德，鼎迁于商，载祀六百[⑱]。商纣暴虐，鼎迁于周[⑲]。德之休明，虽小，重也[⑳]。其奸回昏乱，虽大，轻也[㉑]。天祚明德，有所底止[㉒]。成王定鼎于郏鄏[㉓]，卜世三十，卜年七百，天所命也[㉔]。周德虽衰，天命未改[㉕]。鼎之轻重，未可问也[㉖]。"

【注释】

①楚子，庄王。

②陆浑之戎，秦、晋所迁于伊川者。

③雒，同"洛"。

④雒，水名，周所都也。观，示兵威以胁周也。　　一"遂"字，便见楚庄无礼。

⑤王孙满，周大夫。

⑥楚强周弱，定王无如之何，故使大夫劳之。

⑦禹之九鼎，三代相传，犹后世传国玺也。楚庄问大小轻重，有图周天下意。

⑧有天下者，在有德不在有鼎。　　一语喝破。

⑨紧承"德"字。

⑩远方图画山川、物怪献之。

⑪九州牧守，皆贡其金。

⑫以九州之金，铸为九鼎，而著图物之形于其上。

⑬百样物怪，各为备御之具。

⑭使民尽知鬼神、奸邪形状。

⑮若，顺也。民知神奸，故不逢不顺。

⑯螭，山神。魅，怪物。罔、两，水神。既为之备，故莫能逢人为害。

⑰民无灾害，则上下和以受天之祐。　　已上言有德方有鼎。

⑱伏下"三十"、"七百"。

⑲已上言无德则鼎迁。

⑳鼎非加大，而不可迁移，若增重然。

㉑鼎非加小，而汤武迁之，若遂轻然。　　总括四语，正缴"在德不在鼎"意。"大"、"小"、"轻"、"重"四字，错落有致。

㉒言有尽头处。　　二句起下，方入本意。

㉓郏鄏，东周王城，今河南也。

㉔此天有所底止之定命也。

㉕未满卜数。

㉖结语冷隽。

提出"德"字，已足以破痴人之梦。揭出"天"字，尤足以寒奸雄之胆。

齐国佐不辱命

晋师从齐师①。入自丘舆，击马陉②。齐侯使宾媚人赂以纪甗③、玉磬与地④。不可，则听客之所为⑤。宾媚人致赂，晋人不可⑥，曰："必以萧同叔子为质。而使齐之封内，尽东其亩⑦。"对曰："萧同叔子非他，寡君之母也⑧。若以匹敌，则亦晋君之母也⑨。吾子布大命于诸侯，而曰必质其母以为信，其若王命何⑩？且是以不孝令也⑪。《诗》曰：'孝子不匮，永锡尔类⑫。'若以不孝令于诸侯，其无乃非德类也乎⑬？先王疆理天下，物土之宜，而布其利⑭。故《诗》曰：'我疆我理，南东其亩⑮。'今吾子疆理诸侯，而曰'尽东其亩'而已。唯吾子戎车是利，无顾土宜，其无乃非先王之命也乎⑯？反先王则不义，何以为盟主？其晋实有阙⑰。四王之王也，树德而济同欲焉⑱。五伯之霸也，勤而抚之，以役王命⑲。今吾子求合诸侯，以逞无疆之欲⑳。《诗》曰：'敷政优优，百禄是遒㉑。'子实不优，而弃百禄，诸侯何害焉㉒？不然㉓，寡君之命使臣则有辞矣㉔。曰㉕：'子以君师辱于敝邑，不腆敝赋，以犒从者㉖。畏君之震，师徒挠败㉗。吾子惠徼齐国之福㉘，不泯其社稷，使继旧好。唯是先君之敝器土地不敢爱㉙。子又不许㉚。请收合余烬，背城借一㉛。敝邑之幸，亦云从也。况其不幸，敢不唯命是听㉜？'"

【注释】

①齐师败走，晋师追之。

②丘舆、马陉，皆齐邑。

③宾媚人，宾姓，媚人族，即国佐也。

④甗，玉甑也。玉甑、玉磬，皆灭纪所得者。地，鲁、卫之侵地。

⑤言晋人不许，则听其所为。欲战则更战也。客，指晋人。　　此句并顷公语意夹入，妙。伏下"寡君之命使臣则有辞"一段。

⑥晋人果不许。

⑦萧，国名。同叔，萧君字，其女嫁于齐，即顷公之母。晋人欲质其母，而不便直言，故称萧同叔子。言必以萧同叔子为质于晋，而使齐国境内田亩皆从东西而行，则我师舍去矣。

重上句，下句带说，故用"而"字转下。盖前此晋郤克与臧孙许同时而聘于齐，顷公之母踊于棓而窥客，则客或跛或眇。于是使跛者迓跛者，使眇者迓眇者。夫妇人窥客，已是失体，矧侮客以取快乎！出尔反尔，无足怪也。

⑧只"非他"二字，多少郑重。妙。

⑨若以齐、晋比并言之，则齐之母犹晋之母。其为国君之母，则一也。　　陪一句，更凛然。

⑩其若先王孝治天下之命何？　　上不便。

⑪且欲令人皆蹈不孝之行。　　下不便。

⑫《诗·大雅·既醉》篇，言孝子爱亲之心，无有穷匮，又以孝道长赐汝之族类。

⑬晋既以不孝号令诸侯，是非以孝德赐及同类矣。　　已上破"为质"句。

⑭疆者，为之大界也。理者，定其沟涂也。物，相也。相土之宜而分布其利。

⑮《诗·小雅·南山》篇，或东西其亩，或南北其亩。皆相土宜而布其利也。言东南则西北在其中。

⑯井田之制，沟洫纵横，兵车难过。今欲尽东其亩，则晋之伐齐，循垄东行，其势甚易，是唯晋兵车是利，而不顾地势东西南北所宜，非先王疆理土宜之命矣。　　已上破"东亩"句。两"其无乃非"句应。

⑰上分两层辩驳。此总括数语，下复畅言之。

⑱四王，禹、汤、文、武也。皆树立德教，而济人心之所同欲。　　树德，照上德类。济同欲，照上土宜布利。

⑲伯，长也。夏昆吾，商大彭、豕韦，周齐桓、晋文，皆勤劳而怀抚诸侯。以服事树德、济同欲之王命。

⑳指"质母"、"东亩"而言。

㉑《诗·商颂·长发》篇。优优，宽和也。遒，聚也。

㉒晋"质母"、"东亩"二令，实不宽和，而先自弃其福禄，又何能为诸侯之害乎？　　晋人所命，本欲害齐，而国佐却以为何害。妙绝。　　已上言晋实有阙，不得为盟主，以足上二段之意。

㉓若终不见许。

㉔寡君之命我使臣已有辞说，意如下文所云。　　上分责二段，又总责一段。此忽如饥鹰，撇然一转。

㉕下皆齐侯命辞。

㉖腆，厚也。赋，兵也。言齐有不厚颓敝之兵，以犒晋师。　　战而曰犒，婉辞。

㉗畏君师之震动，以故齐兵挠曲而致败衄。

㉘言我以吾子之惠，而得徼齐国之福。

㉙敝器，谓甗、磬也。

㉚应上"晋人不可"。

㉛烬，火余木也。以喻齐战败之余意，言欲以已败之兵，背齐城而更借一战。

㉜言齐幸而得胜，当亦唯晋命是从。况其不幸，而又战败，敢不唯晋命之是听乎？　　曰"从"、曰"听"，即听从"质母"、"东亩"之命。　　已上言齐既以赂求不免，势必决战，胜与不胜，虽未可知，总在既战后再听从晋命也。极痛快语，而却出以婉顺。

先驳晋人"质母"、"东亩"二语，屡称王命以折之，如山压卵，已令气沮。后总结之，又再翻起。将寡君之命，从使臣口中婉转发挥。既不欲唐突，复不肯乞哀。即无鲁、卫之请，晋能悍然不应乎？

楚归晋知罃

晋人归楚公子縠臣与连尹襄老之尸于楚，以求知罃[①]。于是荀首佐中军矣，故楚人许之[②]。王送知罃，曰："子其怨我乎[③]？"对曰："二国治戎，臣不才，不胜其任，以为俘馘[④]。执事不以衅鼓，使归即戮，君之惠也[⑤]。臣实不才，又谁敢怨[⑥]？"王曰："然则德我乎[⑦]？"对曰："二国图其社稷，而求纾其民[⑧]。各惩其忿，以相宥也[⑨]。两释累囚，以成其好[⑩]。二国有好，臣不与及，其谁敢德[⑪]？"王曰："子归，何以报我[⑫]？"对曰："臣不任受怨，君亦不任受德，无怨无德，不知所报[⑬]。"王曰："虽然，必告不穀[⑭]。"对曰："以君之灵，累臣得归骨于晋，寡君之以为戮，死且不朽[⑮]。若从君惠而免之，以赐君之外臣首，首其请于寡君，而以戮于宗，亦死且不朽[⑯]。若不获命[⑰]，而使嗣宗职[⑱]，次及于事[⑲]，而帅偏师以修封疆[⑳]，虽遇执事，其弗敢违[㉑]。其竭力致死，无有二心，以尽臣礼，所以报也[㉒]。"王曰："晋未可与争。"重为之礼而归之[㉓]。

【注释】

①宣公十二年，晋、楚战于邲，楚囚知罃。知庄子射楚连尹襄老，载其尸；射公子縠臣，囚之。以二者还。庄子，知罃父也。至是晋归二者于楚，以赎知罃。

②荀首，即知庄子，是时为晋中军佐，楚人畏其权要，故许归其子。

③指久留于楚言。

④俘馘，军所虏获者。系其人曰俘，截左耳曰馘。

⑤以血涂鼓曰衅鼓，言楚不杀我而以其血涂鼓。即，就也。

⑥作自责语，撇开"怨"字，妙。

⑦指许归于晋言。

⑧晋、楚皆为社稷之谋，而欲纾缓其民。

⑨各惩戒前日战争之忿，以相赦宥。

⑩累，系也。晋释縠臣之囚，楚释知罃之囚，以成其和好。

⑪作与己不相干语，撇开"德"字，妙。

⑫问得有意。

⑬言我未尝有怨于君，君亦未尝有德于我，有怨则报怨，有德则报德，我无怨而君无德，故不知所报也。　　臣怨、君德，分贴得好。"不知"二字，更妙。

⑭不穀，诸侯谦称。言虽是如此，必告我以相报之事。　　共王一团兴致，被知罃说得雪淡，无可奈何，又作此问。

⑮身虽死，而楚君之私恩，不朽腐也。　　客意，一层。

⑯称于异国曰外臣。首，荀首也。宗，荀氏之宗也。　　客意，二层。　　此虽二客意，然显见晋之国法森然，家法森然。

⑰若君不许戮。　　转入正意。

⑱使继祖宗之职。

⑲以次及于军旅之事。

⑳其父为上军佐，故曰帅偏师。修，治也。

㉑虽遇楚之将帅，亦不敢违避。　　一“敢”字，应上二“敢”字。

㉒忠晋即以报楚，妙。

㉓收煞得好。

玩篇首“于是荀首佐中军矣，故楚人许之”二语，便见楚有不得不许之意。“德我”、“报我”，全是捉官路，当私情也。楚王句句逼人，知罃句句撇开。末一段所对非所问，尤匪夷所思。

吕相绝秦

晋侯[1]使吕相[2]绝秦[3]，曰[4]：“昔逮我献公及穆公相好，戮力同心，申之以盟誓，重之以昏姻[5]。天祸晋国[6]，文公[7]如齐，惠公[8]如秦[9]。无禄，献公即世[10]。穆公不忘旧德[11]，俾我惠公用能奉祀于晋[12]。又不能成大勋而为韩之师[13]。亦悔于厥心，用集我文公。是穆之成也[14]。文公躬擐甲胄，跋履山川，逾越险阻，征东之诸侯，虞、夏、商、周之胤而朝诸秦[15]，则亦既报旧德矣[16]。郑人怒君之疆埸，我文公帅诸侯及秦围郑[17]。秦大夫不询于我寡君，擅及郑盟[18]。诸侯疾之，将致命于秦[19]。文公恐惧，绥靖诸侯。秦师克还无害[20]，则是我有大造于西也[21]。无禄，文公即世。穆为不吊，蔑死我君[22]，寡我襄公[23]，迭我殽地[24]，奸绝我好[25]，伐我保城[26]，殄灭我费滑[27]，散离我兄弟[28]，挠乱我同盟[29]，倾覆我国家[30]。我襄公未忘君之旧勋[31]，而惧社稷之陨[32]，是以有殽之师[33]。犹愿赦罪于穆公[34]，穆公弗听[35]，而即楚谋我[36]。天诱其衷，成王陨命[37]，穆公是以不克逞志于我[38]。穆、襄即世，康、灵即位。康公[39]我之自出，又欲阙翦我公室，倾覆我社稷[40]，帅我蝥贼，以来荡摇我边疆[41]，我是以有令狐之役[42]。康犹不悛[43]，入我河曲[44]，伐我涑川[45]，俘我王官[46]，翦我羁马[47]，我是以有河曲之战[48]。东道之不通，则是康公绝我好也[49]。及君之嗣也[50]，我君景公引领西望曰：‘庶抚我乎[51]！’君亦不惠称盟[52]，利吾有狄难[53]，入我河县，焚我箕部[54]，芟夷我农功[55]，虔刘我边陲[56]，我是以有辅氏之聚[57]。君亦悔祸之延，而欲徼福于先君献、穆[58]，使伯车[59]来命我景公曰：‘吾与女同好弃恶，复修旧德，以追念前勋[60]。’言誓未就[61]，景公即世，我寡君[62]是以有令狐之会[63]。君又不祥，背弃盟誓[64]。白狄及君同州[65]，君之仇雠[66]，而我之昏姻也[67]。君来赐命曰：‘吾与女伐狄。’寡君不敢顾昏姻，畏君之威，而受命于使[68]。君有二心于狄，曰：‘晋将伐女。’狄应且憎，是用告我[69]。楚人恶君之二三其德也[70]，亦来告我曰：‘秦背令狐之盟，而来求盟于我[71]，昭告昊天上帝、秦三公[72]、楚三王[73]曰：“余虽与晋出入[74]，余唯利是视[75]。”不穀恶其无成德，是用宣之，以惩不一[76]。’诸侯备闻此言[77]，斯是用痛心疾首，昵就寡人[78]。寡人帅以听命，唯好是求[79]。君若惠顾诸侯，矜哀寡人，而赐之盟，则寡人之愿也。其承宁诸侯以退，岂敢徼乱[80]？君若不施大惠，寡人不佞，其不能以诸侯退矣[81]。敢尽布之执事，俾执事实图利之[82]。”

【注释】

①晋侯,厉公。

②吕相,魏锜之子。

③成十一年,秦、晋盟于令狐,秦桓公归而叛盟,故厉公使吕相数其罪而绝之。

④下皆吕相口宣君命。

⑤昏,同“婚”。　　从秦晋相好说起。

⑥骊姬之难。

⑦文公,重耳。

⑧惠公,夷吾。

⑨重耳奔狄及齐,齐桓公妻之。夷吾奔梁,赂秦以求纳。

⑩晋无福禄,而献公卒。

⑪应“相好”。

⑫僖十年,穆公纳夷吾于晋,为惠公。　　说秦德轻。

⑬僖十五年,秦伐晋,战于韩原,获惠公。　　说秦为德不终。是秦第一罪案。

⑭惠公卒,怀公立,穆公纳重耳于晋,为文公。是穆成安晋之功也。　　作一顿,说秦德轻。

⑮撄,贯也。胤,嗣也。文公备历艰难,以率东方之诸侯,皆四代帝王之嗣,而西向朝秦。二十九字作一句读。

⑯应“旧德”,又作一顿。说晋有报,即宕下以叙晋德。

⑰怒,犹犯也。　　诬秦。僖三十年,郑贰于楚,文公与秦围之。郑未尝犯秦,亦无诸侯之师。　　说晋德重。

⑱郑使烛之武见秦穆公,穆公背晋而私与郑盟。不敢斥言,故托言秦大夫。　　是言秦第二罪案。

⑲皆欲致死命以讨秦。　　诬秦。无诸侯致命之事。

⑳不敢怨秦背己,反保全其师。

㉑又作一顿,说晋大有德于秦,能自占地步。

㉒以文公死为无知而轻蔑之。

㉓以襄公新立为寡弱,而陵忽之。

㉔迭,侵突也。穆公从杞子之谋,潜师以袭郑,道过晋之殽地。

㉕奸犯断绝,不复与我和好。

㉖诬秦。袭郑时,无伐晋保城之事。

㉗滑,姬姓国,都于费。秦袭郑无功,乃灭滑还。

㉘滑与晋为同姓兄弟。

㉙滑、郑皆从晋,是为晋同盟之国。

㉚秦伐滑图郑,是欲倾危覆灭晋之国家。　　叠写九个“我”字。　　是秦第三罪案。

㉛未忘穆公纳文公之勋。　　折一笔。

㉜实恐晋为秦灭。

㉝僖三十三年,晋败秦于殽。　　“我是以有”一,言殽师出于万不得已也。

㉞晋虽有殽师之失,犹愿求解于秦。　　“犹愿”二字,紧接无痕,妙。

㉟不肯释憾。

㊱文四十年，楚斗克囚于秦。至是秦使归楚，求成以谋晋。

㊲幸天默诱人心，而商臣弑楚成王。

㊳楚有篡弑之祸，穆公是以不能快意于晋。设使成王未陨，而即楚谋我之志成矣。　是秦第四罪案。　自献公即世，至此作一截，是历数秦穆之罪。

㊴康公，晋之外甥。

㊵阙，犹掘也。翦，截断也。

㊶蟊贼，皆食禾虫，以喻公子雍。谓秦纳雍以荡摇晋之边鄙。　诬秦。雍之来，晋实召之。　叠写四个"我"字。　是秦第五罪案。

㊷文七年，晋败秦于令狐。"我是以有"二，言令狐之役，出于万不得已也。

㊸悛，改也。

㊹河曲，晋地。事在文十二年。

㊺涑川，水名。

㊻俘，虏也。王官，地名。　伐涑川，俘王官，经传无见。

㊼羁马，地名，其时秦取其地。　叠写四个"我"字。　是秦第六罪案。

㊽晋与秦战于河曲，秦兵夜遁。　"我是以有"三，言河曲之战，出于万不得已也。

㊾晋在秦东，故曰东道。康公绝晋之好，故不东通于晋。　此段独拖一句，妙。　自穆、襄即世至此，作一截，是历数秦康之罪。

㊿君，指秦桓公。

51景公望秦抚恤晋国。　此处独作一波，妙。

52桓公不肯惠然称晋望而共盟。

53谓宣十五年，晋灭赤狄潞氏时。

54河县、箕部，晋二邑名。入河县，焚箕部，经传无见。

55芟，刈也。夷，伤也。损害我禾稼，如去草然。

56虔、刘，皆杀也。杀戮我边境之人民。　叠写四个"我"字。　是秦第七罪案。

57晋聚众于辅氏以拒秦。　"我是以有"四。言辅氏之聚，出于万不得已也。　"之师"、"之役"、"之战"、"之聚"，句法变幻。

58桓公亦悔二国结祸之长，而欲我求福于晋献、秦穆。

59伯车，秦桓公子。

60言我与晋同结所好，共弃前恶，再修旧日之德，以追念前人献、穆之功勋。　此段回应篇首献、穆相好。关锁甚紧。

61约誓之言，未及成就。

62我寡君，厉公。

63成十一年，晋厉公与秦桓公盟于令狐。　入题。又与上四"我是以有"句相呼应。

64桓公又萌不善之心，归而背晋成。　此下方入当时正事。

65及，与也。白狄与秦皆属雍州。

66白狄与秦世为仇雠。

67赤狄之女季隗，白狄伐而获之，纳诸文公。故云婚姻。　疏句无限烟波。

68深文。

69狄虽口应秦命，心实憎其无信，而以秦之二心来告晋。　一"告我"。

70恶秦反覆不常。

⑪下述秦桓盟楚之词。

⑫秦三公，穆、康，共。

⑬楚三王，成、穆、庄。

⑭我虽与晋往来。

⑮我唯利之是从，不诚心与晋也。　　二十四字，一气说下。

⑯不穀，楚共王告晋自称。言我恶秦之无成德，是用宣布其言，以惩戒用心不一之人。二“告我”。　　两引“告我”，俱是实证。是秦反覆真正罪案。　　自“及君之嗣”至此作一截，是历数秦桓之罪。为绝秦正旨。

⑰狄与楚告晋之言，诸侯无不闻之。　　牵引诸侯，妙，使秦无所逃罪。

⑱诸侯由是恶秦之甚，皆来亲近于晋。　　一路备说秦恶，归到此句。

⑲我今帅诸侯以来听命于秦，唯与秦结好是望耳。　　终是求好，妙。

⑳是客。

㉑是主。　　句句牵引诸侯，妙。

㉒或和或战，当图谋其有利于秦者而为之。

秦、晋权诈相倾，本无专直。但此文饰辞驾罪，不肯一句放松，不使一字置辩，深文曲笔，变化纵横，读千遍不厌也。

驹支不屈于晋

会于向[①]。将执戎子驹支[②]。范宣子[③]亲数诸朝[④]，曰：“来，姜戎氏[⑤]！昔秦人迫逐乃祖吾离于瓜州[⑥]，乃祖吾离被苫盖，蒙荆棘，以来归我先君[⑦]。我先君惠公有不腆之田，与女剖分而食之[⑧]。今诸侯之事我寡君，不如昔者[⑨]，盖言语漏泄，则职女之由[⑩]。诘朝之事[⑪]，尔无与焉。与，将执女[⑫]。”对曰：“昔秦人负恃其众，贪于土地，逐我诸戎[⑬]。惠公蠲其大德，谓我诸戎是四岳之裔胄也，毋是翦弃[⑭]。赐我南鄙之田，狐狸所居，豺狼所嗥。我诸戎除翦其荆棘，驱其狐狸豺狼，以为先君不侵不叛之臣，至于今不贰[⑮]。昔文公与秦伐郑，秦人窃与郑盟而舍戍焉[⑯]，于是乎有殽之师[⑰]。晋御其上，戎亢其下，秦师不复，我诸戎实然[⑱]。譬如捕鹿，晋人角之，诸戎掎之，与晋踣[⑲]之[⑳]，戎何以不免[㉑]？自是以来，晋之百役，与我诸戎相继于时，以从执政，犹殽志也，岂敢离逷[㉒]？今官之师旅，无乃实有所阙，以携诸侯，而罪我诸戎[㉓]。我诸戎饮食衣服，不与华同，贽币不通，言语不达，何恶之能为[㉔]？不与于会，亦无瞢焉[㉕]。”赋《青蝇》而退[㉖]。宣子辞焉。使即事于会[㉗]，成恺悌也[㉘]。

【注释】

①晋会诸侯于向，为吴谋楚。

②戎，四岳之后，姜姓。驹支，戎子名。

③范宣子，晋士匄。

④执之何名？乃于未会前一日，数其罪而责之。朝，会向之朝位也。

⑤先呼来，次呼姜戎氏，便是相陵口角。

⑥乃，汝也。吾离，戎祖名，昔为秦穆公迫而逐之。瓜州，今敦煌地。

⑦苫盖，白茅也。无衣，故被苫盖；无居，故蒙荆棘。先君，谓惠公。　极写其流离困苦之状，以出戎丑。

⑧腆，厚也。中分为剖。　写加恩于戎，非复寻常，宜后世报答不已。

⑨诸侯事晋，不比昔日。

⑩职，主也。戎与晋同壤，尽知晋政阙失。是言语漏泄于诸侯，由汝戎实主之。不然，今日诸侯之事晋，何遂不如昔日乎？　悬空坐他罪名。

⑪诘朝，明日也。事，谓会事。

⑫写得声色俱厉，令人难受。

⑬秦恃强而欲得土地，所以逐我。　此辩戎祖被逐，则秦人实恶，非戎之丑。

⑭蠲，明也。四岳，尧时方伯。裔胄，后嗣也。翦弃，灭绝也。　此辩惠公加德于戎，乃因戎本圣裔，礼应存恤，不为特惠。

⑮赐我之田，荒秽僻野，非人所止。我力为驱除而处之，以臣事晋之先君，不内侵，亦不外叛，至于今日，不敢携贰。　此辩晋剖分之田，至为敝恶，戎自开垦，非受实惠。

⑯舍，留也。僖三十年，秦、晋围郑，郑使烛之武见秦君，秦私与郑盟，而留杞子等戍郑而还。

⑰僖三十三年，晋败秦师于殽。

⑱当殽之战，晋遏秦兵于上，戎当秦兵于下。秦师无只轮返，我诸戎效力攻秦，实使之然。　此辩戎大有功于晋，亦足云报。

⑲踣，同“仆”。

⑳譬如逐鹿，晋执其角以御上，戎戾其足以亢下，是戎与晋同踣此鹿也。　一喻入情。

㉑戎有功如此，何故尚不免于罪乎？　问得妙。

㉒自败秦以来，晋凡百征讨之役，戎皆相继以从执政之使令。犹从战于殽，无变志也。岂敢有离贰遏远之心？　此辩戎之报晋，不止殽师一役，至于百役，不可胜数。以足上“至于今不贰”意。

㉓今晋之将帅，或自有阙失，以携贰诸侯之心，而乃罪及我诸戎。　此辩“诸侯事晋不如昔”者，乃晋实有阙，与我诸戎无干。

㉔恶，指漏泄言语以害晋。　此辩“言语泄漏，职汝之由”。言戎与华不相习，非但不敢为恶，亦不能为恶。

㉕瞢，闷也。我不与会，亦无所闷。　此辩“诘朝之事，尔无与焉”。言我亦不愿与会也。说得雪淡，妙。

㉖《青蝇》，《诗·小雅》篇名。赋是诗者，取“恺悌君子，无信谗言”之意。盖讥宣子信谗言也。退，去，不与会也。

㉗辞，谢也。宣子自知失责，故谢戎子，而使就诸侯之会。

㉘欲成恺悌君子之名。　结出宣子心内事，妙。

宣子责驹支之言，怒气相陵，骤不可犯。驹支逐句辩驳，辞婉理直。宣子一团兴致，为之索然。真辞令能品。

祁奚请免叔向

栾盈[①]出奔楚[②]。宣子杀羊舌虎，囚叔向[③]。人谓叔向曰：“子离[④]于罪，其为不

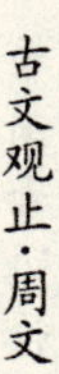

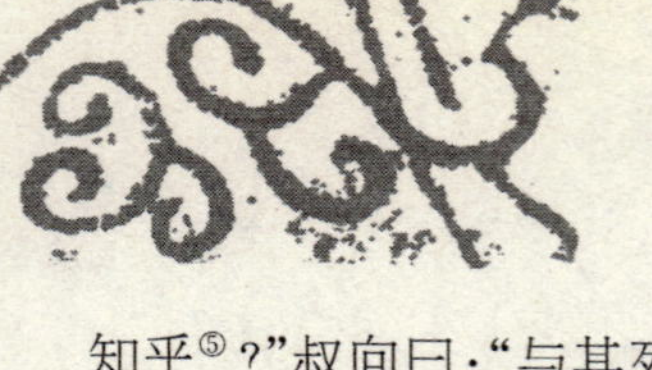

知乎[5]？"叔向曰："与其死亡若何[6]？《诗》曰：'优哉游哉，聊以卒岁[7]。'知也[8]。"乐王鲋[9]见叔向，曰："吾为子请[10]。"叔向弗应。出，不拜[11]。其人皆咎叔向[12]。叔向曰："必祁大夫[13]。"室老闻之[14]，曰："乐王鲋言于君无不行，求赦吾子，吾子不许。祁大夫所不能也，而曰必由之，何也[15]？"叔向曰："乐王鲋，从君者也，何能行[16]？祁大夫外举不弃仇[17]，内举不失亲[18]，其独遗我乎[19]？《诗》曰：'有觉德行，四国顺之[20]。'夫子，觉者也[21]。"

晋侯[22]问叔向之罪于乐王鲋[23]，对曰："不弃其亲，其有焉[24]。"于是祁奚老矣[25]，闻之[26]，乘驲而见宣子[27]，曰："《诗》曰：'惠我无疆，子孙保之[28]。'《书》曰：'圣有谟勋，明征定保[29]。'夫谋而鲜过、惠训不倦者，叔向有焉[30]。社稷之固也[31]，犹将十世宥之，以劝能者。今壹不免其身，以弃社稷，不亦惑乎[32]？鲧殛而禹兴[33]，伊尹放大甲而相之，卒无怨色[34]。管、蔡为戮，周公右王[35]。若之何其以虎也弃社稷[36]？子为善，谁敢不勉？多杀何为[37]？"宣子说[38]，与之乘[39]，以言诸公而免之。不见叔向而归[40]。叔向亦不告免焉而朝[41]。

【注释】

①栾盈，晋大夫。

②范宣子逐之，故出奔。

③虎，盈党。叔向，虎之兄。

④离，同"罹"。

⑤讥叔向无保身之哲。

⑥虽被囚，犹胜于死亡。

⑦《诗》言君子优游于乱世，聊以卒吾之年岁。注疏以为《小雅·采菽》之诗。按：《采菽》无"聊以卒岁"之文，恐是逸诗。

⑧此乃所以为知也。　　叔向已算到可以不死。不知者，焉能有此定见？

⑨乐王鲋，晋大夫。

⑩为子请于君而免之。

⑪大是骇人。

⑫自然见咎。

⑬祁大夫，谓祁奚也。能免我者，必由此人。　　胸中泾渭，介然分明，是为真智。

⑭室老，家臣之长。

⑮常人只是常见。

⑯唯阿意顺君，何能行此救人之事？　　提过乐王鲋一边。

⑰举其仇解狐。

⑱举其子祁午。

⑲其独遗我一人而不救乎？

⑳《诗·大雅·抑》之篇，言有正直之德行，则天下顺之。

㉑祁大夫，觉然正直者也。　　收句冷隽。

㉒晋侯，平公。

㉓问其果与弟虎有谋否。

㉔言叔向笃于亲亲,其殆与弟有谋焉。　　谮语,故作猜疑,妙。

㉕告老致仕。

㉖闻叔向被囚。

㉗驲,传车也。乘驲,恐不及也。

㉘《诗·周颂·烈文》篇,言文、武有惠训之德,及于百姓,无有疆限,故周之子孙,皆保赖之。

㉙《书·夏书·胤征》篇。言圣哲之有谟谋功勋者,当明证其谟勋而定安之。

㉚谋少过失,圣有谟勋也。惠训不倦,惠我无疆也。

㉛此社稷所赖以安固也。　　"社稷"二字,是立言之旨。

㉜假使其十世之后,子孙有罪,犹当宽宥之,以劝有能之人。今壹以弟故不免其身,以弃社稷之所倚赖,不亦惑之甚乎?　　此言叔向之能,尚可庇子孙之有罪,岂可及身见杀。

㉝不以父罪废其子。

㉞不以一怨妨大德。

㉟兄弟罪不相及。

㊱此言不当以弟虎罪及叔向。　　两提"弃社稷",叔向之身,何等关系!

㊲子若力行善事,谁敢不勉于为善?何必多杀,然后人不敢为恶乎?　　归到宣子身上,亦复善于劝解。

㊳说,悦。

㊴与祁奚共载。

㊵祁奚不见叔向而归,以见为社稷,非私叔向也。

㊶叔向亦不告免于祁奚,而即往朝君。以明祁奚之非为己也。　　两不相见,径地俱高。

乐王鲋见叔向,而自请免之。祁奚免叔向,而竟不见之。君子小人,相去霄壤。"不应"、"不拜",所以绝小人。"不告免",所以待君子。

子产告范宣子轻币

范宣子[①]为政[②],诸侯之币重[③]。郑人病之[④]。二月,郑伯[⑤]如晋。子产寓书于子西以告宣子[⑥],曰:"子为晋国[⑦],四邻诸侯[⑧]不闻令德,而闻重币[⑨],侨[⑩]也惑之。侨闻君子长国家者,非无贿之患,而无令名之难[⑪]。夫诸侯之贿,聚于公室,则诸侯贰[⑫]。若吾子赖之,则晋国贰[⑬]。诸侯贰则晋国坏[⑭],晋国贰则子之家坏[⑮],何没没也[⑯]!将焉用贿[⑰]?夫令名,德之舆也[⑱]。德,国家之基也[⑲]。有基无坏[⑳],无亦是务乎[㉑]?有德则乐,乐则能久[㉒]。《诗》云:'乐只君子,邦家之基。'有令德也夫[㉓]。'上帝临女,无贰尔心。'有令名也夫[㉔]。恕思以明德,则令名载而行之,是以远至迩安[㉕]。毋宁使人谓子'子实生我',而谓'子浚我以生'乎[㉖]!象有齿以焚其身,贿也[㉗]。"宣子说,乃轻币。

【注释】

①范宣子,晋士匄。

②将中军,执国政。

③诸侯朝贡于晋者，其币增重。币，礼仪也。
④病，患也。
⑤郑伯，简公。
⑥寓，寄也。子西相郑伯如晋，故子产寄书与子西，以劝告宣子。
⑦为晋执政。　只此四字，落笔便妙。
⑧牵引四邻，妙。
⑨不闻有善德，但闻增重诸侯之币。　先提令德，引起令名。
⑩侨，子产名。
⑪贿，财也。令名，善誉也。　"贿"字，从重币推出。令名，从令德推出。　二句是一篇主意。
⑫敛诸国之财，而积聚于晋之公室，则诸侯离心于晋。
⑬若汝自利赖其财，而私入于己，则晋人离心于汝。
⑭晋不能保国。
⑮汝不能保家。
⑯何其沉溺而不反也。
⑰贿之为祸如此，将安用之？　此段申"非无贿之患"句。
⑱有德者，必以令名为舆，始能远及。
⑲有国者，必以令德为基，始能自立。
⑳有德以为基，故国家不坏。　一"坏"字，应上两"坏"字。
㉑无亦以是令名为先务乎？　从名转德，从德转国家，从国家转无坏，笔笔转，笔笔应。
㉒务令名在有德，有德则乐与人同。而能久居其位。
㉓《小雅》之诗。言君子有德可乐，则能立国之基，使之长久。有令德之谓也夫。　引《诗》证德为国家之基。
㉔《大雅》之诗。言上帝鉴临武王之德，则下民无敢有离贰之心。有令名之谓也夫。　引《诗》证名为德之舆。一"贰"字，应上四"贰"字。　此段申"无令名之难"句。
㉕以恕存心，而自明其德，则自然有令名以为之舆。而载是德以行于世，所以远者闻风而至，近者赖德而安，为国家之基也。　又合德与名，双收一笔，遒紧。
㉖毋宁，宁也。宁可使人议论吾子，以为子实能生养我民，而可谓子取民以自养乎？　以贿与令名二者比并言之，语绝波峭，又叠用三"子"字，尤有态。
㉗焚，毙也。象因有齿以杀身，以齿之有贿故耳。　指"贿"字作结，仍收到重币上。见有贿非但国坏家坏，而且身亦坏也。是危语，亦是冷语。

劈起将令德、令名与重币对较，持论正大。其写德名处，作赞叹语。写重币处，作危激语。回环往复，剀切详明。宜乎宣子之倾心而受谏也。

晏子不死君难

崔武子①见棠姜而美之，遂取②之③。庄公通焉④。崔子弑之⑤。晏子立于崔氏之门外⑥。其人⑦曰："死乎⑧？"曰："独吾君也乎哉，吾死也⑨？"曰："行乎⑩？"曰："吾

罪也乎哉，吾亡也[11]？”曰：“归乎[12]？”曰：“君死，安归[13]？君民者，岂以陵民，社稷是主。臣君者，岂为其口实，社稷是养[14]。故君为社稷死，则死之。为社稷亡，则亡之。若为己死，而为己亡，非其私昵，谁敢任之[15]？且人有君而弑之[16]，吾焉得死之？而焉得亡之？将庸何归[17]？”

门启而入[18]，枕尸股而哭[19]。兴[20]，三踊而出[21]。人谓崔子必杀之。崔子曰：“民之望也，舍之，得民[22]。”

【注释】

①崔武子，崔杼。

②取，同“娶”。

③棠姜，齐棠公之妻也。棠公死，崔杼往吊，见而美之，遂娶之。

④齐庄公与之私通。

⑤死于淫乱。

⑥庄公死于崔杼之家。其门未启，故晏子立于其门外。

⑦其人，晏子左右。

⑧为君死难。

⑨君不独我之君，我何为独死？

⑩弃国而奔。

⑪君死非我之罪，我何为逃亡？

⑫既不死难，又不出奔，则当归家。何必立于此地？

⑬臣以君为天，君死将安归？　死亡既不必，归又不可，于此可觇贤者立身。

⑭陵，居其上也。口实，禄也。养，奉也。君不徒居民上，臣不徒求禄，皆为社稷。“社稷”与“己”字对看。是立言之旨。

⑮己，指淫乱之事。私昵，嬖幸之臣，同君为恶者。“敢”字妙。言虽欲死亡，限于义也。从社稷立论，案断如山，不可移易。

⑯人，谓崔子。人有君，便见非社稷主也，妙。

⑰收上死、亡、归三段。

⑱崔子启门，而晏子入。

⑲以公尸枕己股而哭之。

⑳既哭而兴。

㉑踊，跳也。哀痛之至，故三踊乃出。　写晏子尽礼。

㉒狡甚。

起手死、亡、归，三层叠下，无数烟波，只欲逼出“社稷”两字也。注眼看著“社稷”两字，君臣死生之际，乃有定案。

季札观周乐

吴公子札来聘[1]。请观于周乐[2]。使工[3]为之歌《周南》、《召南》[4]，曰：“美哉[5]！

始基之矣，犹未也，然勤而不怨矣[6]。”为之歌《邶》、《鄘》、《卫》[7]，曰：“美哉，渊乎！忧而不困者也[8]。吾闻卫康叔、武公之德如是，是其卫风乎[9]？”为之歌《王》[10]，曰：“美哉！思而不惧，其周之东乎[11]？”为之歌《郑》，曰：“美哉！其细已甚，民弗堪也，是其先亡乎[12]？”为之歌《齐》，曰：“美哉！泱泱乎，大风也哉[13]！表东海者，其大公乎？国未可量也[14]。”为之歌《豳》[15]，曰：“美哉，荡乎！乐而不淫，其周公之东乎[16]？”为之歌《秦》，曰：“此之谓夏声[17]。夫能夏则大，大之至也，其周之旧乎[18]？”为之歌《魏》，曰：“美哉，沨沨乎！大而婉，险而易行，以德辅此，则明主也[19]。”为之歌《唐》[20]，曰：“思深哉[21]！其有陶唐氏之遗民乎[22]？不然，何忧之远也[23]。非令德之后，谁能若是[24]？”为之歌《陈》，曰：“国无主，其能久乎[25]？”自《郐》以下无讥焉[26]。为之歌《小雅》，曰：“美哉！思而不贰[27]，怨而不言[28]，其周德之衰乎[29]？犹有先王之遗民焉[30]。”为之歌《大雅》，曰：“广哉，熙熙乎[31]！曲而有直体[32]，其文王之德乎[33]？”为之歌《颂》，曰：“至矣哉[34]！直而不倨[35]，曲而不屈[36]，迩而不逼[37]，远而不携[38]，迁而不淫[39]，复而不厌[40]，哀而不愁[41]，乐而不荒[42]，用而不匮[43]，广而不宣[44]，施而不费[45]，取而不贪[46]，处而不底[47]，行而不流[48]。五声和[49]，八风平[50]。节有度[51]，守有序[52]。盛德之所同也[53]。”见舞《象箾》、《南籥》者[54]，曰：“美哉[55]！犹有憾[56]。”见舞《大武》者[57]，曰：“美哉！周之盛也[58]，其若此乎[59]！”见舞《韶濩》者[60]，曰：“圣人之弘也[61]，而犹有惭德[62]。圣人之难也[63]。”见舞《大夏》者[64]，曰：“美哉！勤而不德[65]，非禹，其谁能修之[66]？”见舞《韶箾[67]》者[68]，曰：“德至矣哉！大矣[69]，如天之无不帱也，如地之无不载也[70]。虽甚盛德，其蔑以加于此矣[71]。观止矣[72]。若有他乐，吾不敢请已[73]。”

【注释】

①札，吴寿梦之子，季札也。吴子夷昧新立，使来聘鲁。

②成王赐鲁以天子之乐，故周乐尽在鲁。“请观”二字伏案。

③使我乐工也。　二字直贯到底。

④为之，为季札也。以下段段著“为之”，见当时重季札。

⑤美其声也。

⑥文王之化，基于二《南》，犹有商纣之虐政，其化未洽于天下，然民赖其德，虽劳于王室，而亦不怨。　一句一折。

⑦三国乃管、蔡、武庚三监之地，康叔封卫，兼而有之。今三国之诗，皆卫诗也，而必别而三之者，岂非以疆土不同，故音调亦从而异欤？

⑧渊，深也。亡国之音哀以思，其民困。卫遭宣公淫乱，懿公灭亡，赖有先世之德，虽忧思之深，而不至于穷困。

⑨康叔，卫始封之君。武公，其九世孙。言吾闻二公德化入人之深如是，是得非卫国风之诗乎？　穆然神遇。

⑩王，周平王也。平王东迁，王室下同于列国，故其诗不得入《雅》，而《黍离》降为《国风》。

⑪思文、武而不畏播迁，其东迁以后之诗乎？

⑫美有治政，而讥其烦琐。民既不支，国何能久？

⑬泱泱，弘大之声。大风，大国之风也。　变调。

⑭大公为东海之表式，国祚不可限量。

⑮按：今《豳风》列于《国风》之终，与此次序不同者，盖此时未经夫子删定故也。
⑯荡，广大之貌。周公遭流言之变，东征三年，为成王陈后稷先公乐于农事而不敢荒淫，以成王业，故曰周公之东。
⑰秦起自西戎，至秦仲始有车马礼乐，去戎狄而有诸夏之声。　变调。
⑱夏有大义，西戎而有夏声，则大之至。秦襄公佐平王东迁，尽有西周之地，故云周之旧。
⑲沨沨，中庸之声。高大而又婉顺，险阻而又易行，所以为中庸也。惜其无德以辅之尔。　变调。
⑳此晋诗也，而谓之唐者，唐本叔虞始封之地也。
㉑叹其忧深思远。
㉒晋本唐尧故地，故其遗俗犹存。
㉓何其忧深思远，情发乎声。
㉔非承继陶唐盛德之后，安能如此？　一句一折。
㉕淫声放荡，无复畏忌，故曰无主。其灭亡将不久。　全是贬词。
㉖《郐》，曹之诗，不复讥论，微之也。
㉗思文、武之德，而无反叛之心。
㉘怨商纣之政，而能忍而不言。
㉙其周德未盛之时乎？
㉚犹有殷先王之遗民，故周未能盛大。
㉛广，大也。熙熙，和乐声。　变调。
㉜其声委曲，而有正直之体。
㉝得非文王之盛德乎？
㉞独赞其“至”，与赞他歌不同。
㉟直而不失于倨傲。
㊱曲而不失于屈挠。
㊲近而不至于逼害。
㊳远而不至于携贰。
㊴迁动而不至于淫荡。
㊵反复而不为人厌弃。
㊶虽遇凶灾，不至忧愁。
㊷虽当逸乐，不至荒淫。
㊸用之不已，不至穷匮。
㊹志虽广大，不自宣扬。
㊺虽好施与，无所费损。
㊻或有所取，不至贪求。
㊼虽复止处，而不底滞。
㊽虽常运行，而不流放。　总赞其德之无偏胜。一气连用十四句，何等笔力。
㊾五声，宫、商、角、徵、羽。
㊿八风，八方之气。
(51)八音克谐。
(52)无相夺伦。　再衬四句，更有力。

㊾周、鲁、商三《颂》，盛德皆同。　以上是歌，以下是舞。上俱以“为之”二字引起，下俱以“见”字引起。上皆是反复想象，下语多著实，盖闻虚而见实也。

㊿箾、籥，皆舞者所执。《象箾》，武舞也。《南籥》，文舞也。皆文王之乐。

(51)美其容也。

(52)文王恨不及己致太平。

(53)《大武》，武王之乐。

(54)武王兴周之盛。

(55)四字，形容不出，是赞词，亦是微词。

(56)《韶濩》，汤乐。

(57)汤德宽弘。

(58)犹有可惭之德，谓始以征伐而得天下。

(59)以见圣人处世变之难。　一句一折。

(60)《大夏》，禹乐。

(61)勤能治水，而不自矜其德。

(62)非禹之圣，谁能修举其功。

(63)箾，同“箫”。

(64)《书》曰：“《箫韶》九成。”盖舜乐之总名。

(65)赞其“至”，复赞其“大”，与赞他舞不同。

(66)所以为大。

(67)所以为至。

(68)应“观”字。　三字收住全篇。

(69)应“请”字。

季札贤公子，其神智器识，乃是春秋第一流人物，故闻歌见舞，便能尽察其所以然。读之者，细玩其逐层摹写，逐节推敲，必有得于声容之外者。如此奇文，非左氏其孰能传之。

子产坏晋馆垣

子产相郑伯[①]以如晋。晋侯[②]以我丧故[③]，未之见也[④]。子产使尽坏其馆之垣，而纳车马焉[⑤]。

士文伯[⑥]让之[⑦]曰：“敝邑以政刑之不修，寇盗充斥[⑧]，无若诸侯之属辱在寡君者何[⑨]？是以令吏人完客所馆，高其闬闳，厚其墙垣，以无忧客使[⑩]。今吾子坏之，虽从者能戒，其若异客何[⑪]？以敝邑之为盟主，缮完葺墙，以待宾客。若皆毁之，其何以共命[⑫]？寡君使匄请命[⑬]。”对曰：“以敝邑褊小，介于大国，诛求无时，是以不敢宁居，悉索敝赋，以来会时事[⑭]。逢执事之不闲，而未得见。又不获闻命，未知见时[⑮]。不敢输币，亦不敢暴露[⑯]。其输之，则君之府实也，非荐陈之，不敢输也[⑰]。其暴露之，则恐燥湿之不时而朽蠹，以重敝邑之罪[⑱]。侨[⑲]闻文公之为盟主也[⑳]，宫室卑庳，

无观台榭[21]，以崇大诸侯之馆[22]。馆如公寝[23]，库厩缮修[24]，司空以时平易道路[25]，圬人以时塓馆宫室[26]。诸侯宾至，甸设庭燎[27]，仆人巡宫[28]，车马有所[29]，宾从有代[30]，巾车脂辖[31]，隶人牧圉各瞻其事[32]，百官之属各展其物[33]。公不留宾，而亦无废事。忧乐同之，事则巡之。教其不知，而恤其不足[34]。宾至如归，无宁菑患，不畏寇盗，而亦不患燥湿[35]。今铜鞮之宫数里[36]，而诸侯舍于隶人；门不容车，而不可逾越[37]；盗贼公行，而天厉不戒[38]。宾见无时，命不可知[39]。若又勿坏，是无所藏币，以重罪也[40]。敢请执事，将何所命之[41]？虽君之有鲁丧，亦敝邑之忧也[42]。若获荐币，修垣而行，君之惠也。敢惮勤劳[43]。"

文伯复命。赵文子曰："信[44]，我实不德。而以隶人之垣以赢诸侯[45]，是吾罪也[46]。"使士文伯谢不敏焉[47]。晋侯见郑伯有加礼，厚其宴好而归之[48]，乃筑诸侯之馆[49]。

叔向曰："辞之不可以已也如是夫[50]！子产有辞，诸侯赖之[51]。若之何其释辞也[52]？《诗》曰：'辞之辑矣，民之协矣；辞之怿矣，民之莫矣。'其知之矣[53]！"

【注释】

①郑伯，简公。

②晋侯，平公。

③以鲁襄公丧故。

④见则有宴好，虽以吉凶不并行为辞，实轻郑也。

⑤尽毁馆舍之垣墙，而纳己之车马。　骇人，盖见得透，故行得出。

⑥士文伯，名匄，字伯瑕。

⑦责子产。

⑧晋国不能修举政刑，致使盗贼之多。

⑨诸侯卿大夫辱来见晋君者，无如之何。　十二字句。

⑩闬闳，馆门也，高其门，厚其墙，则馆舍完固，而客使可无寇盗之忧。　已上叙设垣之由，以见晋待客一段盛意。

⑪虽汝从者自能防寇，他国宾客来，将若之何。　一诘，意甚婉。

⑫晋为诸侯盟主，而缮治完固，以覆盖墙垣，所以待诸侯之宾客。若来者皆毁之，将何以供给宾客之命乎？　再诘，词甚严。

⑬请问毁墙之命。　明是问罪声口。

⑭褊，狭也。介，间也。诛，责也。大国责求无常时，我尽求敝邑之财赋，以随时而朝会。　此责晋重币，以叙郑来晋之由。

⑮适遇晋君以鲁丧无暇，遂不得见。又不获闻召见之命，未知得见的在何时。　此责晋慢客。

⑯既不敢以币帛输纳于库，又不敢以币帛暴露于外。　此言郑左难右难，下复双承畅言之。

⑰输之，则币帛乃晋府库之物。非见君而进陈之，则不敢专辄以物输库也。

⑱若暴露之，又恐晴雨不常，致使币帛朽蠹，适以增重郑国之罪。　左难右难如此。"输币"、"暴露"，虽并提，然侧重"暴露"一边，已说尽坏垣之故。

⑲侨,子产名。

⑳只因“敝邑为盟主”句,提出晋文公来压倒他。下乃历叙文公之敬客,以反击今日之慢客,妙。

㉑庳,小也。阙门曰观。筑土曰台。有屋曰榭。　　文公自处俭约如此。

㉒待客又极其隆也。　　总一句,下乃细列之。

㉓馆如晋君之寝室。　　一。

㉔馆中藏币之库,养马之厩,皆缮治修葺。　　二。

㉕司空,掌邦土。易,治也。　　三。

㉖圬人,泥匠也。塓,涂也。　　四。　　诸侯未至之先如此。

㉗甸人设照庭大烛。　五。

㉘至夜巡警于宫中。　六。

㉙车马皆有地以安处。　　七。

㉚宾之仆从,有人代役。　　八。

㉛巾车,主车官,以脂膏涂客之车辖。辖,车轴头铁。.　　九。

㉜徒隶之人与夫牛之牧、马之圉,各瞻视其所当供客之事。　　十。

㉝官属各陈其待客之物。　　十一。　　诸侯既至之后,又如此。

㉞不久留宾,宾得速去,则事不废。国有忧乐,与宾同之;事有废阙,为宾察之;宾有不知,则训教之;宾有不足,则体恤之。　　上十一句,是馆中事。此六句,是文公心上事。

㉟总承上文。言文公待诸侯如此,以故宾至晋国,不异归家,宁复有菑患乎?纵有寇盗,无所畏惧,虽有燥湿,不至朽蠹。　　此文公之为盟主然也。

㊱铜鞮,晋离宫名。　　与“宫室卑庳”二句相反。

㊲诸侯馆舍,仅如徒隶之居,门庭狭小,车马难容。又有墙垣之限,不可越而过之。　　与“崇大诸侯之馆”五句相反。并破“高其闬闳”二句。

㊳天厉,疾疫也。指挽车之人、马言。　　与“甸设庭燎”九句相反。并破“无忧客使”一句。

㊴宾之进见,未有时日。召见之命,不得而知。　　与“公不留宾”一段相反。又挽“逢执事之不闲”四句。

㊵若不毁坏墙垣,是使我暴露其币帛,以致朽蠹,是增重其罪也。　　挽“不敢输币”,又“不敢暴露”二句。

㊶反诘之,妙。正对“寡君使匄请命”句。

㊷晋、郑皆与鲁同姓,晋之忧,亦郑之忧也。　　使晋无所藉口。

㊸若得见晋君而进币,郑当修筑墙垣而归,则拜晋君之赐,敢畏修垣之劳乎?　　结出修垣细事,明是鄙薄晋人。　　已上句句与文公相反,且语语应前,妙。

㊹信如子产所言。　　只一字,写心服,妙。

㊺赢,受也。

㊻注“信”字。

㊼极写子产。

㊽极写子产。

㊾改筑馆舍,所谓“诸侯赖之”也。　　收完正文。

㊿“如是夫”三字,沉吟叹赏,信服之至。

51不止郑是赖。

㉜释，废也。

㉝《诗·大雅》。言辞辑睦，则民协同，辞悦怿，则民安定，诗人其知辞之有益矣。　以叔向赞不容口作结，妙。

晋为盟主，而子产以蕞尔郑朝晋，尽坏馆垣，大是奇事。只是胸中早有成算，故说来句句针锋相对，义正而不阿，词强而不激。文伯不措一语，文子输心帖服，叔向叹息不已，子产之有辞，洵非小补也。

子产论尹何为邑

子皮①欲使尹何为邑。子产曰："少，未知可否②？"子皮曰："愿，吾爱之，不吾叛也③。使夫往而学焉，夫亦愈知治矣④。"子产曰："不可⑤。人之爱人，求利之也⑥。今吾子爱人则以政⑦，犹未能操刀而使割也，其伤实多⑧。子之爱人，伤之而已，其谁敢求爱于子⑨？子于郑国，栋也。栋折榱崩，侨⑩将厌焉，敢不尽言⑪？子有美锦，不使人学制焉⑫。大官大邑，身之所庇也，而使学者制焉⑬。其为美锦，不亦多乎⑭？侨闻学而后入政，未闻以政学者也⑮。若果行此，必有所害⑯。譬如田猎，射御贯则能获禽。若未尝登车射御，则败绩厌覆是惧，何暇思获⑰？"子皮曰："善哉！虎不敏。吾闻君子务知大者、远者，小人务知小者、近者⑱。我，小人也，衣服附在吾身⑲，我知而慎之⑳。大官大邑，所以庇身也㉑，我远而慢之㉒。微子之言，吾不知也㉓。他日我曰：'子为郑国，我为吾家以庇焉，其可也㉔。'今而后知不足。自今请虽吾家，听子而行㉕。"子产曰："人心之不同，如其面焉㉖。吾岂敢谓子面如吾面乎㉗？抑心所谓危，亦以告也㉘。"子皮以为忠，故委政焉㉙。子产是以能为郑国㉚。

【注释】

①子皮，名罕虎，郑上卿。

②尹何年少，未知可使治邑否？

③愿，谨厚也。叛，背也。言吾爱其谨厚，必不吾背。　平日可信。

④两"夫"字，指尹何。言谨厚之人，使往治邑而学为政，当愈知治邑之道矣。　后日又可望。故虽年少，亦可使之为邑。

⑤总断一句。

⑥必求有以利益之。

⑦今汝爱尹何，则使之为政。

⑧譬如未能执刀，而使之宰割，其自伤必多。

⑨非以爱之，实以害之，谁敢求汝之见爱？　一喻，破"吾爱之"句。

⑩侨，子产名。

⑪郑国有汝，犹屋之有栋。榱，椽也。栋以架椽，设使汝误事而致败，譬如栋折而椽崩，则我亦处屋下，将为其所压，敢不尽情言之？　二喻，言如此用爱，不但伤尹何，侨亦且不免。"敢不尽言"句，锁上起下。

⑫譬如汝有美锦，必不使不能裁者学裁之，惟恐伤锦。

⑬身之所庇以安者，而使学为政者往裁治焉，不恐伤身？

⑭亦思官邑之为美锦，不较多乎？　三喻，破“使夫往而学”句。

⑮二句是立言大旨。

⑯非自害，则害于治。

⑰败绩，坏车也。言求免自害且不能，何暇求其无害于治？　四喻，破“夫亦愈知治”句。一喻尹何，二喻自己，三喻子皮，四又喻尹何，随手出喻，绝无痕迹。

⑱君子、小人，以识言。

⑲此其小者、近者。

⑳美锦不使学制。

㉑此其大者、远者。

㉒官邑欲使学制。

㉓无子之言，吾终不自知其失，所以为无识之小人。　仍援前喻，更觉入情。　论尹何至此已毕。

㉔他日，前日也。前日我尝有云：“子治郑国，我治吾家，以庇身焉，其或可也。”

㉕前日我犹自以为能治家，今而后知谋虑不足，虽吾家亦须听子而行。　此子皮自谓才不及子产，字字缠绵委婉。

㉖人面无同者，其心亦然。

㉗即面观心，则汝之心未必尽如吾之心。岂敢使子之家事，皆从我之所为乎？　此五喻也。通篇是喻，结处仍用喻，快笔灵思，出人意表。

㉘但于我心有所不安，如使尹何为邑者，亦必尽言以告也。　仍缴正意，一笔作收。

㉙以子产尽心于己，故以国政委之。

㉚结出子产治政之由。

“学而后入政，未闻以政学”二语，是通体结穴，前后总是发明此意。子产倾心吐露，子皮从善若流，相知之深，无过于此。全篇纯以譬喻作态，故文势宕逸不群。

子产却楚逆女以兵

楚公子围[①]聘于郑，且娶于公孙段氏[②]。伍举[③]为介[④]。将入馆[⑤]，郑人恶之[⑥]。使行人子羽与之言[⑦]，乃馆于外[⑧]。

既聘，将以众逆[⑨]。子产患之[⑩]，使子羽辞曰：“以敝邑褊小，不足以容从者，请墠听命[⑪]。”令尹使太宰伯州犁对曰：“君辱贶寡大夫围，谓围‘将使丰氏抚有而室[⑫]’。围布几筵，告于庄、共之庙而来[⑬]。若野赐之[⑭]，是委君贶于草莽也[⑮]，是寡大夫不得列于诸卿也[⑯]。不宁唯是[⑰]，又使围蒙其先君，将不得为寡君老，其蔑以复矣[⑱]。唯大夫图之。”子羽曰：“小国无罪，恃实其罪[⑲]。将恃大国之安靖己，而无乃包藏祸心以图之[⑳]？小国失恃，而惩诸侯，使莫不憾者[㉑]。距违君命，而有所壅塞不行是惧[㉒]。不然，敝邑，馆人之属也，其敢爱丰氏之祧[㉓]？”伍举知其有备也，请垂橐

而入。许之[24]。

【注释】

①楚公子围，楚令尹。

②段，郑大夫子石也。围娶其女。　　围将会诸侯之大夫于虢，以虢系郑地，故行此聘、娶二事。

③伍举，椒举也。

④副使曰介。　　补叙椒举者，伏后垂橐之请也。

⑤将入郑而馆。

⑥以其徒众之多，恐怀诈以袭己也。

⑦子羽之言不载。

⑧楚乃舍于城外。围不置对者，恃有逆女一著，可以逞也。　　以上是聘时事，以下是娶时事，叙二事一略一详。盖以上一段引起下一段也。

⑨楚欲以兵众入郑逆妇。

⑩亲迎何待以众？其怀诈可知。

⑪请于城外除地为墠，以行婚礼。　　按：婚礼，主人筵几于庙，婿执雁而入。以墠为请，非礼也。

⑫贶，赐也。丰氏，子石女也。公孙段食邑于丰，故称丰氏。而，汝也。“将使丰氏”八字，是郑君谓围之词。　　说郑命围郑重。

⑬庄王，围之祖。共王，围之父。　　说围受命郑重。

⑭若于城外为墠，使我在野以受赐。

⑮轻郑君之赐，而弃之草莽。　　一“是”字。

⑯逆女不得成礼，何颜复置身诸卿之列。　　二“是”字。　　两句，应首段，唤起下段。

⑰疾撇上二“是”字。

⑱蒙，欺也。大臣曰老。言告先君而来，不得成礼于女氏之庙，是使我欺其先君，而辱寡君之命，不得为楚大臣。其无以归国矣。　　三句应二段。

⑲小国有何罪？恃大国而不设备，实其罪也。　　二句是立言主脑。

⑳郑之婚楚，本欲恃楚以安靖其国家，今楚以兵入逆，汝无乃包藏祸心以图袭郑？而，汝也。　　一句喝破楚之本谋，妙。

㉑郑为楚图而失所恃，致使诸侯信楚者，皆以郑为戒，使无不恨楚之行诈者。　　不说郑憾楚，说诸侯莫不憾楚，妙。

㉒距，亦违也。自此诸侯举不信楚，而楚君之令有所壅塞而不行，此郑恃楚以取灭亡所致，实郑之罪也。所惧者唯此。

㉓若楚国无他意，则郑之在楚，与守舍之人相类，岂敢爱惜丰氏之远祖庙，而不以成礼乎？　　以上直说出“请墠听命”之故。

㉔橐，弓衣也。垂橐，示无弓也。

篇首著“恶之”、“患之”四字，已伏后一段议论。州犁之对，词婉而理直，郑似无可措辞。子产索性喝出他本谋，使无从置辩。若稍婉转，则楚必不听。此小国所以待强敌，不得不尔。

子革对灵王

楚子[①]狩于州来，次于颍尾[②]。使荡侯、潘子、司马督、嚣尹午、陵尹喜[③]帅师围徐以惧吴[④]。楚子次于乾谿，以为之援[⑤]。雨雪，王皮冠、秦复陶[⑥]、翠被[⑦]、豹舄[⑧]，执鞭以出[⑨]，仆析父[⑩]从[⑪]。右尹[⑫]子革[⑬]夕[⑭]，王见之，去冠被，舍鞭[⑮]，与之语曰："昔我先王熊绎[⑯]，与吕伋[⑰]、王孙牟[⑱]、燮父[⑲]、禽父[⑳]并事康王[㉑]，四国皆有分[㉒]，我独无有[㉓]。今吾使人于周，求鼎以为分，王其与我乎[㉔]？"对曰："与君王哉[㉕]！昔我先王熊绎，辟在荆山，筚路蓝缕[㉖]，以处草莽，跋涉山林，以事天子，唯是桃弧棘矢，以共御王事[㉗]。齐，王舅也[㉘]。晋及鲁、卫，王母弟也[㉙]。楚是以无分，而彼皆有[㉚]。今周与四国服事君王，将唯命是从，岂其爱鼎[㉛]？"王曰："昔我皇祖伯父昆吾，旧许是宅[㉜]，今郑人贪赖其田而不我与[㉝]，我若求之，其与我乎[㉞]？"对曰："与君王哉[㉟]！周不爱鼎，郑敢爱田[㊱]？"王曰："昔诸侯远我而畏晋，今我大城陈、蔡、不羹，赋皆千乘[㊲]，子与有劳焉[㊳]，诸侯其畏我乎[㊴]？"对曰："畏君王哉[㊵]！是四国者，专足畏也，又加之以楚，敢不畏君王哉[㊶]！"工尹路[㊷]请曰："君王命剥圭以为鏚柲，敢请命[㊸]。"王入视之[㊹]。析父谓子革："吾子，楚国之望也，今与王言如响[㊺]，国其若之何？"子革曰："摩厉以须，王出，吾刃将斩矣[㊻]。"

王出，复语，左史倚相趋过[㊼]。王曰："是良史也，子善视之。是能读《三坟》、《五典》、《八索》、《九丘》[㊽]。"对曰："臣尝问焉，昔穆王欲肆其心，周行天下，将皆必有车辙马迹焉[㊾]。祭公谋父作《祈招》之诗以止王心[㊿]，王是以获没于祗宫[51]。臣问其诗而不知也，若问远焉，其焉能知之[52]？"王曰："子能乎？"对曰："能。其诗曰：'祈招之愔愔，式昭德音[53]。思我王度，式如玉，式如金[54]。形民之力，而无醉饱之心[55]。'"王揖而入[56]。馈不食，寝不寐，数日，不能自克，以及于难[57]。

仲尼曰："古也有志[58]：'克己复礼，仁也[59]。'信善哉！楚灵王若能如是，岂其辱于乾谿[60]？"

【注释】

①楚子，灵王。

②冬猎曰狩。州来、颍尾，二地皆近吴。

③五子皆楚大夫。

④徐，吴与国。

⑤乾谿，水名。自颍尾遣五大夫讫，即自次乾谿，以为兵援。

⑥秦所遗羽衣。

⑦被，帔也。以翠羽饰之。

⑧以豹皮为履。

⑨执鞭出以教令。

⑩仆析父，楚大夫。

⑪此等闲叙，若无紧要，然妆点浓色正在此。

⑫右尹，官名。

⑬子革，郑丹也。

⑭暮见曰夕。

⑮妆点。

⑯熊绎，楚始封君。

⑰吕伋，齐太公之子丁公。

⑱王孙牟，卫康叔子康伯。

⑲燮父，晋唐叔之子。

⑳禽父，周公子伯禽。

㉑康王，成王子。

㉒齐、卫、晋、鲁，王皆赐之珍宝，以为分器。

㉓楚独无所赐。

㉔禹铸九鼎，三代相传，犹后世传国玺也。灵王欲求周鼎以为分器，意欲何为？

㉕四字冷妙。

㉖筚路，柴车。蓝缕，敝衣。

㉗以桃为弓，以棘为矢，为天子共御不祥之事。　写楚与周疏远。

㉘成王之母姜氏，齐太公之女。

㉙唐叔，成王母弟。周公、康叔，武王母弟。　写四国是周亲贵。

㉚宝器所以展亲，不得颁及疏远。

㉛今周与齐、晋、鲁、卫皆服事楚，将唯楚命是听，岂惜此鼎而不以与楚？　故为张大，隐见楚子之无君，冷妙。

㉜陆终氏生六子，长曰昆吾，少曰季连。季连，楚之远祖，故谓昆吾为伯父。昆吾尝居许地，许既南迁，故曰旧许是宅。

㉝此时旧许之地属郑。

㉞求至远祖之兄所居之地，更属可笑。

㉟冷妙。

㊱不有天子，何有于郑？妙论解颐。

㊲陈、蔡，二国名。不羹，地名。其地有二邑。言我大筑四国之城，其田之赋，皆出兵车千乘。

㊳汝子革亦与有功焉。　带句生姿。

㊴又欲使天下诸侯无不畏我，其心益肆矣。

㊵冷妙。

㊶复一句，妙。加“敢不”二字，尤妙。　三段写楚子何等矜满，写子革何等滑稽。对矜满人，自不得不用滑稽也。

㊷工尹路，工尹，名路。

㊸铖，斧也。柲，柄也。言王命破圭玉以饰斧柄，敢请制度之命。

㊹王入内，视工尹所为。　连处忽一断，妆点前后照耀，妙绝。

㊺如响应声。

㊻子革以锋刃自喻。言我自摩厉以待王出，将此利刃斩王之淫慝。　又生一问答作波，始知前“仆析父从”一句非浪笔。

㊼倚相，楚史名。

㊽《三坟》，三皇之书。《五典》，五帝之典。《八索》，八卦之说。《九丘》，九州之志。倚相能尽读之，所以为良史。　　恰凑人摩厉以须吾刃下。

㊾周穆王乘八骏马，造父为御，以遍行天下。欲使车辙马迹，无所不到。

㊿谋父，周卿士。祈父，周司马之官。招，其名也。祭公力谏游行，故借司马作诗，以止遏穆王之欲心。此诗逸。

51祇宫，离宫名。穆王闻谏而改，故得善终于祇宫，而免篡弑之祸。

52《祈招》之诗，是穆王近事。远，谓《坟》、《典》诸书。　　俱是引动楚子之问，可谓长于讽喻。

53愔愔，安和貌。式，用也。言祈父之性安和，用能自著令闻矣。

54亦当思我王之常度，出入起居，用如玉之坚，用如金之重。

55若用民力，当随其所能。如冶金制玉，随器象形，而不可存醉饱过度之心。　　着意在此句，利刃已斩。

56"执鞭以出"至"王入视之"，"王出复语"至"王揖而入"，两出两入，遥对作章法。

57灵王被子革一斩，寝食不安者数日。却未曾斩断，不能迁善改过。明年，为弃疾所逼，缢于乾谿。　　又妆点作结，前后照耀。

58古书有云。

59应"不能自克"。

60前叙次于乾谿，何等意气，此以"辱"字结之，最有味。

楚子一番矜张语，子革绝不置辩，一味将顺，固有深意，至后闲闲唤醒，若不相蒙者。既不忤听，又得易入，此其所以为善谏欤！惜哉灵王能听而不能克，以终及于难也。

子产论政宽猛

郑子产有疾，谓子大叔[①]曰："我死，子必为政。唯有德者能以宽服民，其次莫如猛[②]。夫火烈，民望而畏之，故鲜死焉[③]。水懦弱，民狎而玩之，则多死焉[④]，故宽难[⑤]。"疾数月而卒。

大叔为政，不忍猛而宽[⑥]。郑国多盗，取人于萑苻之泽[⑦]。大叔悔之，曰："吾早从夫子，不及此[⑧]。"兴徒兵以攻萑苻之盗，尽杀之。盗少止[⑨]。

仲尼曰："善哉[⑩]！政宽则民慢，慢则纠之以猛；猛则民残，残则施之以宽[⑪]。宽以济猛，猛以济宽，政是以和[⑫]。《诗》曰[⑬]：'民亦劳止，汔可小康，惠此中国，以绥四方[⑭]。'施之以宽也[⑮]。'毋从诡随，以谨无良，式遏寇虐，惨不畏明[⑯]。'纠之以猛也[⑰]。'柔远能迩，以定我王[⑱]。'平之以和也[⑲]。又曰[⑳]：'不竞不絿，不刚不柔，布政优优，百禄是遒[㉑]。'和之至也[㉒]。"及子产卒，仲尼闻之，出涕曰："古之遗爱也[㉓]。"

【注释】

①大叔，游吉也。

②两语，是子产治郑心诀。

③以火喻猛。

④以水喻宽。

⑤非有德者不能。　　玩其“次”字、“宽难”字，便见宽为上，不得已而用猛。而用猛正是保民之惠处，此自大经济人语。

⑥着“不忍”二字，便见是妇人之仁，非真能宽也。

⑦取人，劫其财也。萑苻，泽名。

⑧夫子，谓子产。

⑨着“尽杀”二字，便见是酷吏之虐，非善用猛也。

⑩叹美子产为政。

⑪宽、猛各有弊，当有以相济。

⑫“和”字，从“济”字看出。

⑬《大雅·民劳》篇。

⑭止，语辞。汔，其也。康、绥，皆安也。言今民亦劳甚矣，其可以小安之乎？当加惠于京师，以绥安夫诸夏之人。

⑮引《诗》释“宽”。

⑯诡随，谓诡人随人，心不正者。谨，敕也。式，用也。惨，曾也。言诡随者不可从，以谨敕不善之人，用遏止此寇虐而曾不畏明法者。

⑰引《诗》释“猛”。

⑱柔安远人，使之怀附，而近者各以能进，以安定我王室。

⑲“平”字，是宽猛相济处。　　引《诗》释“和”。　　一诗分引释之，便见政和。是宽猛一时并到，不可偏胜也。

⑳《商颂·长发》篇。

㉑竞，强也。絿，急也。优优，和也。遒，聚也。言汤之为政不太强，不太急，不太刚，不太柔，优优然而甚和，故百种福禄皆遒聚也。

㉒引《诗》叹和之至，见得和到极处，而宽猛之迹俱化。进一层说。

㉓以子产之猛为遗爱，阐微之论。

子产不是一味任猛。盖立法严则民不犯，正所以全其生，此中大有作用。太叔始宽而继猛，殊失子产授政之意。观孔子叹美子产，而以宽猛相济立论，则政和，谅非用猛所能致。末以遗爱结之，便有分晓。

吴许越成

吴王夫差败越于夫椒，报槜李也[①]。遂入越。越子[②]以甲楯五千，保于会稽[③]。使大夫种因吴太宰嚭[④]以行成[⑤]。吴子将许之，伍员[⑥]曰：“不可[⑦]。臣闻之，树德莫如滋，去疾莫如尽[⑧]。昔有过浇，杀斟灌以伐斟鄩，灭夏后相[⑨]。后缗方娠[⑩]，逃出自窦，归于有仍[⑪]，生少康焉[⑫]。为仍牧正，惎浇能戒之[⑬]。浇使椒求之[⑭]，逃奔有虞[⑮]，为之庖正，以除其害[⑯]。虞思于是妻之以二姚，而邑诸纶[⑰]，有田一成，有众一旅[⑱]，

能布其德，而兆其谋[19]。以收夏众，抚其官职[20]。使女艾谍浇，使季杼诱豷[21]。遂灭过、戈[22]，复禹之绩。祀夏配天，不失旧物[23]。今吴不如过，而越大于少康[24]。或将丰之，不亦难乎[25]？句践能亲而务施[26]，施不失人，亲不弃劳[27]，与我同壤[28]，而世为仇雠[29]，于是乎克而弗取，将又存之，违天而长寇雠[30]。后虽悔之，不可食已[31]。姬之衰也，日可俟也[32]。介在蛮夷而长寇雠，以是求伯，必不行矣[33]。"弗听[34]。退而告人曰："越十年生聚，而十年教训，二十年之外，吴其为沼乎[35]！"

【注释】

①夫椒，吴县西南太湖中椒山。槜李，今嘉兴槜李城。定公十四年，越败吴于槜李，阖庐伤足而死。至是，夫差所谓三年乃报越也。

②越子，句践。

③会稽，越山名。

④种，越大夫名。嚭，故楚臣，奔吴为太宰。宠幸于夫差，故种因之。

⑤求成于吴。

⑥伍员，子胥也。

⑦二字断。

⑧人之植德，如植木焉，欲其滋长。人之去恶，如治病然，欲其净尽。　先征之格言，重下句。

⑨过，国名。浇，寒浞子。二斟，夏同姓诸侯。相，启之孙。羿逐帝相依二斟。寒浞篡羿，因其室，生浇及豷，封浇于过，封豷于戈。浞使浇灭二斟，杀帝相。

⑩后缗，相妻，有仍国之女。娠，怀身也。

⑪自穴逃出，而归于父母家。

⑫生遗腹子，是为少康。

⑬及壮，为有仍牧官之长。惎，毒也。以浇为毒害，能戒备之。

⑭椒，浇臣。求少康欲杀之。

⑮有虞，舜后封国。

⑯庖正，掌膳羞之官。除，免也。赖此以得免其害。

⑰思，虞君名。以二女妻少康。姚，虞姓。纶，虞邑。

⑱方十里为成，五百人为旅。

⑲兆，始也。

⑳收拾夏之遗民，抚循夏之官职。

㉑女艾，少康臣。谍，候也。谍候浇之间隙。季抒，少康子。豷，浇弟。以计引诱之。

㉒灭浇于过，灭豷于戈。

㉓恢复禹之功绩，祀夏祖宗，以配上帝，不失禹之天下。　次证之往事，以申明"去疾莫如尽"之故。

㉔两两相较，警醒剀切。

㉕言与越成，是使越丰大，必为吴难。　不可者一。

㉖一层。

㉗二层。

㉘三层。

㉙四层。

㉚天与不取，故曰违天。

㉛食，犹食言之食。言欲食此悔，亦无及已。　　不可者二。

㉜吴与周同姓。而姬姓之衰，可计日而待。　　泛一句。

㉝况吴介居蛮夷，而滋长寇雠，自保且不能，安能图霸？以吴子喜远功，又以求伯动之。
不可者三。

㉞惑于宰嚭，而使越成。

㉟生民聚财，富而后教，吴必为越所灭。而宫室废坏，当为汙池。　　直是目见，非为悬断。

写少康详，写句践略，而写少康，正是写句践处。此古文以宾作主法也。后分三段，发明"不可"二字之义，最为曲折详尽。曾不觉悟，卒许越成，不得已退而告人，说到"吴其为沼"，真感愤无聊，声断气绝矣。

古文观止卷之三

《国　语》

祭公谏征犬戎

穆公将征犬戎[①]，祭公谋父[②]谏曰："不可。先王耀德不观兵[③]，夫兵，戢而时动，动则威[④]，观则玩，玩则无震[⑤]。是故周文公之《颂》曰[⑥]：'载戢干戈，载櫜弓矢[⑦]，我求懿德，肆于时夏，允王保之[⑧]。'先王之于民也，茂正其德而厚其性[⑨]，阜其财求[⑩]而利其器用[⑪]。明利害之乡[⑫]，以文修之[⑬]，使务利而避害，怀德而畏威，故能保世以滋大[⑭]。昔我先世后稷[⑮]以服事虞夏[⑯]，及夏之衰也[⑰]，弃稷弗务[⑱]，我先王不窋[⑲]用失其官，而自窜于戎翟之间[⑳]。不敢怠业[㉑]，时序其德，纂[㉒]修其绪，修其训典[㉓]，朝夕恪勤，守以惇笃，奉以忠信[㉔]，奕世载德，不忝前人[㉕]。至于武王，昭前之光明，而加之以慈和。事神保民，莫不欣喜[㉖]。商王帝辛，大恶于民[㉗]，庶民弗忍，欣戴武王，以致戎于商牧[㉘]。是先王非务武也，勤恤民隐，而除其害也[㉙]。

"夫先王之制[㉚]，邦内甸服[㉛]，邦外侯服[㉜]，侯卫宾服[㉝]，蛮夷要服[㉞]，戎翟荒服[㉟]。甸服者祭[㊱]，侯服者祀[㊲]，宾服者享[㊳]，要服者贡[㊴]，荒服者王[㊵]。日祭[㊶]，月祀[㊷]，时享[㊸]，岁贡[㊹]，终王[㊺]，先王之训也[㊻]。有不祭，则修意[㊼]；有不祀，则修言[㊽]；有不享，则修文[㊾]；有不贡，则修名[㊿]；有不王，则修德[51]；序成而有不至，则修刑[52]。于是乎有刑不祭[53]，伐不祀[54]，征不享[55]，让不贡，告不王[56]。于是乎有刑罚之辟[57]，有攻伐之兵，有征讨之备，有威让之令，有文告之辞[58]。布令陈辞而又不至，则又增修于德，无勤民于远[59]。是以近无不听[60]，远无不服[61]。今自大毕、伯仕之终也，犬戎氏以其职来王[62]。天子曰：'予必以不享征之，且观之兵[63]。'其无乃废先王之训，而王几顿乎[64]？吾闻夫犬戎树惇，能帅[65]旧德，而守终纯固，其有以御我矣[66]。"

王不听，遂征之，得四白狼、四白鹿以归[67]。自是荒服者不至[68]。

【注释】

①犬戎，西戎也。欲征其不享之罪。

②祭，畿内之国，谋父所封，时为王卿士。

③耀，明也。观，示也。　一句领起全篇。

④戢，聚也。时动，如三时务农，一时讲武之谓。威，可畏也。

⑤玩，黩也。震，惧也。　四句，一正一反，以申明不可观兵之意。

⑥文，周公之谥。《颂·时迈》之诗，周公所作。

⑦载，用也。櫜，韬也。言武王既定天下，则收敛其干戈，韬藏其弓矢，示不复用也。　引证“不观兵”。

⑧肆，陈也。时，是也。中国曰夏。允，信也。言武王常求懿美之德，以布陈于中国，信乎王之能保天命也。　引证“耀德”。

⑨茂，勉也。“正德”者，父慈子孝，兄爱弟恭，夫义妇顺，所以正民之德也。如此而民之情性未有不归于厚者。

⑩阜，大也。大其财求，使之衣帛食肉，不饥不寒，所以厚民之生也。

⑪如工作什器、商通货财之类，所以利民之用也。　三句，兼教养在内。

⑫得教养为利，失教养为害。乡，犹言所在也。明利害之所在，是“耀德”之实。

⑬一句，包下“修”意五句。是“不观兵”之实。

⑭滋，益也。此言“耀德不观兵”之效。作一顿。下乃转入周世。

⑮后稷，舜时农官。父子相继曰世。谓弃与不窋。

⑯谓弃为舜后稷，不窋继之于夏启也。

⑰谓启子太康。

⑱弃，废也。废稷之官，不复务农。

⑲不窋，弃之子。周禘祫文武，必先不窋，故通谓之王。

⑳尧封弃于邰，至不窋失官，去夏而迁于邠。邠西接戎，北近翟。

㉑业，农业也。

㉒纂，同“缵”。

㉓序，布也。纂，继也。绪，事也。训，教也。典，法也。三“其”字，指弃而言。

㉔三句，承上三句，极写其“不敢怠业”。

㉕奕世，累世也。载，承也。忝，辱也。自不窋以后至文王，皆继其德而弗坠。　已上言周家累世耀德。

㉖武王亦只是耀德。

㉗辛，纣名也。大恶，大为民所恶。

㉘商牧，商郊牧野。　著“庶民弗忍”四字，便见武王不得已而用兵。

㉙恤，忧也。隐，痛也。非务武，即不观兵之谓。勤恤民隐，即耀德之谓。　已上言武王并不观兵，下乃述邦制，以转入征犬戎之非。

㉚一句直贯到底。

㉛邦内，天子畿内。甸，田也。服，事也。以皆田赋之事，故谓之甸服。王城之外，四面皆五百里也。

㉜邦外，邦畿之外。侯服者，侯国之服。甸服外四面，又各五百里也。

㉝侯，侯圻。卫，卫圻。中国之界也。谓之宾者，渐远王畿而取宾见之义。侯服外四面，又各五百里也。

㉞蛮夷去王畿已远。谓之要者，取要约之义，特羁縻之而已。宾服外四面，又各五百里也。

㉟戎翟去王畿益远。以其荒野，故谓之荒服。要服外四面，又各五百里也。　一层，详五服之地。

㊱祭于祖考。

㊲祀于高曾。

㊳享于二祧。

㊴贡于坛墠。
㊵王，入朝也。世一见，各以其所贵者为贽。　　此言五服佐天子宗庙之供者不同。二层，详五服之职。
㊶祭以日至。
㊷祀以月至。
㊸享以时至。
㊹贡以岁至。
㊺王以终世至。谓朝嗣王及即位而来见。　　三层，言五服之地有远近，故其供职有疏密。
㊻锁一句，前后照应，妙。
㊼最近者知王意也。
㊽稍近者听王言也。
㊾渐近者申以号令。
㊿已远者播以仁声。
51极远者诞敷文德。　　看五"修"字，便见耀德不是一味表暴，有反躬自治意。
52序，谓上五者次序。成，既修也。刑，法也，见下文。
53士师。
54司马。
55诸侯承王命往征。
56行使让者责其过，告者喻以理。　　此修刑之序。
57辟，法也。
58此修刑之具。　　一意写作两层，却不嫌其重复，故妙。
59单承要、荒二服。言远国非近者可比，唯有益自修德，不可加兵，致劳吾民也。
60甸、侯、宾无不至。
61要、荒无不至。　　已上结完先王无观兵于远国之事，下方说到穆王身上。
62大毕、伯仕，犬戎氏之二君。世终来王，荒服之职也。
63享，宾服之礼。以责犬戎，且示之以兵威。
64顿，坏也。既废先王待荒服之训，恐终王之礼，亦自此坏矣。
65帅，同"率"。
66树，立也。惇，厚也。帅，循也。纯，专也。固，一也。言犬戎立心惇厚，能率循其先人之德而守国，终于专一，有拒我之备矣。　　废先王之训，则不可伐。有以御我，则不能伐。是极谏意。
67所获止此，果有以御我矣。
68终王之礼，果自此坏。

"耀德不观兵"，是一篇主脑，回环往复，不出此意。穆王车辙马迹遍天下，其中侈然有自大之心，不过观兵犬戎以示雄武耳，乃仅得狼鹿以归。不但不能耀德，并不成观兵矣。结出"荒服不至"一语，煞有深意。

召公谏厉王止谤

厉王虐，国人谤王①。召公②告曰："民不堪命矣③。"王怒④，得卫巫，使监谤

者[5]。以告，则杀之[6]。国人莫敢言[7]，道路以目[8]。

王喜[9]，告召公曰："吾能弭谤矣[10]，乃不敢言[11]。"召公曰："是鄣之也[12]。防民之口，甚于防川[13]。川壅而溃，伤人必多[14]。民亦如之[15]。是故为川者决之使导，为民者宣之使言[16]。故天子听政[17]，使[18]公卿至于列士献诗[19]，瞽献典[20]，史献书[21]，师箴[22]，瞍赋[23]，矇诵[24]，百工谏[25]，庶人传语[26]，近臣尽规[27]，亲戚补察[28]，瞽史教诲[29]，耆艾修之[30]，而后王斟酌焉[31]，是以事行而不悖[32]。民之有口也，犹土之有山川也，财用于是乎出；犹其有原隰衍沃也，衣食于是乎生[33]。口之宣言也，善败于是乎兴[34]。行善而备败，所以阜财用衣食者也[35]。夫民，虑之于心而宣之于口，成而行之，胡可壅也？若壅其口，其与能几何[36]？"王弗听，于是国人莫敢出言[37]。三年，乃流王于彘[38]。

【注释】

①谤，诽也。

②召公，召康公之后，穆公虎也，为王卿士。

③命虐，故不堪。　　危言悚激。

④怒，怒谤者。

⑤巫，祝也。卫巫，卫国之巫。监，察也。以巫有神灵，有谤辄知之。

⑥以谤者告，即杀之。　　写虐命尤不堪。

⑦非但不敢谤也，深一层说。

⑧以目相眄而已。　　四字妙甚，极写莫敢言之状，不堪命之极也。

⑨"喜"字，与上"怒"字相对。

⑩弭，止也。　　监谤、弭谤，写尽昏主作用。

⑪如此四字，极写能弭谤伎俩，痴人声口如画。

⑫鄣，防也。非民无言，是鄣之使不得宣也。　　断一句，便注定"川"字。

⑬川不可防，而口尤甚。　　以民比川。

⑭壅，鄣也。溃，水势横暴而四出也。　　写防川。

⑮写防民。

⑯为，治也。导，通也。宣，犹放也。　　合写川、民。　　"宣之使言"一句，是一篇主意。下俱是"宣之使言"。

⑰一句领起。

⑱"使"字直贯到底，根上两"使"字来。

⑲陈其美刺。

⑳瞽，乐师也。典，乐典。陈其邪正。

㉑史，外史。书，三皇五帝之书。有关治体。

㉒师，少师也。箴刺王阙，以正得失。

㉓无眸子曰瞍。赋，所献之诗。

㉔有眸子而无见曰矇。诵，典书箴刺之语。

㉕工执艺事以谏。

㉖庶人卑贱，见政事之得失，不能自达，相传语以闻于王。

㉗左右近臣，各尽规谏。

㉘父兄子弟，补过察政。

㉙瞽，太师，掌乐。史，太史，掌礼。相与教诲。

㉚耆艾，师傅也。合众职而修治之。

㉛斟，取也。酌，行也。

㉜所行之事，皆合于理。　　历举古天子听言求治，句句与弭谤、使不敢言相反。

㉝土，地也。其，指土而言。广平曰原。下湿曰隰。下平曰衍。有溉曰沃。山川原隰衍沃，所以宣地气而出财用、生衣食。　　一喻写作两层，妙。上以防川喻止谤，此以山川原隰衍沃喻宣言。

㉞跌出正意。

㉟民所善者行之，其所恶者改之。阜，厚也。厚财用衣食，与山川原隰衍沃一般。　　正意、喻意，又夹写一笔，错落入妙。

㊱民素筹之于心，而后发之于言，当成其美而见之施行，岂可壅塞？若壅塞焉，其与我者能有几何哉？言败亡即至也。　　三"壅"字，呼应。

㊲三"莫敢言"，作章法。

㊳流，放也。彘，晋地。

文只是中间一段正讲，前后俱是设喻。前喻防民口有大害，后喻宣民言有大利。妙在将正意、喻意，夹和成文，笔意纵横，不可端倪。

襄王不许请隧

晋文公既定襄王于郏[1]，王劳之以地[2]，辞[3]，请隧焉[4]。王弗许，曰："昔我先王之有天下也[5]，规方千里，以为甸服[6]，以供上帝山川百神之祀，以备百姓兆民之用，以待不庭不虞之患[7]。其余[8]以均分公侯伯子男，使各有宁宇，以顺及天地，无逢其灾害[9]。先王岂有赖焉[10]？内官不过九御，外官不过九品，足以供给神祇而已，岂敢厌纵其耳目心腹，以乱百度[11]！亦唯是死生之服物采章，以临长百姓，而轻重布之[12]。王何异之有[13]？今天降祸灾于周室[14]，余一人仅亦守府[15]，又不佞，以勤叔父[16]，而班先王之大物，以赏私德[17]，其叔父实应且憎，以非余一人，余一人岂敢有爱也[18]？先民有言曰[19]：'改玉改行[20]。'叔父若能光裕大德，更姓改物，以创制天下，自显庸也，而缩取备物，以镇抚百姓，余一人其流辟于裔土，何辞之有与[21]？若犹是姬姓也[22]，尚将列为公侯，以复先王之职[23]，大物其未可改也[24]。叔父其茂昭明德，物将自至[25]。余敢以私劳变前之大章，以忝天下，其若先王与百姓何？何政令之为也[26]？若不然，叔父有地而隧焉，余安能知之[27]？"文公遂不敢请，受地而还。

【注释】

①襄王后母惠后生叔带，因翟人立为王，襄王出奔郑。晋文公纳王，诛叔带。郏，洛邑，王城之地。

②王赏之以阳樊、温、原、欑茅之田。

③不受。

④掘地通路曰隧。天子葬礼。

⑤开口便正大。
⑥规,划也。甸服,畿内之地。以皆田赋之事,故谓之甸服。王城之外,四面皆五百里也。
⑦百姓,百官有世功者。不庭,不来朝之国也。不虞,意外之变也。　　著“以供”、“以备”、“以待”等字,见先王有此许多费用。
⑧甸服之外。
⑨宁,安也。宇,居也。亦使有供祭、备用、待患之资,所以能顺天地而无灾害也。　著“均分”二字,见先王之土地亦有限。
⑩赖,利也。　　一句结上起下。
⑪九御,即九嫔。九品,即九卿。嫔与卿主祭祀。厌,安也。纵,肆也。度,法也。　　著“不过”、“足以”、“而已”、“岂敢”等字,见先王并无一点奢用。
⑫隧为死之服物,“生”字带说。采章,彩色文章也。轻重布,言贵贱有等。　　“亦唯是”妙,始入正题也。上文许多说话,只要逼出“亦唯是”三字。
⑬葬礼外,王鲜有异。　　只数语,说得“隧”字十分郑重,下乃反复写其不许之意。
⑭谓叔带之乱。
⑮仅守故府遗文,不能有为。
⑯不佞,不才也。勤,劳也。天子称同姓诸侯曰叔父。
⑰班,分也。大物,隧也。私德,指纳王而言。
⑱应,受也。憎,恶也。爱,吝也。言汝虽受私赏,心中未尝不憎恶之,以非余行赏之不当,余岂敢吝而弗与也?　　反如此说转来,婉妙。下则纯是刀砍斧截之语。
⑲先民,前人也。
⑳玉,佩玉。所以饰行步。君臣尊卑,各有其节,故曰改。　　直贯至“大物未可改”句。
㉑更姓,易姓也。改物,改正朔、易服色也。创,造也。庸,用也。谓为天子创造制度,自显用于天下。缩,收也。备物,谓死生之服物采章。流,放也。辟,戮也。裔,远也。　　逆振一段,紧峭。
㉒未更姓。
㉓未改物。
㉔不曰“不可改”,而曰“未可改”,冷隽。　　直说出晋文请隧之非。
㉕物,隧也。　　又逆振一笔,紧峭。
㉖私劳,即私德。在襄王为德,在晋文为劳。大章,即服物采章。忝,辱也。先王唯是服物采章,以临长百姓,而余变易之,其如先王百姓何哉?既无以对先王百姓,何政令之为也?
　直说出不许行隧之意。
㉗若晋文自制为隧,余安能禁止?不待请也。　　仍用逆笔作收,章法愈紧。

通篇只是不为天子不得用隧意。却妙在俱用逆笔振入,无一笔实写不许。而不许之意,一步紧一步。自使重耳神色俱沮。

单子知陈必亡

定王使单襄公[①]聘于宋[②]。遂假道于陈,以聘于楚[③]。火朝觌矣,道茀不可行也[④]，候不在疆[⑤]，司空不视途[⑥]，泽不陂[⑦]，川不梁[⑧]，野有庾积[⑨]，场功未毕[⑩]，道无列树[⑪]，垦田若蓺[⑫]，膳宰不致饩[⑬]，司里不授馆[⑭]，国无寄寓[⑮]，县无旅舍[⑯]，民将筑台于夏氏[⑰]。及陈，陈灵公与孔宁、仪行父[⑱]南冠以如夏氏，留宾弗见[⑲]。

单子归，告王曰："陈侯不有大咎，国必亡[⑳]。"王曰："何故？"对曰："夫辰角见而雨毕[㉑]，天根见而水涸[㉒]，本见而草木节解[㉓]，驷见而陨霜[㉔]，火见而清风戒寒[㉕]。故先王之教曰[㉖]：'雨毕而除道，水涸而成梁，草木节解而备藏，陨霜而冬裘具，清风至而修城郭宫室[㉗]。'故夏令曰[㉘]：'九月除道，十月成梁[㉙]。'其时儆曰[㉚]：'收而场功，偫而畚挶[㉛]，营室之中，土功其始[㉜]，火之初见，期于司里[㉝]。'此先王之所以不用财贿而广施德于天下者也[㉞]。今陈国[㉟]，火朝觌矣，而道路若塞，野场若弃，泽不陂障，川无舟梁[㊱]，是废先王之教也[㊲]。周制有之曰[㊳]：'列树以表道[㊴]，立鄙食以守路[㊵]，国有郊牧[㊶]，疆有寓望[㊷]，薮有圃草[㊸]，囿有林池[㊹]，所以御灾也[㊺]。其余无非谷土[㊻]，民无悬耜[㊼]，野无奥草[㊽]，不夺农时，不蔑民功[㊾]，有优无匮[㊿]，有逸无罢[51]，国有班事[52]，县有序民[53]。'今陈国[54]道路不可知[55]，田在草间[56]，功成而不收[57]，民罢于逸乐[58]，是弃先王之法制也[59]。周之《秩官》有之曰[60]：'敌国宾至，关尹以告[61]，行理以节逆之[62]，候人为导[63]，卿出郊劳[64]，门尹除门[65]，宗祝执祀[66]，司里授馆[67]，司徒具徒[68]，司空视途[69]，司寇诘奸[70]，虞人入材[71]，甸人积薪[72]，火师监燎[73]，水师监濯[74]，膳宰致飧[75]，廪人献饩[76]，司马陈刍[77]，工人展车[78]，百官各以物至[79]，宾入如归。是故小大莫不怀爱[80]。其贵国之宾至，则以班加一等，益虔[81]。至于王使，则皆官正莅事[82]，上卿监之[83]。若王巡守，则君亲监之[84]。'今虽朝也不才[85]，有分族于周[86]，承王命以为过宾于陈[87]。而司事莫至[88]，是蔑先王之官也[89]。先王之令有之曰[90]：'天道赏善而罚淫，故凡我造国，无从匪彝，无即慆淫[91]，各守尔典，以承天休[92]。'今陈侯[93]不念胤续之常，弃其伉俪妃嫔[94]，而帅其卿佐，以淫于夏氏，不亦渎姓矣乎[95]？陈，我大姬之后也[96]，弃衮冕而南冠以出，不亦简彝乎[97]？是又犯先王之令也[98]。昔先王之教，茂帅[99]其德也，犹恐陨越[100]。若废其教而弃其制，蔑其官而犯其令，将何以守国？居大国之间，而无此四者，其能久乎[101]？"

六年，单子如楚。八年，陈侯杀于夏氏[102]。九年，楚子入陈[103]。

【注释】

①单襄公，名朝，定王卿士。

②聘，问也。诸侯之于天子、天子之于诸侯、诸侯之于邻国，皆有聘。

③自宋适楚，道经陈国。是时天子微弱，故以诸侯相聘之礼假道也。

④火，心星也。觌，见也。朝觌，谓夏正十月，心星早见于辰。道茀，草秽塞路也。　　一。

⑤候，候人也。掌迎送宾客者。疆，境也。　　二。

⑥司空，掌道路之官。　　三。

⑦陂，泽障也。古不窦泽，故障之。　　四。

⑧梁，桥梁也。古不防川，故梁之。　　五。　　伏"辰角见"一段案。

⑨庾，露。积，聚也。谓以谷米露聚于外也。　　六。

⑩场，收禾圃也。筑场未完。　　七。

⑪古者列树以表道。　　八。
⑫蓺，茅芽也。既垦之田，犹若茅芽，言其稀少也。　　九。　伏“周制有之”一段案。
⑬膳宰，膳夫也。掌宾客之牢礼。生者曰饩。　　十。
⑭司里，里宰也。掌授客馆。　　十一。
⑮寄寓，旅次也。　　十二。
⑯四甸为县。县方六十里。旅舍，休息居止之处，以庇宾客负担之劳。十三。　伏“周之秩官”一段案。
⑰民，陈民。台，观台也。夏氏，陈大夫夏征舒之家。为淫其母，欲藉以为乐。　十四。
⑱孔、仪，皆陈大夫。
⑲南冠，楚冠也。如，往也。宾，谓单襄公。　　十五。　　伏“先王之令”一段案。　从单子入陈，至及陈所阅历者，错综先叙，后从单子口中，分疏作断，章法井然。
⑳总断二句，直是目见。
㉑辰角，大辰仓龙之角。角，星名。朝见东方，九月初，寒露节也。雨毕者，杀气日盛，雨气日尽也。
㉒天根，亢氐之间也。涸，竭也。寒露后五日，天根朝见，水潦尽竭也。
㉓本，氐星也。寒露后十日，氐星朝见，草木之枝节皆脱落也。
㉔驷，天驷，房星也。九月中，房星朝见，霜始降。
㉕火，心星也。霜降后，心星朝见，清风先至，所以戒人为寒备也。　五句以星见定时至，起下文。
㉖引古。
㉗除，修治也。备藏，具备收藏也。
㉘夏后氏之令。　　再引古。
㉙水涸系九月，而此言十月成梁者。谓舆梁也。
㉚至期儆告其民。
㉛季秋农事毕，使人兴筑作也。而，汝也。偫，具也。畚，土笼也。挶，土舆也。
㉜营室，定星也。此星昏而正中，夏正十月也。于是时可以营制宫室，故谓之营室。
㉝期，会也。致其筑作之具，会于司里之官。
㉞惠而不费。　　总一句。
㉟征令。
㊱以舟为梁，即今浮桥也。
㊲结“火朝觌”六句。
㊳引古。
㊴表道，谓识其远近。
㊵鄙，四鄙。十里有庐，庐有饮食。
㊶国外曰郊。牧，放牧之地。
㊷境界之上，有寄寓之舍，候望之人。
㊸泽无水曰薮。圃草，茂草也。
㊹囿，苑也。林，积木。池，积水也。
㊺御，备也。灾，兵、饥也。
㊻谷土，种谷之土。

㊼言常用之，不悬挂也。

㊽奥，深也。野皆垦辟，无深草也。

㊾蔑，弃也。

㊿优，裕也。匮，乏也。　　从“民无悬耜”二句来。

51罢，同“疲”。　　逸，安也。罢，劳也。　　从“不夺农时”二句来。

52国，城邑也。土功井然有条理。

53四甸为县。力役更番有次第。

54征今。

55指“道无列树”而言。

56未垦者多。

57即“野场若弃”。

58疲于为君作逸乐之事。

59结“野有庾积”四句。

60《秩官》，周常官，篇名。　　引古。

61敌国，相等之国也。关尹，司关者。告，告君也。

62行理，小行人也。逆，迎也。执瑞节为信，而迎之也。

63导宾至于朝也。

64宾至近郊，君使卿朝服，用束帛劳之。

65门尹，司门者。扫除门庭。

66宗，宗伯。祝，太祝。宾有事于庙，则宗祝执祭祀之礼。

67授客馆舍。

68具徒役，修道路之委积。

69视道途之险易。

70禁诘奸盗，防剽掠也。

71虞人，掌山泽之官。

72甸人，掌薪蒸之官。

73火师，司火者。燎，照庭大烛。

74水师，掌水者。监涤濯之事。

75熟食曰飧。

76生曰饩，禾米也。

77司马，掌圉人养马。刍，茭草。

78展省客车，补伤败也。

79物，如供应之物。

80小大，谓宾介也。　　非一顿，文势不平。

81贵国，大国也，不比敌国。司事之官，皆用尊一级者，而更加敬。

82官正，官长也。用官长司事，班又加矣。

83监，察也。察其勤惰，尤致其虔。

84仍用官长司事，但自察之。班无可加而虔极矣。　　王使是主，说得十分郑重。又带“巡守”句，更凛然。

85征今。

⑯分族，王之亲族也。

⑰过宾，谓假道。

⑱不但失“班加益虔”之制，且无以下同于敌国之宾矣。

⑲结“膳宰不致饩”四句。

⑳引古。

㉑造，为也。彝，常也。即，就也。慆，慢也。

㉒典，常也。休，庆也。

㉓征今。

㉔胤续，继嗣也。伉俪，配偶也。

㉕卿佐，孔、仪也。夏征舒之父御叔，即陈公子夏之子，灵公之从祖父，妫姓也。故曰渎姓。“即慆淫”矣。

㉖大姬，武王之女，虞胡公之妃，陈之祖妣也。

㉗简彝，简略常服也。　　“从匪彝”矣。

㉘结“民将筑台”五句。

㉙帅，同“率”。

⑩茂，勉也。率，循也。陨越，坠落也。

⑩大国，谓晋、楚。　　总收一段，直结出“不有大咎，国必亡”之故。

⑩灵公与孔宁、仪行父饮酒于夏氏，公谓行父曰：“征舒似汝。”对曰：“亦似君。”征舒病之，公出，自其厩射而杀之。

⑩楚庄王讨夏征舒，遂县陈。　　单子之言俱验。

先叙事起，中分四段辩驳，引古征今，句修字削。而分断中又复错综变化，读之不觉其排对之迹。自是至文。

展禽论祀爰居

海鸟曰爰居[1]，止于鲁东门之外二日。臧文仲[2]使国人祭之[3]。展禽[4]曰：“越哉！臧孙之为政也[5]。夫祀，国之大节也。而节，政之所成也[6]。故慎制祀以为国典[7]。今无故而加典，非政之宜也[8]。夫圣王之制祀也[9]，法施于民则祀之，以死勤事则祀之，以劳定国则祀之，能御大灾则祀之，能捍大患则祀之。非是族也，不在祀典[10]。昔烈山氏之有天下也，其子曰柱，能植百谷百蔬。夏之兴也，周弃继之[11]，故祀以为稷[12]。共工氏之伯九有也，其子曰后土，能平九土[13]，故祀以为社[14]。黄帝能成命百物，以明民共财[15]，颛顼能修之[16]，帝喾能序三辰以固民[17]，尧能单均刑法以仪民[18]，舜勤民事而野死[19]，鲧障洪水而殛死[20]，禹能以德修鲧之功[21]，契为司徒而民辑[22]，冥勤其官而水死[23]，汤以宽治民而除其邪[24]，稷勤百谷而山死[25]，文王以文昭[26]，武王去民之秽[27]。故有虞氏禘黄帝而祖颛顼，郊尧而宗舜[28]。夏后氏禘黄帝而祖颛顼，郊鲧而宗禹[29]。商人禘舜[30]而祖契，郊冥而宗汤[31]。周人禘喾而郊稷，祖文王而宗武王[32]。幕能帅[33]颛顼者也，有虞氏报焉[34]。杼能帅禹者也，夏后氏报焉[35]。上甲

微能帅契者也，商人报焉[36]。高圉、太王能帅稷者也，周人报焉[37]。凡禘、郊、祖、宗、报，此五者，国之典祀也[38]。加之以社稷山川之神，皆有功烈于民者也[39]。及前哲令德之人，所以为明质也[40]。及天之三辰，民所以瞻仰也[41]。及地之五行，所以生殖也[42]。及九州名山川泽，所以出财用也[43]。非是，不在祀典[44]。今海鸟至，己不知而祀之，以为国典[45]，难以为仁且知矣[46]。夫仁者讲功[47]，而知者处物[48]。无功而祀之，非仁也[49]。不知而不问，非知也[50]。今兹海其有灾乎！夫广川之鸟兽，恒知而避其灾也[51]。”

是岁也，海多大风，冬暖[52]。文仲闻柳下季之言，曰：“信吾过也。季子之言，不可不法也。”使书以为三筴[53]。

【注释】

①疏句起法。

②臧文仲，鲁大夫，臧孙氏。

③直是居蔡故智。

④展禽，即柳下惠，名获，字禽。

⑤越，谓越于礼。　不责其祀而直责其政，立论最大。

⑥节，制也。祀之节制，于国为最大，乃政之所由以成，所关甚重。

⑦慎者，不轻之谓。制，立也。典，常也。祀有关国政如此，故慎立祭祀之法，以为国之常经，不得有所加也。　此句极重，后俱根此立论。

⑧两语断毕。

⑨总冒一句。

⑩族，类也。　先将制祀之意虚论一番，下乃历引以实之。

⑪烈山氏，神农号。其后世子孙有名柱者，能植谷蔬，作农官。夏兴，谓禹也。弃能继柱之业。

⑫稷，谷神也。

⑬共工，霸者，在羲、农之间。有，域也。共工之裔子句龙，佐黄帝为土官。九土，九州之土。

⑭社，土神也。　柱、弃、句龙，以劳定国。　以上社稷之祀，以下宗庙之祀。

⑮共，同“供”。　黄帝，轩辕也。命，名也。成命，定百物之名也。明民，使民不惑也。共财，供给公上之赋敛也。

⑯颛顼，黄帝之孙，帝高阳也，能修黄帝之功。

⑰帝喾，黄帝之曾孙，帝高辛也。三辰，日、月、星也。序之使民知休作之候。固，安也。

⑱单，尽也。均，平也。仪，善也。　四句，皆法施于民者。

⑲征有苗，崩于苍梧之野。

⑳鲧障防百川，绩用不成，尧殛之于羽山。　舜、鲧，皆以死勤事。

㉑修者，继某事而改正之。　能御大灾。

㉒司徒，教官之长。辑，和也。　法施于民。

㉓冥，契六世孙，为夏水官。勤于其职，而死于水。　以死勤事。

㉔除邪，谓放桀。　能捍大患。

㉕稷，周弃也，死于黑水之山。　以死勤事。

㉖文王演《易》，以文德著。　法施于民。

㉗去秽，谓伐纣。　　能捍大患。

㉘有虞氏，舜后。禘，大祭也。郊，祭天以配食也。祖其有功者，宗其有德者，百世不迁之庙也。有虞氏出自黄帝、颛顼，故禘黄帝而祖颛顼。舜受禅于尧，故郊尧。《祭法》作“郊喾而宗尧”。与此异者，舜在时则宗尧，舜崩则子孙宗舜，故郊尧。

㉙夏后氏，亦黄帝、颛顼之后。故禘祖之礼同。虞以上尚德，夏以下亲亲，故夏郊鲧也。

㉚舜，当作“喾”。

㉛喾，契之父。契，商之始祖也。

㉜喾，稷之父，稷，周之始祖也。商人祖契。周人初时亦祖稷而宗文王，顾武王定天下，其庙不可以毁，故更郊稷，祖文王而宗武王。　　已上先总叙功德，后总出祀典。

㉝帅，同“率”。

㉞幕，舜之后虞思也，为夏诸侯。帅，循也。报，报德之祭。

㉟杼，禹七世孙，少康子季杼也，能兴夏道。

㊱上甲微，契八世孙，汤之先也。

㊲高圉，稷十世孙。太王，高圉之曾孙。　　四代子孙，能帅循其祖德，皆为以劳定国。已上逐句出祀典，法变。

㊳总锁一句，结住上文。以下又于五祀典外，兼举诸祀。

㊴社稷应前。山川，谓五岳四渎。

㊵质，信也。民皆明而信之，故曰明质。

㊶藉其光以见物。

㊷五行，水、火、木、金、土，民皆赖之以生活。

㊸财用，如财木，鱼鳖之类。　　叠写五句，是带叙法。

㊹禘、郊、祖、宗、报之外，必须有功于民者，方祀及之。皆非无故而加也。　　收完“制祀以为国典”句。

㊺入题。“己不知”三字，妙。

㊻再断。

㊼爱人必讲及人之功。

㊽格物必审处物之法。　　又与仁、知作注释，妙。

㊾结上。

㊿起下。

51广川，犹言大流。言避灾而来，祀之绝不相涉。说出，一笑。

52果有灾。

53筴，简也。三书简者，恐有遗亡故也。

一祀爰居耳，发出如许大议论。然亦只是“无故加典”一句断尽。前云“非是族也，不在祀典”，后云“非是不在祀典”，总是不得无故加典也。文仲之失，在不能讲功，而先在不能处物，是不智乃以成其不仁也。结出海鸟之智来，最有味。

里革断罟匡君

宣公夏滥于泗渊①，里革②断其罟而弃之③。曰④：“古者大寒降，土蛰发⑤，水虞于是乎讲罛罶，取名鱼，登川禽，而尝之寝庙，行诸国人，助宣气也[6]。鸟兽孕，水虫成[7]，兽虞于是乎禁罝罗，矠鱼鳖，以为夏槁，助生阜也[8]。鸟兽成，水虫孕[9]，水虞于是乎禁罜䍡[10]，设阱鄂，以实庙庖，畜功用也[11]。且夫山不槎蘖，泽不伐夭，鱼禁鲲鲕，兽长麑䴠，鸟翼鷇卵，虫舍蚳蝝，蕃庶物也[12]。古之训也[13]。今鱼方别孕[14]，不教鱼长[15]，又行网罟，贪无艺也[16]。"

公闻之，曰："吾过而里革匡我，不亦善乎[17]！是良罟也，为我得法[18]。使有司藏之，使吾无忘谂[19]。"师存侍[20]，曰："藏罟，不如寘里革于侧之不忘也[21]。"

【注释】

①滥，渍也。渍罟于泗水之渊，以取鱼也。

②里革，鲁大夫。

③罟，网也。陡然惊人。

④一面断一面说，所以下有"公闻之"字。

⑤大寒以后，蛰虫始振，孟春也。

⑥水虞，掌川泽之禁令。讲，习也。罛，大网也。罶，笱也。名鱼，大鱼也。川禽，鳖、蜃之属。是时阳气起，鱼陟负冰，故既取以祭。复令民各取以荐，所以佐阳气之升也。　第一段，言鱼取之有时。

⑦春时。

⑧兽虞，掌鸟兽之禁令。罝，兔罟。罗，鸟罟。矠，刺取也。鱼干曰槁。阜，长也。禁取鸟兽之具，所以佐其生长也。　第二段，兽虞却矠鱼鳖是宾。

⑨夏时。

⑩罜，作"罣"，音主。

⑪罜䍡，小网也。鄂，柞格。所以误兽也。庙，享祖宗。庖，燕宾客。畜，储也。鱼鳖为民日用之需，非鸟兽比，故曰"畜功用"，不但"助生阜"已也。　第三段，水虞却设阱鄂是主。

⑫槎，斫也。蘖，斫过树根傍复生嫩条也。草木未成曰夭。鲲鲕，鱼子也。麑，鹿子。䴠，麋子。翼，成也。生哺曰鷇。未乳曰卵。蚳蝝，蚁子，可为醢。蕃，息也。　第四段，草木鸟兽鱼虫，连类并举，是宾主夹写。

⑬总一句，与"古者"应。下紧入"今"字。

⑭别于雄而怀子。

⑮生者又未大。

⑯艺，极也。　第五段，入题。见夏滥有违于古，不得不断其罟而弃之。　每段末，下一断语，最宜玩。

⑰美里革。

⑱言此断罟最善，乃代我得古人之法。　兼美断罟，惊变为喜，妙。

⑲谂，告也。言是罟不可弃，使我见罟不忘里革之言。　断罟、藏罟，涉想俱佳。

⑳师，乐师，名存。

㉑结语深隽有味，使好名之主意消。

述古训处，写得宾主杂然，具有错综变化之妙。入今事，只"贪无艺也"四字，是极谏意。宜公闻谏，私心顿释。师存进言，意味深长，正堪并美。

敬姜论劳逸

公父文伯[①]退朝，朝其母[②]，其母方绩[③]。文伯曰："以歜之家[④]，而主犹绩，惧干季孙之怒也[⑤]。其以歜为不能事主乎[⑥]！"其母叹曰："鲁其亡乎？使僮子备官而未之闻邪[⑦]！居，吾语女：昔圣王之处民也，择瘠土而处之，劳其民而用之，故长王天下[⑧]。夫民劳则思，思则善心生；逸则淫，淫则忘善，忘善则恶心生[⑨]。沃土之民不材，淫也。瘠土之民莫不向义，劳也[⑩]。是故天子大采朝日，与三公九卿祖识地德[⑪]，日中考政，与百官之政事，师尹、惟旅、牧、相宣序民事[⑫]。少采夕月，与太史、司载纠虔天刑[⑬]，日入监九御，使洁奉禘郊之粢盛，而后即安[⑭]。诸侯朝修天子之业命，昼考其国职，夕省其典刑，夜儆百工，使无慆淫，而后即安[⑮]。卿大夫朝考其职，昼讲其庶政，夕序其业，夜庀其家事，而后即安[⑯]。士朝受业，昼而讲贯，夕而习复，夜而计过，无憾而后即安[⑰]。自庶人以下，明而动，晦而休，无日以怠[⑱]。王后亲织玄紞[⑲]，公侯之夫人加之以纮綖[⑳]，卿之内子为大带[㉑]，命妇成祭服[㉒]，列士之妻加之以朝服[㉓]，自庶士以下，皆衣其夫[㉔]。社而赋事，烝而献功，男女效绩，愆则有辟，古之制也[㉕]。君子劳心，小人劳力，先王之训也。自上以下，谁敢淫心舍力[㉖]？今我寡也，尔又在下位[㉗]，朝夕处事，犹恐忘先人之业[㉘]。况有怠惰，其何以避辟[㉙]？吾冀而朝夕修我，曰必无废先人[㉚]。尔今曰胡不自安[㉛]，以是承君之官[㉜]，余惧穆伯之绝祀也[㉝]。"

仲尼闻之曰："弟子志之[㉞]，季氏之妇不淫矣[㉟]。"

【注释】

①公父文伯，鲁大夫，季悼子之孙，公父穆伯之子，公父歜也。

②母，穆伯之妻敬姜也。

③绩，缉麻也。

④只四字，便写尽淫心。

⑤主，谓主母。干，犯也。季孙，康子也，时为鲁正卿。

⑥注一句。

⑦僮，顽痴也。备官，居官也。闻，谓闻大道。　子言家，母却叹国，所见者大。

⑧瘠，瘦薄也。　"劳"字是一篇之纲。

⑨承劳民说，又从"劳"字看出"逸"字，妙。

⑩承瘠土说，却从沃土反证瘠土，妙。　已上泛论道理，下乃实叙。

⑪大采，五采也。天子春朝朝日，服五采。祖，习也。识，知也。地德广生，修阳政也。

⑫"考"字直贯下十七字。师尹，大夫官也。惟旅，众士也。牧，州牧。相，国相也。宣，布。序，次也。

⑬少采，三采也。秋暮夕月，服三采。司载，谓冯相氏、保章氏，与太史相偶。纠，恭。虔，敬也。刑，法也。天刑、肃杀，治阴教也。

⑭监，视也。九御，九嫔之官，主祭祀者。即，就也。　著"而后"二字，可见劳多安少。以

下段段著“而后”字。　此言天子之劳。

⑮业，事也。命，令也。典刑，常法也。工，官也。慆，慢也。　此言诸侯之劳。

⑯庀，治也。此言卿大夫之劳。

⑰受业，受事于朝也。贯，事也。复，覆也。憾，恨也。　此言士之劳。

⑱句法变。　此言庶人之劳。　以上叙男事之劳，所以教文伯。以下叙女工之劳，所以自治也。

⑲紞，冠之垂者，用杂彩线织之。　王后劳。

⑳纮，缨从下而上者。綖，冠上覆。　公侯夫人劳。

㉑卿之嫡妻曰内子。大带，缁带也。　卿内子劳。

㉒命妇，大夫妻也。　命妇劳。

㉓列士，元士也。　士妻劳。

㉔庶士，下士也。以下谓庶人。　庶民妻劳。

㉕社，春分社日也。赋，布也。事，农桑之业。冬祭曰烝。献功，告事之成也。绩，功也。愆，失也。辟，罪也。　单就庶人男女作束，便括尽上文，妙。

㉖又以“心”、“力”二字，总结“劳”字，以起下文。

㉗寡，孀妇也。下位，下大夫之位。　两句合来，便见劳当加倍，正破“以歜之家”句。

㉘处事，处身于作事也。先人，谓穆伯。　一折。

㉙应“愆则有辟”句。

㉚冀，望也。而，汝也。修，儆也。　又一折。

㉛点起。

㉜劝母自安，则己之喜于自安可知。　应“备官”句。

㉝起言“鲁其亡乎”，结言“穆伯绝祀”，俱作危言，以儆文伯。妙。

㉞志，记也。

㉟不淫，是能劳。结赞更奇。

通篇只以“劳”字为主。自天子至诸侯，自卿大夫至士庶人，自王后至夫人，自内子、士妻至庶士以下，无一人之不劳，无一日之不劳，无一时之不劳。读此，如读《豳风·七月》诗。

叔向贺贫

叔向①见韩宣子②，宣子忧贫，叔向贺之③。宣子曰：“吾有卿之名而无其实④，无以从二三子⑤，吾是以忧，子贺我何故⑥？”对曰：“昔栾武子⑦无一卒之田⑧，其官不备其宗器⑨，宣其德行⑩，顺其宪则，使越于诸侯。诸侯亲之，戎狄怀之，以正晋国。行刑不疚⑪，以免于难⑫。及桓子⑬，骄泰奢侈，贪欲无艺⑭，略则行志，假货居贿⑮，宜及于难⑯，而赖武之德以没其身⑰。及怀子⑱，改桓之行而修武之德⑲，可以免于难⑳，而离㉑桓之罪，以亡于楚㉒。夫郤昭子㉓，其富半公室，其家半三军㉔，恃其富宠，以泰于国㉕，其身尸于朝，其宗灭于绛㉖。不然，夫八郤五大夫三卿，其宠大矣㉗！一朝而灭，莫之哀也，惟无德也㉘。今吾子有栾武子之贫，吾以为能其德矣㉙，

是以贺[30]。若不忧德之不建，而患货之不足[31]，将吊不暇，何贺之有[32]？"宣子拜稽首焉，曰："起也将亡，赖子存之[33]。非起也敢专承之，其自桓叔[34]以下，嘉吾子之赐[35]。"

【注释】

①叔向，羊舌肸。

②韩起，晋卿。

③贺其贫，非贺其忧也。

④实，财也。

⑤不足以供宾客往来之费，难以置身于卿大夫之列。

⑥问得好。

⑦栾书，晋卿。

⑧百人为卒。一卒之田，盖十二井。

⑨其掌祭祀之官，犹不能备其祭器。　贫。

⑩宣，布也。　"德"字是一篇之纲。

⑪宪、则，皆法也。越，发闻也。刑，即宪则。疚，病也。　此其德之宣于外内者。

⑫当身免于祸难。　贫而有德者可贺。

⑬桓子，栾书之子黡也。

⑭艺，极也。

⑮忽略宪则而行贪欲之志，贷货取利而蓄之于家。　不贫又无德。

⑯本属可忧。

⑰赖武之贻德以善终。　武子不但能保身，且足以庇后，益见贫而有德者可贺。

⑱怀子，栾黡之子盈也。

⑲改桓是贫，修武是德。

⑳本属可贺。

㉑离，同"罹"。

㉒离，遭也。亡，奔也。　桓子虽及身幸免，亦必贻祸于后，可见不贫而无德者可忧。

一举栾氏为证，以见贫之可贺。

㉓郤至，晋卿。

㉔三军，与上"一卒"相对。　富。

㉕宠，尊荣也。泰，骄慢也。　无德。

㉖尸，既刑陈其尸也。绛，晋旧都。陈尸灭族，较之贻祸于后者尤甚。　富而无德者可忧。

㉗三卿，郤锜、郤至、郤犨。又有五人为大夫。　忽作顿宕，文势曲折。

㉘倒找"德"字，陡健。　一举郤氏为证，以见贫之不必忧。

㉙有其贫，必能行其德也。　"吾以为"三字，妙甚。

㉚正答"何故"二字。

㉛亦栾桓、郤昭之续耳，小则贻祸后嗣，大则殃及同宗。

㉜贫可贺，忧贫又可吊，妙绝。

㉝以其言可以保身，结栾武子一段。

㉞桓叔，韩氏之祖。

㉟以其言可以全族，结郤昭子一段。

不先说所以贺之之意，直举栾、郤作一榜样，以见贫之可贺与不贫之可忧。贫之可贺，全在有德，有德自不忧贫。后竟说出忧贫之可吊来，可见徒贫原不足贺也。言下，宣子自应汗流浃背。

王孙圉论楚宝

王孙圉[①]聘于晋，定公飨之。赵简子[②]鸣玉以相[③]，问于王孙圉曰："楚之白珩犹在乎[④]？"对曰："然。"简子曰："其为宝也，几何矣[⑤]？"曰："未尝为宝[⑥]。楚之所宝者[⑦]，曰观射父[⑧]，能作训辞，以行事于诸侯，使无以寡君为口实[⑨]。又有左史倚相[⑩]，能道训典，以叙百物，以朝夕献善败于寡君，使寡君无忘先王之业[⑪]，又能上下说乎鬼神，顺道其欲恶，使神无有怨痛于楚国[⑫]。又有薮曰云，连徒洲[⑬]，金、木、竹箭之所生也，龟、珠、角、齿、皮、革、羽、毛[⑭]，所以备赋，以戒不虞者也[⑮]，所以共[⑯]币帛，以宾享于诸侯者也[⑰]。若诸侯之好币具[⑱]，而导之以训辞[⑲]，有不虞之备[⑳]，而皇神相之[㉑]，寡君其可以免罪于诸侯[㉒]，而国民保焉[㉓]。此楚国之宝也[㉔]。若夫白珩，先王之玩也[㉕]，何宝焉[㉖]？圉闻国之宝，六而已[㉗]：圣能制议百物，以辅相国家，则宝之[㉘]；玉足以庇荫嘉谷，使无水旱之灾，则宝之[㉙]；龟足以宪臧否，则宝之[㉚]；珠足以御火灾，则宝之；金足以御兵乱，则宝之；山林薮泽足以备财用，则宝之[㉛]。若夫哗嚣之美[㉜]，楚虽蛮夷，不能宝也[㉝]。"

【注释】

①王孙圉，楚大夫。

②赵简子，晋大夫赵鞅。

③鸣其佩玉以相礼。

④白珩，楚之美佩玉也。　开口问白珩，则鸣玉以相，分明有意炫耀。

⑤言白珩之为宝，所值几何。

⑥一句抹倒。

⑦顿一句，郑重。与下"楚国之宝"句紧照。

⑧观射父，楚大夫。

⑨口实，犹言话柄。善于辞令以交邻，使无以不文为话柄。　是为可宝。

⑩左史，名倚相。

⑪叙，次也。物，事也。　明则有以正主志。

⑫上天神，下地祇，顺道鬼神之情，所以悦之也。　幽则有以格神明。　是为可宝。

⑬薮，泽也。云，即云梦。连，属也。徒，州名。盖云梦连属徒洲。

⑭竹之小者曰箭。　十六字要连看，犹言金、木、竹箭、龟、珠、角、齿、皮革、羽毛之所生也。

⑮赋，兵赋也。不虞，意外之患。　治本国所资。

⑯共，同"供"。

⑰享，献也。　　交邻国所资。　　是为可宝。　　观射父、左史倚相，曰能，曰使。云连徒洲，曰生，曰所以。字法。

⑱云连徒洲。

⑲观射父。

⑳云连徒洲。

㉑皇，大也。　　左使倚相。　　又将三段，串作一片。

㉒邻国有益。

㉓本国有益。

㉔正应一句收。

㉕玩则非有用之物。

㉖应“未尝为宝”句。　　以上答白珩已毕，下乃重起奇文，以刺鸣玉，与白珩无干。

㉗凡为国者所宝唯六。

㉘圣，通明也。

㉙玉，祭祀之玉。

㉚宪，法也。

㉛圣曰能，物曰足以，字法。　　此虽是推开一层说，仍句句与上三段相映照，妙。

㉜鸣玉声也。

㉝问甚矜张，答甚闲淡，机锋射人。

所宝唯贤，自是主论，却着眼在“云连徒洲”一段。盖薮泽钟美，皆堪有用，自当为宝，正与玩好无用之白珩紧照。后一段于“圣能制议”之下，复接龟珠金玉，山林薮泽，皆可资之为用者。跌到不宝“哗嚣之美”，处处针锋相对。

诸稽郢行成于吴

吴王夫差起师伐越[①]，越王句践起师逆之江[②]。大夫种乃献谋曰：“夫吴之与越，唯天所授，王其无庸战[③]。夫申胥[④]、华登[⑤]，简服吴国之士于甲兵，而未尝有所挫也[⑥]。夫一人善射，百夫决拾[⑦]，胜未可成[⑧]。夫谋必素见成事焉，而后履之，不可以授命[⑨]。王不如设戎，约辞行成，以喜其民，以广侈吴王之心[⑩]。吾以卜之于天，天若弃吴，必许吾成，而不吾足也[⑪]，将必宽然有伯诸侯之心焉[⑫]。既罢弊其民，而天夺之食[⑬]，安受其烬，乃无有命矣[⑭]。”越王许诺。乃命诸稽郢[⑮]行成于吴，曰[⑯]：“寡君句践使下臣郢，不敢显然布币行礼，敢私告于下执事曰[⑰]：‘昔者越国见祸，得罪于天王[⑱]，天王亲趋玉趾[⑲]，以心孤句践而又宥赦之[⑳]。君王之于越也，繄起死人而肉白骨也[㉑]。孤不敢忘天灾[㉒]，其敢忘君王之大赐乎[㉓]？今句践申祸无良[㉔]，草鄙之人，敢忘天王之大德，而思边陲之小怨，以重得罪于下执事[㉕]？句践用帅二三之老，亲委重罪，顿颡于边[㉖]。今君王不察，盛怒属兵，将残伐越国。越国固贡献之邑也[㉗]，君王不以鞭箠使之，而辱军士，使寇令焉[㉘]。句践请盟[㉙]：一介嫡女，执箕帚以晐[㉚]姓于王宫[㉛]；一介嫡男，奉槃[㉜]匜以随诸御[㉝]。春秋贡献，不解[㉞]于王府[㉟]。天王

岂辱裁之？亦征诸侯之礼也[36]。’夫谚曰：‘狐埋之而狐搰之，是以无成功[37]。’今天王既封殖越国，以明闻于天下，而又刈亡之，是天王之无成劳也[38]。虽四方之诸侯，则何实以事吴[39]？敢使下臣尽辞，唯天王秉利度义焉[40]。”

【注释】

①鲁定十四年，吴伐越，越败之于槜李，阖庐伤足而死。后三年，夫差败越于夫椒，报槜李也。大夫种求成于吴，吴许越成。至是吴又起师伐越。

②逆，迎战也。

③言唯天所命，不用战也。　　先顿一句。

④伍子胥奔吴，吴子与之申地，故曰申胥。

⑤宋司马华费遂之子，奔吴为大夫。

⑥简服，练习也。挫，毁折也。言二子善于用兵。

⑦决，以象骨为之，着于右手大指，所以钩弦开体。拾，以皮为之，着于左臂以遂弦。言二子善用兵，众心化之，犹一人善射，而百夫竞着决拾以效之也。

⑧越之胜吴，殆未可必。

⑨素，豫也。履，行也。授命，犹言致命。言当谋定后战，不可轻出丧师。

⑩不如设兵自守，卑约其辞，以求平于吴，吴民必喜。乃所以骄夫差之心也。　　“广侈吴王之心”，是献谋主意。

⑪不以吾为足虑。

⑫所谓广侈之也。

⑬心既广侈，则民必罢弊，而天禄尽。

⑭烬，余也。天之所弃，吾取者乃天之余也。乃无有命，言吴更无天命也。　　大夫种布算已定。

⑮诸稽郢，越大夫。

⑯下皆约辞。

⑰开口辞便约。

⑱指槜李伤阖庐事。天王，尊之以名。

⑲谓败越于夫椒。

⑳孤，弃也。破越不取，是心弃句践而宥赦之也。

㉑繄，是也。　　感德语，所以侈其心。

㉒指上“见祸”言。　　顿挫。

㉓加此二句，见诚心感德。　　已上述吴昔日之恩。

㉔申祸，重见祸也。无良，言己之不善。　　作自责语。

㉕存国为德之大，侵疆为怨之小，重得罪，谓报见侵也。　　作一振，逼入起师逆江意。

㉖委，任也。言起师逆之江者，乃帅二三臣，自任大罪，叩头请服于境，非敢得罪于吴也。

㉗顿挫。

㉘若御寇之号令。　　越辞愈卑，吴心愈侈。

㉙以吴不察，故请盟。

㉚晐，同“该”。

㉛晐，备也。《曲礼》：“纳女于天子曰备百姓。”

㉜槃，同“盘”。

㉝匜，洗手器。御，近臣宦竖之属。

㉞解，同“懈”。

㉟应“贡献之邑”句。　　此言既盟之后如此。

㊱天王岂能辱意裁制之，此亦天子征税诸侯之礼也。　　已上望吴今日之泽。

㊲搰，发也。　　喻甚奇。

㊳封殖刈亡，以草木自比。言吴今日之刈亡，徒劳昔日之封殖也。　　忽作责吴语，妙。

㊴实，信也。　　牵引诸侯，正以自为，妙。

㊵越服吴为利，吴舍越为义。

诸稽郢行成之词，虽只是广侈吴王之心，其中可罪者不少。如不敢忘天灾，自强之心露；狐搰无成功，藐吴之意见矣。纵多巧辞，皆玩弄也。使非天欲弃吴，其说能终行乎？

申胥谏许越成

吴王夫差乃告诸大夫曰：“孤将有大志于齐[①]，吾将许越成，而无拂吾虑[②]。若越既改，吾又何求？若其不改，反行，吾振旅焉[③]。”申胥谏曰：“不可许也[④]。夫越非实忠心好吴也[⑤]，又非慑畏吾甲兵之强也[⑥]。大夫种勇而善谋，将还玩吴国于股掌之上，以得其志[⑦]。夫固知君王之盖威以好胜也[⑧]，故婉约其辞，以从[⑨]逸王志[⑩]，使淫乐于诸夏之国以自伤也[⑪]。使吾甲兵钝弊，民人离落，而日以憔悴[⑫]，然后安受吾烬[⑬]。夫越王好信以爱民[⑭]，四方归之[⑮]，年谷时熟[⑯]，日长炎炎[⑰]，及吾犹可以战也[⑱]，为虺弗摧，为蛇将若何[⑲]？”吴王曰：“大夫奚隆于越？越曾足以为大虞乎[⑳]？若无越，则吾何以春秋曜吾军士[㉑]？”乃许之成。将盟，越王又使诸稽郢辞曰[㉒]：“以盟为有益乎？前盟口血未干，足以结信矣。以盟为无益乎？君王舍甲兵之威以临使之，而胡重于鬼神而自轻也[㉓]？”吴王乃许之。荒成不盟[㉔]。

【注释】

①欲伐齐。

②已先拒谏。

③改，谓诚心改事吴也。反行，伐齐而返也。振旅，加兵也。　　全不以越为意。

④断一句。

⑤既非爱吴。

⑥亦非惧吴。

⑦还玩，转弄也。　　直破其奸。

⑧盖，犹尚也。病根被人看破。

⑨从，同“纵”。

⑩婉约，卑逊也。纵逸，即上篇“广侈”之意。

⑪自伤，犹言自害。

⑫此言自伤之实。　　两“使”字，是还玩吴国作用。

⑬烬，余也。安受吴国未灭之余，所谓得其志也。　　句句与种言暗合，英雄所见略同。　已上论大夫种。

⑭不好胜而好信，不尚威而爱民。

⑮得人心。

⑯得天意。

⑰炎炎，进貌。　　论越王。

⑱“及”字，承上“日以憔悴”、“日长炎炎”两句来，言过此吴日益衰，越日益盛，吾虽欲战无及已。是危急语。

⑲虺，小蛇也。摧，灭也。　　一喻尤入情。

⑳隆，尊也。虞，虑也。　　侈心顿起。

㉑存越则时可加兵，以张吾军势。　　写“盖威”、“好胜”如画。

㉒既使诸稽郢请盟，又使诸稽郢辞盟，真是还玩吴国于股掌之上。

㉓不复如前之乞哀态矣，还玩吴国已极。

㉔荒，空也。总是不以越为意。

夫差广侈已极，只“越曾足为大虞”一语，虽有百谏诤，亦莫之入矣。胥、种谋国之智，若出一辙。而吴由以亡，越由以霸，用与不用异耳。

《公羊传》

春王正月

元年者何？君之始年也①。春者何？岁之始也②。王者孰谓？谓文王也③。曷为先言王而后言正月？王正月也④。何言乎王正月？大一统也⑤。公何以不言即位？成公意也⑥。何成乎公之意？公将平国而反之桓⑦。曷为反之桓？桓幼而贵，隐长而卑，其为尊卑也微，国人莫知⑧。隐长又贤，诸大夫扳隐而立之⑨，隐于是焉而辞立，则未知桓之将必得立也⑩。且如桓立，则恐诸大夫之不能相幼君也⑪。故凡隐之立，为桓立也⑫。隐长又贤，何以不宜立？立適，以长不以贤；立子，以贵不以长⑬。桓何以贵？母贵也⑭。母贵则子何以贵？子以母贵，母以子贵⑮。

【注释】

①人君即位之始年。

②岁功之始。

③文王，周始受命之王。

④王者受命改正朔。

⑤王者受命改正朔，自甸、侯以至要、荒咸奉之，故曰“大一统”。　　起数语，是一部《春秋》中“元年春王正月”总注。

⑥从无文字处生文。

⑦桓,隐异母弟。平。治也。反,归也。

⑧微,谓母俱媵也。国人无从分别。　　先言可掩之势,以见隐不负心,语绝含蕴。

⑨扳,引也。

⑩是时公子非一。　　一转。

⑪既欲立隐,必不能诚心相桓。　　二转。　　虚作二转,字字写出隐深心微虑,以申平国意。

⑫申欲反之桓意。

⑬適,谓适夫人之子。子,谓左右媵及侄娣之子。　　二句表明大义。

⑭右媵秩次贵。

⑮子以母秩次得立,母以子立得为夫人。　　住语,法峻意圆。

透发"将平国而反之桓"句,推见至隐。末一段,又因隐、桓而表揭立子之义。其下字运句,又跌宕,又闲静,又直截,又虚活,不但以简劲擅长也。

宋人及楚人平

外平不书[①],此何以书?大其平乎己也[②]。何大其平乎己?庄王围宋,军有七日之粮尔,尽此不胜,将去而归尔[③]。于是使司马子反乘堙而窥宋城,宋华元亦乘堙而出见之[④]。司马子反曰:"子之国何如?"华元曰:"惫矣[⑤]。"曰:"何如[⑥]?"曰:"易子而食之,析骸而炊之[⑦]。"司马子反曰:"嘻!甚矣惫[⑧]。虽然[⑨],吾闻之也,围者[⑩]柑马而秣之[⑪],使肥者应客[⑫],是何子之情也[⑬]?"华元曰:"吾闻之,君子见人之厄则矜之,小人见人之厄则幸之,吾见子之君子也,是以告情于子也[⑭]。"司马子反曰:"诺,勉之矣[⑮]。吾军亦有七日之粮尔,尽此不胜,将去而归尔[⑯]。"揖而去之,反于庄王[⑰]。庄王曰:"何如?"司马子反曰:"惫矣。"曰:"何如?"曰:"易子而食之,析骸而炊之。"庄王曰:"嘻!甚矣惫[⑱]。虽然[⑲],吾今取此,然后而归尔[⑳]。"司马子反曰:"不可。臣已告之矣,军有七日之粮尔[㉑]。"庄王怒曰:"吾使子往视之,子曷为告之?"司马子反曰:"以区区之宋,犹有不欺人之臣,可以楚而无乎?是以告之也[㉒]。"庄王曰:"诺,舍而止[㉓]。虽然[㉔],吾犹取此,然后归尔[㉕]。"司马子反曰:"然则君请处于此,臣请归尔[㉖]。"庄王曰:"子去我而归,吾孰与处于此?吾亦从子而归尔[㉗]。"引师而去之。故君子大其平乎己也[㉘]。此皆大夫也,其称人何?贬。曷为贬?平者在下也[㉙]。

【注释】

①前楚、郑平不书。

②己,指华元、子反。对君而言也。　　提出主意。

③先插子反语作叙事,文情妙绝。

④堙,距堙。上城具。　　相见便奇。

⑤惫，疲极也。
⑥问惫状。
⑦竟以实告。
⑧倒句妙。若言“惫甚矣”，便无味。
⑨虽如子言。
⑩见围者。
⑪以粟饮马曰秣。柑者，以木衔马口，使不得食，示有蓄积。
⑫肥，谓肥马。示饱足也。
⑬情，实也。　　怪其以实告。子反之心已动。
⑭说出实告之故，尤足动人。
⑮令勉力坚守。　　已心许之，而语绝不露，妙。
⑯亦以实告。
⑰反报于庄王。
⑱复前语，不变一字，文法最纡徐有韵。
⑲虽然惫极。
⑳本将去而归，转欲乘其惫。
㉑亦以实告。
㉒华元全以“君子”二字感动子反，子反全以“不欺”二字感动庄王。
㉓命子反筑舍处此，以示不去。
㉔虽我粮尽。
㉕庄王被子反感动，欲取不可，欲去不甘，意实无聊，故复作此语。观下“臣请归尔”、“吾亦从子而归尔”，便见。
㉖谐语正极得力。
㉗谐语得力如此。
㉘结出主意。
㉙罪其专也。既大之，复贬之，洗发经文无漏义。

通篇纯用复笔，曰“惫矣”，曰“甚矣惫”，曰“诺”，曰“虽然”，愈复愈变，愈复愈韵。末段曰“吾犹取此”而归，曰“臣请归尔”，曰“吾亦从子而归尔”，尤妙绝解颐。

吴子使札来聘

吴无君无大夫[①]，此何以有君有大夫[②]？贤季子也。何贤乎季子？让国也[③]。其让国奈何？谒也、余祭也、夷昧也，与季子同母者四[④]。季子弱而才，兄弟皆爱之，同欲立之以为君[⑤]。谒曰：“今若是迮而与季子国[⑥]，季子犹不受也[⑦]。请无与子而与弟，弟兄迭为君，而致国乎季子[⑧]。”皆曰：“诺[⑨]。”故诸为君者，皆轻死为勇，饮食必祝曰：“天苟有吴国，尚速有悔于予身[⑩]。”故谒也死，余祭也立。余祭也死，夷昧也立。夷昧也死，则国宜之季子者也[⑪]。季子使而亡焉[⑫]。僚者[⑬]，长庶也[⑭]，即

之[15]。季子使而反，至而君之尔[16]。阖庐[17]曰：“先君之所以不与子国而与弟者，凡为季子故也[18]。将从先君之命与？则国宜之季子者也。如不从先君之命与？则我宜立者也[19]。僚恶得为君乎[20]？”于是使专诸刺僚[21]，而致国乎季子[22]。季子不受，曰：“尔弑吾君，吾受尔国，是吾与尔为篡也[23]。尔杀吾兄[24]，吾又杀尔，是父子兄弟相杀，终身无已也[25]。”去之延陵，终身不入吴国[26]。故君子以其不受为义，以其不杀为仁[27]。贤季子，则吴何以有君有大夫？以季子为臣，则宜有君者也[28]。札者何？吴季子之名也。春秋贤者不名[29]，此何以名？许夷狄者，不壹而足也[30]。季子者，所贤也，曷为不足乎季子？许人臣者必使臣，许人子者必使子也[31]。

【注释】

①据向之会称国。

②吴始君、臣并见。

③“让国”二字，括尽全篇。

④与，并也。

⑤父寿梦欲立之而不受，至是兄弟又同欲立之。　以国让谒。

⑥迮，骤也。

⑦可见前已不受，从谒口中补出，妙。

⑧曲为季子受地。

⑨三字，写同欲立之如见，妙。

⑩悔，咎也。急欲致国于季子意。　自是发于至诚，不愧句吴后裔。

⑪顿句生姿。

⑫因出使而不归。

⑬僚，夷昧子。

⑭于三君之子为长。

⑮即，就位也。

⑯闻僚既立乃归。　以国让僚。

⑰阖庐，谒之子。

⑱先提一句。

⑲两意一正一反，阖庐之言亦是。

⑳后断一句。

㉑专诸，膳宰。僚嗜炙鱼，因进鱼而刺之。　让变为争，奇。

㉒争矣复让，更奇。

㉓以分言，伏下“义”字。

㉔杀兄之子，亦犹杀兄。

㉕以情言，伏下“仁”字。

㉖延陵，吴下邑。礼，公子无去国之义，故不越境。国，谓国都，既不忍讨阖庐，义不可留事，故不入。　超然物外。

㉗千古定论。　以国让阖庐。　收完让国事。

㉘以季子贤，许有大夫，则宜使有君。　又缴“有君有大夫”，完密，下复洗发称名作结，经义一字不漏。

㉙或书字，或书子。

㉚不以一事之美而遽足，以待之者严也。

㉛臣子尊荣，莫不欲与君父共之。故许之者，必使其可为臣子。贤季子而称名，所以使其为吴臣子也。　　奇思创解。

泰伯让周，此则兄弟让国，可谓无忝厥祖矣。然不可以为训也。迨于僚、光，骨肉相残，非季子贤明，则流祸不止，此《春秋》所以重予之欤！

《穀梁传》

郑伯克段于鄢

克者何？能也。何能也？能杀也[①]。何以不言杀？见段之有徒众也[②]。段，郑伯弟也。何以知其为弟也？杀世子母弟目君[③]，以其目君，知其为弟也。段，弟也而弗谓弟，公子也而弗谓公子，贬之也。段失子弟之道矣[④]。贱段而甚郑伯也[⑤]。何甚乎郑伯？甚郑伯之处心积虑，成于杀也[⑥]。于鄢，远也，犹曰取之其母之怀中而杀之云尔，甚之也[⑦]。然则为郑伯者宜奈何？缓追逸贼，亲亲之道也[⑧]。

【注释】

①一字诛心。

②段有徒众，不易杀也。不易杀而卒杀之，故曰“能杀”。

③母弟，同母弟也。目君，谓称郑伯。

④所以贬。

⑤贱段，谓不称公子及弟。甚郑伯，谓目君也。　　一语绾前后，有力。

⑥段恃宠骄恣，强足当国，郑伯不能防闲以礼，教训以道，纵成其恶，终致大辟。处心积虑，志欲杀弟。　　一句断尽。

⑦郑伯之杀段，盖追恨姜氏爱段恶己也。读之使人堕泪。

⑧设处得甚妙。

郑伯以恶养天伦，使陷于罪，因以剪之。《春秋》推见至隐，首诛其意，以正人心。《穀梁》只“处心积虑”四字，已发透经义，核于他传。

虞师晋师灭夏阳

非国而曰灭，重夏阳也[①]。虞无师[②]，其曰师，何也？以其先晋，不可以不言师也[③]。其先晋何也[④]？为主乎灭夏阳也[⑤]。夏阳者，虞、虢之塞邑也[⑥]。灭夏阳而虞、虢举矣[⑦]。虞之为主乎灭夏阳，何也？晋献公欲伐虢，荀息[⑧]曰：“君何不以屈产

之乘，垂棘之璧，而借道乎虞也[9]？”公曰：“此晋国之宝也，如受吾币而不借吾道，则如之何[10]？”荀息曰：“此小国之所以事大国也[11]。彼不借吾道，必不敢受吾币。如受吾币而借吾道[12]，则是我取之中府而藏之外府，取之中厩而置之外厩也[13]。”公曰：“宫之奇[14]存焉，必不使受之也[15]。”荀息曰：“宫之奇之为人也，达心而懦，又少长于君[16]。达心则其言略[17]，懦则不能强谏，少长于君，则君轻之[18]。且夫[19]玩好在耳目之前[20]，而患在一国之后[21]，此中知以上乃能虑之，臣料虞君，中知以下也[22]。”公遂借道而伐虢。宫之奇谏曰：“晋国之使者，其辞卑而币重，必不便于虞[23]。”虞公弗听。遂受其币而借之道[24]。宫之奇又谏曰：“语曰：‘唇亡则齿寒。’其斯之谓与[25]？”挈其妻子以奔曹。

献公亡虢五年，而后举虞[26]。荀息牵马操璧而前曰：“璧则犹是也，而马齿加长矣[27]。”

【注释】

①夏阳，虢邑。

②晋灭夏阳，虞何尝有师？

③人不得居师上，故言师。

④据小不先大。

⑤即《公羊》首恶意。

⑥塞，边界。

⑦举，拔也。　　此夏阳之所为重也。句极宕逸。

⑧荀息，晋大夫。

⑨屈地产良马，垂棘出美玉，故以为名。自晋适虢，途出于虞，故借道。

⑩晋君先爱恋马、璧。

⑪提清一句。

⑫斯朝取虢而暮取虞矣。

⑬君何丧焉？　　看得明，拿得定，快语斩截，是能成功。

⑭宫之奇，虞贤大夫。

⑮伏后两谏。

⑯达之心而懦于事。又自少至长，与君同处。

⑰明达之人，言则举纲领要。

⑱先识透宫之奇。

⑲进一层说。

⑳玩好，指马、璧。

㉑虢在先。　　利近而害远。

㉒又识透虞君，借道之计必行矣。

㉓言果略。

㉔君果轻之。

㉕果不能强谏。

㉖应“灭夏阳而虞、虢举矣”句。

㉗以戏作收，韵绝。

全篇总是写虞师主灭夏阳，笔端清婉，迅快无比。中间“玩好在耳目之前”一段，尤异样出色。祸患之成，往往堕此，古今所同慨也。

《檀　弓》

晋献公杀世子申生

晋献公将杀其世子申生①，公子重耳②谓之曰：“子盖③言子之志于公乎④？”世子曰：“不可！君安骊姬，是我伤公之心也⑤。”曰：“然则盖行乎⑥？”世子曰：“不可！君谓我欲弑君也，天下岂有无父之国哉！吾何行如之⑦？”使人辞于狐突⑧曰⑨：“申生有罪，不念伯氏之言也，以至于死⑩。申生不敢爱其死⑪。虽然⑫，吾君老矣⑬，子少⑭，国家多难⑮，伯氏不出而图吾君⑯，伯氏苟出而图吾君，申生受赐而死⑰。”再拜稽首乃卒⑱。是以为恭世子也⑲。

【注释】

①因骊姬毒胙之谗也。

②公子重耳，申生异母弟。

③盖，同“盍”。

④劝其明谗。

⑤明其谗，则姬必诛，是使君失所安，而伤其心也。　　省句，与《左》、《国》不同。

⑥劝其出奔他国。

⑦言行将何往也。　　两答，想见孝子深心。

⑧狐突，申生之傅。

⑨与之永诀。

⑩伯，狐突字。初申生伐东山时，狐突劝其出奔。

⑪提过自己一边。

⑫转入正意。

⑬一转。

⑭指骊姬子奚齐。　　二转。

⑮将来必至有争。　　三转。　　十字三转，一转一泪。

⑯不出而为君图安国之计，则已。

⑰国安，则我虽死，亦受惠矣。　　属望深切，愈见惨恻。

⑱无君命而自缢。

⑲陷亲不义，不得为纯孝，但得谥恭而已。　　结寓责备申生意，文情宕逸。

短篇中写得如许婉折，语语不忘君国，真觉一字一泪。合《左》、《国》、《公》、《穀》观之，方见是文之神。

曾子易箦

曾子寝疾，病[①]。乐正子春[②]坐于床下，曾元、曾申[③]坐于足，童子隅坐而执烛[④]。童子曰："华而睆，大夫之箦与[⑤]！"子春曰："止[⑥]。"曾子闻之，瞿然曰："呼[⑦]！"曰[⑧]："华而睆，大夫之箦与[⑨]！"曾子曰："然[⑩]。斯季孙之赐也，我未之能易也。元，起易箦[⑪]！"曾元曰："夫子之病革矣，不可以变[⑫]。幸而至于旦，请敬易之[⑬]。"曾子曰："尔之爱我也不如彼[⑭]。君子之爱人也以德[⑮]，细人之爱人也以姑息[⑯]。吾何求哉！吾得正而毙焉，斯已矣[⑰]。"举扶而易之，反席未安而没[⑱]。

【注释】

①病者，疾之甚也。
②乐正子春，曾子弟子。
③曾元、曾申，俱曾子子。
④点次错落有致。
⑤华者，画饰之美好。睆者，节目之平莹。箦，簟也。
⑥使童子勿言也。
⑦瞿然，惊貌。呼，发声欲问也。　　“止”字、“呼”字，相应甚警。
⑧童子又言。
⑨若为不解，语足会心。
⑩曾子识童子之意，故然之。
⑪以病不能自起而易，命元扶易。
⑫革，亟也。变，动也。
⑬玩“幸而至于旦”句，始知前“执烛”二字非浪笔。
⑭彼，谓童子。
⑮所见者大。
⑯姑息，苟安也。　　所见者小。
⑰垂没而精神不乱，足征守身之学。
⑱可谓毙于正矣。

宋朱子云：季孙之赐，曾子之受，皆为非礼。或者因仍习俗，尝有是事，而未能正耳。但及其疾病不可以变之时，一闻人言，而必举扶以易之，则非大贤不能矣。此事切要处，正在此毫厘顷刻之间。

有子之言似夫子

有子问于曾子曰："问[①]丧于夫子乎[②]？"曰："闻之矣。丧欲速贫，死欲速朽[③]。"

有子曰："是非君子之言也[4]。"曾子曰："参也闻诸夫子也[5]。"有子又曰："是非君子之言也[6]。"曾子曰："参也与子游闻之[7]。"有子曰："然[8]。然则夫子有为言之也[9]。"

曾子以斯言告于子游。子游曰："甚哉！有子之言似夫子也[10]。昔者夫子居于宋，见桓司马[11]自为石椁，三年而不成。夫子曰：'若是其靡也，死不如速朽之愈也[12]。'死之欲速朽，为桓司马言之也[13]。南宫敬叔[14]反[15]，必载宝而朝[16]，夫子曰：'若是其货也，丧不如速贫之愈也。'丧之欲速贫，为敬叔言之也[17]。"

曾子以子游之言告于有子。有子曰："然[18]。吾固曰非夫子之言也[19]。"曾子曰："子何以知之？"有子曰："夫子制于中都，四寸之棺，五寸之椁[20]。以斯知不欲速朽也[21]。昔者夫子失鲁司寇，将之荆，盖先之以子夏，又申之以冉有[22]。以斯知不欲速贫也[23]。"

【注释】

①问，作"闻"。

②仕而失位曰丧。

③上只问丧，此又带出"死"字来，遂成一篇对待文字。

④一辩。

⑤一证。

⑥又一辩。

⑦又一证。

⑧信有是言。

⑨开一解，伏末二段。

⑩平日门人皆以有子之言为似夫子，故子游叹其甚。

⑪桓司马，即桓魋。

⑫靡，侈也。

⑬速朽之言有为。

⑭南宫敬叔，鲁大夫，孟僖子之子仲孙阅。

⑮失位去鲁而反国。

⑯欲行赂以求复位。

⑰速贫之言有为。

⑱言果有为。

⑲复一句，结上生下。

⑳定公九年，孔子为中都宰，制棺椁之法制。

㉑以有棺椁之制，知速朽非夫子之言。

㉒荆，楚本号。将适楚，而先使二子继往者，盖欲观楚之可仕与否，而谋其可处之位。

㉓以有行使之资，知速贫非夫子之言。

前二段，子游解欲速朽、速贫之故。后二段，有子自言所以知其不欲速朽、速贫之故。章法极整练，又极玲珑。

公子重耳对秦客

晋献公之丧，秦穆公使人吊公子重耳[①]。且曰[②]："寡人闻之，亡国恒于斯，得国恒于斯[③]。虽吾子俨然在忧服之中，丧亦不可久也，时亦不可失也，孺子其图之[④]。"以告舅犯[⑤]。舅犯曰："孺子其辞焉[⑥]。丧人无宝，仁亲以为宝[⑦]。父死之谓何？又因以为利，而天下其孰能说之[⑧]？孺子其辞焉[⑨]。"公子重耳对客曰[⑩]："君惠吊亡臣重耳，身丧父死，不得与于哭泣之哀，以为君忧[⑪]。父死之谓何？或敢有他志，以辱君义[⑫]。"稽颡而不拜，哭而起，起而不私[⑬]。

子显[⑭]以致命于穆公。穆公曰："仁夫，公子重耳[⑮]！夫稽颡而不拜，则未为后也，故不成拜。哭而起，则爱父也。起而不私，则远利也[⑯]。"

【注释】

①时重耳避难在狄，穆公使公子絷往吊之。

②吊为正礼，故以"且曰"起下辞。

③斯，指此时而言。

④俨然，端静持守之貌。丧，失位也。时，谓死生交代之际。勉其奔丧反国，以谋袭位。是吊，是慰，亦是劝，情文婉切。

⑤入而告舅子犯。

⑥辞其相勉反国谋袭之命。

⑦失位去国之人无以为宝，惟仁爱思亲，乃其宝也。

⑧父死谓是何事，若乘此而谋得国，是以父死为利。天下之人，孰能解说我为无罪乎？一片假仁假义，妆饰得好。

⑨复一句，丁宁无限。

⑩出而答秦使者。

⑪谢其来吊。

⑫他志，谓求位之志。辱君义者，辱君惠吊之意也。　意与上同，而文法更变。

⑬不私，不再与使者私言也。　举动饶有经济。

⑭显，作"䋫"，公子絷字。

⑮"仁夫"二字，沉吟叹赏，心服之至。

⑯丧礼，先稽颡后拜，谓之成拜。乃为后者所以谢吊礼之重。爱父，哀痛其父也。远利，不以得国为利，而远之也。　从穆公口中解上三句，笔甚奇幻。

秦穆之言，虽若有纳重耳之意，然亦安知不以此言试之？晋君臣险阻备历，智深勇沉，故所对纯是一团大道理，使秦伯不觉心折。英雄欺人，大率如此。

杜蒉扬觯

知悼子[①]卒，未葬。平公饮酒，师旷、李调侍[②]，鼓钟。杜蒉自外来，闻钟声。

曰："安在[③]？"曰："在寝。"杜蒉入寝，历阶而升[④]，酌曰："旷饮斯。"又酌曰："调饮斯。"又酌，堂上北面坐饮之[⑤]。降，趋而出[⑥]。平公呼而进之，曰："蒉，曩者尔心或开予，是以不与尔言[⑦]。尔饮旷，何也？"曰："子卯不乐[⑧]。知悼子在堂[⑨]，斯其为子卯也大矣[⑩]。旷也，太师也，不以诏，是以饮之也[⑪]。""尔饮调，何也？"曰："调也，君之亵臣也，为一饮一食忘君之疾，是以饮之也[⑫]。""尔饮，何也？"曰："蒉也，宰夫也，非刀匕是共，又敢与知防，是以饮之也[⑬]。"平公曰："寡人亦有过焉，酌而饮寡人[⑭]。"杜蒉洗而扬觯[⑮]。公谓侍者曰："如我死，则必毋废斯爵也[⑯]。"至于今，既毕献，斯扬觯，谓之杜举[⑰]。

【注释】

①知悼子，晋大夫知罃。

②与君同饮。

③惊怪之辞。

④"入"字，对下"出"字。"升"字，对下"降"字。

⑤坐，跪也。　凡三酌者，既罚二子，又自罚也。

⑥布成疑阵，妙人妙用。

⑦尔之初入，我意尔必有所开发于我，是以不先与尔言。

⑧桀以乙卯日死，纣以甲子日死，谓之疾日。故君不举乐。

⑨在堂，在殡也。

⑩君于卿大夫，比葬不食肉，比卒哭不举乐。悼子在殡，而可作乐燕饮乎？桀、纣异代之君，悼子同体之臣，故以为大于子卯也。　句法婉而多风。

⑪诏，告也。　责其旷职。

⑫调为近习之臣，贪于饮食，而忘君之疾日。　责其徇君。

⑬匕，匙也。宰夫不专供刀匕之职，而敢与知谏争防闲之事，是侵官矣。　自责其越分。三对，已注意晋君，特口未道破耳。

⑭顿地开悟。

⑮扬，举也。觯，罚爵。盥洗而后举，致其洁敬也。　杜蒉至此，快心极矣。

⑯欲以此爵为后世戒。

⑰至今晋国行燕礼之终，必举此觯。谓之杜举者，言此觯乃昔日杜蒉所举也。　佳句，闲情点缀，妙。

平公失礼燕饮，使杜蒉入寝而直斥其非，未必即能任过。乃三酌之后，竟不言而出，先令猜疑，不知为何故。及一一说出，乃不觉爽然自失矣。此《易》所谓"纳约自牖，终无咎"者也。文甚奇幻。

晋献文子成室

晋献文子成室[①]，晋大夫发焉[②]。张老曰："美哉轮焉！美哉奂焉[③]！歌于斯，哭于斯，聚国族于斯[④]。"文子曰："武也，得歌于斯、哭于斯、聚国族于斯，是全要领以

从先大夫于九京[⑤]也[⑥]。”北面再拜稽首[⑦]。君子谓之善颂善祷[⑧]。

【注释】

①“献文”二字，皆赵武谥，如贞惠文子之类。

②发礼往贺。

③轮，轮困高大也。奂，奂烂众多也。　　二句，美其今。

④歌，祭祀作乐也。哭，死丧哭泣也。聚国族，燕集国宾，聚会宗族也。　　二句，祝其后。

⑤京，同“原”。

⑥古者，罪重腰斩，罪轻颈刑。先大夫，文子父祖也。九原，晋卿大夫之墓地。　　就其赞词，添接一解，有无穷之味。

⑦谢其祝。

⑧颂者，美其事而祝其福。祷者，祈以免祸也。张老之言善于颂，文子所答善于祷。

张老颂祝之辞，固迥然超于俗见。文子又添“全要领”句，见免刑戮，乃为无穷之福，尤加于人一等。“善颂善祷”四字，为两人标名不朽。

古文观止卷之四

秦文

《战国策》

苏秦以连横说秦

苏秦[1]始将连横说秦惠王[2]，曰："大王之国，西有巴、蜀、汉中之利[3]，北有胡貉代马之用[4]，南有巫山黔中之限[5]，东有殽函之固[6]，田肥美，民殷富[7]，战车万乘，奋击百万[8]，沃野千里[9]，蓄积饶多，地势形便[10]，此所谓天府，天下之雄国也[11]。以大王之贤，士民之众，车骑之用，兵法之教[12]，可以并诸侯，吞天下，称帝而治[13]。愿大王少留意，臣请奏其效[14]。"秦王曰："寡人闻之，毛羽不丰满者，不可以高飞[15]；文章不成者，不可以诛罚；道德不厚者，不可以使民；政教不顺者，不可以烦大臣[16]。今先生俨然不远千里而庭教之，愿以异日[17]。"苏秦曰："臣固疑大王之不能用也[18]。昔者神农伐补遂[19]，黄帝伐涿鹿而禽蚩尤[20]，尧伐驩兜，舜伐三苗，禹伐共工，汤伐有夏，文王伐崇[21]，武王伐纣，齐桓任战而霸天下[22]，由此观之，恶有不战者乎[23]？古者使车毂击驰[24]，言语相结[25]，天下为一；约从连横，兵革不藏[26]，文士并饬[27]，诸侯乱惑；万端俱起，不可胜理[28]；科条既备，民多伪态；书策稠浊[29]，百姓不足；上下相愁，民无所聊[30]；明言章理[31]，兵甲愈起；辩言伟服[32]，战攻不息[33]；繁称文辞，天下不治；舌敝耳聋，不见成功；行义约信，天下不亲[34]。于是乃废文任武，厚养死士，缀甲厉兵[35]，效胜于战场[36]。夫徒处而致利，安坐而广地[37]，虽古五帝三王五霸，明主贤君，常欲坐而致之，其势不能[38]，故以战续之。宽则两军相攻，迫则杖戟相撞，然后可建大功。是故兵胜于外，义强于内，威立于上，民服于下[39]。今欲并天下，凌万乘[40]，诎敌国[41]，制海内，子元元[42]，臣诸侯，非兵不可[43]。今之嗣主，忽于至道[44]，皆惛于教，乱于治，迷于言，惑于语，沉于辩，溺于辞[45]，以此论之，王固不能行也[46]。"说秦王书十上，而说不行[47]。黑貂之裘敝，黄金百斤尽[48]。资用乏绝，去秦而归。羸縢履蹻[49]，负书担囊，形容枯槁，面目黧黑，状有愧色[50]。

归至家，妻不下纴[51]，嫂不为炊，父母不与言[52]。苏秦喟然叹曰："妻不以我为夫，嫂不以我为叔，父母不以我为子，是皆秦之罪也[53]。"乃夜发书，陈箧数十[54]，得太公《阴符》之谋[55]，伏而诵之，简练以为揣摩[56]。读书欲睡，引锥自刺其股，血流至足，

曰:“安有说人主不能出其金玉锦绣,取卿相之尊者乎[57]?”期年,揣摩成,曰:“此真可以说当世之君矣[58]。”于是乃摩燕乌集阙[59],见说赵王[60]于华屋之下[61],抵掌而谈[62]。赵王大说[63],封为武安君,受相印[64],革车百乘[65],锦绣千纯[66],白璧百双,黄金万镒[67],以随其后[68]。约从散横,以抑强秦[69],故苏秦相于赵而关不通[70]。

当此之时,天下之大,万民之众,王侯之威,谋臣之权,皆欲决于苏秦之策[71]。不费斗粮,未烦一兵,未战一士,未绝一弦,未折一矢,诸侯相亲,贤于兄弟[72]。夫贤人任而天下服,一人用而天下从。故曰:式于政,不式于勇;式于廊庙之内,不式于四境之外[73]。当秦之隆[74],黄金万镒为用,转毂连骑,炫熿于道[75]。山东之国,从风而服,使赵大重[76]。且夫苏秦,特穷巷掘门桑户棬枢之士耳[77],伏轼撙衔[78],横历天下,庭说诸侯之主,杜左右之口,天下莫之伉[79]。

将说楚王[80],路过洛阳[81],父母闻之,清宫除道[82],张乐设饮,郊迎三十里。妻侧目而视,侧耳而听[83]。嫂蛇行匍伏[84],四拜自跪而谢[85]。苏秦曰:“嫂[86],何前倨而后卑也?”嫂曰:“以季子[87]位尊而多金[88]。”苏秦曰:“嗟乎!贫穷则父母不子,富贵则亲戚畏惧,人生世上,势位富厚,盖可以忽乎哉[89]!”

【注释】

①苏秦,洛阳人。

②关东地长为从,楚、燕、赵、魏、韩、齐六国居之。关西地广为横,秦独居之。以六攻一为从,以一离六为横。故从曰合,横曰连。　　开头着“始将连横”四字,便见合从非秦本心。

③巴、蜀、汉中三郡,并属益州。

④胡,楼烦、林胡之类。出貉,可为裘。代,幽州郡,出马。

⑤巫山,属夔州。黔,故楚地。秦地距此二郡,故曰限。

⑥郩,山名。函,函谷,关名,在渑池县。

⑦殷,盛也。

⑧士之能奋起以击者。

⑨沃,肥润也。

⑩地势与形,便于攻守。

⑪以上言其势。

⑫教,习也。

⑬以上言其威。

⑭大概说以用战。

⑮此句是喻,起下三句。

⑯文章,法令也。使民,驱之出战也。烦大臣,劳大将于外也。　　秦王数语,大有智略。

⑰是时秦方诛商鞅,疾辩士,故弗用。

⑱虚喝一句。

⑲补遂,国名。

⑳蚩尤诛杀无道,黄帝与大战于涿鹿,杀之。

㉑崇侯虎,纣卿士,道之为恶。

㉒任,用也。　　历引证佐。

㉓作一小束，点出主意。

㉔相击而驰，行使之多。

㉕结，亲也。

㉖从、横，皆需兵革。不藏，犹言不蓄。　　八字句。

㉗所用者尽文学之士。

㉘尚文则事烦。

㉙稠，多也。书策多，则阅者昏乱。

㉚聊，赖也。　　尚文则弊起。

㉛明，著之言。章，显之理。

㉜伟服，儒者盛服。

㉝尚文徒足以致乱。

㉞尚文必不能见功。　　已上排列二十五句。分四段看。极诋用文士之失。

㉟缀，缝缀也。

㊱再结"战"字。陡健。

㊲徒，空也，言无所为。

㊳反掉"神农伐补遂"一段。

㊴战之有利于国如此。

㊵凌，侵也。

㊶诎，服也。

㊷元，善也。民类皆善，故称元元。

㊸此句是连横本领。

㊹至道，暗指用兵。

㊺直口相诮，气凌万乘。

㊻复一句，欲以激动秦王。　　全段总是要秦王用战意，只因平日不曾揣摩，绝不知其辞之烦而意之复，宜其终不见听于秦王也。

㊼著此一句，以明在秦之久，为下裘敝金尽之由。

㊽苏秦初见李兑，赠以黑貂之裘，黄金百镒，因得入秦。

㊾羸，缠也。縢，束胫邪幅，自足至膝，便于行也。蹻，草履。

㊿将至家，著"状有愧色"四字，极力摹写。

51不下机缕，而织自若。

52极写其困惫失意，人情冷落，正为下受印拜相、除道郊迎等字映衬。

53作自责语，愤甚。

54箧，械藏也。

55《阴符》，太公兵法。

56简，择。练，熟。揣，量。摩，研也。言以我之简练者，揣摩时势而用之。　　六字是苏秦苦功得力处。

57倦而自励，感愤痛切。

58可见前番尚难自信，妙。

59摩，切近过之也。燕乌集阙，地名。

60赵王，肃侯。

(61)见说，见而说也。华，高丽也。　　与前上书而说先不同。
(62)抵掌，侧击手掌也。　　说赵王语，只四字括尽，其为简练可知。
(63)一见说而便大说，则揣摩有以中之矣。
(64)取卿相之尊矣。
(65)革车，兵车。
(66)纯，束也。
(67)白璧，玉环也。十四两曰镒。
(68)出其金玉锦绣矣。
(69)约六国之从，以离散秦之横。　　战国时横易而从难，苏秦能于其所难者，激之使然也。
(70)六国之关，不通秦也。　　作一顿，下纯以议论代叙事，奇妙。
(71)写得有声势。
(72)贤，胜也。　　连横用战，合从则不用战，从揣摩中得来。
(73)式，用也。　　承上“不费斗粮”五句，而极写之。
(74)秦国强甚之时。　　顿宕。
(75)炫熿，光辉也。
(76)赵为从主，诸侯尊之。　　此言其变弱为强之难。
(77)掘门，凿垣为门也。桑户，以桑木为户。枢，门牝也，揉木为之如棬。　　顿宕。
(78)撙，犹顿也。衔，勒也。停辔之意。
(79)伉，同“抗”。　　伉，当也。　　此言其化贱为贵之难。
(80)楚王，威王。　　忽入叙事作收煞。
(81)尚未至家。
(82)清，洒扫也。
(83)不敢正视听也。
(84)伏，同“匐”。　　蛇不直行。匍伏，伏地也。
(85)摹写势利恶态，而嫂尤不堪。
(86)叫一声，冷妙。
(87)季子，苏秦字。
(88)位尊，应前卿相。多金，应前金玉锦绣。　　苏秦问意，重在前倨；嫂只答以后卑，妙绝。
(89)就苏秦自鸣得意语，收结全篇。异样出色。

前幅写苏秦之困顿，后幅写苏秦之通显。正为后幅欲写其通显，故前幅先写其困顿。天道之倚伏如此，文章之抑扬亦如此。至其习俗人品，则世所共知，自不必多为之说。

司马错论伐蜀

司马错①与张仪②争论于秦惠王前③。司马错欲伐蜀，张仪曰：“不如伐韩。”王曰：“请闻其说。”对曰：“亲魏善楚④，下兵三川⑤，塞轘辕、缑氏之口⑥，当屯留之道⑦，魏绝南阳⑧，楚临南郑⑨，秦攻新城、宜阳⑩，以临二周之郊⑪，诛周主之罪⑫，侵

楚、魏之地[13]。周自知不救，九鼎宝器必出。据九鼎，按图籍[14]，挟天子以令天下[15]，天下莫敢不听，此王业也[16]。今夫蜀，西僻之国，而戎狄之长也。敝兵劳众，不足以成名；得其地，不足以为利[17]。臣闻：'争名者于朝，争利者于市。'今三川周室，天下之市朝也，而王不争焉，顾争于戎狄，去王业远矣[18]。"

司马错曰："不然[19]。臣闻之，欲富国者，务广其地；欲强兵者，务富其民；欲王者，务博其德。三资者备，而王随之矣[20]。今王之地小民贫，故臣愿从事于易[21]。夫蜀，西僻之国也，而戎狄之长也[22]，而有桀、纣之乱。以秦攻之，譬如使豺狼逐群羊也[23]。取其地，足以广国也[24]；得其财，足以富民[25]。缮兵不伤众，而彼已服矣[26]。故拔一国，而天下不以为暴；利尽四[27]海，诸侯不以为贪[28]。是我一举而名实两附[29]，而又有禁暴止乱之名[30]。今攻韩劫天子[31]，劫天子，恶名也[32]，而未必利也，又有不义之名[33]，而攻天下之所不欲，危[34]。臣请谒其故[35]：周，天下之宗室也[36]；韩，周之与国也[37]。周自知失九鼎，韩自知亡三川[38]，则必将二国并力合谋，以因乎齐、赵，而求解乎楚、魏[39]。以鼎与楚，以地与魏，王不能禁[40]。此臣所谓危[41]，不如伐蜀之完也[42]。"惠王曰："善，寡人听子。"

卒起兵伐蜀，十月取之，遂定蜀。蜀主更号为侯，而使陈庄相蜀。蜀既属，秦益强富厚，轻诸侯[43]。

【注释】

①司马错，秦人。

②张仪，魏人。

③此句是一篇总纲，下乃更叙起也。

④结好魏、楚，谋共伐韩。

⑤三川，河、洛、伊，韩地也。

⑥镮辕、缑氏，险道，属河南。

⑦屯留，潞州县道，即太行羊肠坂。

⑧南阳，韩地。

⑨南郑，河南郑地。

⑩新城，属河南。宜阳，韩邑。

⑪二周，西、东二周。

⑫周无韩为蔽，可以兵劫之。

⑬楚、魏无韩，益近秦，可以兵剪之。

⑭土地之图，人民、金、谷之籍。

⑮既得周鼎，乃借辅周为名，号召天下。

⑯取三川得利，挟天子得名，所以为王业。　一段伐韩之利。

⑰一段伐蜀之不利。

⑱总言伐韩、伐蜀，相去之远，双结。

⑲只二字，推倒张仪。

⑳先发正大之论。下乃入今事。　"三资"止重富强，"王"字陪说，故后竟不提起。

㉑提清伐蜀主脑。

㉒句有抑扬。
㉓忽设一喻，为下“未必利”作反照。
㉔顶强。
㉕顶富。　　此二句说实。
㉖缮，治也。
㉗四，作“西”。
㉘此二句说名。
㉙其利如此。
㉚加一句，应上“桀、纣”句也。　　一段伐蜀之利。
㉛名虽攻韩，实劫天子。
㉜擒定大题目立论。
㉝既未必利，徒有不义之名。
㉞天下皆欲尊周，而我攻之，亦危甚矣。不但名利两失已也。
㉟谒，白也。
㊱周室为天下之所宗。
㊲二句是“攻韩劫天子”注脚。
㊳两“自知”应上一“自知”。
㊴秦既亲魏善楚，难以离间，故必因乎齐、赵而求解之。
㊵将魏、楚与国，势必转而为秦敌矣。
㊶一段伐韩之不利。
㊷完，犹言万全。　　缴一句，意足。
㊸结完富强本旨。

周虽衰弱，名器犹存，张仪首倡破周之说，实是丧心。司马错建议伐蜀，句句驳倒张仪。生当战国，而能顾惜大义，诚超于人一等。秦王平日信任张仪，而此策独从错，可谓识时务之要。

范雎说秦王

范雎[①]至，秦王[②]庭迎范雎，敬执宾主之礼。范雎辞让。是日见范雎，见者无不变色易容者[③]。秦王屏左右[④]，宫中虚无人。秦王跪而进曰：“先生何以幸教寡人？”范雎曰：“唯唯[⑤]。”有间[⑥]，秦王复请。范雎曰：“唯唯。”若是者三[⑦]。

秦王跽曰[⑧]：“先生不幸教寡人乎？”范雎谢曰：“非敢然也。臣闻始时吕尚[⑨]之遇文王也，身为渔父，而钓于渭阳之滨耳，若是者，交疏也。已一说而立为太师，载与俱归者，其言深也[⑩]。故文王果收功于吕尚，卒擅天下而身立为帝王[⑪]。即使文王疏吕望而弗与深言，是周无天子之德，而文、武无与成其王也[⑫]。今臣羁旅之臣也，交疏于王，而所愿陈者，皆匡君臣之事，处人骨肉之间[⑬]。愿以陈臣之陋忠，而未知王心也，所以王三问而不对者，是也[⑭]。臣非有所畏而不敢言也[⑮]，知今日言之

于前，而明日伏诛于后，然臣弗敢畏也[16]。大王信行臣之言，死不足以为臣患，亡不足以为臣忧，漆身而为厉[17]，被发而为狂，不足以为臣耻[18]。五帝之圣而死，三王之仁而死，五霸之贤而死，乌获[19]之力而死，奔、育之勇而死[20]。死者，人之所必不免，处必然之势[21]，可以少有补于秦，此臣之所大愿也，臣何患乎[22]？伍子胥橐载而出昭关[23]，夜行而昼伏，至于蔆水[24]，无以糊其口，膝行蒲伏[25]，乞食于吴市，卒兴吴国，阖闾为霸。使臣得进谋如伍子胥，加之以幽囚不复见，是臣说之行也，臣何忧乎[26]？箕子、接舆[27]，漆身而为厉，被发而为狂，无益于殷、楚。使臣得同行于箕子、接舆，可以补所贤之主，是臣之大荣也[28]，臣又何耻乎[29]？臣之所恐者，独恐臣死之后，天下见臣尽忠而身蹶也[30]，是以杜口裹足，莫肯即秦耳[31]。足下上畏大后之严，下惑奸臣之态[32]，居深宫之中，不离保傅之手[33]，终身暗惑，无与照奸。大者宗庙灭覆，小者身以孤危，此臣之所恐耳[34]。若夫穷辱之事，死亡之患，臣弗敢畏也。臣死而秦治，贤于生也[35]。”

秦王跪曰：“先生是何言也！夫秦国僻远，寡人愚不肖，先生乃幸至此，此天以寡人慁先生[36]，而存先王之庙也[37]。寡人得受命于先生，此天所以幸先王而不弃其孤也[38]。先生奈何而言若此[39]？事无大小，上及太后，下至大臣[40]，愿先生悉以教寡人，无疑寡人也。”范雎再拜，秦王亦再拜[41]。

【注释】

①范雎，魏人。

②秦王，昭王。

③就旁人形容一笔。

④屏，除也。

⑤唯唯，连诺也。

⑥间，犹顷也。

⑦省笔。　　三“唯”而终不言，故缓之。以固其心也。

⑧跽，长跪也。

⑨吕尚，太公望。

⑩交疏、言深，作反正两对。

⑪一转。

⑫二转。

⑬处，犹在也。谓欲言太后及穰侯等。

⑭三转方说明。

⑮又撇然一转，为下“患、忧、耻”之纲。

⑯加三句。

⑰厉，同“癞”。

⑱三句又为下三段之纲。

⑲乌获，武王力士。

⑳奔、育，孟奔、夏育。皆卫人。

㉑必然，必至于死也。

㉒一段应"死不足以为臣患"。

㉓伍子胥自楚奔吴,藏身于橐,载而出楚关。

㉔菱水,即溧水。

㉕蒲伏,同"匍匐"。

㉖一段应"亡不足以为臣忧"。

㉗楚人陆通,字接舆。

㉘二子无补于时,犹为之,今为而有补,故特以为荣。

㉙一段应"不足以为臣耻"。

㉚蹶,僵也。

㉛忽掉转作危语,最足耸听。

㉜忽点出"太后"、"奸臣"二句,骎骎逼人。

㉝保傅,女保,女傅。

㉞所云危如累卵,得臣则安也。

㉟又掉转一笔,全篇俱动。

㊱慁,汙辱也。

㊲应"宗庙灭覆"句。

㊳应"身以孤危"句。

㊴呼应紧甚。

㊵交疏之臣,言人骨肉之间,本难启齿。故一路耸动,一路要挟,直逼出此二句,秦王已受我羁靮,便可深言矣。

㊶又闲写一笔,见秦王已被范雎笼定。

范雎自魏至秦,欲去穰侯而夺之位。穰侯以太后弟,又有大功于秦,去之岂是容易?始言交疏言深,再言尽忠不避死亡,翻来覆去,只是不敢言。必欲吾之说,千稳万稳,秦王之心,千肯万肯,而后一说便入,吾畏其人。

邹忌讽齐王纳谏

邹忌[①]修八尺有余,而形貌昳丽[②]。朝服衣冠[③],窥镜,谓其妻曰:"我孰与城北徐公美[④]?"其妻曰:"君美甚,徐公何能及君也[⑤]!"城北徐公,齐国之美丽者也[⑥]。忌不自信,而复问其妾曰:"吾孰与徐公美[⑦]?"妾曰:"徐公何能及君也[⑧]!"旦日,客从外来,与坐谈,问之:"吾与徐公孰美[⑨]?"客曰:"徐公不若君之美也[⑩]。"明日,徐公来。熟视之,自以为不如。窥镜而自视,又弗如远甚[⑪]。暮,寝而思之[⑫],曰:"吾妻之美我者,私我也;妾之美我者,畏我也;客之美我者,欲有求于我也[⑬]。"

于是入朝见威王曰:"臣诚知不如徐公美,臣之妻私臣,臣之妾畏臣,臣之客欲有求于臣,皆以美于徐公[⑭]。今齐地方千里,百二十城,宫妇左右,莫不私王;朝廷之臣,莫不畏王;四境之内,莫不有求于王。由此观之,王之蔽甚矣[⑮]。"

王曰:"善。"乃下令:"群臣吏民能面刺寡人之过者,受上赏;上书谏寡人者,受

中赏；能谤议于市朝，闻寡人之耳者，受下赏[16]。”令初下，群臣进谏，门庭若市；数月之后，时时而间进[17]；期年之后，虽欲言，无可进者[18]。

燕、赵、韩、魏闻之，皆朝于齐。此所谓战胜于朝廷[19]。

【注释】

①邹忌，齐人。

②修，长也。昳，日侧也。言有光艳。

③朝，晨也。服，著也。

④问法一。

⑤答法一。

⑥插注一笔，妙。

⑦问法二。

⑧答法二。

⑨问法三。

⑩答法三。

⑪作两番写，妙。

⑫思妻、妾、客所以美我之故。　　曰朝，曰旦日，曰明日，曰暮，叙次井然。

⑬看破人情，便可因小悟大。

⑭现身说法，下即说到齐王身上，入情入理。

⑮情理固然，耐人深省。

⑯下令之辞，三叠应上。

⑰进谏者有暇隙。

⑱文亦三变。　　齐王固自虚心，叙处似形容太过。

⑲不待兵也。　　结断斩截。

邹忌将己之美、徐公之美，细细详勘，正欲于此参出微理。千古臣谄君蔽、兴亡关头，从闺房小语破之，快哉！

颜斶说齐王

齐宣王见颜斶[1]曰：“斶前[2]。”斶亦曰：“王前[3]。”宣王不说。左右曰：“王，人君也；斶，人臣也。王曰‘斶前’，斶亦曰‘王前’，可乎？”斶对曰：“夫斶前为慕势，王前为趋士。与使斶为慕势，不如使王为趋士[4]。”王忿然作色[5]曰：“王者贵乎？士贵乎？”对曰：“士贵耳[6]，王者不贵[7]。”王曰：“有说乎？”斶曰：“有。昔者秦攻齐，令曰：‘有敢去柳下季垄五十步而樵采者[8]，死不赦。’令曰：‘有能得齐王头者，封万户侯，赐金千镒。’由是观之，生王之头曾不若死士之垄也[9]。”宣王曰：“嗟乎[10]！君子焉可侮哉！寡人自取病耳[11]。愿请受为弟子[12]。且颜先生与寡人游，食必太牢[13]，出必乘车，妻子衣服丽都[14]。”

颜斶辞去，曰：“夫玉生于山，制则破焉[15]，非弗宝贵矣，然太璞不完[16]。士生乎

鄙野，推选则禄焉，非不尊遂也⑰，然而形神不全⑱。斶愿得归，晚食以当肉⑲，安步以当车⑳，无罪以当贵㉑，清净贞正以自虞㉒。”则再拜而辞，去。

君子曰：“斶知足矣，归真反璞，则终身不辱㉓。”

【注释】

①颜斶，齐人。

②前者，使之就己也。　写骄倨，妙。

③写高贵，妙。

④分解出来，持论正大。“斶前”、“王前”，连写三番，错映成趣。

⑤不悦之甚。

⑥奇快。

⑦添写一句，更妙。

⑧鲁展禽，字季，食采柳下。垄，其冢也。秦伐齐，先经鲁，故云。

⑨快语，读之失惊。　“生王”字奇，“之头”字更奇。　此下尚有一大段文字删去。

⑩叹服。

⑪此下删去二句。

⑫结前半篇。

⑬牛、羊、豕具为太牢。

⑭丽都，皆美称。　仍是富贵骄人习态。　起后半篇。

⑮制，裁断也。谓琢其璞而取之。

⑯失玉之本真。

⑰遂，犹达也。

⑱失士之本真。

⑲晚食，饥而后食。　不羡食太牢。

⑳安步，缓行也。　不羡出乘车。

㉑尊遂极矣。

㉒虞，娱也。　形神全矣。　仍是贫贱骄人气度。　此下删去五句。

㉓结赞是苏、张一流反照。

起得唐突，收得超忽。后段“形神不全”四字，说尽富贵利达人，良可悲也。战国士气，卑汙极矣，得此可以一回狂澜。

冯煖客孟尝君

齐人有冯煖者，贫乏不能自存，使人属孟尝君①，愿寄食门下。孟尝君曰：“客何好？”曰：“客无好也。”曰：“客何能？”曰：“客无能也。”② 孟尝君笑而受之，曰：“诺③。”

左右以君贱之也，食以草具④。居有顷，倚柱弹其剑，歌曰：“长铗归来乎⑤！食无鱼。”左右以告。孟尝君曰：“食之，比门下之客⑥。”居有顷，复弹其铗，歌曰：“长

铗归来乎！出无车。”左右皆笑之，以告。孟尝君曰：“为之驾，比门下之车客[7]。”于是乘其车，揭其剑，过其友，曰：“孟尝君客我[8]。”后有顷，复弹其剑铗[9]，歌曰：“长铗归来乎！无以为家[10]。”左右皆恶之，以为贪而不知足[11]。孟尝君问：“冯公有亲乎[12]？”对曰：“有老母。”孟尝君使人给其食用，无使乏[13]。于是冯煖不复歌[14]。

后孟尝君出记[15]，问门下诸客：“谁习计会[16]，能为文收责[17]于薛者乎？”冯煖署曰：“能[18]。”孟尝君怪之，曰：“此谁也[19]？”左右曰：“乃歌夫‘长铗归来’者也[20]。”孟尝君笑曰：“客果有能也[21]。吾负之，未尝见也[22]。”请而见之，谢曰：“文倦于是[23]，愦于忧[24]，而性懦愚，沉于国家之事[25]，开罪于先生。先生不羞，乃有意欲为收责于薛乎？”冯煖曰：“愿之[26]。”于是约车治装，载券契而行。辞曰：“责毕收，以何市而反？”孟尝君曰：“视吾家所寡有者[27]。”

驱而之薛，使吏召诸民当偿者，悉来合券，券遍合，赴[28]。矫命[29]，以责赐诸民，因烧其券。民称万岁[30]。长驱到齐，晨而求见[31]。孟尝君怪其疾也，衣冠而见之，曰：“责毕收乎？来何疾也！”曰：“收毕矣[32]。”“以何市而反？”冯煖曰：“君云‘视吾家所寡有者[33]’，臣窃计君宫中积珍宝，狗马实外厩，美人充下陈[34]，君家所寡有者以义耳[35]，窃以为君市义[36]。”孟尝君曰：“市义奈何？”曰：“今君有区区之薛，不拊爱子其民，因而贾利之[37]。臣窃矫君命，以责赐诸民，因烧其券，民称万岁，乃臣所以为君市义也[38]。”孟尝君不说，曰：“诺，先生休矣[39]。”

后期年，齐王谓孟尝君曰：“寡人不敢以先王之臣为臣[40]。”孟尝君就国于薛。未至百里，民扶老携幼，迎君道中，终日。孟尝君顾谓冯煖：“先生所为文市义者，乃今日见之[41]。”冯煖曰：“狡兔有三窟[42]，仅得免其死耳[43]。今有一窟[44]，未得高枕而卧也。请为君复凿二窟[45]。”孟尝君予车五十乘，金五百斤，西游于梁。谓梁王曰：“齐放其大臣孟尝君于诸侯，先迎之者，富而兵强。”于是梁王虚上位，以故相为上将军[46]，遣使者，黄金千斤，车百乘，往聘孟尝君。冯煖先驱[47]，诫孟尝君曰：“千金，重币也；百乘，显使也。齐其闻之矣[48]。”梁使三反，孟尝君固辞不往也[49]。

齐王闻之，君臣恐惧，遣太傅[50]赍黄金千斤，文车二驷[51]，服剑一[52]，封书谢孟尝君曰：“寡人不祥，被于宗庙之祟[53]，沉于谄谀之臣，开罪于君，寡人不足为也。愿君顾先王之宗庙，姑反国统万人乎[54]！”冯煖诫孟尝君曰：“愿请先王之祭器，立宗庙于薛[55]。”庙成[56]，还报孟尝君曰：“三窟已就，君姑高枕为乐矣[57]。”

孟尝君为相数十年，无纤介之祸者，冯煖之计也[58]。

【注释】

①孟尝君，田婴子田文，齐相，封于薛。

②三千人中，如此者却少。　　“好”与“能”虽并点，重“能”字一边。

③以为真无能人。

④草，菜也。不以客待之。

⑤铗，剑把。欲与俱去。

⑥待以客礼。

⑦待以上客之礼。
⑧至此一断，点缀生趣。
⑨弹剑、弹铗、弹剑铗，三样写法。
⑩三歌，亦寒酸，亦豪迈，便知不是无能人。
⑪处处夹写左右，正为冯煖反衬。
⑫闻其歌，而问左右。
⑬比上客反加厚。
⑭歌又妙，不复歌又妙。　冯煖既曰“无好”、“无能”，所责望于人者，较有好、有能者更倍之，大是奇事。孟尝亦以为奇，即姑应之，实非有意加厚冯煖也。
⑮记，疏也。
⑯月计曰要，岁计曰会。
⑰责，同“债”。
⑱署，书姓名于疏也。　突地出头。
⑲记不起冯煖姓名。
⑳笑谈轻薄，尽含句中。
㉑有能、无能，照耀前后。
㉒冯煖在门下已久，孟尝未熟其名，未识其面，可见前番待冯煖，并非有意加厚也。
㉓是，指相齐。
㉔愦，心乱也。
㉕沉，没溺也。
㉖临时犹不露圭角，胜毛遂自荐一倍。
㉗问则有意，答则无心，幻出绝妙文字。
㉘凡券，取者、与者各收一，责则合验之，遍合矣，乃来听令。　亦粗完收债事，下乃出奇。
㉙矫，托也。托言孟尝之命。
㉚冯煖大有作用，盖已料有后日事也。
㉛写其迅速。
㉜奇。
㉝拿定此言。
㉞陈，犹列也。　三句，言无所不有。
㉟此物人家最少。
㊱更奇。
㊲贾利，与“市义”对。
㊳说出“市义”，一笑。
㊴休，犹言歇息，无可如何之辞也。　叙冯煖收责于薛毕。
㊵遣其就国，而为之辞。
㊶市义之为利如此，若取必目前，便失此利也。　了“市义”一案。
㊷窟，穴也。
㊸忽设一喻，更进一筹。
㊹市义。　结上。
㊺起下。

㊻徙故相为上将军，虚相位以待孟尝也。

㊼先驰归薛。　　作用更妙。

㊽意盖为此，而语却不尽，妙。

㊾只是要使齐闻之，妙。

㊿太傅，大臣。

(51)文车，彩绘之车。

(52)王自佩之剑。

(53)祟，神祸也。

(54)复留相齐。　　是第二窟。

(55)请祭器，立宗庙，则薛为重地，难以动摇也。　　绝大见识。

(56)是第三窟。

(57)总结上文。

(58)纤介，细微也。　　结出孟尝一生得力，全在冯煖，直与篇首“无好”、“无能”相映照。

三番弹铗，想见豪士一时沦落，胸中磈礧，勃不自禁。通篇写来，波澜层出，姿态横生，能使冯公须眉浮动纸上。沦落之士，遂尔顿增气色。

赵威后问齐使

齐王[1]使使者问赵威后[2]。书未发[3]，威后问使者曰：“岁亦无恙耶？民亦无恙耶？王亦无恙耶[4]？”使者不说，曰：“臣奉使使威后[5]，今不问王，而先问岁与民，岂先贱而后尊贵者乎[6]？”威后曰：“不然。苟无岁，何有民？苟无民，何有君[7]？故有问[8]，舍本而问末者耶[9]？”

乃进而问之曰：“齐有处士曰钟离子[10]，无恙耶？是其为人也，有粮者亦食，无粮者亦食；有衣者亦衣，无衣者亦衣。是助王养其民者也，何以至今不业也[11]？叶阳子[12]无恙乎？是其为人，哀鳏寡，恤孤独，振困穷，补不足，是助王息其民者也，何以至今不业也[13]？北宫之女婴儿子[14]无恙耶？撤其环瑱，至老不嫁，以养父母，是皆率民而出于孝情者也，胡为至今不朝也[15]？此二士弗业，一女不朝，何以王齐国，子万民乎[16]？於陵子仲[17]尚存乎[18]？是其为人也，上不臣于王，下不治其家，中不索交诸侯，此率民而出于无用者，何为至今不杀乎[19]？”

【注释】

①齐王，齐王建，时君王后在。

②赵威后，惠文后，孝威太后。

③未开封。　三字便作势。

④恙，忧也。　　陡问三语，大奇。

⑤言奉王命来问太后，则太后亦当先问王。

⑥以贵贱之说，辩其失问。

⑦连互说，乃见发问妙旨。

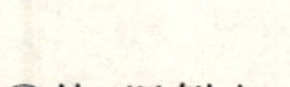

⑧故，旧例也。

⑨探出本末，绝去贵贱之见。　　答语仍作问语声口，有致。

⑩钟离，复姓。

⑪人情大率食有粮、衣有衣者多，乃无粮、无衣者亦食、衣之，所以谓之养民。业，谓使之在位、成其职业也。

⑫叶阳子，亦齐处士。叶阳，县名。

⑬息，生全也。　　养民，就民之处常者言。息民，就民之处变者言。

⑭婴儿子，齐孝女。北宫，复姓。婴儿子，女名也。

⑮环，耳环。瑱，以玉系于纨而充耳。撤，去之不以为饰。朝，谓使之为命妇而入朝。

⑯总三问作一顿。

⑰非陈仲子也。若孟子所称，已是七八十年矣。

⑱六"无恙"后，变出一"尚存"，奇绝。

⑲竟住，奇绝，妙绝。

通篇以民为主，直问到底，而文法各变，全于用虚字处著神。问固奇，而心亦热，末一问，胆识尤自过人。

庄辛论幸臣

臣闻鄙语曰："见兔而顾犬，未为晚也；亡羊而补牢，未为迟也[1]。"臣闻昔汤、武以百里昌，桀、纣以天下亡。今楚国虽小，绝长续短，犹以数千里，岂特百里哉[2]！

王独不见夫蜻蛉乎[3]？六足四翼，飞翔乎天地之间，俛[4]啄蚊虻而食之，仰承甘露而饮之，自以为无患，与人无争也；不知夫五尺童子，方将调饴胶丝[5]，加己乎四仞之上[6]，而下为蝼蚁食也[7]。

夫蜻蛉其小者也，黄雀[8]因是以。俯噣[9]白粒，仰栖茂树，鼓翅奋翼，自以为无患，与人无争也；不知夫公子王孙，左挟弹，右摄丸，将加己乎十仞之上，以其类为招[10]，昼游乎茂树，夕调乎酸咸，倏忽之间，坠于公子之手[11]。

夫雀其小者也，黄鹄[12]因是以。游乎江海，淹乎大沼，俯噣鳝鲤，仰啮蔆[13]衡[14]，奋其六翮[15]而凌清风，飘摇乎高翔，自以为无患，与人无争也；不知夫射者方将修其碆卢[16]，治其矰缴[17]，将加己乎百仞之上[18]，被礛磻[19]，引微缴，折清风而抎[20]矣。故昼游乎江湖，夕调乎鼎鼐[21]。

夫黄鹄其小者也，蔡灵侯之事因是以。南游乎高陂[22]，北陵乎巫山[23]，饮茹溪流[24]，食湘波之鱼[25]，左抱幼妾，右拥嬖女，与之驰骋乎高蔡之中[26]，而不以国家为事；不知夫子发方受命乎灵王，系己以朱丝而见之也[27]。

蔡灵侯之事其小者也[28]，君王之事因是以。左州侯，右夏侯，辇从鄢陵君与寿陵君[29]，饭封禄之粟[30]，而载方府之金[31]，与之驰骋乎云梦之中[32]，而不以天下国家为事；而不知夫穰侯[33]方受命乎秦王[34]，填黾塞之内[35]，而投己乎黾塞之外[36]。

【注释】

①便引喻起。

②楚襄王宠信幸臣，而不受庄辛之言。及为秦所破，乃征庄辛与计事。庄辛起手极言“未迟”、“未晚”是正文，以下一路层层递接而去，俱写“迟”、“晚”也。

③蜻蛉，虫名，一名桑根。

④俛，同“俯”。

⑤饴，米蘖所煎，调之使胶于丝。

⑥八尺曰仞。

⑦迟矣，晚矣。

⑧黄雀，小鸟。

⑨啁，同“啄”。

⑩以其类而招诱之。

⑪迟矣，晚矣。

⑫黄鹄，鸿也，水鸟。

⑬蔆，同“菱”。

⑭衡，作“蘅”。衡，香草。

⑮翮，劲羽。

⑯碆，石为弋镞。卢，黑弓。

⑰矰，弋射矢。缴，生丝缕。

⑱四仞、十仞、百仞，逐渐增加，逼起后段。亦见处地愈高，其势愈危之意。

⑲磻，同“碆”。 被，著也。劙，利也。

⑳抎，同“陨”。

㉑迟矣，晚矣。

㉒陂，阪也。

㉓陵，登也。

㉔茹，饮马也。

㉕湘水，出零陵，属长沙。

㉖高蔡，即上蔡。

㉗鲁昭十一年，楚子诱蔡侯般杀之于申，盖使子发召之。 迟矣，晚矣。

㉘层注而下，至此已到。

㉙四人皆楚幸臣。州侯、夏侯，常在左右。鄢陵、寿陵，辇出则从。

㉚封禄，所封之禄。

㉛方，四方。金，其所贡也。

㉜云梦，泽名。

㉝穰侯，秦相魏冉。

㉞秦王，昭王。

㉟填者，取其地而塞之。黾塞，江夏鄳县。

㊱至此则迟矣，晚矣，今则未为迟也，未为晚也。妙在说到此竟住，若加一语，便无余味。

只起结点缀正意，中间纯用引喻，自小至大，从物及人，宽宽说来，渐渐逼入，及一点破题面，令人毛骨俱竦。《国策》多以比喻动君，而此篇辞旨更危，格韵尤隽。

触聋说赵太后

赵太后[①]新用事，秦急攻之。赵氏求救于齐，齐曰："必以长安君[②]为质，兵乃出[③]。"太后不肯，大臣强谏。太后明谓左右："有复言令长安君为质者，老妇必唾其面[④]。"

左师[⑤]触聋[⑥]愿见，太后盛气而揖之[⑦]。入而徐趋[⑧]，至而自谢，曰："老臣病足，曾不能疾走[⑨]，不得见久矣[⑩]，窃自恕[⑪]。恐太后玉体之有所郄也，故愿望见[⑫]。"太后曰："老妇恃辇而行[⑬]。"曰："日食饮得无衰乎[⑭]？"曰："恃鬻[⑮]耳。"曰："老臣今者殊不欲食[⑯]，乃自强步，日三四里[⑰]。少益嗜食，和于身[⑱]。"曰："老妇不能[⑲]。"太后之色少解[⑳]。

左师公曰："老臣贱息舒祺[㉑]，最少，不肖，而臣衰，窃爱怜之[㉒]。愿令补黑衣之数，以卫王宫，没死以闻[㉓]。"太后曰："敬诺，年几何矣？"对曰："十五岁矣。虽少，愿及未填沟壑而托之[㉔]。"太后曰："丈夫亦爱怜其少子乎[㉕]？"对曰："甚于妇人[㉖]。"太后曰："妇人异甚[㉗]。"对曰："老臣窃以为媪之爱燕后，贤于长安君[㉘]。"曰："君过矣！不若长安君之甚[㉙]。"左师公曰："父母之爱子，则为之计深远[㉚]。媪之送燕后也，持其踵为之泣，念悲其远也，亦哀之矣[㉛]。已行，非弗思也[㉜]，祭祀必祝之，祝曰：'必勿使反[㉝]！'岂非计久长，有子孙相继为王也哉[㉞]？"太后曰："然。"左师公曰："今三世以前，至于赵之为赵[㉟]，赵王之孙侯者，其继有在者乎[㊱]？"曰："无有。"曰："微独赵，诸侯有在者乎[㊲]？"曰："老妇不闻也[㊳]。""此其近者祸及身，远者及其子孙，岂人主之子孙则必不善哉？位尊而无功，奉厚而无劳，而挟重器多也[㊴]。今媪尊长安之位，而封以膏腴之地，多予之重器，而不及今令有功于国，一旦山陵崩[㊵]，长安君何以自托于赵[㊶]？老臣以媪为长安君计短也[㊷]，故以为其爱不若燕后[㊸]。"太后曰："诺[㊹]，恣君之所使之[㊺]。"于是为长安君约车百乘，质于齐，齐兵乃出。

子义[㊻]闻之，曰："人主之子也，骨肉之亲也，犹不能恃无功之尊，无劳之奉，以守金玉之重也，而况人臣乎[㊼]？"

【注释】

①赵太后，惠文后，即威后。

②长安君，太后少子，孝成王弟，封之长安。

③许多事情，三四语叙完，此妙于用简。以下只一事，连篇说不尽，又妙于用繁。

④"明谓"字妙。

⑤左师，官名。

⑥聋，《史记》作"龙"。

⑦恐其言及长安君，作色以拒之。
⑧蹒跚之状，已自动人。
⑨先谢足病。
⑩次谢久不来见太后。
⑪虽久不得见，窃以病足，故自恕其罪。
⑫郄，病苦也。　　闲闲将老态说起。
⑬言亦病足。
⑭只说老态。
⑮鬻，同“粥”。
⑯先说不欲食。
⑰绕室中行，可三四里也。　　次说调身。
⑱次说能食。　　自入见至此，叙了许多寒温，绝不提起长安君，妙。
⑲不能强步。
⑳老妇已入老臣彀中。
㉑息，其子。舒祺，名也。
㉒又少，又不肖，又自衰，不得不爱而怜之。　　先写出一长安君影子。
㉓黑衣，戎服。没，犹昧也。
㉔谦言死曰填沟壑。托，谓托太后也。　　再嘱一语，引出太后心事。
㉕无数纡折，只要话得此一句。
㉖又逼一句。
㉗心事毕露。
㉘媪，女老称。燕后，太后女，嫁于燕。贤，胜也。　　直说出长安君矣。却又说太后爱之不如燕后。若不为长安君者，妙想。
㉙至此便可畅言。
㉚此句是进说主意。
㉛顿挫。
㉜顿挫。
㉝或被废，或国灭，方反本国。
㉞舍却长安君，单就燕后提醒太后。
㉟只就赵论。
㊱继，相继为侯也。
㊲他国子孙，三世相继为侯。　　两问，仍用傍击法。
㊳亦无有。　　此下左师对。
㊴重器，金玉重宝。　　所以无有相继为侯者。　　前俱用缓，此则用急，一步紧一步。
㊵山陵崩，太后没。
㊶苦口之言，直捷痛快。
㊷“短”字，与“深远”、“久长”对。
㊸仍找到爱长安君不如燕后，终若不为长安君者，妙想。
㊹只一“诺”字，见左师之言未毕，而太后早已心许之。
㊺亦不说出长安君为质，妙。

㊻子义，赵贤士。

㊼通篇琐碎之笔，临了忽作曼声，读之无限感慨。

左师悟太后，句句闲语，步步闲情，又妙在从妇人情性体贴出来。便借燕后反衬长安君，危词警动，便尔易入。老臣一片苦心，诚则生巧，至今读之，犹觉天花满目，又何怪当日太后之欣然听受也。

鲁仲连义不帝秦

秦围赵之邯郸①，魏安釐王使将军晋鄙救赵。畏秦，止于荡阴②，不进。魏王使客将军辛垣衍③间入邯郸④，因平原君⑤谓赵王曰："秦所以急围赵者，前与齐闵王争强为帝，已而复归帝，以齐故⑥。今齐闵王益弱⑦，方今唯秦雄天下，此非必贪邯郸，其意欲求为帝。赵诚发使尊秦昭王为帝，秦必喜，罢兵去⑧。"平原君犹豫未有所决⑨。

此时鲁仲连适游赵⑩。会秦围赵，闻魏将欲令赵尊秦为帝⑪，乃见平原君曰："事将奈何矣？"平原君曰："胜也何敢言事？百万之众折于外⑫，今又内围邯郸而不去，魏王使客将军辛垣衍令赵帝秦，今其人在是，胜也何敢言事⑬！"鲁连曰："始吾以君为天下之贤公子也，吾乃今然后知君非天下之贤公子也⑭。梁客辛垣衍安在⑮？吾请为君责而归之⑯。"平原君曰："胜请为召而见之于先生。"平原君遂见辛垣衍曰："东国有鲁连先生，其人在此，胜请为绍介⑰，而见之于将军。"辛垣衍曰："吾闻鲁连先生，齐国之高士也。衍，人臣也，使事有职，吾不愿见鲁连先生也⑱。"平原君曰："胜已泄之矣。"辛垣衍许诺。

鲁连见辛垣衍而无言⑲。辛垣衍曰："吾视居此围城之中者，皆有求于平原君者也。今吾视先生之玉貌，非有求于平原君者⑳，曷为久居此围城之中而不去也？"鲁连曰："世以鲍焦无从容而死者，皆非也。今众人不知，则为一身㉑。彼秦，弃礼义、上首功之国也㉒。权使其士，虏使其民㉓，彼则肆然而为帝，过而遂正于天下㉔，则连有赴东海而死耳，吾不忍为之民也㉕。所为见将军者，欲以助赵也㉖。"辛垣衍曰："先生助之奈何？"鲁连曰："吾将使梁及燕助之，齐、楚固助之矣㉗。"辛垣衍曰："燕则吾请以从矣。若乃梁，则吾乃梁人也，先生恶能使梁助之耶？"鲁连曰："梁未睹秦称帝之害故也，使梁睹秦称帝之害，则必助赵矣㉘。"辛垣衍曰："秦称帝之害将奈何？"鲁仲连曰："昔齐威王尝为仁义矣，率天下诸侯而朝周。周贫且微，诸侯莫朝，而齐独朝之。居岁余，周烈王崩，诸侯皆吊，齐后往。周怒，赴于齐曰：'天崩地坼，天子下席㉙，东藩之臣田婴齐㉚后至，则斮之㉛。'威王勃然怒曰：'叱嗟㉜！而母，婢也㉝。'卒为天下笑。故生则朝周，死则叱之，诚不忍其求也。彼天子固然，其无足怪㉞。"

辛垣衍曰："先生独未见夫仆乎？十人而从一人者，宁力不胜，智不若邪？畏之

也[35]。"鲁仲连曰:"然,梁之比于秦若仆邪[36]?"辛垣衍曰:"然。"鲁仲连曰:"然则吾将使秦王烹醢梁王[37]。"辛垣衍怏然不说,曰:"嘻,亦太甚矣!先生之言也[38]。先生又恶能使秦王烹醢梁王?"鲁仲连曰:"固也,待吾言之。昔者鬼侯[39]、鄂侯[40]、文王,纣之三公也。鬼侯有子而好,故入之于纣。纣以为恶,醢鬼侯。鄂侯争之急,辩之疾,故脯鄂侯。文王闻之,喟然而叹,故拘之于牖[41]里之库百日,而欲令之死。曷为与人俱称帝王,卒就脯醢之地也[42]?齐闵王将之鲁,夷维子[43]执策而从[44],谓鲁人曰:'子将何以待吾君?'鲁人曰:'吾将以十太牢待子之君。'夷维子曰:'子安取礼而来待吾君?彼吾君者,天子也。天子巡狩,诸侯避舍,纳筦[45]键[46],摄衽抱几[47],视膳于堂下,天子已食,而听退朝也[48]。'鲁人投其籥[49],不果纳,不得入于鲁[50]。将之薛,假涂[51]于邹。当是时,邹君死,闵王欲入吊,夷维子谓邹之孤曰:'天子吊,主人必将倍殡柩[52],设北面于南方,然后天子南面吊也。'邹之群臣曰:'必若此,吾将伏剑而死。'故不敢入于邹[53]。邹、鲁之臣,生则不得事养,死则不得饭含[54],然且欲行天子之礼于邹、鲁之臣,不果纳[55]。今秦万乘之国,梁亦万乘之国,交有称王之名[56],睹其一战而胜,欲从而帝之,是使三晋[57]之大臣,不如邹、鲁之仆妾也[58]。且秦无已而帝[59],则且变易诸侯之大臣。彼将夺其所谓不肖,而予其所谓贤;夺其所憎,而予其所爱。彼又将使其子女谗妾,为诸侯妃姬,处梁之宫,梁王安得晏然而已乎?而将军又何以得故宠乎[60]?"

于是,辛垣衍起,再拜,谢曰[61]:"始以先生为庸人,吾乃今日而知先生为天下之士也[62]。吾请去,不敢复言帝秦。"

秦将闻之,为却军五十里。适会公子无忌[63]夺晋鄙军以救赵击秦,秦军引而去[64]。

于是平原君欲封鲁仲连,鲁仲连辞让者三,终不肯受[65]。平原君乃置酒,酒酣,起,前,以千金为鲁连寿。鲁连笑曰:"所贵于天下之士者,为人排患释难、解纷乱而无所取也。即有所取者,是商贾之人也。仲连不忍为也[66]。"遂辞平原君而去,终身不复见[67]。

【注释】

①邯郸,赵都。

②荡阴,河内地。

③称客,则衍他国人仕魏也。

④间,谓微行。

⑤平原君,公子赵胜。

⑥齐不称帝,故秦亦止。

⑦今之齐比闵王时益弱。

⑧一段叙赵事。

⑨犹豫,兽名,性多疑,故人不决曰犹豫。　　叙赵事,为仲连也。然难于插入,故借平原君作一顿,便可插入仲连矣。

⑩出仲连,郑重。

⑪前一段文归至此处入。

⑫长平之败。

⑬两“何敢言事”，非谦词也，正写犹豫未决，莫可如何，以为仲连之地耳。

⑭一跌就转，一转就住，文法佳甚。

⑮应“其人在是”。

⑯绝有胆识。

⑰礼，宾至，必因介以传辞。绍，继也，谓上介、次介、末介，其位相承继也。

⑱衍不愿见鲁连，亦知帝秦之说，不足入高士之耳。

⑲先无言，反待辛垣衍开口，妙。

⑳亦自识人。

㉑鲍焦，周时隐者，抱木而死，以非当世。今世以鲍焦不能从容自爱而死者，固非；即以为其自为一身者，亦非。正对其在围城之中，不为身谋也。

㉒战获首级者，计功受爵。

㉓虏，掠也。

㉔过，犹甚也。正天下，即易大臣、夺憎予爱诸事。

㉕欲同鲍焦之死。

㉖直破其谋。

㉗故为硬语，以生下论。

㉘一反一覆，语最激昂。

㉙赴，告也。天子，谓烈王子安王骄也。下席，言其寝苫居庐。

㉚斥其姓名。

㉛斮，斩也。

㉜叱嗟，怒斥声。

㉝而，汝也。骂其母为婢。贱之之词。

㉞不忍其求，直贯下变易大臣，夺憎与爱诸事。且曰其为天子理应如此，以见权之不可假人也。然不说出，不说尽。

㉟衍口中脱出一“畏”字，本怀已露，故使仲连得入。

㊱诘问得妙。

㊲醢，肉酱。　　既为仆，则不难烹醢，突然指出，可惊可诧。

㊳倒句。

㊴鬼，《史记》作“九”。邺县有九侯城。

㊵鄂，属江夏。

㊶《史记》作“羑”。

㊷言与人俱称帝王，曷为卒就脯醢之地。若专尊秦为帝，则足以脯醢之矣。　　引纣事一证，词意含吐，可耐寻味。

㊸夷维，地名。

㊹策，马箠也。

㊺筦，同“管”。

㊻筦，钥也。　　键，其牡。避、纳者，示不敢有其国。

㊼几，所据也。

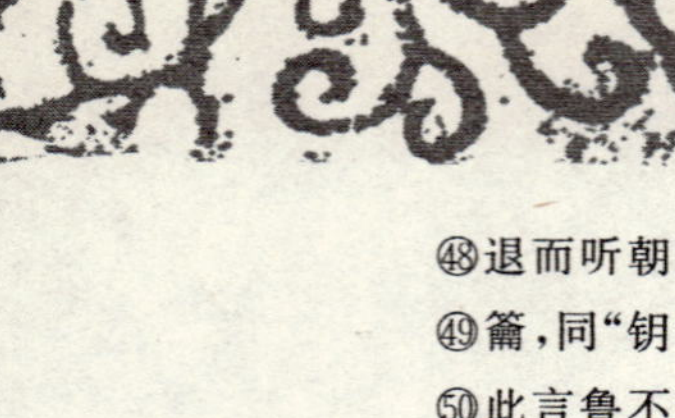

(48)退而听朝。
(49)籥，同“钥”。闭关也。
(50)此言鲁不肯帝齐。
(51)涂，同“途”。
(52)倍，背也。主人背其殡棺，北面哭也。
(53)此言邹不肯帝齐。
(54)齐强，而二国拒之，必见伐，则生死皆不能尽其礼也。以米及贝实尸之口中曰饭，以珠玉实尸之口中曰含。
(55)承上起下。
(56)应俱称帝王。
(57)魏、赵、韩为三晋。
(58)辛垣衍自认梁比秦如仆，此特言仆妾之不如，痛骂尽情。
(59)无已，必欲为也。
(60)帝秦之害如此。切肤之灾，可惧可骇。
(61)责以大义则不动，言及利害切身，则遽起拜谢。策士每为身谋而不顾大义如此。
(62)与前鲁连对平原君语同调。
(63)公子无忌，信陵君。
(64)秦军闻之而却五十里，不必然也，无忌击之而去，此其实也。故并序之，初为仲连，后有故实也。
(65)高人。
(66)数语卓荦自命，描尽心事。
(67)更高。

帝秦之说，不过欲纾目前之急。不知秦称帝之害，其势不如鲁连所言不止，特人未之见耳。人知连之高义，不知连之远识也。至于辞封爵，挥千金，超然远引，终身不见，正如祥麟威凤，可以偶觌而不可常亲也。自是战国第一人。

鲁共公择言

梁王魏婴①觞诸侯于范台②，酒酣，请鲁君举觞。鲁君兴，避席择言③曰：“昔者④帝女令仪狄作酒而美，进之禹，禹饮而甘之，遂疏仪狄，绝旨酒，曰：‘后世必有以酒亡其国者⑤。’齐桓公夜半不嗛⑥，易牙乃煎熬燔炙⑦，和调五味而进之，桓公食之而饱，至旦不觉，曰：‘后世必有以味亡其国者⑧。’晋文公得南之威⑨，三日不听朝，遂推南之威而远之，曰：‘后世必有以色亡其国者⑩。’楚王⑪登强台⑫而望崩山，左江而右湖，以临彷徨⑬，其乐忘死，遂盟强台而弗登⑭，曰：‘后世必有以高台陂池⑮亡其国者⑯。’今⑰主君之尊⑱，仪狄之酒也；主君之味，易牙之调也；左白台而右闾须⑲，南威之美也；前夹林而后兰台，强台之乐也⑳。有一于此，足以亡其国。今主君兼此四者，可无戒与㉑？”梁王称善相属㉒。

【注释】

①婴,《史》作“蓄”。

②是时魏惠王方强,鲁、卫、宋、郑君来朝。

③择善而言。

④领下四事。

⑤当戒者一。　　是正文。下连类及之。

⑥不喜食也。

⑦有汁而干曰煎,干煎曰熬,肉爇之曰燔,近火曰炙。

⑧当戒者二。

⑨南之威,美人。

⑩当戒者三。

⑪楚王,庄王。

⑫强台,即章华台。

⑬临,从上视下。彷徨,徘徊也。

⑭盟,誓也。

⑮泽障曰陂,停水曰池。

⑯当戒者四。

⑰领下四句。

⑱尊,酒器。

⑲白台、闾须,皆美人。

⑳上随举四事,不意历历皆应,章法奇妙。

㉑危语动人。

㉒谓称善不置也。

整练而有扶疏之致,严重而饶点染之姿。古人作文,不嫌排偶者,正在此也。不善学者,即失之板实矣。

唐雎说信陵君

信陵君杀晋鄙,救邯郸,破秦人,存赵国[1],赵王自郊迎[2]。唐雎[3]谓信陵君曰:“臣闻之曰:事有不可知者,有不可不知者;有不可忘者,有不可不忘者[4]。”信陵君曰:“何谓也?”对曰:“人之憎我也,不可不知也;我憎人也,不可得而知也[5]。人之有德于我也,不可忘也;吾有德于人也,不可不忘也[6]。今君杀晋鄙,救邯郸,破秦人,存赵国,此大德也。今赵王自郊迎,卒[7]然见赵王,愿君之忘之也[8]。”信陵君曰:“无忌谨受教。”

【注释】

①秦围赵之邯郸,魏使晋鄙将兵救赵。畏秦,止于荡阴。公子无忌椎杀晋鄙,将其军进击秦,秦军遂引去。　　我有德。

②人德我。

③唐睢，魏人。

④陡下四语，无头无尾，奇绝。

⑤人不能知。

⑥二段，上一段是宾，下一段是主。下段，上一句是宾，下一句是主。

⑦卒，同"猝"。

⑧上二段是虚，此一段是实。

谓信陵君，只须说"不可不忘"，却先说"不可忘"。亦只须说"不可忘"、"不可不忘"，却又先说"不可不知"、"不可得而知"。文有宽而不懈者，其势急也。词有复而不板者，其气逸也。

唐睢不辱使命

秦王[①]使人谓安陵君[②]曰："寡人欲以五百里之地易安陵，安陵君其许寡人[③]！"安陵君曰："大王加惠，以大易小，甚善[④]。虽然，受地于先王，愿终守之，弗敢易[⑤]。"秦王不说。

安陵君因使唐睢使于秦[⑥]。秦王谓唐睢曰："寡人以五百里之地易安陵，安陵君不听寡人，何也？且秦灭韩亡魏[⑦]，而君以五十里之地存者，以君为长者，故不错意也[⑧]。今吾以十倍之地，请广于君[⑨]，而君逆寡人者，轻寡人与[⑩]？"唐睢对曰："否[⑪]，非若是也[⑫]。安陵君受地于先王而守之，虽千里不敢易也，岂直五百里哉[⑬]！"秦王怫然怒，谓唐睢曰："公亦尝闻天子之怒乎[⑭]？"唐睢对曰："臣未尝闻也[⑮]。"秦王曰："天子之怒，伏尸百万，流血千里[⑯]。"唐睢曰："大王尝闻布衣之怒乎[⑰]？"秦王曰："布衣之怒，亦免冠徒跣，以头抢地耳[⑱]。"唐睢曰："此庸夫之怒也，非士之怒也[⑲]。夫专诸之刺王僚也，彗星袭月；聂政之刺韩傀也，白虹贯日；要离之刺庆忌也，苍鹰击于殿上[⑳]。此三子皆布衣之士也，怀怒未发，休祲降于天[㉑]，与臣而将四矣[㉒]。若士必怒[㉓]，伏尸二人，流血五步[㉔]，天下缟素[㉕]，今日是也[㉖]！"挺剑而起[㉗]。

秦王色挠[㉘]，长跪而谢之曰："先王坐，何至于此？寡人喻矣[㉙]。夫韩魏灭亡，而安陵以五十里之地存者，徒以有先生也[㉚]。"

【注释】

①秦王，始皇。

②安陵，小国，属魏。

③设言易之，实则夺之，秦人常套。

④一折。

⑤一正。

⑥修好也。

⑦灭韩，十八年。亡魏，二十一年。

⑧错，置也。言非不能取安陵。

⑨广其地。

⑩言以秦为不能取安陵而轻之。

⑪秦王之言不然。

⑫安陵君之意不如是也。

⑬较安陵君答秦语，尤直捷。

⑭陡来。

⑮缓接。

⑯写天子之怒，雄甚。

⑰撇过天子之怒，以布衣之怒反诘之。突兀。

⑱抢，突也。　写布衣之怒，丑甚。

⑲驳去“免冠……”八字。

⑳专诸为公子光刺吴王僚。聂政为严仲子劫韩相侠累。要离，吴人，吴王阖闾欲杀王子庆忌，庆忌，吴王僚子。要离诈以罪亡，令吴王焚其妻子，走见庆忌，以剑刺之。

㉑休，吉征。祲，戾气。重“祲”字，“休”字带说。　总承上三句作一顿。

㉒现前一怀怒之士。

㉓必怒，怒已发也。对“怀怒”说。

㉔“伏尸”、“流血”，秦王说得极大，唐雎说得极小，妙绝。

㉕二人胜于百万，五步甚于千里。

㉖今日即行怒之期。

㉗手中即行怒之具。　此段一步紧一步，句句骇杀人。

㉘挠，屈也。

㉙喻，晓也。

㉚秦王亦善出场，真英雄也。

博浪之椎，唐雎、荆卿之剑，虽未亡秦，皆不可少。

乐毅报燕王书

昌国君乐毅，为燕昭王合五国之兵[①]而攻齐，下七十余城，尽郡县之以属燕。三城未下[②]，而燕昭王死。惠王即位，用齐人反间，疑乐毅，而使骑劫代之将。乐毅奔赵，赵封以为望诸君[③]。齐田单诈骑劫，卒败燕军，复收七十余城以复齐[④]。

燕王悔，惧赵用乐毅，乘燕之敝以伐燕[⑤]。燕王乃使人让乐毅[⑥]，且谢之曰：“先王举国而委将军，将军为燕破齐，报先王之仇，天下莫不振动，寡人岂敢一日而忘将军之功哉！会先王弃群臣，寡人新即位，左右误寡人，寡人之使骑劫代将军，为将军久暴露于外，故召将军，且休计事[⑦]。将军过听，以与寡人有隙，遂捐燕而归赵。将军自为计则可矣，而亦何以报先王之所以遇将军之意乎[⑧]？”望诸君乃使人献书报燕王曰：

“臣不佞，不能奉承先王之教，以顺左右之心，恐抵斧质之罪⑨，以伤先王之明，而又害于足下之义⑩，故遁逃奔赵⑪。自负以不肖之罪，故不敢为辞说。今王使使者数之罪，臣恐侍御者之不察先王之所以畜幸臣之理⑫，而又不白于臣之所以事先王之心⑬，故敢以书对⑭。臣闻贤圣之君不以禄私其亲，功多者授之；不以官随其爱，能当者处之。故察能而授官者，成功之君也；论行而结交者，立名之士也⑮。臣以所学者观之⑯，先王之举错，有高世之心，故假节于魏王，而以身得察于燕⑰。先王过举，擢之乎宾客之中，而立之乎群臣之上。不谋于父兄⑱，而使臣为亚卿⑲。臣自以为奉令承教，可以幸无罪矣，故受命而不辞⑳。

“先王命之曰：‘我有积怨深怒于齐，不量轻弱，而欲以齐为事㉑。’臣对曰：‘夫齐，霸国之余教，而骤胜之遗事也㉒。闲于甲兵，习于战攻。王若欲伐之，则必举天下而图之；举天下而图之，莫径于结赵矣。且又淮北宋地，楚、魏之所同愿也㉓。赵若许约，楚、赵、宋尽力㉔，四国攻之㉕，齐可大破也㉖。’先王曰：‘善。’臣乃口受令，具符节，南使臣于赵。顾反命㉗，起兵随而攻齐㉘。以天之道，先王之灵，河北之地，随先王举而有之于济上㉙。济上之军奉令击齐，大胜之，轻卒锐兵，长驱至国㉚。齐王㉛逃遁走莒，仅以身免。珠玉财宝，车甲珍器，尽收入燕㉜；大吕陈于元英，故鼎反乎历室，齐器设于宁台㉝，蓟邱之植，植于汶篁㉞。自五伯以来，功未有及先王者也㉟。先王以为顺于其志㊱，以臣为不顿命㊲，故裂地而封之，使之得比乎小国诸侯㊳。臣不佞，自以为奉令承教，可以幸无罪矣，故受命而弗辞㊴。

“臣闻贤明之君，功立而不废，故著于《春秋》；蚤知之士㊵，名成而不毁，故称于后世㊶。若先王之报怨雪耻，夷万乘之强国，收八百岁之蓄积㊷，及至弃群臣之日，遗令诏后嗣之余义，执政任事之臣，所以能循法令、顺庶孽者㊸，施及萌㊹隶，皆可以教于后世㊺。臣闻善作者不必善成，善始者不必善终㊻。昔者伍子胥说听乎阖闾㊼，故吴王远迹至于郢㊽。夫差㊾弗是也㊿，赐之鸱夷而浮之江[51]。故吴王夫差不悟先论之可以立功，故沉子胥而弗悔[52]；子胥不蚤见主之不同量，故入江而不改[53]。夫免身全功，以明先王之迹者，臣之上计也[54]。离[55]毁辱之非，堕先王之名者，臣之所大恐也[56]。临不测之罪，以幸为利者，义之所不敢出也[57]。臣闻古之君子，交绝不出恶声；忠臣之去也，不洁其名[58]。臣虽不佞，数奉教于君子矣[59]。恐侍御者之亲左右之说，而不察疏远之行也[60]，故敢以书报，唯君之留意焉。”

【注释】

①五国，赵、楚、韩、魏、燕。

②三城，聊、莒、即墨。唯莒、即墨未下。云“三城”者，盖因燕将守聊城不下之事而误。

③赵封毅以观津，号望诸君。

④此段叙事简括。

⑤补写燕王心事一笔。

⑥让，责也。

⑦善语周旋，巧于文饰。　　以上是“谢之”之词。

⑧以上是“让之”之词。　　先谢后让，重称先王，欲以感动乐毅。词令委折有致。

⑨质，斩人椹也。
⑩无罪而杀毅，非义也。
⑪先叙不归燕而降赵之故。　　前书有“先王”、“左右”、“寡人”，故应还“先王”、“左右”、“足下”。
⑫不敢斥言惠王，故称侍御。畜，养也。幸，亲爱之。　　应“遇将军之意”。
⑬应“自为计”。
⑭一起，已指尽一篇大旨。
⑮“功”、“名”二字，一篇柱。
⑯自见本领。
⑰时诸侯不通，出关则以节传之。毅为魏昭王使燕，遂为臣。察，至也。　　事先王之心。
⑱正对“左右”句。
⑲畜幸臣之理。
⑳事先王之心。
㉑畜幸臣之理。
㉒骤，数也。齐尝霸天下，而数胜于他国，其余教遗事犹存。
㉓楚欲得淮北，魏欲得宋，时皆属齐。
㉔魏欲得宋而尽力。
㉕并燕为四国。
㉖事先王之心。
㉗回顾而返，言其速也。
㉘毅令赵、楚、韩、魏、燕之兵伐齐。　　畜幸臣之理。
㉙济上，济水之西，齐界也。
㉚攻入临淄。
㉛齐王，闵王。
㉜事先王之心。
㉝大吕，齐钟名。故鼎，齐所得燕鼎。元英、历室，燕二宫名。宁台，燕台也。
㉞蓟邱，燕都。植，旗帜之属。汶，水名。竹田曰篁。言蓟邱之所植，植于齐汶上之竹田。　　上三句，自齐入燕。“蓟邱”句，自燕及齐。
㉟一顿，赞先王，正自赞也。
㊱慊于心。
㊲顿，犹坠也。
㊳封毅为昌国君。　　畜幸臣之理。
㊴事先王之心。　　遥应前文，笔情婉宕。
㊵蚤知，先见也。
㊶应前“功”、“名”二字。文从“不废”、“不毁”四字生出后半篇。
㊷通大公数之。
㊸新立之君，皆患庶孽之乱，昭王能预顺之。
㊹萌，同“氓”。
㊺叙完先王事，下始入议论。
㊻虚冒二句。

㊼吴王，名阖闾。

㊽郢，楚都。吴破楚，长驱至郢。　　善作善始。

㊾夫差，阖闾子。

㊿不然子胥之说。

51鸱夷，革囊也，夫差杀子胥，盛以鸱夷革，投之江。　　不必善成善终。

52燕王有之也。

53蚤见，应上"蚤知"。不改，言子胥投江而神不化，犹为波涛之神。　　自言几不免也。

54免身于罪，而全取齐之功，以明昭王之旧烈，是臣之本意。

55离，同"罹"。

56离，遭也。遭诽谤而被诛，则坏先王知人之名，故恐惧而奔赵。

57被不可测之重罪以去燕，又幸赵伐燕以为利，揆之于义，宁敢出此？　　剖明心事，激扬磊落，长歌可以当泣。

58毁其君而自洁。　　复转二语，结出通书之意，以应起。

59应"以臣所学"句。

60应前"侍御不察"二句。

察能论行，则始进必严；善成善终，则末路必审。乐毅可谓明哲之士矣。至其书辞，情致委曲，犹存忠厚之遗，其品望固在战国以上。

秦　文

李斯谏逐客书

秦宗室大臣皆言秦王曰："诸侯人来事秦者，大抵为其主游间于秦耳，请一切逐客[①]。"李斯议亦在逐中[②]。斯乃上书曰：

"臣闻吏议逐客，窃以为过矣[③]。昔穆公求士，西取由余于戎[④]，东得百里奚于宛[⑤]，迎蹇叔于宋[⑥]，求丕豹、公孙支于晋[⑦]。此五子者，不产于秦，而穆公用之，并国二十，遂霸西戎[⑧]。孝公用商鞅之法[⑨]，移风易俗，民以殷盛，国以富强，百姓乐用，诸侯亲服，获楚、魏之师，举地千里，至今治强[⑩]。惠王用张仪之计[⑪]，拔三川之地，西并巴蜀[⑫]，北收上郡[⑬]，南取汉中[⑭]，包九夷，制鄢郢[⑮]，东据城皋之险，割膏腴之壤[⑯]，遂散六国之从，使之西面事秦，功施到今[⑰]。昭王得范雎[⑱]，废穰侯，逐华阳[⑲]，强公室，杜私门，蚕食诸侯，使秦成帝业[⑳]。此四君者，皆以客之功[㉑]。由此观之，客何负于秦哉[㉒]？向使四君却客而不内，疏士而不用，是使国无富利之实，而秦无强大之名也[㉓]。

"今陛下致昆山之玉[㉔]，有随、和之宝[㉕]，垂明月之珠[㉖]，服太阿之剑[㉗]，乘纤离之马[㉘]，建翠凤之旗[㉙]，树灵鼍之鼓[㉚]。此数宝者，秦不生一焉，而陛下说之，何也[㉛]？必秦国之所生然后可[㉜]，则是夜光之璧，不饰朝廷；犀象之器，不为玩好；郑、卫之

女，不充后宫；而骏马駃騠，不实外厩[33]；江南金锡不为用，西蜀丹青不为采[34]。所以饰后宫、充下陈[35]、娱心意、说耳目者，必出于秦然后可，则是宛珠之簪[36]、傅玑之珥[37]、阿缟之衣[38]、锦绣之饰[39]不进于前，而随俗雅化[40]、佳冶窈窕赵女不立于侧也[41]。夫击瓮叩缶，弹筝搏髀[42]，而歌呼呜呜快耳目者，真秦之声也。郑卫桑间[43]，韶虞、武象者[44]，异国之乐也[45]。今弃击瓮而就郑、卫，退弹筝而取韶虞，若是者何也？快意当前，适观而已矣[46]。今取人则不然[47]，不问可否，不论曲直，非秦者去，为客者逐[48]。然则是所重者在乎色乐珠玉，而所轻者在乎人民也。此非所以跨海内、制诸侯之术也[49]。

"臣闻地广者粟多，国大者人众，兵强则士勇[50]。是以泰山不让土壤，故能成其大；河海不择细流，故能就其深；王者不却众庶，故能明其德[51]。是以地无四方，民无异国，四时充美，鬼神降福，此五帝三王之所以无敌也[52]。今乃弃黔首以资敌国[53]，却宾客以业诸侯[54]，使天下之士，退而不敢西向，裹足不入秦，此所谓'藉寇兵而赍盗粮'者也[55]。

"夫物不产于秦，可宝者多[56]；士不产于秦，而愿忠者众[57]。今逐客以资敌国，损民以益仇[58]，内自虚而外树怨于诸侯[59]，求国之无危，不可得也[60]。"

秦王乃除逐客之令，复李斯官。

【注释】

①一切者，无所不逐也。

②李斯，秦客卿，楚上蔡人。　　所谓一切也。

③一句揭开题面，通篇纯用反法。

④由余，西戎人。

⑤百里奚，楚宛人。

⑥蹇叔，岐州人，时游宋，故迎之。

⑦丕豹，自晋奔秦。公孙支，游晋归秦。

⑧一段穆公用客。

⑨商鞅，卫人，姓公孙氏。

⑩二段孝公用客。

⑪张仪，魏人。

⑫惠王时，司马错请伐蜀，灭之。后武王欲通车三川，令甘茂拔宜阳。今并云仪者，以仪为秦相，虽错灭蜀，甘茂通三川，皆归功于相耳！

⑬魏纳上郡十五县。

⑭攻楚汉中，取地六百里。

⑮属楚之夷有九种。鄢、郢，楚二邑。

⑯成皋，属河南，周之东境。

⑰三段惠王用客。

⑱范雎，魏人。

⑲穰侯、华阳，俱太后弟。

⑳四段昭王用客。　　四段不引前代他国事，只以秦之先为言，妙。

㉑一句总收，下即转入。
㉒又一转，下反振，语气乃足。
㉓结完上文，乃入时事，必以为说正意矣，偏又发许多譬喻，滚滚不穷，奇绝，妙绝。
㉔昆山，在阗国，其冈出玉。
㉕随、和之宝，随侯珠，卞和璧。
㉖珠光如明月。
㉗干将、欧冶三人作剑，一曰龙渊，一曰太阿。
㉘纤离，骏马名。
㉙以翠羽为凤形而饰旗。
㉚鼍，皮可以冒鼓。
㉛一顿。　　秦王性好侈大，故历以纷华声色之美动其心，此善说之术也。
㉜一折。上是顺说，下是倒说。
㉝駃騠，良马名。
㉞句法不排偶，气势已极宕折，可以止矣，偏作两节写。但见其妙，不见其烦。
㉟下陈，犹后列也。
㊱宛地之珠饰簪。
㊲玑，珠之不圆者。珥，瑱也。谓以玑傅著于珥。
㊳齐东阿县所出缯帛为衣。
㊴饰，领缘也。
㊵谓闲雅变化而能随俗也。
㊶语气肆宕，采色烂然，可以止矣，又偏再衍出下节。强弩穿甲，劲势未已。
㊷瓮，汲瓶也。缶，瓦器。筝，以竹为之。髀，股骨。击叩弹搏，皆所以节歌。
㊸《乐记》："桑间濮上之音。"谓濮水之上，桑林之间，卫地也。
㊹韶虞，舜乐。武象，周乐。
㊺以韶虞与郑、卫并说，此战国之习。
㊻与前"何也"遥应。
㊼上边事已多，文已长，不知如何收拾。他只用一句折转，尽数包罗，妙甚。
㊽取人正意只四句。
㊾收拾前文，又一句拓开。不粘逐客上，妙。
㊿此下即完上意，而更起一峰。
51让，辞也。就，成也。　　又下二喻。
52才是跨海内、制诸侯之术。
53黔，黑也。秦谓民为黔首，以其头黑也。
54谓与诸侯立功业。
55一段始正言逐客事。
56收完"昆山之玉"二段。
57收完"昔穆公"四段。　　一篇大文字，只此二语收尽，更无余蕴。
58无补于民，而增许多仇我之人。
59内既无贤，皆往事他国，而树怨于外也。
60又收"地广者"一段，完"弃黔首"、"资敌国"等语，而正意俱足。

此先秦古书也。中间两三节，一反一覆，一起一伏，略加转换数个字，而精神愈出，意思愈明，无限曲折变态。谁谓文章之妙，不在虚字助词乎？

《楚　辞》

卜　居

屈原既放①，三年不得复见。竭智尽忠，而蔽障于谗。心烦虑乱，不知所从②。乃往见太卜郑詹尹曰："余有所疑，愿因先生决之。"詹尹乃端策拂龟③曰："君将何以教之④？"屈原曰："吾宁悃悃款款，朴以忠乎？将送往劳来，斯无穷乎⑤？宁诛锄草茆以力耕乎？将游大人以成名乎⑥？宁正言不讳以危身乎？将从俗富贵以媮⑦生乎⑧？宁超然高举以保真乎？将呢訾栗斯、喔咿嚅唲以事妇人乎⑨？宁廉洁正直以自清乎？将突梯滑稽、如脂如韦，以絜楹乎⑩？宁昂昂若千里之驹乎？将氾氾若水中之凫乎⑪？与波上下，偷以全吾躯乎⑫？宁与骐骥亢轭乎？将随驽马之迹乎⑬？宁与黄鹄比翼乎？将与鸡鹜争食乎⑭？此孰吉孰凶？何去何从⑮？世溷浊而不清⑯，蝉翼为重，千钧为轻。黄钟毁弃，瓦釜雷鸣⑰。谗人高张，贤士无名⑱。吁嗟默默兮，谁知吾之廉贞⑲？"詹尹乃释策而谢曰⑳："夫尺有所短，寸有所长㉑；物有所不足，智有所不明㉒；数有所不逮，神有所不通㉓。用君之心，行君之意㉔，龟策诚不能知此事。"

【注释】

①屈原，名平，为楚怀王左徒，王甚任之。上官大夫心害其能，因谗之，遂被放。

②先叙卜居之由。

③端，正也。策，蓍茎。端策，将以筮也。拂龟，将以卜也。

④写肯卜，妙。

⑤悃款，诚实倾尽貌。送往劳来，谓随俗高下。无穷，不困穷也。　不知所从一。

⑥游，遍谒也。大人 谓嬖幸者。　不知所从二。

⑦媮，同"偷"。

⑧媮，乐也。　不知所从三。

⑨保真，谓保守其天真。呢訾，以言求媚也。栗，诡随也。斯，语词。喔咿嚅唲，强言笑貌。妇人，暗指怀王宠姬郑袖。　不知所从四。

⑩突梯，滑汰貌。滑稽，圆转貌。脂，肥泽。韦，柔软。楹，屋柱圆物。絜，比絜。本方而求圆也。　不知所从五。

⑪驹，马之小者。凫，野鸭。

⑫拖一句，参差入，妙。　不知所从六。

⑬骐骥，千里马。亢，当也。轭，辕端横木，驾马领者。驽，下乘也。　不知所从七。

⑭黄鹄，大鸟，一举千里。鹜，鸭也。　　不知所从八。　　以上八条，只一意，而无一句重沓，所以为妙。

⑮祝辞毕。下是诉詹尹，乃“心烦虑乱”之由也。

⑯无限感慨。

⑰二句起下一句。

⑱溷浊不清如此。

⑲无限感慨。　　写得又似要卜，又似不要卜，心烦虑乱，不知所从。

⑳写不肯卜，又妙。

㉑为尺而不足，则有所短。为寸而有余，则有所长。　　引鄙语起下文。

㉒物，指龟而言。

㉓数，指筴而言。

㉔六“有所”字，本接末句，横插此八字，奇峭。

屈原疾邪曲之害公，方正之不容，故设为不知所从，而假龟策以决之。非实有所疑而求之于卜也。中间请卜之词，以一“宁”字、“将”字到底，语意低昂，隐隐自见。

宋玉对楚王问

楚襄王问于宋玉[①]曰：“先生其有遗行与？何士民众庶不誉之甚也[②]？”宋玉对曰：“唯[③]，然[④]，有之[⑤]。愿大王宽其罪，使得毕其辞[⑥]。客有歌于郢中者[⑦]，其始曰《下里巴人》[⑧]，国中属而和者数千人[⑨]。其为《阳阿薤露》[⑩]，国中属而和者数百人[⑪]。其为《阳春白雪》[⑫]，国中属而和者，不过数十人[⑬]。引商刻羽，杂以流徵[⑭]，国中属而和者，不过数人而已[⑮]。是其曲弥高，其和弥寡[⑯]。故鸟有凤而鱼有鲲[⑰]。凤凰上击九千里，绝云霓，负苍天，足乱浮云，翱翔乎杳冥之上[⑱]，夫藩篱之鷃岂能与之料天地之高哉[⑲]？鲲鱼朝发昆仑之墟，暴鬐于碣石，暮宿于孟诸[⑳]，夫尺泽之鲵岂能与之量江海之大哉[㉑]？故非独鸟有凤而鱼有鲲也[㉒]，士亦有之。夫圣人瑰意琦行，超然独处，世俗之民，又安知臣之所为哉[㉓]？”

【注释】

①宋玉，屈原弟子，为楚大夫。

②遗，缺失也。　　问得有风致。

③一应。

④再应。

⑤三应。　　连下三应，极力摹神。

⑥入三语，委婉。

⑦郢，楚都。

⑧《下里巴人》，最下曲名。

⑨属，聚也。　　和者甚众。

⑩《阳阿薤露》，次下曲名。

⑪和者亦众。

⑫《阳春白雪》，高曲之名。

⑬和者已寡。　　“数十人”加“不过”字，妙。

⑭五音协律，最高之曲。

⑮和者甚寡。　　“数人”又加“而已”字，妙。

⑯总上四段。

⑰总下二段。　　已上先开后总，此先总后开，法变。

⑱杳冥，绝远也。　　写凤凰下如许语。

⑲鷃，鹌鹑也。　　写鷃只下“藩篱”二字。

⑳昆仑山，在西北，去嵩山五万里。暴，露也。鱼之须鬣曰鬐。碣石，近海山名，在冀北。孟诸，薮泽名，在梁国睢阳县东北。　　写鲲鱼下如许语。

㉑写鲵只下“尺泽”二字。　　先喻之以歌，言行高不合于俗；又喻之以物，言品高俗不能知。唯俗不能知，所以不合于俗也。下撇然转入正意作结，紧峭。

㉒上用一“故”字转，此又用一“故”字转，章法奇妙。

㉓瑰，伟也。琦，美也。　　与上一样写法，佳妙。

意想平空而来，绝不下一实笔，而骚情雅思，络绎奔赴，固轶群之才也。“夫圣人”一段，单笔短掉，不说尽，不说明，尤妙。

古文观止卷之五

汉文

《史　记》

五帝本纪赞

太史公[①]曰：学者多称五帝，尚矣[②]。然《尚书》独载尧以来[③]，而百家言黄帝，其文不雅驯，荐[④]绅先生难言之[⑤]。孔子所传宰予问《五帝德》及《帝系姓》，儒者或不传[⑥]。余尝西至空峒[⑦]，北过涿鹿[⑧]，东渐于海，南浮江淮矣[⑨]。至长老皆各往往称黄帝、尧、舜之处，风教固殊焉[⑩]。总之，不离古文者近是[⑪]。予观《春秋》、《国语》，其发明《五帝德》、《帝系姓》，章矣。顾弟[⑫]弗深考，其所表见皆不虚[⑬]。《书》缺有间矣，其轶乃时时见于他说[⑭]。非好学深思，心知其意，固难为浅见寡闻道也[⑮]。余并论次，择其言尤雅者[⑯]，故著为《本纪》书首[⑰]。

【注释】

①太史公，司马迁自谓也。迁为太史公官。

②五帝，黄帝、颛顼、帝喾、尧、舜。尚，久远也。学者多称五帝，已久远矣。　　锁一句，下即捷转。

③其可征而信者，莫如《尚书》。然其所载，独有尧以来，而不载黄帝、颛顼、帝喾。则所征者，犹有藉于他书也。　　二转。

④荐，同“搢”。

⑤驯，训也。百家虽言黄帝，又涉于神怪，皆非典雅之训。故当世士大夫皆不敢道，则不可取以为征也。　　三转。

⑥《五帝德》、《帝系姓》二篇，见《大戴礼》及《家语》。虽称孔子传于宰我，而儒者疑非圣人之言，故不传以为实。则似未可全征而信也。　　四转。

⑦空峒，山名。黄帝问道广成子处。

⑧涿鹿，亦山名，在妫州。山侧有涿鹿城，即黄帝、尧、舜之都。

⑨点东、南、西、北，与篇中作映带。

⑩余身所涉历，见所在长老，往往称黄帝、尧、舜旧迹，与其风俗教化，固有不同，则他书之言黄帝者，亦或可征也。　　五转。

⑪古文，《尚书》也。大要以不背《尚书》所载者为近于是。然太拘泥，则不载者岂无可征者

乎？故曰近是也。　　六转。

⑫弟，同“第”。

⑬备载则有《五帝德》等篇。我观《国语》，其间发明二篇之说为甚章著。顾儒者但不深考，而或不传耳。其二篇所发明，章著而表见，验之风教固殊者，皆实而不虚，则亦或可征矣。　　七转。

⑭况《尚书》缺亡，其间多矣，岂可以其缺亡而遂已乎？其尚遗佚，若黄帝以下之事，乃时时见于他说。如百家、《五帝德》之类，皆他说也。又岂可以搢绅难言、儒者不传而不择取乎？　　八转。将《尚书》、《国语》等一总。

⑮事在疑信间，则当会其意。非好学深思，心知其意，不能择取。而浅见寡闻者，固难为之言也。　　九转。

⑯应“文不雅驯”。

⑰余非止据《尚书》论次尧以下，且并黄帝、颛顼、帝喾而论次之。于《五帝德》等书，择其言之尤雅者取之。则其不雅者，在所不取也。　　结出一生作史之意。

此为赞语之首，古质奥雅，文简意多。转折层曲，往复回环。其传疑不敢自信之意，绝不作一了结语。乃赞语中之尤超绝者。

项羽本纪赞

太史公曰：吾闻之周生[①]曰，舜目盖重瞳子。又闻项羽亦重瞳子。羽岂其苗裔邪？何兴之暴也[②]！夫秦失其政，陈涉首难，豪杰蜂起，相与并争，不可胜数[③]。然羽非有尺寸，乘势起陇亩之中，三年，遂将五诸侯灭秦，分裂天下而封王侯，政由羽出，号为霸王。位虽不终，近古以来，未尝有也[④]。及羽背关怀楚，放逐义帝而自立，怨王侯叛己，难矣[⑤]！自矜功伐，奋其私智而不师古，谓霸王之业，欲以力征经营天下，五年卒亡其国，身死东城，尚不觉寤而不自责，过矣[⑥]！乃引“天亡我，非用兵之罪”也，岂不谬哉[⑦]！

【注释】

①周生，汉时儒者。

②重瞳，两眸子。苗裔，后嗣也。暴，骤也。　　从兴之暴，想到舜。然舜、羽非伦，故又想到重瞳子。史公论赞，往往从闲处写，极有丰神。

③秦二世元年七月，陈涉等起大泽中。蜂起，言多也。斯时相与争天下者，不可胜数，而欲崛起定霸，盖亦甚难。　　振数语，逼入项羽，有势。

④乘势，乘豪杰之势也。五诸侯，齐、赵、韩、魏、燕。　　一段正写其兴之暴。极赞项羽。

⑤背关，背约，不王高祖于关中。怀楚，谓思东归而都彭城。义帝，楚怀王孙心，项梁立以为楚怀王，项羽尊之为义帝，后徙之长沙，阴令人击杀之江中。　　一贬驳。

⑥二贬驳。

⑦三贬驳。　　前后“兴”、“亡”二字相照，“三年”、“五年”，并见兴亡之速，俱关键，“过矣”、“谬哉”，唤应绝韵。

一赞中，五层转折，唱叹不穷，而一纪之神情已尽。

秦楚之际月表

太史公读秦[①]楚[②]之际[③]，曰：初作难，发于陈涉[④]；虐戾灭秦自项氏[⑤]。拨乱诛暴，平定海内，卒践帝祚[⑥]，成于汉家[⑦]。五年之间，号令三嬗[⑧]，自生民以来，未始有受命若斯之亟也[⑨]。昔虞、夏之兴，积善累功数十年，德洽百姓，摄行政事，考之于天，然后在位[⑩]。汤、武之王，乃由契、后稷，修仁行义十余世，不期而会孟津八百诸侯，犹以为未可，其后乃放、弑[⑪]。秦起襄公，章于文、缪，献、孝之后，稍以蚕食六国，百有余载，至始皇乃能并冠带之伦[⑫]。以德若彼[⑬]，用力如此[⑭]，盖一统若斯之难也[⑮]。秦既称帝，患兵革不休，以有诸侯也[⑯]，于是无尺土之封，堕坏名城，销锋镝，鉏豪杰，维万世之安[⑰]。然王迹之兴，起于闾巷[⑱]，合从讨伐，轶于三代[⑲]。乡[⑳]秦之禁，适足以资贤者为驱除难耳[㉑]。故愤发其所为天下雄，安在无土不王[㉒]？此乃传之所谓大圣乎？岂非天哉！岂非天哉[㉓]！非大圣孰能当此受命而帝者乎[㉔]？

【注释】

①秦，二世。

②楚，项氏。

③时天下未定，参错变化，不可以年纪，故列其月。

④一段。

⑤二段。

⑥祚，同“阼”。

⑦祚，位也。　三段。三样写法。

⑧嬗，同“禅”。

⑨三嬗，谓陈涉、项氏、汉高祖。　总承上三段作结。

⑩考之于天，即孟子所谓“人归”、“天与”也。　一段。

⑪“会孟津”二句，单言武王，举武以见汤耳。　二段。

⑫章，显大也。　三段。　俱反上三段。“数十年”，“十余世”，“百有余载”，句中有眼。

⑬指四代。

⑭指秦。

⑮总承上三段作结。

⑯倒句。

⑰鉏，诛也。维，计度也。　另起一峰，下即捷转。单写高祖，慨叹作致。

⑱高祖起于亭长。

⑲与豪杰并力攻秦，过于汤、武之放、弑。

⑳乡，同“向”。

㉑前言一统之难，高祖独五年而成帝业。盖由秦无尺土之封，败坏既极，适足以资助贤者，而为之驱除其所难耳。　一层。

㉒无土不王，盖古语也。高祖愤发闾巷而成帝业，安在其为无土不王也？　　二层。
㉓高祖或乃传之所谓大圣，故不可以常理拘，盖有天意存乎其间矣。　　三层。
㉔若非大圣，孰能当此豪杰并争之日，独受天命而帝者乎？　　四层。应“受命”二字作结。

前三段一正，后三段一反，而归功于汉。以四层咏叹，无限委蛇，如黄河之水，百折百回，究未尝著一实笔，使读者自得之。最为深妙。

高祖功臣侯年表

太史公曰：古者人臣功有五品，以德立宗庙、定社稷曰勋，以言曰劳，用力曰功，明其等曰伐[①]，积日曰阅[②]。封爵之誓曰：“使河如带，泰山若厉[③]，国以永宁，爰及苗裔[④]。”始未尝不欲固其根本，而枝叶稍陵夷衰微也[⑤]。

余读高祖侯功臣，察其首封，所以失之者[⑥]，曰：异哉所闻[⑦]！《书》曰“协和万国”，迁于夏、商，或数千岁[⑧]。盖周封八百，幽、厉之后，见于《春秋》。《尚书》有唐、虞之侯伯，历三代千有余载，自全以蕃[⑨]卫天子，岂非笃于仁义，奉上法哉[⑩]？汉兴，功臣受封者百有余人。天下初定，故大城名都散亡，户口可得而数者十二三[⑪]，是以大侯不过万家，小者五六百户[⑫]。后数世，民咸归乡里，户益息[⑬]，萧、曹、绛、灌之属，或至四万，小侯自倍，富厚如之[⑭]。子孙骄溢，忘其先，淫嬖[⑮]。至太初[⑯]，百年之间，见侯五[⑰]，余皆坐法，陨命亡国，耗矣[⑱]！罔[⑲]亦少密焉[⑳]，然皆身无兢兢于当世之禁云[㉑]。

居今之世，志古之道[㉒]，所以自镜也，未必尽同[㉓]。帝王者，各殊礼而异务，要以成功为统纪，岂可绲乎[㉔]？观所以得尊宠及所以废辱[㉕]，亦当世得失之林也，何必旧闻[㉖]！于是谨其终始，表见其文，颇有所不尽本末，著其明，疑者阙之。后有君子，欲推而列之，得以览焉[㉗]。

【注释】

①伐，同“阀”。
②明其等，谓明其功之差等。伐，积功也。积日，计其任事之久。阅，经历也。　　先立一案。
③厉，同“砺”。
④带，衣带也。厉，砥石也。苗裔，远嗣也。言使河山至若带、厉，国犹未绝，盖欲使功臣传祚无穷也。
⑤所谓“靡不有初，鲜克有终”也，自古已然。先为一叹。　　“始未尝不欲固其根本”，承上封爵之誓意，“枝叶稍陵夷衰微”，起下“子孙骄溢”亡国意。
⑥察其始封与所以失侯者。　　申“固其根本”、“枝叶陵夷”二句。
⑦异哉所闻，正反上一段。言根本不固，不待枝叶已陵夷衰微也。又为一叹。
⑧万国，乃尧以前所封者。
⑨蕃，同“藩”。

⑩"笃仁义"、"奉上法",是自全要著。　　又引一案。自古皆然,而汉独不然,顶"异哉所闻"也。三叹。

⑪才有十分之二三。

⑫昔日之衰。

⑬息,蕃庶也。

⑭今日之盛。

⑮孼,作"辟"。

⑯太初,武帝年号。

⑰见在为侯者,仅五人。

⑱耗,尽也。　　因盛而衰。

⑲罔,同"网"。

⑳罔,禁网也。　　冷句带讽。

㉑仍归到不能自全上。　　两句,与上"笃于仁义"、"奉上法"句相对。上笃仁义则无罔少密之苛,下笃仁义而奉上法,则能兢兢当世之禁,而不坐法亡国。两句两转,作两层叠。四叹。

㉒夏、商、周。

㉓镜,鉴也。居今志古,所以自鉴得失,而时势变迁,亦不必今人尽同乎古。　　一总,便推开,为本朝诛灭功臣回护一番。

㉔绲,缝而合之也。言从来帝王原各不同,要以成一代之功为纲纪,岂可合而强同之乎?此正是居今志古,以汉与前代相提而论也。

㉕应"察其首封,所以失之"二句。

㉖应"异哉所闻"句。　　此则单指汉诸侯也。五叹。

㉗结出所以作表之意。表者,表明其事也。

通篇全以慨叹作致,而层层回互,步步照顾,节节顿挫。如龙之一体,鳞鬣爪甲而已,而其中多少屈伸变化,即龙亦有不能自知者。此所以为神物也。

孔子世家赞

太史公曰:《诗》有之:"高山仰止,景行行止。"虽不能至,然心向往之①。余读孔氏书②,想见其为人③。适鲁,观仲尼庙、堂、车、服、礼器④,诸生以时习礼其家⑤,余低回留之,不能去云⑥。天下君王至于贤人众矣,当时则荣,没则已焉⑦。孔子布衣,传十余世,学者宗之。自天子王侯,中国言六艺者,折中于夫子⑧,可谓至圣矣⑨。

【注释】

①景行,大道也。　　借《诗》虚虚笼起。

②遗书一。

③心向往之。

④遗器二。

⑤遗教三。

⑥心向往之。　　圣无能名，又何容论赞？史公只就其遗书、遗器、遗教，以自言其向往之诚，虚神宕漾，最为得体。

⑦又借他人，反形一笔。更透。

⑧折，断也。中，当也。谓断其至当之理。

⑨定赞。

起手忽凭空极赞，而后入孔氏。既入事，而又极赞以终之，一若想之不尽、说之不尽也者，所谓观海难言也。

外戚世家序

自古受命帝王及继体守文之君①，非独内德茂也，盖亦有外戚之助焉②。夏之兴也以涂山③，而桀之放也以妺喜④。殷之兴也以有娀⑤，纣之杀也嬖妲己⑥。周之兴也以姜原及大任⑦，而幽王之禽⑧也，淫于褒姒⑨。故《易》基《乾》、《坤》，《诗》始《关雎》，《书》美"厘降"⑩，《春秋》讥不亲迎⑪。夫妇之际，人道之大伦也。礼之用，唯婚姻为兢兢⑫。夫乐调而四时和，阴阳之变，万物之统也，可不慎与⑬！人能弘道⑭，无如命何⑮！甚哉，妃⑯匹之爱！君不能得之于臣，父不能得之于子，况卑下乎⑰？既欢合矣，或不能成子姓⑱；能成子姓矣，或不能要其终⑲，岂非命也哉⑳！孔子罕称命，盖难言之也。非通幽明之变，恶能识乎性命哉㉑？

【注释】

①继体，谓继先帝之正体。守文，谓守先帝之法度。

②外戚，纪后妃也。后族亦代有封爵，故曰外戚。　　总提一句。

③涂山，国名。禹娶涂山氏之女。　　受命。

④桀伐有施，有施氏以妺喜女焉。　　继体。

⑤有娀，国名。帝喾娶其女简狄为次妃，生契，为殷始祖。　　受命。

⑥纣伐有苏，有苏氏以妲己女焉。　　继体。

⑦帝喾元妃，有邰氏之女，曰姜原，生后稷，为周始祖。太任，文王之母。　　受命。

⑧禽，同"擒"。

⑨褒姒，褒国之女。姒，姓也。　　继体。　　序三段。顶受命继体之君。而一正一反，句法变化。

⑩《虞书》："厘降二女于妫汭。"厘，理也。降，下嫁也。妫汭，妫水之北，舜所居也。言先料理下嫁二女于妫水之汭也。

⑪《春秋·隐二年》："纪履緰来逆女。"《公羊》曰："外逆女不书，此何以书？讥也。何讥尔，讥始不亲迎也。"

⑫即五经。点五段。

⑬又补出《乐》。以完六经。

⑭根上六经。

⑮起下妃匹。

⑯妃，同“配”。

⑰因“命”字，起下两段。

⑱子姓，子孙也。　　指惠帝后、薄皇后、陈皇后、慎夫人、尹姬。

⑲指戚夫人、王皇后、栗姬、王夫人、李夫人。

⑳结住“命”字，下即转。

㉑又以“性”、“命”并言，即《孟子》“命也，有性焉”之意。

齐家治国，王道大端，故陈三代之得失，归本于六经，而反复感叹，以天命终焉。全篇大旨，已尽于此。“孔子罕称命”一转，恐人尽委之于命，而不知所劝戒，故特结出性命之难知，盖欲人弘道以立命也。此史公言外深意，不可不晓。

伯夷列传

夫学者载籍极博，犹考信于六艺[①]，《诗》、《书》虽缺，然虞夏之文可知也[②]。尧将逊位，让于虞舜[③]，舜、禹之间，岳牧咸荐[④]，乃试之于位，典职数十年[⑤]，功用既兴，然后授政[⑥]，示天下重器。王者大统，传天下若斯之难也[⑦]。而说者曰[⑧]：尧让天下于许由，许由不受，耻之，逃隐[⑨]。及夏之时，有卞随、务光者[⑩]，此何以称焉[⑪]？太史公曰[⑫]：余登箕山，其上盖有许由冢云[⑬]。孔子序列古之仁圣贤人[⑭]，如吴太伯、伯夷之伦详矣[⑮]。余以所闻由、光义至高，其文辞不少概见，何哉[⑯]？

孔子曰：“伯夷、叔齐，不念旧恶，怨是用希。”“求仁得仁，又何怨乎？”[⑰]余悲伯夷之意[⑱]，睹轶诗可异焉[⑲]。其传曰[⑳]：伯夷、叔齐，孤竹君之二子也[㉑]。父欲立叔齐。及父卒，叔齐让伯夷，伯夷曰：“父命也。”遂逃去。叔齐亦不肯立而逃之，国人立其中子。于是伯夷、叔齐闻西伯昌善养老，盍往归焉。及至，西伯卒，武王载木主，号为文王，东伐纣。伯夷、叔齐叩马而谏曰：“父死不葬，爰及干戈，可谓孝乎？以臣弑君，可谓仁乎？”左右欲兵之，太公曰：“此义人也。”扶而去之。武王已平殷乱，天下宗周，而伯夷、叔齐耻之，义不食周粟，隐于首阳山，采薇而食之[㉒]。及饿且死，作歌。其辞曰[㉓]：“登彼西山兮，采其薇矣；以暴易暴兮，不知其非矣。神农虞夏，忽焉没兮；我安适归矣？于[㉔]嗟徂[㉕]兮，命之衰矣[㉖]！”遂饿死于首阳山[㉗]。由此观之，怨邪非邪[㉘]？

或曰：“天道无亲，常与善人。”若伯夷、叔齐，可谓善人者非邪？积仁絜[㉙]行，如此而饿死[㉚]。且七十子之徒，仲尼独荐颜渊为好学，然回也屡空，糟糠不厌，而卒蚤夭。天之报施善人，其何如哉？盗跖日杀不辜，肝人之肉[㉛]，暴戾恣睢[㉜]，聚党数千人，横行天下，竟以寿终，是遵何德哉？此其尤大彰明较著者也[㉝]。若至近世，操行

不轨，事犯忌讳，而终身逸乐，富厚累世不绝。或择地而蹈之，时然后出言，行不由径，非公正不发愤，而遇祸灾者，不可胜数也[34]。余甚惑焉，傥所谓天道，是邪？非邪[35]？

子曰："道不同，不相为谋[36]。""亦各从其志也[37]。"故曰："富贵如可求，虽执鞭之士，吾亦为之；如不可求，从吾所好。""岁寒然后知松柏之后凋[38]。"举世混浊，清士乃见[39]，岂以其重若彼，其轻若此哉[40]？"君子疾没世而名不称焉[41]。"贾子[42]曰："贪夫徇财，烈士徇名[43]，夸者死权[44]，众庶冯生[45]。"同明相照，同类相求。"云从龙，风从虎[46]，圣人作而万物睹[47]。"伯夷、叔齐虽贤，得夫子而名益彰；颜渊虽笃学，附骥尾而行益显[48]。岩穴之士，趋舍有时，若此类名堙灭而不称，悲夫[49]！闾巷之人，欲砥行立名者，非附青云之士，恶能施于后世哉[50]！

【注释】

①六艺不载 则不可信以为实。

②孔子删《诗》三百五篇，今亡五篇。删《书》一百篇，今亡四十二篇。《诗》、《书》虽有缺亡，然《尚书》有《尧典》、《舜典》、《大禹谟》，则虞夏之文。可考而知也。　伯夷有传，有诗，所志在神农、虞、夏，故先闲闲引起。

③伯夷所重在让国一节，故先以尧让天下引起。拟人于其伦，是极重伯夷处。

④岳，四岳，官名。一人而总四岳诸侯之事。牧，九州之牧。又十二牧。

⑤舜、禹皆典职事数十年。

⑥授以摄政。

⑦即虞、夏之文，知尧、舜禅让之难。以见尧让许由、汤让随、光之妄。

⑧说者，谓诸子杂记也。

⑨许由，字武仲，尧欲致天下而让焉，乃逃隐于颍水之阳，箕山之上。

⑩卞随、务光，殷汤让之天下，并不受而逃。

⑪尧、舜让位，若斯之难，则许由、随、光之让，或说者之妄称，未必实有其人。

⑫凡篇中忽插"太史公曰"四字，皆迁述其父谈之言。

⑬又似实有其人。　又引一许由、随、光，先为伯夷衬贴，几令人不辨宾主，神妙无比。

⑭孔子，是一篇之主。

⑮又请一吴太伯，带出伯夷，若不专为伯夷者。是另一法。

⑯以由、光义至高，而《诗》、《书》之文辞不少略见，则其人终属有无之间，未可据以为实。

又回映由、光一笔，缭绕衬贴，文辞正照下伯夷有传，有诗。

⑰即以孔子接下。叔齐附传。

⑱悲其兄弟相让，义不食周粟而饿死。

⑲轶诗，即下《采薇》之诗也。不入三百篇，故云轶。其诗有涉于怨，与孔子之言不合，故可异。　倒提一笔，妙。

⑳始正序伯夷事．盖伯夷先已有传也。

㉑孤竹，国名，姓墨胎氏。

㉒序伯夷实事，平实简净，盖前后多跌荡，此不得不平实章法也。

㉓应前轶诗。

㉔于，同“吁”。
㉕徂，同“殂”。
㉖悲愤历落，流利抑扬，此歌骚之祖也。
㉗诗与传毕。
㉘应前“睹轶诗可异”句。以下上下千古，无限感慨。
㉙絜，同“洁”。
㉚就夷、齐饿死上，翻出议论。
㉛脍人肝而铺之。
㉜恣睢，谓恣行为睢怒之貌。
㉝反借夷、齐一宕，引出颜渊、盗跖，一反一正，以极咏叹。　　有尧、舜、由、光诸人，故又引颜渊、盗跖二人照应作章法。
㉞又即近世人，一反一正，以足上意，作两层写。妙。
㉟又双结一句，以极咏叹。三“非邪”呼应。
㊱上设两端开说，此又引孔子言合说。
㊲装一句，作“道不同”注脚。
㊳两节正应“各从其志”。
㊴又装一句，作“松柏后凋”注脚，挽上伯夷。
㊵彼，指“操行不轨”以下。此，指“择地而蹈”以下。　　又以咏叹作一结。
㊶又引孔子之言。以“名”字反复到底。
㊷贾子，贾谊。
㊸以身从物曰徇。
㊹贪权势以矜夸者，至死不休，故云死权也。
㊺凭恃其生。　　引贾子四句，“烈士”一句是主，指伯夷。
㊻龙兴致云，虎啸风烈。
㊼圣人，人类之首也，故兴起于时，而人民皆争先快睹。　　引《易经》五句，“圣人”一句是主，指孔子。　　此两节，将伯夷、孔子合说，直贯至篇末。
㊽《索隐》曰：“苍蝇附骥尾而致千里，以喻颜回因孔子而名彰。”　　即所谓“同类相求”、“圣作而物睹”也。又点颜回以陪伯夷，正在有意无意之间，妙。
㊾一反，应“没世而名不称”。结篇首悲吊由、光案。
㊿青云士，圣贤立言传世者。　　承上二段推开一层说，言夷、齐得孔子之言而名显于后世。由、光未经孔子序列，故后世无闻。所以砥行立名者，必附青云之士也。寓慨无穷。

传体，先叙后赞。此以议论代叙事，篇末不用赞语，此变体也。通篇以孔子作主，由、光、颜渊作陪客，杂引经传，层间叠发，纵横变化，不可端倪，真文章绝唱。

管晏列传

管仲夷吾者，颍上人也[①]。少时常与鲍叔牙[②]游，鲍叔知其贤[③]。管仲贫困，常

欺鲍叔[4]，鲍叔终善遇之，不以为言[5]。已而鲍叔事齐公子小白，管仲事公子纠。及小白立为桓公，公子纠死，管仲囚焉，鲍叔遂进管仲[6]。管仲既用，任政于齐。齐桓公以霸，九合诸侯，一匡天下，管仲之谋也[7]。

管仲曰[8]："吾始困时，尝与鲍叔贾，分财利，多自与，鲍叔不以我为贪，知我贫也[9]；吾尝为鲍叔谋事而更穷困，鲍叔不以我为愚，知时有利不利也；吾尝三仕三见逐于君，鲍叔不以我为不肖，知我不遭时也[10]；吾尝三战三走，鲍叔不以我为怯，知我有老母也；公子纠败，召忽死之，吾幽囚受辱，鲍叔不以我为无耻，知我不羞小节，而耻功名不显于天下也[11]。生我者父母，知我者鲍子也[12]。"鲍叔既进管仲[13]，以身下之，子孙世禄于齐，有封邑者十余世[14]，常为名大夫。天下不多管仲之贤，而多鲍叔能知人也[15]。

管仲既任政相齐[16]，以区区之齐，在海滨，通货积财，富国强兵，与俗同好恶[17]。故其称曰[18]："仓廪实而知礼节，衣食足而知荣辱，上服度则六亲固[19]。""四维不张，国乃灭亡[20]。""下令如流水之源。""令顺民心。"故论卑而易行。俗之所欲，因而予之；俗之所否，因而去之。其为政也，善因祸而为福，转败而为功[21]，贵轻重，慎权衡[22]。桓公实怒少姬，南袭蔡[23]，管仲因而伐楚，责包茅不入贡于周室。桓公实北征山戎[24]，而管仲因而令燕修召公之政。于柯之会，桓公欲背曹沫之约，管仲因而信之[25]，诸侯由是归齐[26]。故曰："知与之为取，政之宝也[27]。"

管仲富拟于公室，有三归、反坫，齐人不以为侈。管仲卒，齐国遵其政，常强于诸侯[28]。后百余年而有晏子焉[29]。

晏平仲婴者，莱之夷维人也[30]。事齐灵公、庄公、景公，以节俭力行重于齐[31]。既相齐，食不重肉，妾不衣帛[32]。其在朝，君语及之，即危言；语不及之，即危行。国有道，即顺命[33]；无道，即衡命[34]。以此三世[35]显名于诸侯[36]。越石父贤，在缧绁中。晏子出，遭之途，解左骖赎之。载归，弗谢，入闺久之。越石父请绝[37]。晏子戄然，摄衣冠谢曰："婴虽不仁，免子于厄，何子求绝之速也？"石父曰："不然，吾闻君子诎于不知己而信[38]于知己者[39]，方吾在缧绁中，彼不知我也。夫子既已感寤而赎我，是知己；知己而无礼，固不如在缧绁之中[40]。"晏子于是延入为上客。

晏子为齐相，出，其御之妻从门间而窥其夫。其夫为相御，拥大盖，策驷马，意气扬扬，甚自得也[41]。既而归，其妻请去[42]。夫问其故。妻曰："晏子长不满六尺，身相齐国，名显诸侯，今者妾观其出，志念深矣，常有以自下者[43]。今子长八尺，乃为人仆御，然子之意，自以为足，妾是以求去也。"其后夫自抑损[44]，晏子怪而问之[45]，御以实对，晏子荐以为大夫。

太史公曰：吾读管氏《牧民》、《山高》、《乘马》、《轻重》、《九府》[46]及《晏子春秋》[47]，详哉，其言之也[48]！既见其著书，欲观其行事，故次其传。至其书，世多有之，是以不论，论其轶事[49]。管仲世所谓贤臣，然孔子小之，岂以为周道衰微，桓公既贤，而不勉之至王，乃称霸哉[50]？语曰："将顺其美，匡救其恶，故上下能相亲也[51]。"岂管仲之谓乎[52]！方晏子伏庄公尸哭之，成礼然后去[53]，岂所谓"见义不为，无勇者"

邪[34]？至其谏说，犯君之颜[35]，此所谓"进思尽忠，退思补过"者哉[36]！假令晏子而在，余虽为之执鞭，所忻慕焉[37]。

【注释】

①颍水，出阳城。今有颍上县。

②鲍叔牙，齐大夫。

③一篇以鲍叔事作主，故先点鲍叔。

④即下"分财多自与"之类也。

⑤千古良友。

⑥齐襄公无道，鲍叔牙奉公子小白奔莒。及无知弑襄公，管夷吾、召忽奉公子纠奔鲁，鲁人纳之，未克而小白入，是为桓公。使鲁杀子纠而请管、召，召忽死之，管仲请囚，鲍叔牙言于桓公，以为相。

⑦管仲一生事业，只数语略写。

⑧即述仲语作叙事。

⑨此一事最易知，然知者绝少。

⑩即时之不利。

⑪此四事最难知，唯良友深知之。　忽排五段，前实事既略，此虚事独详，前以紧节胜，此以排语佳，相间成文。

⑫总收"知我"字。句中有泪。

⑬闲接。

⑭"十余世"是言鲍叔，《索隐》指管仲。

⑮以赞语作结，了鲍叔案。

⑯闲接。一匡、九合，前已总序，此又另出一头。重提再序，局法纵横，无所不可。

⑰此句是管仲治齐之纲。一"同"字，生下六个"因"字。

⑱是夷吾著书所称《管子》者，今举其大略也。

⑲上服度，上之服御物有制度。六亲，父、母、兄、弟、妻、子也。固，安也。

⑳四维，礼、义、廉、耻也。

㉑二句，得管仲之骨髓。

㉒轻重，谓钱也。《管子》有《轻重》篇。　一部《管子》，收尽数行。"因祸为福"二句，又生下三段。

㉓桓公与蔡姬戏船中，蔡姬习水荡公，公怒，归蔡姬而弗绝，蔡人嫁之，因伐蔡。

㉔山戎伐燕，桓公救燕，遂伐山戎。

㉕桓公与鲁会柯而盟，曹沫以匕首劫桓公于坛上，曰："反鲁之侵地。"桓公许之。已而欲无与鲁地而杀曹沫，管仲以为倍信，遂与曹沫三败所亡地于鲁。

㉖此皆一匡、九合中事，又提三段另序，俱不实写。

㉗又即以《管子》语结之，缴完上节。

㉘收完"任政相齐"一段，即带下作晏子过文。

㉙由上接下，蝉联蛇蜕。

㉚莱，今东莱地。

㉛"节俭力行"四字，括尽晏子。

㉜与管仲"三归"、"反坫"对。

㉝谓直道行也。

㉞谓权衡量度而行也。　二十五字，作八句，四节，两对，隽永包括。

㉟三世，灵、庄、景。

㊱晏子一生事业，亦只数语，约略虚写，与管仲一样。

㊲贤者固不可测。

㊳信，同"伸"。

㊴一句案。

㊵前以知己论管仲，此以知己论晏子，是史公著意点缀联合处。

㊶描尽情状，呼之欲出。

㊷奇妇人。　亦先作一纵，石父请绝，御妻请去，作一样写。

㊸看人入细。

㊹亦奇。

㊺写出有心人。

㊻皆管仲著书篇名。

㊼《晏子春秋》七篇。

㊽因二子书已详言，故史公传以略胜。

㊾表明作两传之旨。先总说，下乃分。

㊿贬驳处，意浑融。

(51)三句出《孝经·事君章》。言君有美恶，臣将顺而匡救之，故君臣能相亲协，即传中所谓"因而伐楚"，"因而令燕修召公之政"，"因而信之"之类是也。

(52)极抑扬之致。

(53)崔杼弑庄公，晏婴入，枕庄公尸股而哭之，成礼而出。　补传所未及。

(54)晏子之不讨崔氏，权不足也，然亦非克乱之才，故史公以无勇责之。

(55)即传中所谓"危言"、"危行"、"顺命"、"衡命"是也。

(56)"进思尽忠"八字，亦出《孝经·事君章》。　极赞晏子。

(57)执鞭暗用御者事。史公以李陵故被刑，汉法腐刑许赎，而生平交游故旧无能如晏子解左骖赎石父者，自伤不遇斯人，故作此愤激之词耳。

《伯夷传》，忠孝兄弟之伦备矣。《管晏传》，于朋友三致意焉。管仲用齐，由叔牙以进，所重在叔牙，故传中深美叔牙。越石与其御，皆非晏子之友，而延为上客，荐为大夫，所难在晏子，故赞中忻慕晏子。通篇无一实笔，纯以清空一气运旋。觉《伯夷传》犹有意为文，不若此篇天然成妙。

屈原列传

屈原者，名平，楚之同姓也。为楚怀王左徒[①]，博闻强志，明于治乱，娴于辞令[②]。入则与王图议国事，以出号令；出则接遇宾客，应对诸侯。王甚任之[③]。上官大夫[④]与之同列，争宠而心害其能[⑤]。怀王使屈原造为宪令，屈平属草稿未定，上官

大夫见而欲夺之，屈平不与，因谗之[⑥]曰："王使屈平为令，众莫不知，每一令出，平伐其功曰：以为'非我莫能为也'[⑦]。"王怒而疏屈平[⑧]。

屈平疾王听之不聪也，谗谄之蔽明也，邪曲之害公也，方正之不容也，故忧愁幽思而作《离骚》[⑨]。《离骚》者，犹离忧也[⑩]。夫天者，人之始也；父母者，人之本也。人穷则反本[⑪]，故劳苦倦极，未尝不呼天也；疾痛惨怛，未尝不呼父母也[⑫]。屈平正道直行，竭忠尽智，以事其君，谗人间之，可谓穷矣[⑬]。信而见疑，忠而被谤，能无怨乎[⑭]？屈平之作《离骚》，盖自怨生也[⑮]。《国风》好色而不淫，《小雅》怨诽而不乱，若《离骚》者，可谓兼之矣[⑯]。上称帝喾，下道齐桓，中述汤、武，以刺世事，明道德之广崇，治乱之条贯，靡不毕见。其文约，其辞微，其志洁，其行廉，其称文小而其指极大，举类迩而见义远。其志洁，故其称物芳；其行廉，故死而不容自疏。濯淖汙泥之中[⑰]，蝉蜕于浊秽[⑱]，以浮游尘埃之外，不获世之滋垢，皭然泥而不滓者也[⑲]。推此志也，虽与日月争光可也[⑳]。

屈原既绌[㉑]。其后秦欲伐齐，齐与楚从亲，惠王患之，乃令张仪详[㉒]去秦，厚币委质事楚，曰："秦甚憎齐，齐与楚从亲，楚诚能绝齐，秦愿献商於之地六百里。"楚怀王贪而信张仪，遂绝齐，使使如秦受地。张仪诈之曰："仪与王约六里，不闻六百里[㉓]。"楚使怒去，归告怀王，怀王怒，大兴师伐秦。秦发兵击之，大破楚师于丹淅[㉔]，斩首八万，虏楚将屈匄，遂取楚之汉中地。怀王乃悉发国中兵，以深入击秦，战于蓝田。魏闻之，袭楚至邓。楚兵惧，自秦归，而齐竟怒，不救楚，楚大困[㉕]。

明年，秦割汉中地与楚以和[㉖]，楚王曰："不愿得地，愿得张仪而甘心焉。"张仪闻，乃曰："以一仪而当汉中地，臣请往如楚[㉗]。"如楚，又因厚币用事者臣靳尚，而设诡辩于怀王之宠姬郑袖[㉘]。怀王竟听郑袖，复释去张仪[㉙]。是时屈原既疏[㉚]，不复在位，使于齐，顾反，谏怀王曰："何不杀张仪？"怀王悔，追张仪不及[㉛]。其后，诸侯共击楚，大破之，杀其将唐眛[㉜]。

时秦昭王与楚婚，欲与怀王会[㉝]。怀王欲行，屈平曰："秦，虎狼之国，不可信，不如无行。"怀王稚子子兰劝王："行，奈何绝秦欢[㉞]？"怀王卒行。入武关，秦伏兵绝其后，因留怀王以求割地。怀王怒，不听，亡走赵，赵不内，复之秦，竟死于秦而归葬[㉟]。长子顷襄王立，以其弟子兰为令尹[㊱]。楚人既咎子兰以劝怀王入秦而不反也。

屈平既嫉之[㊲]，虽放流，睠顾楚国，系心怀王，不忘欲反，冀幸君之一悟、俗之一改也[㊳]。其存君兴国，而欲反覆之，一篇之中，三致意焉[㊴]。然终无可奈何，故不可以反[㊵]，卒以此见怀王之终不悟也[㊶]。

人君无愚智、贤不肖[㊷]，莫不欲求忠以自为，举贤以自佐，然亡国破家相随属，而圣君治国，累世而不见者，其所谓忠者不忠，而所谓贤者不贤也[㊸]。怀王以不知忠臣之分，故内惑于郑袖，外欺于张仪，疏屈平而信上官大夫、令尹子兰，兵挫地削，亡其六郡，身客死于秦，为天下笑[㊹]。此不知人之祸也[㊺]。《易》曰："井渫不食，为我心恻，可以汲。王明，并受其福[㊻]。"王之不明，岂足福哉[㊼]！令尹子兰闻之[㊽]，大怒，

卒使上官大夫短屈原于顷襄王[49]，顷襄王怒而迁之。

屈原至于江滨，被发行吟泽畔，颜色憔悴，形容枯槁[50]。渔父见而问之曰："子非三闾大夫欤[51]？何故而至此？"屈原曰："举世混浊而我独清，众人皆醉而我独醒，是以见放。"渔父曰："夫圣人者，不凝滞于物而能与世推移[52]。举世混浊，何不随其流而扬其波？众人皆醉，何不餔其糟而啜其醨[53]？何故怀瑾握瑜[54]，而自令见放为[55]？"屈原曰："吾闻之：'新沐者必弹冠，新浴者必振衣[56]。'人又谁能以身之察察，受物之汶汶者乎[57]？宁赴常流而葬乎江鱼腹中耳[58]，又安能以皓皓之白而蒙世之温蠖乎[59]？"乃作《怀沙》之赋[60]。……于是怀石，遂自投汨罗以死[61]。

屈原既死之后，楚有宋玉、唐勒、景差之徒者，皆好辞而以赋见称。然皆祖屈原之从容辞令，终莫敢直谏[62]。其后，楚日以削，数十年竟为秦所灭[63]。自屈原沉汨罗后，百有余年，汉有贾生，为长沙王太傅，过湘水，投书以吊屈原[64]……

太史公曰：余读《离骚》、《天问》、《招魂》、《哀郢》[65]，悲其志[66]。适长沙，过屈原所自沉渊，未尝不垂涕，想见其为人[67]。及见贾生吊之，又怪屈原以彼其材游诸侯，何国不容，而自令若是[68]。读《服鸟赋》[69]，同生死，轻去就，又爽然自失矣[70]。

【注释】

①左徒，即今左右拾遗之徒。

②娴，习也。

③起叙任用之专，后段节节叙其疏而见放，妙得原委。

④上官大夫，靳尚。

⑤此句怕人。

⑥谗屈原作两节写，"害其能"一节虚，"夺草稿"一节实。

⑦语中庸主之忌。

⑧以下并史公变调序《离骚》，即用骚体。

⑨先写作《离骚》之由。

⑩离，遭也。　　注一句。下忽入议论，奇妙。

⑪提"穷"字。

⑫道出人情，真而切。

⑬应"穷"字。

⑭提"怨"字。

⑮应"怨"字。　　回环曲折，多永言之致。

⑯谓"好色"云者，以《离骚》有宓妃等事。然原特假借以思君耳，非如《国风》之思也。而史公亦假借用之。　　比《骚》于《诗》，深得旨趣。

⑰淖，溺也。

⑱蝉蜕，如蝉之去皮也。

⑲皭，疏静之貌。滓，浊也。

⑳极赞屈原。　　以上《离骚》，只虚写。

㉑闲接，又入叙事。

㉒详，同"佯"。

㉓详张仪始终事，为屈原谏楚王张本。

㉔丹、淅，皆县名，在弘农。

㉕一段。

㉖即割楚地，以与楚和。

㉗又算定怀王。

㉘长句正是省句。

㉙二段。　两段词简而情备。

㉚忽接入本传。

㉛只“为何不杀张仪”一句，乃倒装楚愿得张仪一段，又倒装张仪许楚一段，意思在此，而序事在彼。

㉜张仪诈楚，客也，于此一结。

㉝又起一难。

㉞伏再用之根。

㉟怀王一欺于秦而国削，再欺于秦而身死。为屈原作证，亦为《楚辞》作序也。

㊱再用子兰，深著楚王之不明也。

㊲嫉子兰，先从楚人说起，见非屈原之私怨。

㊳推屈平本意作议论。

㊴忽又转到《离骚》上。

㊵应“不忘”、“欲反”。

㊶应“冀君之一悟”。

㊷又宽一步。

㊸泛泛感论。包罗古今无穷事。

㊹将前事总作一收。

㊺缴断一句。

㊻渫，不停污也。井渫而不食，使我心恻然，以其可用汲而不汲也。如有王之明者，汲而用之，则上下并受其福矣！

㊼愤切语。

㊽接上“屈平既嫉之”，妙。

㊾回应“上官大夫”。

㊿极写落魄悲愤之状。　以下渔父辞。

51三闾，掌王族昭、屈、景三姓之官。

52似老氏之言。

53醨，薄酒。

54瑾、瑜，皆美玉。

55只就渔父口中，翻出一段至理可参，有情有态，可咏可歌，词家风度。

56弹而振之，去其尘也。

57察察，净洁也。汶汶，垢蔽也。

58常流，犹长流也。　汨罗之志已决。

59温蠖，犹惛愦，《楚辞》作“尘埃”。　一气流转，机神跌宕。

60《怀沙赋》删去。

⑥汨水在罗，故曰汨罗，今长沙屈潭是也。

⑥借宋玉等，前衬屈原，后引贾谊。

⑥人之云亡，邦国殄瘁。

⑥借投书事，接下《贾谊传》。

⑥皆《离骚》篇名。

⑥读其文而悲其志。

⑥游其地而想其人。

⑥即用他吊屈原之意，以叹贾生。

⑥楚人命鸮曰服，贾生作《服赋》。

⑦自悲自吊。　　此屈、贾合赞，凡四折，缭绕无际。

史公作《屈原传》，其文便似《离骚》，婉雅凄怆，使人读之，不禁歔欷欲绝。要之穷愁著书，史公与屈子实有同心。宜其忧思唱叹，低回不置云。

酷吏列传序

孔子曰："道之以政，齐之以刑，民免而无耻；道之以德，齐之以礼，有耻且格①。"老氏称："上德不德，是以有德；下德不失德，是以无德。法令滋章，盗贼多有②。"太史公曰：信哉，是言也③！法令者，治之具，而非制治清浊之源也④。昔天下之网尝密矣⑤，然奸伪萌起，其极也，上下相遁，至于不振⑥。当是之时，吏治若救火扬沸⑦，非武健严酷，恶能胜其任而愉⑧快乎⑨？言道德者，溺其职矣⑩。故曰："听讼，吾犹人也，必也使无讼乎⑪！""下士闻道大笑之⑫。"非虚言也⑬。汉兴⑭，破觚而为圜⑮，斫雕而为朴⑯，网漏于吞舟之鱼⑰，而吏治烝烝，不至于奸，黎民艾⑱安⑲。由是观之，在彼不在此⑳。

【注释】

①引孔子之言。

②不德，不有其德也。不失德，其德可见也。滋，益。章，明也。　　引老子之言。

③总断一句。引孔子、老子，是立言主意，以见酷吏之不可崇尚也。

④立论醒彻。

⑤谓秦法。

⑥相遁，谓借法为奸，而无情实，故至于不振。

⑦言本弊不除，则其末难止。

⑧愉，同"偷"。

⑨此时非酷吏救止，安能偷少顷之快？言势不得不然，非与酷吏也。

⑩溺，谓沉溺不举也。　　此言酷吏所由始。

⑪无藉于严酷。　　又引孔子之言。

⑫何知有道德。　　又引老子之言。

⑬又总断一句，应前。
⑭汉兴，汉之初。
⑮觚，八棱有隅者。破觚为圜，谓除去严法。
⑯斫，削也。雕，刻镂。斫雕为朴，谓使反质素。
⑰网极其疏，应上网密。
⑱艾，同"乂"。
⑲烝烝，盛也。艾，治也。　　一段慨想高、文之治。
⑳彼，指道德。此，指严酷。　　一束用全力。

意只是当任德而不当任刑，两引孔、老之言便见。又以秦法苛刻，汉治宽仁，两两相较，明示去取。叹昔日汉德之盛，则今日汉德之衰，隐然自见于言外。语不多而意深厚也。

游侠列传序

韩子[①]曰："儒以文乱法，而侠以武犯禁[②]。"二者皆讥，而学士多称于世云[③]。至如以术取宰相、卿大夫，辅翼其世主，功名俱著于春秋[④]，固无可言者[⑤]。及若季次、原宪[⑥]，闾巷人也[⑦]，读书怀独行君子之德，义不苟合当世，当世亦笑之。故季次、原宪终身空室蓬户，褐衣疏食不厌，死而已四百余年，而弟子志之不倦[⑧]。今游侠[⑨]，其行虽不轨于正义，然其言必信，其行必果，已诺必诚，不爱其躯，赴士之厄困。既已存亡死生矣[⑩]，而不矜其能，羞伐其德[⑪]，盖亦有足多者焉[⑫]。

且缓急，人之所时有也[⑬]。太史公曰：昔者虞舜窘于井廪，伊尹负于鼎俎，傅说匿于傅险[⑭]，吕尚困于棘津[⑮]，夷吾桎梏，百里饭牛，仲尼畏匡，菜色陈蔡[⑯]，此皆学士所谓有道仁人也，犹然遭此菑[⑰]，况以中材而涉乱世之末流乎？其遇害何可胜道哉[⑱]！

鄙人有言曰：何知仁义，已[⑲]飨[⑳]其利者为有德[㉑]。故伯夷丑周，饿死首阳山，而文、武不以其故贬王[㉒]。跖蹻暴戾，其徒诵义无穷[㉓]。由此观之，"窃钩者诛，窃国者侯，侯之门，仁义存[㉔]"，非虚言也[㉕]。今拘学或抱咫尺之义，久孤于世[㉖]，岂若卑论侪俗，与世浮沉而取荣名哉[㉗]？而布衣之徒[㉘]，设取予然诺，千里诵义，为死不顾世，此亦有所长，非苟而已也[㉙]。故士穷窘而得委命，此岂非人之所谓贤豪间者邪[㉚]？诚使乡曲之侠，予[㉛]季次、原宪比权量力，效功于当世，不同日而论矣[㉜]。要以功见言信，侠客之义，又曷可少哉[㉝]！

古布衣之侠靡得而闻已[㉞]。近世延陵[㉟]、孟尝[㊱]、春申[㊲]、平原[㊳]、信陵[㊴]之徒[㊵]，皆因王者亲属，藉于有土卿相之富厚，招天下贤者，显名诸侯，不可谓不贤者矣。比如"顺风而呼，声非加疾"，其势激也[㊶]。至如闾巷之侠，修行砥名，声施于天下，莫不称贤，是为难耳[㊷]。然儒墨皆排摈不载[㊸]，自秦以前，匹夫之侠湮灭不见，余甚恨之[㊹]。以余所闻，汉兴有朱家、田仲、王公、剧孟、郭解之徒[㊺]，虽时扞当世之文罔[㊻]，

然其私义，廉洁退让，有足称者。名不虚立，士不虚附[17]，至如朋党宗强比周，设财役贫，豪暴侵凌孤弱，恣欲自快，游侠亦丑之[18]。余悲世俗不察其意，而猥以朱家、郭解等，令与豪暴之徒同类而共笑之也[19]。

【注释】

①韩子，韩非。

②二句以儒侠相提而论，借客形主。

③侧重儒一句，起下文。

④术，巧诈也。春秋，国史。

⑤儒之伪者，诚不足言，起下次、宪。

⑥公皙哀，字季次，亦孔子弟子。

⑦闾巷之儒，照闾巷之侠。

⑧次、宪功名未著，而后世学者称之。儒固自有真也，侠亦从可知矣。

⑨立气势作威福，结私交以立强于世者，谓之游侠。

⑩亡者存之，死者生之。　　句法。

⑪二句，侠士本领。

⑫称游侠一。

⑬见游侠不可无，接上生下，无限波澜。

⑭险，同“岩”。

⑮太公望，行年七十，卖食棘津。

⑯饥而食菜，则色病，故云菜色。

⑰菑，同“灾”。

⑱正见游侠之不可无也。感叹处，史公自道，故曲折悲愤。

⑲已，同“以”。

⑳饗，同“享”。

㉑享，受也。以受其利者为有德，何知有仁义也。　　正应“遭菑”、“涉乱”，接下。

㉒伯夷未尝许周以仁义，然享文武之利者，不以伯夷丑周之故，而贬损其王号。

㉓柳跖、庄跻，皆大盗，其徒享其利，而诵义无穷。

㉔三句出《庄子·胠箧》篇。窃钩之小，则为盗而受诛；窃国之大，则为侯而人享其利。故仁义存。

㉕正对“何知仁义”二句。　　此段言世俗止知有利，而不知侠士之义，极其感叹。

㉖暗指季次辈。

㉗忽又叹儒，皆有激之言也。

㉘指游侠。

㉙称游侠二。

㉚士之穷窘，无所解免，皆得托命，而望侠士之存亡死生，此诚人之所谓贤豪间者，而未可谓不得与儒齿也。　　称游侠三。是史公为游侠立传本意。

㉛予，同“与”。

㉜侠以权力，儒以道德，不可同日而论。　　绾合次、宪，略抑游侠一笔，下即转。

㉝称游侠四。　　以上儒、侠夹写，至此方归本题。

㉞布衣闾巷是主意，一有凭藉，便不足重。故下详言之。

㉟延陵，吴季札也。季札岂游侠耶？然史公作传，既重游侠矣，必援名人以尊之，若《货殖传》之援子贡也。

㊱孟尝，齐田文。

㊲春申，楚黄歇。

㊳平原，赵胜。

㊴信陵，魏无忌。

㊵又借五人引起。

㊶前有多少层折，方入本题。以为止矣，偏又翻出一层，落下"匹夫之侠"。

㊷其义诚高，其事诚难。　　称游侠五。

㊸儒与墨皆轻侠士，故不载。　　又挽定"儒"字。

㊹遥接"布衣之侠，靡得而闻"。　　"闾巷"、"布衣"、"匹夫"之侠，是著意处。

㊺紧照延陵、孟尝、春申、平原、信陵之徒，五宾五主。

㊻罔，同"网"。　　谓犯当世之法禁。　　应"以武犯禁"。

㊼名实相副，而不虚立。士厄必济，而不虚附。　　称游侠六。

㊽至若引朋为党，以强为宗，互相比周，施财以役乎贫民，恃其豪暴，侵凌孤弱，恣欲以自快者，不特不可语游侠，而游侠亦丑之。　　此言游侠自有真伪，不可不辨。

㊾一往情深。

世俗止知重儒而轻侠，以致侠士之义湮没无闻。不知侠之真者，儒亦赖之，故史公特为作传。此一传之冒也。凡六赞游侠，多少抑扬，多少往复。胸中牢落，笔底摅写，极文心之妙。

滑稽列传

孔子曰："六艺于治一也。《礼》以节人，《乐》以发和，《书》以导事，《诗》以达意，《易》以神化，《春秋》以道义①。"太史公曰：天道恢恢，岂不大哉②！谈言微中，亦可以解纷③。

淳于髡者，齐之赘婿也，长不满七尺，滑稽多辩④，数使诸侯，未尝屈辱⑤。齐威王之时，喜隐⑥，好为淫乐长夜之饮，沉湎不治⑦，委政卿大夫，百官荒乱，诸侯并侵，国且危亡，在于旦暮。左右莫敢谏，淳于髡说之以隐，曰："国中有大鸟，止王之庭，三年不蜚⑧又不鸣，王知此鸟何也⑨？"王曰："此鸟不蜚则已，一蜚冲天；不鸣则已，一鸣惊人⑩。"于是乃朝诸县令长七十二人，赏一人，诛一人⑪，奋兵而出。诸侯振惊，皆还齐侵地，威行三十六年。语在《田完⑫世家》中⑬。

威王八年，楚大发兵加齐，齐王使淳于髡之赵请救兵，赍金百斤，车马十驷。淳于髡仰天大笑，冠缨索绝⑭。王曰："先生少之乎？"髡曰："何敢！"王曰："笑岂有说乎？"髡曰："今者臣从东方来，见道旁有禳田者⑮，操一豚蹄，酒一盂，而祝曰：'瓯窭满篝⑯，污邪满车⑰，五谷蕃熟，穰穰满家⑱。'臣见其所持者狭而所欲者奢，故笑

之[19]。"于是齐威王乃益赍黄金千镒，白璧十双，车马百驷。髡辞而行，至赵，赵王与之精兵十万，革车千乘。楚闻之，夜引兵而去[20]。

威王大说，置酒后宫，召髡，赐之酒。问曰："先生能饮几何而醉？"对曰："臣饮一斗亦醉，一石亦醉[21]。"威王曰："先生饮一斗而醉，恶能饮一石哉？其说可得闻乎？"髡曰："赐酒大王之前，执法在傍，御史在后，髡恐惧俯伏而饮，不过一斗径醉矣。若亲有严客，髡帣韝鞠䠋[22]，侍酒于前，时赐余沥，奉觞上寿，数起，饮不过二斗径醉矣。若朋友交游，久不相见，卒然相睹，欢然道故，私情相语，饮可五六斗径醉矣[23]。若乃州闾之会，男女杂坐，行酒稽留，六博投壶，相引为曹[24]，握手无罚，目眙不禁[25]，前有堕珥，后有遗簪[26]，髡窃乐此，饮可八斗而醉二参[27]。日暮酒阑[28]，合尊促坐，男女同席，履舄交错，杯盘狼藉，堂上烛灭，主人留髡而送客，罗襦襟解[29]，微闻芗[30]泽。当此之时，髡心最欢，能饮一石[31]。故曰：酒极则乱，乐极则悲，万事尽然，言不可极，极之而衰[32]。"以讽谏焉。齐王曰："善。"乃罢长夜之饮。以髡为诸侯主客，宗室置酒，髡尝在侧[33]。

【注释】

①滑稽传，乃从六艺庄语说来，此即史公之滑稽也。

②天道恢弘，不必尽出于六艺。

③二句为滑稽之要领。

④滑稽，诙谐也。

⑤一总虚序。

⑥好隐语。

⑦沉湎，溺于酒也。

⑧蜚，同"飞"。

⑨话头奇绝。

⑩亦以隐语应，尤奇。

⑪封即墨大夫。烹阿大夫。

⑫田完，田敬仲。

⑬一段以大鸟喻，以"朝诸县令"数句结之。

⑭索，尽也。　　加四字，无关于大笑，而大笑之神情俱现。

⑮穰田，为田求丰穰也。　　又作隐语。

⑯瓯窭，高地狭小之区。篝，笼也。

⑰汙邪，下地田也。

⑱穰穰，多也。

⑲一语两关，滑稽之极。

⑳二段以穰田喻，以"益黄金"数句结之。

㉑一路皆以劈空奇论成文。

㉒䠋，同"跽"。　　帣，收也。韝，臂捍也。鞠，曲也。䠋，小跪也。谓收袖而曲跪也。

㉓三"径"字，对下"二参"字。

㉔曹，辈也。

㉕眙，视不移也。

㉖极意摹写。

㉗参，同“三”。　句法变而趣。　上云“一斗”、“一石”，此又添出“二斗”、“五六斗”、“八斗”，参差错落。

㉘饮酒半罢半在曰阑。

㉙襦，汗衣也。

㉚芗，同“香”。

㉛句法又变。　逐节递入，如落花流水，溶溶漾漾，而中间有用韵者，有不用韵者，字句之妙，情事之妙，清新俊逸，赋手赋心。

㉜又忽作庄语。

㉝三段以饮酒喻，以“罢长夜之饮”一句结之，总是“谈言微中，可以解纷”之意。　下有优孟、优旃二传，并合赞。

史公一书，上下千古，无所不有。乃忽而撰出一调笑嬉戏之文，但见其齿牙伶俐，口角香艳，另用一种笔意。

货殖列传序

老子曰：“至治之极，邻国相望，鸡狗之声相闻，民各甘其食，美其服，安其俗，乐其业，至老死不相往来[①]。”必用此为务，挽[②]近世涂民耳目，则几无行矣[③]。太史公曰：夫神农以前，吾不知已[④]。至若《诗》、《书》所述，虞、夏以来，耳目欲极声色之好，口欲穷刍豢之味，身安逸乐，而心夸矜势能之荣[⑤]，使俗之渐民久矣。虽户说以眇论[⑥]，终不能化[⑦]。故善者因之，其次利道之，其次教诲之，其次整齐之，最下者与之争[⑧]。

夫山西饶材、竹、榖、纑、旄、玉石[⑨]，山东多鱼、盐、漆、丝、声色，江南出楠、梓、姜、桂、金、锡、连、丹沙、犀、瑇瑁、珠玑、齿、革[⑩]，龙门、碣石北多马、牛、羊、旃、裘、筋、角[⑪]，铜、铁则千里往往山出棋置[⑫]，此其大较也[⑬]。皆中国人民所喜好，谣俗被服饮食、奉生送死之具也[⑭]。故待农而食之，虞而出之，工而成之，商而通之[⑮]，此宁有政教发征期会哉[⑯]！人各任其能，竭其力，以得所欲，故物贱之征贵，贵之征贱[⑰]，各劝其业，乐其事，若水之趋下，日夜无休时，不召而自来，不求而民出之，岂非道之所符而自然之验邪[⑱]？

《周书》曰：“农不出，则乏其食；工不出，则乏其事；商不出，则三宝绝[⑲]；虞不出，则财匮少。”财匮少，而山泽不辟矣[⑳]。此四者，民所衣食之原也。原大则饶，原小则鲜。上则富国，下则富家[㉑]。贫富之道，莫之夺予，而巧者有余，拙者不足[㉒]。故太公望封于营邱[㉓]，地潟卤[㉔]，人民寡，于是太公劝其女功，极技巧，通鱼盐，则人物归之，繦[㉕]至而辐凑，故齐冠带衣履天下，海岱之间，敛袂而往朝焉。其后齐中衰，管子修之[㉖]，设轻重九府[㉗]，则桓公以霸，九合诸侯，一匡天下，而管氏亦有三归，位

在陪臣，富于列国之君，是以齐富强至于威、宣也㉘。

故曰："仓廪实而知礼节，衣食足而知荣辱。"礼生于有而废于无。故君子富，好行其德；小人富，以适其力。渊深而鱼生之，山深而兽往之，人富而仁义附焉。富者得势益彰，失势则客无所之，以㉙而不乐㉚。谚曰："千金之子，不死于市。"此非空言也㉛。故曰："天下熙熙，皆为利来；天下壤壤，皆为利往㉜。"夫千乘之主，万家之侯，百室之君，尚犹患贫，而况匹夫编户之民乎㉝！

【注释】

①至治之世，不知有货殖。

②挽，同"晚"。

③言必用《老子》所说以为务，而挽近之世，止知涂饰民之耳目，必不可行矣。　史公将伸己说，而先引《老子》之言破之。

④顶至治之极。

⑤谓势所能至之荣也。　此欲富之根。

⑥微妙之论。

⑦民多嗜欲，则不能至治矣。

⑧善者因之，是神农以前人。利道，是太公一流。教诲、整齐，是管仲一流。最下与争，则武帝之盐铁、平准矣。史公其多感慨乎！

⑨穀，楮也，皮可为纸。纑，纻属，可以为布。旄，牛尾也。

⑩连，铅之未炼者。玑，珠之不圆者。

⑪龙门，山名，在冯翊夏阳县。碣石，近海山名，在冀北。

⑫棋置，如围棋之置，言处处皆有也。　忽变一倒句，妙。

⑬方论货殖之理，忽杂叙四方土产，笔势奇矫。

⑭长句。

⑮农、虞、工、商，是货殖之人，前后脉络。

⑯宕句有致。

⑰物贱极必贵，而贵极必贱，故贱者贵之征，贵者贱之征。　货殖尽此二语，是一篇主意。

⑱正见俗之渐民，而货殖之不可已也。

⑲三宝，谓珠、玉、金。

⑳农、工、虞、商，复点。

㉑富国、富家，是通篇眼目。

㉒此段就上文一反，言货殖亦非易事，存乎其人，以引起太公、管仲等。

㉓营邱，齐地。

㉔潟卤，咸地也。

㉕繦，同"襁"。

㉖引太公、管仲，以为货殖之祖。

㉗九府，盖钱之府藏，论铸钱之轻重，故云"轻重九府"。

㉘太公、管仲是富国。

㉙以，同"已"。

㉚言失其富厚之势，则客无所附而不乐。

㉛艳富羞贫，虽有激之语，然亦确论。

㉜四句用韵，盖古歌谣也。熙熙，和乐也。壤壤，和缓貌。

㉝暗刺时事，语多感慨。

天地之利，本是有余，何至于贫！贫始于“患之”一念，而弊极于“争之”一途。故起处全寄想夫至治之风也。史公岂真艳货殖者哉！“千乘”数句，盖见天子之榷货，列侯之酎金，而为之一叹乎！

太史公自序

太史公曰：先人有言，自周公卒，五百岁而生孔子[①]。孔子卒后，至于今五百岁[②]，有能绍明世，正《易传》，继《春秋》，本《诗》、《书》、《礼》、《乐》之际[③]，意在斯乎！意在斯乎！小子何敢让焉[④]。

上大夫壶遂曰：“昔孔子何为而作《春秋》哉[⑤]？”太史公曰：“余闻董生[⑥]曰：‘周道衰废，孔子为鲁司寇，诸侯害之，大夫壅之，孔子知言之不用，道之不行也，是非二百四十二年之中，以为天下仪表，贬天子，退诸侯，讨大夫，以达王事而已矣[⑦]。’子曰：‘我欲载之空言，不如见之于行事之深切著明也[⑧]。’夫《春秋》，上明三王之道，下辨人事之纪，别嫌疑，明是非，定犹豫[⑨]，善善恶恶，贤贤贱不肖，存亡国，继绝世，补敝起废，王道之大者也[⑩]。《易》著天地、阴阳、四时、五行，故长于变；《礼》经纪人伦，故长于行；《书》记先王之事，故长于政；《诗》记山川、谿谷、禽兽、草木、牝牡、雌雄，故长于风；《乐》乐所以立，故长于和；《春秋》辨是非，故长于治人[⑪]。是故《礼》以节人，《乐》以发和，《书》以道事，《诗》以达意，《易》以道化，《春秋》以道义[⑫]。拨乱世反之正，莫近于《春秋》[⑬]。《春秋》文成数万[⑭]，其指数千，万物之散聚，皆在《春秋》[⑮]。《春秋》之中，弑君三十六，亡国五十二，诸侯奔走不得保其社稷者，不可胜数。察其所以，皆失其本已[⑯]。故《易》曰：‘失之毫厘，差以千里[⑰]。’故曰：‘臣弑君，子弑父，非一旦一夕之故也，其渐久矣[⑱]。’故有国者，不可以不知《春秋》——前有谗而弗见，后有贼而不知；为人臣者，不可以不知《春秋》——守经事而不知其宜，遭变事而不知其权。为人君父而不通于《春秋》之义者，必蒙首恶之名；为人臣子而不通于《春秋》之义者，必陷篡弑之诛、死罪之名[⑲]。其实皆以为善，为之不知其义，被之空言而不敢辞[⑳]。夫不通礼义之旨[㉑]，至于君不君，臣不臣，父不父，子不子。君不君则犯[㉒]，臣不臣则诛，父不父则无道，子不子则不孝。此四行者，天下之大过也。以天下之大过予之，则受而弗敢辞[㉓]。故《春秋》者，礼义之大宗也[㉔]。‘夫礼禁未然之前，法施已然之后，法之所为用者易见，而礼之所为禁者难知[㉕]。’”

壶遂曰：“孔子之时，上无明君，下不得任用，故作《春秋》，垂空文以断礼义，当一王之法。今夫子上遇明天子[㉖]，下得守职，万事既具，咸各序其宜，夫子所论，欲以何明[㉗]？”太史公曰：“唯唯，否否，不然[㉘]。余闻之先人曰[㉙]：伏羲至纯厚，作《易》八卦。尧、舜之盛，《尚书》载之，礼乐作焉。汤、武之隆，诗人歌之。《春秋》采善贬恶，

推三代之德，褒周室，非独刺讥而已也[30]。汉兴以来，至明天子[31]，获符瑞[32]，建封禅[33]，改正朔，易服色，受命于穆清[34]，泽流罔极，海外殊俗，重译款塞[35]，请来献见者不可胜道。臣下百官，力诵圣德，犹不能宣尽其意[36]。且士贤能而不用，有国者之耻[37]；主上明圣而德不布闻，有司之过也[38]。且余尝掌其官[39]，废明圣盛德不载，灭功臣、世家、贤大夫之业不述，堕先人所言，罪莫大焉。余所谓述故事，整齐其世传，非所谓作也[40]，而君比之于《春秋》，谬矣[41]。"

于是论次其文，七年[42]而太史公遭李陵之祸，幽于缧绁[43]。乃喟然而叹曰："是余之罪也夫！是余之罪也夫！身毁不用矣[44]！"退而深惟曰："夫《诗》、《书》隐约者[45]，欲遂其志之思也[46]。昔西伯拘羑里，演《周易》；孔子厄陈蔡，作《春秋》；屈原放逐，著《离骚》；左丘失明，厥有《国语》；孙子膑脚[47]，而论兵法；不韦迁蜀，世传《吕览》[48]；韩非囚秦，《说难》、《孤愤》[49]。《诗》三百篇，大抵贤圣发愤之所为作也。此人皆意有所郁结，不得通其道也[50]，故述往事，思来者。"于是卒述陶唐以来，至于麟止，自黄帝始[51]。

【注释】

①先人，谓先代贤人。

②适当五百岁之期。

③点出六经。

④何敢自嫌值五百岁而让之也。明明欲以《史记》继《春秋》意。

⑤设为问答，单提《春秋》，是《史记》源流。

⑥董生，仲舒。

⑦王事，即王道。　　一句断尽《春秋》。已下乃极叹《春秋》一书之大。

⑧《春秋》原实著当时行事，非空言垂训。

⑨人不决曰犹豫。

⑩此段专赞《春秋》，下复以诸经陪说。

⑪又从《易》、《礼》、《书》、《诗》、《乐》说到《春秋》，以应起。

⑫再将诸经与《春秋》结束一通。

⑬莫切近于《春秋》，应上"深切著明"。　　以下独详论《春秋》。

⑭《春秋》万八千字。

⑮檃括《春秋》全部文字。

⑯所以弑君、亡国及奔走，皆是失仁义之本。

⑰今《易》无此语，《易纬》有之。

⑱此《易·坤卦》之词，文亦稍异。　　两引《易》词，以明本之不可失也。　　檃括《春秋》全部事迹。

⑲《春秋》所该甚广，而君臣、父子之分，尤有独严，故提出言之。

⑳总上文而言，其实心本欲为善，但为之而不知其义理，凭空加以罪名而不敢辞。　　《春秋》实有此等事，特为揭出，甚言《春秋》之义，不可不知也。

㉑礼缘义起，故并言之。　　又即《春秋》生出"礼义"二字。

㉒为臣下所干犯。

㉓应“被之空言而不敢辞”句。
㉔一句极赞《春秋》，收括前意。
㉕四句引《治安策》语，见《春秋》所以作并《史记》所以作之意。
㉖明天子，武帝。
㉗再借壶遂语辩难，一番回护自家，妙。
㉘叠用“唯唯”、“否否”、“不然”，妙。唯唯，姑应之也；否否，略折之也；不然，特申明之也。
㉙又是先人。
㉚又言《春秋》与诸经同义，皆纯厚隆盛之书，非刺讥之文。极得宣尼作《春秋》微意。
㉛应“上遇明天子”。
㉜获符瑞，指获麟。
㉝封，泰山上筑土为坛以祭天。禅，泰山下小山上除地为埠，以祭山川。
㉞受天命清和之气。
㉟传夷夏之言者曰译，俗谓之通土。款塞，叩塞门也。
㊱言口不能悉诵，故不可不载之书。
㊲此句宾。
㊳此句主。
㊴应“下得守职”。
㊵“作”字呼应。
㊶正对“欲以何明”句。　　壶遂问答一篇完。
㊷太初元年至天汉三年。
㊸详后《报任安书》中。　　可见史公未遭祸前，已作《史记》，特未卒业耳。
㊹受腐刑。
㊺隐，忧也。约，犹屈也。
㊻史公欲卒成《史记》，故以此句唤起。
㊼膑，刖刑，去膝盖骨。
㊽《吕览》，即《吕氏春秋》。
㊾非作《孤愤》、《说难》等篇，十余万言。　　又组织六经作余波，而添出《离骚》、《国语》等作陪，更妙。
㊿又借《诗》作结，文法更变化。
51武帝至雍，获白麟，迁以为述事之端，上纪黄帝，下至麟止，犹孔子绝笔于获麟也。史公虽欲不比《春秋》之作，又不可得矣。

史公生平学力，在《史记》一书，上接周、孔，何等担荷！原本六经，何等识力！表章先人，何等渊源！然非发愤郁结，则虽有文章，可以无作。哀公获麟而《春秋》作，武帝获麟而《史记》作，《史记》岂真能继《春秋》者哉！

司马迁

报任安书

太史公牛马走司马迁[①]再拜言：少卿[②]足下，曩者辱赐书，教以慎于接物，推贤进士为务[③]。意气勤勤恳恳，若望仆不相师，而用流俗人之言[④]，仆非敢如此也[⑤]。仆虽罢驽，亦尝侧闻长者之遗风矣。顾自以为身残处秽[⑥]，动而见尤，欲益反损，是以独抑郁而谁与语[⑦]。谚曰："谁为为之？孰令听之[⑧]？"盖钟子期死，伯牙终身不复鼓琴[⑨]，何则？士为知己者用，女为说己者容。若仆大质已亏缺矣[⑩]，虽才怀随、和[⑪]，行若由、夷[⑫]，终不可以为荣，适足以见笑而自点耳[⑬]。书辞宜答，会东从上来[⑭]，又迫贱事[⑮]，相见日浅[⑯]，卒卒无须臾之间，得竭志意[⑰]。今少卿抱不测之罪，涉旬月，迫季冬[⑱]；仆又薄从上雍[⑲]，恐卒然不可为讳[⑳]。是仆终已不得舒愤懑以晓左右[㉑]，则长逝者魂魄私恨无穷[㉒]。请略陈固陋[㉓]，阙然久不报[㉔]，幸勿为过[㉕]。

仆闻之：修身者，智之符也；爱施者，仁之端也；取予者，义之表也；耻辱者，勇之决也；立名者，行之极也。士有此五者，然后可以托于世，而列于君子之林矣[㉖]。故祸莫惨于欲利[㉗]，悲莫痛于伤心[㉘]，行莫丑于辱先[㉙]，诟莫大于宫刑[㉚]。刑余之人，无所比数，非一世也，所从来远矣[㉛]。昔卫灵公与雍渠同载，孔子适陈[㉜]；商鞅因景监见，赵良寒心[㉝]；同子参乘，袁丝变色[㉞]：自古而耻之[㉟]。夫中材之人，事有关于宦竖，莫不伤气，而况于慷慨之士乎[㊱]？如今朝廷虽乏人，奈何令刀锯之余荐天下之豪俊哉[㊲]？

仆赖先人绪业[㊳]，得待罪辇毂下二十余年矣，所以自惟：上之不能纳忠效信，有奇策材力之誉，自结明主[㊴]；次之又不能拾遗补阙，招贤进能，显岩穴之士[㊵]；外之不能备行伍，攻城野战，有斩将搴旗之功[㊶]；下之不能积日累劳，取尊官厚禄，以为宗族交游光宠[㊷]。四者无一，遂苟合取容，无所短长之效，可见于此矣[㊸]。向者仆亦尝厕下大夫之列[㊹]，陪奉外廷末议[㊺]，不以此时引纲维，尽思虑[㊻]，今已亏形为扫除之隶，在阘茸之中[㊼]，乃欲仰首伸眉，论列是非，不亦轻朝廷、羞当世之士邪？[㊽]嗟乎！嗟乎！如仆尚何言哉！尚何言哉[㊾]！

且事本末未易明也[㊿]。仆少负不羁之才[51]，长无乡曲之誉。主上幸以先人之故，使得奏薄伎，出入周卫之中[52]。仆以为戴盆何以望天[53]，故绝宾客之知，亡室家之业，日夜思竭其不肖之才力，务一心营职，以求亲媚于主上[54]。而事乃有大谬不然者[55]。夫仆与李陵俱居门下[56]，素非能相善也，趋舍异路，未尝衔杯酒，接殷勤之余欢[57]。然仆观其为人，自守奇士[58]，事亲孝，与士信，临财廉，取与义，分别有让，恭俭下人，常思奋不顾身，以殉国家之急[59]。其素所蓄积也，仆以为有国士之风[60]。夫人臣出万死不顾一生之计，赴公家之难，斯已奇矣[61]。今举事一不当，而全躯保妻子之臣，随而媒孽其短[62]，仆诚私心痛之[63]。且李陵[64]提步卒不满五千，深践戎马之地，足历王庭[65]，垂饵虎口，横挑强胡，仰亿万之师，与单于[66]连战十有余日，所杀过

当[67]。虏救死扶伤不给，旃裘之君长咸震怖[68]，乃悉征其左、右贤王[69]，举引弓之人，一国共攻而围之。转斗千里，矢尽道穷，救兵不至，士卒死伤如积[70]。然陵一呼劳军，士无不起，躬自流涕，沫血饮泣[71]，更张空拳[72]，冒白刃，北向争死敌者[73]。陵未没时，使有来报[74]，汉公卿王侯皆奉觞上寿[75]。后数日，陵败书闻，主上为之食不甘味，听朝不怡。大臣忧惧，不知所出[76]。仆窃不自料其卑贱，见主上惨怆怛悼，诚欲效其款款之愚[77]，以为李陵素与士大夫绝甘分少[78]，能得人之死力，虽古之名将，不能过也。身虽陷败[79]，彼观其意[80]，且欲得其当而报于汉[81]；事已无可奈何[82]，其所摧败，功亦足以暴于天下矣[83]。仆怀欲陈之而未有路[84]，适会召问，即以此指推言陵之功[85]，欲以广主上之意[86]，塞睚眦之辞[87]。未能尽明，明主不晓，以为仆沮贰师，而为李陵游说，遂下于理[88]。拳拳之忠，终不能自列[89]，因为诬上，卒从吏议[90]。家贫，货赂不足以自赎[91]，交游莫救视，左右亲近不为一言[92]。身非木石，独与法吏为伍[93]，深幽囹圄之中[94]，谁可告愬者？此真少卿所亲见，仆行事岂不然乎[95]？李陵既生降，颓其家声，而仆又佴之蚕室[96]，重为天下观笑。悲夫！悲夫！事未易一二为俗人言也[97]。

仆之先，非有剖符丹书之功[98]，文史、星历近乎卜祝之间[99]，固主上所戏弄，倡优所畜，流俗之所轻也[100]。假令仆伏法受诛[101]，若九牛亡一毛，与蝼蚁何以异？而世俗又不能与死节者次比，特以为智穷罪极，不能自免，卒就死耳。何也？素所自树立使然也[102]。人固有一死，死或重于泰山，或轻于鸿毛，用之所趋异也[103]。太上不辱先，其次不辱身，其次不辱理色[104]，其次不辱辞令[105]，其次诎体受辱[106]，其次易服受辱[107]，其次关木索、被箠楚受辱[108]，其次剔毛发、婴金铁受辱[109]，其次毁肌肤、断肢体受辱[110]，最下腐刑极矣[111]。传曰："刑不上大夫。"此言士节不可不勉励也[112]。猛虎在深山，百兽震恐，及在槛阱之中[113]，摇尾而求食，积威约之渐也[114]。故士有画地为牢，势不可入；削木为吏，议不可对，定计于鲜也[115]。今交手足，受木索，暴肌肤，受榜箠[116]，幽于圜墙之中[117]，当此之时，见狱吏则头抢地[118]，视徒隶则心惕息[119]。何者？积威约之势也。及以至是言不辱者，所谓强颜耳[120]，曷足贵乎[121]？且西伯[122]，伯也，拘于羑里[123]；李斯，相也[124]，具于五刑[125]；淮阴，王也，受械于陈[126]；彭越、张敖，南面称孤，系狱抵罪[127]；绛侯诛诸吕，权倾五伯，囚于请室[128]；魏其，大将也，衣赭衣，关三木[129]；季布为朱家钳奴[130]；灌夫受辱于居室[131]。此人皆身至王侯将相，声闻邻国，及罪至罔加[132]，不能引决自裁，在尘埃之中，古今一体，安在其不辱也[133]？由此言之，勇怯，势也；强弱，形也。审矣，何足怪乎[134]！夫人不能早自裁绳墨之外，以稍陵迟，至于鞭箠之间，乃欲引节，斯不亦远乎[135]！古人所以重施刑于大夫者，殆为此也[136]。

夫人情莫不贪生恶死，念父母，顾妻子。至激于义理者不然，乃有所不得已也[137]。今仆不幸早失父母，无兄弟之亲，独身孤立，少卿视仆于妻子何如哉[138]？且勇者不必死节，怯夫慕义，何处不勉焉[139]！仆虽怯懦欲苟活，亦颇识去就之分矣，何至自沉溺缧绁之辱哉[140]！且夫臧获婢妾[141]犹能引决，况仆之不得已乎[142]？所以隐忍苟活，幽于粪土之中而不辞者，恨私心有所不尽，鄙陋没世，而文采不表于后世也[143]。

古者富贵而名磨灭，不可胜记，唯倜傥非常之人称焉[144]。盖文王拘而演《周易》[145]；仲尼厄而作《春秋》[146]；屈原放逐，乃赋《离骚》[147]；左丘失明，厥有《国语》[148]；孙子膑脚，兵法修列[149]；不韦迁蜀，世传《吕览》[150]；韩非囚秦，《说难》、《孤愤》[151]；《诗》三百篇，大底贤圣发愤之所为作也[152]。此人皆意有所郁结，不得通其道，故述往事，思来者[153]。乃如左丘无目，孙子断足，终不可用，退而论书策以舒其愤，思垂空文以自见[154]。仆窃不逊，近自托于无能之辞，网罗天下放失旧闻，略考其事，综其终始，稽其成败兴坏之纪，上计轩辕[155]，下至于兹[156]，为十"表"、"本纪"十二、"书"八章、"世家"三十、"列传"七十，凡百三十篇，亦欲以究天地之际，通古今之变，成一家之言。草创未就，会遭此祸，惜其不成，是以就极刑而无愠色[157]。仆诚已著此书，藏之名山[158]，传之其人，通邑大都[159]，则仆偿前辱之责，虽万被戮，岂有悔哉[160]！然此可为智者道，难为俗人言也[161]。

且负下未易居[162]，下流多谤议[163]，仆以口语遇遭此祸，重为乡党所戮笑，以污辱先人，亦何面目复上父母之丘墓乎？虽累百世，垢弥甚耳。是以肠一日而九回，居则忽忽若有所亡，出则不知其所往。每念斯耻，汗未尝不发背沾衣也[164]。身直为闺阁之臣，宁得自引深藏岩穴邪？故且从俗浮沉，与时俯仰，以通其狂惑[165]。今少卿乃教以推贤进士，无乃与仆私心剌谬乎[166]？今虽欲自雕琢曼辞以自饰[167]，无益，于俗不信[168]，适足取辱耳。要之，死日然后是非乃定[169]。书不能悉意，略陈固陋。谨再拜。

【注释】

①太史公，迁父谈也。走，犹仆也。言己为太史公掌牛马之仆，自谦之辞也。

②少卿，任安字。

③迁既被刑之后，为中书令，尊宠任职，故任安责以"推贤进士"。　　二句任安来书。

④望，怨也。　　二句任安书中意。

⑤一句辩过，下更详辩。

⑥残，被刑。秽，恶名。

⑦言无知心之人，谁可告语。起下文。

⑧言无知己者，设欲为善，当为谁为之，复欲谁听之。

⑨《吕氏春秋》曰：伯牙鼓琴，意在泰山，钟子期曰："善哉，巍巍若泰山！"俄而志在流水，子期曰："善哉，汤汤乎若流水！"子期死，伯牙破琴绝弦，终身不复鼓琴，以为世无赏音者。

⑩大质，身也。

⑪随、和，随侯珠、和氏璧。

⑫由、夷，许由、伯夷。

⑬点，辱也。　　一段先作如许曲折，渐引入情。

⑭从武帝还。

⑮贱事，卑贱之事。苦烦务也。

⑯少卿相见时近。

⑰卒卒，促遽貌。间，隙也。　　说前所以不答之故。

⑱安为戾太子事囚狱，更旬月后，便当就刑。季冬，刑日也。

⑲薄,迫也。又迫从天子将祭祀于雍。

⑳难言其死,故云“不可讳”。

㉑懑,闷也。

㉒谓任安恨不见报。　　说今所以答之故。

㉓今乃答。

㉔前不即答。

㉕一段又作如许曲折,看他一片心事,更无处明,而欲明向将死之友,可以想见故人交情。

㉖特标五者,言有此始得列于士林,见己之无复有此,以起下意。

㉗须利赎罪,而家贫,最惨也。

㉘尽心事君,而见诬,最痛也。

㉙辱先人之职业,行莫丑焉。

㉚陷割势之极刑,耻莫大焉。诟,耻也。宫,腐刑也。男子割势,女子幽闭,次死之刑。紧承四句,正与上五者相反。

㉛接上起下。

㉜孔子居卫,灵公与夫人同车,令宦者雍渠参乘,孔子去卫适陈。

㉝赵良说商君曰:“今君之见秦王也,因嬖人景监以为主,非所以为名也。”寒心,惧其祸必至。

㉞同子,武帝朝宦官赵谈也。与迁父同名,故讳曰“同子”。袁盎字丝。赵谈参乘,袁盎伏车前曰:“陛下奈何与刀锯余同载?”

㉟应“所从来远”。

㊱言士羞与宦竖为伍。

㊲以上叙己亏体辱亲,不足荐士。答任安书中“推贤进士”语。

㊳绪,余也。

㊴不能一。

㊵不能二。

㊶搴,拔取也。　　不能三。

㊷不能四。

㊸以上叙己平日不能致功名。引咎自责,文势雄拔。

㊹厕,间也。大史令千石,故比下大夫。

㊺外廷,朝堂也。

㊻如恨如悔,胸中郁勃不堪之况,尽情倾露。

㊼阘茸,猥贱也。

㊽此段申言不足荐士,再答安意。

㊾加一笔,更悲惋。

㊿以下叙己所以被祸之由。此一句管到受辱著书,且与下文“未易一二为俗人言”、“难为俗人言”相呼应。

51负,犹无也。不羁,言才质高远,不可羁系也。

52言袭先人太史旧职。周卫,宿卫周密也。

53头戴盆则不得望天,望天则不得戴盆,事不可兼施,言己方一心于史职,不暇修人事也。

54初意本如此。

㊺捷转。
㊻同为侍中。
㊼先明与陵无旧好。
㊽自守奇节之士。
㊾以身从事曰殉。
㊿次明于陵有独赏。
61一振。
62媒,同“酶”。媒,酒酵也。糵,麴也。谓酿成其祸也。
63一落。
64此下言李陵之胜败,曲折周悉。
65王庭,匈奴庭。
66单于,匈奴号。
67陵军士少,杀匈奴倍多,故曰过当。
68旃,同“毡”。　毡裘,匈奴所服。
69左贤王、右贤王,并匈奴侯王之号。
70积,露积也。
71血沾面曰沫。泪入口曰饮。
72拳,弩弓也。陵时矢尽,故张空弓。
73一段极力描写。
74陵麾下骑陈步乐,报陵战克捷。
75故意写出公卿王侯丑状。
76故意写出。已上详叙李陵。
77款款,忠实貌。
78味之甘者自绝,食之少者分之。　上“素所蓄积”句与此“素与士大夫绝甘分少”句,两“素”字遥关。
79败降匈奴。
80彼观,犹观彼也。
81欲立功于匈奴以当罪,乃所以报汉也。
82事既无可如何,计不得不出此。　此句正推原陵意,妙。
83况其摧破匈奴之兵,已足以表白于天下矣。　此段以“以为”二字贯,是迁意中语。
84未得其便。
85上段意中之旨。
86对上“惨怆怛悼”。
87睚眦,怍目相视貌。　对上“媒糵其短”。
88初,上遣贰师将军李广利征匈奴,令陵为助。及陵与单于相值,而贰师无功。闻迁言,谓迁欲沮止贰师,以成李陵,而为其游说,遂下狱。理,治狱官。
89拳拳,忠谨貌。列,陈也。
90吏议以为诬上,天子终从其议,定为宫刑。
91法:可以金赎罪,而迁无金可以自赎。
92观“家贫货赂”三句,则知史迁作《货殖》、《游侠》二传,非无为也。

⑨③伍，对也。
⑨④囹圄，狱也。
⑨⑤已上详叙自己。
⑨⑥佴，次也。养蚕之室温而密，腐刑患风，须人密室乃得全，因呼为蚕室。
⑨⑦一二，谓委曲也。言陵与己事，俱不能委曲向俗人说，谓俗人不知也。　此段总结上两段，下乃专叙己所以不自引决之意。
⑨⑧汉初功臣剖符世爵，又论功定封，申以丹书之信。
⑨⑨迁父为太史，掌知天文、律历、卜筮、祠祝之事。
⑩⓪不为天子所重，故为流俗所轻。
⑩①自引决。
⑩②挽一句，指"仆之先"以下言。
⑩③趣，同"趋"。　彼此忖量，轻重较然，结上生下。
⑩④理色，义理、颜色。
⑩⑤辞令，言辞、教令。
⑩⑥诎体，长跪也。
⑩⑦易服，著赭衣。
⑩⑧关木，杻械也。索，绳也。箠，杖也。楚，荆也。
⑩⑨剔毛发，髡也。婴，绕也。婴金铁，钳也。
⑪⓪黥、刖、劓、刵。
⑪①宫刑腐臭，故曰腐刑。　历借"不辱"、"受辱"者，以形己之极辱，文字奇丽而瑰玮。
⑪②上大夫有罪，则赐自杀，不致加刑以辱之，所以励士节。　曲一笔，言此是太始之言，非今日之谓。
⑪③槛，圈也。穿地为坑曰阱。
⑪④其威为人所制约，故渐积至此。　引起。
⑪⑤鲜，明也。未遇刑自杀为鲜明。士之励节如此。
⑪⑥榜，击也。
⑪⑦圜墙，狱也。
⑪⑧抢，突也。
⑪⑨惕息，惊惕而喘息。
⑫⓪强颜，勉强厚颜。
⑫①以上叙己受辱。
⑫②西伯，文王。
⑫③羑里，殷狱名。
⑫④李斯，秦始皇相。
⑫⑤先行墨、劓、剕、宫，而后大辟，故曰具五刑。
⑫⑥韩信为楚王，人有告信欲反，高祖用陈平谋，伪游云梦，信谒上于陈，高祖令武士缚信，载后车。至洛阳，赦为淮阴侯。
⑫⑦彭越，梁王。高祖诛陈豨，征兵于梁，越称病，上捕之，囚于洛阳。张敖嗣父耳为王，人告其反，捕系之。
⑫⑧绛侯周勃，诛诸吕，立孝文，权盛于五伯。后有告勃谋反者，遂囚于请罪之室。

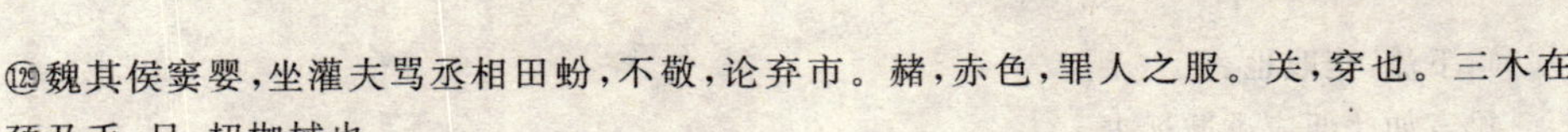

⑫⑨魏其侯窦婴，坐灌夫骂丞相田蚡，不敬，论弃市。赭，赤色，罪人之服。关，穿也。三木在颈及手、足，杻枷械也。

⑬⓪布为楚将，数窘汉王。楚灭，高祖购求布千金，敢舍匿者，罪三族，布乃髡钳之鲁，朱家卖之。

⑬①丞相田蚡娶燕王女为夫人，太后诏列侯宗室皆往贺，颍阴侯灌夫怒骂之，坐不敬，乃系于田蚡所居之室。

⑬②罔，同“网”。　　罔，犹法也。

⑬③历引被辱古人自证。

⑬④言勇怯强弱，皆缘形势顿殊，原无定体，自古以然，何足怪乎！

⑬⑤言人不能早自裁决，以出狱吏绳墨之外，而稍迟疑，则至鞭箠，欲引节自决，不亦远于知几乎！

⑬⑥找转“刑不上大夫”句。　　以上言不必引决，以下言己之不引决，乃更有所欲为。

⑬⑦言激于义理者，则不贪生念顾，义不得已也。

⑬⑧言父母兄弟已丧，无可念矣。视我于妻子何如哉，言何足顾也。

⑬⑨死节要归于义，何尝论勇怯。

⑭⓪跌宕。

⑭①荆、扬、淮、海之间，呼奴为臧，呼婢为获。

⑭②应上“不得已”。　　再跌宕。

⑭③凡作无数跌宕，方说出作《史记》本意。笔势何等纡回！何等郁勃！

⑭④倜傥，卓异也。　　先虚提一笔。

⑭⑤崇侯谮西伯于纣，纣乃囚之于羑里。西伯演《易》之八卦为六十四。

⑭⑥孔子厄于陈蔡，还，作《春秋》。

⑭⑦屈原为楚怀王左徒，上官大夫谗之，被放逐，乃作《离骚》经。

⑭⑧失明，谓无目也。

⑭⑨孙膑与庞涓俱学兵法，涓自以为能不及膑，乃阴使人召膑，至则刑断其两足而黥之。膑，刖刑，去膝盖骨。人因呼为孙膑。

⑮⓪秦始皇迁吕不韦于蜀，于是著书，以为八览、六论、十二纪，名《吕氏春秋》。

⑮①韩非，韩之公子也，入秦为李斯所毁，下狱。非先曾著《孤愤》、《说难》十余万言。

⑮②倒句。

⑮③述往古兴亡、贤愚之事，思来者以作戒也。　　三句总承上八句说，此广引被辱著书之人，以发作《史》之意。

⑮④独复引左氏、孙子者，以其废疾与己同，因遂言著书，宜与之一例也。

⑮⑤轩辕，黄帝。

⑮⑥兹，汉武。

⑮⑦忍一时之辱，而垂万世之名，立志诚卓。

⑮⑧藏于山者，备亡失也。

⑮⑨传之同志，广之邑都。

⑯⓪史迁深以刑余为辱，故通篇不脱一“辱”字。此结言著书偿前辱，聊以自解。

⑯①回应前文，关锁紧密。

⑯②负累之下，未易可居。

⑯下流，至贱也。

⑯言如此便应逃遁远去。

⑯闺阁臣，阉官。引，出也。狂惑，谓小人。言所以不得逃遁远去，只因久系闺阁之臣，故不得自主耳。岂真得位行道哉？

⑯剌，戾也。　　此书大旨，总是却少卿"推贤进士"之教，故四字为一篇纲领，始终亦自相应。

⑯曼，美也。

⑯恐益为俗人所不信。

⑯言死后名誉流于千载也。　　直应上"本末未易明"句。

此书反复曲折，首尾相续，叙事明白，豪气逼人。其感慨啸歌，大有燕赵烈士之风。忧愁幽思，则又直与《离骚》对垒。文情至此极矣。

古文观止卷之六

西汉文

高帝求贤诏

盖闻王者莫高于周文，伯者莫高于齐桓，皆待贤人而成名。今天下贤者智能，岂特古之人乎①？患在人主不交故也，士奚由进②？今吾以天之灵，贤士大夫定有天下，以为一家③，欲其长久，世世奉宗庙亡④绝也⑤。贤人已与我共平之矣，而不与吾共安利之，可乎⑥？贤士大夫有肯从我游者，吾能尊显之⑦，布告天下，使明知朕意。御史大夫昌⑧下相国，相国酂侯⑨下诸侯王，御史中执法下郡守⑩。其有意称明德者⑪，必身劝，为之驾⑫，遣诣相国府⑬，署行义⑭年⑮。有而弗言⑯，觉，免⑰。年老癃病，勿遣。

【注释】

①以王、伯自期，以古人期士。

②归咎人主，顿挫极醒。

③归功贤士，得体。

④亡，无。

⑤是求贤正旨。

⑥二句，见帝制作雄略。

⑦上言交，此言游，真有天子友匹夫气象。

⑧昌，周昌。

⑨酂侯，萧何。

⑩中执法，中丞也。　　此诏令颁行次第。

⑪意实可称明德，非伪士也。

⑫郡守身自往劝，为之驾车。

⑬诣，至也。

⑭义，作“仪”。

⑮书其行状、仪容、年纪。

⑯郡守不举。

⑰发觉则免其官。

高帝平日慢侮诸生，及天下既定，乃屈意求贤，如恐不及，盖知创业与守成

异也。汉室得人，其风动固为有本。

文帝议佐百姓诏

间者数年比不登①，又有水旱疾疫之灾，朕甚忧之。愚而不明，未达其咎②。意者，朕之政有所失而行有过与？乃天道有不顺，地利或不得，人事多失和，鬼神废不享与？何以致此③？将百官之奉养或费，无用之事或多与？何其民食之寡乏也④？夫度田非益寡，而计民未加益，以口量地，其于古犹有余⑤，而食之甚不足者，其咎安在⑥？无乃百姓之从事于末⑦，以害农者蕃⑧，为酒醪以靡谷者多⑨，六畜之食焉者众与⑩？细大之义，吾未能得其中⑪。其与丞相、列侯、吏二千石、博士议之，有可以佐百姓者，率意远思，无有所隐⑫。

【注释】

①间，近也。比，频也。

②虚喝二句。

③一诘。

④再诘。

⑤地多于民。

⑥三诘，"咎"字呼应。

⑦末，谓工商之业。

⑧蕃，多也。

⑨醪，汁滓酒也。靡，散也。

⑩六畜，牛、马、羊、犬、豕、鸡也。

⑪又缴一笔，仍作推究语。

⑫求得其中，爱民之诚如见。

帝在位日久，佐民未尝不至。至是复议佐之之策，可见其爱民之心，愈久而不忘也。

景帝令二千石修职诏

雕文刻镂，伤农事者也；锦绣纂组①，害女红者也②。农事伤，则饥之本也；女红害，则寒之原也③。夫饥寒并至，而能无为非者寡矣④。朕亲耕，后亲桑，以奉宗庙粢盛祭服，为天下先⑤。不受献，减太官，省繇⑥赋⑦，欲天下务农蚕，素有畜⑧积，以备灾害⑨。强毋攘弱，众毋暴寡，老耆以寿终，幼孤得遂长⑩。今岁或不登，民食颇寡，其咎安在⑪？或诈伪为吏⑫，吏以货赂为市⑬，渔夺百姓，侵牟万民⑭。县丞，长吏也⑮，奸法与盗盗，甚无谓也⑯。其令二千石各修其职⑰。不事官职，耗乱者⑱，丞相以闻，请其罪⑲。布告天下，使明知朕意。

【注释】

①纂，赤组也。组，印绶。

②一层。

③二层。

④三层。　　起数语作三层写，意甚婉至。

⑤以务农蚕为倡。

⑥繇，同"徭"。

⑦太官，主膳食。　　不伤害农事女红。

⑧畜，同"蓄"。

⑨欲绝饥寒本原。

⑩攘，取也。六十曰耆。遂，成也。　　欲民免于为非。

⑪未称朕意，必有任其咎者。

⑫以诈伪人为吏。

⑬行同商贾。

⑭渔，言若渔猎之为也。牟，食苗根虫。侵牟，食民比之牟贼也。　　咎不在民而在吏。

⑮县丞为吏之长。

⑯奸法，因法作奸也。与，助也，渔夺侵牟，吏即为盗。长吏知情而不执法，是助盗为盗矣。殊非设长吏之意也。　　咎不在吏，而在长吏。

⑰修察长吏之职。

⑱耗乱，不明也。指二千石言。

⑲请其不修职之罪。　　咎不在长吏，而在二千石。

一念奢侈，饥寒立至，起手数言，穷极原委。"奸法与盗盗"一语，透尽千古利弊。国家最患在吏饱，府库空虚，百姓穷困，而奸吏自富，此大害也。二千石修职，诚足民本务。

武帝求茂材异等诏

盖有非常之功，必待非常之人[①]。故马或奔踶而致千里[②]，士或有负俗之累而立功名[③]。夫泛[④]驾之马[⑤]，跅弛之士[⑥]，亦在御之而已[⑦]。其令州郡察吏民有茂材异等[⑧]可为将相及使绝国者[⑨]。

【注释】

①武帝雄心，露于"非常"二字。

②奔，驰也。踶，踢也。奔踶者，乘之即奔，立即踶人也。

③负俗，谓被世讥论也。　　二"或"字活看。

④泛，同"覂"。

⑤泛，覆也。覆驾者，言马有逸气，不循轨辙也。　　顶"奔踶"说。

⑥跅者，跅落无检局也。弛者，放废不遵礼度也。　　顶"负俗"说。

⑦只一“御”字，想见英主作用。
⑧旧言秀才，避光武讳称茂材。异等者，超等轶群，不与凡同也。　应“非常之人”。
⑨绝远之国，谓声教之外。　应“非常之功”。

求财不拘资格，务期适用，汉世得人之盛，当自此诏开之。至以“可使绝国”者与将相并举，盖其穷兵好大。一片雄心，言下不觉毕露。与高帝《大风歌》同一气概。

贾谊过秦论(上)

秦孝公据殽函之固，拥雍州之地，君臣固守，以窥周室[①]，有席卷天下、包举宇内、囊括四海之意，并吞八荒之心[②]。当是时也，商君[③]佐之，内立法度，务耕织，修守战之具，外连衡而斗诸侯[④]，于是秦人拱手而取西河之外[⑤]。

孝公既没，惠文、武、昭[⑥]蒙故业，因遗策，南取汉中，西举巴蜀，东割膏腴之地，收要害之郡[⑦]。诸侯恐惧，会盟而谋弱秦，不爱珍器重宝肥饶之地，以致天下之士，合从缔交，相与为一[⑧]。当此之时，齐有孟尝[⑨]，赵有平原[⑩]，楚有春申[⑪]，魏有信陵[⑫]。此四君者，皆明智而忠信，宽厚而爱人，尊贤而重士[⑬]。约从离横，兼韩、魏、燕、赵、宋、卫、中山之众，于是六国之士，有宁越[⑭]、徐尚[⑮]、苏秦[⑯]、杜赫[⑰]之属为之谋，齐明[⑱]、周最[⑲]、陈轸[⑳]、召滑[㉑]、楼缓[㉒]、翟景[㉓]、苏厉[㉔]、乐毅[㉕]之徒通其意，吴起[㉖]、孙膑[㉗]、带佗[㉘]、兒良、王廖[㉙]、田忌[㉚]、廉颇、赵奢[㉛]之伦制其兵[㉜]。尝以什倍之地，百万之众，叩关而攻秦[㉝]。秦人开关而延敌，九国之师，遁逃而不敢进。秦无亡矢遗镞之费，而天下诸侯已困矣[㉞]。于是从散约解，争割地而赂秦[㉟]，秦有余力而制其弊，追亡逐北，伏尸百万，流血漂橹[㊱]，因利乘便，宰割天下，分裂河山，强国请服，弱国入朝[㊲]。施及孝文王、庄襄王[㊳]，享国之日浅，国家无事[㊴]。

及至始皇[㊵]，奋六世之余烈[㊶]，振长策而御宇内，吞二周而亡诸侯，履至尊而制六合，执敲扑以鞭笞天下[㊷]，威振四海。南取百越之地，以为桂林、象郡[㊸]。百越之君，俛[㊹]首系颈，委命下吏[㊺]。乃使蒙恬[㊻]北筑长城而守藩篱，却匈奴七百余里，胡人不敢南下而牧马，士不敢弯弓而报怨[㊼]。于是废先王之道，燔百家之言，以愚黔首[㊽]。隳名城，杀豪俊，收天下之兵聚之咸阳，销锋镝，铸以为金人十二，以弱天下之民[㊾]。然后践华为城，因河为池[㊿]，据亿丈之城，临不测之谿以为固[51]。良将劲弩，守要害之处；信臣精卒，陈利兵而谁何[52]！天下已定，始皇之心，自以为关中之固，金城千里，子孙帝王万世之业也[53]。

始皇既没，余威震于殊俗[54]。然而[55]陈涉瓮牖绳枢之子，氓隶之人，而迁徙之徒也[56]。材能不及中庸[57]，非有仲尼、墨翟之贤，陶朱、猗顿之富[58]。蹑足行伍之间，俛[59]起阡陌之中，率罢[60]弊之卒，将数百之众[61]，转而攻秦。斩木为兵，揭竿为旗[62]。天下云集而响应，赢粮而景[63]从，山东豪俊遂并起而亡秦族矣[64]。

且夫[65]天下非小弱也；雍州之地，殽函之固，自若也；陈涉之位，不尊于齐、楚、

燕、赵、韩、魏、宋、卫、中山之君也；锄耰棘[66]矜[67]，不铦于钩戟长铩也[68]；谪戍之众，非抗于九国之师也[69]；深谋远虑，行军用兵之道，非及曩时之士也[70]。然而成败异变，功业相反[71]。试使山东之国，与陈涉度长絜大，比权量力，则不可同年而语矣[72]。然秦以区区之地，致万乘之权，招八州而朝同列，百有余年矣[73]。然后以六合为家，殽函为宫。一夫作难[74]而七庙隳，身死人手，为天下笑者[75]，何也？仁义不施，而攻守之势异也[76]。

【注释】

①殽，山名，谓二殽。函，函谷关也。拥，亦据也。雍州，今陕西。固守，坚守其地也。周室，天子之国。秦欲窥而取之。

②括，结囊也。八荒，八方也。　　四句只一意，而必叠写之者，盖极言秦有虎狼之心，非一辞而足也。

③商君，卫鞅。

④连六国以事秦，而使之自相攻斗。

⑤拱手而取，言易也。西河，魏地名。　　秦之始强如此。

⑥孝公卒，子惠文王立；卒，子武王立；卒，立异母弟，是昭襄王也。

⑦汉中、巴、蜀三郡，并属益州。膏腴，土田良沃也。要害，山川险阻也。　　秦之又强如此。

⑧以一离六为衡，以六攻一为从。故衡曰连，从曰合。缔，结也。　　正欲写秦之强，忽写诸侯作反衬。

⑨孟尝，田文。

⑩平原，赵胜。

⑪春申，黄歇。

⑫信陵，无忌。

⑬极赞四君，以反衬秦之强。

⑭宁越，赵人。

⑮徐尚，未详。

⑯苏秦，洛阳人。

⑰杜赫，周人。

⑱齐明，东周臣。

⑲周最，周君子。

⑳陈轸，秦臣。

㉑召滑，楚臣。

㉒楼缓，魏相。

㉓翟景，未详。

㉔苏厉，苏秦弟。

㉕乐毅，燕臣。

㉖吴起，魏将。

㉗孙膑，孙武之后。

㉘带佗，未详。

㉙《吕氏春秋》曰："王廖贵先，兒良贵后。"此二人者，皆天下之豪士也。

㉚田忌，齐将。

㉛廉颇、赵奢，皆赵将。

㉜此段申明"以致天下之士"一句，极写诸侯得人之盛，以反衬秦之强。

㉝叩，击也。关，函谷关。　　此正接前"合从缔交，相与为一"句，作一逼，紧峭。

㉞九国，谓齐、楚、韩、魏、燕、赵、宋、卫、中山也。镞，箭镝也。　　上写诸侯谋弱秦，何等忙；此写秦人困诸侯，何等闲。

㉟初点连衡，次点合从，三叙约从离横，四叙从散约解，段落井然。

㊱军败曰北。橹，大楯也。

㊲极言秦之强，总是反跌下文。

㊳昭襄王卒，子孝文王立。卒，子庄襄王立。

㊴虚叙带过。

㊵方说到始皇。

㊶六世，孝公、惠文王、武王、昭王、孝文王、庄襄王。

㊷振，举也。策，马箠也。振长策，以马喻也。二周，东、西周也。履至尊，践帝位也。六合，天地四方也。敲、扑，皆杖也。短曰敲，长曰扑。　　四句亦只一意，极言始皇之强，非一辞而足也。

㊸百越，非一种也。桂林，今郁林。象郡，今日南。

㊹俛，同"俯"。

㊺言任性命于狱官也。　　极写始皇之强。

㊻蒙恬，秦将。

㊼极写始皇之强。　　前历言秦之强，以其善攻，以下言始皇不善守。

㊽燔，烧也。百家言，经史之类。黔，黑也。秦谓民为黔首，以其头黑也。

㊾隳，毁也。兵，戎器也。咸阳，秦都。锋鍉，兵刃也。始皇销锋鍉，为金人十二，重各千石，置宫庭中。　　始皇愚民弱民，适所以自愚自弱，伏末"仁义不施而攻守之势异"一句。

㊿断华山为城，因河水为池。

(51)叠上两句。

(52)何，问也。谁何，言谁敢问。　　极形容始皇之强盛，比从前更自不同。

(53)秦东有函谷关，南有峣关、武关，西有散关，北有萧关，居四关之中，故曰关中。金城，言坚也。秦始皇曰："朕为始皇帝，后世以计数，二世三世至于万世，传之无穷。"　　自废先王之道至此，正说秦皇之过，看来秦过亦只是自愚自弱。

(54)殊俗，远方也。　　临说尽，又一振，笔愈缓，势愈紧。

(55)二字一篇大转关。

(56)陈胜，字涉，阳城人。秦二世元年秋，陈涉等起。瓮牖，以败瓮口为牖也。绳枢，以绳系户枢也。氓隶，贱称。迁徙之徒，谓涉为戍渔阳之徒也。

(57)不及中等庸人。

(58)范蠡之陶，自谓陶朱公，治产积十九年之间，三致千金。猗顿闻朱公富，往问术，十年间赀拟王公。故富称陶朱、猗顿。　　陈涉既非其人，又无其资。

(59)俛，同"勉"。

(60)罢，同"疲"。

(61)俛起，不得已而举事也。阡陌，道路也。　不成军旅。
(62)揭，高举也。斩木为兵，而无锋刃；举竿为旗，而无旌旛。　不成器仗。
(63)景，同“影”。
(64)云集响应，如云之集，如响之应也。赢，担也。景从，如影之随形也。　前写诸侯如彼难，此写陈涉如此易，反照作章法。
(65)转笔会全神。
(66)棘，同“戟”。
(67)矜，同“殣”。
(68)耰，锄柄。矜，矛柄。铦，利也。铩，长矛。
(69)涉谪戍渔阳。抗，敌也。
(70)曩时，六国之士。　总承前文，两两比较，句法变换，最耐寻味。
(71)略作一顿。
(72)叠上意又作一飏，文势愈紧。
(73)招，举也。九州之数，秦有雍州，余八州，皆诸侯之地。　收前半篇。
(74)陈涉为首倡。
(75)死人手，谓秦王子婴为项羽所杀。　收后半篇。
(76)结出一篇主意，笔力千钧。

《过秦论》者，论秦之过也。秦过只是末“仁义不施”一句便断尽，从前竟不说出。层次敲击，笔笔放松，正笔笔鞭紧，波澜层折，姿态横生，使读者有一唱三叹之致。

贾谊治安策(一)

夫树国固，必相疑之势①，下数被其殃，上数爽其忧，甚非所以安上而全下也②。今或亲弟谋为东帝③，亲兄之子西向而击④，今吴又见告矣⑤。天子春秋鼎盛⑥，行义未过⑦，德泽有加焉⑧，犹尚如是，况莫大诸侯，权力且十此者乎⑨？然而天下少安，何也⑩？大国之王，幼弱未壮，汉之所置傅相，方握其事⑪。数年之后，诸侯之王，大抵皆冠，血气方刚；汉之傅相，称病而赐罢，彼自丞尉以上遍置私人，如此，有异淮南、济北之为邪⑫？此时而欲为治安，虽尧舜不治⑬。

黄帝曰：“日中必熭，操刀必割⑭。”今令此道顺而全安甚易⑮，不肯早为，已乃堕骨肉之属而抗刭之⑯，岂有异秦之季世乎⑰？夫以天子之位，乘今之时，因天之助，尚惮以危为安，以乱为治⑱。假设陛下居齐桓之处⑲，将不合诸侯而匡天下乎⑳？臣又知陛下有所必不能矣㉑。假设天下如曩时㉒，淮阴侯尚王楚㉓，黥布王淮南㉔，彭越王梁㉕，韩信王韩㉖，张敖王赵，贯高为相㉗，卢绾王燕，陈豨在代㉘，令此六七公者皆亡恙，当是时而陛下即天子位，能自安乎㉙？臣有以知陛下之不能也㉚。天下殽乱，高皇帝与诸公并起㉛，非有仄㉜室之势，以豫席之也㉝，诸公幸者乃为中涓，其次廑㉞得舍人㉟，材之不逮至远也㊱。高皇帝以明圣威武即天子位，割膏腴之地，以王

诸公，多者百余城，少者乃三四十县，德至渥也[37]。然其后七年之间，反者九起[38]。陛下之与诸公，非亲角材而臣之也[39]，又非身封王之也[40]，自高皇帝不能以是一岁为安，故臣知陛下之不能也[41]。

然尚有可诿者，曰疏，臣请试言其亲者[42]。假令悼惠王王齐[43]，元王王楚[44]，中子王赵[45]，幽王王淮阳[46]，共王王梁[47]，灵王王燕[48]，厉王王淮南[49]，六七贵人皆亡恙，当是时陛下即位，能为治乎[50]？臣又知陛下之不能也[51]。若此诸王，虽名为臣，实皆有布衣昆弟之心，虑亡不帝制而天子自为者[52]，擅爵人，赦死罪，甚者或戴黄屋[53]，汉法令非行也。虽行，不轨如厉王者[54]，令之不肯听，召之安可致乎[55]？幸而来至，法安可得加？动一亲戚，天下圜视而起[56]，陛下之臣虽有悍如冯敬者，适启其口，匕首已陷其胸矣[57]。陛下虽贤，谁与领此[58]？故疏者必危，亲者必乱，已然之效也[59]。其异姓负强而动者，汉已幸胜之矣[60]，又不易其所以然。同姓袭是迹而动，既有征矣[61]，其势尽又复然。殃祸之变，未知所移，明帝处之，尚不能以安，后世将如之何[62]？

屠牛坦[63]一朝解十二牛，而芒刃不顿[64]者，所排击剥割，皆众理解也[65]。至于髋髀之所，非斤则斧[66]。夫仁义恩厚，人主之芒刃也；权势法制，人主之斤斧也[67]。今诸侯王皆众髋髀也。释斤斧之用，而欲婴以芒刃[68]，臣以为不缺则折[69]。胡不用之淮南、济北？势不可也[70]。

臣窃迹前事，大抵强者先反。淮阴王楚，最强，则最先反；韩信倚胡，则又反；贯高因赵资，则又反；陈豨兵精，则又反；彭越用梁，则又反；黥布用淮南，则又反；卢绾最弱，最后反[71]。长沙乃在二万五千户耳[72]，功少而最完，势疏而最忠，非独性异人也，亦形势然也[73]。曩令樊、郦、绛、灌[74]，据数十城而王，今虽已残亡，可也[75]。令信、越之伦[76]，列为彻侯而居[77]，虽至今存，可也[78]。然则天下之大计可知已[79]。欲诸王之皆忠附，则莫若令如长沙王。欲臣子之勿菹醢[80]，则莫若令如樊、郦等[81]。欲天下之治安，莫若众建诸侯而少其力[82]。力少则易使以义，国小则亡邪心。令海内之势，如身之使臂，臂之使指，莫不制从。诸侯之君，不敢有异心，辐凑并进，而归命天子。虽在细民，且知其安，故天下咸知陛下之明[83]。割地定制，令齐、赵、楚各为若干国[84]，使悼惠王、幽王、元王之子孙，毕以次各受祖之分地，地尽而止，及燕、梁他国皆然[85]。其分地众而子孙少者，建以为国，空而置之，须其子孙生者，举使君之[86]。诸侯之地，其削颇入汉者，为徙其侯国及封其子孙也，所以数偿之[87]。一寸之地，一人之众，天子亡所利焉，诚以定治而已，故天下咸知陛下之廉[88]。地制一定，宗室子孙莫虑不王，下无倍[89]畔[90]之心，上无诛伐之志，故天下咸知陛下之仁[91]。法立而不犯，令行而不逆，贯高、利几之谋不生[92]，柴奇、开章之计不萌[93]，细民向善，大臣致顺，故天下咸知陛下之义[94]。卧赤子天下之上而安，植遗腹，朝委裘，而天下不乱[95]，当时大治，后世诵圣[96]。一动而五业附，陛下谁惮而久不为此[97]？

天下之势，方病大瘇[98]，一胫之大几如要[99]，一指之大几如股，平居不可屈信[100]，一二指搐，身虑无聊[101]。失今不治，必为锢疾，后虽有扁鹊，不能为已[102]。病非徒瘇也，又苦蹠盭[103]。元王之子，帝之从弟也[104]。今之王者，从弟之子也[105]。惠王之子，亲

兄子也[106]。今之王者,兄子之子也[107]。亲者或亡分地以安天下[108],疏者或制大权以偪天子[109]。臣故曰:非徒病瘇也,又苦跋盭[110],可痛哭者,此病是也。

【注释】

①立国险固,诸侯强大,则必与天子有相疑之势。　　开口便吸尽全篇。

②爽,忒也。上疑下必讨,则下被其殃而不能全。下疑上必反,则上爽其忧而不能安。是立言大旨。

③谓淮南厉王长。文帝六年,谋反,废死。

④谓齐悼惠王子兴居为济北王,闻文帝幸太原,发兵反,欲击取荥阳,伏诛。

⑤吴王濞,高帝兄刘仲之子,不循汉法,有告之者。

⑥鼎,方也。　　一。

⑦二。

⑧三。

⑨因三国之反,乃知他国未有不思反者。

⑩一转,搬入事情吃紧处。

⑪所以一时暂安。

⑫逆推将来,指陈利害,诚远谋切虑。

⑬反剔治安,下语斩截。

⑭熭,晒也。　　喻时不可失。

⑮全安,谓全下安上。

⑯堕,毁也。抗刭,谓举其头而割之也。

⑰季世,末世也。　　此言欲全骨肉之属,当及今早图,语带痛哭之声。

⑱"尚惮"二句,指不肯早为。

⑲无位、无时、无助。

⑳设一难。

㉑一不能。

㉒曩时,高帝之时。

㉓韩信为楚王,人告信欲反,遂械信,赦为淮阴侯。

㉔英布为淮南王,反,高帝自往击之。

㉕梁王彭越谋反,夷三族。

㉖故韩王孽孙信,与匈奴反太原,高帝自往击之。

㉗张敖嗣父耳为赵王,赵相贯高等谋弑高帝,事觉夷三族。赦赵王敖为宣平侯。

㉘陈豨以赵相国守代地反,人言豨反,时燕王卢绾使人之豨所,与阴谋,绾遂亡入匈奴。

㉙又设一难。

㉚二不能。

㉛郁,杂也。　　忽论高帝。

㉜仄,同"侧"。

㉝礼,卿大夫之支子为侧室。席,藉也。言非有侧室之势,为之资藉也。

㉞廑,同"仅"。

㉟中涓、舍人,皆官名。

㊱角材臣之。

㊲渥，厚也。　　身封王之。

㊳七年，高帝五年至十一年。九反，韩王信、贯高、淮阴、彭越、英布、陈豨、卢绾并利几五年秋反为八，其一人盖燕王臧荼，五年十月反。　　引高帝毕。

㊴角，校也，竞也。　　无材以制其力。

㊵无德以服其心。

㊶缴应上段。　三不能。

㊷诿，托也。尚可诿言信、越等以疏故反，故"请试言其亲者"。亲者亦恃强为乱，明信等不以疏也。

㊸悼惠王，高帝子肥。

㊹元王，高帝弟交。

㊺中子，高帝子如意。

㊻幽王，高帝子友。

㊼共王，高帝子恢。

㊽灵王，高帝子建。

㊾厉王，高帝子长。

㊿又设一难。

51四不能。

52言诸王皆谓与天子为昆弟，而不论君臣之分，无不欲同皇帝之制度，而为天子之事，意见下文。

53黄屋，天子车盖之制。

54不轨，不修法制也。

55致，至也。

56瞏，惊视也。

57悍，勇也。冯敬，冯无择子，奏淮南厉王反，始欲发言节制诸侯王，为刺客所杀。　　细写"虑亡不帝制而天子自为"一句。

58领，理也。　　亦缴应上段"不能"之意。

59三句总收上文亲、疏二段。

60指韩、彭、陈豨言。

61指淮南、济北言。

62再总收一笔，下入喻。

63屠牛者，名坦。

64顿，同"钝"。

65理解，支节也。

66髀上曰髋，两股间也。髀，股骨也。言其骨大，故须斤斧也。

67绝好分剖。

68婴，触也。

69因喻入议，笔甚峭劲。

70二国皆反诛，何不终用仁厚？势不可故也。　　自难自解，妙。

71连用"则又反"三字，有致。

⑫秦时鄱阳令吴芮，汉为长沙王。

⑬形势弱，故不反。　　细数反国，忽带写一不反者，反复乃益明。

⑭樊哙，封舞阳侯。郦商，封曲周侯。周勃，封绛侯。灌婴，封颍阴侯。

⑮承上七国。

⑯信、越，韩信、彭越。

⑰彻侯即通侯。

⑱承上长沙。　用反言洗发正意，笔情逸冷。

⑲接句爽捷。

⑳菹醢，肉酱。

㉑将两层作结，下一层入正意。

㉒此句为一篇纲领，从前许多议论，皆是此意。此下“天下咸知陛下之明”，“之廉”，“之仁”，“之义”，正“众建诸侯”之效。

㉓一业。

㉔若干，豫设数也。

㉕正所谓“众建诸侯而少其力”也。

㉖须，待也。　子孙少者，有以处之。

㉗诸侯之地，有罪见削而入于汉者，为迁徙其国都及改封其子孙，亦以众建之数偿还之。国既灭者，有以处之。

㉘二业。

㉙倍，同“背”。

㉚畔，同“叛”。

㉛三业。

㉜利几，项氏将，降汉，侯之颍川。高帝至洛阳，举通侯籍召之，利几恐，遂反。

㉝柴奇、开章，皆与淮南王谋反者。

㉞四业。

㉟赤子，幼君也。植，直也。遗腹，君未生者。朝委裘，以君所常服之裘，委之于位，受群臣之朝也。

㊱五业。

㊲总收一句，下又入喻，申言当及今早图意，作收煞。

㊳肿足曰瘇。

㊴要，同“腰”。

⑩⑩信，同“伸”。

⑩①搐，动而病也。聊，赖也。

⑩②扁鹊，良医。　　“不能为”，与上“不肯早为”、“久不为此”两“为”字相应。

⑩③盭，同“戾”。　　足掌曰跖。跖盭，言足跖反戾不可行也。　又从病瘇上，推进一层。

⑩④王郢。

⑩⑤王戊。

⑩⑥王襄。

⑩⑦王侧。

⑩⑧谓亲子弟。

⑽谓从弟之子，兄子之子。“亲”、“疏”二字，应前作结。
⑾病瘇，喻疏者制大权。跋盭，喻亲者无分地。

是篇正对当时诸侯王僭儗地过古制发论，主意在“众建诸侯而少其力”一句，此句以前，言不若此而治安之难。此句以后，言能若此而治安之易。起结总是勉以及时速为之意。虽只重少同姓之力，却将异姓层层较量。尤妙于宾主之法。

晁错论贵粟疏

圣王在上，而民不冻饥者，非能耕而食之，织而衣之也，为开其资财之道也[①]。故尧、禹有九年之水，汤有七年之旱，而国无捐瘠者[②]，以畜积多而备先具也[③]。今海内为一，土地人民之众不避禹、汤[④]，加以亡天灾数年之水旱，而畜积未及者，何也？地有余利，民有余力[⑤]，生谷之土未尽垦，山泽之利未尽出也[⑥]。游食之民，未尽归农也[⑦]。民贫则奸邪生，贫生于不足，不足生于不农[⑧]，不农则不地著[⑨]，不地著则离乡轻家，民如鸟兽[⑩]。虽有高城深池，严法重刑，犹不能禁也[⑪]。

夫寒之于衣，不待轻暖；饥之于食，不待甘旨；饥寒至身，不顾廉耻[⑫]。人情，一日不再食则饥，终岁不制衣则寒。夫腹饥不得食，肤寒不得衣，虽慈母不能保其子，君安能以有其民哉[⑬]？明主知其然也[⑭]，故务民于农桑[⑮]，薄赋敛，广畜积，以实仓廪，备水旱[⑯]，故民可得而有也[⑰]。

民者，在上所以牧之，趋利如水走下，四方无择也[⑱]。夫珠玉金银[⑲]，饥不可食，寒不可衣，然而众贵之者，以上用之故也。其为物轻微易藏，在于把握，可以周海内而亡饥寒之患，此令臣轻背其主，而民易去其乡，盗贼有所劝，亡逃者得轻资也[⑳]。粟米布帛，生于地，长于时，聚于力，非可一日成也；数石之重，中人弗胜；不为奸邪所利，一日弗得，而饥寒至[㉑]。是故明君贵五谷而贱金玉[㉒]。

今农夫五口之家，其服役者不下二人[㉓]，其能耕者不过百亩[㉔]，百亩之收不过百石[㉕]。春耕夏耘，秋获冬藏，伐薪樵[㉖]，治官府，给徭役，春不得避风尘，夏不得避暑热，秋不得避阴雨，冬不得避寒冻。四时之间，无日休息[㉗]。又私自送往迎来，吊死问疾，养孤长幼在其中[㉘]。勤苦如此，尚复被水旱之灾，急政暴虐，赋敛不时，朝令而暮改[㉙]。当其有者半贾[㉚]而卖，亡者取倍称之息[㉛]，于是有卖田宅、鬻子孙以偿债者矣[㉜]。而商贾[㉝]大者积贮倍息，小者坐列贩卖，操其奇赢，日游都市[㉞]，乘上之急，所卖必倍。故其男不耕耘，女不蚕织，衣必文采，食必粱肉，亡农夫之苦，有阡陌之得。因其富厚，交通王侯，力过吏势，以利相倾，千里游敖，冠盖相望，乘坚策肥[㉟]，履丝曳缟[㊱]。此商人所以兼并农人，农人所以流亡者也[㊲]。今法律贱商人，商人已富贵矣；尊农夫，农夫已贫贱矣。故俗之所贵，主之所贱也[㊳]；吏之所卑，法之所尊也[㊴]。上下相反，好恶乖迕，而欲国富法立，不可得也[㊵]。

方今之务，莫若使民务农而已矣。欲民务农，在于贵粟，贵粟之道，在于使民以粟为赏罚[41]。今募天下入粟县官，得以拜爵，得以除罪。如此，富人有爵，农民有钱，粟有所渫[42]。夫能入粟以受爵，皆有余者也[43]。取于有余，以供上用，则贫民之赋可损，所谓损有余、补不足，令出而民利者也[44]。顺于民心，所补者三：一曰主用足，二曰民赋少，三曰劝农功[45]。今令民有车骑马一匹者，复卒三人[46]。车骑者，天下武备也，故为复卒[47]。神农之教曰："有石城十仞，汤池百步，带甲百万，而亡粟，弗能守也。"以是观之，粟者，王者大用，政之本务[48]。令民入粟受爵，至五大夫以上，乃复一人耳[49]。此其与骑马之功，相去远矣[50]。爵者，上之所擅，出于口而无穷。粟者，民之所种，生于地而不乏[51]。夫得高爵与免罪，人之所甚欲也[52]。使天下人入粟于边，以受爵免罪，不过三岁，塞下之粟必多矣[53]。

【注释】

①此句是一篇主意。

②捐，相弃也。瘠，瘦病也。

③圣王为民开资财之道，故有备无患。

④避，让也。

⑤说出实病。

⑥故地有余利。

⑦故民有余力。　后世不能开资财之道，故患在无备。　以圣王形当时，谓当时畜积未及，弊在"不农"，下因言"不农"之害。

⑧逆写"不农"之害。

⑨安土谓之地著。

⑩谓轻去其乡。

⑪顺写"不农"之害。

⑫申言"民贫则奸邪生"数句。

⑬申言"不农则不地著"数句。

⑭捷转。

⑮所谓"开其资财之道"者以此。

⑯承"务民农桑"说。

⑰应"安能有其民"句。

⑱三句承上起下。

⑲意在重粟，却从金玉折入，大有波致。

⑳最便处，却是害处。

㉑最不便处，却是利处。

㉒一句点出正意。

㉓服役，谓服公家之役。

㉔二句言民之力有尽。

㉕二句言民之财有尽。

㉖樵，亦薪也。

㉗承“服役”、“能耕”三句，言勤于作事之苦。
㉘承“百亩之收”一句，言勤于应用之苦。
㉙水旱频仍，赋敛愈急，平常勤苦之中，又有意外之勤苦。
㉚贾，同“价”。
㉛有谷者，贱卖以应急用；无谷者，称贷于人，而听取加倍之息。
㉜细陈田家辛苦颠连之状，如在目前。下复将商贾相形一番，情事愈透。
㉝转接轻妙。
㉞赢，获利也。
㉟坚，好车。肥，好马。
㊱极写商人之逸乐，句句与农人之勤苦相反。
㊲总收一笔，以见当“尊农贱商”意。
㊳商。
㊴农。
㊵弃本逐末，法律皆为具文，可为三叹。
㊶正意作三层跌出。
㊷渫，散也。
㊸一折更醒。
㊹入粟、拜爵、除罪，固非正论，然实一时备荒良策。
㊺贵粟中，又剔出三项。
㊻车骑马，可以备车骑之马也。复，免也。谓免其为卒者三人。此当日现行事例。
㊼既有武备，尤赖粟以为守，起下文。
㊽见粟之当重如此。
㊾五大夫，五等之爵也。言人粟多而复卒少。
㊿与纳马少而复卒多者，相去甚远。　　此正见以粟为赏罚，最是良法。
(51)所以为法之良。
(52)应上“顺于民心”句。
(53)结出贵粟正旨。

此篇大意，只在入粟于边，以富强其国。故必使民务农，务农在贵粟，贵粟在以粟为赏罚。一意相承，似开后世卖鬻之渐。然错为足边储计，因发此论，固非泛谈。

邹阳狱中上梁王书

邹阳[1]从梁孝王[2]游。阳为人有智略，慷慨不苟合，介于羊胜、公孙诡之间[3]。胜等疾阳，恶之孝王[4]。孝王怒，下阳吏，将杀之。阳乃从狱中上书曰：

“臣闻‘忠无不报，信不见疑[5]’，臣常以为然，徒虚语耳[6]！昔荆轲慕燕丹之义，白虹贯日，太子畏之[7]；卫先生为秦画长平之事，太白食昴，昭王疑之[8]。夫精变天地，而信不谕两主，岂不哀哉[9]！今臣尽忠竭诚，毕议愿知[10]，左右不明，卒从吏讯，

为世所疑[11]，是使荆轲、卫先生复起，而燕、秦不寤也，愿大王熟察之。

“昔玉人献宝，楚王诛之[12]；李斯竭忠，胡亥极刑[13]。是以箕子阳狂，接舆避世[14]，恐遭此患也。愿大王察玉人、李斯之意，而后楚王、胡亥之听，毋使臣为箕子、接舆所笑。臣闻比干剖心，子胥鸱夷[15]，臣始不信，乃今知之。愿大王熟察，少加怜焉[16]。

“语曰：‘有白头如新，倾盖如故[17]。’何则？知与不知也[18]。故樊於期逃秦之燕，藉荆轲首以奉丹事[19]。王奢去齐之魏，临城自刭，以却齐而存魏[20]。夫王奢、樊於期，非新于齐、秦而故于燕、魏也，所以去二国、死两君者，行合于志，慕义无穷也[21]。是以苏秦不信于天下，为燕尾生[22]；白圭战亡六城，为魏取中山[23]。何则？诚有以相知也[24]。苏秦相燕，人恶之燕王，燕王按剑而怒，食以駃騠[25]。白圭显于中山[26]，人恶之于魏文侯，文侯赐以夜光之璧[27]。何则？两主二臣，剖心析肝相信，岂移于浮辞哉[28]！

“故女无美恶，入宫见妒；士无贤不肖，入朝见嫉[29]。昔司马喜膑脚于宋，卒相中山[30]；范雎拉胁折齿于魏，卒为应侯[31]。此二人者，皆信必然之画[32]，捐朋党之私，挟孤独之交，故不能自免于嫉妒之人也[33]。是以申徒狄蹈雍之河[34]，徐衍负石入海[35]，不容于世，义不苟取比周于朝，以移主上之心[36]。故百里奚乞食于道路，缪公委之以政[37]；宁戚饭牛车下，桓公任之以国[38]。此二人者，岂素宦于朝，借誉于左右，然后二主用之哉！感于心，合于行，坚如胶漆，昆弟不能离，岂惑于众口哉[39]？故偏听生奸，独任成乱。昔鲁听季孙之说逐孔子[40]，宋任子冉之计囚墨翟[41]。夫以孔、墨之辩，不能自免于谗谀，而二国以危。何则？众口铄金，积毁销骨也[42]。秦用戎人由余而伯中国[43]，齐用越人子臧而强威、宣[44]，此二国岂系于俗，牵于世，系奇偏之浮辞哉？公听并观，垂明当世[45]。故意合，则胡、越为兄弟，由余、子臧是矣；不合，则骨肉为仇敌，朱、象、管、蔡是矣[46]。今人主诚能用齐、秦之明，后宋、鲁之听，则五伯不足侔，而三王易为也[47]。

“是以圣王觉寤，捐子之之心，而不说田常之贤[48]，封比干之后，修孕妇之墓[49]，故功业覆于天下。何则？欲善无厌也。夫晋文亲其仇，强伯诸侯；齐桓用其仇，而一匡天下[50]。何则？慈仁殷勤，诚加于心，不可以虚辞借也[51]。至夫秦用商鞅之法，东弱韩、魏，立强天下，卒车裂之；越用大夫种之谋，禽[52]劲吴而伯中国，遂诛其身[53]。是以孙叔敖三去相而不悔，於陵子仲辞三公，为人灌园[54]。今人主诚能去骄傲之心，怀可报之意[55]，披心腹[56]，见情素，堕肝胆[57]，施德厚，终与之穷达，无爱于士[58]，则桀之犬可使吠尧，跖之客可使刺由[59]，何况因万乘之权，假圣王之资乎？然则荆轲湛[60]七族，要离燔妻子[61]，岂足为大王道哉[62]！

“臣闻明月之珠，夜光之璧，以闇[63]投人于道，众莫不按剑相眄者[64]。何则？无因而至前也。蟠木根柢，轮囷离奇[65]，而为万乘器者[66]，以左右先为之容也[67]。故无因而至前，虽出随珠和璧[68]，秖怨结而不见德。有人先游[69]，则枯木朽株，树功而不忘[70]。今夫天下布衣穷居之士，身在贫羸[71]，虽蒙尧、舜之术，挟伊、管之辩[72]，怀龙逢、比干之意[73]，而素无根柢之容，虽竭精神，欲开忠于当世之君，则人主必袭按剑相眄之迹矣。是使布衣之士,不得为枯木朽株之资也[74]。

"是以圣王制世御俗,独化于陶钧之上[75],而不牵乎卑乱之语,不夺乎众多之口。故秦皇帝任中庶子蒙嘉之言以信荆轲,而匕首窃发[76];周文王猎泾渭,载吕尚归,以王天下[77]。秦信左右而亡,周用乌集而王[78]。何则?以其能越挛拘之语,驰域外之议,独观乎昭旷之道也[79]。今人主沉谄谀之辞,牵帷廧[80]之制[81],使不羁之士,与牛骥同皁[82]。此鲍焦所以愤于世也[83]。

"臣闻盛饰入朝者,不以私汙义;底[84]厉[85]名号者,不以利伤行。故里名'胜母',曾子不入[86];邑号'朝歌',墨子回车[87]。今欲使天下寥廓之士[88],笼于威重之权,胁于位势之贵,回面污行,以事谄谀之人,而求亲近于左右,则士有伏死堀[89]穴岩薮之中耳,安有尽忠信而趋阙下者哉[90]!"

【注释】

①邹阳,齐人。

②梁孝王,景帝少弟。

③介,间厕也。胜、诡皆孝王客。

④恶,谓谗毁也。

⑤"忠"、"信"二字,一篇关键。

⑥起便跌宕。

⑦荆轲为燕太子丹西刺秦王,精诚格天,白虹为之贯日。白虹,兵象,日为君,为荆轲表可克之兆。太子尚畏而不信也。

⑧白起为秦伐赵,破长平军,欲遂灭赵,遣卫先生说昭王益兵粮。其精诚上达于天,太白为之食昴。太白,天之将军。昴,赵分也,将有兵,故太白食昴。昭王尚疑而不信也。

⑨变,动也。谕,晓也。

⑩尽其计议,愿王知之。

⑪言左右不明,不欲斥王也。讯,鞠问也。

⑫楚卞和得玉璞,献之武王,王示玉人,曰:"石也。"刖其右足。武王没,复献文王,玉人复曰:"石也。"刖其左足。至成王时,抱其璞哭于郊。乃使玉人攻之,果得宝玉。

⑬秦始皇以李斯为丞相,始皇崩,二世胡亥立,杀李斯,具五刑。

⑭纣淫乱不止,箕子阳狂为奴。接舆,楚贤人,阳狂避世。

⑮比干强谏,纣怒曰:"吾闻圣人心有七窍。"遂剖比干观其心。子胥自刎,吴王夫差取马革为鸱夷形,盛子胥尸,投之江。

⑯以上自谓忠而获罪,信而见疑,故引荆轲、卫先生之事明之,又引玉人、李斯、比干、子胥足其意,是为第一段。

⑰白头,初相识至头白也。倾盖者,道行相遇,驻车对语,两盖相交,小敧之义也。

⑱提出"知"字,开下文之论端。

⑲於期为秦将,被谗,走之燕,始皇灭其家,又重购之。会燕太子丹遣荆轲欲刺秦王,无以为藉,於期自刎首,令荆轲赍往。

⑳王奢,齐臣也,亡至魏,其后齐伐魏,奢登城谓齐将曰:"今君之来,不过以奢故也,义不苟生,以为魏累。"遂自刭。

㉑是为真知。

㉒苏秦说齐宣王，使还燕十城，又令闵王厚葬以弊齐，终死于燕，是苏秦不出其信于天下，于燕则为尾生之信也。尾生，古之信士，守志亡躯，故以为喻。

㉓白圭为中山将，亡六城，君欲杀之，亡入魏，文侯厚遇之，还拔中山。

㉔应醒“知”字。

㉕反食苏秦以异味。駃騠，骏马名。

㉖拔中山而尊显。

㉗反赐白圭以奇珍。　　又申说一遍。

㉘以上思其见疑获罪之由，皆因于知与不知，故历引王奢、樊於期、苏秦、白圭证之。是为第二段。

㉙承上起下。

㉚司马喜，六国时人。膑，刖刑，去膝盖骨。

㉛范雎，魏人，魏相魏齐疑其以国阴事告齐，乃掠笞數百，拉胁折齿。后入秦为相，封为应侯。拉，亦折也。

㉜画，计也。

㉝以之自况。

㉞申徒狄，殷末人，自沉于雍州之河。

㉟徐衍，周末人，负石自投于海。

㊱虽不见容，终不苟且朋党于朝，以感动主上之心。

㊲百里奚闻秦缪公贤，欲往干之，乏资，乞食以自致。

㊳宁戚为人饭牛车下，扣牛角而歌，齐桓公闻之，举以为相。

㊴又将相知意结，下复就嫉妒深一层说。

㊵齐人归女乐，季桓子受之，三日不朝，孔子行。

㊶子冉，子罕也。

㊷美金见毁，众共疑之，数被烧炼，以致销铄。谗佞之人，肆其诈巧，离散骨肉，而不觉知。　偏听独任，痛心千古。

㊸秦穆公求士，西取由余于戎。

㊹齐任子臧，威、宣二王所以强盛。

㊺公听并观，与上“偏听独任”相反。

㊻朱，丹朱，尧子。象，舜弟。管、蔡，管叔、蔡叔。　　上无朱、象、管、蔡，忽然插入，古文奇恣不拘如此。

㊼以上思其不见知之由，在于无朋党之私，被谗佞之口，故引司马喜、范雎、申徒狄、徐衍四人，为无朋党之证，引齐、秦、宋、鲁四君，为信谗不信谗之证。是为第三段。

㊽燕王哙欲禅国于其相子之，国乃大乱。田常，陈恒也，齐简公悦之，而被弑。

㊾武王克商，反其故政，乃封修之。孕妇，纣刳妊者，观其胎。

㊿寺人披为晋献公逐文公，斩其袪，后文公即位，用其言以免吕、郤之难。管仲射中桓公带钩，而用为相。

(51)桓、文欲善无厌。

(52)禽，同“擒”。

(53)秦孝公用卫鞅，封为商君，后犯罪以车裂之。越王句践用文种，败吴王夫差，后被谗赐死。

秦、越待士，有始无终，不能欲善无厌也。

㊾孙叔敖三为楚相，三去之而不怨悔。楚王闻陈仲子贤，欲以为相，仲子夫妻相与逃而为人灌园。　恐始荣而终败也。

㊿士有功可报者思必报。

56披，开也。

57堕，落也。

58待士有终，与之穷达如一，无所吝惜于士也。

59跖，盗跖。由，许由。此言被人以恩，则用命也。

60湛，同“沉”。

61荆轲为燕刺秦王，不成而死，其族坐之。湛，没也。吴王阖闾欲杀王子庆忌，要离诈以罪亡，令吴王燔其妻子，要离走见庆忌，以剑刺之。

62言士皆乐为之用也。　以上思其朋党得援，谗佞得行，皆因于人主之不能欲善无厌，故历引桓、文、秦、越反复明之。是为第四段。

63闇，同“暗”。

64眄，目偏合也。

65蟠木，屈曲之木也。柢，根下本也。轮囷离奇，委曲盘戾也。

66万乘器，天子车舆之属。

67容，谓雕刻加饰。　突出奇喻，振起一篇精神。

68随珠、和璧，随侯珠、和氏璧。

69游，谓进纳之也。

70复说一遍，更有味。

71贫羸，衣食不充而羸瘦也。

72伊、管，伊尹、管仲。

73龙逢，亦纣忠臣。　激昂自负语。

74怀才不遇，有此愤激。

75陶家名模下圆转者为钧，盖云周回调钧耳。言圣王制驭天下，亦犹陶人转钧也。

76荆轲至秦，厚遗秦王宠臣中庶子蒙嘉，为先言于秦王，秦王见之，献督亢之地图，图穷而匕首见。

77西伯出，遇吕尚于渭之阳，与语，大悦，因载归。

78太公非旧人，若乌鸟之暴集。

79单顶“用乌集而王”说。

80廧，同“墙”。

81言为臣妾侍帷墙者所牵制。

82不羁，言才识高远，不可羁系也。皁，食牛马器。

83鲍焦，周之介士，怨时之不用己，采疏于道，抱木而死。　此段言人君待士，不可信左右之人。

84底，同“砥”。

85厉，同“砺”。

86胜母，不孝。

87朝歌，不时。

⑧寥廓，空大也。

⑧堀，同“窟。”

⑨应起“忠”、“信”二字。　　此段言士之自处，不肯附左右之人。　　以上言世主必欲左右先容，而贤者宁有伏死岩穴，以自明其志。是为第五段。

此书词多偶俪，意多重复，盖情至窘迫，呜咽涕洟，故反复引喻，不能自已耳。其间段落虽多，其实不过五大段文字。每一援引一结束，即以“是以”字、“故”字接下。断而不断，一气呵成。

司马相如上书谏猎

相如从上至长杨猎①，是时天子②方好自击熊豕，驰逐壄③兽。相如因上疏谏曰：

“臣闻物有同类而殊能者④，故力称乌获，捷言庆忌，勇期贲、育⑤。臣之愚，窃以为人诚有之，兽亦宜然⑥。今陛下好陵阻险，射猛兽，卒然遇逸材之兽，骇不存之地，犯属车之清尘⑦，舆不及还辕，人不暇施巧，虽有乌获、逢蒙之技不得用，枯木朽株尽为难矣⑧。是胡越起于毂下，而羌夷接轸也，岂不殆哉⑨！

“虽万全而无患，然本非天子之所宜近也⑩。且夫清道而后行，中路而驰，犹时有衔橛之变⑪。况乎涉丰草，骋邱墟⑫，前有利兽之乐，而内无存变之意⑬，其为害也不亦难矣⑭！夫轻万乘之重，不以为安乐，出万有一危之涂以为娱，臣窃为陛下不取⑮。

“盖明者远见于未萌，而知者避危于无形，祸⑯固多藏于隐微，而发于人之所忽者也⑰。故鄙谚曰：‘家累⑱千金，坐不垂堂⑲。’此言虽小，可以喻大⑳。臣愿陛下留意幸察。”

【注释】

①长杨，长杨宫也。

②天子，武帝。

③壄，同“野”。

④兼人兽说。

⑤乌获，秦武王力士。庆忌，吴王僚子，阖闾尝以马逐之江上，而不能及。贲，孟贲，古之勇士，水行不避蛟龙，陆行不避狼虎。育，夏育，亦勇士。

⑥从猛士引出猛兽。

⑦逸材，过于众也。不存，不可得而安存也。属车，从车。言犯清尘，不敢指斥之也。“卒然”二字，伏下“不及”、“不暇”、“不得用”等字。

⑧枯木朽株，阻险中塞道之物。　　危言悚听。

⑨轸，车后横木。起毂接轸，有如寇敌，喻祸之不远。　　此段以祸恐之。

⑩一折落下。

⑪衔，马勒衔也。橛，车钩心也。衔橛之变，言马衔或断，钩心或出，则致倾败以伤人也。

⑫丰，茂也。骋，驰也。

⑬利，犹贪也。变，即衔橛之变。

⑭此段以理喻之。

⑮结“清道后行”一段。

⑯旤，同“祸”。

⑰结“卒然遇兽”一段。

⑱絫，同“累”。

⑲惧瓦堕而伤之。言富人之子，则自爱深也。

⑳一喻更醒。

“卒然遇兽”一段，写兽之骇发。“清道后行”一段，写人之不意。末复反复申明之，悚然可畏之中，复委婉易听。武帝所以善之也。

李陵答苏武书

子卿[1]足下：勤宣令德，策名清时，荣问休畅，幸甚幸甚[2]！远托异国，昔人所悲，望风怀想，能不依依[3]。昔者不遗，远辱还答[4]，慰诲勤勤，有逾骨肉，陵虽不敏，能不慨然[5]！

自从初降，以至今日，身之穷困，独坐愁苦，终日无睹，但见异类，韦韝毳幕，以御风雨[6]，膻肉酪浆，以充饥渴[7]，举目言笑，谁与为欢？胡地玄冰，边土惨裂[8]，但闻悲风萧条之声。凉秋九月，塞外草衰，夜不能寐，侧耳远听，胡笳互动[9]，牧马悲鸣，吟啸成群，边声四起[10]。晨坐听之，不觉泪下。嗟乎，子卿！陵独何心，能不悲哉[11]！

与子别后，益复无聊，上念老母，临年被戮，妻子无辜，并为鲸鲵[12]。身负国恩，为世所悲。子归受荣，我留受辱，命也何如[13]！身出礼义之乡，而入无知之俗，违弃君亲之恩，长为蛮夷之域，伤已！令先君之嗣[14]，更成戎狄之族，又自悲矣[15]。功大罪小，不蒙明察，孤负陵心区区之意[16]。每一念至，忽然忘生。陵不难刺心以自明，刎颈以见志[17]，顾国家于我已矣[18]，杀身无益，适足增羞，故每攘臂忍辱[19]，辄复苟活[20]。左右之人[21]，见陵如此，以为不入耳之欢，来相劝勉。异方之乐，只令人悲，增忉怛耳[22]！

嗟乎，子卿！人之相知，贵相知心。前书仓卒，未尽所怀，故复略而言之[23]。昔先帝授陵步卒五千，出征绝域[24]。五将失道，陵独遇战[25]，而裹万里之粮，帅徒步之师，出天汉之外[26]，入强胡之域，以五千之众，对十万之军，策疲乏之兵，当新羁之马[27]。然犹斩将搴旗，追奔逐北[28]，灭迹扫尘，斩其枭帅[29]，使三军之士，视死如归。陵也不才，希当大任，意谓此时功难堪矣[30]。匈奴既败，举国兴师，更练精兵，强逾十万，单于临阵，亲自合围[31]。客主之形，既不相如[32]，步马之势，又甚悬绝[33]。疲兵再战，一以当千，然犹扶乘创痛，决命争首[34]。死伤积野，余不满百，而皆扶病，不任

干戈。然陵振臂一呼，创病皆起，举刃指虏，胡马奔走。兵尽矢穷，人无尺铁，犹复徒首奋呼，争为先登[35]。当此时也，天地为陵震怒，战士为陵饮血[36]。单于谓陵不可复得，便欲引还[37]，而贼臣教之，遂使复战[38]，故陵不免耳[39]。昔高皇帝以三十万众，困于平城，当此之时，猛将如云，谋臣如雨，然犹七日不食，仅乃得免，况当陵者，岂易为力哉[40]！而执事者云云，苟怨陵以不死[41]。然陵不死，罪也[42]。子卿视陵，岂偷生之士而惜死之人哉？宁有背君亲、捐妻子而反为利者乎[43]？然陵不死，有所为也。故欲如前书之言，报恩于国主耳[44]！诚以虚死不如立节，灭名不如报德也。昔范蠡不殉会稽之耻，曹沫不死三败之辱，卒复句践之仇，报鲁国之羞，区区之心，窃慕此耳[45]！何图志未立而怨已成，计未从而骨肉受刑，此陵所以仰天椎心而泣血也[46]。

足下又云："汉与功臣不薄。"子为汉臣，安得不云尔乎[47]？昔萧、樊囚絷[48]，韩、彭菹醢[49]，晁错受戮[50]，周、魏见辜[51]。其余佐命立功之士，贾谊、亚夫之徒，皆信命世之才，抱将相之具，而受小人之谗，并受祸败之辱，卒使怀才受谤，能不得展。彼二子之遐举，谁不为之痛心哉[52]！陵先将军功略盖天地，义勇冠三军，徒失贵臣之意，刭身绝域之表，此功臣义士所以负戟而长叹者也，何谓不薄哉[53]！且足下昔以单车之使，适万乘之虏，遭时不遇，至于伏剑不顾，流离辛苦，几死朔北之野[54]。丁年奉使，皓首而归[55]，老母终堂，生妻去帷[56]，此天下所希闻，古今所未有也[57]。蛮貊之人，尚犹嘉子之节，况为天下之主乎[58]？陵谓足下当享茅土之荐，受千乘之赏[59]。闻子之归，赐不过二百万，位不过典属国[60]，无尺土之封加子之勤[61]。而妨功害能之臣，尽为万户侯；亲戚贪佞之类，悉为廊庙宰。子尚如此，陵复何望哉！且汉厚诛陵以不死，薄赏子以守节，欲使远听之臣[62]望风驰命[63]，此实难矣！所以每顾而不悔者也[64]。陵虽孤恩，汉亦负德[65]。昔人有言："虽忠不烈，视死如归[66]。"陵诚能安，而主岂复能眷眷乎[67]？男儿生以不成名，死则葬蛮夷中，谁复能屈身稽颡，还向北阙，使刀笔之吏弄其文墨耶[68]？愿足下勿复望陵[69]。

嗟乎！子卿，夫复何言！相去万里，人绝路殊，生为别世之人，死为异域之鬼，长与足下生死辞矣[70]。幸谢故人，勉事圣君[71]。足下胤子无恙，勿以为念[72]。努力自爱，时因北风，复惠德音[73]。李陵顿首。

【注释】

①子卿，苏武字。

②策，立也。荣问，令闻也。休，美。畅，通也。　先劳子卿。

③望风，远望也。依依，愁思也。

④遗，忘也。陵前与武书，武有还答。

⑤次谢遗书。

⑥韦，皮也。韝，衣袖。毳，毡也。幕，帐也。

⑦膻，羊臭。酪，乳浆。

⑧玄冰，冰厚色玄也。惨裂，寒之甚也。

⑨笳，笛类，胡人吹之为曲。

⑩边声，即笳曲，马鸣之属。

⑪次写自初降至今日，景况之甚惨。

⑫武帝以陵降匈奴，杀其母妻。临年，临老之年也。鲸鲵，鱼名。《左传》："取其鲸鲵而封之，以为大戮。"

⑬顿挫。

⑭先君，谓其父当户，即广之子。

⑮次写无数冤毒在心。

⑯功，谓战功。罪，谓降虏。不蒙明察，谓诛及全家。陵心区区之意，即下所云，欲'报恩于国主'是也。

⑰不难自杀，以表昔日之降非畏死。

⑱顾，念也。全家被诛，国家与我恩义已绝。

⑲攘，奋也。

⑳次明不自引决之故。

㉑陵之左右。

㉒不入耳之欢，谓富贵之乐。怛怛，内悲也。　次写忽忽之状，非人所能解劝。

㉓自此以下，重述战败降胡之事。

㉔先帝，谓武帝也，作书是昭帝时。绝域，远国也。

㉕五将，谓军将有五。与陵相期不至，故称失道。陵独遇匈奴，与之合战。

㉖天汉，武帝年号。言师出正朔所加之外，见其远耳。

㉗羁，马络头也。

㉘搴，拔取也。师败曰北。

㉙杀敌之易，如灭行迹，扫尘埃。枭帅，勇将也。

㉚堪，胜也。言此时功大，不可胜比。　此段叙战胜之功，下段叙败北之故。

㉛单于，匈奴号。

㉜陵为客，匈奴为主。

㉝陵步卒，匈奴马骑。

㉞创，伤也。以少敌众，见伤者多，然士卒用命，皆扶其创，乘其痛，争为先首而战也。

㉟徒，空也。　忠勇之气凛凛。

㊱血，泪也。　精诚有以格天人。

㊲恐汉有伏兵。

㊳贼臣，管敢也。先亡入匈奴，至是告匈奴以汉无伏兵。

㊴只一句说败降，极蕴藉。　以上两段极力铺叙，以见功大罪小。

㊵高祖自将击韩王信，遂至平城，为匈奴所围，七日不得食，用陈平密计，始得免。　引高帝，正是自写处。

㊶执事，汉朝执事之人也。云云，谓多言也，言皆责陵以不死而降。

㊷顿挫。

㊸慷慨悲歌，如闻变徵之声。

㊹陵前与苏子卿书云："若将不死，功成事立，则将上报厚恩，下显祖考。"

㊺范蠡，越之贤也。殉，死也。吴败越，越王句践走于会稽，后七年，用范蠡计，遂破吴，是复句践之仇也。曹沫，鲁将，与齐三战三败，失其境土，后鲁与齐盟，曹沫以匕首劫桓公于坛

上，曰：“反所侵地。”桓公许之。是报鲁国之羞也。陵遂心慕此，欲为汉报功。

㊻以上申“不蒙明察，孤负陵心区区之意”二句。

㊼武为汉臣，何得不云如此？其实薄也。　　跌一句，妙。

㊽萧何为民请上林苑，高祖怒，下廷尉，械系之。高祖病，有人恶樊哙党于吕氏，欲尽诛戚氏、赵王如意之属，高祖大怒，乃使陈平载绛侯代将，执哙诣长安。

㊾陈豨反，韩信在长安，欲应之，事觉，吕氏使武士缚信，斩于长乐钟室。彭越反，高祖赦之，迁处蜀道，吕后白上曰：“徙蜀自遗患，不如诛之。”遂夷三族。菹醢，肉酱。

㊿晁错患诸侯强大，请削其地，七国反，遂诛错。

(51)周勃免相就国，人有上书告勃欲反，下廷尉捕治之。魏其侯窦婴坐灌夫骂丞相田蚡不敬，论弃市。

(52)文帝欲以贾谊任公卿之位，绛、灌、冯敬之属尽害之，于是天子疏之不用，后出为长沙王太傅。梁孝王与周亚夫有隙，孝王每朝，常言其短，后谢病免相，以事下狱，呕血而死。是不展周、贾二子远举之才，谁不为之痛心哉！　　讲“薄”字第一层。

(53)先将军，谓李广也。贵臣，谓卫青也。大将军卫青击匈奴，广为前将军，青自部精兵，而令广出东道，东道回远，迷惑失道，大将军因问失道状，广遂引刀自刭。　　讲“薄”字第二层。

(54)武奉使入匈奴，卫律欲武降，武谓屈节辱命，虽生，何面目以归汉，引佩刀以自刺。卫律惊，自抱持武，武气绝半日复息，乃徙武北海上无人处。

(55)丁年，谓丁壮之年也。武留匈奴凡十九岁，始以强壮出，及还，须发尽白。

(56)武奉使既久，母死，妻嫁也。

(57)一折。

(58)二折。

(59)茅土、千乘，皆谓封诸侯之事。　　三折。

(60)武自匈奴还，赐钱二百万，今之二千贯，拜为典属国，秩中二千石。

(61)勤，劳也。

(62)听，闻也。

(63)谓归于汉。

(64)讲“薄”字第三层。

(65)孤，负也。力屈而降，则孤恩。汉诛陵家，亦负德。　　二句，收上起下。

(66)忠于君者，虽不激烈，亦不爱死。

(67)陵诚能安于死而不孤恩，汉岂能眷眷念陵而不负德？

(68)刀笔之吏，狱吏也。

(69)勿复望陵归于汉。

(70)伤心悲绝。

(71)指霍光、上官桀。

(72)武在匈奴，娶胡妇，生子名通国。

(73)望后书也。

天汉二年，陵率步卒五千人出塞，与单于战，力屈乃降。匈奴中与苏武相见。武得归，为书与陵，令归汉。陵作此书答之，一以自白心事，一以咎汉负功。文情感愤壮烈，几于动风雨而泣鬼神，除少卿自己，更无余人可以代作，苏

子瞻谓齐梁小儿为之，未免大言欺人。

路温舒尚德缓刑书

昭帝崩，昌邑王贺废，宣帝初即位[①]。路温舒[②]上书，言宜尚德缓刑。其辞曰：

“臣闻齐有无知之祸而桓公以兴[③]，晋有骊姬之难而文公用伯[④]，近世赵王不终，诸吕作乱，而孝文为太宗[⑤]。由是观之，祸乱之作，将以开圣人也[⑥]。故桓、文扶微兴坏，尊文、武之业，泽加百姓，功润诸侯，虽不及三王，天下归仁焉[⑦]。文帝永思至德，以承天心，崇仁义，省刑罚，通关梁，一远近，敬贤如大宾，爱民如赤子，内恕情之所安而施之于海内[⑧]，是以囹圄空虚[⑨]，天下太平[⑩]。夫继变化之后，必有异旧之恩，此贤圣所以昭天命也[⑪]。往者昭帝即世而无嗣，大臣忧戚，焦心合谋，皆以昌邑尊亲，援而立之。然天不授命，淫乱其心，遂以自亡。深察祸变之故，乃皇天之所以开至圣也[⑫]。故大将军[⑬]受命武帝，股肱汉国，披肝胆[⑭]，决大计，黜亡义[⑮]，立有德[⑯]，辅天而行，然后宗庙以安，天下咸宁。

“臣闻《春秋》正即位，大一统而慎始也[⑰]。陛下初登至尊，与天合符，宜改前世之失，正始受命之统，涤烦文，除民疾，存亡继绝，以应天意[⑱]。臣闻秦有十失，其一尚存，治狱之吏是也[⑲]。秦之时，羞文学[⑳]，好武勇[㉑]，贱仁义之士[㉒]，贵治狱之吏[㉓]，正言者谓之诽谤[㉔]，遏过者谓之妖言[㉕]，故盛服先王不用于世[㉖]，忠良切言皆郁于胸[㉗]，誉谀之声日满于耳[㉘]，虚美熏心，实祸蔽塞[㉙]。此乃秦之所以亡天下也[㉚]。

“方今天下，赖陛下恩厚，亡金革之危、饥寒之患，父子夫妻戮力安家[㉛]。然太平未洽者，狱乱之也[㉜]。夫狱者，天下之大命也[㉝]。死者不可复生，绝者不可复属，《书》曰：‘与其杀不辜，宁失不经[㉞]。’今治狱吏则不然，上下相驱[㉟]，以刻为明，深者获公名，平者多后患。故治狱之吏，皆欲人死，非憎人也，自安之道，在人之死[㊱]。是以死人之血，流离于市；被刑之徒，比肩而立；大辟之计，岁以万数。此仁圣之所以伤也。太平之未洽，凡以此也[㊲]。夫人情安则乐生，痛则思死，棰楚之下，何求而不得[㊳]？故囚人不胜痛，则饰辞以视[㊴]之[㊵]；吏治者利其然，则指道以明之[㊶]。上奏畏却，则锻练而周内[㊷]之[㊸]，盖奏当之成[㊹]，虽咎繇[㊺]听之，犹以为死有余辜，何则？成练者众，文致之罪明也[㊻]。是以狱吏专为深刻，残贼而亡极，婾为一切[㊼]，不顾国患，此世之大贼也。故俗语曰：‘画地为狱议不入，刻木为吏期不对[㊽]。’此皆疾吏之风，悲痛之辞也。故天下之患，莫深于狱，败法乱正，离亲塞道，莫甚乎治狱之吏，此所谓一尚存者也[㊾]。

“臣闻乌鸢之卵不毁，而后凤皇集；诽谤之罪不诛，而后良言进。故古人有言：‘山薮藏疾，川泽纳污，瑾瑜匿恶，国君含诟[㊿]。’唯陛下除诽谤以招切言，开天下之口，广箴谏之路，扫亡秦之失，尊文武之德，省法制，宽刑罚，以废治狱，则太平之风可兴于世，永履和乐，与天亡极[51]。天下幸甚。”上善其言。

【注释】

①昭帝崩，无嗣，迎昌邑王贺为嗣。既至即位，行淫乱，大将军霍光率群臣白太后废之。迎

武帝曾孙病已，嗣昭帝后，是为宣帝。
②路温舒，巨鹿人，守廷尉史。
③齐襄公无道，公子小白奔莒，子纠奔鲁。及公孙无知弑襄公，小白自莒先入，得立，是为桓公。
④晋献公伐骊戎，得骊姬，爱幸之。姬谮三公子，申生自杀，重耳、夷吾出奔。后重耳入晋为文公。
⑤高祖宠戚姬，生如意，封为赵王。帝崩，惠帝立，吕太后鸩杀赵王。及惠帝崩，吕太后临朝，诸吕专权，欲危刘氏。诸大臣谋共诛之，迎立代王，是为孝文帝，庙号太宗。
⑥此句为下"昭天命"、"开至圣"张本。
⑦承上说桓、文。
⑧恕情，谓推己之心。
⑨囹圄，狱名。
⑩承上说文帝。
⑪再下一断，虚引"尚德缓刑"之旨。
⑫应上"将以开圣人"意。
⑬大将军，霍光。
⑭披，开也。
⑮废昌邑。
⑯立宣帝。
⑰立宣帝。
⑱主意要宣帝缓刑，缓刑即尚德也。以上却不直说，只反复极写兴废之际，以深动之。
⑲此句方入正意。
⑳一失。
㉑二失。
㉒三失。
㉓四失。
㉔五失。
㉕六失。
㉖盛服，竭力以佩服也。　　七失。
㉗八失。
㉘九失。
㉙十失。
㉚结过秦。
㉛戮力，并力也。
㉜一阖。
㉝一开。
㉞辜，罪也。经，常也。谓法可以杀，可以无杀，杀之则恐陷于非辜，不杀之，恐失于轻纵。然与其杀之而害彼之生，宁姑全之而自受失刑之责。
㉟驱，逐也。
㊱惨痛之音。

㊲又束应前。

㊳榜楚，以杖鞭扑也。

㊴视，同“示”。

㊵饰，假也。视，告也。

㊶狱吏利其假辞以相告，为指引道理，以明其罪之实。

㊷内，同“纳”。

㊸却，退也。畏为上所却退，则精熟周悉，致之法中。　三句尽酷吏折狱之情。

㊹奏当，谓处当其罪，而上奏也。

㊺咎繇，同“皋陶”。

㊻成练，谓成其锻练之辞。文致，文饰而致人罪也。　可见酷吏爰书，不可为据。

㊼婾，苟且也。一切，权时也。

㊽画狱木吏，尚不入对，况真实乎？议，拟也。期，必也。

㊾应前文作一大束。下更推开一步，是上书主意。

㊿四句出《左传》，晋大夫伯宗之言。薮，大泽也。疾，毒害之物。瑾、瑜，美玉也。恶，玉瑕。垢，耻病也。

(51)首尾以“天”字应。

论者谓宣帝好刑名之学，温舒此疏切中其病，非也。是时宣帝初立，未有施行。盖自武帝后，法益烦苛。宣帝即位，温舒冀一扫除之，故发此论。其言深切悲痛，宣帝亦为之感悟。

杨恽报孙会宗书

恽既失爵位家居[1]，治产业，起室宅，以财自娱。岁余，其友人安定太守西河孙会宗，知略士也，与恽书谏戒之。为言大臣废退，当阖门惶惧，为可怜之意，不当治产业，通宾客，有称誉。恽宰相子[2]，少显朝廷，一朝晻昧，语言见废，内怀不服，报会宗书曰：

“恽材朽行秽，文质无所底[3]，幸赖先人[4]余业，得备宿卫[5]，遭遇时变，以获爵位[6]，终非其任，卒与祸会[7]。足下哀其愚，蒙赐书教督以所不及，殷勤甚厚[8]。然窃恨足下不深推其终始，而猥随俗之毁誉也[9]。言鄙陋之愚心，若逆指而文过[10]，默而息乎，恐违孔氏‘各言尔志’之义，故敢略陈其愚，唯君子察焉[11]。

“恽家方隆盛时，乘朱轮者十人[12]，位在列卿，爵为通侯，总领从官，与闻政事。曾不能以此时有所建明，以宣德化，又不能与群僚同心并力，陪辅朝廷之遗忘[13]，已负窃位素餐之责久矣[14]。怀禄贪势，不能自退，遭遇变故，横被口语[15]，身幽北阙，妻子满狱[16]。当此之时，自以夷灭不足以塞责[17]，岂意得全首领，复奉先人之邱墓乎[18]？伏惟圣主之恩，不可胜量。君子游道，乐以忘忧[19]；小人全躯，说以忘罪[20]。窃自私念，过已大矣，行已亏矣，长为农夫，以没世矣[21]。是故身率妻子，戮力耕桑，灌园治产，以给公上[22]，不意当复用此为讥议也[23]。

“夫人情所不能止者，圣人弗禁[24]。故君父至尊亲，送其终也，有时而既[25]。臣之得罪，已三年矣[26]。田家作苦，岁时伏腊，烹羊炰羔，斗酒自劳。家本秦也，能为秦声，妇赵女也，雅善鼓瑟，奴婢歌者数人，酒后耳热，仰天拊缶，而呼乌乌[27]。其诗曰：‘田彼南山，芜秽不治[28]；种一顷豆，落而为萁[29]。人生行乐耳，须富贵何时[30]？’是日也，拂衣而喜，奋袖低昂，顿足起舞，诚淫荒无度，不知其不可也[31]。恽幸有余禄，方籴贱贩贵，逐什一之利，此贾竖之事，汙辱之处，恽亲行之。下流之人，众毁所归，不寒而栗[32]。虽雅知恽者，犹随风而靡，尚何称誉之有[33]？董生不云乎：‘明明求仁义，常恐不能化民者，卿大夫意也；明明求财利，尚恐困乏者，庶人之事也[34]。’故道不同，不相为谋[35]。今子尚安得以卿大夫之制而责仆哉[36]？

“夫西河魏土[37]，文侯所兴，有段干木、田子方[38]之遗风，漂然皆有节概，知去就之分[39]。顷者，足下离旧土，临安定。安定山谷之间，昆戎旧壤，子弟贪鄙，岂习俗之移人哉？于今乃睹子之志矣[40]。方当盛汉之隆，愿勉旃，毋多谈[41]。”

【注释】

①杨恽，华阴人。与太仆戴长乐相忤，坐事，免为庶人。

②父敞为丞相。

③底，致也。

④先人，父敞。

⑤宿卫，常侍散骑官。

⑥霍氏谋反，恽先闻知。霍氏伏诛，恽封为平通侯。

⑦谓见废也。

⑧先谢赐书。

⑨猥，犹曲也。

⑩逆会宗之指，而自文饰其过。

⑪入报书意。

⑫朱轮，以丹漆涂车毂。二千石皆得乘朱轮。

⑬遗忘，缺失也。

⑭顿宕。

⑮口语，即戴长乐所告也。

⑯恽禁在北阙，不在常禁之所。　自叙始末，俱含牢骚之意。

⑰又顿宕。

⑱此非幸语，正自恨语。

⑲宾。

⑳主。

㉑连用三“矣”字，情词慷慨。

㉒给君上之赋税，以免官为庶人故也。

㉓不意会宗以此为讥谤之议。　一束。

㉔转笔会全神。

㉕终，没也。既，尽也。臣子送君父之终，丧不过三年，其哀有时而尽。　起下句。

㉖今我得罪已三年，惶惧之怀，亦可以少杀也。

㉗缶，瓦器也，秦人击之以节歌。李斯上书曰："击瓮扣缶，而呼乌乌快耳者，真秦声也。" 激骚之音，短歌促节。

㉘喻朝廷荒乱也。

㉙喻贤人放弃也。萁，豆茎。

㉚须，待也。言国既无道，但当行乐，欲待富贵职位，亦何时也。　含讥带诮，恽之得祸在此。

㉛满纸不可人意。

㉜栗，竦缩也。

㉝明明讥刺会宗。

㉞此董仲舒对策文。

㉟大夫、庶人，道不同也，我亦与子殊矣。

㊱纯是怨望。

㊲西河，会宗所居。

㊳段干木、田子方，俱魏贤人。

㊴漂然，高远意。

㊵言子岂随安定贪鄙之俗而易其操乎？今乃见子之志与我不同也。　何谩骂至此。

㊶旃，之也。　结语愤绝。　后有日蚀之变，人告恽"骄奢，不悔过，日蚀之咎，此人所致"。下廷尉按验，又得与会宗书，宣帝恶之，廷尉议恽大逆无道，腰斩。

恽，太史公外孙，其报会宗书，宛然外祖答任安书风致。辞气怨激，竟遭惨祸。宣帝处恽，不以戴长乐所告事，而以报会宗一书，异哉，帝之失刑也！

东汉文

光武帝临淄劳耿弇

车驾至临淄，自劳军，群臣大会[①]。帝谓弇曰："昔韩信破历下以开基，今将军攻祝阿以发迹，此皆齐之西界，功足相方[②]。而韩信袭击已降，将军独拔勍敌，其功乃难于信也[③]。又田横烹郦生，及田横降，高帝诏卫尉不听为仇[④]。张步前亦杀伏隆，若步来归命，吾当诏大司徒释其怨[⑤]，又事尤相类也[⑥]。将军前在南阳，建此大策，常以为落落难合，有志者，事竟成也[⑦]。"

【注释】

①是时张步屯祝阿，弇击拔之，进攻临淄，又拔之。

②齐田广屯历下，今历城县。祝阿故城在长清县，俱属济南府。　天然吻合。

③田横立兄子广为齐王，而横相之。汉王使郦食其说下齐王广及其相国横，横以为然，解其

历下军，韩信用蒯彻计袭破之。　　特为表章。

④田横以郦生卖己烹之。卫尉，郦生弟商也。高帝诏之曰："齐王田横即至，人马从者敢动摇者，致族夷。"

⑤帝使伏隆拜步为东海太守，刘永亦遣使立步为齐王。步欲留隆，隆不听，求得反命，步遂杀之。大司徒，伏隆父湛也。

⑥"其功乃难于信也"下，可直接"将军前在南阳，建此大策"句矣，偏又横插入此一段，妙绝。

⑦先是弇从帝幸春陵，自请北收上谷兵，定彭宠于渔阳，取张丰于涿郡，还收富平、获索，东攻张步，以平齐地，帝壮其意，许之。落落难合，谓疏阔而不易副也。　　天下无难成之事，特患人之无志耳。"有志竟成"一语，大堪砥砺英雄。

前一段，表弇之功，末一段，佳弇之志。中间将自己处张步与高帝处田横比方一番，以动步归诚之意。英主作用，全在此数语。

马援诫兄子严敦书

援兄子严、敦并喜讥议，而通轻侠客。援前在交趾[①]，还书诫之曰："吾欲汝曹闻人过失[②]，如闻父母之名，耳可得闻，口不可得言也[③]。好议论人长短，妄是非正法，此吾所大恶也，宁死不愿闻子孙有此行也[④]。汝曹知吾恶之甚矣[⑤]！所以复言者，施衿结缡，申父母之戒，欲使汝曹不忘之耳[⑥]。龙伯高[⑦]敦厚周慎[⑧]，口无择言，谦约节俭，廉公有威[⑨]，吾爱之重之，愿汝曹效之。杜季良[⑩]豪侠好义[⑪]，忧人之忧，乐人之乐，清浊无所失[⑫]。父丧致客，数郡毕至[⑬]，吾爱之重之，不愿汝曹效也[⑭]。效伯高不得，犹为谨敕之士，所谓刻鹄不成尚类鹜者也。效季良不得，陷为天下轻薄子，所谓画虎不成反类狗者也[⑮]。讫今季良尚未可知，郡将下车辄切齿，州郡以为言，吾常为寒心，是以不愿子孙效也[⑯]。"

【注释】

①帝拜援伏波将军，前击交趾。

②曹，辈也。

③名讳，未经人道破。

④申明上意。

⑤平日常以此相戒。

⑥今又复言之者，犹父母送女，亲为施衿结缡，申其训戒，不惮再三，盖欲使汝曹不遗忘耳。衿，佩带也。缡，佩巾也。　　以上诫其喜讥议。

⑦龙伯高，名述，京兆人，时为山都长。

⑧四字总。

⑨敦厚周慎如此。

⑩杜季良，名保，京兆人，时为越骑司马。

⑪四字总。

⑫善恶皆与为交。

⑬豪侠好义如此。

⑭龙、杜之行，并堪爱重，而当效与不当效则有别。

⑮申明上意，设喻更新奇。

⑯又单言季良取祸之道，以重警之。　　以上诫其"通轻侠客"。

戒兄子书，谆谆以黜浮返朴为计，其关系世教不浅。

后汉文

诸葛亮前出师表

臣亮言："先帝创业未半，而中道崩殂[①]。今天下三分[②]，益州疲敝[③]，此诚危急存亡之秋也[④]。然侍卫之臣不懈于内，忠志之士忘身于外者，盖追先帝之殊遇，欲报之于陛下也[⑤]。诚宜开张圣听，以光先帝遗德，恢宏志士之气，不宜妄自菲薄，引喻失义，以塞忠谏之路也[⑥]。宫中府中，俱为一体，陟罚臧否，不宜异同[⑦]。若有作奸犯科[⑧]及为忠善者[⑨]，宜付有司，论其刑赏[⑩]，以昭陛下平明之治[⑪]，不宜偏私，使内外异法也[⑫]。

"侍中、侍郎郭攸之、费祎、董允等[⑬]，此皆良实，志虑忠纯，是以先帝简拔以遗陛下。愚以为宫中之事，事无大小，悉以咨之，然后施行，必能裨补阙漏，有所广益[⑭]。将军向宠[⑮]，性行淑均，晓畅军事，试用于昔日，先帝称之曰'能'，是以众议举宠以为督。愚以为营中之事，事无大小，悉以咨之，必能使行阵和穆，优劣得所也[⑯]。亲贤臣，远小人，此先汉所以兴隆也；亲小人，远贤臣，此后汉所以倾颓也[⑰]。先帝在时，每与臣论此事[⑱]，未尝不叹息痛恨于桓、灵也[⑲]。侍中、尚书[⑳]、长史[㉑]、参军[㉒]，此悉贞亮死节之臣也，愿陛下亲之信之，则汉室之隆，可计日而待也[㉓]。

"臣本布衣，躬耕于南阳[㉔]，苟全性命于乱世，不求闻达于诸侯[㉕]。先帝不以臣卑鄙，猥自枉屈，三顾臣于草庐之中，谘臣以当世之事，由是感激，遂许先帝以驱驰[㉖]。后值倾覆[㉗]，受任于败军之际，奉命于危难之间，尔来二十有一年矣[㉘]。先帝知臣谨慎[㉙]，故临崩寄臣以大事也[㉚]。受命以来，夙夜忧叹，恐托付不效，以伤先帝之明。故五月渡泸，深入不毛[㉛]。今南方已定，兵甲已足，当奖帅三军，北定中原[㉜]，庶竭驽钝，攘除奸凶，兴复汉室，还于旧都[㉝]。此臣之所以报先帝而忠陛下之职分也[㉞]。至于斟酌损益，进尽忠言，则攸之、祎、允之任也[㉟]。愿陛下托臣以讨贼兴复之效，不效则治臣之罪，以告先帝之灵。若无兴德之言，则责攸之、祎、允之咎，以彰其慢[㊱]。陛下亦宜自谋，以咨诹善道，察纳雅言，深追先帝遗诏[㊲]。臣不胜受恩感激！今当远离，临表涕泣，不知所云。"

【注释】

①先帝，汉昭烈帝刘备也。即位才三年而没。　　万难心事，已倾泻此二语。

②三分，蜀、吴、魏。

③益州，蜀也。蜀小兵弱，敌大国，故云疲敝。

④先提明事势。

⑤次叙群情，起下用人。

⑥菲，轻也。言必上法尧舜，高自期许，不当妄自轻薄，引喻浅近，以失大义。　　连说宜与不宜，发起一篇告戒之意。

⑦宫中，禁中也。府中，大将军幕府也。陟，升也。臧否，善恶也。

⑧作奸伪，犯科条。　　否。

⑨臧。

⑩陟罚。

⑪平明，无异同也。

⑫内外，谓宫府。　　宫中亲近，府中疏远，出师进表，著意全在此一段。

⑬郭攸之、费祎，俱为侍中。董允，为黄门侍郎。

⑭此段言宫中之事，宜开张圣听。

⑮向宠为中部督，典宿卫兵，迁中领军。

⑯此段言府中之事，宜开张圣听。　　时宵人伺伏，必有乘孔明远出而蛊惑其君者，故亟亟荐引贤才，布列庶位以防之。

⑰六句承上，作一关锁。

⑱论兴隆、倾颓之事。

⑲东汉桓帝、灵帝，用阉竖败亡。　　后主宠任黄皓，复蹈覆辙，尤可叹恨。

⑳尚书，陈震。

㉑长史，张裔。

㉒参军，蒋琬。

㉓三人皆孔明所进，恐出师后未必用，故又另嘱。缴应“亲贤臣”六句，下乃自叙出处本末。

㉔南阳，郡名。

㉕孔明学问过人处在此。

㉖猥，曲也。南阳邓县西南有诸葛亮宅，是刘备三顾处。　　观其出处不苟，真伊、傅一流人。

㉗献帝建安十三年，曹操败备于当阳长坂。

㉘刘备以建安十三年败，遣亮使吴，求救于孙权。亮以建兴五年抗表北伐，自倾覆至此，整二十年。然则备始与亮相遇，在军败前一年也。

㉙孔明一生，尽此“谨慎”二字。

㉚先主于永安病笃，召亮嘱以后事曰：“君才十倍曹丕，必能安国，终建大业。”又敕后主曰：“汝与丞相从事，事之如父。”　　伏后“遗诏”句。

㉛建兴元年，南中诸部并皆叛乱。三年春，亮率众征之，其秋悉平。泸，水名，出牂牁郡，中有瘴气，三、四月渡必死。不毛，谓不生草木也。

㉜中原，魏也。向之不即伐魏者，以南方未定，有内顾之忧耳。今毕南征，当兴北伐。

㉝奸凶，谓曹丕也。旧都，谓雍、洛二州，两汉所都也。

㉞心事光明宏伟。

㉟收到攸之、祎、允处，极有关应。

㊱二层，引起下一层。

㊲责重后主。应前"开张圣听"数语。

后主建兴五年，诸葛孔明率军北驻汉中，以图中原，临发上此疏。大意只重亲贤远佞，而亲贤尤为远佞之本。故始以"开张圣听"起，末以"咨诹"、"察纳"收。篇中十三引先帝，勤勤恳恳，皆根极至诚之言，自是至文。

诸葛亮后出师表

先帝虑汉贼不两立，王业不偏安，故托臣以讨贼也[①]。以先帝之明，量臣之才，固知臣伐贼，才弱敌强也。然不伐贼，王业亦亡，惟坐而待亡，孰与伐之？是故托臣而弗疑也[②]。臣受命之日，寝不安席，食不甘味，思惟北征，宜先入南，故五月渡泸，深入不毛，并日而食[③]。臣非不自惜也[④]，顾王业不可偏安于蜀都，故冒危难以奉先帝之遗意[⑤]，而议者谓为非计[⑥]。今贼适疲于西[⑦]，又务于东[⑧]，兵法乘劳，此进趋之时也[⑨]。谨陈其事如左[⑩]：

高帝明并日月，谋臣渊深，然涉险被创[⑪]，危然后安。今陛下未及高帝，谋臣不如良、平[⑫]，而欲以长策取胜，坐定天下，此臣之未解一也[⑬]。刘繇、王朗各据州郡[⑭]，论安言计，动引圣人[⑮]，群疑满腹，众难塞胸[⑯]，今岁不战，明年不征，使孙策[⑰]坐大，遂并江东[⑱]，此臣之未解二也[⑲]。曹操智计殊绝于人，其用兵也，仿佛孙、吴[⑳]，然困于南阳[㉑]，险于乌巢[㉒]，危于祁连[㉓]，偪于黎阳[㉔]，几败北山[㉕]，殆死潼关[㉖]，然后伪定一时尔[㉗]。况臣才弱，而欲以不危而定之，此臣之未解三也[㉘]。曹操五攻昌霸不下[㉙]，四越巢湖不成[㉚]，任用李服而李服图之[㉛]，委任夏侯而夏侯败亡[㉜]，先帝每称操为能，犹有此失，况臣驽下，何能必胜？此臣之未解四也[㉝]。自臣到汉中[㉞]，中间期年耳，然丧[㉟]赵云、阳群、马玉、阎芝、丁立、白寿、刘郃、邓铜等及曲长、屯将七十余人[㊱]，突将无前[㊲]，賨、叟、青羌[㊳]，散骑、武骑[㊴]一千余人[㊵]，此皆数十年之内，所纠合四方之精锐，非一州之所有。若复数年，则损三分之二也，当何以图敌？此臣之未解五也[㊶]。今民穷兵疲，而事不可息。事不可息，则住与行[㊷]劳费正等，而不及早图之，欲以一州之地与贼持久，此臣之未解六也[㊸]。

夫难平者，事也[㊹]。昔先帝败军于楚[㊺]，当此时，曹操拊手，谓天下已定[㊻]。然后先帝东连吴、越[㊼]，西取巴、蜀[㊽]，举兵北征，夏侯授首[㊾]，此操之失计，而汉事将成也[㊿]。然后吴更违盟，关羽毁败[51]，秭归蹉跌[52]，曹丕称帝[53]。凡事如是，难可逆料[54]。臣鞠躬尽力，死而后已，至于成败利钝，非臣之明所能逆睹也[55]。

【注释】

①汉，自谓。贼，谓曹。偏安，谓汉僻处于蜀。 伸大义当讨。

②审大势当讨。

③"北征"四句，解见前表。并日而食，谓两日惟食一日之供。

④顿挫。

⑤应上两"托臣"句。

⑥时议者多以伐魏为疑，故有下六段"未解"之论。

⑦后主五年，亮攻祁山，南安、天水、安定三郡皆叛魏应汉，关中响振。

⑧曹休东与吴陆逊战于石亭，大败。

⑨贼固当讨，时又不可失。

⑩以上作一冒。

⑪创，伤也。

⑫良、平，张良、陈平。

⑬此段言不可以坐定取胜。

⑭刘繇据河曲。王朗守魏郡。

⑮论安危，言计策，动引古之圣人。

⑯用人，则妒能嫉贤，群疑满于腹内。临事，则畏首畏尾，众难塞于胸中。

⑰孙策，孙权兄。

⑱不务战征，使孙策坐以致大，江东遂为其所并。　　繇、朗皆守一隅，以致破败者。引证蜀事，最切。

⑲此段言不可以不战资敌。

⑳孙、吴，孙膑、吴起。

㉑操与张绣战于宛，为流矢所中。

㉒袁绍拒操于官渡，辎重万余，在故市乌巢。时操粮少，走许避之。

㉓操征西域，几危于祁连。

㉔袁谭据黎阳，操用兵吴、蜀，谭兵逼迫其后。

㉕夏侯渊败，操争汉中，运粮北山下数千万囊，赵云遇之，乃入营闭门，操引去，云擂鼓震天，以大弩射之，操军惊骇，蹂践堕汉水中。

㉖操讨马超、韩遂于潼关，操将北渡，与许褚留南岸断后，超将步骑万余人，来奔操军，矢下如雨，褚白操，乃扶上船。

㉗伪定，非真。一时，未久。

㉘比段言难以不危而定。

㉙东海昌霸反，操遣刘岱、王忠击之，不克。

㉚魏以合肥为重镇，其东南巢湖在焉，孙权围合肥，魏自湖入淮，军合肥者数矣。

㉛图，谓转谋操也。其事未详。

㉜操留夏侯渊守北边，为先主所杀。

㉝此段言难以庸才取胜。

㉞时亮率军北驻汉山。

㉟"丧"字，贯至"一千余人"。

㊱曲，部曲也。

㊲冲突之将，无有敌者。

㊳賨、叟、青羌，皆亮南征所得渠率。

㊴散骑、武骑，皆骑兵。

㊵以上乃计其士卒物故也。

㊶此段言缓之则无人，难以图敌。

㊷住与行，谓守与战。

㊸此段言不早图则兵疲，难以持久。　六“未解”俱用反说，驳倒群议，独伸己见。文势层叠，意思慷慨。

㊹顿一句。起下。

㊺先主十二年，刘璋降，先主跨有荆、益，操恐先主据襄阳，将精兵五千追之，及于当阳之长坂，先主乃弃妻子走。

㊻操当兴。

㊼赤壁破曹。

㊽进兵围成都，取刘璋。

㊾斩夏侯渊。

㊿汉又当兴，是操之事难料。

51孙权遣吕蒙袭关，定荆州。

52秭归，地名。先主痛关之亡，奋力复仇，又为陆逊所败。

53操子丕废献帝为山阳公，自称帝。　汉又忽败，是汉之事难料。

54两举先主、曹操难料之事，见今事亦难料，正与上六“未解”相照。

55一篇意思，全在此处收结。忠肝义胆，照耀简编。

时曹休为吴所败，魏兵东下，关中虚弱，孔明欲出兵击魏，群臣多以为疑，乃上此疏，伸讨贼之义，尽托孤之责，以教万世之为人臣者。“鞠躬尽力，死而后已”之言，凛然与日月争光。前表开导昏庸，后表审量形势，非抱忠贞者不欲言，非怀经济者不能言也。

古文观止卷之七

六朝唐文

李 密

陈情表

臣密言[1]:臣以险衅,夙遭闵凶[2]。生孩六月,慈父见背[3];行年四岁,舅夺母志[4]。祖母刘,愍臣孤弱,躬亲抚养。臣少多疾病,九岁不行,零丁孤苦,至于成立[5]。既无叔伯,终鲜兄弟,门衰祚薄[6],晚有儿息[7]。外无期功强近之亲,内无应门五尺之童[8],茕茕孑立,形影相吊[9]。而刘夙婴疾病[10],常在床蓐[11],臣侍汤药,未尝废离[12]。

逮奉圣朝[13],沐浴清化。前太守臣逵,察臣孝廉;后刺史臣荣,举臣秀才。臣以供养无主[14],辞不赴命[15]。诏书特下,拜臣郎中,寻蒙国恩,除臣洗马[16]。猥以微贱,当侍东宫,非臣陨首所能上报[17]。臣具以表闻,辞不就职[18]。诏书切峻,责臣逋慢;郡县逼迫,催臣上道;州司临门,急于星火[19]。臣欲奉诏奔驰,则以刘病日笃;欲苟顺私情,则告诉不许[20]。臣之进退,实为狼狈[21]。

伏惟圣朝以孝治天下,凡在故老,犹蒙矜育[22],况臣孤苦,特为尤甚。且臣少事伪朝[23],历职郎署[24],本图宦达,不矜名节[25]。今臣亡国贱俘[26],至微至陋,过蒙拔擢,岂敢盘桓,有所希冀[27]?但以刘日薄西山,气息奄奄,人命危浅,朝不虑夕[28]。臣无祖母,无以至今日;祖母无臣,无以终余年。母孙二人,更相为命,是以区区不能废远[29]。

臣密今年四十有四,祖母刘今年九十有六,是臣尽节于陛下之日长,报刘之日短也。乌鸟私情,愿乞终养[30]。臣之辛苦,非独蜀之人士及二州牧伯所见明知;皇天后土,实所共鉴[31]。愿陛下矜愍愚诚,听臣微志,庶刘侥幸,卒保余年。臣生当陨首,死当结草[32]。臣不胜犬马怖惧之情,谨拜表以闻。

【注释】

①李密,字令伯,犍为武阳人。父早亡,母何氏更适人,密见养于祖母刘氏,以孝闻。侍疾,日夜未尝解带。蜀亡,晋武帝征为太子洗马。诏书累下,郡县逼迫,密上此疏。

②险衅,艰难祸罪也。夙,早也。闵,忧也。二句总下。

③父死。

④舅嫁其母，不得守节。

⑤一段，所谓“臣无祖母，无以至今日”。

⑥门户衰微，福祚浅薄。

⑦儿息得之甚晚。

⑧期，周年服也。功，大功、小功也。强近，强为亲近也。童，仆也。

⑨茕茕，孤独貌。孑，单也。吊，问也。唯形与影自相吊问也。

⑩婴，加也。

⑪蓐，褥。

⑫一段，所谓“祖母无臣，无以终余年”。

⑬晋朝。

⑭无人主供养之事。

⑮一次陈情在前。

⑯寻，俄也。拜官曰除。洗马，太子属官。

⑰猥，顿也。东宫，太子宫也。陨，落也。

⑱两次陈情在前。

⑲切峻，急切而严峻也。逋，缓也。慢，倨也。　连用“察臣”、“举臣”、“拜臣”、“除臣”、“责臣”、“催臣”，文法错落。

⑳州县不从。

㉑狼，前二足长，后二足短。狈，前二足短，后二足长。狼无狈不立，狈无狼不行。若相离，则进退不得。　写出进退两难之状，以示不得不再具表陈情之意。

㉒矜育，矜怜，养育。

㉓伪朝，谓蜀汉也。对晋而称，不得不尔。

㉔官至尚书郎。

㉕言我本谋为官职，非隐逸以名节自矜也。　密以蜀臣而坚辞晋命，恐晋疑其以名节自矜，故作此语。

㉖军所虏获曰俘。

㉗盘桓，不进貌。希冀，谓希望立名节也。　此段言己非不欲就职，振起下意。

㉘薄，迫也。日迫西山，喻刘老暮也。奄奄，将绝也。危易落，浅易拔。虑，谋也。言朝不谋至夕之生也。

㉙更，迭也。言二人迭相依以为命。区区，犹勤勤也。废远，谓废养而远离祖母。　此段写尽慈孝，使人读之欲涕。

㉚乌鸟反哺其母，言我有此乌鸟之私情，乞毕祖母之养也。　数语尤婉曲动人。　又连用“况臣”、“且臣”、“今臣”、“是臣”，文法更圆转。

㉛二州，谓梁州、益州。牧伯，谓荣、逵。言非但人知我辛苦，天地亦知也。

㉜魏武子有嬖妾，无子，武子疾，命子颗曰：“吾死，嫁之。”及困，又曰：“杀以殉。”颗乃从初言嫁之。后与秦将杜回战，颗见老人结草，以亢杜回，回踬，为颗所获。中夜梦结草老人曰：“予妾父也，报君不杀之心。”

历叙情事，俱从天真写出，无一字虚言驾饰。晋武览表，嘉其诚款，赐奴婢二人，使郡县供祖母奉膳。至性之言，自尔悲恻动人。

王羲之

兰亭集序

永和九年[①],岁在癸丑,暮春之初,会于会稽山阴之兰亭[②],修禊事也[③]。君贤毕至,少长咸集[④]。此地有崇山峻岭,茂林修竹,又有清流激湍,映带左右[⑤]。引以为流觞曲水[⑥],列坐其次,虽无丝竹管弦之盛[⑦],一觞一咏,亦足以畅叙幽情[⑧]。是日也,天朗气清,惠风和畅[⑨]。仰观宇宙之大,俯察品类之盛,所以游目骋怀,足以极视听之娱,信可乐也[⑩]。

夫人之相与,俯仰一世[⑪],或取诸怀抱,晤言一室之内[⑫];或因寄所托,放浪形骸之外[⑬]。虽取舍万殊,静躁不同[⑭],当其欣于所遇,暂得于己,快然自足,曾不知老之将至[⑮]。及其所之既倦[⑯],情随事迁,感慨系之矣[⑰]。向之所欣,俛[⑱]仰之间,已为陈迹,犹不能不以之兴怀[⑲];况修短随化,终期于尽[⑳]。古人云:“死生亦大矣!”岂不痛哉[㉑]!

每览昔人兴感之由,若合一契[㉒],未尝不临文嗟悼,不能喻之于怀[㉓]。固知一死生为虚诞,齐彭殇为妄作[㉔]。后之视今,亦犹今之视昔,悲夫[㉕]!故列叙时人[㉖],录其所述[㉗],虽世殊事异,所以兴怀,其致一也[㉘]。后之览者,亦将有感于斯文[㉙]。

【注释】

①永和,晋穆帝年号。

②时当暮春,王羲之与谢安、孙绰、郄昙、魏滂及凝之、涣之、玄之、献之等,以上巳日会于兰亭。会稽,今绍兴府。山阴,县名。　　总叙一笔。

③禊,祓除不祥也。三月上巳日,临水洗濯,除去宿垢,谓之禊。　　此句点出所以会之故。

④叙人。

⑤修,长也。湍,波流潆洄之貌。　　叙地。

⑥因曲水以泛觞。

⑦折一句,跌入赋诗。

⑧叙事。

⑨叙日。

⑩叙乐。　　叙会事至此已毕,下乃发胸中之感。

⑪承上“俯”、“仰”二字,推开一步说。

⑫一种人,是倦于涉猎者。

⑬又一种人,是旷达不拘者。

⑭此两种人,或取或舍,或静或躁。

⑮总是一样得意。

⑯之,往也。

⑰却又一样兴尽。　　此只就一时一事论。

⑱俛,同“俯”。

⑲俛仰之顷，为时甚近。而向之所乐者，已成往事，犹尚感慨系之。　　申足上文，即逼入死生正意，何等灵快！

⑳人命长短，终归于尽。

㉑《庄子·德充符》："仲尼曰：'死生亦大矣！'"　至此方入作序正旨。

㉒古人皆兴感于死生之际。

㉓我未尝不临此兴感之文，而为之嗟悼，亦不能自解其所以然。

㉔《庄子·齐物论》："予恶乎知夫死者不悔其始之蕲生乎？"此"一死生"之说也。"莫寿乎殇子，而彭祖为夭。"此"齐彭殇"之说也。言人莫不兴感于死生寿夭，固知是两说为虚诞妄作。

㉕言瞥见吾已杳无踪影，犹如今日之古人杳无踪影也，能不悲乎？　　一齐收卷，眼疾手快。

㉖叙在会之人。

㉗录所赋之诗。　二句应前"群贤"、"少长"赋诗等事。

㉘古今同一兴感。

㉙后人亦重死生，览我斯文，亦当同我之感。　　"览"字，应前"每览"之"览"字。"文"字，应前"临文"之"文"字。

通篇着眼在"死生"二字，只为当时士大夫务清谈，鲜实效，一死生而齐彭殇，无经济大略，故触景兴怀，俯仰若有余痛。但逸少旷达人，故虽苍凉感叹之中，自有无穷逸趣。

陶渊明

归去来辞

归去来兮[①]，田园将芜胡不归[②]？既自以心为形役，奚惆怅而独悲[③]？悟已往之不谏，知来者之可追。实迷途其未远，觉今是而昨非[④]。舟摇摇以轻飏，风飘飘而吹衣[⑤]。问征夫以前路，恨晨光之熹微[⑥]。

乃瞻衡宇，载欣载奔[⑦]。僮仆欢迎，稚子候门[⑧]。三径就荒，松菊犹存。携幼入室，有酒盈樽[⑨]。引壶觞以自酌，眄庭柯以怡颜；倚南窗以寄傲，审容膝之易安[⑩]。园日涉以成趣，门虽设而常关；策扶老以流憩，时矫首而遐观[⑪]。云无心以出岫，鸟倦飞而知还。景[⑫]翳翳以将入，抚孤松而盘桓[⑬]。

归去来兮，请息交以绝游。世与我而相遗，复驾言兮焉求[⑭]！悦亲戚之情话，乐琴书以消忧。农人告余以春及，将有事于西畴[⑮]。或命巾车，或棹孤舟；既窈窕以寻壑，亦崎岖而经邱[⑯]。木欣欣以向荣，泉涓涓而始流。善万物之得时，感吾生之行休[⑰]。

已矣乎，寓形宇内复几时！曷不委心任去留，胡为遑遑欲何之[⑱]？富贵非吾愿，帝乡不可期[⑲]。怀良辰以孤往，或植杖而耘耔。登东皋以舒啸，临清流而赋诗。

聊乘化以归尽，乐夫天命复奚疑[20]！

【注释】

①渊明为彭泽令，是时郡遣督邮至，吏白当束带见之。渊明叹曰："我不能为五斗米折腰向乡里小儿。"乃自解印绶。将归田园，作此辞以明志。因而命篇曰《归去来》，言去彭泽而来至家也。

②芜，谓草也。胡，犹何也。　自断之词。

③心在求禄，则不能自主，反为形体所役。此我自为之，何所惆怅而独为悲乎？　自责之词。

④前此求禄之事，固不可谏；今乃辞官而归，犹可追改。如人行迷路，犹尚未远，可以早回。方知今日辞官之是，而昨日求禄之非也。　自悔之词。　一起已写尽《归去来》之旨。下乃从归至家，逐段细写之。

⑤行舟而归。

⑥熹微，光未明也。问前途之远近，而恨晨光之未明，无由见路也。　一段离彼。

⑦衡宇，谓其所居衡门屋宇也。载，则也。欣奔，喜至家而速奔也。

⑧稚，小也。　一段到此。

⑨蒋诩幽居，开三径，潜亦慕之。言久不行，已就荒芜也。　一段有松、有菊、有幼、有室、有酒、有樽，所需裕如。

⑩柯，树枝也。　一段室中乐事。

⑪田园之中，日日游涉，自成佳趣。流憩，周流而憩息也。矫，举也。　一段园中之乐。

⑫景，同"影"。

⑬山有穴曰岫。翳翳，渐阴也。盘桓，不进也。　一段园中暮景。

⑭交游，指当路贵人。驾言，用《诗》"驾言出游"句。　一段与世永绝。再言"归去来"者，既归矣又不绝交游，即不如不归之愈也。

⑮亲戚，指乡里故人。有事，谓耕作也。畴，田也。　一段插入田事。

⑯巾车，有幕之车。窈窕，长深貌。壑，涧水也。谓行船以寻之也。崎岖，险也。驾车以涉之也。　一段游行所历。

⑰欣欣，春色貌。涓涓，泉流貌。行休，谓昔行而今休也。　一段触物兴感。

⑱寓，寄也。委，弃也。言何不委弃常俗之心，任性去留也。遑遑，如有求而不得之意。　一段收尽《归去来》一篇之旨。

⑲帝乡，仙都也。　二句言不欲为官，亦不能为仙，唯能如下文所云，得日过日，快然自足也。

⑳东皋，营田之所。春事起东，故云东也。皋，田也。聊，且也。乘阴阳之化，以同归于尽。乐天知命，夫复何疑？　"乐夫天命"一句，乃《归去来辞》之根据。

公罢彭泽令，归赋此辞，高风逸调，晋宋罕有其比。盖心无一累，万象俱空，田园足乐，真有实地受用处，非深于道者不能。

桃花源记

晋太元中[①]，武陵人捕鱼为业[②]。缘溪行，忘路之远近[③]。忽逢桃花林[④]，夹岸数百步，中无杂树，芳草鲜美，落英缤纷[⑤]。渔人甚异之。复前行，欲穷其林[⑥]。

林尽水源，便得一山[⑦]。山有小口，仿佛若有光[⑧]。便舍船，从口入。初极狭，才通人[⑨]。复行数十步，豁然开朗[⑩]。土地平旷，屋舍俨然，有良田、美池、桑竹之属。阡陌交通，鸡犬相闻。其中往来种作，男女衣著，悉如外人[⑪]。黄发垂髫，并怡然自乐[⑫]。

见渔人，乃大惊，问所从来，具答之。便要还家，设酒杀鸡作食。村中闻有此人，咸来问讯[⑬]。自云先世避秦时乱，率妻子邑人来此绝境，不复出焉，遂与外人间隔[⑭]。问今是何世，乃不知有汉，无论魏晋[⑮]。此人一一为具言所闻，皆叹惋[⑯]。余人各复延至其家，皆出酒食。停数日，辞去[⑰]。此中人语云："不足为外人道也[⑱]。"

既出，得其船，便扶向路，处处志之[⑲]。及郡下，诣太守，说如此[⑳]。太守即遣人随其往，寻向所志，遂迷不复得路[㉑]。

南阳刘子骥，高尚士也，闻之，欣然规往。未果，寻病终[㉒]。后遂无问津者[㉓]。

【注释】

①太元，孝武帝年号。

②武陵，属湖广常德府，旁有桃源县。

③便奇。

④妙在以无意得之。

⑤缤纷，杂乱貌。　　写出异境。

⑥渔人亦不凡。

⑦亦是无意中得。

⑧善于点景。

⑨俗人至此便返矣。

⑩别有一天。

⑪叙山中人物。

⑫黄发，老人发白转黄也。髫，小儿垂发。　　纯然古风。

⑬妙在渔人全无惊怪。

⑭到山来由。

⑮真是目空今古。

⑯叹惋者，悲外人屡遭世乱也。　　叙两边问答简括。

⑰避世人多情如此。

⑱叮咛一句，逸韵悠然。

⑲渔人亦大有心人。

⑳诣，至也。

㉑太守欲问津而不得。

㉒寻，俄也。　　高士欲问津而不果。

㉓悠然而往。

桃源人要自与尘俗相去万里，不必问其为仙为隐。靖节当晋衰乱时，超然有高举之思，故作记以寓志，亦《归去来辞》之意也。

五柳先生传

先生不知何许人也[①]，亦不详其姓字[②]。宅边有五柳树，因以为号焉[③]。闲静少言，不慕荣利[④]。好读书，不求甚解[⑤]；每有会意，便欣然忘食[⑥]。性嗜酒，家贫不能常得。亲旧知其如此，或置酒而招之。造饮辄尽，期在必醉[⑦]。既醉而退，曾不吝情去留[⑧]。环堵萧然，不蔽风日；短褐穿结，箪瓢屡空，晏如也[⑨]。常著文章自娱，颇示己志。忘怀得失，以此自终[⑩]。

赞曰：黔娄[⑪]有言："不戚戚于贫贱，不汲汲于富贵。"其言，兹若人之俦乎[⑫]？衔觞赋诗，以乐其志。无怀氏之民欤？葛天氏之民欤[⑬]？

【注释】

①不以地传。

②不以名传。

③取号大奇。

④一似无所嗜好者，却又好书嗜酒。

⑤是为善于读书者。

⑥盖别有会心处。

⑦是为深得酒趣者。

⑧适得本来面目。

⑨领得孔、颜乐处。

⑩超然世外。

⑪黔娄，古高士。

⑫为若人之俦而言。

⑬想见太古风味。

渊明以彭泽令辞归，后刘裕移晋祚，耻不复仕，号五柳先生。此传乃自述其生平之行也。潇洒澹逸，一片神行之文。

孔稚珪

北山移文

钟山之英，草堂之灵。驰烟驿路，勒移山庭[①]。夫以耿介拔俗之标，潇洒出尘之想[②]，度白雪以方洁，干青云而直上[③]，吾方知之矣[④]。若其亭亭物表，皎皎霞外，芥千金而不盼，屣万乘其如脱[⑤]，闻凤吹于洛浦[⑥]，值薪歌于延濑[⑦]，固亦有焉[⑧]。岂期终始参差，苍黄反覆，泪翟子之悲，恸朱公之哭[⑨]。乍回迹以心染，或先贞而后黩[⑩]，何其谬哉[⑪]！呜呼！尚生不存，仲氏既往；山阿寂寥，千载谁赏[⑫]？

世有周子[⑬]，俊俗之士[⑭]。既文既博，亦玄亦史[⑮]。然而学遁东鲁，习隐南郭[⑯]；窃吹草堂，滥巾北岳[⑰]；诱我松桂，欺我云壑。虽假容于江皋，乃缨情于好爵[⑱]。其始至也[⑲]，将欲排巢父，拉许由，傲百氏，蔑王侯[⑳]，风情张日，霜气横秋。或叹幽人长往，或怨王孙不游[㉑]。谈空空于释部，覈玄玄于道流[㉒]。务光何足比，涓子不能俦[㉓]。

及其鸣驺入谷，鹤书赴陇[㉔]，形驰魄散，志变神动。尔乃眉轩席次，袂耸筵上。焚芰制而裂荷衣，抗尘容而走俗状[㉕]。风云凄其带愤，石泉咽而下怆，望林峦而有失，顾草木而如丧[㉖]。

至其纽金章，绾墨绶，跨属城之雄，冠百里之首，张英风于海甸，驰妙誉于浙右[㉗]。道帙长摈，法筵久埋。敲扑喧嚣犯其虑，牒诉倥偬装其怀[㉘]。琴歌既断，酒赋无续。常绸缪于结课，每纷纶于折狱[㉙]。笼张赵于往图，架卓鲁于前箓。希踪三辅豪，驰声九州牧[㉚]。

使其高霞孤映，明月独举，青松落荫，白云谁侣？磵户摧绝无与归，石径荒凉徒延伫[㉛]。至于还飙入幕，写雾出楹，蕙帐空兮夜鹤怨，山人去兮晓猿惊[㉜]。昔闻投簪逸海岸，今见解兰缚尘缨[㉝]。于是南岳献嘲，北陇腾笑，列壑争讥，攒峰竦诮，慨游子之我欺，悲无人以赴吊[㉞]。故其林惭无尽，涧愧不歇，秋桂遣风，春萝罢月，骋西山之逸议，驰东皋之素谒[㉟]。

今又促装下邑，浪栧上京，虽情投于魏阙，或假步于山扃[㊱]。岂可使芳杜厚颜，薜荔蒙耻，碧岭再辱，丹崖重滓，尘游躅于蕙路，汙渌池以洗耳[㊲]？宜扃岫幌，掩云关，敛轻雾，藏鸣湍，截来辕于谷口，杜妄辔于郊端[㊳]。于是丛条瞋胆，叠颖怒魄，或飞柯以折轮，乍低枝而扫迹。请回俗士驾，为君谢逋客[㊴]。

【注释】

①钟山，即北山也，其南有草堂寺。英、灵，皆言其神也。驿，传也。勒，刻也。谓山之英灵，驱驰烟雾，刻移文于山庭也。　　起便点出“北山移文”四字大意。萧子显《齐书》云：“孔稚珪，字德璋，会稽人也。钟山，在北郡，其先周彦伦隐于此。后应诏出为海盐令。秩满入京，复经此山。孔生乃借山灵之意移之，使不许再至，故云《北山移文》。”

②志超尘俗。

③度，比也。干，触也。　　行极清高。
④此等隐者，吾正知为必不可得矣。
⑤亭亭，高耸貌。皎皎，洁白貌。芥，草也。盼，顾也。屣，草履。言视千金、万乘如草芥、脱屣也。
⑥周灵王太子晋，吹笙作凤鸣，游于伊洛之间。
⑦苏门先生游于延濑，见一人采薪，谓之曰："子以此终乎？"采薪人曰："吾闻圣人无怀，以道德为心，何怪乎而为哀也？"遂为歌二章而去。
⑧此等隐者，世亦有之。
⑨参差，不一也。反覆，不定也。翟，墨翟。朱，杨朱。墨子见素丝而泣之，为其可以黄，可以黑。杨子见歧路而哭之，为其可以南，可以北。士无一定之志，不能免二人之悲哭。
⑩乍，暂也。回，避也。暂避迹山林，而心犹染于俗也。黩，垢也。
⑪谬，诳也。此等隐者，何其欺诳人世，一至此哉！　　已上泛论夫隐者有此三等，尚未说到周颙。
⑫尚生，尚子平也。仲氏，仲长统也。范晔《后汉书》曰：尚子平"隐居不仕，性尚中和，好通《老》、《易》"。仲长统性俶傥，默语无常。"每州郡命召，辄称疾不就。"言无此二人，使山阿空虚，千载以来，无人赏乐。　　承上起下，感慨情深。
⑬周颙，字彦伦，汝南人。　　入题。
⑭俊俗，俗中之俊士也。
⑮玄，谓庄老之道。史，谓文多质少。
⑯东鲁，谓颜阖也。鲁君闻颜阖得道人也，使人以币先焉。颜阖对曰："恐听谬而遗使者罪，不若审之。"使者反，审之，复来求之，则不得矣。南郭，谓南郭子綦也。隐几而坐，仰天嗒然，似丧其偶。言颙无本性，但学习此二人之隐遁也。
⑰窃，盗也。吹，借用吹竽之吹。齐宣王好竽，必三百齐吹。南郭先生不竽者，而吹三百人之中，以吹竽食禄。齐王薨，后王曰："寡人好竽，欲一一吹之。"南郭乃逃。滥，僭也。巾，隐者之服。北岳，即北山也。言颙盗居草堂，僭服幅巾。
⑱皋，泽也。缨，系也。好爵，谓人爵也。以上总写，以下分作两截写。
⑲颙始至北山时。
⑳排，推也。拉，折也。巢父、许由，隐者之最也。百氏，百家诸子也。
㉑张，大也。横，盖也。幽人、王孙，隐者之称。慕其长往故叹之，疾其不游故怨之。
㉒颙泛涉百家，长于佛理，著《三宗论》，兼善《老》、《易》。空空，以空明空也。释部，佛经也。覈，考也。玄玄，玄之又玄也。道流，谓《老子》也。
㉓务光，夏时人。汤得天下，已而让光，光不受而逃。涓子，齐人也，好饵术，隐于宕山。
　以上写颙初志如此，是前一截人。
㉔鸣驺，载诏书车马也。鹤书，即诏书。在汉谓之尺一简。仿佛鹤头，故有其称。
㉕轩，举也。举眉，谓喜也。次，侧也。袂，衣袖也。袂耸，谓举臂也。芰制、荷衣，隐者之服。言制芰、荷以为衣，互文也。今皆焚裂之。抗，举也。走，骋也。
㉖凄、怆、愤、咽，皆怨怒貌。言此等虽无情，见山人去，亦如有丧失而怨怒也。
㉗纽，系也。绾，贯也。金章，铜章也。铜章、墨绶，县令之章饰也。跨，越也。管州之城为属城县，大率百里，言越众城而为县宰之称首也。英风、妙誉，皆美声也。海甸、浙右，所理邑近海，而在浙江之右也。

㉘帙，书衣也。摈，弃也。法筵，讲席也。埋，藏也。敲扑，谓打人声也。牒，文牒也。诉，诉告也。倥偬，繁偪貌。言道书讲席，永弃埋而听讼也。

㉙琴歌、酒赋，皆逸人之务，今已断绝无续也。绸缪，亲近也。结课，考第也。纷纶，众多貌。

㉚汉张敞、赵广汉俱为京兆尹，有名望。鲁恭、卓茂，咸善为令。笼、架，谓包举也。三辅，谓京兆尹、左冯翊、右扶风 。希踪，希仿贤豪踪迹也。牧，九州牧长。驰声，谓皆得闻其声名也。　以上写颙继志如此，是后一截人。

㉛言霞月徒举映，无人赏玩；松荫零落，白云无与为偶。硐，水硐也。摧绝，破坏也。荒凉，芜秽也。延伫，远望也。言不复更归，徒为延望也。

㉜飙，风也。写，吐也。楹，柱也。蕙，香草，山人葺以为帐。因山言之，故托猿鹤以寄惊怨也。

㉝投簪，谓疏广也。投，弃也。汉疏广弃官而归东海。幽人佩兰，故云解兰。缚，系也。尘缨，世事也。

㉞南岳，谓南山也。嘲，调也。陇，亦山也。腾，起也。攒，蔟聚也。竦，上也。诮，讥也。言皆讥笑此山，初容此人也。游子，谓颙也。吊，问也。言山为颙所欺，而无人来问也。

㉟萝，女萝也，施手松柏。风月所以滋松桂之美，今既无人，故遣罢之。西山，谓首阳山。逸议，隐逸之议也。皋，泽也。素谒，谓以情素相告也。驰、骋，宣布也，谓宣布于人，使尽知之也。　以上言其遗羞山灵，所以丑之也。

㊱下邑，谓海盐也。浪，鼓也。栧，楫也。上京，建康也。言海盐秩满，催促行装，驾舟赴京，以迁官也。魏阙，朝廷也。扃，山门也。言颙情实在朝廷，而又欲假迹再游北山也。

㊲芳、杜、薜、荔，皆香草。躅，踪迹也。渌，水清也。言岂可使芳草怀愧耻以相见，崖岭再被滓秽，更以俗尘点我蕙草之路，汙浊我洗耳之池乎？

㊳扃，闭也。岫幌，山窗也。云关，谓以云为关键也 。敛藏雾湍，使无见闻也 。来辕、妄辔，谓颙之车乘也。谷口、郊端，山之外也。恐其亲近，故截断杜绝之。

㊴条，木枝也。颖，草穗也。言条穗瞋怒，而击折颙之车轮，扫去其迹也。俗士、逋客，谓颙也。谢，绝。逋，逃也。　以上言其不许再至，所以绝之也。

假山灵作檄，设想已奇。而篇中无语不新，有字必隽。层层敲入，愈入愈精。真觉泉石蒙羞，林壑增秽。读之令人赏心留盼，不能已也。

魏　征

谏太宗十思疏

臣闻求木之长者，必固其根本；欲流之远者，必浚其泉源[1]；思国之安者，必积其德义[2]。源不深而望流之远，根不固而求木之长，德不厚而思国之安[3]，臣虽下愚，知其不可，而况于明哲乎[4]！人君当神器之重，居域中之大[5]，不念居安思危[6]，戒奢以俭，斯亦伐根以求木茂，塞源而欲流长也[7]。

凡昔元首，承天景命[8]，善始者实繁，克终者盖寡[9]。岂取之易，守之难乎[10]？盖在殷忧[17]，必竭诚以待下；既得志[12]，则纵情以傲物[13]。竭诚，则胡越为一体；傲物，则骨肉为行路。虽董之以严刑，振之以威怒[14]，终苟免而不怀仁，貌恭而不心服[15]。怨不在大，可畏惟人。载舟覆舟，所宜深慎[16]。

诚能见可欲，则思知足以自戒；将有作，则思知止以安人；念高危，则思谦冲而自牧[17]；惧满盈，则思江海下百川[18]；乐盘游，则思三驱以为度[19]；忧懈怠，则思慎始而敬终；虑壅蔽，则思虚心以纳下；惧谗邪，则思正身以黜恶；恩所加，则思无因喜以谬赏；罚所及，则思无以怒而滥刑[20]。总此十思，弘兹九得[21]，简能而任之，择善而从之[22]，则智者尽其谋，勇者竭其力，仁者播其惠，信者效其忠[23]。文武并用，垂拱而治。何必劳神苦思，代百司之职役哉[24]！

【注释】

①浚，深也。　二句起下一句。

②伏一"思"字，此句是一篇主意。

③又伏一"思"字。

④便作跌宕，文极有致。

⑤神器，帝位也。

⑥又伏一"思"字。

⑦反缴足上文。

⑧元首，君也。景，明也。

⑨上疏本意专为此。

⑩顿挫。

⑪始。

⑫终。

⑬人情大抵如此。

⑭董，督也。　正与德义相反。

⑮苟免，谓苟免刑罚。　畏威而不怀德，国何以安？

⑯民犹水也，水可载舟，亦可覆舟，可畏之甚也。　从上"居安思危"句，反复开谕，逼出十思。

⑰牧，养也。《易》曰："谦谦君子，卑以自牧也。"

⑱《老子》曰："江海所以能为百谷王者，以其善下之，故能为百谷王。"

⑲《易》曰："王用三驱。"谓天子不合围，开一面之网也。

⑳以上十思，所谓"积其德义"者以此。

㉑思则十有九得。

㉒思尽于己，力因乎人。

㉓怀仁必服。

㉔善于用思，然后可以无思。妙。

通篇只重一"思"字，却要从德义上看出。世主何尝不劳神苦思，但所思不在德义，则反不如不用思者之为得也。魏公十思之论，剀切深厚，可与三代谟

诰并传。

骆宾王

为徐敬业讨武曌檄

伪临朝武氏者[1]，性非和顺[2]，地实寒微[3]。昔充太宗下陈[4]，曾以更衣入侍[5]。洎乎晚节，秽乱春宫[6]。潜隐先帝之私，阴图后房之嬖[7]。入门见嫉，蛾眉不肯让人；掩袖工谗，狐媚偏能惑主[8]。践元后于翚翟[9]，陷吾君于聚麀[10]。加以虺蜴为心，豺狼成性[11]，近狎邪僻，残害忠良[12]，杀姊屠兄，弑君鸩母[13]。人神之所同嫉，天地之所不容。犹复包藏祸心，窥窃神器[14]。君之爱子，幽之于别宫；贼之宗盟，委之以重任[15]。呜呼！霍子孟之不作，朱虚侯之已亡[16]。燕啄皇孙，知汉祚之将尽[17]；龙漦帝后，识夏庭之遽衰[18]。

敬业皇唐旧臣，公侯冢子[19]，奉先君之成业，荷本朝之厚恩。宋微子之兴悲，良有以也[20]；袁君山之流涕，岂徒然哉[21]！是用气愤风云，志安社稷。因天下之失望，顺宇内之推心。爰举义旗，以清妖孽[22]。南连百越，北尽三河，铁骑成群，玉轴相接[23]。海陵红粟，仓储之积靡穷[24]；江浦黄旗，匡复之功何远[25]！班声动而北风起，剑气冲而南斗平[26]。喑呜则山岳崩颓，叱咤则风云变色[27]。以此制敌，何敌不摧！以此图功，何功不克[28]！

公等或居汉地[29]，或叶周亲[30]，或膺重寄于话言[31]，或受顾命于宣室[32]。言犹在耳，忠岂忘心？一抔之土未干，六尺之孤何托[33]？倘能转祸为福[34]，送往事居[35]，共立勤王之勋[36]，无废大君之命[37]，凡诸爵赏，同指山河[38]。若其眷恋穷城，徘徊歧路[39]，坐昧先幾之兆，必贻后至之诛[40]。请看今日之域中，竟是谁家之天下[41]？

【注释】

①武则天，名曌。太宗时，召入为才人。高宗为太子，入侍，悦之。太宗崩，高宗即位，武氏为尼，引纳后宫，拜为昭仪。寻废王皇后，立武氏为皇后，政事皆决焉。高宗崩，中宗即位，武氏临朝，废中宗为庐陵王。

②本性不良。

③出身微贱。

④下陈，下列也。谓为才人。

⑤尝以更衣之便得幸。

⑥洎，及也。晚节，晚年也。秽乱，言其淫也。

⑦削发为尼，掩其为太宗才人之迹，以图高宗后宫之嬖幸。

⑧入宫便怀嫉妒，而舒展蛾眉，不肯让人。巧于用谗，王皇后为其所害。是其狐媚之才，偏能惑高宗之听。

⑨翚翟，雉羽也。雉之交有时，守死而不犯分，妇德所宜。故后之车服，皆画翚翟之形。王

皇后废，武氏践元后之位。

⑩吾君，谓高宗也。聚，犹共也。兽之牝者曰麀。《曲礼》："夫惟禽兽无礼，故父子聚麀。"

⑪虺蜴，毒虫也。

⑫邪僻，指李义府、许敬宗等。忠良，指褚遂良、长孙无忌等。

⑬姊，韩国夫人。兄，惟良。君、母未闻。鸩，毒鸟，以其毛沥酒，饮之则杀人。

⑭神器，帝位也。

⑮中宗，君之爱子，废为庐陵王，而幽之于别所。诸武用事，悉委之以重任。　　以上数武氏之罪。

⑯霍子孟，霍光也，辅幼主以存汉。朱虚侯，刘章也，诛诸吕以安刘。　　二句隐然讥责朝臣。

⑰汉成帝后赵飞燕，于后宫有子者皆杀之。故有"燕啄皇孙"之谣。

⑱漦，龙所吐涎沫，龙之精气也。夏后藏龙漦于庭，传及殷、周，莫之发。厉王之末，发而观之。漦流于庭，入于王府。府之童女遭之而生女，怪弃于市，因入于褒。周幽王伐褒，褒人献之，即褒姒也。幽王嬖之，遂至亡国。是周之衰乱，于夏庭而已伏之矣。　　四句言唐不久将灭。

⑲敬业，唐大臣徐世勣之孙也。勣，赐姓李。

⑳微子过殷故墟，悲之，作《麦秀》之歌。一云箕子所作。

㉑汉袁安，以外戚专权，言及国事，每暗呜流涕。

㉒以上述兴师之故。

㉓以言乎马，则铁骑万千以成群；以言乎车，则玉轴远近以相接。

㉔粟多。

㉕兵众。

㉖班马之声动，而凛然若北风起；悬剑之气冲，而焕然若南斗平。

㉗喑呜，怀怒气。叱咤，发怒声。

㉘以上写兵威之盛。

㉙异姓。

㉚同姓。

㉛分封于外。

㉜受托于朝。　　二句合同异姓。

㉝一掬曰抔。土，指坟墓也。土未干，谓高宗葬未久也。六尺孤，指中宗言。

㉞转武氏之祸而为福。

㉟往，谓高宗。居，谓中宗。

㊱事居。

㊲送往。

㊳爵赏有功，共指山河以为信。

㊴谓进退不果，徘徊于两途之间。

㊵禹致群臣于会稽，防风氏后至，禹戮之。　　以上励共事之人。

㊶试观今日之域中，毕竟是谁家之天下。言将来必归唐也。　　结语峭劲。

起写武氏之罪不容诛，次写起兵之事不可缓，末则示之以大义，动之以刑

赏。雄文劲采，足以壮军声，而作义勇，宜则天见檄而叹其才也。

王　勃

滕王阁序

南昌故郡，洪都新府[1]。星分翼轸[2]，地接衡庐[3]。襟三江而带五湖[4]，控蛮荆而引瓯越[5]。物华天宝[6]，龙光射牛斗之墟[7]；人杰地灵[8]，徐孺下陈蕃之榻[9]。雄州雾列[10]，俊彩星驰[11]。台隍枕夷夏之交[12]，宾主尽东南之美[13]。都督阎公之雅望，棨戟遥临[14]；宇文新州之懿范，襜帷暂驻[15]。十旬休暇，胜友如云[16]；千里逢迎，高朋满座[17]。腾蛟起凤，孟学士之词宗；紫电清霜，王将军之武库[18]。家君作宰，路出名区；童子何知，躬逢胜饯[19]。

时维九月，序属三秋。潦水尽而寒潭清，烟光凝而暮山紫[20]。俨骖騑于上路[21]，访风景于崇阿[22]。临帝子之长洲[23]，得仙人之旧馆[24]。层峦耸翠，上出重霄[25]；飞阁流丹，下临无地[26]。鹤汀凫渚，穷岛屿之萦回[27]；桂殿兰宫，列冈峦之体势[28]。披绣闼，俯雕甍[29]。山原旷其盈视[30]，川泽盱其骇瞩[31]。闾阎扑地，钟鸣鼎食之家[32]；舸舰迷津，青雀黄龙之轴[33]。虹销雨霁，彩彻云衢[34]。落霞与孤鹜齐飞，秋水共长天一色[35]。渔舟唱晚，响穷彭蠡之滨；雁阵惊寒，声断衡阳之浦[36]。

遥吟俯畅，逸兴遄飞[37]。爽籁发而清风生[38]，纤歌凝而白云遏[39]。睢园绿竹，气凌彭泽之樽[40]；邺水朱华，光照临川之笔[41]。四美具[42]，二难并[43]。穷睇眄于中天[44]，极娱游于暇日[45]。天高地迥，觉宇宙之无穷[46]；兴尽悲来，识盈虚之有数[47]。望长安于日下，指吴会于云间[48]。地势极而南溟深，天柱高而北辰远[49]。关山难越，谁悲失路之人；萍水相逢，尽是他乡之客[50]。怀帝阍而不见，奉宣室以何年[51]？

呜呼！时运不齐，命途多舛。冯唐易老[52]，李广难封[53]。屈贾谊于长沙，非无圣主[54]；窜梁鸿于海曲，岂乏明时[55]？所赖君子安贫，达人知命。老当益壮，宁知白首之心；穷且益坚，不坠青云之志。酌贪泉而觉爽，处涸辙以犹欢[56]。北海虽赊，扶摇可接[57]；东隅已逝，桑榆非晚[58]。孟尝高洁，空怀报国之心[59]；阮籍猖狂，岂效穷途之哭[60]！

勃，三尺微命，一介书生[61]。无路请缨，等终军之弱冠[62]；有怀投笔，慕宗悫之长风[63]。舍簪笏于百龄，奉晨昏于万里[64]。非谢家之宝树[65]，接孟氏之芳邻[66]。他日趋庭，叨陪鲤对[67]；今晨捧袂，喜托龙门[68]。杨意不逢，抚凌云而自惜[69]；钟期既遇，奏流水以何惭[70]！

呜呼！胜地不常，盛筵难再。兰亭已矣[71]，梓泽丘墟[72]。临别赠言，幸承恩于伟饯[73]；登高作赋，是所望于群公[74]。敢竭鄙诚，恭疏短引[75]。一言均赋，四韵俱成[76]。

滕王高阁临江渚[77]，佩玉鸣鸾罢歌舞[78]。

画栋朝飞南浦云[79]，朱帘暮卷西山雨[80]。
闲云潭影日悠悠[81]，物换星移几度秋[82]。
阁中帝子今何在[83]？槛外长江空自流[84]。

【注释】

①江西南昌府，号为洪都。

②翼、轸二星，在楚之分野。

③衡山峙立于西南，庐山近联于北境。

④三江，荆江在荆州，淞江在苏州，浙江在杭州。此据其上，如衣之襟焉。五湖，太湖在苏州，鄱阳湖在饶州，青草湖在岳州，丹阳湖在润州，洞庭湖在鄂州。此据其中，如带之束焉。

⑤荆楚本南蛮之区，此则控扼之。闽越连东瓯之境，此则接引之。　首叙地形之雄。

⑥物之光华，乃天之宝。

⑦丰城有二剑，曰干将，曰莫邪。其龙文光彩，直上射牛斗。

⑧人之英杰，由地之灵。

⑨徐穉，字孺子，洪州高士也。陈蕃为豫章太守，特设一榻以待之。　次序人物之异。

⑩雄州，谓大郡，如雾之浮列于上。　承"星分"四句。

⑪俊彩，谓人物，如星之奔驰于前。　承"物华"四句。

⑫台，亭台。隍，城下。以首据物曰枕。夷，谓正南荆楚之地。夏，谓东南扬州之域。再承"星分"四句。

⑬时宴于此阁之宾主，尽东南人物之美。　再承"物华"四句，随起下文。

⑭时阎伯屿为洪州牧，即都督也。棨戟，有衣之戟。遥远而临于洪州。　主。

⑮宇文钧，新除澧州牧，道经于此。襜帷，盖坐车马者。蔽前曰襜，在旁曰帷。　宾。

⑯以宾主交欢日久言。

⑰以宾朋来自远方言。

⑱蛟气之腾，光焰夺目；凤毛之起，文彩耀空。喻才华也。词宗，谓词章之宗。光辉之发，闪如紫电；浩气之凝，凛若清霜。喻节操也。武库，言无所不有。孟学士、王将军，是会中显客。

⑲勃父名福畤，为交阯令。勃往省焉，道经洪州。童子，勃自称。　此段述宾主之美。

⑳只二句，已写尽九月之景。

㉑俨，望也。骖骓，马行不止也。行马于道路之上，谓宾客所来之途也。

㉒崇阿，高陵也。采访风景于高陵，谓沿途揽胜也。

㉓帝子，谓滕王也。建阁长洲之上。临，谓至其所也。

㉔仙人旧馆，称滕王阁也。得，谓登其上也。　此段叙到阁之由。

㉕阁之当山，但见层叠峰峦，耸其翠色，上出于重重霄汉之上。

㉖阁之映水，飞舞莫定，影若流丹，下临于江上无地之处。

㉗汀，水际平地。渚，小洲也。海中山曰岛，山在水曰屿。鹤聚于汀，凫宿于渚，已穷尽水中岛屿萦曲回环之处。

㉘江神祠宇，以桂为殿庭，以兰为宫阙，前后分列，如冈峦之体势。此段言阁在山水之间，乃近景也。

㉙披，开也。门屏曰闼，屋栋曰甍。

㉚山原之深旷者，足以极吾之所视。

㉛盱，张目也。瞩，视之甚也。川泽如目之张，而有以骇吾之所瞩。

㉜闾阎，里中门也。扑地，谓排列于地也。钟鸣鼎食，鸣钟列鼎而食，尽大家也。

㉝舸，大船。舰，战船。迷塞水津，皆彩画青雀、黄龙于船轴之上。

㉞虹气已销，雨开新霁，而光彩映彻于云衢之间。

㉟落霞自天而下，孤鹜自下而上，故曰齐飞。秋水碧而连天，长天空而映水，故曰一色。警句，自使伯屿心服。

㊱彭蠡，鄱阳湖也。衡阳，衡山之南有回雁峰，雁不过此。渔唱不到彭蠡不穷；雁声不到衡阳不断，总言其极多耳。　　此段言阁极山水之外，乃远景也。

㊲遄，速也。

㊳凡孔窍机括皆曰籁。秋晚之爽气，发于万籁之鸣，故清风飒飒而生。

㊴纤，细也。女乐之细歌，凝止于侍宴之侧，而白云为之遏留。

㊵意其用《淇澳》绿竹事，以嘉有德。陶渊明为彭泽令，尝置酒召客。此美座中之有德而善饮者。

㊶邺，曹魏所兴之地。曹植诗："朱华冒绿池。"临川，今抚州。王羲之善书，尝为临川内史。此美座中之有文而善书者。

㊷四美，良辰、美景、赏心、乐事。

㊸二难，贤主、嘉宾。　　此段叙宴会之人，歌、饮、文词，无所不妙。

㊹睇，小视。眄，邪视。穷极观览于中天之际。　　起"天高地迥"句。

㊺极尽娱乐嬉游于闲暇之日。　　起"兴尽悲来"句。

㊻迥，寥远也。　　二句收拾上文胜景。

㊼二句引起下文命运。

㊽望天子长安之处于日下，指苏州吴会之在于云间。

㊾地缺东南，势极于南，而南溟最深。天倾西北，柱高于北，而北辰亦远。　　四句起"关山"四句。

㊿失路，喻不得志也。萍，浮生水上，随风漂流。故人称邂逅相遇曰萍水相逢。　　四句言在会者多属他乡失志之人，能不感慨系之。下乃承此意细写之。

51怀思君门，而不可得见；欲如贾谊奉宣室之问，不知又在何年。

52冯唐，汉人，白首为郎。文帝辇过郎署，与论将帅，拜为车骑都尉。

53汉李广，武帝时为右北平太守，匈奴号为飞虎将军。以数奇，不得封侯。

54绛、灌屈贾谊，谪为长沙王太傅，非无汉文帝之圣主。

55佞臣毁梁鸿，逐之于北海，岂无魏武帝之明时？　　此段言怀才而际时者，皆失志如此，后之悲失志者，亦可因之以自慰。

56广州一水，谓之贪泉，饮此水者，廉士亦贪。吴隐之诗："试使夷齐饮，终当不易心。"身当困穷，如鱼处涸辙之内，而犹欢悦。

57赊，远也。扶摇，风势也。《庄子》："北海有鱼，其名为鲲。化而为鹏，抟扶摇而上者九万里。"

58东隅，日出处。桑榆，谓晚也。汉光武劳冯异诏："始虽垂翅回溪，终能奋翼渑池。可谓失之东隅，收之桑榆。"

59孟尝，字伯周，汉顺帝时为合浦太守，性行高洁，不见升擢，故云空怀。

⑩晋阮籍率意独驾，车迹所穷，辄痛哭而返。是猖狂也，吾辈岂可效之？　　此段言士虽遭时命之穷，正当因之以自励。

⑪方说到自己。

⑫《曲礼》："二十曰弱冠。"南越与汉和亲，终军年二十余，自愿受长缨，必羁南越王而致之阙下。勃谓无路请缨于朝，比终军弱冠之年。

⑬汉班超尝为人书记，意不屑，投笔，有封侯万里之志。宋宗悫，叔父问所志，悫曰："愿乘长风破万里浪。"后果为将军。勃谓有志于投笔，景慕宗悫破浪之长风。　　自负不凡。

⑭舍去簪笏于百年富贵之途，奉父晨昏定省之礼于万里之外，言往交阯省父。

⑮谢玄为叔父安所器，曰："子弟亦何预人事，而欲使其佳？"玄曰："如芝兰玉树，欲使生于庭阶耳。"

⑯孟母三迁，为子择邻。言己幸与诸贤相接。

⑰异日到交阯侍受父教，叨陪孔鲤趋庭之对。

⑱汉李膺以声名自高，士有被其容接者，名为登龙门。勃谓今日捧袂而进，喜托姓名于阎公之门，亦若龙门也。

⑲杨得意曾荐司马相如，后相如遂显。勃言不逢杨得意之荐，但诵相如《凌云》之赋，而自惜其不遇耳。

⑳伯牙鼓琴，志在流水。钟子期曰："洋洋若江河。"勃谓既遇阎公之知音，即呈所为文，又何愧焉。　　此段自叙以省父过此，得与宴会，不敢辞作序之意。

㉑兰亭，王羲之宴集之地，今已往矣。

㉒梓泽，石崇金谷园，今已荒废而为丘墟。

㉓序系勃作，故曰临别赠言，既承阎公之恩于伟饯矣。

㉔登高阁而作赋，勃诚不能，是有望于在会之群公也。　　勃居末座，而僭作序，故以逊词作结。得体。

㉕结作序。

㉖勃先申一言，以均此意而赋之，而八句四韵俱成矣。　　起作诗。

㉗阁耸而依江。

㉘宴罢而佩玉、鸣鸾之歌舞亦罢。

㉙朝看画栋，俨若飞南浦之云。

㉚暮收朱帘，宛若卷西山之雨。

㉛云映深潭，日悠悠而自在。

㉜物象之改换，星宿之推移，此阁至今，凡几度秋。

㉝伤今思古。

㉞伤其物是而人非也。　　序词藻丽，诗意淡远，非是诗不能称是序。

唐高祖子元婴为洪州刺史，建此阁。后封滕王，故曰滕王阁。咸淳二年，阎伯屿为洪州牧，重修。九月九日，宴宾僚于阁。欲夸其婿吴子章才，令宿构序。时王勃省父，次马当，去南昌七百里。梦水神告曰："助风一帆。"达旦，遂抵南昌与宴。阎请众宾序，至勃，不辞。阎恚甚，密令吏得句即投。至"落霞"二句，叹曰："此天才也。"想其当日对客挥毫，珍词绣句层见叠出，洵是奇才。

李　白

与韩荆州书

白闻天下谈士相聚而言曰："生不用封万户侯，但愿一识韩荆州。"何令人之景慕，一至于此①！岂不以周公之风，躬吐握之事②，使海内豪俊，奔走而归之。一登龙门，则声价十倍③。所以龙蟠凤逸之士，皆欲收名定价于君侯④。君侯不以富贵而骄之，寒贱而忽之。则三千之中有毛遂，使白得颖脱而出，即其人焉⑤。

白，陇西布衣，流落楚汉。十五好剑术，遍干诸侯。三十成文章，历抵卿相⑥。虽长不满七尺，而心雄万夫⑦。皆王公大人，许与气义⑧。此畴曩心迹，安敢不尽于君侯哉⑨！

君侯制作侔神明，德行动天地。笔参造化，学究天人⑩。幸愿开张心颜，不以长揖见拒⑪。必若接之以高宴，纵之以清谈，请日试万言，倚马可待⑫。今天下以君侯为文章之司命，人物之权衡⑬，一经品题，便作佳士⑭。而今君侯何惜阶前盈尺之地，不使白扬眉吐气，激昂青云耶⑮？昔王子师⑯为豫州，未下车，即辟荀慈明⑰，既下车，又辟孔文举⑱。山涛⑲作冀州，甄拔三十余人，或为侍中、尚书，先代所美⑳。而君侯亦一荐严协律，入为秘书郎。中间崔宗之、房习祖、黎昕、许莹之徒，或以才名见知，或以清白见赏。白每观其衔恩抚躬，忠义奋发㉑。白以此感激，知君侯推赤心于诸贤之腹中，所以不归他人，而愿委身国士㉒。傥急难有用，敢效微躯㉓。

且人非尧舜，谁能尽善？白谟猷筹画，安能自矜㉔？至于制作，积成卷轴，则欲尘秽视听㉕，恐雕虫小技，不合大人㉖。若赐观刍荛，请给纸笔，兼之书人，然后退扫闲轩，缮写呈上㉗。庶青萍、结绿，长价于薛、卞之门㉘。幸推下流，大开奖饰，唯君侯图之。

【注释】

①韩朝宗当玄宗时，为荆州刺史，人皆景慕之，故太白上书以自荐。　欲赞韩荆州，却借天下谈士之言排宕而出之，便与谀美者异。

②周公一沐三握发，一饭三吐哺，起以待士。

③汉李膺以声名自高，士有被其容接者，谓之登龙门。

④龙蟠凤逸，谓士之俊秀者，皆欲奉谒荆州，收美名，定声价也。　此段叙荆州平日能得士。

⑤平原君食客三千。毛遂，平原君客也。颖，锥柄。平原君谓毛遂曰："夫士之处世，譬若锥处囊中，其末立见。"毛遂曰："臣乃今日请处囊中耳！使遂早得处囊中，乃颖脱而出，非特其末见而已。"　借毛遂落到自己。言已在群士中，为尤异者。起下自叙。

⑥干，犯也。抵，触也。

⑦身虽小而志实大。

⑧气义见许于王公大人。

⑨此平昔所怀，安敢不尽告于荆州？　　此段叙自己平日能见重于诸侯卿相。起下愿识荆州。

⑩颂荆州四句。

⑪凡士人见公卿，长揖不拜。

⑫桓温北征鲜卑，命袁宏倚马作露布文，手不辍笔，俄成七纸，绝妙。

⑬司文章之命脉，察人物之重轻。

⑭应上“一登龙门”二句。

⑮言使己得见所长于荆州之前，犹致身于青云之上，故曰“激昂青云”。　　此段正写己愿识荆州，却绝不作一分寒乞态，殊觉豪气逼人。

⑯王子师，东汉人。

⑰荀慈明，即荀爽。

⑱孔文举，即孔融。

⑲山涛，晋人。

⑳子师、山涛皆能接引后进，为先代人之所称美。　　前人已有其事。

㉑荆州能接引后进，为当时人之所鼓舞。　　荆州亦有其事。

㉒委，托也。国士，谓荆州。言其才德为当今第一人，所谓国士无双也。

㉓亦当奋发其忠义，以报国士知遇之恩。　　此段誉荆州有荐人之美，所以动其荐己之心。

㉔不敢强己所短。

㉕正欲献己所长。

㉖雕虫技，谓作诗赋之类。

㉗既以文自荐，却又不即自献其文。先请给纸、笔、书人，何等身份！

㉘青萍，剑名。结绿，玉名。薛烛善相剑，卞和善识玉。　　仍拈“价”字作结，关应甚紧。

本是欲以文章求知于荆州，却先将荆州人品极力抬高，以见国士之出不偶，知己之遇当急。至于自述处，文气骚逸，词调豪雄，到底不作寒酸求乞态。自是青莲本色。

春夜宴桃李园序

夫天地者，万物之逆旅[①]；光阴者，百代之过客。而浮生若梦，为欢几何？古人秉烛夜游，良有以也[②]。况阳春召我以烟景，大块假我以文章[③]。会桃李之芳园，序天伦之乐事[④]。群季俊秀，皆为惠连[⑤]。吾人咏歌，独惭康乐[⑥]。幽赏未已，高谈转清。开琼筵以坐花，飞羽觞而醉月[⑦]。不有佳作，何伸雅怀？如诗不成，罚依金谷酒数[⑧]。

【注释】

①逆游，客舍也。

②古诗云：“昼短苦夜长，何不秉烛游。”　　点“夜”字。

③烟景，春景也。大块，天地也。触目春景，皆天地之文章。　　点“春”字。

④时园中桃李盛开，太白与诸兄弟共宴于其中。　　是设宴本意。

⑤群季，谓诸弟也。谢灵运之弟曰惠连。　　美诸弟之才。

⑥谢灵运封康乐侯。　　谦自己之拙。

⑦二句，确是春夜宴桃李园。

⑧石崇宴客于金谷园，赋诗不成者，罚三觞。　　末数语，写一觞一咏之乐，与世俗浪游者迥别。

发端数语，已见潇洒风尘之外。而转落层次，语无泛设，幽怀逸趣，辞短韵长。读之增人许多情思。

李　华

吊古战场文

浩浩乎平沙无垠，敻不见人[1]。河水萦带，群山纠纷[2]。黯兮惨悴，风悲日曛[3]。蓬断草枯，凛若霜晨[4]。鸟飞不下，兽铤亡群[5]。亭长告余曰："此古战场也，常覆三军。往往鬼哭，天阴则闻[6]。"伤心哉！秦欤？汉欤？将近代欤[7]？

吾闻夫齐魏徭戍，荆韩召募[8]。万里奔走，连年暴露[9]。沙草晨牧，河水夜渡[10]。地阔天长，不知归路。寄身锋刃，腷臆谁诉[11]？秦汉而还，多事四夷。中州耗斁，无世无之[12]。古称戎夏，不抗王师[13]。文教失宣，武臣用奇[14]。奇兵有异于仁义，王道迂阔而莫为[15]。呜呼噫嘻！

吾想夫北风振漠，胡兵伺便[16]。主将骄敌，期门受战[17]。野竖旄旗，川回组练[18]。法重心骇，威尊命贱[19]。利镞穿骨，惊沙入面。主客相搏，山川震眩[20]。声析江河，势崩雷电[21]。至若穷阴凝闭，凛冽海隅[22]；积雪没胫，坚冰在须；鸷鸟休巢，征马踟蹰[23]；缯纩无温，堕指裂肤[24]。当此苦寒，天假强胡，凭陵杀气，以相剪屠[25]。径截辎重，横攻士卒[26]。都尉新降，将军覆没。尸填巨港之岸，血满长城之窟[27]。无贵无贱，同为枯骨，可胜言哉[28]！鼓衰兮力尽，矢竭兮弦绝，白刃交兮宝刀折，两军蹙兮生死决[29]。降矣哉？终身夷狄！战矣哉？骨暴砂砾[30]！鸟无声兮山寂寂，夜正长兮风淅淅[31]。魂魄结兮天沉沉[32]，鬼神聚兮云幂幂[33]。日光寒兮草短，月色苦兮霜白。伤心惨目，有如是耶[34]！

吾闻之，牧用赵卒，大破林胡，开地千里，遁逃匈奴[35]。汉倾天下，财殚力痡，任人而已，其在多乎[36]？周逐猃狁，北至太原，既城朔方，全师而还。饮至策勋，和乐且闲，穆穆棣棣，君臣之间[37]。秦起长城，竟海为关，荼毒生灵，万里朱殷[38]。汉击匈奴，虽得阴山，枕骸遍野，功不补患[39]。

苍苍蒸民[40]，谁无父母？提携捧负，畏其不寿。谁无兄弟？如足如手。谁无夫妇？如宾如友。生也何恩？杀之何咎[41]？其存其没，家莫闻知[42]。人或有言，将信

将疑,悁悁心目,寝寐见之[43]。布奠倾觞,哭望天涯[44]。天地为愁,草木凄悲。吊祭不至,精魂何依[45]？必有凶年,人其流离[46]。呜呼噫嘻！时耶？命耶？从古如斯[47]。为之奈何？守在四夷[48]。

【注释】

①垠,涯际也。夐,远也。言边塞之间,浩浩乎皆平沙无涯,又远不见人。

②萦带,萦绕如带也。纠纷,杂乱也。言举目惟有山水也。

③黯,深惨色。曛,无光也。

④蓬草尽枯断,终日如霜落之晨。

⑤铤,疾走貌。　先将空场写出愁惨气象。

⑥述亭长言,倍加愁惨。“常覆三军”四字,是一篇之纲。

⑦总吊一笔,只用“伤心哉”三字,便愁惨无极。

⑧徭,役也。戍,守边卒也。召募,以财招兵也。

⑨奔走既遥,暴露又久。

⑩晨则牧马,夜则渡河。

⑪腷臆,意不泄也。　此是写三军初合未覆时,就秦汉之先说起。

⑫耗,损也。斁,败也。　总言秦汉以来,事战场之苦。

⑬自古天子以文教安天下,外戎中夏,不敢抗拒王者之师,以王师用正也。

⑭不用正而用奇。

⑮因此多杀伤之惨。

⑯漠,沙漠之地。伺,侦候也。北风振漠之时,边防易于疏虞,敌兵常伏,而伺察其便。

⑰期门,军卫之门。主将轻敌,遂临期门以受战。

⑱组,组甲,漆甲成组文。练,练袍。皆战备也。

⑲八字,尤极酸楚。

⑳主客合围而相击,则金鼓互喧,山川亦为之震眩。

㉑析,分也。声之震也,足以分江河。势之崩也,不异于雷电。　此是写初战未覆时。

㉒凛冽,寒气严也。

㉓休巢,休于巢中不出也。踟蹰,行不进貌。言皆畏寒也。

㉔缯,帛也。纩,绵也。

㉕加写苦寒,更自凄惨。

㉖辎重,载衣物车。

㉗窟,孔穴也。

㉘此是写三军正覆时。

㉙蹙,迫也。

㉚砾,小石。　此重写三军欲覆未覆时。

㉛淅淅,声肃也。

㉜沉沉,昏暗也。

㉝幂幂,阴惨也。

㉞此则写三军已覆之后也。

㉟李牧,赵良将。　叹赵。

㊱痡，病也。汉虽倾动天下，而财尽力病，因思守边之将在得人，不在多也。　怨汉。

㊲猃狁，北狄也。朔方，北荒之地。饮至，归而告至于庙而饮也。穆穆，幽深和敬之貌。棣棣，威仪闲习之貌。　叹周。

㊳殷，赤黑色。朱，血色。血色久则殷。　怨秦。

㊴怨汉。　看他叠叠只怨秦汉，即近代，不言可知。

㊵苍苍，天也。蒸，众也。言天生众民。

㊶死于战者有何罪？

㊷父母兄弟妻子，不得而知。

㊸悁悁，忧忿也。

㊹布奠而哭望，不知其死所也。

㊺又从家中写出酸楚。

㊻《老子》云："大军之后，必有凶年。"不但死者可伤，生者亦可虑也。

㊼总结秦、汉、近代。

㊽虽有宣文教、施仁义以行王道，使戎夏为一，而四夷各为天子守土，则无事于战矣。结出一篇主意。

通篇只是极写亭长口中"常覆三军"一语。所以"常覆三军"，因"多事四夷"故也。遂将秦汉至近代，上下数千百年，反反复复，写得愁惨悲哀，不堪再诵。

刘禹锡

陋室铭

山不在高，有仙则名；水不在深，有龙则灵①。斯是陋室，惟吾德馨②。苔痕上阶绿，草色入帘青③。谈笑有鸿儒，往来无白丁④。可以调素琴，阅金经。无丝竹之乱耳，无案牍之劳形⑤。南阳诸葛庐，西蜀子云亭⑥。孔子云："何陋之有⑦？"

【注释】

①以山水引起陋室。

②有吾德之馨香，可以忘室之陋。

③室中景。

④室中人。

⑤室中事。

⑥孔明居南阳草庐。子云居西蜀，有玄亭。　引证陋室。

⑦应"德馨"结。

陋室之可铭，在德之馨，不在室之陋也。惟有德者居之，则陋室之中，触目皆成佳趣。末以“何陋”结之，饶有逸韵。

杜　牧

阿房宫赋

六王毕，四海一；蜀山兀，阿房出①。覆压三百余里②，隔离天日③。骊山北构而西折，直走咸阳④，二川溶溶，流入宫墙⑤。五步一楼，十步一阁；廊腰缦回，檐牙高啄⑥；各抱地势，钩心斗角⑦。盘盘焉，囷囷焉，蜂房水涡，矗不知其几千万落⑧。长桥卧波，未云何龙⑨？复道行空，不霁何虹⑩？高低冥迷，不知西东⑪。歌台暖响，春光融融⑫；舞殿冷袖，风雨凄凄⑬。一日之内，一宫之间，而气候不齐⑭。

妃嫔媵嫱⑮，王子皇孙⑯，辞楼下殿⑰，辇来于秦⑱，朝歌夜弦，为秦宫人⑲。明星荧荧，开妆镜也⑳；绿云扰扰，梳晓鬟也㉑；渭流涨腻，弃脂水也㉒；烟斜雾横，焚椒兰也㉓；雷霆乍惊，宫车过也；辘辘远听，杳不知其所之也㉔。一肌一容，尽态极妍；缦立远视，而望幸焉㉕；有不得见者，三十六年㉖。

燕、赵之收藏，韩、魏之经营，齐、楚之精英㉗，几世几年，取掠其人，倚叠如山㉘。一旦不能有，输来其间㉙。鼎铛玉石，金块珠砾㉚，弃掷逦迤㉛，秦人视之，亦不甚惜㉜。

嗟乎！一人之心，千万人之心也。秦爱纷奢，人亦念其家㉝。奈何取之尽锱铢，用之如泥沙？使负栋之柱，多于南亩之农夫；架梁之椽，多于机上之工女；钉头磷磷，多于在庾之粟粒；瓦缝参差，多于周身之帛缕；直栏横槛，多于九土之城郭；管弦呕哑，多于市人之言语㉞。使天下之人，不敢言而敢怒。独夫之心，日益骄固㉟。戍卒叫㊱，函谷举㊲，楚人一炬㊳，可怜焦土㊴。

呜呼！灭六国者，六国也，非秦也㊵。族秦者，秦也，非天下也㊶。嗟夫！使六国各爱其人，则足以拒秦㊷。秦复爱六国之人，则递三世，可至万世而为君，谁得而族灭也㊸？秦人不暇自哀，而后人哀之；后人哀之而不鉴之，亦使后人而复哀后人也㊹。

【注释】

①燕、赵、韩、魏、齐、楚灭而海内一统，蜀山木尽而阿房始成。　起四语，只十二字，便将始皇混一已后纵心溢志写尽。真突兀可喜。

②广。

③仅与天日相隔离。　高。

④骊山在北，咸阳在西。自骊山北结屋，曲折而至西，直赴咸阳殿为大宫。

⑤二川，渭川、樊川也。溶溶，安流也。　此段总写其大，下乃细写之。

⑥廊腰曲折，如缯缦之回环。檐牙尖耸，如禽鸟之高啄。

⑦或楼或阁，各因地势而环抱其间。屋心聚处如钩，屋角相凑若斗。

⑧盘盘，周回也。囷囷，屈曲也。远望天井，如蜂之房。水溜天井中为涡，即瓦沟也。矗，高起貌。落，檐滴也。　　此段写宫中楼阁之多。

⑨自阿房渡渭，属之咸阳，以象天极。有长桥卧水波上，疑是为龙，然龙必有云，今无云，知非龙。

⑩自殿下直抵南山之巅，架木为复道，若空中行。朱碧相照，疑是为虹，然虹必待雩，今不雩，知非虹。

⑪言长桥、复道，无从辨高低西东也。　　此段写桥梁道路之远。

⑫临台而歌，则响为之暖，如春光之融和。

⑬舞罢闲散，则袖为之冷，如风雨之凄凉。

⑭言非一日暖，一日冷，或一宫暖，一宫冷也。只一日一宫，其气候之变如此。　　此段写宫殿歌舞之盛。

⑮自皇后而下，为妃为嫔。又其次，则为媵为嫱。　　六国宫妃。

⑯王子皇孙，六国公族。

⑰辞六王之楼，下六王之殿。

⑱驾人以行曰辇。

⑲早以声歌，夜以丝弦，转而为秦皇之宫人。　　六句承上写歌舞，接下写美人。

⑳疑其星，言镜之多。

㉑疑其云，言鬟之多。

㉒言脂之多。

㉓言香之多。

㉔辘辘，车声。言车之多。比上增一句，参差。

㉕缦，宽心也。天子车驾所至曰幸。

㉖始皇在位三十六年，言终其身而不得一见也。　　此段写宫中美人之多。

㉗收藏、经营、精英，指下金玉等言。　　横写六国珍奇。

㉘六国历久，取掠于人，故多积如山。　　竖写六国珍奇。

㉙六国一旦不能自保其所有，尽输于秦。

㉚铛，釜属。砾，小石。谓视鼎如铛，玉如石，金如块，珠如砾也。

㉛弃掷，言其多，不能尽庋阁于几席也。逦迤，连接也，言弃掷不止一处也。

㉜言不惟秦皇，即秦民亦侈甚也。　　此段写宫中珍奇之多。

㉝人情不甚相远。

㉞总上极写。

㉟独夫，指秦皇。　　写秦止此。

㊱陈涉乃戍卒，一呼而人响应。

㊲汉高入函谷关。

㊳项羽烧秦宫室。

㊴一篇无数壮丽，只以四字了之。

㊵断六国。

㊶断秦。

㊷痛惜六国。

㊸秦止二世而亡。　　痛惜秦。
㊹言尽而意无穷。

前幅极写阿房之瑰丽，不是羡慕其奢华，正以见骄横敛怨之至，而民不堪命也，便伏有不爱六国之人意在。所以一炬之后，回视向来瑰丽，亦复何有！以下因尽情痛悼之，为隋广、叔宝等人炯戒，尤有关治体。不若《上林》、《子虚》，徒逢君之过也。

韩　愈

原　道

博爱之谓仁，行而宜之之谓义，由是而之焉之谓道，足乎己无待于外之谓德①。仁与义为定名，道与德为虚位②。故道有君子小人③，而德有凶有吉④。老子之小仁义⑤，非毁之也，其见者小也⑥。坐井而观天，曰天小者，非天小也⑦。彼以煦煦为仁，孑孑为义，其小之也则宜⑧。其所谓道，道其所道，非吾所谓道也。其所谓德，德其所德，非吾所谓德也⑨。凡吾所谓道德云者，合仁与义言之也，天下之公言也。老子之所谓道德云者，去仁与义言之也，一人之私言也⑩。

周道衰，孔子没，火于秦⑪，黄、老于汉⑫，佛于晋、魏、梁、隋之间⑬，其言道德仁义者，不入于杨，则入于墨，不入于老，则入于佛⑭。入于彼，必出于此。入者主之，出者奴之；入者附之，出者汙之⑮。噫！后之人其欲闻仁义道德之说，孰从而听之⑯？老者曰："孔子，吾师之弟子也。"佛者曰："孔子，吾师之弟子也⑰。"为孔子者，习闻其说，乐其诞而自小也，亦曰："吾师亦尝师之云尔⑱。"不惟举之于其口，而又笔之于其书⑲。噫！后之人虽欲闻仁义道德之说，其孰从而求之⑳？甚矣，人之好怪也！不求其端，不讯其末，惟怪之欲闻㉑。古之为民者四，今之为民者六；古之教者处其一，今之教者处其三㉒。农之家一，而食粟之家六；工之家一，而用器之家六；贾之家一，而资焉之家六㉓。奈之何民不穷且盗也㉔！

古之时，人之害多矣㉕。有圣人者立，然后教之以相生相养之道㉖，为之君，为之师㉗，驱其虫蛇禽兽而处之中土。寒然后为之衣，饥然后为之食。木处而颠，土处而病也，然后为之宫室。为之工以赡其器用，为之贾以通其有无，为之医药以济其夭死，为之葬埋祭祀以长其恩爱，为之礼以次其先后，为之乐以宣其湮郁，为之政以率其怠倦，为之刑以锄其强梗。相欺也，为之符玺、斗斛、权衡以信之；相夺也，为之城郭、甲兵以守之。害至而为之备，患生而为之防㉘。今其言曰："圣人不死，大盗不止。剖斗折衡，而民不争㉙。"呜呼！其亦不思而已矣。如古之无圣人，人之类灭久矣㉚。何也？无羽毛、鳞介以居寒热也，无爪牙以争食也㉛。是故君者，出令者

也；臣者，行君之令而致之民者也；民者，出粟米麻丝、作器皿、通货财以事其上者也。君不出令，则失其所以为君；臣不行君之令而致之民，则失其所以为臣；民不出粟米麻丝、作器皿、通货财以事其上，则诛[32]。今其法曰："必弃而君臣，去而父子，禁而相生相养之道[33]，以求其所谓清净、寂灭者[34]。"呜呼！其亦幸而出于三代之后，不见黜于禹、汤、文、武、周公、孔子也。其亦不幸而不出于三代之前，不见正于禹、汤、文、武、周公、孔子也[35]。

帝之与王，其号虽殊，其所以为圣一也。夏葛而冬裘，渴饮而饥食，其事虽殊，其所以为智一也。今其言曰："曷不为太古之无事[36]？"是亦责冬之裘者曰："曷不为葛之之易也？"责饥之食者曰："曷不为饮之之易也[37]？"传曰："古之欲明明德于天下者，先治其国；欲治其国者，先齐其家；欲齐其家者，先修其身；欲修其身者，先正其心；欲正其心者，先诚其意。"然则古之所谓正心而诚意者，将以有为也[38]。今也欲治其心[39]，而外天下国家，灭其天常，子焉而不父其父，臣焉而不君其君，民焉而不事其事[40]。孔子之作《春秋》也，诸侯用夷礼则夷之，进于中国则中国之。经曰："夷狄之有君，不如诸夏之亡。"《诗》曰："戎狄是膺，荆舒是惩。"今也举夷狄之法，而加之先王之教之上，几何其不胥而为夷也[41]！

夫所谓先王之教者，何也[42]？博爱之谓仁，行而宜之之谓义，由是而之焉之谓道，足乎己无待于外之谓德。其文，《诗》、《书》、《易》、《春秋》；其法，礼、乐、刑、政；其民，士、农、工、贾；其位，君臣、父子、师友、宾主、昆弟、夫妇；其服，麻、丝；其居，宫、室；其食，粟、米、果、蔬、鱼、肉。其为道易明，而其为教易行也[43]。是故以之为己，则顺而祥；以之为人，则爱而公；以之为心，则和而平；以之为天下国家，无所处而不当。是故生则得其情，死则尽其常；郊焉而天神假，庙焉而人鬼飨 。曰："斯道也，何道也[44]？"曰："斯吾所谓道也，非向所谓老与佛之道也[45]。尧以是传之舜，舜以是传之禹，禹以是传之汤，汤以是传之文、武、周公，文、武、周公传之孔子，孔子传之孟轲，轲之死，不得其传焉[46]。荀与扬也，择焉而不精，语焉而不详[47]。由周公而上，上而为君，故其事行。由周公而下，下而为臣，故其说长[48]。"

然则如之何而可也[49]？曰："不塞不流，不止不行[50]。人其人[51]，火其书[52]，庐其居[53]，明先王之道以道[54]之，鳏寡孤独废疾者有养也[55]。其亦庶乎其可也[56]！"

【注释】

①下二句，俱指仁义说。　　起四语，具四法。

②所谓道德云者，仁义而已，故以仁义为定名，道德为虚位。道德之实非虚，而道德之位则虚也。

③如《易》言"君子道长，小人道消"之类。

④如《易》言"恒其德，贞，妇人吉，夫子凶"之类。此所以谓之虚位也。

⑤《老子》："大道废，有仁义。"

⑥见小，是老子病源。

⑦忙中著此数语，如落叶惊湍，大有致趣。

⑧煦煦，小惠貌。孑孑，孤立貌。老子错认仁义，故以为小。

⑨《老子》："道可道，非常道。"又："上德不德，是以有德。"老子不知有仁义，并错认道德。

⑩老子平日谈道德，乃欲离却仁义，一味是虚无上去。曾不知道德自仁义中出，故据此辟之，已括尽全篇之意。

⑪秦李斯请吏官非秦记皆烧之，非博士官所职而天下敢有收藏《诗》、《书》、百家语者，悉诣守尉杂烧之。

⑫黄、老，黄帝、老子也 。汉曹参始荐盖公能言黄、老，文帝宗之，自是相传学道众矣。

⑬后汉明帝夜梦金人飞行殿庭，以问于朝，而傅毅以佛对。帝遣使往天竺，得佛经及释迦像，自后佛法遍中夏焉。此特南举晋、梁，北举魏、隋也。

⑭杨、墨、佛、老虽并点，只重佛、老一边。

⑮人于杨、墨、佛、老者，必出于圣人之学。主异端者，必以圣人为奴。附异端者，必以圣人为汙也。　　此处说人从异端。衍此六句，方顿挫。

⑯冷语收上。下又翻出佛、老两段作波澜。

⑰老者、佛者，谓治老、佛之道者。如孟子所谓墨者是也。

⑱为，治也。言治孔子之道者，喜佛、老之怪诞，而自以儒道为小，而愿附之。

⑲笔之于书，如《庄子・天运》篇"孔子见老子而语仁义。老子曰：'仁义憯然，乃愤吾心，乱莫大焉……'孔子归，三日不谈……"之类也。

⑳重上一段作小束，宕甚。

㉑端，始也。末，终也。佛、老之说甚怪，而人好之，故反足以胜吾道。　　数语是文章之要领。

㉒添了佛、老二种。

㉓"农"、"工"、"贾"三句，紧顶上"古"、"今"四句，总言佛、老之害。

㉔有此句，下面许多功用，便少不得。

㉕害，指下文虫、蛇、禽、兽、饥、寒、颠、病等语。

㉖见得天地间不可无圣人之道，有功于人，非佛、老可及。

㉗《书》："天降下民，作之君，作之师。"

㉘连用十七个"为之"字，起伏顿挫，如层峰叠岚，如惊波巨浪，自不觉其重复。盖句法善转换也。　　说出圣人许多实功，正见佛、老之谬，全在下"清净寂灭"四字。

㉙其言，指老氏之书。

㉚用反语束上文。圣人治天下，许多条理，一句可以唤醒。

㉛言人不若禽兽之有羽毛、鳞介、爪牙，必待圣人衣食之。若无圣人，岂能至今有人类乎？

㉜提出君、臣、民三项，一正一反，以形佛、老之无父无君。

㉝其法，指佛、老之教。而，汝也。

㉞老言清净，佛言寂灭，此佛、老之反于圣人处。

㉟著此感慨一段，味便深长，文便鼓宕。

㊱此老庄之语。

㊲突入譬喻，破其清净、无为之说。

㊳佛、老托于无为，《大学》功在有为，二字尽折其谬。

㊴佛、老亦治心之学。

㊵此佛、老之无为。

㊶极言佛、老之祸天下，所以深恶而痛绝之。

㊷紧接。

㊸"夫所谓"至此一段，收拾前文，生发后文，绝妙章法。

㊹问语作态。

㊺应"非吾所谓道"一段，是《原道》结穴。

㊻"轲之死"一句，承上极有力，一篇精神在此。

㊼荀卿，名况，赵人。尝推儒、墨道德之行事兴坏，序列著数万言而卒。汉扬雄，字子云，所撰有《法言》十三卷。　故云孟子之后不得其传。

㊽事行，谓得位以行道。说长，谓立言以明道也。　重下二句，是《原道》本意。

㊾完矣，又一转。

㊿佛、老之道，不塞不止。圣人之道，不流不行。

(51)僧、道俱令还俗。

(52)绝其惑人之说。

(53)寺观改作民房。

(54)道，同"导"。

(55)以无佛、老之害，故穷民皆得其所养。

(56)两"可"字呼应作结，言有尽而意无穷。

孔孟没，大道废，异端炽。千有余年，而后得《原道》之书辟而辟之，理则布帛菽粟，气则山走海飞，发先儒所未发，为后学之阶梯，是大有功名教之文。

原　毁

古之君子，其责己也重以周，其待人也轻以约[①]。重以周，故不怠；轻以约，故人乐为善[②]。

闻古之人有舜者，其为人也，仁义人也。求其所以为舜者，责于己曰："彼，人也；予，人也。彼能是，而我乃不能是？"早夜以思，去其不如舜者，就其如舜者。闻古之人有周公者，其为人也，多才与艺人也。求其所以为周公者，责于己曰："彼，人也；予，人也。彼能是，而我乃不能是？"早夜以思，去其不如周公者，就其如周公者[③]。舜，大圣人也，后世无及焉；周公，大圣人也，后世无及焉。是人也，乃曰："不如舜，不如周公，吾之病也[④]。"是不亦责于身者重以周乎[⑤]？

其于人也，曰："彼人也，能有是，是足为良人矣；能善是，是足为艺人矣[⑥]。"取其一，不责其二；即其新，不究其旧。恐恐然惟惧其人之不得为善之利[⑦]。一善易修也，一艺易能也。其于人也，乃曰："能有是，是亦足矣。"曰："能善是，是亦足矣[⑧]。"不亦待于人者轻以约乎[⑨]？

今之君子则不然[⑩]，其责人也详，其待己也廉。详，故人难于为善；廉，故自取也少[⑪]。己未有善，曰："我善是，是亦足矣。"己未有能，曰："我能是，是亦足矣。"外以欺于人，内以欺于心，未少有得而止矣。不亦待其身者已廉乎[⑫]？其于人也，曰："彼虽能是，其人不足称也；彼虽善是，其用不足称也。"举其一，不计其十；究其旧，

不图其新。恐恐然惟惧其人之有闻也。是不亦责于人者已详乎[13]？夫是之谓不以众人待其身，而以圣人望于人，吾未见其尊已也[14]。

虽然[15]，为是者有本有原，怠与忌之谓也。怠者不能修，而忌者畏人修[16]。吾尝试之矣[17]。尝试语于众曰："某良士，某良士。"其应者，必其人之与也；不然，则其所疏远，不与同其利者也；不然，则其畏也。不若是[18]，强者必怒于言，懦者必怒于色矣[19]。又尝语于众曰："某非良士，某非良士。"其不应者，必其人之与也；不然，则其所疏远，不与同其利者也；不然，则其畏也。不若是[20]，强者必说于言，懦者必说于色矣[21]。

是故事修而谤兴，德高而毁来。呜呼！士之处此世，而望名誉之光，道德之行，难已[22]！将有作于上者，得我说而存之，其国家可几而理欤[23]！

【注释】

①此孔子所谓"躬自厚而薄责于人"之意　　二语是一篇之柱。

②申上文作两对，是双关起法。

③此二段语意，俱本《孟子》"舜何人，予何人"一段来。

④只转说。一说便见波澜。

⑤应一句。

⑥从上段"能"字，生出"善"字。

⑦顺势衍足上意。

⑧亦转说。一说又作波澜。

⑨应一句。　　已上写古之君子作两扇，是宾。

⑩一句折入。

⑪亦作双关起法。

⑫应一句。

⑬应一句。　　已上写今之君子作两扇，是主。亦只就"能"、"善"二字，翻弄成文，妙。

⑭文极滔滔莽莽，有一泻千里之势，不意从此间忽作一小束，何等便捷！是文章中深于开合之法者。

⑮急转。

⑯"怠"、"忌"二字，切中今人病痛。下文只说"忌者"，而"怠者"自可知，惟"怠"故"忌"也。　　方说到本题，此为毁之根也。

⑰又作一顾，生下二比。

⑱总撇上三句。

⑲"良士"一段，是主中之宾。

⑳总撇上三句。

㉑"非良士"一段，是主中之主。　　两意形出"忌"字，以原毁者之情，委婉曲折，词采若画。

㉒《原毁》篇，到末才露出"毁"字。大都详与廉，毁之枝叶，怠与忌，毁之本根。不必说毁，而毁意自见。

㉓慨然有余思。

全用"重周"、"轻约"、"详廉"、"怠忌"八字立说。然其中只以一"忌"字，原出毁者之情，局法亦奇。若他人作此，则不免露爪张牙，多作仇愤语矣。

获麟解

麟之为灵，昭昭也①，咏于《诗》，书于《春秋》，杂出于传记百家之书，虽妇人小子，皆知其为祥也②。

然麟之为物，不畜于家，不恒有于天下，其为形也不类，非若马、牛、犬、豕、豺、狼、麋、鹿然。然则虽有麟，不可知其为麟也③。角者，吾知其为牛；鬣者，吾知其为马；犬、豕、豺、狼、麋、鹿，吾知其为犬、豕、豺、狼、麋、鹿；惟麟也不可知。不可知，则其谓之不祥也亦宜④。

虽然，麟之出，必有圣人在乎位，麟为圣人出也⑤。圣人者必知麟，麟之果不为不祥也⑥。

又曰："麟之所以为麟者，以德不以形⑦。"若麟之出不待圣人，则谓之不祥也亦宜⑧。

【注释】

①麟，麕身，牛尾，马蹄，一角，毛虫之长，王者之瑞也。　先立一句，"灵"字伏"德"字。

②《诗》："麟之趾。"《春秋·鲁哀公十四年》："西狩获麟。"传记百家，谓史传所记及诸子百家也。虽妇人小子皆知其为祥瑞，正见其昭昭处。　一转。

③知其为祥，不可知其为麟。所以为灵。　二转。

④既不可知其为麟，则谓麟为不祥之物，亦无足怪。　三转，起下"圣人必知麟"。

⑤帝王之世，麟在郊薮。

⑥麟必待有知麟之圣人而后出，麟固无有谓其不祥者。　四转。

⑦"以德"句，正与"为灵昭昭"句相应。"德"字，即"灵"字之意，惟德故灵也。

⑧若出非其时，则失其所以为麟矣，何祥之有？　五转。　上"不祥"，是天下不知麟也，非麟之咎也。此"不祥"，真麟之罪也，非天下之咎也。

此解与论龙、论马，皆退之自喻有为之言，非有所指实也。文仅一百八十余字，凡五转，如游龙，如辘轳，变化不穷，真奇文也。

杂　说(一)

龙嘘气成云，云固弗灵于龙也①。然龙乘是气，茫洋穷乎玄间，薄日月，伏光景，感震电，神变化，水下土，汩陵谷，云亦灵怪矣哉②！云，龙之所能使为灵也。若龙之灵，则非云之所能使为灵也③。

然龙弗得云，无以神其灵矣。失其所凭依，信不可欤④！异哉！其所凭依，乃其所自为也⑤。《易》曰："云从龙⑥。"既曰龙，云从之矣⑦。

【注释】

①嘘气，虚口出气也。云为龙之所自有，故弗能灵于龙。　　一节，言龙之灵。轻。下急转。

②茫洋，云水之气，极乎穹苍，日月为之掩蔽，光影为之伏藏，雷电为之震动，其变化风雨，则水遍乎下土，陵谷为之汩没，云亦灵怪极矣。　　二节，言云之灵。重。

③三节，申言龙之灵。轻。下急转。

④四节，申言云之灵。重。

⑤云为龙之嘘气，故曰自为。　　五节，言龙能为云，若无龙，则亦无云矣。轻。

⑥《易》："云从龙，风从虎，圣人作而万物睹。"

⑦六节，言龙必有云，若无云，则亦非龙矣。重。

此篇以龙喻圣君，云喻贤臣。言贤臣固不可无圣君，而圣君尤不可无贤臣。写得婉委曲折，作六节转换，一句一转，一转一意。若无而又有，若绝而又生，变变奇奇，可谓笔端有神。

杂　说(四)

世有伯乐，然后有千里马[①]。千里马常有，而伯乐不常有[②]。故虽有名马，只辱于奴隶人之手，骈死于槽枥之间，不以千里称也[③]。

马之千里者，一食或尽粟一石，食马者不知其能千里而食也。是马也，虽有千里之能，食不饱，力不足，才美不外见，且欲与常马等不可得[④]，安求其能千里也[⑤]！

策之不以其道，食之不能尽其材，鸣之而不能通其意，执策而临之，曰："天下无马。"呜呼！其真无马邪？其真不知马也[⑥]！

【注释】

①伯乐，秦穆公时人，姓孙，名阳，善相马。此以伯乐喻知己，以千里马喻贤士。　　一叹。

②二叹。

③骈，并也。　　三叹。

④拗一笔。

⑤四叹。　　"千里"二字，凡七唱，感慨悲婉。

⑥五叹，总结。

此篇以马取喻，谓英雄豪杰必遇知己者，尊之以高爵，养之以厚禄，任之以重权，斯可展布其材。否则，英雄豪杰亦已埋没多矣。而但谓之天下无才，然耶？否耶？甚矣！知遇之难其人也。

古文观止卷之八

唐文

韩愈

师说

古之学者必有师。师者，所以传道、受业、解惑也①。人非生而知之者，孰能无惑？惑而不从师，其为惑也，终不解矣②。生乎吾前，其闻道也，固先乎吾，吾从而师之；生乎吾后，其闻道也，亦先乎吾，吾从而师之。吾师道也，夫庸知其年之先后生于吾乎？是故无贵无贱，无长无少，道之所存，师之所存也③。

嗟乎！师道之不传也久矣，欲人之无惑也难矣④。古之圣人，其出人也远矣，犹且从师而问焉；今之众人，其下圣人也亦远矣，而耻学于师。是故圣益圣⑤，愚亦愚⑥。圣人之所以为圣，愚人之所以为愚，其皆出于此乎⑦？

爱其子，择师而教之；于其身也，则耻师焉，惑矣！彼童子之师，授之书而习其句读者也，非吾所谓传其道、解其惑者也。句读之不知，惑之不解，或师焉，或不焉，小学而大遗，吾未见其明也⑧。

巫医乐师百工之人，不耻相师。士大夫之族，曰师曰弟子云者，则群聚而笑之。问之，则曰："彼与彼，年相若也，道相似也⑨，位卑则足羞，官盛则近谀⑩。"呜呼！师道之不复，可知矣⑪！巫医乐师百工之人，君子不齿⑫，今其智乃反不能及，其可怪也欤⑬！

圣人无常师，孔子师郯子、苌宏、师襄、老聃。郯子之徒⑭，其贤不及孔子⑮。孔子曰："三人行，则必有我师⑯。"是故弟子不必不如师，师不必贤于弟子，闻道有先后，术业有专攻，如是而已⑰。

李氏子蟠，年十七⑱，好古文，六艺经传皆通习之，不拘于时，学于余⑲。余嘉其能行古道⑳，作《师说》以贻之。

【注释】

①说得师道如此郑重，一篇大纲领，具见于此。

②紧承"解惑"说，下承"传道"说。

③道在即师在，是绝世议论。

④忽作慨叹，若承若起，佳甚。

⑤古人。

⑥今人。

⑦此是高一等说话,翻前面“人非生知”之说。

⑧童子句读之不知,则为之择师。其身惑之不解,则不择师。是学其小,而遗忘其大者,可谓不明也。　　此就寻常话头,从容体出至情,其理明,其辞切。

⑨有长有少矣。

⑩有贵有贱矣。

⑪可为长太息。

⑫齿,列也。

⑬此与前论圣人且从师同意。前以至贵者形今人之不从师,此以至贱者形今人之不从师,反复剧论,意甚切至。

⑭省句。

⑮孔子询官名于郯子,访乐于苌宏,学琴于师襄,问礼于老聃。

⑯借孔子作证,取前“圣人从师”意。

⑰收前“吾师道”意,完足。

⑱蟠,贞元十九年进士。

⑲异于今人。

⑳不异于古人。

通篇只是“吾师道也”一句,言触处皆师,无论长幼贵贱,惟人自择。因借时人不肯从师,历引童子、巫医、孔子喻之。总是欲李氏子能自得师,不必谓公慨然以师道自任,而作此以倡后学也。

进学解

国子先生[①]晨入太学,招诸生立馆下,诲之曰:“业精于勤,荒于嬉;行成于思,毁于随[②]。方今圣贤相逢[③],治具毕张[④],拔去凶邪,登崇俊良。占小善者率以录,名一艺者无不庸[⑤]。爬罗剔抉[⑥],刮垢磨光[⑦]。盖有幸而获选,孰云多而不扬[⑧]。诸生业患不能精,无患有司之不明;行患不能成,无患有司之不公[⑨]。”

言未既,有笑于列者曰:“先生欺余哉!弟子事先生,于兹有年矣[⑩]。先生口不绝吟于六艺之文,手不停披于百家之编。记事者必提其要[⑪],纂言者必钩其玄[⑫]。贪多务得,细大不捐[⑬]。焚膏油以继晷,恒兀兀以穷年[⑭]。先生之业,可谓勤矣[⑮]。觝排异端,攘斥佛老[⑯]。补苴罅漏,张皇幽眇[⑰]。寻坠绪之茫茫,独旁搜而远绍[⑱]。障百川而东之,回狂澜于既倒[⑲]。先生之于儒,可谓劳矣[⑳]。沉浸醲郁,含英咀华[㉑],作为文章,其书满家[㉒]。上规姚姒,浑浑无涯[㉓]。周《诰》殷《盘》,佶屈聱牙[㉔]。《春秋》谨严[㉕],《左氏》浮夸[㉖]。《易》奇而法[㉗],《诗》正而葩[㉘]。下逮《庄》、《骚》[㉙],太史所录[㉚],子云、相如[㉛],同工异曲[㉜]。先生之于文,可谓闳其中而肆其外矣[㉝]。少始知学,勇于敢为。长通于方,左右具宜。先生之于为人,可谓成矣[㉞]。然而公不见信于人,私不见助于友。跋前踬后,动辄得咎[㉟]。暂为御史,遂窜南夷[㊱]。三年博士,

冗不见治[57]。命与仇谋，取败几时[58]！冬暖而儿号寒，年丰而妻啼饥。头童齿豁，竟死何裨[59]？不知虑此，反教人为[60]！"

先生曰："吁！子来前。夫大木为宎，细木为桷[41]，欂栌侏儒[42]，根闑扂楔[43]，各得其宜，施以成室者，匠氏之工也[44]。玉札丹砂，赤箭青芝[45]，牛溲马勃，败鼓之皮[46]，俱收并蓄，待用无遗者，医师之良也[47]。登明选公，杂进巧拙，纡余为妍[48]，卓荦为杰[49]，校短量长，惟器是适者，宰相之方也[50]。昔者孟轲好辩，孔道以明，辙环天下，卒老于行[51]。荀卿守正，大论是弘，逃谗于楚，废死兰陵[52]。是二儒者，吐辞为经，举足为法，绝类离伦，优入圣域，其遇于世何如也[53]？今先生学虽勤而不由其统，言虽多而不要其中，文虽奇而不济于用，行虽修而不显于众[54]。犹且月费俸钱，岁靡廪粟。子不知耕，妇不知织[55]。乘马从徒，安坐而食[56]。踵常途之役役，窥陈编以盗窃[57]。然而圣主不加诛[58]，宰臣不见斥，非其幸欤[59]！动而得谤，名亦随之，投闲置散，乃分之宜[60]。若夫商财贿之有亡，计班资之崇庳，忘己量之所称，指前人之瑕疵[61]，是所谓诘匠氏之不以杙为楹[62]，而訾医师以昌阳引年，欲进其豨苓也[63]。"

【注释】

①元和七年，公复为国子博士。

②随，因循也。　　陡然四句，起下"不明"、"不公"意。

③圣君、贤臣。

④需才分任。

⑤庸，用也。

⑥谓搜取人才。

⑦谓造就人才。

⑧"幸"字，最有含蓄。

⑨此四句是一篇议论张本。

⑩头。

⑪举纲挈领。

⑫极深研幾。

⑬悉备。

⑭晷，日景也。兀兀，劳苦也。恒，久。

⑮一段，言勤于已业。

⑯觝，触也。　　辟邪说。

⑰苴所以藉履。《吕览》："衣弊不补，履决不苴。"罅，孔隙也。皇，大也。言儒术缺漏处，则补苴之；圣道隐微处，则张大之。　　翼圣学。

⑱承"补苴"、"张皇"说。

⑲承"觝排"、"攘斥"说。

⑳二段，言劳于卫道。

㉑读书而涵泳其味。

㉒作文而悉本于古。

㉓姚，虞姓。姒，夏姓也。扬子："虞、夏之书浑浑尔。"

㉔周《诰》,《大诰》、《康诰》、《酒诰》、《召诰》、《洛诰》是也。殷《盘》,《盘庚》上、中、下三篇是也。佶屈聱牙,皆艰涩难读貌。

㉕一字褒贬,谨而严毅。

㉖《左传》释经,浮虚夸大。

㉗《易》之变易甚奇,而正当之理可法。

㉘《诗》之义理甚正,而藻丽之词实华。

㉙《庄》、《骚》,《庄子》、《离骚》。

㉚《史记》、《汉书》。

㉛扬雄,字子云。司马长卿,名相如。

㉜犹乐之同工,而异其曲调。　　文章不本六经,虽生剥子云之篇,行剽相如之籍,辞非不美,总属无根之学。故公必上规姚姒,而始下逮百家也。

㉝三段,言文章之著见。

㉞四段,言为人之成立。　　上三段论"业精",此一段论"行成",共为一腹。

㉟《诗·豳风》:"狼跋其胡,载疐其尾。"跋,躐也。胡,老狼颔下悬肉也。疐,跲也。狼进而躐其胡,则退而跲其尾,言进退而不得自由也。

㊱贞元十九年,公为监察御史,谪阳山令。

㊲公元和元年六月为博士,四年六月迁都官史。冗,散也。处闲散之地,而无以自见其治才。

㊳命与仇敌为谋,数遭败坏。

㊴山无草木曰童。豁,落也。裨,益也。

㊵"勤业"四段,从"能精"、"能成"二语发来,然而一转,正破"不公"、"不明"也。

㊶宋,梁也。桷,椽也。

㊷欂栌,短柱。侏儒,短椽。

㊸椳,门枢也。阒,门中橛也。扂,户牡也。楔,门枨也。

㊹匠月木无论小大。　　一喻。

㊺玉屑,一名玉札,生蓝田山谷。丹砂,硃砂也。赤箭,生陈仓及泰山、少室。青芝,出泰山。四者皆贵药。

㊻牛溲,牛溺也。马勃,马屁菌也。败鼓皮,主虫毒。三者皆贱药。

㊼医用药,无论贵贱。　　二喻。

㊽作缓态者。

㊾行直道者。

㊿宰相用人,无论智之巧拙,才之长短。　　三结。

51一引。

52荀卿,赵人。齐襄王时,为稷下祭酒,避谗适楚,春申君以为兰陵令。春申君死,而荀卿废。著书数万言而卒,因葬兰陵。　　二引。

53冷语不尽。　　三结。下转正文。

54四句解前四段意。　　再转。

55有以养家。

56有以自养。

57役役,随俗而无异能。盗窃旧章,而无创解。　　再转。

(58)诛，责也。
(59)幸其遇世，愈于二儒。　　再转。
(60)此段解前“公不见信”一段意。言有司未有不公不明处。
(61)财贿，谓禄也。班资，品秩也。庳，下也。前人，暗指执政。瑕疵，谓不公不明也。
(62)杙，橛也。楹，柱也。杙小楹大。
(63)昌阳，即昌蒲，久服可以延年。豨苓，即猪苓，主渗泄。　　掉尾抱前，最耐寻味。

公自贞元十八年至元和七年，屡为国子博士，官久不迁，乃作《进学解》以自喻。主意全在宰相，盖大才小用，不能无憾。而以怨怼无聊之词托之人，自咎自责之词托之己，最得体。

圬者王承福传

圬①之为技，贱且劳者也②。有业之，其色若自得者。听其言，约而尽③。问之，王其姓，承福其名，世为京兆长安农夫。天宝之乱，发人为兵④，持弓矢十三年，有官勋，弃之来归，丧其土田，手镘衣食⑤，余三十年。舍于市之主人，而归其屋食之当焉⑥。视时屋食之贵贱，而上下其圬之佣以偿之⑦。有余，则以与道路之废疾饿者焉⑧。

又曰：“粟，稼而生者也。若布与帛，必蚕绩而后成者也。其他所以养生之具，皆待人力而后完也，吾皆赖之。然人不可遍为，宜乎各致其能以相生也⑨。故君者，理我所以生者也；而百官者，承君之化者也。任有大小，惟其所能，若器皿焉。食焉而怠其事，必有天殃⑩。故吾不敢一日舍镘以嬉⑪。夫镘，易能可力焉，又诚有功，取其直⑫，虽劳无愧，吾心安焉。夫力，易强而有功也；心，难强而有智也。用力者使于人，用心者使人，亦其宜也。吾特择其易为而无愧者取焉⑬。嘻！吾操镘以入富贵之家有年矣⑭。有一至者焉，又往过之，则为墟矣；有再至、三至者焉，而往过之，则为墟矣。问之其邻，或曰：‘噫！刑戮也。’或曰：‘身既死，而其子孙不能有也。’或曰：‘死而归之官也⑮。’吾以是观之，非所谓食焉怠其事而得天殃者邪？非强心以智而不足，不择其才之称否而冒之者邪？非多行可愧，知其不可而强为之者邪⑯？将富贵难守，薄功而厚飨之者邪？抑丰悴有时，一去一来而不可常者邪⑰？吾之心悯焉，是故择其力之可能者行焉⑱。乐富贵而悲贫贱，我岂异于人哉⑲！”

又曰：“功大者，其所以自奉也博，妻与子皆养于我者也。吾能薄而功小，不有之可也。又吾所谓劳力者，若立吾家而力不足，则心又劳也。一身而二任焉，虽圣者不可为也⑳。”

愈始闻而惑之，又从而思之，盖贤者也，盖所谓“独善其身”者也㉑。然吾有讥焉，谓其自为也过多，其为人也过少，其学杨朱之道者邪㉒？杨之道，不肯拔我一毛而利天下，而夫人以有家为劳心，不肯一动其心以畜其妻子，其肯劳其心以为人乎哉㉓？虽然，其贤于世之患不得之而患失之者，以济其生之欲，贪邪而亡道，以丧其

身者，其亦远矣[24]。又其言有可以警余者，故余为之传，而自鉴焉[25]。

【注释】

①圬，同“杇”。

②一抑。

③一扬。　陡然立论，领起一篇精神。

④天宝十四年冬十一月，安禄山反，帝以郭子仪为朔方节度使讨之。出内府钱帛，于京师募兵十一万，旬日而集，皆市井子弟也。

⑤镘，圬具也。　弃官勋而就佣工，使人不可测。

⑥屋食，谓屋租也。当，谓所当之值。

⑦视屋租之贵贱，而增减其圬之工价。偿，还也。

⑧此段写承福去官归乡手镘衣食来由，画出高士风味。

⑨此言彼此各致其能。

⑩一篇主意，特为提出。

⑪此言小大不怠其事。

⑫直，同“值”。

⑬此言难易自择其宜。

⑭忽生感慨，无限烟波。

⑮此是王承福所自省验得力处，故言极痛快。

⑯三层，就前所自见处翻案。

⑰二层，又开一步感慨。

⑱言己志。

⑲反一句，束得有力。　此段写所以弃官业圬之故，是绝大议论。

⑳此段写自业自食有余之意，是绝大见识。　此“又曰”以下，又转一步，为自己折衷张本。

㉑一扬。

㉒一抑。

㉓似抑而实扬之。

㉔昌黎作传，全在此数语上。　“愈始闻”一转，忽赞忽讥，波澜曲折。

㉕以自鉴结，意极含蓄。

前略叙一段，后略断数语，中间都是借他自家说话，点成无限烟波，机局绝高，而规世之意，已极切至。

讳　辩

愈与李贺书，劝贺举进士。贺举进士有名，与贺争名者毁之，曰：“贺父名晋肃，贺不举进士为是，劝之举者为非[1]。”听者不察也，和而倡之，同然一辞[2]。皇甫湜曰：“若不明白，子与贺且得罪[3]。”愈曰：“然[4]。”

律曰："二名不偏讳。"释之者曰："谓若言'征'不称'在'，言'在'不称'征'是也[⑤]。"律曰："不讳嫌名。"释之者曰："谓若'禹'与'雨'、'邱'与'蓲'之类是也[⑥]。"今贺父名进肃，贺举进士[⑦]，为犯二名律乎？为犯嫌名律乎[⑧]？父名"晋肃"，子不得举进士，若父名"仁"，子不得为人乎[⑨]？

夫讳始于何时？作法制以教天下者，非周公、孔子欤？周公作诗不讳[⑩]，孔子不偏讳二名[⑪]，《春秋》不讥不讳嫌名[⑫]。康王钊之孙，实为昭王[⑬]；曾参之父名皙，曾子不讳"昔"[⑭]。周之时有骐期，汉之时有杜度，此其子宜如何讳？将讳其嫌，遂讳其姓乎？将不讳其嫌者乎[⑮]？汉讳武帝名"彻"为"通"[⑯]，不闻又讳"车辙"之"辙"为某字也。讳吕后名"雉"为"野鸡"[⑰]，不闻又讳"治天下"之"治"为某字也。今上章及诏，不闻讳"浒"、"势"、"秉"、"机"也[⑱]。惟宦官、宫妾，乃不敢言"谕"及"机"，以为触犯[⑲]。士君子立言行事，宜何所法守也[⑳]？今考之于经[㉑]，质之于律[㉒]，稽之以国家之典[㉓]，贺举进士为可邪？为不可邪[㉔]？

凡事父母得如曾参，可以无讥矣；作人得如周公、孔子，亦可以止矣[㉕]。今世之士[㉖]，不务行曾参、周公、孔子之行，而讳亲之名则务胜于曾参、周公、孔子，亦见其惑也[㉗]。夫周公、孔子、曾参，卒不可胜，胜周公、孔子、曾参，乃比于宦官、宫妾[㉘]，则是宦官、宫妾之孝于其亲，贤于周公、孔子、曾参者邪[㉙]？

【注释】

①欲夺贺名，故毁之如此。

②一时俗人为其所惑。

③言公若不辨明，必见咎于贺也。　　此段叙公作辩之由。

④先用一"然"字接住，下方起。

⑤孔子母名"征在"，言"在"不称"征"，言"征"不称"在"。

⑥谓其声音相近。

⑦上引律文，此入叙事。

⑧贺父名进肃，律尚不偏讳；今贺父名晋肃，律岂讳嫌者乎？　　此二句设疑问之，不直说破不犯讳，妙。

⑨嫌名独生一脚作波澜，奇极。

⑩谓文王名昌，武王名发。若曰："克昌厥后。"又曰："骏发尔私。"

⑪若曰："宋不足征。"又曰："某在斯。"

⑫若卫桓公名完。

⑬康王名钊。

⑭若曰："昔者吾友。"　　此言周公、孔子皆作讳礼之人，亦有所不讳者。然周公只是一句，孔子却是四句。盖《春秋》为孔子之书，曾子为孔子之徒也。"康王钊"句，又只在《春秋》句中，所谓文章虚实繁省之法也。

⑮此又设疑问之，不说破，妙。

⑯谓"彻侯"为"通侯"，"蒯彻"为"蒯通"之类。

⑰吕后，汉高帝后。

⑱浒、势、秉、机，为近太祖、太宗、世祖、玄宗庙讳也。盖太祖名虎，太宗名世民，世祖名昞，

玄宗名隆基。

⑲以"谕"为近代宗庙讳，以"机"为近玄宗庙讳，代宗讳"豫"，玄宗讳见上。此段全是不讳嫌名事，乃用宦官、宫妾讳嫌名承上，极有势。

⑳将要收归周、孔、曾参事，且问起"何所法守"句，已含周、孔、曾参意。

㉑指上文《诗》与《春秋》。

㉒指上文二律。

㉓指上文"汉讳武帝"三段。

㉔到底是一疑案，不直说破。

㉕一转，忽作余文。以文为戏，以文为乐。

㉖指倡和人。

㉗二转。

㉘三转。

㉙四转。　　一齐收卷上文。不用辨折，愈转愈紧，愈不穷。

前分律、经、典三段，后尾抱前，婉畅显快。反反复复，如大海回风，一波未平，一波复起。尽是设疑两可之辞，待智者自择，此别是一种文法。

争臣论

或问谏议大夫阳城于愈："可以为有道之士乎哉[1]？学广而闻多，不求闻于人也。行古人之道，居于晋之鄙[2]，晋之鄙人，熏其德而善良者几千人[3]。大臣闻而荐之，天子以为谏议大夫[4]。人皆以为华，阳子不色喜[5]。居于位五年矣，视其德如在野，彼岂以富贵移易其心哉[6]？"

愈应之曰："是《易》所谓'恒其德，贞'而'夫子凶'者也[7]，恶得为有道之士乎哉[8]？在《易·蛊》之'上九'云：'不事王侯，高尚其事[9]。'《蹇》之'六二'则曰：'王臣蹇蹇，匪躬之故[10]。'夫亦以所居之时不一，而所蹈之德不同也[11]。若《蛊》之'上九'，居无用之地，而致匪躬之节；以《蹇》之'六二'，在王臣之位，而高不事之心，则冒进之患生[12]，旷官之刺兴[13]。志不可则，而尤不终无也[14]。今阳子在位，不为不久矣；闻天下之得失，不为不熟矣；天子待之，不为不加矣[15]；而未尝一言及于政。视政之得失，若越人视秦人之肥瘠，忽焉不加喜戚于其心[16]。问其官，则曰'谏议也'；问其禄，则曰'下大夫之秩也'；问其政，则曰'我不知也'。有道之士，固如是乎哉[17]？且吾闻之[18]：'有官守者，不得其职则去；有言责者，不得其言则去。'今阳子以为得其言乎哉？得其言而不言，与不得其言而不去，无一可者也[19]。阳子将为禄仕乎[20]？古之人有云：'仕不为贫，而有时乎为贫，谓禄仕者也。'宜乎辞尊而居卑，辞富而居贫，若抱关击柝者可也。盖孔子尝为委吏矣，尝为乘田矣，亦不敢旷其职，必曰：'会计当而已矣。'必曰：'牛羊遂而已矣[21]。'若阳子之秩禄，不为卑且贫，章章明矣，而如此，其可乎哉[22]？"

或曰："否，非若此也。夫阳子恶讪上者，恶为人臣招其君之过而以为名者[23]，故虽谏且议，使人不得而知焉。《书》曰[24]：'尔有嘉谟嘉猷，则入告尔后于内，尔乃顺之于外，曰：斯谟斯猷，惟我后之德。'夫阳子之用心，亦若此者[25]。"

愈应之曰："若阳子之用心如此，滋所谓惑者矣[26]。入则谏其君，出不使人知者，大臣宰相者之事，非阳子之所宜行也。夫阳子[27]本以布衣隐于蓬蒿之下，主上嘉其行谊，擢在此位，官以谏为名。诚宜有以奉其积，使四方后代知朝廷有直言骨鲠之臣，天子有不僭赏、从谏如流之美[28]。庶岩穴之士，闻而慕之，束带结发，愿进于阙下而伸其辞说，致吾君于尧舜，熙鸿号于无穷也[29]。若《书》所谓，则大臣宰相之事，非阳子之所宜行也[30]。且阳子之心，将使君人者恶闻其过乎？是启之也[31]。"

或曰："阳子之不求闻而人闻之，不求用而君用之，不得已而起，守其道而不变。何子过之深也[32]？"

愈曰："自古圣人贤士，皆非有求于闻用也[33]，闵其时之不平、人之不乂[34]，得其道，不敢独善其身，而必以兼济天下也，孜孜矻矻，死而后已[35]。故禹过家门不入，孔席不暇暖，而墨突不得黔[36]。彼二圣一贤者，岂不知自安佚之为乐哉？诚畏天命而悲人穷也[37]。夫天授人以贤圣才能，岂使自有余而已？诚欲以补其不足者也[38]。耳目之于身也，耳司闻而目司见，听其是非，视其险易，然后身得安焉。圣贤者，时人之耳目也；时人者，圣贤之身也[39]。且阳子之不贤，则将役于贤以奉其上矣；若果贤，则固畏天命而闵人穷也。恶得以自暇逸乎哉[40]！"

或曰："吾闻君子不欲加诸人而恶讦以为直者。若吾子之论，直则直矣，无乃伤于德而费于辞乎？好尽言以招人过，国武子之所以见杀于齐也，吾子其亦闻乎[41]？"

愈曰："君子居其位，则思死其官；未得位，则思修其辞以明其道。我将以明道也，非以为直而加人也[42]。且国武子不能得善人，而好尽言于乱国，是以见杀。《传》曰：'惟善人能受尽言。'谓其闻而能改之也[43]。子告我曰：'阳子可以为有道之士也[44]。'今虽不能及已，阳子将不得为善人乎哉[45]！"

【注释】

①"乎哉"二字，连下作疑词。　　立此句为一篇纲领，下段段关应。

②鄙，边境也。

③城好学，贫不能得书，乃求为集贤写书吏，窃官书读之，昼夜不出，六年已无所不通。及进士第，乃去隐中条山。远近慕其德行，多从之学。

④城徙居陕州夏县，李泌为陕虢观察使，闻城名，泌入相，荐为著作郎。后德宗令长安尉杨宁赍束帛，召为谏议大夫。

⑤公力去陈言，如"荣"字变为"华"字，"无喜色"变为"不色喜"，可见。

⑥不以富贵易其贫贱之心，所以为有道之士也。

⑦《易・恒卦・六五》："恒其德，贞，妇人吉，夫子凶。"言以柔顺从人，而常久不易其德，可谓正矣。然乃妇人之道，非丈夫之宜也。

⑧接口一句断住。

⑨《易・蛊卦・上九》。刚阳居上，在事之外，不臣事乎王侯，惟高尚吾之事而已。

⑩蹇，难也。《蹇卦·六二》。柔顺中正，正应在上，而在险中。是君在难中也，故不避艰险以求济之，是蹇而又蹇，非以其身之故也。

⑪正解二句。

⑫无用而匪躬者。

⑬王臣而不事者。

⑭《蛊·上九》象曰："不事王侯，志可则也。"《蹇·六二》象曰："王臣蹇蹇，终无尤也。"反振一段。　　上接口一句，用经断住，此又再引经反复。

⑮在王臣之位。

⑯高不事之心。　　百忙中，忽著一譬喻，与《原道》"坐井而观天"同法。

⑰第一断。

⑱更端再起。

⑲有言责则当言，言不行则当去。不言与不去，无一可者也。

⑳不消多语，只看"阳子将为禄仕乎"一转，当令阳子俯颈吐舌，不敢伸气。

㉑看他添减《孟子》文字，成自己文字。

㉒第二断。

㉓招，举也。

㉔《周书·君陈篇》。

㉕前面意思已说尽了，主意只在再设问处斡旋，一节深于一节。

㉖接口一句断住。

㉗段段提起阳子说，不犯重，亦不冷淡。如千斛泉随地而出，有许多情趣在。

㉘不僭赏，指擢居谏位言。

㉙熙，明也。鸿号，大名也。

㉚复句，愈见醒透。

㉛是开君文过之端也。　　又翻一笔作波澜，就缴上意。　　第三断。

㉜议端全在"守其道而不变"处。

㉝接口一句断住。

㉞乂，治也。

㉟孜孜，勤也。矻矻，劳也。

㊱孔子坐席不及温，又游他国。墨翟灶突不及黑，即又他适。突，灶额。黔，黑也。

㊲畏时之不平，悲人之不乂。　　以圣贤皆无心"求闻用"，折"不求闻用"句；以"得其道，不敢独善"，折"守道不变"句。仍引禹、孔、墨作证，行文步骤秩然。

㊳再作顿跌，逼出妙理。

㊴更端生一议论，尤见人情。当看"圣贤"、"时人"一语，真名世之见，名世之言。

㊵两路夹攻，愈击愈紧。　　第四断。　　每段皆用一"且"字，故为进步作波澜。

㊶《国语》："柯陵之会，单襄公见国武子，其言尽。襄公曰：'立于淫乱之间，而好尽言以招人过，怨之本也。'鲁成公十八年，齐人杀武子。"　　前段攻击阳子，直是说得他无逃避处。此段假或人之辞以攻己，其言亦甚峻，文法最高。

㊷接口断住。

㊸有此一句分疏，才有收拾。

㊹照"有道之士"，一篇关键。

㊺以"善人能受尽言"奖阳子,回互得好。令阳子闻之,亦心平气和,引过自责矣。　第五断。

阳城拜谏议大夫,闻得失熟,犹未肯言,故公作此论讥切之。是箴规攻击体,文亦擅世之奇,截然四问四答,而首尾关应如一线。时城居位五年矣。后三年,而能排击裴延龄。或谓城盖有待,抑公有以激之欤?

后十九日复上宰相书

二月十六日,前乡贡进士韩愈,谨再拜言相公阁下:

向上书及所著文,后待命凡十有九日,不得命。恐惧不敢逃遁,不知所为。乃复敢自纳于不测之诛,以求毕其说,而请命于左右①。

愈闻之,蹈水火者之求免于人也,不惟其父兄子弟之慈爱,然后呼而望之也;将有介于其侧者,虽其所憎怨,苟不至乎欲其死者,则将大其声疾呼而望其仁之也②。彼介于其侧者,闻其声而见其事,不惟其父兄子弟之慈爱,然后往而全之也。虽有所憎怨,苟不至乎欲其死者,则将狂奔尽气,濡手足,焦毛发,救之而不辞也③。若是者何哉?其势诚急,而其情诚可悲也④。

愈之彊学力行有年矣,愚不惟道之险夷,行且不息,以蹈于穷饿之水火,其既危且亟矣,其大声而疾呼矣,阁下其亦闻而见之矣⑤。其将往而全之欤?抑将安而不救欤?有来言于阁下者曰:"有观溺于水而爇于火者,有可救之道而终莫之救也,阁下且以为仁人乎哉?"不然,若愈者,亦君子之所宜动心者也⑥。

或谓愈:"子言则然矣,宰相则知子矣,如时不可何⑦?"愈窃谓之不知言者,诚其材能不足当吾贤相之举耳。若所谓时者,固在上位者之为耳,非天之所为也。前五六年时,宰相荐闻,尚有自布衣蒙抽擢者,与今岂异时哉⑧?且今节度、观察使及防御、营田诸小使等,尚得自举判官,无间于已仕未仕者。况在宰相,吾君所尊敬者,而曰不可乎⑨?古之进人者,或取于盗,或举于管库⑩,今布衣虽贱,犹足以方于此⑪。

情隘辞蹙,不知所裁,亦惟少垂怜焉。愈再拜。

【注释】

①从前书叙起。

②设喻一段,却作两层写。

③看他复写上文,不换一字。

④总上两段,"势急"是总前一段,"情悲"是总次一段。

⑤四句四"矣"字生姿。

⑥两"将……欤"字、一"乎哉"字,跌出此句,最见精神。

⑦"时"字正与上"势"字对看,言势虽急,而时不可也。下文三转,深辟其"时不可"之说。

⑧布衣蒙抽擢,自是公自开后门。

⑨一段即今比拟。

⑩《礼记》："管仲遇盗，取二人焉，上以为公臣。""赵文子……所举行晋国管库之士，七十有余家。"

⑪一段援古自况。

前幅设喻，中幅入正文，后幅再起一议。总以"势"字、"时"字作主。到底曲折，无一直笔。所见似悲戚，而文则宕逸可诵。

后廿九日复上宰相书

三月十六日，前乡贡进士韩愈，谨再拜言相公阁下：

愈闻周公之为辅相，其急于见贤也，方一食三吐其哺，方一沐三握其发[①]。当是时[②]，天下之贤才皆已举用，奸邪谗佞欺负之徒皆已除去，四海皆已无虞，九夷八蛮之在荒服之外者皆已宾贡[③]，天灾时变、昆虫草木之妖皆已销息，天下之所谓礼乐、刑政、教化之具皆已修理，风俗皆已敦厚，动植之物、风雨霜露之所沾被者皆已得宜，休征嘉瑞、麟凤龟龙之属皆已备至[④]。而周公以圣人之才，凭叔父之亲，其所辅理承化之功，又尽章章如是[⑤]。其所求进见之士，岂复有贤于周公者哉？不惟不贤于周公而已，岂复有贤于时百执事者哉？岂复有所计议能补于周公之化者哉[⑥]？然而周公求之如此其急，惟恐耳目有所不闻见，思虑有所未及，以负成王托周公之意，不得于天下之心[⑦]。如周公之心，设使其时辅理承化之功未尽章章如是，而非圣人之才，而无叔父之亲，则将不暇食与沐矣，岂特吐哺、握发为勤而止哉[⑧]！维其如是，故于今颂成王之德，而称周公之功不衰[⑨]。

今阁下为辅相亦近耳[⑩]。天下之贤才岂尽举用？奸邪谗佞欺负之徒岂尽除去？四海岂尽无虞？九夷八蛮之在荒服之外者岂尽宾贡？天灾时变、昆虫草木之妖岂尽销息？天下之所谓礼乐、刑政、教化之具岂尽修理？风俗岂尽敦厚？动植之物、风雨霜露之所沾被者岂尽得宜？休征嘉瑞、麟凤龟龙之属岂尽备至[⑪]？其所求进见之士，虽不足以希望盛德，至比于百执事，岂尽出其下哉？其所称说，岂尽无所补哉[⑫]？今虽不能如周公吐哺、握发，亦宜引而进之，察其所以而去就之，不宜默默而已也[⑬]。

愈之待命，四十余日矣。书再上而志不得通，足三及门而阍人辞焉[⑭]。惟其昏愚，不知逃遁，故复有周公之说焉[⑮]。阁下其亦察之[⑯]！

古之士，三月不仕则相吊，故出疆必载质。然所以重于自进者，以其于周不可，则去之鲁；于鲁不可，则去之齐；于齐不可，则去之宋，之郑，之秦，之楚也[⑰]。今天下一君，四海一国，舍乎此则夷狄矣，去父母之邦矣[⑱]。故士之行道者，不得于朝，则山林而已矣。山林者，士之所独善自养而不忧天下者之所能安也。如有忧天下之心，则不能矣[⑲]。故愈每自进而不知愧焉，书亟上，足数及门，而不知止焉[⑳]。宁独如此而已，惴惴焉惟不得出大贤之门下是惧[㉑]，亦惟少垂察焉。

渎冒威尊，惶恐无已。愈再拜。

【注释】

①周公戒伯禽曰："我，文王之子，武王之弟，今王之叔，我于天下亦下贱矣。然我一沐三握发，一饭三吐哺，起以待士，犹恐失天下之贤人。" 述周公急于见贤，是一篇主意。

②将"当时"劈空振起，为下"设使其时"一段作势，为后"岂尽"一段伏案。

③荒服去王畿益远，以其荒野，故谓之荒服，要服外四面又各五百里也。《禹贡》："五百里荒服。"

④《礼运》："麟凤龟龙，谓之四灵。" 此段连用九个"皆已"字，化作七样句法，字有多少，句有长短，文有反顺，起伏顿挫，如惊涛怒波。读者但见其精神，不觉其重叠，此章法、句法也。

⑤一段就周公振势。

⑥一段就贤士振势。 前下九"皆已"字，此下三"岂复"字，专为下文打照。

⑦此一转最有力，以上论周公之待士，反复委曲。

⑧又推周公之心，反写一笔。妙在虚字斡旋，将无作有，生烟波。

⑨句已可住，而添"不衰"二字，奇峭。 正写一笔，收完前一幅文字。凡作无数转折，写周公方毕。

⑩方入正文，竟作两对，运局甚奇。

⑪此段连用九"岂尽"字，对上九"皆已"字，亦就"当时"振势一段。

⑫又添两"岂尽"字，即上三"岂复有哉"变文耳，亦就"贤士"振势一段。

⑬至此方尽言攻击。 说阁下毕，下始入自复上书意。

⑭阍人，守门隶。

⑮挽"周公"一句。

⑯以前是论相之道，以后是论士之情。

⑰犹言故不必复上书也。

⑱书安得不复上？

⑲书安得不复上？ 此段以古道自处，节节占地步，文章绝妙。

⑳上用四"矣"字，其势急；此用二"焉"字，其势缓。如摆布阵势，操纵如法，文章家所谓虚字上斡旋也。其两"不知"字，归结自身上，与上"不知逃遁"相应，最妙。

㉑又一转生姿，以"大贤之门"，打照周公。

通篇将周公与时相两两作对照，只用一二虚字，斡旋成文，直言无讳，而不犯嫌忌。末述再三上书之故，曲曲回护自己。气杰神旺，骨劲格高，足称绝唱。

与于襄阳书

七月三日，将仕郎、守国子四门博士韩愈，谨奉书尚书阁下①：

士之能享大名、显当世者，莫不有先达之士、负天下之望者，为之前焉②；士之能垂休光、照后世者，亦莫不有后进之士、负天下之望者，为之后焉③。莫为之前，

虽美而不彰[④]；莫为之后，虽盛而不传[⑤]。是二人者，未始不相须也[⑥]，然而千百载乃一相遇焉[⑦]。岂上之人无可援，下之人无可推欤[⑧]？何其相须之殷而相遇之疏也[⑨]？其故在下之人负其能不肯谄其上[⑩]，上之人负其位不肯顾其下[⑪]。故高材多戚戚之穷[⑫]，盛位无赫赫之光[⑬]。是二人者之所为皆过也[⑭]。未尝干之，不可谓上无其人[⑮]；未尝求之，不可谓下无其人[⑯]。愈之诵此言久矣，未尝敢以闻于人[⑰]。

侧闻阁下[⑱]抱不世之才，特立而独行，道方而事实，卷舒不随乎时，文武唯其所用。岂愈所谓其人哉[⑲]？抑未闻后进之士，有遇知于左右，获礼于门下者[⑳]？岂求之而未得邪？将志存乎立功，而事专乎报主，虽遇其人，未暇礼邪？何其宜闻而久不闻也[㉑]？愈虽不材[㉒]，其自处不敢后于恒人[㉓]。阁下将求之而未得欤？古人有言："请自隗始[㉔]。"愈今者惟朝夕刍米、仆赁之资是急，不过费阁下一朝之享而足也[㉕]。如曰："吾志存乎立功，而事专乎报主，虽遇其人，未暇礼焉。"则非愈之所敢知也[㉖]。世之龊龊者既不足以语之[㉗]，磊落奇伟之人又不能听焉，则信乎命之穷也[㉘]。

谨献旧所为文一十八首，如赐览观，亦足知其志之所存[㉙]。愈恐惧再拜。

【注释】

①贞元十四年九月，以工部尚书于頔为山南东道节度使。公书称"守国子四门博士"，则当在十六年秋也。

②言下之人必如此，一扇。

③言上之人必如此，一扇。

④翻前扇。

⑤翻后扇。

⑥后先有待。

⑦上下难逢。

⑧援，犹干也。推，求而进之也。

⑨上下之间，是必有故。

⑩下不肯援。

⑪上不肯推。

⑫不能享大名，显当世。

⑬不能垂休光，照后世。

⑭负能负位，各有其咎。　一句断定。

⑮非无可援。

⑯非无可推。　自起至此，只是"相须殷而相遇疏"一句话，却作许多曲折。

⑰言己平日诵此言已熟，终未尝轻以告人。　承上起下。

⑱方入襄阳。

⑲上有其人。

⑳莫为之后。

㉑问得委婉，疑得讽刺。

㉒方入自己。

㉓以其人自处。

㉔《国策》："燕昭王收破燕后即位，卑身厚币以招贤者，将欲报仇，往见郭隗先生。对曰：'今王欲致士，先从隗始。隗且见事，况贤于隗者乎？岂远千里哉？'"　横插一句，有情更有力。

㉕应"求之未得"。

㉖应"吾志未暇"。　后半截议论，皆是设为疑词以自道达，首尾回顾，联络精神。

㉗龌龊，急促局狭貌。

㉘一结悲凉慷慨，淋漓尽致。

㉙可即文以见志。

前半幅只是泛论，下半幅方入正文。前半凡作六转，笔如弄丸，无一字一意板实。后半又作九转，极其凄怆，堪为动色。通篇措词立意，不亢不卑，文情绝妙。

与陈给事书

愈再拜。

愈之获见于阁下有年矣，始者亦尝辱一言之誉①。贫贱也，衣食于奔走②，不得朝夕继见③。其后，阁下位益尊，伺候于门墙者日益进。夫位益尊，则贱者日隔；伺候于门墙者日益进，则爱博而情不专④。愈也道不加修，而文日益有名。夫道不加修，则贤者不与；文日益有名，则同进者忌⑤。始之以日隔之疏，加之以不专之望，以不与者之心，而听忌者之说，由是阁下之庭无愈之迹矣⑥。

去年春，亦尝一进谒于左右矣。温乎其容，若加其新也；属乎其言，若闵其穷也⑦。退而喜也，以告于人⑧。

其后，如东京取妻子⑨，又不得朝夕继见。及其还也，亦尝一进谒于左右矣。邈乎其容，若不察其愚也；悄乎其言，若不接其情也⑩。退而惧也，不敢复进⑪。

今则释然悟，翻然悔，曰："其邈也，乃所以怒其来之不继也；其悄也，乃所以示其意也⑫。"不敏之诛⑬，无所逃避。不敢遂进，辄自疏其所以，并献近所为《复志赋》以下十首为一卷，卷有标轴。《送孟郊序》一首，生纸写，不加装饰，皆有揩字、注字处，急于自解而谢，不能俟更写⑭。阁下取其意，而略其礼可也。

愈恐惧再拜。

【注释】

①叙相见。

②倒句法。

③叙不相见。

④忽开二扇，一扇陈给事。　陈给事，名京，字庆复。大历元年中进士第。贞元十九年，将禘，京奏禘祭必尊太祖，正昭穆，帝嘉之。自考功员外，迁给事中。

⑤一扇自己。

⑥总上两扇，叙所以不相见之故。

⑦属，连续也。

⑧重起二扇，一扇，再叙相见。

⑨东京，洛阳也。

⑩悄，静也。

⑪一扇，再叙不相见。

⑫单就不相见中，翻出陈给事意思来，奇绝，妙绝。

⑬诛，责也。

⑭唐人有生纸、熟纸，生纸非有丧故不用。公用生纸，急于自解，不暇择耳。揩，涂抹也。

通篇以“见”字作主，上半篇从“见说”到“不见”，下半篇从“不见”说到“要见”。一路顿挫跌宕，波澜层叠，姿态横生，笔笔入妙也。

应科目时与人书

月日，愈再拜[①]。

天池之滨，大江之濆[②]，曰有怪物焉[③]，盖非常鳞凡介之品汇匹俦也[④]。其得水，变化风雨，上下于天不难也[⑤]。其不及水，盖寻常尺寸之间耳，无高山、大陵、旷途、绝险为之关隔也[⑥]。然其穷涸，不能自致乎水，为獱獭之笑者盖十八九矣[⑦]。

如有力者，哀其穷而运转之，盖一举手一投足之劳也[⑧]。然是物也，负其异于众也，且曰：“烂死于沙泥，吾宁乐之；若俛[⑨]首帖耳、摇尾而乞怜者，非我之志也[⑩]。”是以有力者遇之，熟视之若无睹也。其死其生，固不可知也[⑪]。

今又有有力者当其前矣，聊试仰首一鸣号焉，庸讵知有力者不哀其穷而忘一举手、一投足之劳，而转之清波乎[⑫]？其哀之，命也；其不哀之，命也；知其在命而且鸣号之者，亦命也[⑬]。

愈今者，实有类于是[⑭]。是以忘其疏愚之罪，而有是说焉。阁下其亦怜察之。

【注释】

①一云“应博学宏词前进士韩愈谨再拜上书舍人阁下”。

②天池，谓南海也。《庄子》：“南冥者，天池也。”滨，水际。濆，水涯。

③怪物，龙之别名。

④汇，类也。　　总领一句。下一连六转。

⑤得水，一转。

⑥顿宕。

⑦獱，小獭也。　　不及水，二转。

⑧顿宕。

⑨俛，同“俯”。

⑩气骨骄矫，明明托物自喻。　　不肯乞怜，三转。

⑪有力者不知，四转。

⑫仰首鸣号，五转。句句抱前，句句刺心。

⑬作三叠，总结。六转。

⑭一篇皆是譬喻，只一句归结自己，甚妙。

此贞元九年宏词试也。无端突起譬喻，不必有其事，不必有其理，却作无数曲折、无数峰峦，奇极，妙极。

送孟东野序

大凡物不得其平则鸣[1]。草木之无声，风挠之鸣[2]。水之无声，风荡之鸣[3]。其跃也，或激之；其趋也，或梗之[4]；其沸也，或炙之[5]。金石之无声，或击之鸣[6]。人之于言也亦然[7]，有不得已者而后言。其歌也有思，其哭也有怀。凡出乎口而为声者，其皆有弗平者乎[8]？

乐也者，郁于中而泄于外者也[9]。择其善鸣者而假之鸣[10]。金、石、丝、竹、匏、土、革、木[11]，八者，物之善鸣者也[12]。维天之于时也亦然[13]；择其善鸣者而假之鸣。是故以鸟鸣春，以雷鸣夏，以虫鸣秋，以风鸣冬，四时之相推敓[14]，其必有不得其平者乎[15]？其于人也亦然[16]。人声之精者为言，文辞之于言，又其精也，尤择其善鸣者而假之鸣[17]。

其在唐虞，咎陶、禹，其善鸣者也，而假以鸣[18]。夔弗能以文辞鸣，又自假于韶以鸣[19]。夏之时，五子以其歌鸣[20]。伊尹鸣殷[21]，周公鸣周[22]。凡载于《诗》、《书》、六艺，皆鸣之善者也[23]。周之衰，孔子之徒鸣之，其声大而远。传曰："天将以夫子为木铎。"其弗信矣乎[24]？其末也，庄周以其荒唐之辞鸣[25]。楚，大国也，其亡也，以屈原鸣[26]。臧孙辰[27]、孟轲、荀卿，以道鸣者也[28]。杨朱、墨翟、管夷吾、晏婴、老聃[29]、申不害[30]、韩非[31]、慎到[32]、田骈[33]、邹衍[34]、尸佼[35]、孙武[36]、张仪、苏秦之属，皆以其术鸣[37]。秦之兴，李斯鸣之[38]。汉之时，司马迁[39]、相如[40]、扬雄[41]，最其善鸣者也[42]。其下魏晋氏，鸣者不及于古，然亦未尝绝也。就其善者，其声清以浮，其节数[43]以急，其辞淫以哀，其志弛以肆，其为言也，乱杂而无章[44]。将天丑其德莫之顾邪？何为乎不鸣其善鸣者也[45]？

唐之有天下[46]，陈子昂[47]、苏源明[48]、元结[49]、李白[50]、杜甫[51]、李观[52]，皆以其所能鸣[53]。其存而在下者，孟郊东野始以其诗鸣[54]。其高出魏晋，不懈而及于古[55]，其他浸淫乎汉氏矣[56]。从吾游者，李翱、张籍其尤也[57]。三子者之鸣信善矣[58]。抑不知天将和其声而使鸣国家之盛邪？抑将穷饿其身、思愁其心肠而使自鸣其不幸邪[59]？三子者之命，则悬乎天矣。其在上也[60]，奚以喜？其在下也[61]，奚以悲[62]？东野之役于江南也[63]，有若不释然者[64]，故吾道其命于天者以解之[65]。

【注释】

①起句，是一篇大旨。

②草木，一。

③水，二。

④梗，塞也。

⑤水独加三句，错综入妙。

⑥金石，三。

⑦说到人。

⑧一锁，应起句，笔宕甚。　　人言，四。

⑨突然说乐。

⑩生出“善”字与“假”字，为下面议论张本。

⑪金，钟。石，磬。丝，琴、瑟。竹，箫、管。匏，笙。土，埙。革，鼓。木，柷敔也。

⑫乐，五。

⑬突然说天时。

⑭敚，同“夺”。

⑮天时，六。　　“乐”与“天时”两段，俱是陪客。

⑯收转人上，下畅发之。

⑰上文已再言“择其善鸣者而假之鸣”矣，则此又言“人声之精者为言”，而“文辞又其精者”，故“尤择其善鸣者而假之鸣”。“又”字、“尤”字，正是关键血脉，首尾相应处。

⑱咎陶、禹，一。

⑲后夔作韶乐，以鸣唐虞之治。　　夔，二。

⑳太康盘游无度，厥弟五人咸怨，述大禹之戒以作歌。　　五子，三。

㉑伊尹，四。

㉒周公，五。

㉓略结。

㉔孔子之徒，六。

㉕庄周，楚人。著书名《庄子》。荒，大。唐，空也。　　庄周，七。

㉖屈原，楚之同姓，忧愁幽思而作《离骚》。　　屈原，八。

㉗臧孙辰，即鲁大夫臧文仲。

㉘臧孙辰、孟轲、荀卿，九。

㉙老聃，姓李，名耳，字伯阳。著书名《老子》。

㉚申不害，以黄老刑名之学相韩昭侯。著书二篇，名《申子》。

㉛韩非，韩诸公子，与李斯俱师荀卿。善刑名法律之学，著书五十六篇，名《韩非子》。

㉜慎到，韩大夫，申、韩称之。有书四十六篇。

㉝田骈，齐人。好谈论，时称“谈天口”。

㉞邹衍，临淄人。著书十万余言，名重列国，燕昭师事之。

㉟尸佼，鲁人，卫商鞅师之。著书二十篇，号《尸子》。

㊱孙武，齐人。著《兵法》十三篇。

㊲杨朱十四人，十。　　此十四人，或邪说，或功利，或清净寂灭，或刑名惨刻，或尚杀伐之计，或专纵横之谋，皆非吾道，故公称一“术”字，大有分晓。

㊳李斯，秦相，专言威令。　　李斯，十一。

㊴司马迁，即太史公，作《史记》。

㊵相如，姓司马，蜀人。有赋、檄、封禅等文。
㊶扬雄，字子云，有诸赋与《太玄》、《法言》等书。
㊷二司马、扬雄，十二。
㊸数，同"速"。
㊹即其所谓善鸣者，亦且如此，所以为不及于古。
㊺魏晋，十三。　　将人题，又顿此一段，先写出感慨之致。
㊻以下始说唐人。
㊼陈子昂，字伯玉，号海内文宗。　　一。
㊽苏源明，京兆武功人。工文辞，有名。　二。
㊾元结，字次山。所著有《元子》十篇。　三。
㊿四。
51五。
52李观，字元宾，公之友。　　六。
53此六子，皆当时先达之人。
54七。　　从许多物、许多人，奇奇怪怪、繁繁杂杂说来，无非要显出孟郊以诗鸣。文之变幻至此。
55若无懈笔，可追唐、虞、三代文辞。
56其他美处纯乎其为汉氏。　　三句，总收前文。
57李翱有集，张籍善乐府。　　李翱八，张籍九。又添二人于后，妙绝。
58结出"善鸣"二字。
59两句叹咏有味，括尽前面圣贤君子之鸣。
60鸣国家之盛
61自鸣其不幸。
62二语甚占地步。
63时东野为溧阳尉。　　单结东野。
64结出不平。
65应前四"天"字收。

此文得之悲歌慷慨者为多。谓凡形之声者，皆不得已。于不得已中，又有善不善。所谓善者，又有幸不幸之分。只是从一"鸣"中，发出许多议论。句法变换，凡二十九样，如龙之变化，屈伸于天，更不能逐鳞逐爪观之。

送李愿归盘谷序

太行之阳有盘谷[①]。盘谷之间，泉甘而土肥，草木丛茂，居民鲜少。或曰："谓其环两山之间，故曰盘。"或曰："是谷也，宅幽而势阻，隐者之所盘旋[②]。"友人李愿居之[③]。

愿之言曰："人之称大丈夫者，我知之矣[④]。利泽施于人，名声昭于时[⑤]。坐于庙朝，进退百官，而佐天子出令。其在外，则树旗旄，罗弓矢[⑥]，武夫前呵，从者塞

途，供给之人，各执其物，夹道而疾驰。喜有赏，怒有刑⑦。才畯⑧满前，道古今而誉盛德，入耳而不烦⑨。曲眉丰颊，清声而便体，秀外而惠中⑩，飘轻裾，翳长袖⑪，粉白黛绿者⑫，列屋而闲居，妒宠而负恃，争妍而取怜⑬。大丈夫之遇知于天子，用力于当世者之所为也⑭。吾非恶此而逃之，是有命焉，不可幸而致也⑮。

"穷居而野处，升高而望远，坐茂树以终日，濯清泉以自洁⑯。采于山，美可茹⑰；钓于水，鲜可食⑱。起居无时，惟适之安⑲。与其有誉于前，孰若无毁于其后？与其有乐于身，孰若无忧于其心⑳？车服不维，刀锯不加㉑，理乱不知，黜陟不闻㉒。大丈夫不遇于时者之所为也㉓，我则行之㉔。

"伺候于公卿之门，奔走于形势之途，足将进而趑趄㉕，口将言而嗫嚅㉖，处汙秽而不羞，触刑辟而诛戮，侥幸于万一，老死而后止者㉗，其于为人，贤不肖何如也㉘？"

昌黎韩愈，闻其言而壮之㉙，与之酒，而为之歌曰："盘之中，维子之宫；盘之土，可以稼；盘之泉，可濯可沿㉚；盘之阻，谁争子所㉛？窈而深，廓其有容；缭而曲，如往而复㉜。嗟盘之乐兮，乐且无央㉝！虎豹远迹兮，蛟龙遁藏；鬼神守护兮，呵禁不祥。饮且食兮寿而康，无不足兮奚所望？膏吾车兮秣吾马㉞，从子于盘兮，终吾生以徜徉㉟！"

【注释】

①太行，山名。　　起得奇崛。

②两"或曰"，跌宕起"盘"字义。虽似闲情，只呼出"隐者"一句为主。

③李愿，西平忠武王晟之子。归隐盘谷，号盘谷子。　　只六字，题已尽了，下全凭愿之言行文。

④此句是提纲，直缩到"我则行之"。

⑤叙功名。

⑥树，立也。罗，列也。

⑦叙威令。

⑧畯，同"俊"。

⑨叙门客。

⑩外貌秀美，中心聪敏。

⑪裾，衣后。翳，曳也。　　叙近侍。

⑫黛，画眉墨。

⑬叙姬妾。

⑭极写世上有此一辈大丈夫。

⑮著此句，逗起下段。

⑯叙居处之幽。

⑰茹，食也。

⑱叙饮食之便。

⑲叙晨昏之逸。

⑳横插隐士自得语，妙。

㉑刑赏不相及。

㉒朝政不相关。

㉓极写世上又有此一辈大丈夫。

㉔结出本意，与上“不可幸致”句紧照。

㉕趑趄，欲行不行之貌。

㉖嗫嚅，欲言不言之貌。

㉗此是不安于隐，求进不得者之所为。

㉘此其人视前两样人物，孰贤孰不肖，其等第当何如？　只以一句收尽一篇意，最有含蓄。

㉙断其为高隐一辈大丈夫。

㉚沿，循行也。

㉛阻，曲折也。

㉜四句承“盘之阻”来，窈深缭曲，极力形容，其妙可想。

㉝央，尽也。　“乐”字，承上起下。

㉞以脂涂辖曰膏，以粟饮马曰秣。

㉟徜徉，自得之貌。送李却说到自亦欲往，何等兴会！

一节是形容得意人，一节是形容闲居人，一节是形容奔走伺候人，都结在“人贤不肖何如也”一句上。全举李愿自己说话，自说只前数语写盘谷，后一歌咏盘谷，别是一格。

送董邵南序

燕赵古称多感慨悲歌之士[①]。董生举进士，连不得志于有司，怀抱利器，郁郁适兹土[②]。吾知其必有合也[③]。董生勉乎哉[④]！

夫以子之不遇时，苟慕义彊仁者，皆爱惜焉[⑤]，矧燕赵之士出乎其性者哉[⑥]！然吾尝闻风俗与化移易，吾恶知其今不异于古所云邪[⑦]？聊以吾子之行卜之也[⑧]。董生勉乎哉[⑨]！

吾因之有所感矣[⑩]。为我吊望诸君之墓[⑪]，而观于其市，复有昔时屠狗者乎[⑫]？为我谢曰：“明天子在上，可以出而仕矣[⑬]。”

【注释】

①燕，今北京。赵，今真定。俱当时河北地。感慨悲歌，乃豪杰之士也。　兀然而起，以士风立论，奇。

②邵南举进士，屡次不得志，去游河北。时河北诸镇不禀命朝廷，每自辟士，故邵南欲往。兹土，指河北。

③董生亦豪杰，自与燕赵之士意气相投合。　“吾知其”，妙。

④此段勉董生行，是正写。宾。

⑤皆爱惜董生，而愿引荐焉。　“慕”字、“彊”字，对下“性”字。

⑥况燕赵之士，仁义性成，故吾知其必有合。　将上文再作一曲折掉转，应篇首燕赵多感

慨意。

⑦怜才出乎天性，风俗固然。然当时河北藩镇多习乱不臣，其风俗或与治化相移易，而今日之燕赵，未必不异于昔日之所称也。　　“吾恶知其”，妙。

⑧风俗之异与不异，我不敢悬断，聊以董生之合与不合卜之也。

⑨此段勉董生行，是反写。主。

⑩上一正一反，俱送董生，此下特论燕赵。

⑪乐毅去燕之赵，赵封于观津，号“望诸君”。此燕赵之古人也。

⑫荆轲至燕，爱燕之屠狗者高渐离，日饮燕市。酒酣，歌于市中。乃感慨不得志之士也。

⑬送董生，却劝燕赵之士来仕，则董生之不当往，已在言外。

董生愤己不得志，将往河北，求用于诸藩镇，故公作此送之。始言董生之往必有合，中言恐未必合，终讽诸镇之归顺及董生不必往。文仅百十余字，而有无限开阖，无限变化，无限含蓄，短章圣手。

送杨少尹序

昔疏广、受二子，以年老，一朝辞位而去①。于时公卿设供张，祖道都门外，车数百两②，道路观者多叹息泣下，共言其贤。汉史既传其事，而后世工画者又图其迹，至今照人耳目，赫赫若前日事③。国子司业杨君巨源④，方以能诗训后进⑤，一旦以年满七十，亦白丞相去归其乡⑥。世常说古今人不相及，今杨与二疏，其意岂异也⑦！

予忝在公卿后⑧，遇病不能出⑨，不知杨侯去时，城门外送者几人，车几两，马几匹，道边观者亦有叹息知其为贤与否？而太史氏又能张大其事，为传继二疏踪迹否？不落莫否⑩？见今世无工画者，而画与不画，固不论也⑪。然吾闻杨侯之去，丞相有爱而惜之者，白以为其都少尹，不绝其禄⑫，又为歌诗以劝之。京师之长于诗者，亦属而和之。又不知当时二疏之去，有是事否⑬？古今人同不同未可知也⑭。

中世士大夫以官为家，罢则无所于归⑮。杨侯始冠，举于其乡，歌《鹿鸣》而来也⑯。今之归⑰，指其树曰：“某树，吾先人之所种也；某水某丘，吾童子时所钓游也⑱。”乡人莫不加敬，诫子孙以杨侯不去其乡为法⑲。古之所谓乡先生，没而可祭于社者⑳，其在斯人欤？其在斯人欤㉑？

【注释】

①汉疏广，东海兰陵人，仕至太子太傅。兄子受，仕至太子少傅。在位五年，广谓受曰：“知足不辱，知止不殆。宦成名立，如此不去，惧有后悔。”乃上疏乞骸骨，上许之。

②供张，谓供具、张设也。祭道神曰祖。祖道，谓饯行也。两，一车也。一车两轮，故谓之两。

③叙二疏事引起。

④入题。

⑤此句补杨君在官时事。

⑥叙杨君事毕，以下发议论。

⑦随手先作一总。

⑧时公为吏部侍郎。

⑨一篇情景，全在托病上写出。

⑩司业去位，国史亦书。但不张大其事，虽书亦落莫也。

⑪上文图迹，原属后世事，所以付之不论。　此段从二疏合到杨侯。

⑫白之于朝命，为其邑少尹，不绝其俸禄。

⑬此段从杨侯合到二疏。

⑭随手再作一总，应前“古今人不相及”。

⑮反衬杨侯。

⑯宾句。

⑰主句。

⑱点出归乡风趣。

⑲法其不以官为家，罢后有所归。

⑳古人临文不讳。

㉑感叹不尽。

巨源之去，未必可方二疏。公欲张大之，将来形容，又不可确言，特前说二疏所有，或少尹所无。后说少尹所有，或二疏所无。则巨源之美不可掩，而己亦不至失言。末托慨世之词，写出杨侯归乡，可敬可爱，情景宛然。

送石处士序

河阳军节度、御史大夫乌公，为节度之三月[①]，求士于从事之贤者。有荐石先生者[②]，公曰：“先生何如[③]？”曰：“先生居嵩邙、瀍谷之间[④]，冬一裘，夏一葛，食朝夕，饭一盂，蔬一盘。人与之钱，则辞。请与出游，未尝以事免。劝之仕，不应。坐一室，左右图书[⑤]。与之语道理，辨古今事当否，论人高下，事后当成败，若河决下流而东注，若驷马驾轻车就熟路，而王良、造父为之先后也[⑥]，若烛照、数计而龟卜也[⑦]。”大夫曰：“先生有以自老，无求于人，其肯为某来邪[⑧]？”从事曰：“大夫文武忠孝，求士为国，不私于家。方今寇聚于恒，师环其疆[⑨]，农不耕收，财粟殚亡。吾所处地，归输之途[⑩]，治法征谋，宜有所出[⑪]。先生仁且勇[⑫]，若以义请而彊委重焉，其何说之辞[⑬]？”于是撰书词，具马币，卜日以受使者，求先生之庐而请焉[⑭]。

先生不告于妻子，不谋于朋友，冠带出见客，拜受书礼于门内[⑮]。宵则沐浴，戒行李，载书册，问道所由。告行于常所来往，晨则毕至，张上东门外[⑯]。

酒三行且起[⑰]，有执爵而言者曰：“大夫真能以义取人，先生真能以道自任，决去就，为先生别[⑱]。”又酌而祝曰[⑲]：“凡去就出处何常？惟义之归[⑳]！遂以为先生寿[㉑]。”又酌而祝曰：“使大夫恒无变其初，无务富其家而饥其师，无甘受佞人而外敬

正士，无昧于谄言，惟先生是听，以能有成功，保天子之宠命[22]。”又祝曰[23]：“使先生无图利于大夫，而私便其身图[24]。”先生起拜祝辞，曰：“敢不敬蚤夜以求从祝规[25]！”

于是东都之人士，咸知大夫与先生果能相与以有成也[26]。遂各为歌诗六韵，遣愈为之序云。

【注释】

①元和五年四月，诏用乌公重裔为河阳军节度使、御史大夫，治孟州。其曰“节度之三月”，则是岁六、七月间也。

②石先生，名洪，字浚川，洛阳人。罢黄州录事参军，退居于洛，十年不仕 。

③因此一问，下便借从事之荐词，以代己之颂美。所谓避实行虚，文之生路也。

④嵩邙，山名。瀍谷，水名。皆在洛阳之境。

⑤一路短句错落。

⑥王良、造父，皆古善御者。

⑦“与之语道理”管到“龟卜也”止，中间用三个“若”字，有三意，文法变化不同。

⑧因此再问，下又借从事之言，安顿石处士。

⑨元和四年三月，成德军节度王士真卒，其子承宗叛。十二月，诏吐突承璀率诸道兵讨之。《地理志》：“镇州恒山郡，本恒州。天宝元年更名镇，成德军所治也。”

⑩粮运辐辏之区。

⑪急需贤才以济。

⑫仁则易于感动，勇则敢于有为。

⑬此段句句为石先生占地步。

⑭写大夫求士郑重。

⑮此与“劝之仕，不应”相反，然其出处之意，已见于从事之言，所以“不告”、“不谋”。较有意味。

⑯张，供张也，如今筵会铺张设席之类。　　只此一句，又生出下半篇文字。

⑰酒三行后，且将起别。　　得此一句，落下便有势。

⑱第一祝，并赞二人。

⑲上只执爵而言，此乃酌而祝也。

⑳照上“劝之仕，不应”。

㉑第二祝，独寿处士。

㉒第三祝，规大夫。

㉓不再酌也。

㉔第四祝，规先生。　　四祝词，一段紧一段。

㉕须有此一答，上四祝便有收拾。

㉖一篇之意，归结此一句上，何等笔力！

纯以议论行序事，序之变也。看前面大夫从事，四转反复。又看后面四转祝词，有无限曲折变态，愈转愈佳。

送温处士赴河阳军序

伯乐一过冀北之野，而马群遂空[①]。夫冀北马多天下，伯乐虽善知马，安能空其群邪？解之者曰："吾所谓空，非无马也，无良马也。伯乐知马，遇其良辄取之，群无留良焉。苟无良，虽谓无马，不为虚语矣[②]。"

东都，固士大夫之冀北也[③]。恃才能深藏而不市者，洛之北涯，曰石生[④]；其南涯，曰温生[⑤]。大夫乌公以𫓧钺镇河阳之三月，以石生为才，以礼为罗，罗而致之幕下[⑥]。未数月也，以温生为才，于是以石生为媒，以礼为罗，又罗而致之幕下[⑦]。东都虽信多才士，朝取一人焉，拔其尤，暮取一人焉，拔其尤[⑧]。自居守河南尹以及百司之执事，与吾辈二县之大夫[⑨]，政有所不通，事有所可疑，奚所咨而处焉[⑩]？士大夫之去位而巷处者，谁与嬉游[⑪]？小子后生，于何考德而问业焉[⑫]？缙绅之东西行过是都者，无所礼于其庐[⑬]。若是而称曰："大夫乌公一镇河阳，而东都处士之庐无人焉。"岂不可也[⑭]？

夫南面而听天下，其所托重而恃力者，惟相与将耳[⑮]。相为天子得人于朝廷[⑯]，将为天子得文武士于幕下[⑰]，求内外无治，不可得也[⑱]。愈縻于兹[⑲]，不能自引去，资二生以待老。今皆为有力者夺之，其何能无介然于怀邪[⑳]？生既至，拜公于军门，其为吾以前所称，为天下贺[㉑]；以后所称，为吾致私怨于尽取也[㉒]。

留守相公首为四韵诗歌其事，愈因推其意而序之。

【注释】

①伯乐，姓孙，名杨，古之善相马者。　凭空作奇语起，下一难一解。

②已上以譬喻起，不独为送温，并送石亦连及。伯乐譬乌公，冀北譬东都，马譬处士，良马譬温、石，凡四段。

③一语，即从喻处渡下。

④连石。

⑤出温。

⑥幕，帷幕也。在旁曰帷，在上曰幕。军旅无常居，曰幕府。　连石。

⑦出温生，自见所以连石之故。　"为罗"、"为媒"，字法新奇。

⑧所谓"遇其良辄取之"。

⑨居守，谓东都留守。二县，谓东都郭下二邑，洛阳、河南也。

⑩写"空群"，一。

⑪写"空群"，二。

⑫写"空群"，三。

⑬写"空群"，四。　美处士在去后感慨中见之，妙。

⑭以乌公为士之伯乐，应首句意。

⑮陪一相。

⑯陪。

⑰正。

⑱此段推开一步，以归美乌公，文气始足。

⑲縻，系也。时公为河南令。

⑳本以致颂 反更生怨，绝妙文情。

㉑应“求内外无治”句。

㉒应“何能无介然”句。

全篇无一语实说温生之贤，而温生已处处跃露。“若是而称曰”数语，是结前半篇。“其为吾以前所称”，是结后半篇。然“致私怨于尽取”句，直挽到篇首“空”字，收尽通章。

祭十二郎文

年月日[①]，季父愈闻汝丧之七日，乃能衔哀致诚，使建中远具时羞之奠，告汝十二郎之灵[②]：

呜呼！吾少孤[③]，及长，不省所怙[④]，惟兄嫂是依[⑤]。中年，兄殁南方，吾与汝俱幼[⑥]，从嫂归葬河阳，既又与汝就食江南[⑦]，零丁孤苦，未尝一日相离也[⑧]。吾上有三兄，皆不幸早世，承先人后者，在孙惟汝，在子惟吾，两世一身，形单影只[⑨]。嫂尝抚汝指吾而言曰“韩氏两世，惟此而已[⑩]！”汝时尤小，当不复记忆[⑪]。吾时虽能记忆，亦未知其言之悲也[⑫]。

吾年十九 始来京城[⑬]。其后四年，而归视汝[⑭]。又四年，吾往河阳省坟墓[⑮]，遇汝从嫂丧来葬[⑯]。又二年，吾佐董丞相于汴州[⑰]，汝来省吾[⑱]，止一岁，请归取其孥[⑲]。明年，丞相薨，吾去汴州，汝不果来[⑳]。是年，吾佐戎徐州[㉑]，使取汝者始行，吾又罢去，汝又不果来[㉒]。吾念汝从于东，东亦客也，不可以久；图久远者，莫如西归，将成家而致汝[㉓]。呜呼！孰谓汝遽去吾而殁乎[㉔]？！吾与汝俱少年，以为虽暂相别，终当久相与处 故舍汝而旅食京师，以求斗斛之禄[㉕]。诚知其如此，虽万乘之公相，吾不以一日辍汝而就也[㉖]！

去年，孟东野往，吾书与汝曰：“吾年未四十，而视茫茫，而发苍苍，而牙齿动摇。念诸父与诸兄 皆康强而早世，如吾之衰者，其能久存乎？吾不可去，汝不肯来，恐旦暮死，而汝抱无涯之戚也[㉗]。”孰谓少者殁而长者存，强者夭而病者全乎？呜呼！其信然邪？其梦邪？其传之非其真邪[㉘]？信也，吾兄之盛德而夭其嗣乎？汝之纯明而不克蒙其泽乎？少者强者而夭殁，长者衰者而存全乎？未可以为信也[㉙]。梦也？传之非其真也？东野之书，耿兰[㉚]之报，何为而在吾侧也？呜呼！其信然矣！吾兄之盛德而夭其嗣矣！汝之纯明宜业其家者，不克蒙其泽矣[㉛]！所谓天者诚难测，而神者诚难明矣！所谓理者不可推，而寿者不可知矣[㉜]！虽然，吾自今年来，苍苍者或化而为白矣，动摇者或脱而落矣。毛血日益衰，志气日益微，几何不从汝而死也[㉝]！死而有知，其几何离？其无知，悲不几时，而不悲者无穷期矣[㉞]！汝之子始

十岁[35]，吾之子始五岁[36]，少而强者不可保，如此孩提者，又可冀其成立邪！呜呼哀哉！呜呼哀哉[37]！

汝去年书云："比得软脚病，往往而剧[38]。"吾曰："是疾也，江南之人常常有之。"未始以为忧也。呜呼！其竟以此而殒其生乎？抑别有疾而致斯乎[39]？汝之书，六月十七日也[40]。东野云，汝殁以六月二日。耿兰之报无月日。盖东野之使者，不知问家人以月日；如耿兰之报，不知当言月日[41]。东野与吾书，乃问使者，使者妄称以应之耳。其然乎？其不然乎[42]？

今吾使建中祭汝，吊汝之孤与汝之乳母。彼有食，可守以待终丧，则待终丧而取以来；如不能守以终丧，则遂取以来。其余奴婢，并令守汝丧。吾力能改葬，终葬汝于先人之兆，然后惟其所愿[43]。

呜呼[44]！汝病吾不知时，汝殁吾不知日，生不能相养以共居，殁不能抚汝以尽哀，敛不凭其棺，窆不临其穴[45]。吾行负神明，而使汝夭，不孝不慈，而不得与汝相养以生，相守以死；一在天之涯，一在地之角，生而影不与吾形相依，死而魂不与吾梦相接。吾实为之，其又何尤！彼苍者天，曷其有极[46]！自今以往，吾其无意于人世矣[47]！当求数顷之田于伊、颍之上[48]，以待馀年；教吾子与汝子，幸其成；长吾女与汝女，待其嫁。如此而已[49]。呜呼！言有穷而情不可终，汝其知也邪？其不知也邪[50]？呜呼哀哉！尚飨。

【注释】

①或作"贞元十九年五月二十六日"。

②七日乃能者，以所报月日不同，欲审其实，故迟迟若此。建中，人名。十二郎，名老成，公兄韩介之子，韩会之继子也。

③大历五年，公父仲卿卒，公时三岁。　　从自说起。

④《小雅》："无父何怙。"

⑤兄韩会、嫂郑夫人，即十二郎之父母。公于郎，虽叔侄，犹兄弟，其情谊尽在此。

⑥大历十二年五月，起居舍人韩会坐宰相元载党与，贬为韶州刺史，寻卒于官。公时年十一，从至贬所。　　始入十二郎，只"俱幼"二字，已不胜酸楚。

⑦建中二年，中原多故，公避地江左，家于宣州。

⑧一段叙幼时相依。

⑨写尽零丁孤苦。

⑩引嫂言，尤悲惨不堪。

⑪上说"俱幼"，此又略分。

⑫虽略分，又不甚分，妙，妙。　　一段叙叔侄二人，关系韩氏甚重。

⑬贞元二年，公自宣州游京师。　　与郎别。

⑭与郎会。

⑮与郎别。

⑯与郎会。

⑰贞元十三年，董晋帅汴州。　　与郎别。

⑱与郎会。

⑲孥，妻子也。　　与郎别。
⑳与郎不复会。
㉑是岁，张建封辟公为徐州节度推官。　　与郎别。
㉒十六年五月，张建封卒，公西归洛阳。　　与郎不复会。
㉓图与郎长会。
㉔与郎永别不会。　　自"吾年十九"以下，追忆其离合之不常，卒不可合而遽死。意只是平平，读之自不觉酸楚。
㉕承写相离之故。
㉖真言肠断。
㉗倒跌起下。
㉘承上发出一段疑信惝怳光景，下分承一段疑，一段信。
㉙一段从信转到疑。
㉚耿兰，家人名。
㉛一段从疑转到信。
㉜言其不应死而死，卒归咎于天与神与理，哀伤之至也。
㉝此言己亦不可必，回顾前寄孟东野书上意。
㉞言有知，不久与郎复会；若无知，悲日无多。而不悲者，终古无尽时。盖以生知悲，死不知悲也。　　达生之言，可括蒙庄一部。
㉟谓湘也。
㊱谓昶也。
㊲忽然于郎前写自家不保，忽然又于郎后写二子不保，文情绝妙。
㊳剧，甚也。
㊴比段伏下"汝病吾不知时"句。
㊵上言病，下言殁，一句接，无痕。
㊶言耿兰之报，所以无月日者，由其不知报告之体，当具月日以报也。
㊷此段伏下"汝殁吾不知日"句。
㊸此告之欲处置其身后，以慰死者之心。意到笔随，不觉其词之剌剌也。
㊹自此以下，一往恸哭而尽。
㊺窆，下棺也。
㊻更不能分句，何况分段、分字，直是一恸而尽。
㊼宕一句，起下。
㊽伊、颍，二水名。
㊾教子嫁女，又慰死者之心，自是天理人情中体贴出来。
㊿总结，更复惝怳。

情之至者，自然流为至文。读此等文，须想其一面哭一面写，字字是血，字字是泪。未尝有意为文，而文无不工，祭文中千年绝调。

祭鳄鱼文

维年月日，潮州刺史韩愈使军事衙推秦济，以羊一、猪一，投恶溪之潭水，以与

鳄鱼食，而告之[①]曰：

昔先王既有天下，列山泽，罔[②]绳擉刃，以除虫蛇恶物为民害者，驱而出之四海之外[③]。及后王德薄，不能远有，则江汉之间，尚皆弃之，以与蛮、夷、楚、越，况潮，岭海之间，去京师万里哉！鳄鱼之涵淹卵育于此，亦固其所[④]。

今天子嗣唐位，神圣慈武，四海之外，六合之内，皆抚而有之[⑤]；况禹迹所揜，扬州之近地，刺史、县令之所治，出贡赋以供天地宗庙百神之祀之壤者哉[⑥]！鳄鱼其不可与刺史杂处此土也[⑦]。刺史受天子命，守此土，治此民，而鳄鱼睅然不安溪潭，据处食民、畜、熊、豕、鹿、獐，以肥其身，以种其子孙，与刺史亢拒，争为长雄[⑧]。刺史虽驽弱，亦安肯为鳄鱼低首下心，伈伈睍睍，为民吏羞，以偷活于此邪[⑨]！且承天子命以来为吏，固其势不得不与鳄鱼辨[⑩]。

鳄鱼有知，其听刺史言[⑪]：潮之州，大海在其南，鲸鹏之大，虾蟹之细，无不容归，以生以食，鳄鱼朝发而夕至也[⑫]。今与鳄鱼约：尽三日，其率丑类南徙于海，以避天子之命吏。三日不能，至五日；五日不能，至七日[⑬]；七日不能，是终不肯徙也，是不有刺史、听从其言也。不然，则是鳄鱼冥顽不灵，刺史虽有言，不闻不知也[⑭]。夫傲天子之命吏，不听其言，不徙以避之，与冥顽不灵而为民物害者，皆可杀[⑮]！刺史则选材技吏民，操强弓毒矢，以与鳄鱼从事，必尽杀乃止。其无悔[⑯]！

【注释】

①初，公至潮，问民疾苦，皆曰："恶溪有鳄鱼，食民产且尽。"数日，公令其属秦济，以一羊一豚，投溪水而祝之。

②罔，同"网"。

③列，遮道也。擉，刺也。　　正议发端，便不可犯。

④潮在岭外海内，较江汉更远，毋怪为鳄鱼所据。涵淹，潜伏也。卵育，生息也。　　先归咎后王，故意放宽一步，妙。

⑤能远有矣。

⑥揜，止也。潮于古为扬州之境，以四海、六合言之，则潮地又甚近也。　　二十四字作一句读。

⑦此句是一篇纲领。前将"天子"立大议论，此下专在"与刺史争土"上发议。

⑧睅，目出貌。据处，谓据其地而处之也。食民、畜，谓食人与六畜也。刺吏欲安民，而鳄鱼为害若此，是与亢拒争雄矣。

⑨伈伈，恐惧貌。睍睍，小目貌。

⑩凛以天子，凛以天子命吏，词严义正，是一篇讨贼檄文。

⑪总喝一句，起下文。

⑫为鳄鱼寻去路。

⑬为鳄鱼限日期。

⑭层叠而下，犀利无前。

⑮闪电轰雷，一齐俱发。

⑯是夕有暴风震雷起湫水中，数日，水尽涸。西徙六十里，自是潮州无鳄鱼患。

全篇只是不许鳄鱼杂处此土，处处提出“天子”二字、“刺史”二字压服他。如问罪之师，正正堂堂之阵，能令反侧子心寒胆栗。

柳子厚墓志铭

子厚讳宗元。七世祖庆，为拓跋魏[①]侍中，封济阴公。曾伯祖奭，为唐宰相，与褚遂良、韩瑗俱得罪武后，死高宗朝。皇考[②]讳镇，以事母弃太常博士，求为县令江南。其后以不能媚权贵，失御史。权贵人死，乃复拜侍御史。号为刚直，所与游皆当世名人[③]。

子厚少精敏，无不通达。逮其父时，虽少年，已自成人，能取进士第，崭然见头角，众谓柳氏有子矣[④]。其后以博学宏辞授集贤殿正字。俊杰廉悍[⑤]，议论证据今古，出入经史百子，踔[⑥]厉风发，率常屈其座人。名声大振，一时皆慕与之交。诸公要人争欲令出我门下，交口荐誉之[⑦]。

贞元十九年，由蓝田尉拜监察御史。顺宗即位，拜礼部员外郎。遇用事者得罪，例出为刺史；未至，又例贬州司马[⑧]。居闲，益自刻苦，务记览，为词章，泛滥停蓄，为深博无涯涘，而自肆于山水间[⑨]。元和中，尝例召至京师，又偕出为刺史，而子厚得柳州[⑩]。既至，叹曰：“是岂不足为政邪！”因其土俗，为设教禁，州人顺赖。其俗以男女质钱，约不时赎，子本相侔，则没为奴婢。子厚与设方计，悉令赎归。其尤贫力不能者，令书其佣，足相当，则使归其质。观察使下其法于他州，比一岁，免而归者且千人[⑪]。衡、湘以南为进士者，皆以子厚为师，其经承子厚口讲指画为文词者，悉有法度可观[⑫]。

其召至京师而复为刺史也[⑬]，中山刘梦得禹锡亦在遣中，当诣播州。子厚泣曰：“播州非人所居，而梦得亲在堂，吾不忍梦得之穷，无辞以白其大人，且万无母子俱往理。”请于朝，将拜疏，愿以柳易播，虽重得罪，死不恨。遇有以梦得事白上者，梦得于是改刺连州[⑭]。呜呼！士穷乃见节义！今夫平居里巷相慕悦，酒食游戏相徵逐，诩诩强笑语以相取下，握手出肺肝相示，指天日涕泣，誓生死不相背负，真若可信。一旦临小利害，仅如毛发比，反眼若不相识，落陷阱，不一引手救，反挤之，又下石焉者，皆是也。此宜禽兽夷狄所不忍为，而其人自视以为得计，闻子厚之风，亦可以少愧矣[⑮]。

子厚前时少年，勇于为人，不自贵重[⑯]顾藉，谓功业可立就，故坐废退。既退，又无相知有气力得位者推挽，故卒死于穷裔，材不为世用，道不行于时也[⑰]。使子厚在台省时，自持其身已能如司马、刺史时，亦不自斥；斥时，有人力能举之，且必复用不穷[⑱]。然子厚斥不久，穷不极，虽有出于人，其文学辞章，必不能自力以致必传于后，如今，无疑也[⑲]。虽使子厚得所愿，为将相于一时，以彼易此，孰得孰失，必有能辨之者[⑳]。

子厚以元和十四年十一月八日卒，年四十七；以十五年七月十日归葬万年先人

墓侧。子厚有子男二人：长曰周六，始四岁；季曰周七，子厚卒乃生。女子二人，皆幼。其得归葬也，费皆出观察使河东裴君行立。行立有节概，重然诺，与子厚结交，子厚亦为之尽，竟赖其力。葬子厚于万年之墓者，舅弟卢遵。遵，涿人，性谨慎，学问不厌。自子厚之斥，遵从而家焉，逮其死不去。既往葬子厚，又将经纪其家，庶几有始终者㉑。

铭曰：是惟子厚之室，既固既安，以利其嗣人。

【注释】

①北魏姓拓跋。

②皇考，父。

③叙其前人节概，所以形子厚之附叔文，是公微意。

④崭，尖锐貌。

⑤四字，为柳文写照。

⑥踔，同“卓”。

⑦子厚为诸公要人所争致，初非求附之也。全为附王叔文一节出脱。

⑧王叔文、韦执谊用事，拜宗元礼部员外郎，且将大用。宪宗即位，贬叔文渝州司户参军，宗元坐王叔文党，贬邵州刺史，未至，道贬永州司马。　志其被贬，不露叔文辈姓名，甚婉曲。

⑨宗元既窜斥，地又荒疠，因自放山泽间。其湮厄感郁，一寓诸文，放《离骚》数十篇，读者咸悲恻。

⑩伏为刘禹锡请播州一节。

⑪柳州之政，详见《罗池庙碑》。独书赎子一节，撮其有德于民之大者。

⑫前叙其自为词章，此叙其教人为文词。公推重子厚，特在文章。

⑬遥接。

⑭子厚所至，皆有树立。其处中山，尤其行之卓异者。

⑮此段因事发议，全学伯夷、屈原传。

⑯说出子厚病根。

⑰只数语总叙子厚生平，且悲且惜。

⑱反振起下意。

⑲就“斥”、“穷”二字一转。极写子厚喜幸。

⑳又一转，语带规讽，意极含蓄。

㉑附书裴、卢二人，与前“士穷见节义”一段对照。

子厚不克持身处，公亦不能为之讳，故措词隐跃，使人自领。只就文章一节，断其必传，下笔自有轻重。

古文观止卷之九

唐宋文

柳宗元

驳复仇议

臣伏见天后[①]时，有同州下邽人徐元庆者，父爽为县尉赵师韫所杀，卒能手刃父仇，束身归罪[②]。当时谏臣陈子昂建议诛之而旌其闾，且请编之于令，永为国典[③]。臣窃独过之[④]。

臣闻礼之大本，以防乱也。若曰无为贼虐，凡为子者杀无赦[⑤]。刑之大本，亦以防乱也。若曰无为贼虐，凡为治者杀无赦[⑥]。其本则合，其用则异，旌与诛莫得而并焉[⑦]。诛其可旌，兹谓滥，黩刑甚矣。旌其可诛，兹谓僭，坏礼甚矣[⑧]。果以是示于天下，传于后代，趋义者不知所向，违害者不知所立，以是为典可乎[⑨]？盖圣人之制，穷理以定赏罚，本情以正褒贬，统于一而已矣[⑩]。

向使刺谳其诚伪，考正其曲直，原始而求其端，则刑礼之用，判然离矣[⑪]。何者？若元庆之父不陷于公罪，师韫之诛独以其私怨，奋其吏气，虐于非辜，州牧不知罪，刑官不知问，上下蒙冒，吁号不闻[⑫]，而元庆能以戴天为大耻，枕戈为得礼[⑬]，处心积虑，以冲仇人之胸，介然自克，即死无憾，是守礼而行义也。执事者宜有惭色，将谢之不暇，而又何诛焉[⑭]？

其或元庆之父不免于罪，师温之诛不愆于法，是非死于吏也，是死于法也。法其可仇乎？仇天子之法而戕奉法之吏，是悖骜而凌上也。执而诛之，所以正邦典，而又何旌焉[⑮]？

且其议曰："人必有子，子必有亲，亲亲相仇，其乱谁救[⑯]？"是惑于礼也甚矣。礼之所谓仇者，盖其冤抑沉痛而号无告也，非谓抵罪触法，陷于大戮。而曰"彼杀之"，我乃杀之，不议曲直，暴寡胁弱而已。其非经背圣，不亦甚哉[⑰]！

《周礼》："调人[⑱]，掌司万人之仇。""凡杀人而义者，令勿仇，仇之则死。""有反杀者，邦国交仇之[⑲]。"又安得亲亲相仇也？《春秋公羊传》曰："父不受诛，子复仇可也。父受诛，子复仇，此推刃之道，复仇不除害[⑳]。"今若取此以断两下相杀，则合于礼矣[㉑]。且夫不忘仇，孝也；不爱死，义也。元庆能不越于礼，服孝死义，是必达理而闻道者也。夫达理闻道之人，岂其以王法为敌仇者哉？议者反以为戮，黩刑坏礼，其不可以为典，明矣[㉒]。

请下臣议,附于令,有断斯狱者,不宜以前议从事。谨议。

【注释】

①天后,唐武后。

②后师韫为御史,元庆变姓名,于驿家佣力。久之,师韫以御史舍亭下,元庆手刃之,自囚诣官。

③时议者以元庆孝烈,欲舍其罪。子昂建议,以为国法专杀者死,元庆宜正国法;然旌其闾墓,以褒其孝义可也。议者以子昂为是。　叙述其事作案。

④总驳一句。

⑤子不当仇而仇者,死。

⑥吏不当杀而杀者,死。　以礼、刑大本上说起,是议论大根源处。

⑦一句点醒,破其首鼠两端之说。

⑧《左传》:"善为国者,赏不僭,刑亦不滥。"　互发以足上句意。

⑨以上泛言旌诛并用之非。

⑩此言圣人旌诛不并用,"穷理"、"本情"四字,甚细。

⑪刺,讯也。议罪曰谳。诚伪,以情言。曲直,以理言。　承上正转一笔,起下二段议论。

⑫吁,呼也。

⑬《礼记》:"父之仇,弗与共戴天。"又曰:"居父母之仇……寝苫枕戈,不仕,弗与共天下也。"

⑭一段写旌之不宜诛。

⑮一段写诛之不宜旌。　二段,透发"旌与诛莫得而并"之意。

⑯述子昂原议。

⑰此段申明"仇"字之义,正驳子昂言仇之失。

⑱调人,官名。

⑲《周礼》,见《地官》。

⑳《公羊传》,见定公四年。不受诛,谓罪不当诛也。一来一往曰推刃。不除害,谓取仇身而已,不得兼其子也。

㉑两下相杀,谓师韫杀元庆之父,元庆又杀师韫。　引《周礼》、《公羊》,以明杀人不义与不受诛者,皆可复仇。论有根据,一篇主意,具见于此。

㉒收段就元庆立论,所以重与之。而深抑当时之议诛者,是通篇结案。

看叙起"手刃父仇,束身归罪"八字,便见得宜旌不宜诛。中段是论理,故作两平之言。后段是论事,故作侧重之语。引经据典,无一字游移,乃成铁案。

桐叶封弟辨

古之传者有言,成王以桐叶与小弱弟,戏曰:"以封汝。"周公入贺。王曰:"戏也。"周公曰:"天子不可戏。"乃封小弱弟于唐[①]。

吾意不然[②]。王之弟当封邪?周公宜以时言于王,不待其戏而贺以成之也[③]。不当封邪?周公乃成其不中之戏,以地以人与小弱弟者为之主,其得为圣乎[④]?且

周公以王之言，不可苟焉而已，必从而成之邪？设有不幸，王以桐叶戏妇寺，亦将举而从之乎[5]？凡王者之德，在行之何若。设未得其当，虽十易之不为病，要于其当，不可使易也，而况以其戏乎？若戏而必行之，是周公教王遂过也[6]。

吾意周公辅成王，宜以道，从容优乐，要归之大中而已[7]，必不逢其失而为之辞[8]；又不当束缚之，驰骤之，使若牛马然，急则败矣[9]。且家人父子，尚不能以此自克，况号为君臣者邪[10]！是直小丈夫缺缺者之事，非周公所宜用，故不可信[11]。

或曰："封唐叔，史佚成之[12]。"

【注释】

①《史记·晋世家》："成王与叔虞戏，削桐叶为珪，以与叔虞曰：'以此封若。'史佚因请择日立之。成王曰：'吾与之戏耳。'史佚曰：'天子无戏言。'于是遂封叔虞于唐。"若曰"周公入贺"，史不之见，特于刘向《说苑》云云。

②一句抹倒。

③一层。

④二层。

⑤三层。

⑥此段方是正断，严切不留余漏。下乃就周公身上另起，再作断。

⑦应"要于其当"句。

⑧一层。

⑨言不能从容优乐，若制牛马然。束缚之使不得行，驰骤之使之必行，迫之太甚，则败坏矣。　二层。

⑩言父子之间，尚不能以束缚、驰骤之事相胜，何况君臣？　三层。

⑪《老子》："其政察察，其民缺缺。"缺缺，小智貌。　正结一段。

⑫史佚，周武王时太史尹佚也。　结束有不尽意，不指定史佚，妙。

前幅连设数层翻驳，后幅连下数层断案，俱以理胜，非尚口舌便便也。读之反复重叠愈不厌，如眺层峦，但见苍翠。

箕子碑

凡大人之道有三：一曰正蒙难；二曰法授圣；三曰化及民[1]。殷有仁人曰箕子，实具兹道，以立于世。故孔子述六经之旨，尤殷勤焉[2]。

当纣之时，大道悖乱，天威之动不能戒，圣人之言无所用[3]。进死以并命，诚仁矣，无益吾祀，故不为[4]。委身以存祀，诚仁矣，与亡吾国，故不忍[5]。具是二道，有行之者矣[6]，是用保其明哲，与之俯仰，晦是谟范，辱于囚奴。昏而无邪，隤而不息。故在《易》曰："箕子之明夷。"正蒙难也[7]。及天命既改，生人以正，乃出大法，用为圣师。周人得以序彝伦，而立大典。故在《书》曰："以箕子归，作《洪范》。"法授圣也[8]。及封朝鲜，推道训俗，惟德无陋，惟人无远。用广殷祀，俾夷为华，化及民也[⑨]。率是大道，藂[⑩]于厥躬，天地变化，我得其正，其大人欤[⑪]！

於虖[⑫]！当其周时未至，殷祀未殄，比干已死，微子已去，向使纣恶未稔而自毙，武庚念乱以图存，国无其人，谁与兴理？是固人事之或然者也。然则先生隐忍而为此，其有志于斯乎[⑬]？

唐某年，作庙汲郡，岁时致祀[⑭]。嘉先生独列于易象，作是颂云[⑮]。

【注释】

①蒙，犯也。正蒙难者，以正犯难也。　　总提三柱立论。

②谓下《易》、《书》、《诗》所载是也。　　出箕子。

③《书》："今天动威。"　　总起。

④搁过比干。

⑤搁过微子。

⑥将正写箕子，先入此段，斡旋多少。

⑦《诗》："既明且皙，以保其身。"《书》："囚奴正士。"正士，谓箕子也。《易·明夷卦·六五》："箕子之明夷。"夷，伤也。言六五以宗臣居暗地，近暗君，而能正其志，箕子之象也。　　应前"一曰"。

⑧大法，谓《洪范》。洪，大也。范，法也。《书》："天乃锡禹《洪范》九畴，彝伦攸叙。"《汉志》曰："禹治洪水，锡《洛书》，法而陈之，《洪范》是也。"《史记》："武王克殷，访问箕子以天道，箕子以《洪范》陈之。"盖《洪范》发之于禹，箕子推衍增益，以成篇欤。　　应前"二曰"。

⑨朝鲜，东夷地。《汉书·地理志》："箕子去之朝鲜，教其民以礼义田蚕，民犯禁八条，其民终不相盗，无门户之闭。妇人贞信不淫僻，其教民饮食，以笾豆为可贵。"此仁贤之化也。　　应前"三曰"。

⑩藂，同"丛"。

⑪应前"大人"第一句。　　首提作柱，以次分应，似正意，却是客也。下一段写出箕子意中事，是作者大旨。

⑫於虖，同"呜呼"。

⑬忽然别起波浪，语极淋漓感慨，使人失声长恸。

⑭汲郡，纣故都，今为河南卫辉府。

⑮颂不载。

前立三柱，真如天外三峰，卓然峭峙。"於虖"以下，忽然换笔，一往更有深情。

捕蛇者说

永州之野产异蛇，黑质而白章[①]；触草木，尽死；以啮人，无御之者[②]。然得而腊之以为饵，可以已大风、挛踠、瘘、疠，去死肌，杀三虫[③]。其始太医以王命聚之，岁赋其二[④]。募有能捕之者，当其租入。永人争奔走焉[⑤]。

有蒋氏者，专其利三世矣[⑥]。问之，则曰："吾祖死于是，吾父死于是，今吾嗣为

之十二年，几死者数矣。”言之，貌若甚戚者[⑦]。

余悲之，且曰：“若毒之乎？余将告于莅事者，更若役，复若赋，则何如[⑧]？”

蒋氏大戚，汪然出涕曰：“君将哀而生之乎？则吾斯役之不幸，未若复吾赋不幸之甚也[⑨]！向吾不为斯役，则久已病矣[⑩]。自吾氏三世居是乡，积于今六十岁矣。而乡邻之生日蹙，殚其地之出，竭其庐之入[⑪]，号呼而转徙，饥渴而顿踣[⑫]，触风雨，犯寒暑，呼嘘毒疠，往往而死者相藉也[⑬]。曩与吾祖居者，今其室十无一焉；与吾父居者，今其室十无二三焉；与吾居十二年者，今其室十无四五焉[⑭]：非死则徙尔。而吾以捕蛇独存[⑮]。悍吏之来吾乡，叫嚣乎东西，隳突乎南北，哗然而骇者，虽鸡狗不得宁焉[⑯]！吾恂恂而起，视其缶，而吾蛇尚存，则弛然而卧[⑰]，谨食之，时而献焉[⑱]。退而甘食其土之有，以尽吾齿[⑲]。盖一岁之犯死者二焉，其余则熙熙而乐，岂若吾乡邻之旦旦有是哉[⑳]！今虽死乎此，比吾乡邻之死，则已后矣，又安敢毒邪[㉑]！”

余闻而愈悲。孔子曰：“苛政猛于虎也！”吾尝疑乎是；今以蒋氏观之，犹信[㉒]。呜呼！孰知赋敛之毒，有甚是蛇者乎[㉓]！故为之说，以俟夫观人风者得焉。

【注释】

①黑体白文。

②异蛇最毒。

③腊，干肉也。饵，药饵也。已，止也。挛踠，曲脚不能伸也。瘘，颈肿。疠，恶创。死肌，如痈疽之腐烂者。三虫，三尸之虫也。　　毒蛇，偏为要药。

④二，两次。

⑤叙捕蛇事。

⑥入题。

⑦摹泰山妇，伏结处。

⑧若，汝也。言改汝捕蛇之役，复汝输租之赋，以免其死。

⑨犯死捕蛇，乃以为幸；更役复赋，反以为不幸。此岂人之情哉！必有甚不得已者耳！

⑩提一句，起下文，直贯至“捕蛇独存”句。

⑪赋敛之苦。

⑫踣，同“仆”。　　迫于赋敛而徙。

⑬疠，疫气。藉，枕藉也。　　劳于迁徙而死。　　写得惨毒，是一幅流民图。

⑭应前三世。

⑮二句收上转下，有力。

⑯追呼之扰，所不忍言。

⑰蛇存放心。

⑱小心养食，俟其时之所需而献上焉。

⑲退而甘食其土地之所产，以尽其天年。　　摹拟自得光景，真情真语，大有笔趣。

⑳言吾犯蛇毒而死者，一岁只有两次，非若吾乡邻遭悍吏之毒，无日不犯死也。

㉑今吾虽终死于斯役，比吾乡邻被重赋而死者，已在后矣，安敢怨其为毒，而不为此？此段正明“斯役之不幸，未若复吾赋不幸之甚”二句。情态曲尽，而一段无聊之意，溢于言表。

㉒《檀弓》："孔子过泰山侧，有妇人哭于墓而哀。夫子式而听之，使子路问之曰：'子之哭也，一似重有忧者？'而曰：'然。昔者吾舅死于虎，吾夫又死焉，今吾子又死焉。'夫子曰：'何为不去也？'曰：'无苛政。'夫子曰：'小子识之，苛政猛于虎也！'"

㉓一句结出。

此小文耳，却有许大议论，必先得孔子"苛政猛于虎"一句，然后有一篇之意。前后起伏抑扬，含无限悲伤凄惋之态。若转以上闻，所谓言之者无罪，闻之者足以为戒，真有用之文。

种树郭橐驼传

郭橐驼，不知始何名。病偻，隆然伏行，有类橐驼者，故乡人号之"驼"。驼闻之曰："甚善，名我固当。"因舍其名，亦自谓"橐驼"云①。其乡曰丰乐乡，在长安西②。驼业种树，凡长安豪家富人为观游③及卖果者④，皆争迎取养⑤。视驼所种树，或迁徙，无不活⑥，且硕茂，蚤实以蕃⑦。他植者虽窥伺效慕，莫能如也⑧。

有问之，对曰："橐驼⑨非能使木寿且孳也⑩，能顺木之天以致其性焉尔⑪。凡植木之性⑫：其本欲舒，其培欲平，其土欲故，其筑欲密⑬。既然已，勿动勿虑，去不复顾。其莳也若子，其置也若弃，则其天者全，而其性得矣⑭。故吾不害其长而已，非有能硕茂之也；不抑耗其实而已，非有能蚤而蕃之也⑮。他植者则不然⑯。根拳而土易⑰。其培之也，若不过焉则不及。苟有能反是者，则又爱之太殷，忧之太勤，旦视而暮抚，已去而复顾。甚者，爪其肤以验其生枯，摇其本以观其疏密，而木之性日以离矣。虽曰爱之，其实害之；虽曰忧之，其实仇之：故不我若也。吾又何能为哉⑱？"

问者曰："以子之道，移之官理，可乎？"驼曰："我知种树而已，官理非吾业也。然吾居乡，见长人者，好烦其令，若甚怜焉，而卒以祸⑲。旦暮，吏来而呼曰：'官命促尔耕，勖尔植，督尔获，早缫而绪，早织而缕⑳，字而幼孩，遂而鸡豚㉑。'鸣鼓而聚之，击木而召之。吾小人辍飧饔以劳吏者且不得暇，又何以蕃吾生而安吾性邪？故病且怠。若是，则与吾业者其亦有类乎㉒？"

问者嘻曰："不亦善夫！吾问养树，得养人术。"传其事，以为官戒也㉓。

【注释】

①偻，伛疾也。隆然，高起貌。橐驼，即骆驼。　以上先将橐驼命名，写作一笑。

②何为书其乡？只为欲写其在长安，长安人争迎也。

③种树行乐。

④种树谋生。

⑤争相迎取驼于家而养之。

⑥无不活，双承种与迁。

⑦其树大而盛，其实蚤而多。　活外又添写此一句。

⑧又反衬一句，伏后文。

⑨自谓橐驼。

⑩折一笔。

⑪一篇之意，已尽于此。

⑫承其“性”字。

⑬此四“欲”字，本性欲也。

⑭莳，种也。　　此段是畅讲“无不活”三字理。

⑮耗，损也。　　此段又反复“硕茂蚤蕃”四字理。　　以上只浅浅就植木上说道理，从孟子养气工夫体贴出来。

⑯一句提转，上言无心之得，下言有心之失。

⑰拳，曲也。易，更也。

⑱此段明“他植者莫能如”一句理。　　以上论种树毕，以下入正意，发出议论。

⑲总提一句，下就“他植者则不然”一段摹出。

⑳缫，绎茧为丝也。缕，布缕也。

㉑字，养也。遂，长也。

㉒写出俗吏情弊、民间疾苦，读之令人凄然。

㉓一篇精神命脉，直注末句结出。语极冷峭。

前写橐驼种树之法，琐琐述来，涉笔成趣。纯是上圣至理，不得看为山家种树方。末入“官理”一段，发出绝大议论，以规讽世道。守官者当深体此文。

梓人传

裴封叔之第，在光德里[①]，有梓人款其门，愿佣隙[②]宇而处焉[③]。所职寻引规矩绳墨，家不居砻斲之器[④]。问其能，曰：“吾善度材。视栋宇之制，高深圆方短长之宜，吾指使而群工役焉。舍我，众莫能就一宇。故食于官府，吾受禄三倍。作于私家，吾收其直大半焉[⑤]。”

他日，入其室，其床阙足而不能理，曰：“将求他工。”余甚笑之，谓其无能而贪禄嗜货者[⑥]。

其后京兆尹将饰官署，余往过焉。委群材，会众工[⑦]，或执斧斤，或执刀锯，皆环立向之。梓人左持引，右执杖，而中处焉[⑧]，量栋宇之任，视木之能举，挥其杖曰：“斧！”彼执斧者奔而右。顾而指曰：“锯！”彼执锯者趋而左[⑨]。俄而斤者斲，刀者削，皆视其色，俟其言，莫敢自断者[⑩]。其不胜任者，怒而退之，亦莫敢愠焉[⑪]。画宫于堵，盈尺，而曲尽其制。计其毫厘而构大厦，无进退焉[⑫]。既成，书于上栋[⑬]曰：某年某月某日建。则其姓字也，凡执用之工不在列[⑭]。余圜视大骇，然后知其术之工大矣[⑮]。

继而叹曰[⑯]：彼将舍其手艺[⑰]，专其心智[⑱]，而能知体要者欤[⑲]？吾闻劳心者役人，劳力者役于人，彼其劳心者欤？能者用而智者谋，彼其智者欤[⑳]！是足为佐天

子、相天下法矣，物莫近乎此也[21]。

彼为天下者，本于人。其执役者，为徒隶，为乡师、里胥，其上为下士，又其上为中士，为上士，又其上为大夫，为卿，为公。离而为六职，判而为百役[22]。外薄四海[23]，有方伯、连率[24]。郡有守，邑有宰，皆有佐政。其下有胥吏，又其下皆有啬夫、版尹，以就役焉[25]，犹众工之各有执技以食力也[26]。彼佐天子相天下者，举而加焉，指而使焉，条其纲纪而盈缩焉，齐其法制而整顿焉，犹梓人之有规矩绳墨以定制也[27]。择天下之士，使称其职；居天下之人，使安其业。视都知野，视野知国，视国知天下。其远迩细大，可手据其图而究焉，犹梓人画宫于堵而绩于成也[28]。能者进而由之，使无所德；不能者退而休之，亦莫敢愠。不衒能，不矜名，不亲小劳，不侵众官，日与天下之英才讨论其大经，犹梓人之善运众工而不伐艺也[29]。夫然后相道得而万国理矣[30]。相道既得，万国既理，天下举首而望曰："吾相之功也！"后之人循迹而慕曰："彼相之才也。"士或谈殷、周之理者，曰伊、傅、周、召，其百执事之勤劳，而不得纪焉，犹梓人自名其功，而执用者不列也[31]。大哉相乎！通是道者，所谓相而已矣[32]。

其不知体要者反此，以恪勤为公，以簿书为尊，衒能矜名，亲小劳，侵众官，窃取六职百役之事，听听于府庭，而遗其大者、远者焉。所谓不通是道者也[33]，犹梓人而不知绳墨之曲直，规矩之方圆，寻引之短长，姑夺众工之斧斤刀锯，以佐其艺，又不能备其工，以至败绩用而无所成也。不亦谬欤[34]！

或曰："彼主为室者，傥或发其私智，牵制梓人之虑，夺其世守，而道谋是用，虽不能成功，岂其罪邪？亦在任之而已[35]。"余曰："不然。夫绳墨诚陈，规矩诚设，高者不可抑而下也，狭者不可张而广也，由我则固，不由我则圮。彼将乐去固而就圮也，则卷其术，默其智，悠尔而去，不屈吾道。是诚良梓人耳！其或嗜其货利，忍而不能舍也，丧其制量，屈而不能守也。栋桡屋坏，则曰：'非我罪也。'可乎哉，可乎哉[36]？"

余谓梓人之道类于相，故书而藏之[37]。梓人，盖古之审曲面势者，今谓之都料匠云[38]。余所遇者杨氏，潜其名[39]。

【注释】

①裴封叔，名瑾。子厚之妹夫。

②隟，同"隙"。

③梓人，即木匠。款，叩也。隟宇，空屋也。佣，役于主人以代租也。

④寻，八尺。引，十丈。寻引，所以度长短。砻，砺石。斲，刀锯斧斤之属。　出语便作意凝注。

⑤此以言语代叙事。

⑥故作一折。

⑦委，蓄也。　写梓人一。

⑧写梓人二。

⑨写梓人三。

⑩写梓人四。
⑪写梓人五。
⑫写梓人六。
⑬《易》:"上栋下宇。"
⑭写梓人七。
⑮圜,惊愕也。　　句句包含下意,摹写甚工致。"既成"数句,尤极含蓄,为下文张本。
⑯转笔。
⑰照"不居砻斲之器"。
⑱照"所职寻引规矩绳墨"。
⑲"体要"二字,是一篇之纲。
⑳又就"专其心智"句,写作二层。
㉑物,事也。　　连下三"者欤"字赞美,方转入正意,如黄河之流,九折而入海,何等委曲!以下将梓人一一翻案。
㉒此以王都内言。
㉓薄,迫也。
㉔率,同"帅"。　　《礼·王制》:"千里之外,设方伯。"又:"十国以为连,连有帅。"
㉕汉制,乡小者,置啬夫一人。版尹、掌户版者。　　此以王都外言。
㉖"犹众工"一。
㉗"犹梓人"二。
㉘"犹梓人"三。
㉙"犹梓人"四。
㉚单承一句,侧出第五段,句法变化。
㉛"犹梓人"五。　　以上阐相道之合梓人处,凡五段。文势层叠,措词有法。
㉜一赞作总结,即宕起"不知体要"一段。
㉝听听,犹龂龂,辩争貌。
㉞此就上五"犹梓人"意反写一段,文字已毕,下另发议。
㉟《诗》:"如彼筑室于道谋,是用不溃于成。"言筑室而与行道之人谋之,人人得为异论,不能有成也。　　此以"主为室者"喻人君之任相当专一意。
㊱此又从梓人上喻为相者,以合则留,不合则去,不可贬道,亦不可嗜利意。
㊲喻意正意,总结一句。
㊳"审曲面势",出《考工记》。言审察五材曲直方面形势之宜也。
㊴住法亦奇。

前细写梓人,句句暗伏相道。后细写相道,句句回抱梓人。末又补出人主任相、为相自处两意。次序摹写,意思满畅。

愚溪诗序

灌水之阳有溪焉,东流入于潇水[①]。或曰:"冉氏尝居也,故姓是溪为冉溪。"或

曰:“可以染也,名之以其能,故谓之染溪[2]。”余以愚触罪,谪潇水上,爱是溪,入二三里,得其尤绝者家焉[3]。古有愚公谷[4],今余家是溪,而名莫能定,土之居者犹龂龂然[5],不可以不更也,故更之为愚溪[6]。

愚溪之上,买小丘,为愚丘[7]。自愚丘东北行六十步,得泉焉,又买居之,为愚泉[8]。愚泉凡六穴,皆出山下平地,盖上出也。合流屈曲而南,为愚沟[9]。遂负土累石,塞其隘,为愚池[10]。愚池之东为愚堂[11],其南为愚亭[12],池之中为愚岛[13]。嘉木异石错置,皆山水之奇者,以余故,咸以“愚”辱焉[14]。

夫水,智者乐也,今是溪独见辱于“愚”,何哉?盖其流甚下,不可以灌溉[15];又峻急,多坻石,大舟不可入也[16];幽邃浅狭,蛟龙不屑,不能兴云雨[17]。无以利世,而适类于余,然则虽辱而愚之,可也[18]。

宁武子邦无道则愚,智而为愚者也。颜子终日不违如愚,睿而为愚者也。皆不得为真愚。今余遭有道,而违于理,悖于事,故凡为愚者,莫我若也[19]。夫然,则天下莫能争是溪,余得专而名焉[20]。

溪虽莫利于世,而善鉴万类,清莹秀澈,锵鸣金石,能使愚者喜笑眷慕,乐而不能去也[21]。余虽不合于俗,亦颇以文墨自慰。漱涤万物,牢笼百态,而无所避之[22]。以愚辞歌愚溪,则茫然而不违,昏然而同归,超鸿蒙,混希夷,寂寥而莫我知也[23]。于是作《八愚诗》,记于溪石上[24]。

【注释】

①灌、潇二水,在永州府城外。

②题前先借影二层。

③宪宗朝,宗元坐王叔文党,贬永州司马。　　提“愚”字作主。

④齐桓公出猎,入山谷中,见一老。问曰:“是为何谷?”对曰:“为愚公之谷。”桓公曰:“何故?”对曰:“以臣名之。”　　引古作陪。

⑤龂龂,辩争貌。应上两“或曰”。

⑥叙出名溪之故。

⑦又就“愚”字生发。　　二愚。

⑧三愚。

⑨四愚。

⑩五愚。

⑪六愚。

⑫七愚。

⑬八愚。

⑭总结“愚”字一笔。　　叙出八愚,亦极错落,指点如画。

⑮一。

⑯小沚曰坻。　　二。

⑰三。

⑱此段明溪之所以为愚。

⑲是为真愚。

⑳此段明己之所以名溪。

㉑与上"其流甚下"一段抑扬对照。

㉒与上"违理悖事"一段抑扬对照。

㉓鸿蒙，元气也，一云海上气。《老子》："听之不闻，名曰希；视之不见，名曰夷。" 将己之愚、溪之愚写作一团，无从分别，奇绝，妙绝。

㉔仍收转八愚，作结。

通篇就一"愚"字，点次成文。借愚溪自写照，愚溪之风景宛然，自己之行事亦宛然。前后关合照应，异趣沓来，描写最为出色。

永州韦使君新堂记

将为穹谷嵁岩渊池于郊邑之中，则必辇山石，沟涧壑，陵绝险阻，疲极人力，乃可以有为也[①]。然而求天作地生之状，咸无得焉[②]。逸其人，因其地，全其天，昔之所难，今于是乎在[③]。永州实惟九疑之麓[④]。其始度土者，环山为城[⑤]。有石焉，翳于奥草；有泉焉，伏于土涂。蛇虺之所蟠，狸鼠之所游。茂树恶木，嘉葩毒卉，乱杂而争植，号为秽墟[⑥]。

韦公[⑦]之来，既逾月，理甚无事[⑧]。望其地，且异之[⑨]。始命芟其芜，行其涂，积之丘如，蠲之浏如，既焚既酾，奇势迭出[⑩]。清浊辨质，美恶异位[⑪]。视其植，则清秀敷舒[⑫]；视其蓄，则溶漾纡馀[⑬]。怪石森然，周于四隅。或列或跪，或立或仆，窍穴逶邃，堆阜突怒[⑭]。乃作栋宇，以为观游。凡其物类，无不合形辅势，效伎于堂庑之下[⑮]。外之连山高原，林麓之崖，间厕隐显。迩延野绿，远混天碧，咸会于谯门之内[⑯]。

已乃延客入观，继以宴娱。或赞且贺曰："见公之作，知公之志[⑰]。公之因土而得胜，岂不欲因俗以成化？公之择恶而取美，岂不欲除残而佑仁？公之蠲浊而流清，岂不欲废贪而立廉？公之居高以望远，岂不欲家抚而户晓[⑱]？"夫然，则是堂也[⑲]，岂独草木土石水泉之适欤？山原林麓之观欤？将使继公之理者，视其细，知其大也[⑳]。

宗元请志诸石，措诸壁，编以为二千石楷法[㉑]。

【注释】

①劈空翻起。

②又翻。

③落入。　　发端忽作数折，全用虚字衬成，笔法奇幻。

④九疑，山名，有九谿，皆相似，故名。麓，山足也。

⑤《书》："惟荒度土功。"　　此句追原城中所以有自然泉石之故。

⑥翳，蔽也。奥，深也。虺，蛇属。葩，花貌。卉，草之总名。　　写得荒芜不堪，以起下开辟之功。

⑦韦公，永州刺史。

⑧欲写韦公之开辟新堂，先著“理甚无事”四字，妙。

⑨六字，写出“理甚无事”人闲心妙眼。

⑩除草曰芟。积，聚其草也。丘如，草高貌。蠲，除其秽也。浏如，水清貌。焚，烧其所积之草也。酾，疏其已清之流也。　　此记始事。

⑪非秽墟矣。

⑫茂树嘉葩。

⑬蓄，水聚处。溶，安流也。漾，水摇动貌。纡，曲也。馀，绕也。　　有泉。

⑭逶，曲也。邃，深也。　　有石。　　此记毕工。

⑮此记新堂。

⑯谯门，城门上楼，以望敌者。新堂在郊邑中，故云“谯门之内”。　　此记堂外。　　叙荒芜处，便是个荒芜境界。叙修洁处，便是个修洁场所。可谓文中有画。

⑰推进一步。

⑱赞贺语，说出新堂关系政教，所见者大。

⑲宕开一笔，以作总束。

⑳结出斯堂之不朽。

㉑刺史称二千石。楷，式也。《儒行》：“今世行之，后世以为楷。”

只要表彰韦使君开辟新堂之功，先说一段名胜之难得，又说一段旧址之荒秽，以起韦公于政理之暇新之，所以为有功。末特开一议，见新堂煞甚关系，是记中所不可少。

钴鉧潭西小丘记

得西山后八日，寻山口西北道二百步，又得钴鉧潭。潭西二十五步，当湍而浚者为鱼梁[①]。梁之上有丘焉[②]，生竹树[③]。其石之突怒偃蹇，负土而出，争为奇状者，殆不可数[④]。其嵚然相累而下者，若牛马之饮于溪；其冲然角列而上者，若熊罴之登于山[⑤]。

丘之小不能一亩，可以笼而有之[⑥]。问其主，曰：“唐氏之弃地，货而不售[⑦]。”问其价，曰：“止四百。”余怜而售之。李深源、元克己时同游，皆大喜，出自意外[⑧]。即更取器用，铲刈秽草，伐去恶木，烈火而焚之。嘉木立，美竹露，奇石显[⑨]。由其中以望，则山之高，云之浮，溪之流，鸟兽之遨游，举熙熙然回巧献技，以效兹丘之下[⑩]。枕席而卧，则清泠之状与目谋，瀯瀯之声与耳谋[⑪]，悠然而虚者与神谋，渊然而静者与心谋[⑫]。不匝旬而得异地者二[⑬]，虽古好事之士，或未能至焉[⑭]。

噫！以兹丘之胜，致之沣镐鄠杜[⑮]，则贵游之士争买者，日增千金而愈不可得。今弃是州也，农夫渔父过而陋之。价四百，连岁不能售。而我与深源、克己独喜得之。是其果有遭乎？书于石，所以贺兹丘之遭也[⑯]。

【注释】

①西山，在永州城西潇江之浒。钴𬭁潭，在西山之西。湍，波流潆回之貌。浚，深也。鱼梁，堰石障水而空其中，以通鱼之往来者。

②点“丘”字。

③含下“嘉木”、“美竹”。

④含下“奇石”。

⑤嵚，高耸也，冲，向也，突也。　单承石之奇状，描写一笔。

⑥笼，包举也。　又点“小”字。

⑦以物售与人曰货。

⑧叙买丘。

⑨叙开辟。

⑩叙玩赏。

⑪潽潽，水回貌。

⑫叙玩赏中，生出静机。

⑬匝，周也。十日曰旬。　此句，应起“八日”、“又得”字。

⑭收住。下忽从小丘发出感慨，寄意更远。

⑮沣、镐、鄠、杜，俱属右扶风，汉上林苑地。

⑯感慨不尽。

前幅平平写来，意只寻常，而立名造语，自有别趣。至末从小丘上发出一段感慨，为兹丘致贺。贺兹丘，所以自吊也。

小石城山记

自西山道口径北，逾黄茅岭而下，有二道[①]：其一西山，寻之无所得[②]；其一少北而东，不过四十丈，土断而川分，有积土横当其垠。其上，为睥睨梁欐之形[③]；其旁，出堡坞，有若门焉。窥之正黑[④]。投以小石，洞然有水声。其响之激越，良久乃已[⑤]。环之可上，望甚远[⑥]。无土壤而生嘉树美箭，益奇而坚，其疏数偃仰，类智者所施设也[⑦]。

噫！吾疑造物者之有无久矣[⑧]，及是，愈以为诚有[⑨]。又怪其不为之于中州，而列是夷狄，更千百年不得一售其伎，是固劳而无用。神者傥不宜如是，则其果无乎[⑩]？或曰：“以慰夫贤而辱于此者。”或曰：“其气之灵，不为伟人，而独为是物。故楚之南，少人而多石[⑪]。”是二者，余未信之[⑫]。

【注释】

①故写二道。

②搁起一道。

③垠，崖也。睥睨，城上女垣也。梁欐，屋栋也。山以小石城名者以此。

④堡，小城也。坞，水障也。

⑤此不是写水，只极写“窥之正黑”四字。

⑥其旁可以窥深，其上可以望远。

⑦“无土壤”三字，妙。“类智者所施设”一句，生下“有无”一段。

⑧宕笔。

⑨疑其有。

⑩疑其无。

⑪借两“或曰”，错落自说胸中愤懑，随笔蓬勃。

⑫不说煞，妙。

借石之瑰玮，以吐胸中之气。柳州诸记，奇趣逸情，引人以深，而此篇议论，尤为崛出。

贺进士王参元失火书

得杨八书，知足下遇火灾，家无余储[①]。仆始闻而骇，中而疑，终乃大喜。盖将吊而更以贺也[②]。道远言略，犹未能究知其状，若果荡焉泯焉而悉无有，乃吾所以尤贺者也[③]。

足下勤奉养，乐朝夕，惟恬安无事是望也。今乃有焚炀赫烈之虞，以震骇左右，而脂膏滫瀡之具，或以不给[④]。吾是以始而骇也[⑤]。

凡人之言皆曰：盈虚倚伏，去来之不可常[⑥]。或将大有为也，乃始厄困震悸，于是有水火之孽，有群小之愠[⑦]。劳苦变动，而后能光明，古之人皆然。斯道辽阔诞漫，虽圣人不能以是必信。是故中而疑也[⑧]。

以足下读古人书，为文章，善小学，其为多能若是，而进不能出群士之上，以取显贵者，盖无他焉[⑨]。京城人多言足下家有积货，士之好廉名者，皆畏忌不敢道足下之善。独自得之心，蓄之衔忍，而不出诸口，以公道之难明，而世之多嫌也[⑩]。一出口，则嗤嗤者以为得重赂[⑪]。仆自贞元十五年见足下之文章，蓄之者盖六七年未尝言，是仆私一身而负公道久矣，非特负足下也[⑫]。及为御史尚书郎，自以幸为天子近臣，得奋其舌，思以发明足下之郁塞，然时称道于行列，犹有顾视而窃笑者[⑬]。仆良恨修己之不亮，素誉之不立，而为世嫌之所加，尝与孟几道言而痛之[⑭]。乃今幸为天火之所涤荡，凡众之疑虑，举为灰埃。黔其庐，赭其垣[⑮]，以示其无有。而足下之才能，乃可以显白而不污。其实出矣，是祝融、回禄之相吾子也[⑯]。则仆与几道十年之相知，不若兹火一夕之为足下誉也[⑰]。宥而彰之[⑱]，使夫蓄于心者，咸得开其喙；发策决科者，授子而不栗[⑲]。虽欲如向之蓄缩受侮，其可得乎[⑳]？于兹吾有望于子[㉑]，是以终乃大喜也[㉒]。

古者列国有灾，同位者皆相吊。许不吊灾，君子恶之[㉓]。今吾之所陈若是[㉔]，有以异乎古[㉕]。故将吊而更以贺也[㉖]。颜、曾之养，其为乐也大矣，又何阙焉[㉗]！

【注释】

①储，积蓄也。

②因骇、疑而将吊，因大喜而更以贺。

③再足一句。　以上总提作柱，下文分疏。

④滫瀡，米泔也。《礼·内则》："滫瀡以滑之，脂膏以膏之。"谓调和饮食也。

⑤承写一段骇。

⑥《老子》："祸兮福所倚，福兮祸所伏。"

⑦《诗》："忧心悄悄，愠于群小。"

⑧承写一段疑。

⑨无有他故。

⑩好廉名者，所以不敢道。

⑪嗤嗤，笑貌。　虽道亦必见笑于人。

⑫己亦避忌世嫌，有负公道。

⑬即欲一明公道，究不免于嗤嗤者之窃笑。

⑭孟简，字几道。　公道难明，古今重叹。借以抒发不胜世变之感。

⑮黔，黑也。赭，赤也。

⑯祝融、回禄，皆火神。相，助也。　奇语，快语。

⑰奇极，快极。

⑱人皆宽宥，而可以彰明其美。

⑲喙，口也。发策决科，谓明经取士，必为问难疑义书之于策，以试诸士，定为甲乙之科。栗，惧也。

⑳蓄缩，谓畏忌世嫌。受侮，谓被人窃笑。

㉑庶几能出群士之上，以取显贵。

㉒承写一段喜。大喜是主，故此段独详。

㉓《左传·昭公十八年》："宋、卫、陈、郑灾，陈不救火，许不吊灾，君子是以知陈、许之亡也。"

㉔指第三段。

㉕原不是灾。

㉖承写一段吊且贺。

㉗想参元亲在，故前云"勤奉养，乐朝夕"，末慰之言，正照上"养"字、"乐"字。

闻失火而贺，大是奇事。然所以贺之之故，自创一段议论，自辟一番实理，绝非泛泛也。取径幽奇险仄，快语惊人，可以破涕为笑。

王禹偁

待漏院记

天道不言，而品物亨、岁功成者，何谓也？四时之吏，五行之佐，宣其气矣。圣

人不言，而百姓亲、万邦宁者，何谓也？三公论道，六卿分职，张其教矣[①]。是知君逸于上，臣劳于下，法乎天也[②]。古之善相天下者，自咎、夔至房、魏，可数也[③]。是不独有其德，亦皆务于勤耳[④]。况夙兴夜寐，以事一人，卿大夫犹然，况宰相乎[⑤]！

朝廷自国初，因旧制，设宰相待漏院于丹凤门之右[⑥]，示勤政也[⑦]。乃若北阙向曙，东方未明，相君启行，煌煌火城。相君至止，哕哕銮声。金门未辟，玉漏犹滴。撤盖下车，于焉以息[⑧]。

待漏之际，相君其有思乎[⑨]？其或兆民未安，思所泰之；四夷未附，思所来之；兵革未息，何以弭之；田畴多芜，何以辟之；贤人在野，我将进之；佞人立朝，我将斥之；六气不和[⑩]，灾眚荐至，愿避位以禳之；五刑未措，欺诈日生，请修德以厘之[⑪]。忧心忡忡，待旦而入。九门既启，四聪甚迩[⑫]。相君言焉，时君纳焉。皇风于是乎清夷，苍生以之而富庶。若然，则总百官，食万钱，非幸也，宜也[⑬]。

其或私仇未复，思所逐之；旧恩未报，思所荣之；子女玉帛，何以致之；车马玩器，何以取之；奸人附势，我将陟之；直士抗言，我将黜之；三时告灾，上有忧色，构巧词以悦之；群吏弄法，君闻怨言，进谄容以媚之。私心慆慆[⑭]，假寐而坐[⑮]。九门既开，重瞳屡回。相君言焉，时君惑焉。政柄于是乎隳哉，帝位以之而危矣！若然，则死下狱，投远方，非不幸也，亦宜也[⑯]。

是知一国之政，万人之命，悬于宰相，可不慎欤[⑰]！复有无毁无誉，旅进旅退[⑱]，窃位而苟禄，备员而全身者，亦无所取焉[⑲]。

棘寺小吏王禹偁为文[⑳]，请志院壁，用规于执政者[㉑]。

【注释】

①“天道”、“圣人”对起，立论阔大。

②三句收上二段。

③咎陶、后夔，舜臣。房玄龄、魏征，唐相。

④先提一“勤”字，引起待漏意。

⑤侧重宰相当勤。

⑥丹凤门，即朱雀门。凡宰相来朝，至此待玉漏，及晨而后趋朝。　点待漏院。

⑦紧接上“勤”字。

⑧忽作韵语，描写宰相入院之景，妙甚。

⑨轻轻带出一“思”字，生出下文二大段文字。

⑩六气，阴、阳、风、雨、晦、明。

⑪厘，理也。

⑫四聪，四方之听也。《虞书》：“达四聪。”言广四方之听，以决天下之壅蔽也。

⑬此段写贤相勤政之思。先用两个“思”字，又转用两个“何以”字、“我将”字，何等可师可法！

⑭慆，慢也。

⑮不脱衣冠而寐，曰假寐。

⑯此段写奸相乱政之思，与上贤相一样大费经营，可鄙可恨。

⑰总收上二段。

⑱旅，众也。言与众进退。

⑲贤相不世出，奸相亦不恒有，此等庸相却多，点出尤足示戒。

⑳棘寺，《周官》所谓外朝之左棘，卿大夫之位也。

㉑是作记本意。

将千古贤相、奸相心事，曲曲描出，辞气严正，可法可鉴。尤妙在先借“勤”字立说，后将“慎”字作收。盖为相者，一出于勤慎，则所思自有善而无恶。末又说出一种苟禄全身之庸相，其害正与奸相等，尤足以为后世戒。虽名为记，极似箴体。

黄冈竹楼记

黄冈之地多竹[①]，大者如椽。竹工破之，刳去其节，用代陶瓦。比屋皆然，以其价廉而工省也[②]。

子城西北隅，雉堞圮毁，蓁莽荒秽[③]，因作小楼二间，与月波楼通[④]。远吞山光，平挹江濑，幽阒辽夐[⑤]，不可具状[⑥]。夏宜急雨，有瀑布声[⑦]；冬宜密雪，有碎玉声。宜鼓琴，琴调和畅；宜咏诗，诗韵清绝；宜围棋，子声丁丁然；宜投壶，矢声铮铮然：皆竹楼之所助也[⑧]。

公退之暇，披鹤氅衣[⑨]，戴华阳巾[⑩]，手执《周易》一卷，焚香默坐，消遣世虑。江山之外，第见风帆沙鸟、烟云竹树而已。待其酒力醒，茶烟歇，送夕阳，迎素月，亦谪居之胜概也[⑪]。

彼齐云、落星，高则高矣[⑫]！井幹、丽谯，华则华矣[⑬]！止于贮妓女，藏歌舞，非骚人之事，吾所不取[⑭]。

吾闻竹工云：“竹之为瓦，仅十稔，若重覆之，得二十稔[⑮]。”噫！吾以至道[⑯]乙未岁，自翰林出滁上[⑰]，丙申移广陵[⑱]，丁酉又入西掖[⑲]。戊戌岁除日，有齐安之命[⑳]，己亥闰三月到郡。四年之间，奔走不暇，未知明年又在何处，岂惧竹楼之易朽乎[㉑]！后之人与我同志，嗣而葺之，庶斯楼之不朽也[㉒]！

【注释】

①黄冈，县名，今属湖广黄州府。

②从竹说起。

③雉堞，城上女垣也。

④月波楼，在府城上，亦王禹偁建。　　次说因竹作楼。

⑤夐，同“迥”。

⑥濑，水流沙上也。阒，寂静也。夐，远也。　　写山川之景。

⑦飞泉悬水曰瀑布。

⑧上二句，写天时之景。下四句，写人事之景。连下六“宜”字，又下一“助”字，正见有声韵者，与竹相应而倍佳。文致隽绝。

⑨鹤氅衣，羽衣。

⑩华阳巾，道冠。

⑪时禹偁谪贬黄州郡。　　上写竹楼之景，令读者心开目朗。此写登楼之胜，则遥情独往，翩翩欲仙矣。

⑫齐云，楼名，五代韩浦建。落星，亦楼名。

⑬汉武帝立井幹楼，高二十丈。丽谯楼，曹韩建。

⑭骚，忧也。屈原作《离骚》，言遭忧也。今谓诗人为骚人。　　又借四楼反照竹楼，以我幽冷，傲彼繁华，襟怀何等洒落。

⑮谷熟曰稔。古人谓一年为一稔，取谷一熟也。　　应前"竹工"一段，起下"明年何处"之意。

⑯至道，宋太宗年号。

⑰贬滁州。

⑱迁扬州。

⑲中书省曰西掖。

⑳黄州郡名齐安。

㉑细叙数年履历，如闲云野鹤，去留无定。读之可为怆然。

㉒以修葺望之后人，极系恋，又极旷达。

冷淡萧疏，无意于安排措置，而自得之于景象之外。可以上追柳州得意诸记。起结摇曳生情，更觉蕴藉。

李格非

书《洛阳名园记》后

洛阳处天下之中，挟殽、黾之阻，当秦、陇之襟喉，而赵、魏之走集，盖四方必争之地也[①]。天下当无事则已，有事则洛阳必先受兵。予故尝曰：洛阳之盛衰，天下治乱之候也[②]。

唐贞观[③]、开元[④]之间，公卿贵戚开馆列第于东都者，号千有余邸[⑤]。及其乱离，继以五季[⑥]之酷，其池塘竹树，兵车蹂蹴，废而为丘墟；高亭大榭，烟火焚燎，化而为灰烬。与唐共灭而俱亡，无余处矣。予故尝曰：园囿之兴废，洛阳盛衰之候也[⑦]。

且天下之治乱，候于洛阳之盛衰而知；洛阳之盛衰，候于园囿之兴废而得[⑧]。则《名园记》之作，予岂徒然哉[⑨]！

呜呼！公卿大夫方进于朝，放乎一己之私，自为之，而忘天下之治忽，欲退享此乐，得乎？唐之末路是已[⑩]！

【注释】

①点洛阳。

②盛衰不过洛阳，而治乱关于天下。

③贞观，太宗年号。

④开元，明皇年号。

⑤点名园。

⑥五季，五代。

⑦兴废不过园囿，而盛衰关于洛阳。

⑧将“候”字倒用，甚生活。

⑨将上二段一总，写出作记意。

⑩感叹歔欷以收之。

名园特游观之末耳。今张大其事，恢广其意，其兴废可以占盛衰，可以占治乱。至小之物，关系至大。有学有识，方有此文。

范仲淹

严先生祠堂记

先生，光武之故人也[①]，相尚以道[②]。及帝握《赤符》[③]，乘六龙[④]，得圣人之时，臣妾亿兆，天下孰加焉？惟先生以节高之[⑤]。既而动星象[⑥]，归江湖[⑦]，得圣人之清，泥涂轩冕，天下孰加焉？惟光武以礼下之[⑧]。

在《蛊》之“上九”，众方有为，而独“不事王侯，高尚其事”[⑨]，先生以之[⑩]。在《屯》之“初九”，阳德方亨，而能“以贵下贱，大得民也”[⑪]，光武以之[⑫]。盖先生之心，出乎日月之上[⑬]；光武之量，包乎天地之外[⑭]。微先生不能成光武之大，微光武岂能遂先生之高哉[⑮]？而使贪夫廉，懦夫立，是大有功于名教也[⑯]。

仲淹来守是邦，始构堂而奠焉[⑰]。乃复为其后者四家，以奉祠事[⑱]。又从而歌曰：“云山苍苍，江水泱泱。先生之风，山高水长[⑲]。”

【注释】

①先生、光武并点出。

②总赞一句，就平日言。

③光武至鄗，儒生彊华奉《赤伏符》奏上，遂即帝位。

④《易》曰：“时乘六龙以御天。”

⑤从光武侧到先生。

⑥帝与光共卧，光以足加帝腹。明日，太史奏：“客星犯帝座甚急。”帝笑曰：“朕与故人严子陵共卧耳。”

⑦帝除光为谏议大夫，不屈，去耕钓于富春山中。

⑧从先生打转光武。　以节高之，以礼下之，正见先生与光武始终相尚以道处。

⑨《易·蛊卦·上九》爻曰：“不事王侯，高尚其事。”蛊，坏极而有事也。处蛊之世，众皆有

为，而“上九”独在事外，惟高尚其事而已。

⑩引经证先生。

⑪《易·屯卦·初九》象曰：“以贵下贱，大得民也。”屯，难也。屯难之初，德足亨屯，而乃能以贵下贱，民心无不归之也。

⑫引经证光武。

⑬高。

⑭大。

⑮互言之以终“相尚”之意。

⑯只用“而使”二字过文，独归到先生，见当立祠意，妙。

⑰祠堂在严州桐庐县。

⑱“复”者，免其赋役也。

⑲风，犹《孟子》“故闻伯夷之风者”之“风”，正与上“贪夫廉，懦夫立”六字相关应。山高水长，言与山水并垂千古。　　以歌结，有余韵。

题严先生，却将光武两两相形，竟作一篇对偶文字。至末乃归到先生，最有体格。且以歌作结，能使通篇生动，不失之板，妙甚。

岳阳楼记

庆历[①]四年春，滕子京[②]谪守巴陵郡[③]。越明年，政通人和，百废具兴[④]，乃重修岳阳楼，增其旧制，刻唐贤今人诗赋于其上，属予作文以记之[⑤]。

予观夫巴陵胜状，在洞庭一湖[⑥]。衔远山，吞长江，浩浩汤汤，横无际涯；朝晖夕阴，气象万千[⑦]。此则岳阳楼之大观也，前人之述备矣[⑧]。然则北通巫峡，南极潇湘[⑨]，迁客骚人，多会于此[⑩]，览物之情，得无异乎[⑪]？

若夫霪雨霏霏，连月不开，阴风怒号，浊浪排空，日星隐曜，山岳潜形；商旅不行，樯倾楫摧；薄暮冥冥，虎啸猿啼。登斯楼也，则有去国怀乡，忧谗畏讥，满目萧然，感极而悲者矣[⑫]。

至若春和景明，波澜不惊，上下天光，一碧万顷；沙鸥翔集，锦鳞游泳；岸芷汀兰，郁郁青青。而或长烟一空，皓月千里，浮光耀金，静影沉璧，渔歌互答，此乐何极！登斯楼也，则有心旷神怡，宠辱皆忘，把酒临风，其喜洋洋者矣[⑬]。

嗟夫！予尝求古仁人之心，或异二者之为。何哉[⑭]？不以物喜，不以己悲。居庙堂之高[⑮]，则忧其民；处江湖之远[⑯]，则忧其君：是进亦忧，退亦忧。然则何时而乐耶[⑰]？其必曰：先天下之忧而忧，后天下之乐而乐欤[⑱]！噫！微斯人，吾谁与归[⑲]？

【注释】

①庆历，仁宗年号。

②滕子京，名宗谅。

③巴陵，即岳州，宋曰岳阳。

④提句，最不可少。
⑤述作记之由。
⑥洞庭湖，在府城西南。　　先总点一句。
⑦四字包许多景致。
⑧述，指上“诗赋”言。　　只用虚笔，轻轻提过。
⑨巫峡，山名，在四川夔州。潇、湘，二水名，在九江之间。
⑩迁客，迁谪之客也。骚人，即诗人。
⑪“览物之情”一句，起下二段文字。
⑫一段写迁客骚人之悲，是“览物之情”而忧者。
⑬一段写迁客骚人之喜，是“览物之情”而乐者。
⑭上写“悲”、“喜”二段，只是欲起“古仁人”一段正意。
⑮进。
⑯退。
⑰从悲喜引出忧乐，明古之仁人忧多乐少，与人情之随感而忧乐顿殊者不同。
⑱先生少有大志，尝自诵曰：“士当先天下之忧而忧，后天下之乐而乐。”此其志也。今于此发之。　　忧乐俱在天下，正见其“不以物喜，不以己悲”意。
⑲斯人，指古仁人。结句一往情深。

岳阳楼大观，已被前人写尽。先生更不赘述，止将登楼者览物之情写出。悲、喜二意，只是翻出后文忧乐一段正论。以圣贤忧国忧民心地，发而为文章，非先生其孰能之？

司马光

谏院题名记

古者谏无官，自公卿大夫至于工商，无不得谏者[①]。汉兴以来始置官。夫以天下之政，四海之众，得失利病，萃于一官使言之，其为任亦重矣[②]。居是官者，当志其大，舍其细，先其急，后其缓，专利国家而不为身谋。彼汲汲于名者，犹汲汲于利也。其间相去何远哉[③]！

天禧[④]初，真宗诏置谏官六员，责其职事[⑤]。庆历[⑥]中，钱君始书其名于版[⑦]。光恐久而漫灭，嘉祐[⑧]八年，刻著于石[⑨]。后之人将历指其名而议之曰：“某也忠，某也诈，某也直，某也曲。”呜呼！可不惧哉[⑩]！

【注释】

①突然而起，高题一层。
②非古之无不得谏者比。谏官何等关系？
③谏官本无利，然最易犯名。必须名利并戒，方是不为身谋。二语极精细。

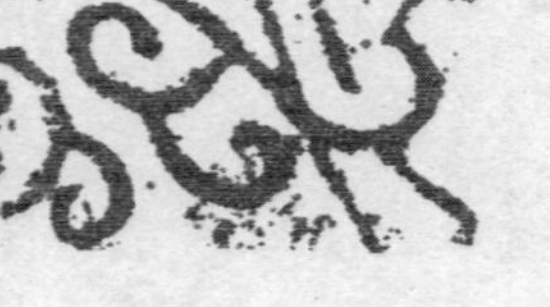

④天禧，真宗年号。

⑤先记谏院。

⑥庆历，仁宗年号。

⑦次记题名。

⑧嘉祐，仁宗年号。

⑨次记易版为石。

⑩结出题名之意，言下凛然。

文仅百余字，而曲折万状，包括无遗，尤妙在末后一结。后世以题名为荣，此独以题名为惧。立论不磨，文之有关世道者。

钱公辅

义田记

范文正公[①]，苏人也。平生好施与，择其亲而贫、疏而贤者咸施之[②]。

方贵显时，置负郭常稔之田千亩，号曰义田，以养济群族之人[③]。日有食，岁有衣，嫁娶凶葬皆有赡。择族之长而贤者主其计，而时共出纳焉[④]。日食，人一升；岁衣，人一缣。嫁女者五十千，再嫁者三十千。娶妇者三十千，再娶者十五千。葬者如再嫁之数，葬幼者十千。族之聚者九十口，岁入给稻八百斛。以其所入，给其所聚，沛然有余而无穷[⑤]。屏而家居俟代者与焉，仕而居官者罢莫给[⑥]。此其大较也[⑦]。

初，公之未贵显也，尝有志于是矣，而力未逮者二十年[⑧]。既而为西帅，及参大政，于是始有禄赐之入，而终其志[⑨]。公既殁，后世子孙修其业，承其志，如公之存也[⑩]。公虽位充禄厚，而贫终其身，殁之日，身无以为敛，子无以为丧，惟以施贫活族之义遗其子而已[⑪]。

昔晏平仲敝车羸马，桓子曰："是隐君之赐也。"晏子曰："自臣之贵，父之族，无不乘车者；母之族，无不足于衣食者；妻之族，无冻馁者；齐国之士，待臣而举火者三百余人。如此，而为隐君之赐乎？彰君之赐乎？"于是齐侯以晏子之觞而觞桓子[⑫]。予尝爱晏子好仁，齐侯知贤，而桓子服义也[⑬]。又爱晏子之仁有等级，而言有次第也。先父族，次母族，次妻族，而后及其疏远之贤。孟子曰："亲亲而仁民，仁民而爱物。"晏子为近之[⑭]。今观文正公之义田，贤于平仲；其规模远举，又疑过之[⑮]。

呜呼！世之都三公位，享万钟禄，其邸第之雄，车舆之饰，声色之多，妻孥之富，止乎一己而已，而族之人不得其门者，岂少也哉？况于施贤乎？其下为卿，为大夫，为士，廪稍之充，奉养之厚[⑯]，止乎一己而已，而族之人操壶[⑰]瓢为沟中瘠者，又岂少哉？况于它[⑱]人乎[⑲]？是皆公之罪人也[⑳]。

公之忠义满朝廷，事业满边隅，功名满天下，后世必有史官书之者，予可无录也[21]，独高其义，因以遗其世云。

【注释】

①范文正公，名仲淹，字希文。

②三句是一篇之总。

③点义田。

④此中大有经济。

⑤此叙分给之法。

⑥又加一语，分给之法始备。

⑦一句顿住。

⑧言公早有此志。

⑨庆历二年，公出为陕西路安抚经略招讨使。三年，入为参知政事。　言公得遂其志。

⑩其子纯祐、纯仁、纯礼、纯粹皆贤，祐、仁尤行仁义。　言子孙能继公之志。

⑪收完前文。下一段引古，一段叹今，总是借客形主之法。

⑫罚以酒。　引古。

⑬受觞不辞，是服义。　并美三人。

⑭专美晏子。

⑮结到文正公。

⑯饩禀曰稍。

⑰壶，同“葫”。

⑱它，同“他”。

⑲叹今。

⑳骂世人之不义，正以赞公之义。

㉑他人作记，必以此于起手处张大之，今只于结尾略带，高绝。

常见世之贵显者，徒自肥而已，视亲族不异路人。如公之义，不独难以望之晚近，即求之千古以上，亦不可多得。作是记者，非特以之高公之义，亦以望后世之相感而效公也。

李　觏

袁州州学记

皇帝[1]二十有三年，制诏州县立学。惟时守令，有哲有愚，有屈力殚虑，祗顺德意[2]。有假官借师，苟具文书[3]。或连数城，亡诵弦声。倡而不和，教尼不行[4]。

三十有二年，范阳祖君无泽知袁州。始至，进诸生，知学宫阙状[5]，大惧人材放失，儒效阔疏，亡以称上意旨[6]。通判颍川陈君侁，闻而是之，议以克合[7]。相旧夫子庙，陋隘不足改为[⑧]，乃营治之东。厥土燥刚，厥位面阳，厥材孔良[⑨]。殿堂门庑，黝垩丹漆，举以法[⑩]。故生师有舍，庖廪有次，百尔器备，并手偕作[⑪]。工善吏勤，晨夜展力，越明年成[⑫]。舍[⑬]菜且有日[⑭]，盱江李觏谂于众曰[⑮]：

“惟四代之学，考诸经可见已[⑯]。秦以山西鏖六国[⑰]，欲帝万世，刘氏[⑱]一呼，而关门不守。武夫健将，卖降恐后，何耶？诗书之道废，人惟见利而不闻义焉耳[⑲]！孝武[⑳]乘丰富，世祖[㉑]出戎行，皆孳孳学术，俗化之厚，延于灵、献[㉒]。草茅危言者，折首而不悔[㉓]；功烈震主者，闻命而释兵。群雄相视，不敢去臣位，尚数十年[㉔]。教道之结人心如此[㉕]。

“今代遭圣神，尔袁得圣君，俾尔由庠序，践古人之迹[㉖]。天下治，则谭礼乐以陶吾民[㉗]。一有不幸，尤当仗大节，为臣死忠，为子死孝，使人有所赖，且有所法[㉘]。是惟朝家教学之意[㉙]。若其弄笔墨以侥利达而已，岂徒二三子之羞，抑亦为国者之忧[㉚]。”

【注释】

①皇帝，仁宗。

②屈，尽也。祗，敬也。　此等或亦间有。

③官，以治民言。师，以教士言。“假借”云者，谓徒有官师之名，而无其实，惟苟且具奉诏文书，以上闻而已。　此等比比皆是。

④尼，沮也。　一段先叙祖君未来之前。

⑤阙，废坏也。

⑥写得阔大。

⑦先书祖君，次书陈君。

⑧提过。

⑨记地之吉与材之美。

⑩黝，微青黑色。垩，白土也。　记制作之佳。

⑪记学中次第兴理。

⑫记用力勤而成工速。　详记立学毕。

⑬舍，同“释”。

⑭释，陈设也。菜，蘋蘩之属。立学之初，释菜以告先圣先师也。

⑮谂，告也。

⑯作学记，自当从虞夏商周说起。今只以一句道破，高绝。

⑰尽死杀人曰鏖。

⑱刘氏，汉高。

⑲引古废学之祸。

⑳孝武，汉武。

㉑世祖，光武。

㉒灵、献，灵帝、献帝。

㉓谓窦武、陈蕃、李膺、杜密、郭泰、范滂、张俭、王章等。

㉔谓曹操等。

㉕引古兴学之效。
㉖谓建学。
㉗教之于无事之先。
㉘报之于有事之日。
㉙应前“称上意旨”句作收。
㉚又反收一笔，为之慨然。

作学记，如填入先王教化话头，便落俗套。是作开口将四代之学轻轻点过，只举秦汉衰亡故事，学校之有关于国家，立论最为警切。至末“不幸”一转，不顾时忌，尤见胆识。读竟，令人忠孝之心油然而生。真关系世教之文。

欧阳修

朋党论

臣闻朋党之说，自古有之，惟幸人君辨其君子小人而已[①]。大凡君子与君子以同道为朋，小人与小人以同利为朋，此自然之理也[②]。

然臣谓小人无朋，惟君子则有之。其故何哉[③]？小人所好者，利禄也；所贪者，财货也。当其同利之时，暂相党引以为朋者，伪也；及其见利而争先，或利尽而交疏，则反相贼害，虽其兄弟亲戚，不能相保。故臣谓小人无朋，其暂为朋者，伪也[④]。君子则不然。所守者道义，所行者忠信，所惜者名节。以之修身，则同道而相益；以之事国，则同心而共济。终始如一，此君子之朋也[⑤]。故为人君者，但当退小人之伪朋，用君子之真朋，则天下治矣[⑥]。

尧之时，小人共工、驩兜等四人为一朋，君子八元[⑦]、八恺[⑧]十六人为一朋。舜佐尧，退四凶小人之朋，而进元、恺君子之朋，尧之天下大治[⑨]。及舜自为天子，而皋、夔、稷、契等二十二人[⑩]并列于朝，更相称美，更相推让，凡二十二人为一朋，而舜皆用之，天下亦大治[⑪]。《书》曰：“纣有臣亿万，惟亿万心；周有臣三千，惟一心。”纣之时，亿万人各异心，可谓不为朋矣，然纣以亡国[⑫]。周武王之臣，三千人为一大朋，而周用以兴[⑬]。后汉献帝时，尽取天下名士囚禁之，目为党人[⑭]。及黄巾贼起，汉室大乱，后方悔悟，尽解党人而释之，然已无救矣[⑮]。唐之晚年，渐起朋党之论[⑯]。及昭宗时，尽杀朝之名士，或投之黄河，曰：“此辈清流，可投浊流。”而唐遂亡矣[⑰]。

夫前世之主，能使人人异心不为朋，莫如纣；能禁绝善人为朋，莫如汉献帝；能诛戮清流之朋，莫如唐昭宗之世：然皆乱亡其国[⑱]。更相称美推让而不自疑，莫如舜之二十二臣，舜亦不疑而皆用之。然而后世不诮舜为二十二人朋党所欺，而称舜为聪明之圣者，以能辨君子与小人也。周武之世，举其国之臣三千人共为一朋，自古为朋之多且大，莫如周，然周用此以兴者，善人虽多而不厌也[⑲]。

嗟乎！治乱兴亡之迹，为人君者，可以鉴矣[20]。

【注释】

①归重人君，一篇主意。

②君子小人，先平写一笔。

③侧重君子立论。

④承写小人无朋。

⑤承写君子有朋。

⑥应转“人君辨其君子小人”句，作一束，以起下六段意。

⑦八元，伯奋、仲堪、叔献、季仲、伯虎、仲熊、叔豹、季狸。

⑧八恺，苍舒、隤敳、梼戭、大临、龙降、庭坚、仲容、叔达。

⑨君子一证。

⑩二十二人，四岳、九官、十二牧。

⑪君子又一证。

⑫小人一证。

⑬君子又一证。

⑭时以窦武、陈蕃、李膺、郭泰、范滂、张俭等为党人。

⑮钜鹿张角聚众数万，皆著黄巾以为标帜，时人谓之黄巾贼。帝召群臣会议，皇甫嵩以为宜解党禁，帝惧而从之。　小人又一证。

⑯李德裕之党多君子，牛僧孺之党多小人，号牛、李党。

⑰天祐二年，朱全忠聚朝士贬官者三十余人，于白马驿尽杀之。时李振屡举进士不中第，深疾缙绅之士，言于全忠曰：“此辈尝自谓清流，宜投之黄河，使为浊流。”全忠笑而从之。小人又一证。

⑱缴上纣、汉、唐三段，是不能辨君子小人者。

⑲缴前舜、武二段，是能辨君子小人者。　看他一一用倒卷之法，五“莫如”字，尤错落可诵。

⑳总缴“治乱兴亡”四字，归到人君身上，有与篇首“惟幸人君”句相应。

公此论为杜、范、韩、富诸人发也。时王拱辰、章得象辈欲倾之，公既疏救，复上此论，盖破蓝元震朋党之说，意在释君之疑。援古事以证辩，反复曲畅，婉切近人，宜乎仁宗为之感悟也。

纵囚论

信义行于君子，而刑戮施于小人[1]。刑入于死者，乃罪大恶极，此又小人之尤甚者也[2]。宁以义死，不苟幸生，而视死如归，此又君子之尤难者也[3]。

方唐太宗之六年，录大辟囚三百余人，纵使还家，约其自归以就死。是以君子之难能，期小人之尤者以必能也[4]。其囚及期，而卒自归无后者。是君子之所难，而小人之所易也[5]。此岂近于人情哉[6]？

或曰：罪大恶极，诚小人矣。及施恩德以临之，可使变而为君子，盖恩德入人之深，而移人之速，有如是者矣[⑦]。曰：太宗之为此，所以求此名也[⑧]。然安知夫纵之去也，不意其必来以冀免，所以纵之乎？又安知夫被纵而去也，不意其自归而必获免，所以复来乎[⑨]？夫意其必来而纵之，是上贼下之情也；意其必免而复来，是下贼上之心也[⑩]。吾见上下交相贼以成此名也，乌有所谓施恩德与夫知信义者哉[⑪]！不然，太宗施德于天下，于兹六年矣，不能使小人不为极恶大罪。而一日之恩，能使视死如归，而存信义，此又不通之论也[⑫]。然则何为而可？曰：纵而来归，杀之无赦。而又纵之，而又来，则可知为恩德之致尔[⑬]。然此必无之事也[⑭]。

若夫纵而来归而赦之，可偶一为之尔。若屡为之，则杀人者皆不死，是可为天下之常法乎？不可为常者，其圣人之法乎[⑮]？是以尧舜三王之治，必本于人情，不立异以为高，不逆情以干誉[⑯]。

【注释】

①两句立柱。

②悬指所纵之囚。

③悬指囚之自归。　　两“尤”字，最见精神。

④一断。

⑤一断。

⑥一句收紧，伏后“必本人情”句。

⑦设一难，起下本旨。

⑧言太宗为此，正求恩德入人之名。　　劈手一接，喝破太宗一生病根，刺心刻骨。

⑨将太宗与囚之心事一一写出，深文曲笔。

⑩贼，犹盗也。

⑪上以贼下，非真施恩德也。下以贼上，非真知信义也。　　反应上文收住。

⑫反复辩驳，愈驳愈快。

⑬又起一波。

⑭急转。

⑮提出“常法”二字，纵囚之失，显然可见。

⑯前不说尧舜三王，留在后结，辞尽而意无穷。

太宗纵囚，囚自来归，俱为反常之事。先以不近人情断定，末以不可为常法结之，自是千古正论。通篇雄辩深刻，一步紧一步，令无可躲闪处。此等笔力，如刀斫斧截，快利无双。

释秘演诗集序

予少以进士游京师，因得尽交当世之贤豪[①]。然犹以谓国家臣一四海，休兵革，养息天下以无事者四十年，而智谋雄伟非常之士，无所用其能者，往往伏而不

出，山林屠贩，必有老死而世莫见者[②]，欲从而求之不可得[③]。其后得吾亡友石曼卿[④]。

曼卿为人，廓然有大志。时人不能用其材，曼卿亦不屈以求合。无所放其志，则往往从布衣野老，酣嬉淋漓，颠倒而不厌[⑤]。予疑所谓伏而不见者，庶几狎而得之，故尝喜从曼卿游，欲因以阴求天下奇士[⑥]。

浮屠秘演者[⑦]，与曼卿交最久，亦能遗外世俗，以气节自高。二人欢然无所间。曼卿隐于酒，秘演隐于浮屠，皆奇男子也[⑧]。然喜为歌诗以自娱[⑨]，当其极饮大醉，歌吟笑呼，以适天下之乐，何其壮也[⑩]！一时贤士，皆愿从其游，予亦时至其室[⑪]。十年之间，秘演北渡河，东之济郓，无所合，困而归。曼卿已死，秘演亦老病[⑫]。嗟夫！二人者，予乃见其盛衰，则予亦将老矣[⑬]。

夫曼卿诗辞清绝，尤称秘演之作，以为雅健，有诗人之意[⑭]。秘演状貌雄杰，其胸中浩然[⑮]。既习于佛，无所用[⑯]；独其诗可行于世，而懒不自惜。已老，胠其橐[⑰]，尚得三四百篇，皆可喜者[⑱]。

曼卿死，秘演漠然无所向[⑲]，闻东南多山水，其巅崖崛嵂，江涛汹涌，甚可壮也[⑳]，遂欲往游焉。足以知其老而志在也[㉑]。于其将行，为叙其诗，因道其盛时以悲其衰[㉒]。

【注释】

①当世贤豪，指在位及求仕者。

②伏秘演、曼卿二人。

③此段言非常之士不易见，先作一折。

④先出曼卿作陪引。

⑤伏后隐于酒与极饮醉歌一段案。

⑥从曼卿吊起秘演。

⑦浮屠，僧也。　　入题。

⑧二人合写。

⑨点出“诗”字。

⑩叙其盛。

⑪插入自家。

⑫叙其衰。

⑬插入自家。　　写秘演，将曼卿引来陪说；写二人，将自家插入陪说。文情绝妙。

⑭不脱曼卿。

⑮应“奇男子”。

⑯深惜秘演。

⑰胠，发也。

⑱此段方叙其集诗，是正文。

⑲到底不脱曼卿。

⑳应前“壮”字。

㉑年虽老而志犹壮。　　结“老”字。

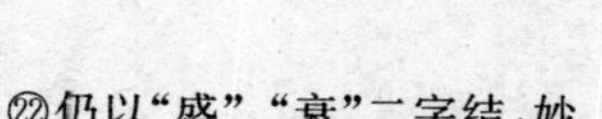

㉒仍以“盛”、“衰”二字结，妙。

写秘演，绝不似释氏行藏；序秘演诗，亦绝不作诗序套格。只就生平始终盛衰叙次，而以曼卿夹入写照，并插入自己。结处说曼卿死，秘演无所向，秘演行，欧公悲其衰，写出三人真知己。

古文观止卷之十

宋文

欧阳修

梅圣俞诗集序

予闻世谓诗人少达而多穷[①]，夫岂然哉？盖世所传诗者，多出于古穷人之辞也[②]。凡士之蕴其所有，而不得施于世者，多喜自放于山巅水涯之外，见虫鱼草木风云鸟兽之状类，往往探其奇怪，内有忧思感愤之郁积，其兴于怨刺，以道羁臣寡妇之所叹，而写人情之难言，盖愈穷则愈工[③]。然则非诗之能穷人，殆穷者而后工也[④]。

予友梅圣俞[⑤]，少以荫补为吏，累举进士，辄抑于有司，困于州县，凡十余年。年今五十，犹从辟书，为人之佐。郁其所蓄，不得奋见于事业[⑥]。其家宛陵，幼习于诗，自为童子，出语已惊其长老。既长，学乎六经仁义之说。其为文章，简古纯粹，不求苟说于世，世之人徒知其诗而已[⑦]。然时无贤愚，语诗者必求之圣俞。圣俞亦自以其不得志者，乐于诗而发之，故其平生所作，于诗尤多[⑧]。世既知之矣，而未有荐于上者。昔王文康公尝见而叹曰："二百年无此作矣！"虽知之深，亦不果荐也。若使其幸得用于朝廷，作为雅、颂，以歌咏大宋之功德；荐之清庙，而追商、周、鲁颂之作者，岂不伟欤！奈何使其老不得志，而为穷者之诗，乃徒发于虫鱼物类、羁愁感叹之言！世徒喜其工，不知其穷之久而将老也，可不惜哉[⑨]！

圣俞诗既多，不自收拾。其妻之兄子谢景初，惧其多而易失也，取其自洛阳至于吴兴以来所作，次为十卷。予尝嗜圣俞诗，而患不能尽得之，遽喜谢氏之能类次也，辄序而藏之[⑩]。

其后十五年，圣俞以疾卒于京师，予既哭而铭之，因索于其家，得其遗稿千余篇，并旧所藏，掇其尤者六百七十七篇，为一十五卷[⑪]。呜呼！吾于圣俞诗，论之详矣，故不复云[⑫]。

【注释】

①劈头引一语，拈"穷"字起。

②一句驳倒"诗人多穷"，下详写诗非能穷人。

③述古今诗人，作意摹写。

④惟穷而后工，故世所传诗者，多出于古穷人之辞。　一语点正，引出圣俞。

⑤点出人。

⑥辟书，聘书也。为人佐，如作幕宾之类。　　点出遭遇，正写其穷。

⑦点出文章，为诗作陪引。

⑧方正点出诗。

⑨此段正写圣俞之诗，穷而后工。如叙事，如发论，开合照应，尽态极妍，亦复感慨无限。

⑩结出作序意。

⑪记所集篇数。

⑫言于圣俞诗中，已论之详，故于序中不复言其所以工也。　　惘然不尽。

“穷而后工”四字，是欧公独创之言，实为千古不易之论。通篇写来，低昂顿折，一往情深。“若使其幸得用于朝廷”一段，尤突兀争奇。

送杨寘序

予尝有幽忧之疾，退而闲居，不能治也。既而学琴于友人孙道滋，受宫声数引，久而乐之，不知其疾之在体也[①]。

夫琴之为技小矣[②]。及其至也，大者为宫，细者为羽[③]。操弦骤作，忽然变之[④]，急者凄然以促，缓者舒然以和。如崩崖裂石，高山出泉，而风雨夜至也；如怨夫寡妇之叹息，雌雄雍雍之相鸣也。其忧深思远，则舜与文王、孔子之遗音也；悲愁感愤，则伯奇孤子、屈原忠臣之所叹也[⑤]。喜怒哀乐，动人必深[⑥]。而纯古淡泊，与夫尧、舜、三代之言语，孔子之文章，《易》之忧患，《诗》之怨刺，无以异[⑦]。其能听之以耳，应之以手，取其和者，道其湮郁，写其幽思，则感人之际，亦有至者焉[⑧]。

予友杨君[⑨]，好学有文，累以进士举，不得志。及从荫调，为尉于剑浦，区区在东南数千里外，是其心固有不平者。且少又多疾，而南方少医药，风俗饮食异宜。以多疾之体，有不平之心，居异宜之俗，其能郁郁以久乎[⑩]！然欲平其心以养其疾，于琴亦将有得焉[⑪]。故予作琴说以赠其行，且邀道滋酌酒，进琴以为别[⑫]。

【注释】

①先自记往事，提出学琴，送杨子意在此。

②顿挫。

③该商角徵。

④声以情迁。

⑤伯奇，尹吉甫子。吉甫听后妻之言，疑而逐之。伯奇事后母孝，自伤无罪，投河死。屈原，楚怀王臣，被放作《离骚》。　　借景形容，连作三四叠，乃韩、欧得意之笔。

⑥二句为下转笔。

⑦必如此写，方不是琵琶与筝。

⑧写琴至此极尽。

⑨入杨子。

⑩三句总摄“幽忧”意，情至而语深。

⑪读至此，则知通篇之说琴，意不在琴也，止借琴以释其幽忧耳。

⑫一结泠然。

送友序，竟作一篇琴说，若与送友绝不相关者。及读至末段，始知前幅极力写琴处，正欲为杨子解其郁郁耳。文能移情，此为得之。

五代史伶官传序

呜呼！盛衰之理，虽曰天命，岂非人事哉！原庄宗之所以得天下，与其所以失之者，可以知之矣[①]。

世言晋王之将终也，以三矢赐庄宗，而告之曰："梁，吾仇也[②]；燕王，吾所立[③]；契丹与吾约为兄弟，而背晋以归梁[④]。此三者，吾遗恨也。与尔三矢，尔其无忘乃父之志。"庄宗受而藏之于庙。其后用兵，则遣从事以一少牢告庙[⑤]，请其矢，盛以锦囊，负而前驱，及凯旋而纳之[⑥]。

方其系燕父子以组[⑦]，函梁君臣之首[⑧]，入于太庙，还矢先王，而告以成功，其意气之盛，可谓壮哉[⑨]！及仇雠已灭，天下已定，一夫夜呼，乱者四应，仓皇东出，未见贼而士卒离散，君臣相顾，不知所归，至于誓天断发，泣下沾襟，何其衰也[⑩]！岂得之难而失之易欤？抑本其成败之迹，而皆自于人欤[⑪]？《书》曰："满招损，谦得益。"忧劳可以兴国，逸豫可以亡身，自然之理也[⑫]。故方其盛也，举天下之豪杰，莫能与之争[⑬]；及其衰也，数十伶人困之，而身死国灭，为天下笑[⑭]。夫祸患常积于忽微，而智勇多困于所溺，岂独伶人也哉[⑮]！

【注释】

①庄宗，姓朱耶，名存勖。先世事唐，赐姓李。父克用，以平黄巢功封晋王。至存勖，灭梁自立，号后唐。　先作总挈，"盛衰得失"四字，是一篇关键。

②朱温从黄巢为盗，既而降唐，拜为宣武军节度使，赐名全忠，未几，进封梁王，竟移唐祚。

③燕王姓刘，名守光，晋王尝推为尚父。守光曰："我作河北天子，谁能禁我？"遂称帝。

④契丹耶律阿保机帅众入寇，晋王与之连和，约为兄弟。既归而背盟，更附于梁。

⑤羊曰少牢。

⑥凯，军胜之乐。　以上叙事。

⑦守光父仁恭。周德威伐燕，守光曰："俟晋王至听命。"晋王至而擒之。

⑧晋兵入梁，梁主友贞谓皇甫麟曰："李氏吾世仇，理难降之，卿可断吾首。"麟遂泣弑梁主，因自杀。函，以木匣盛其首也。

⑨一段扬。

⑩一段抑。

⑪复作虚神，宕出正意，应缴人事。

⑫引《书》作断，应篇首"理"字。

⑬又一段扬，仍用"方其"字，妙。

⑭伶人，乐工也。庄宗善音律，或时自傅粉墨，与优人共戏于庭。后为伶人郭从谦所弑。

又一段抑，仍用"及其"字，妙。

⑮结出正意，慨想独远。

起手一提，已括全篇之意。次一段叙事，中后只是两扬两抑。低昂反复，感慨淋漓，直可与史迁相为颉颃。

五代史宦者传论

自古宦者乱人之国，其源深于女祸。女，色而已；宦者之害，非一端也①。盖其用事也近而习，其为心也专而忍②。能以小善中人之意，小信固人之心，使人主必信而亲之③。待其已信，然后惧以祸福而把持之。虽有忠臣硕士列于朝廷，而人主以为去己疏远，不若起居饮食、前后左右之亲为可恃也④。故前后左右者日益亲，则忠臣硕士日益疏，而人主之势日益孤。势孤，则惧祸之心日益切，而把持者日益牢。安危出其喜怒，祸患伏于帷闼，则向之所谓可恃者，乃所以为患也⑤。患已深而觉之，欲与疏远之臣图左右之亲近，缓之则养祸而益深，急之则挟人主以为质。虽有圣智，不能与谋⑥。谋之而不可为，为之而不可成，至其甚，则俱伤而两败。故其大者亡国，其次亡身，而使奸豪得借以为资而起，至抉其种类尽杀以快天下之心而后已⑦。此前史所载宦者之祸常如此者，非一世也⑧。

夫为人主者，非欲养祸于内，而疏忠臣硕士于外，盖其渐积而势使之然也⑨。夫女色之惑，不幸而不悟，则祸斯及矣，使其一悟，捽而去之可也⑩。宦者之为祸，虽欲悔悟，而势有不得而去也。唐昭宗之事是已⑪。故曰：深于女祸者，谓此也，可不戒哉⑫！

【注释】

①自来妇与寺只是并提，此特与极力分出。

②先总挈二句，是宦者为害之根，下文俱从此转出。

③宦者之害，一转。

④宦者之害，二转。

⑤宦者之害，三转。

⑥宦者之害，四转。

⑦董卓因而亡汉，朱温因而篡唐，千古同辙。　宦者之害，五转。

⑧应前"自古"二字，总兜一句。

⑨放宽一步，正是打紧一步，履霜之戒，可不慎欤！

⑩持头发曰捽。

⑪昭宗与崔胤谋诛宦官，宦官惧。刘季述等乃以银挝画地，数上罪数十，幽上于少阳院，而立太子裕。

⑫结段申前"深于女祸"一句，最深切著明，可为痛戒。

宦官之祸，至汉唐而极。篇中详悉写尽。凡作无数层次，转折不穷，只是“深于女祸”一句意。名论卓然，可为千古龟鉴。

相州昼锦堂记

仕宦而至将相，富贵而归故乡，此人情之所荣，而今昔之所同也①。盖士方穷时，困厄闾里，庸人孺子皆得易而侮之。若季子不礼于其嫂②，买臣见弃于其妻③，一旦高车驷马，旗旄导前，而骑卒拥后，夹道之人相与骈肩累迹，瞻望咨嗟，而所谓庸夫愚妇者，奔走骇汗，羞愧俯伏，以自悔罪于车尘马足之间④。此一介之士得志于当时，而意气之盛，昔人比之衣锦之荣者也⑤。

惟大丞相魏国公则不然⑥。公，相人也⑦，世有令德，为时名卿。自公少时，已擢高科，登显士，海内之士闻下风而望余光者，盖亦有年矣。所谓将相而富贵，皆公所宜素有⑧。非如穷厄之人，侥幸得志于一时，出于庸夫愚妇之不意，以惊骇而夸耀之也⑨。然则高牙大纛，不足为公荣；桓圭衮裳，不足为公贵⑩。惟德被生民，而功施社稷，勒之金石，播之声诗，以耀后世而垂无穷。此公之志，而士亦以此望于公也。岂止夸一时而荣一乡哉⑪！

公在至和中⑫，尝以武康之节，来治于相⑬，乃作昼锦之堂于后圃⑭。既又刻诗于石，以遗相人。其言以快恩仇、矜名誉为可薄，盖不以昔人所夸者为荣，而以为戒。于此见公之视富贵为何如，而其志岂易量哉⑮！故能出入将相⑯，勤劳王家，而夷险一节⑰。至于临大事，决大议，垂绅正笏，不动声色，而措天下于泰山之安，可谓社稷之臣矣⑱。其丰功盛烈，所以铭彝鼎而被弦歌者⑲，乃邦家之光，非闾里之荣也⑳。余虽不获登公之堂，幸尝窃诵公之诗，乐公之志有成，而喜为天下道也。于是乎书㉑。

【注释】

①富贵归故乡，犹当昼而锦，何荣如之？《史记》：“富贵不归故乡，如衣绣夜行，谁知之者？”昼锦之说本此。　四句，乃一篇大意。

②苏秦，字季子，说秦，大困而归，嫂不为炊。

③朱买臣家贫，采薪自给。妻羞之，求去。买臣笑曰：“待吾富贵当报汝。”妻怒曰：“从君终饿死。”买臣不能留，即去。

④历数世态炎凉，何等痛切！

⑤数句收拾前文，振起下意。

⑥韩琦，字稚圭，封魏国公。　一句撇过上文。

⑦相州，今河南彰德府安阳县。　伏句。

⑧应起二句。

⑨翻季子、买臣一段。

⑩高牙，车轮之牙。大纛，车上羽葆幢。桓圭，三公所执。衮裳，三公所服。

⑪此又道公平生之志，以见异于季子、买臣处。

⑫至和，仁宗年号。

⑬以武康节度来知相州，是富贵而归故乡也。

⑭点题。

⑮就诗中之言，见其轻富贵，而不以昼锦为荣，为韩公解释最透。

⑯公先经略西夏，后同平章事。

⑰夷，平时。险，处难。一节，谓一致也。

⑱公在谏垣，前后凡七十余疏。及为相，劝上早定皇嗣，以安天下。故曰临大事云云。此叚所称皆是实事，初无溢美。

⑲应前"勒金石，播声诗"二句。

⑳一篇结穴只二语，笔力千钧。

㉑拈出作记意。

魏公、永叔，岂皆以昼锦为荣者？起手便一笔撇开，以后俱从第一层立议，此古人高占地步处。按魏公为相，永叔在翰林，人曰："天下文章，莫大于是！"即《昼锦堂记》。以永叔之藻采，著魏公之光烈，正所谓天下莫大之文章也。

丰乐亭记

修既治滁之明年[①]夏，始饮滁水而甘[②]。问诸滁人，得于州南百步之近[③]。其上则丰山，耸然而特立[④]；下则幽谷，窈然而深藏[⑤]；中有清泉，滃然而仰出[⑥]。俯仰左右，顾而乐之[⑦]。于是疏泉凿石，辟地以为亭，而与滁人往游其间[⑧]。

滁于五代干戈之际，用武之地也[⑨]。昔太祖皇帝[⑩]，尝以周师破李璟[⑪]兵十五万于清流山下，生擒其将皇甫晖、姚凤于滁东门之外，遂以平滁[⑫]。修尝考其山川，按其图记，升高以望清流之关，欲求晖、凤就擒之所，而故老皆无在者，盖天下之平久矣[⑬]。

自唐失其政，海内分裂，豪杰并起而争，所在为敌国者，何可胜数[⑭]！及宋受天命，圣人出而四海一；向之凭恃险阻，铲削消磨。百年之间，漠然徒见山高而水清，欲问其事，而遗老尽矣[⑮]。今滁[⑯]介江、淮之间，舟车商贾、四方宾客之所不至；民生不见外事，而安于畎亩衣食，以乐生送死；而孰知上之功德，休养生息，涵煦于百年之深也[⑰]！

修之来此，乐其地僻而事简，又爱其俗之安闲[⑱]。既得斯泉于山谷之间，乃日与滁人仰而望山，俯而听泉，掇幽芳[⑲]而荫乔木[⑳]，风霜冰雪，刻露清秀[㉑]，四时之景，无不可爱。又幸其民乐其岁物之丰成，而喜与予游也[㉒]，因为本其山川，道其风俗之美，使民知所以安此丰年之乐者，幸生无事之时也[㉓]。夫宣上恩德，以与民共乐，刺史之事也，遂书以名其亭焉[㉔]。

【注释】

①滁，滁州，在淮东。时公守是州。

②始饮而甘，明初至滁，未暇知水甘也。只此句，意极含蓄。
③出其处。
④陪一上。
⑤陪一下。
⑥出泉。
⑦再陪左右。
⑧出亭。　以上叙亭之景，当滁之胜。末带“与滁人”句，为下文发论张本。
⑨五代，梁、唐、晋、汉、周也。　议论忽开一篇结构。
⑩太祖皇帝，赵匡胤。
⑪李璟，南唐。
⑫周主柴世宗征淮南，唐人恐，皇甫晖、姚凤退保清流关，关在滁州西南，世宗命匡胤突阵而入，晖等走入滁，生擒之。　此滁所为用武之地，不能丰乐，以起下文。
⑬就平滁想出天下之平，一往深情，是龙门得意之笔。
⑭宕开一笔，不独说滁也。
⑮再叠一笔，虚神不尽。
⑯单接“今滁”。
⑰归重上之功德，是为丰乐之所由来。凡作数层跌宕，方落到此句。文致生动不迫。
⑱应“舟车商贾”数句。
⑲春。
⑳夏。
㉑峭刻呈露，清爽秀出。　秋冬。
㉒点出题面，应转“与滁人往游”句。
㉓结出作记意，应转“休养生息”句。
㉔收极端庄郑重，妙绝。

作记游文，却归到大宋功德休养生息所致，立言何等阔大！其俯仰今昔，感慨系之，又增无数烟波。较之柳州诸记，是为过之。

醉翁亭记

环滁皆山也[①]，其西南诸峰，林壑尤美[②]，望之蔚然而深秀者，琅琊也[③]。山行六七里，渐闻水声潺潺，而泻出于两峰之间者，酿泉也[④]。峰回路转，有亭翼然，临于泉上者，醉翁亭也[⑤]。作亭者谁？山之僧智仙也[⑥]。名之者谁？太守自谓也[⑦]。太守与客来饮于此，饮少辄醉，而年又最高，故自号曰醉翁也[⑧]。醉翁之意不在酒，在乎山水之间也。山水之乐，得之心而寓之酒也[⑨]。

若夫日出而林霏开[⑩]，云归而岩穴暝[⑪]，晦明变化者，山间之朝暮也[⑫]。野芳发而幽香[⑬]，佳木秀而繁阴[⑭]，风霜高洁[⑮]，水落而石出者[⑯]，山间之四时也[⑰]。朝而往，暮而归，四时之景不同，而乐亦无穷也[⑱]。

至于[19]负者歌于涂，行者休于树，前者呼，后者应，伛偻提携[20]，往来而不绝者，滁人游也。临溪而渔，溪深而鱼肥；酿泉为酒，泉香而酒洌[21]；山肴野蔌[22]，杂然而前陈者，太守宴也[23]。宴酣之乐，非丝非竹[24]。射者中[25]，弈者胜[26]，觥筹交错[27]，起坐而喧哗者，众宾欢也。苍颜白发，颓乎其中者，太守醉也[28]。

已而[29]夕阳在山，人影散乱，太守归而宾客从也[30]。树林阴翳，鸣声上下，游人去而禽鸟乐也[31]。然而禽鸟知山林之乐，而不知人之乐；人知从太守游而乐，而不知太守之乐其乐也[32]。醉能同其乐，醒能述以文者，太守也[33]。太守谓谁？庐陵欧阳修也[34]。

【注释】

①滁，州名，在淮东。　一“也”字，领起下文许多“也”字。

②从山单出西南诸峰。

③从诸峰单出琅琊。

④从山出泉。

⑤从泉出亭。

⑥出作亭之人。

⑦出名亭之人，法只应云太守也。又加“自谓”二字，因有下注故耳。

⑧接手自注名亭之意，注醉一句，注翁一句，妙。

⑨接手又自破名亭之意，一句不在酒，一句亦在酒，妙。

⑩明。

⑪晦。

⑫记亭之朝暮。

⑬春。

⑭夏。

⑮秋。

⑯冬。

⑰记亭之四时。

⑱又总收朝暮四时，串出“乐”字，起下文数“乐”字。

⑲二字贯下段。

⑳伛偻，不伸也。

㉑洌，清洁也。

㉒菜谓之蔌。

㉓先记滁人游，次记太守宴，妙。

㉔二句贯下段。

㉕射，投壶。

㉖弈，围棋。

㉗觥，谓爵。筹，所以记罚。

㉘记众宾自欢，太守自醉，妙。

㉙二字贯下段。

㉚归时景。

㉛归后景。　记太守去，宾客亦去，滁人亦去，忽又添出禽鸟之乐来，下便借势一路卷转去，设想甚奇。

㉜刻画四语，从前许多铺张，俱有归束。

㉝结出作记。

㉞结出作记姓名。

通篇共用二十个“也”字，逐层脱卸，逐步顿跌，句句是记山水，却句句是记亭，句句是记太守。似散非散，似排非排，文家之创调也。

秋声赋

欧阳子方夜读书，闻有声自西南来者[1]，悚然而听之[2]，曰：“异哉！”初淅沥以潇飒[3]，忽奔腾而砰湃[4]。如波涛夜惊[5]，风雨骤至[6]。其触于物也，鏦鏦铮铮，金铁皆鸣[7]。又如赴敌之兵，衔枚疾走，不闻号令，但闻人马之行声[8]。予谓童子：“此何声也？汝出视之[9]。”童子曰：“星月皎洁，明河在天[10]。四无人声，声在树间[11]。”

予曰：“噫嘻，悲哉！此秋声也，胡为乎来哉[12]？盖夫秋之为状也，其色惨淡，烟霏云敛[13]；其容清明，天高日晶[14]；其气栗冽，砭人肌骨[15]；其意萧条，山川寂寥[16]。故其为声也，凄凄切切，呼号奋发[17]。丰草绿缛而争茂，佳木葱茏而可悦[18]。草拂之而色变，木遭之而叶脱。其所以摧败零落者，乃一气之余烈[19]。夫秋，刑官也[20]，于时为阴[21]；又兵象也[22]，于行为金[23]。是谓天地之义气，常以肃杀而为心[24]。天之于物，春生秋实[25]，故其在乐也，商声主西方之音[26]，夷则为七月之律[27]。商，伤也，物既老而悲伤；夷，戮也，物过盛而当杀[28]。

“嗟夫！草木无情，有时飘零。人为动物，惟物之灵[29]，百忧感其心，万事劳其形，有动乎中，必摇其精[30]。而况思其力之所不及，忧其智之所不能[31]！宜其渥然丹者为槁木，黟然黑者为星星[32]。奈何非金石之质，欲与草木而争荣[33]？念谁为之戕贼，亦何恨乎秋声[34]！”

童子莫对，垂头而睡。但闻四壁虫声唧唧，如助予之叹息[35]。

【注释】

①先出“声”字。

②“听”字领起下文。

③含“风雨”句。

④含“波涛”句。

⑤一喻。

⑥二喻。

⑦含“赴敌”数句。

⑧衔枚，所以止喧哗也。枚，形似箸，两端有小绳，衔于口而系于头后，则不能言。　三喻。连下三喻，长短参差，虚状秋声，极意描写。

⑨借视陪闻，作波。

⑩是方夜。

⑪是视，不是闻，妙。

⑫借童子语，翻出“秋声”二字。先咨嗟，次怪叹，领起全篇。

⑬其色，宾。

⑭晶，光也。　其容，宾。

⑮其气，宾。

⑯其意，宾。

⑰从其色、其容、其气、其意唤出其声。

⑱二句未秋。

⑲实写秋声已毕。

⑳司寇为秋官，掌刑。

㉑以二气言。

㉒主肃杀。

㉓以五行言。

㉔《乡饮酒礼》云：“天地肃杀，此天地之义气也。”

㉕“实”字，含“既老”、“过盛”意。

㉖商声属金，故主西方之音。

㉗夷则，七月律名。《月令》：“孟秋之月，律中夷则。”

㉘注四句。　此段又细写秋之为义，洗刷无余，下乃从秋畅发“悲哉”意。

㉙草木无情，而人有情。无情者尚有时而飘零，况有情者乎！　四句起下数层，是作赋本意。

㉚人之秋，非一时也。

㉛人或有时非秋，而又欲故自寻秋也。

㉜朱颜忽而变枯，黑发忽而变白，犹草木之绿缛而色变，葱茏而叶脱也。

㉝若欲任其忧思，必此身为金石而后可也。奈何非金非石，而欲与草木争一日之荣乎？

㉞念此槁木、星星，乃忧思所致，是自为戕贼耳，亦何恨乎天地自有之秋声哉！　结出悲秋正旨。

㉟又于秋声中添出一声，作余波。

秋声，无形者也，却写得形色宛然，变态百出。末归于人之忧劳，自少至老，犹物之受变，自春而秋，凛乎悲秋之意，溢于言表。结尾“虫声唧唧”，亦是从声上发挥，绝妙点缀。

祭石曼卿文

维治平[①]四年七月日，具官欧阳修，谨遣尚书都省令李敭至于太清，以清酌庶羞之奠，致祭于亡友曼卿之墓下，而吊之以文曰：

呜呼曼卿[②]！生而为英，死而为灵[③]。其同乎万物生死，而复归于无物者，暂聚

之形。不与万物共尽,而卓然其不朽者,后世之名[4]。此自古圣贤,莫不皆然,而著在简册者,昭如日星[5]。

呜呼曼卿[6]!吾不见子久矣,犹能仿佛子之平生[7]。其轩昂磊落,突兀峥嵘,而埋藏于地下者[8],意其不化为朽壤,而为金玉之精。不然,生长松之千尺,产灵芝而九茎[9]。奈何荒烟野蔓,荆棘纵横;风凄露下,走燐飞萤[10]。但见牧童樵叟歌吟而上下,与夫惊禽骇兽悲鸣踯躅而咿嘤[11]。今固如此,更千秋而万岁兮,安知其不穴藏狐貉与鼯鼪[12]?此自古圣贤亦皆然兮,独不见夫累累乎旷野与荒城[13]!

呜呼曼卿[14]!盛衰之理,吾固知其如此[15],而感念畴昔,悲凉凄怆,不觉临风而陨涕者,有愧夫太上之忘情[16]。尚飨!

【注释】

①治平,英宗年号。

②一呼。

③生死并点。

④许其名传后世,单就死一边说。

⑤引古圣贤一证,言其名之必传。十九字一句读。

⑥二呼。

⑦唤起下文。

⑧十六字一句读。

⑨此从生前,想其死后,必当化为金玉、为长松、为灵芝,必不与万物同为朽壤也。 中间用"不然"一折,更快。

⑩燐,鬼火。

⑪悲其今日之墓。

⑫悲其后日之墓。

⑬又牵自古圣贤皆然,呼应有情。

⑭三呼。

⑮临了又一折。

⑯自述伤感,欷歔欲绝。

篇中三提曼卿,一叹其声名,卓然不朽;一悲其坟墓,满目凄凉;一叙己交情,伤感不置。文亦轩昂磊落,突兀峥嵘之甚。

泷冈阡表

呜呼!惟我皇考崇公卜吉于泷冈之六十年,其子修始克表于其阡[1]。非敢缓也,盖有待也[2]。

修不幸,生四岁而孤。太夫人守节自誓,居穷,自力于衣食,以长以教,俾至于成人[3]。太夫人告之曰:"汝父为吏廉,而好施与,喜宾客。其俸禄虽薄,常不使有

余，曰：'毋以是为我累！'故其亡也，无一瓦之覆，一垄之植，以庇而为生[④]。吾何恃而能自守耶[⑤]？吾于汝父，知其一二，以有待于汝也[⑥]。自吾为汝家妇，不及事吾姑，然知汝父之能养也。汝孤而幼，吾不能知汝之必有立，然知汝父之将必有后也[⑦]。吾之始归也，汝父免于母丧方逾年。岁时祭祀，则必涕泣曰：'祭而丰，不如养之薄也。'间御酒食，则又涕泣曰：'昔常不足，而今有余，其何及也[⑧]！'吾始一二见之，以为新免于丧适然耳[⑨]。既而其后常然，至其终身未尝不然。吾虽不及事姑，而以此知汝父之能养也[⑩]。汝父为吏，尝夜烛治官书，屡废而叹。吾问之，则曰：'此死狱也，我求其生不得尔。'吾曰：'生可求乎？'曰：'求其生而不得，则死者与我皆无恨也，矧求而有得耶！以其有得，则知不求而死者有恨也。夫常求其生，犹失之死，而世常求其死也[⑪]。'回顾乳者抱汝而立于旁[⑫]，因指而叹曰：'术者谓我岁行在戌将死，使其言然，吾不及见儿之立也，后当以我语告之[⑬]。'其平居教他子弟，常用此语，吾耳熟焉，故能详也[⑭]。其施于外事，吾不能知[⑮]。其居于家，无所矜饰，而所为如此，是真发于中者耶。呜呼！其心厚于仁者耶！此吾知汝父之将必有后也[⑯]。汝其勉之！夫养不必丰，要于孝；利虽不得博于物，要其心之厚于仁。吾不能教汝，此汝父之志也[⑰]。"修泣而志之，不敢忘[⑱]。

先公少孤力学，咸平[⑲]三年，进士及第。为道州判官，泗、绵二州推官，又为泰州判官，享年五十有九，葬沙溪之泷冈[⑳]。太夫人姓郑氏，考讳德仪，世为江南名族。太夫人恭俭仁爱而有礼，初封福昌县太君，进封乐安、安康、彭城三郡太君[㉑]。自其家少微时，治其家以俭约，其后常不使过之，曰："吾儿不能苟合于世，俭薄所以居患难也[㉒]。"其后修贬夷陵，太夫人言笑自若，曰："汝家故贫贱也，吾处之有素矣。汝能安之，吾亦安矣[㉓]。"

自先公之亡二十年，修始得禄而养。又十有二年，列官于朝，始得赠封其亲。又十年，修为龙图阁直学士、尚书吏部郎中，留守南京。太夫人以疾终于官舍，享年七十有二[㉔]。又八年，修以非才入副枢密，遂参政事。又七年而罢[㉕]。自登二府，天子推恩，褒其三世。盖自嘉祐[㉖]以来，逢国大庆，必加宠锡。皇曾祖府君累赠金紫光禄大夫、太师、中书令。曾祖妣累封楚国太夫人。皇祖府君累赠金紫光禄大夫、太师、中书令兼尚书令。祖妣累封吴国太夫人。皇考崇公累赠金紫光禄大夫、太师、中书令兼尚书令。皇妣累封越国太夫人。今上初郊，皇考赐爵为崇国公，太夫人进号魏国[㉗]。

于是小子修泣而言曰[㉘]："呜呼！为善无不报，而迟速有时，此理之常也[㉙]。惟我祖考，积善成德，宜享其隆，虽不克有于其躬，而赐爵受封，显荣褒大，实有三朝之锡命，是足以表见于后世，而庇赖其子孙矣[㉚]。"乃列其世谱，具刻于碑。既又载我皇考崇公之遗训，太夫人之所以教而有待于修者，并揭于阡[㉛]。俾知夫小子修之德薄能鲜，遭时窃位，而幸全大节，不辱其先者，其来有自[㉜]。熙宁[㉝]三年岁次庚戌四月辛酉朔十有五日乙亥，男推诚保德崇仁翊戴功臣、观文殿学士、特进、行兵部尚书、知青州军州事、兼管内劝农使、充京东路安抚使、上柱国、乐安郡开国公，食邑四千三百户，食实封一千二百户，修表。

【注释】

①泷冈，在江西吉安府永丰县。阡，陇也。

②提出缓表之故，包下种种恩荣。

③为下"告之"发端。

④十四字一句读。

⑤反跌一句。

⑥起下"能养"、"有后"。

⑦一段，叙父之孝亲裕后。

⑧浅语，更觉人情。

⑨顿宕。

⑩一段，承写孝亲。

⑪仁人之言，缠绵恺恻。

⑫生波。

⑬谓"死狱求生"之语。　述至此，不胜酸楚。

⑭描情真切。

⑮补笔。

⑯一段，承写裕后。

⑰结束数语，有收拾。　以上并太夫人之言。

⑱结受母教。

⑲咸平，真宗年号。

⑳一段，详崇公仕宦年葬。

㉑一段，详太夫人氏族德爵。

㉒逆知后来迁谪之事，有先见。

㉓一段，又表太夫人安于俭薄。

㉔带点太夫人年寿。

㉕详记年数，应起手"六十年"句。

㉖嘉祐，仁宗年号。

㉗一段，叙出自己出处及历朝宠锡。

㉘此段归美祖先，方入己意。

㉙名言至理，足以训世。

㉚总赞前人。

㉛总收父母教训，言约而尽。

㉜结出己之立身，本于先泽，最得体要。

㉝熙宁，神宗年号。

善必归亲，褒崇先祖。仁人孝子之心，率意写出，不事藻饰，而语语入情，只觉动人悲感，增人涕泪。此欧公用意合作也。

苏 洵

管仲论

管仲相威公[①]，霸诸侯，攘夷狄，终其身齐国富强，诸侯不敢叛[②]。管仲死，竖刁、易牙、开方用，威公薨于乱，五公子争立[③]，其祸蔓延，讫简公，齐无宁岁[④]。

夫功之成，非成于成之日，盖必有所由起；祸之作，不作于作之日，亦必有所由兆[⑤]。故齐之治也，吾不曰管仲，而曰鲍叔[⑥]；及其乱也，吾不曰竖刁、易牙、开方，而曰管仲[⑦]。何则？竖刁、易牙、开方三子，彼固乱人国者，顾其用之者，威公也[⑧]。夫有舜而后知放四凶，有仲尼而后知去少正卯。彼威公何人也[⑨]？顾其使威公得用三子者，管仲也[⑩]。

仲之疾也，公问之相。当是时也，吾意以仲且举天下之贤者以对，而其言乃不过曰:竖刁、易牙、开方三子非人情，不可近而已[⑪]。呜呼！仲以为威公果能不用三子矣乎？仲与威公处几年矣，亦知威公之为人矣乎？威公声不绝于耳，色不绝于目，而非三子者，则无以遂其欲。彼其初之所以不用者，徒以有仲焉耳。一日无仲，则三子者可以弹冠而相庆矣[⑫]。仲以为将死之言，可以絷威公之手足耶？夫齐国不患有三子，而患无仲。有仲，则三子者，三匹夫耳[⑬]。不然，天下岂少三子之徒哉！虽威公幸而听仲，诛此三人，而其余者，仲能悉数而去之耶[⑭]？呜呼！仲可谓不知本者矣[⑮]！因威公之问，举天下之贤者以自代，则仲虽死，而齐国未为无仲也，夫何患三子者，不言可也[⑯]。

五伯莫盛于威、文。文公之才，不过威公，其臣[⑰]又皆不及仲；灵公[⑱]之虐，不如孝公[⑲]之宽厚。文公死，诸侯不敢叛晋，晋袭文公之余威，犹得为诸侯之盟主百余年。何者？其君虽不肖，而尚有老成人焉[⑳]。威公之薨也，一败涂地，无惑也，彼独恃一管仲，而仲则死矣[㉑]。

夫天下未尝无贤者，盖有有臣而无君者矣[㉒]。威公在焉，而曰天下不复有管仲者，吾不信也[㉓]。仲之书[㉔]，有记其将死，论鲍叔、宾胥无之为人，且各疏其短[㉕]，是其心以为数子者，皆不足以托国，而又逆知其将死，则其书诞谩不足信也[㉖]。

吾观史鳝[㉗]，以不能进蘧伯玉而退弥子瑕，故有身后之谏[㉘]。萧何且死，举曹参以自代。大臣之用心，固宜如此也[㉙]。夫国以一人兴，以一人亡。贤者不悲其身之死，而忧其国之衰。故必复有贤者，而后可以死。彼管仲者，何以死哉[㉚]？

【注释】

①威公，即桓公，因避宋钦宗讳，故改桓为威。

②功案。

③公子武孟、公子元、公子潘、公子商人、公子雍、公子昭。昭立,是为孝公,故曰五公子。

④祸案。

⑤接上生下。

⑥鲍叔荐管仲,桓公用之。　　承功所由起,是客。

⑦承祸所由兆,是主。

⑧责威公,是客。

⑨句含蓄。

⑩责管仲,是主。事见下文。

⑪管仲病,桓公问曰:"群臣谁可相者?"管仲曰:"知臣莫如君。"公曰:"易牙如何?"对曰:"杀子以适君,非人情,不可。""开方如何?"对曰:"倍亲以适君,非人情,难近。""竖刁如何?"对曰:"自宫以适君,非人情,难亲。"管仲死,而桓公不用其言。近用三子,三子专权。　　入管仲罪处,全在此段,以下反复畅发此意。

⑫须看"有"、"无"二字意。

⑬转换警策。

⑭此转更透。

⑮断句有关锁。

⑯此段设身置地,代仲为谋,论有把握。

⑰狐偃、赵衰、先轸、阳处父。

⑱灵公,文公子。

⑲孝公,桓公子。

⑳晋以有贤而强。

㉑齐以无贤而败。　　此把晋文来照齐桓,方知管仲无所逃责。

㉒未有有君而无臣者也。

㉓见非天下无贤,正罪仲不能荐。

㉔仲之书,《管子》。

㉕管子寝疾,对桓公曰:"鲍叔之为人也,好直而不能以国强。宾胥无之为人也,好善而不能以国诎。"

㉖据仲之书,竟以为无贤,故不足信。

㉗史鳅,即史鱼。

㉘《家语》:"史鱼病,将卒,命其子曰:'吾仕卫不能进蘧伯玉,退弥子瑕,是吾生不能正君,死无以成礼。我死,汝置尸牖下,于我毕矣。'其子从之。灵公吊焉,怪而问之,其子以告。公愕然失容,于是命殡之客位,进蘧伯玉,而退弥子瑕。"

㉙引二人,俱临殁时进贤切证。

㉚结语冷绝。

通篇总是责管仲不能临没荐贤。起伏照应,开阖抑扬。立论一层深一层,引证一段紧一段。似此卓识雄文,方能令古人心服。

辨奸论

事有必至,理有固然①。惟天下之静者,乃能见微而知著②。月晕而风,础润而

雨[③]，人人知之[④]。人事之推移，理势之相因，其疏阔而难知，变化而不可测者，孰与天地阴阳之事[⑤]？而贤者有不知[⑥]，其故何也？好恶乱其中，而利害夺其外也[⑦]。

昔者[⑧]山巨源见王衍曰："误天下苍生者，必此人也[⑨]。"郭汾阳见卢杞曰："此人得志，吾子孙无遗类矣。[⑩]"自今而言之，其理固有可见者[⑪]。以吾观之，王衍之为人，容貌言语，固有以欺世而盗名者；然不忮不求，与物浮沉[⑫]，使晋无惠帝，仅得中主，虽衍百千，何从而乱天下乎[⑬]？卢杞之奸，固足以败国；然而不学无文，容貌不足以动人，言语不足以眩世[⑭]，非德宗之鄙暗，亦何从而用之[⑮]？由是言之，二公之料二子，亦容有未必然也[⑯]。

今有人[⑰]，口诵孔、老之言，身履夷、齐之行，收召好名之士、不得志之人，相与造作言语，私立名字，以为颜渊、孟轲复出[⑱]，而阴贼险狠，与人异趣[⑲]。是王衍、卢杞合而为一人也，其祸岂可胜言哉[⑳]？夫面垢不忘洗，衣垢不忘澣，此人之至情也。今也不然，衣臣虏之衣，食犬彘之食，囚首丧面，而谈诗书[㉑]，此岂其情也哉[㉒]？凡事之不近人情者，鲜不为大奸慝，竖刁、易牙、开方是也[㉓]。以盖世之名，而济其未形之患[㉔]，虽有愿治之主、好贤之相，犹将举而用之[㉕]，则其为天下患，必然而无疑者，非特二子之比也[㉖]。

孙子曰："善用兵者，无赫赫之功[㉗]。"使斯人而不用也，则吾言为过，而斯人有不遇之叹，孰知祸之至于此哉！不然，天下将被其祸，而吾获知言之名，悲夫[㉘]！

【注释】

①引成语起。

②惟静故能知幾，此先生自负之言也。　开端三句，言安石必乱天下，但静以观之自见。虚虚冒起全篇。

③础，柱下石也。月旁昏气曰晕，柱础生汗曰润。

④天地阴阳之事，人无不知。

⑤人事、理势，较天地阴阳，则为易知。

⑥欧阳公亦劝先生与荆公游。

⑦常人尚能知天地阴阳之事，而贤者反不能知人事之推移，理势之相因，盖其心汩于好恶利害，而不能静也。　此段申明起手三句意。

⑧引证。

⑨晋惠帝时，王衍为尚书令，乐广为河南令，皆善清谈。衍少时，山涛见之，叹曰："何物老妪，生宁馨儿？然误天下苍生者，必此人也。"

⑩唐德宗以杨炎、卢杞同平章事。杞貌丑，有才辩，悦之。时郭子仪每见宾客，姬妾不离侧。惟杞至，子仪悉屏侍妾。或问其故，对曰："杞貌丑而心险，妇人见之必笑；他日杞得志，吾族无遗类矣。"

⑪理有固然。

⑫无卢杞之阴险。

⑬反照神宗，伏下"愿治之主"。

⑭无王衍之虚名。

⑮反照神宗，伏下"愿治之主"。

⑯虽理有固然,非事所必至。　　此段言衍、杞之奸未甚,特其遇惠帝、德宗而为乱耳,正形安石为极奸。

⑰暗指安石。

⑱有王衍之虚名。

⑲有卢杞之阴险。

⑳厥后卒生靖康之祸,直是目见,非为悬断。

㉑囚,不栉首。居丧者,不洗面。　　明指安石。

㉒从恒情勘出至奸,所谓"见微知著"者以此。

㉓注见《管仲论》中。　　拓开一步。

㉔紧入本人。

㉕规讽仁宗。

㉖应上"二子容有未然"意。

㉗不欲有功,恐致伤人也。

㉘宁愿安石不见用,使天下以吾言为过;毋愿安石用,使天下被其祸,而吾获知言之名也。　　结得淋漓感慨。

介甫名始盛时,老苏作《辨奸论》,讥其不近人情。厥后新法烦苛,流毒寰宇。见微知著,可为千古观人之法。

心　术

为将之道,当先治心。泰山崩于前而色不变,麋鹿兴于左而目不瞬,然后可以制利害,可以待敌[①]。

凡兵上义,不义,虽利勿动。非一动之为利害,而他日将有所不可措手足也。夫惟义可以怒士,士以义怒,可与百战[②]。

凡战之道,未战养其财,将战养其力,既战养其气,既胜养其心。谨烽燧,严斥堠[③],使耕者无所顾忌,所以养其财;丰犒而优游之,所以养其力;小胜益急,小挫益厉,所以养其气;用人不尽其所欲为,所以养其心[④]。故士常蓄其怒,怀其欲而不尽。怒不尽则有余勇,欲不尽则有余贪。故虽并天下,而士不厌兵。此黄帝之所以七十战而兵不殆也。不养其心,一战而胜,不可用矣[⑤]。

凡将欲智而严,凡士欲愚。智则不可测,严则不可犯,故士皆委己而听命,夫安得不愚?夫惟士愚,而后可与之皆死[⑥]。

凡兵之动,知敌之主,知敌之将,而后可以动于险。邓艾缒兵于蜀中,非刘禅之庸,则百万之师可以坐缚,彼固有所侮而动也[⑦]。故古之贤将,能以兵尝敌,而又以敌自尝,故去就可以决[⑧]。

凡主将之道,知理而后可以举兵,知势而后可以加兵,知节而后可以用兵。知理则不屈,知势则不沮,知节则不穷。见小利不动,见小患不避。小利小患,不足以辱吾技也,夫然后有以支大利大患。夫惟养技而自爱者,无敌于天下。故一忍可以

支百勇，一静可以制百动[9]。

兵有长短，敌我一也。敢问："吾之所长，吾出而用之，彼将不与吾校；吾之所短，吾蔽而置之，彼将强与吾角，奈何？"曰："吾之所短，吾抗而暴之，使之疑而却；吾之所长，吾阴而养之，使之狎而堕其中：此用长短之术也[10]。"

善用兵者，使之无所顾，有所恃。无所顾，则知死之不足惜；有所恃，则知不至于必败。尺棰当猛虎，奋呼而操击[11]；徒手遇蜥蜴，变色而却步[12]：人之情也。知此者，可以将矣。袒裼而按剑，则乌获不敢逼；冠胄衣甲，据兵而寝，则童子弯弓杀之矣[13]。故善用兵者以形固。夫能以形固，则力有余矣[14]。

【注释】

①第一段，言为将当先治心。　此篇每段自为节奏，而以治心为主。

②第二段，言举兵当知尚义。

③烽燧所以警寇，昼则燔燧，夜则举燧。斥，度也。堠，望也，以望烽火也。

④虽平叙，自归重养心。

⑤第三段，言议战当知所养。

⑥第四段，言将与士当得智愚。

⑦后汉炎兴元年，魏将邓艾入蜀，自阴平行无人之地七百余里，凿山通道，造作桥阁，山高谷深，至为艰险。艾以毡自裹，推转而下。将士皆攀木缘崖，鱼贯而进。先登至江油，遂至成都。后主禅出降，汉亡。

⑧此段就上段分出，申说"智"字。

⑨第五段，言主将当知理、势、节三者。

⑩第六段，言主将当善用长短之术。

⑪喻有所恃。

⑫喻无所恃。

⑬此喻不可徒恃，比前喻更深一层。

⑭第七段，论有备无患之道，而以"善用兵者以形固"终焉。

此篇逐节自为段落，非一片起伏首尾议论也。然先后不紊，由治心而养士，由养士而审势，由审势而出奇，由出奇而守备，段落鲜明，井井有序，文之善变化也。

张益州画像记

至和[1]元年秋，蜀人传言，有寇至边。边军夜呼，野无居人[2]。妖言流闻，京师震惊。方命择帅，天子曰："毋养乱，毋助变。众言朋兴，朕志自定。外乱不作，变且中起，既不可以文令，又不可以武竞。惟朕一二大吏，孰为能处兹文武之间，其命往抚朕师[3]。"乃推曰[4]："张公方平其人。"天子曰："然。"公以亲辞，不可，遂行。冬十一月，至蜀。至之日，归屯军，撤守备[5]，使谓郡县："寇来在吾，无尔劳苦。"明年正

月朔旦，蜀人相庆如他日，遂以无事。又明年正月，相告留公像于净众寺，公不能禁[⑥]。

眉阳苏洵言于众曰："未乱，易治也；既乱，易治也。有乱之萌，无乱之形，是谓将乱。将乱难治，不可以有乱急，亦不可以无乱弛[⑦]。惟是元年之秋，如器之攲[⑧]，未坠于地。惟尔张公，安坐于其旁，颜色不变，徐起而正之。既正，油然而退，无矜容[⑨]。为天子牧小民不倦，惟尔张公。尔繄以生，惟尔父母[⑩]！且公尝为我言：'民无常性，惟上所待。人皆曰：蜀人多变。于是待之以待盗贼之意，而绳之以绳盗贼之法。重足屏息之民，而以砧斧令。于是民始忍以其父母妻子之所仰赖之身，而弃之于盗贼，故每每大乱。夫约之以礼，驱之以法，惟蜀人为易。至于急之而生变，虽齐鲁亦然。吾以齐鲁待蜀人，而蜀人亦自以齐鲁之人待其身。若夫肆意于法律之外，以威劫齐民[⑪]，吾不忍为也[⑫]。'呜呼！爱蜀人之深，待蜀人之厚，自公而前，吾未始见也。"皆再拜稽首曰："然[⑬]"。

苏洵又曰："公之恩，在尔心；尔死，在尔子孙。其功业在史官[⑭]：无以像为也。且公意不欲，如何[⑮]？"

皆曰："公则何事于斯？虽然，于我心有不释焉。今夫平居闻一善，必问其人之姓名与其邻里之所在，以至于其长短小大美恶之状。甚者，或诘其平生所嗜好，以想见其为人。而史官亦书之于其传，意使天下之人，思之于心，则存之于目。存之于目，故其思之于心也固。由此观之，像亦不为无助[⑯]。"

苏洵无以诘，遂为之记：公南京人，为人慷慨有大节，以度量雄天下，天下有大事，公可属[⑰]。系之以诗曰：

天子在祚，岁在甲午。西人传言，有寇在垣。庭有武臣，谋夫如云。天子曰："嘻！命我张公[⑱]。"公来自东，旗纛舒舒。西人聚观，于巷于涂；谓公暨暨，公来于于[⑲]。公谓西人："安尔室家，无敢或讹。讹言不祥，往即尔常。春尔条桑，秋尔涤场[⑳]。"西人稽首："公我父兄！"公在西囿，草木骈骈。公宴其僚，伐鼓渊渊[㉑]。西人来观，祝公万年。有女娟娟，闺闼闲闲；有童哇哇，亦既能言[㉒]。昔公未来，期汝弃捐[㉓]。禾麻芃芃，仓庾崇崇[㉔]。嗟我妇子，乐此岁丰[㉕]。公在朝廷，天子股肱。天子曰："归！"公敢不承[㉖]？作堂严严，有庑有庭。公像在中，朝服冠缨。西人相告，无敢逸荒。公归京师，公像在堂[㉗]。

【注释】

①至和，仁宗年号。

②四语写出将乱光景 。

③代天子言，便是天子气象，且语语为下伏根。

④众推也。

⑤伏根。

⑥叙事简严，质而不俚。

⑦有乱急，无乱弛，即上"不可以武竞，不可以文令"意。

⑧攲，不正也。

⑨得坐镇之体，即上“归屯”、“撤守”意。

⑩以下至“不忍为也”，皆述张公之言，发挥本意。

⑪齐民，齐等之民。

⑫此段议论，皆从上叙事中发出，虽称道张公，实回护蜀人。盖先生本蜀人，不得不回护也。

⑬收拾前文，下乃拈出画像意。

⑭叠下三“在”字，错落有致。

⑮先作一折。

⑯此段就人之至情上，曲曲写出留像意，文势激昂，笔墨精采。

⑰数语应篇首，以起扬颂意。

⑱舍武臣谋夫不用，而特用张公。

⑲暨暨，果毅貌。于于，自足貌。

⑳条，枝落也。　　此乃是常，是“归屯”、“撤守”实际。

㉑骈骈，并茂也。渊渊，鼓声平和不暴怒也。　　就“归屯”、“撤守”描写。

㉒娟娟，美好貌。闲闲，自得貌。哇哇，小儿啼也。

㉓倒转二句，妙。

㉔芃芃，美盛貌。

㉕是“归屯”、“撤守”后效。

㉖转到公归留像。

㉗结有余韵。

前叙事，后议论。叙事古劲，而议论许多斡旋回护，尤高。末一段，写像处说不必有像，而亦不可无像。三四转折，殊为深妙。系诗一结，更见风雅遗音。

苏　轼

刑赏忠厚之至论

尧、舜、禹、汤、文、武、成、康之际，何其爱民之深，忧民之切，而待天下以君子长者之道也[①]。有一善，从而赏之，又从而咏歌嗟叹之，所以乐其始而勉其终；有一不善，从而罚之，又从而哀矜惩创之，所以弃其旧而开其新[②]。故其吁俞之声，欢休惨戚，见于虞、夏、商、周之书[③]。成、康既没，穆王立而周道始衰。然犹命其臣吕侯，而告之以祥刑[④]。其言忧而不伤，威而不怒，慈爱而能断，恻然有哀怜无辜之心，故孔子犹有取焉[⑤]。

《传》曰：“赏疑从与，所以广恩也；罚疑从去，所以慎刑也[⑥]。”当尧之时，皋陶为士，将杀人，皋陶曰：“杀之。”三。尧曰：“宥之。”三。故天下畏皋陶执法之坚，而乐尧用刑之宽[⑦]。四岳曰：“鲧可用。”尧曰：“不可！鲧方命圮族。”既而曰：“试之[⑧]。”

何尧之不听皋陶之杀人，而从四岳之用鲧也？然则圣人之意，盖亦可见矣[⑨]。《书》曰："罪疑惟轻，功疑惟重。与其杀不辜，宁失不经[⑩]。"呜呼！尽之矣[⑪]！

可以赏，可以无赏，赏之过乎仁；可以罚，可以无罚，罚之过乎义。过乎仁，不失为君子；过乎义，则流而入于忍人。故仁可过也，义不可过也[⑫]。古者赏不以爵禄，刑不以刀锯[⑬]。赏之以爵禄，是赏之道行于爵禄之所加，而不行于爵禄之所不加也。刑以刀锯，是刑之威施于刀锯之所及，而不施于刀锯之所不及也[⑭]。先王知天下之善不胜赏，而爵禄不足以劝也；知天下之恶不胜刑，而刀锯不足以裁也。是故疑则举而归之于仁[⑮]，以君子长者之道待天下，使天下相率而归于君子长者之道[⑯]。故曰：忠厚之至也[⑰]。

《诗》曰："君子如祉，乱庶遄已。君子如怒，乱庶遄沮[⑱]。"夫君子之已乱，岂有异术哉？制其喜怒，而无失乎仁而已矣！《春秋》之义，立法贵严，而责人贵宽，因其褒贬之义以制赏罚，亦忠厚之至也[⑲]。

【注释】

①正是忠厚处，一篇主意，在此一句。　　总冒以咏叹起，另是一种起法。

②一意翻作两层。

③吁，叹其不然之辞。俞，应许之辞也。　　应上"尧、舜、禹、汤、文、武、成、康"，此言盛时之忠厚。

④《吕刑》："告尔祥刑。"刑，凶器。而谓之祥者，刑期无刑，民协于中，其祥莫大焉。

⑤此言至衰世而忠厚犹存。

⑥当赏而疑，则宁与之；当罚而疑，则宁不致罚。　　就疑处见出忠厚来，篇中不出此意。

⑦"皋陶曰"二句，诸主文不知其出处，及入谢，欧阳公问其出处，东坡笑曰："想当然耳。"数公大笑。

⑧四岳，官名。一人而总四岳诸侯之事也。命，逆命而不行也。圮族，犹言败类也。

⑨独举尧以为舜、禹、汤、文、武之例，刑赏忠厚意便跃然。

⑩罪可疑者，则从轻以罚之；功可疑者，则从重以赏之。法可以杀、可以无杀者，与其杀之，而害彼之生，宁姑生之，而自受失刑之责。

⑪引经顿住。下乃畅发题旨，得意疾书，如长江大河，一泻千里。

⑫至理快论。

⑬又振起。

⑭又将刑赏振宕一番，下便一转而入，快利无前。

⑮到底不脱"疑"字。

⑯应前。

⑰一句点出，文气已完。下作余波。

⑱祉，喜也。遄，速也。

⑲引《诗》，引《春秋》，亦见同归于忠厚，深著夫子作《春秋》之意，有得于尧、舜、禹、汤、文、武、成、康之心。

此长公应试文也。只就本旨，从"疑"上全写其忠厚之至。每段述事，而断

以婉言警语，天才灿然，自不可及。

范增论

汉用陈平计，间疏楚君臣。项羽疑范增与汉有私，稍夺其权。增大怒曰："天下事大定矣，君王自为之，愿赐骸骨归卒伍！"归未至彭城，疽发背死。

苏子曰：增之去善矣。不去，羽必杀增①。独恨其不早耳②。

然则当以何事去③？增劝羽杀沛公，羽不听，终以此失天下。当于是去耶④？

曰：否。增之欲杀沛公，人臣之分也。羽之不杀，犹有君人之度也，增曷为以此去哉⑤？《易》曰："知幾其神乎？"《诗》曰："相彼雨雪，先集维霰⑥。"增之去，当于羽杀卿子冠军时也⑦。

陈涉之得民也，以项燕、扶苏⑧。项氏之兴也，以立楚怀王孙心；而诸侯叛之也，以弑义帝⑨。且义帝之立，增为谋主矣。义帝之存亡，岂独为楚之盛衰，亦增之所与同祸福也。未有义帝亡，而增独能久存者也⑩。羽之杀卿子冠军也，是弑义帝之兆也；其弑义帝，则疑增之本也，岂必待陈平哉⑪！物必先腐也，而后虫生之；人必先疑也，而后谗入之。陈平虽智，安能间无疑之主哉⑫！

吾尝论义帝，天下之贤主也。独遣沛公入关，不遣项羽⑬。识卿子冠军于稠人之中，而擢以为上将。不贤而能如是乎⑭？羽既矫杀卿子冠军，义帝必不能堪，非羽弑帝，则帝杀羽，不待智者而后知也⑮。

增始劝项梁立义帝，诸侯以此服从，中道而弑之，非增之意也。夫岂独非其意，将必力争而不听也⑯。不用其言，而杀其所立，羽之疑增，必自是始矣⑰。方羽杀卿子冠军，增与羽比肩而事义帝⑱，君臣之分未定也。为增计者，力能诛羽则诛之，不能则去之，岂不毅然大丈夫也哉⑲！增年已七十，合则留，不合则去，不以此时明去就之分，而欲依羽以成功名，陋矣⑳！

虽然，增，高帝之所畏也，增不去，项羽不亡。呜呼！增亦人杰也哉㉑！

【注释】

①略一扬。

②劈下一断，作冒。

③故作问。

④故作问。

⑤故作答。　　故作问答，以起下正意。

⑥霰，雪之始凝者也。将大雨雪，必先微温。雪自上下，遇温气而抟，谓之霰。久而寒胜，则大雪矣。　　先引《诗》、《易》语，文势不迫。

⑦义帝命宋义为上将，号曰卿子冠军，后为项羽所杀。　　通篇只一句断尽。

⑧陈涉初起兵，假楚将项燕、秦太子扶苏为名；二人已死，陈涉诈称，以感动人心。　　借陈涉引起项氏。

⑨楚怀王入秦，无罪而亡，楚人怜之。南公曰："楚虽三户，亡秦必楚。"范增劝项梁求楚怀王

孙名心者，立以为楚怀王。项羽阳尊怀王为义帝，阴使人弑之。此言楚之盛衰，系于义帝之存亡。

⑩此言义帝之存亡，关乎范增之祸福。

⑪三人生死去就，最相关涉，推原出来，正见增之去，当于杀卿子冠军时也。

⑫反振二句，结过疑增不待陈平意。

⑬借遣沛公引起识卿子冠军。

⑭叹义帝之贤，以起羽与义帝势不两立。

⑮申上“羽杀卿子冠军，是弑义帝之兆”句。

⑯空中著想，妙。

⑰申上“弑义帝，则疑增之本”句。

⑱救赵时，项羽为次将，范增为末将，故曰“比肩事义帝”。

⑲代增处置一番。

⑳责增之不能知幾，由于不明去就之分，最有关锁。

㉑结尾作赞叹语，尽抑扬之致。

前半多从实处发议，后半多从虚处设想。只就增去不能早处，层层驳入，段段回环，变幻无端，不可测识。

留侯论

古之所谓豪杰之士，必有过人之节[①]，人情有所不能忍者。匹夫见辱，拔剑而起，挺身而斗，此不足为勇也[②]。天下有大勇者，卒然临之而不惊，无故加之而不怒，此其所挟持者甚大，而其志甚远也[③]。

夫子房受书于圯上之老人也，其事甚怪[④]。然亦安知其非秦之世，有隐君子者，出而试之？观其所以微见其意者，皆圣贤相与警戒之义。而世不察，以为鬼物，亦已过矣[⑤]。且其意不在书[⑥]。当韩之亡，秦之方盛也，以刀锯鼎镬待天下之士，其平居无罪夷灭者，不可胜数。虽有贲[⑦]、育[⑧]，无所获施。夫持法太急者，其锋不可犯，而其势未可乘[⑨]。子房不忍忿忿之心，以匹夫之力，而逞于一击之间。当此之时，子房之不死者，其间不能容发，盖亦危矣[⑩]。千金之子，不死于盗贼。何者？其身可爱，而盗贼之不足以死也。子房以盖世之才，不为伊尹、太公之谋，而特出于荆轲、聂政[⑪]之计，以侥幸于不死[⑫]，此圯上老人所为深惜者也[⑬]。是故倨傲鲜腆而深折之[⑭]，彼其能有所忍也，然后可以就大事，故曰“孺子可教也”[⑮]。

楚庄王伐郑，郑伯肉袒牵羊以迎。庄王曰：“其主能下人，必能信用其民矣。”遂舍之[⑯]。勾践之困于会稽，而归臣妾于吴者，三年而不倦[⑰]。且夫有报人之志，而不能下人者，是匹夫之刚也[⑱]。夫老人者，以为子房才有余，而忧其度量之不足，故深折其少年刚锐之气，使之忍小忿而就大谋。何则？非有平生之素，卒然相遇于草野之间，而命以仆妾之役，油然而不怪者，此固秦皇之所不能惊，而项籍之所不能

怒也[19]。

观夫高祖之所以胜，项籍之所以败者，在能忍与不能忍之间而已矣[20]。项籍唯不能忍，是以百战百胜，而轻用其锋。高祖忍之，养其全锋而待其敝，此子房教之也[21]。当淮阴破齐而欲自王，高祖发怒，见于词色。由是观之，犹有刚强不能忍之气，非子房其谁全之[22]？

太史公疑子房以为魁梧奇伟，而其状貌乃如妇人女子，不称其志气[23]。呜呼！此其所以为子房欤[24]！

【注释】

①伏能忍。

②不能忍者。

③能忍者。　能忍不能忍，是一篇主意。

④楚人谓桥为圯。《史记》："张良尝游下邳，圯上有一老父，衣褐至良所，直堕其履圯下，顾谓良曰：'孺子，下取履！'良愕然，欲殴之，为其老，强忍下取履。父曰：'履我！'良业为取履，因长跪履之。父以足受，笑而去。去里所，复还曰：'孺子可教矣。'约后五日平明会圯上，怒良后至者再。最后出一编书曰：'读此则为王者师矣。后十年兴。十三年，孺子见我济北谷城山下，黄石即我矣。'遂去，不复见。"　入事。

⑤看老人事，非渺茫鬼怪，特作翻案，妙。

⑥深入一层发议，此句乃一篇之头也。

⑦贲，孟贲。

⑧育，夏育。

⑨有大勇者，当此时自能忍之。

⑩良，韩人，其先五世相韩。秦灭韩，良欲为韩报仇，求得力士，为铁椎重百二十斤，狙击秦皇帝博浪沙中，误中副车。秦皇帝大怒，大索天下十日，弗获。　此正不能忍之故。先抑一笔。

⑪荆轲、聂政，两刺客。

⑫再抑一笔。

⑬惜其不能忍。

⑭鲜腆，言不为礼也。

⑮此段见老人以一"忍"字造就子房，是解上文"意不在书"一句。

⑯郑伯能忍。

⑰勾践能忍。

⑱此下又提前语申论之，前只虚括，此乃实发。

⑲子房之于老人，可谓"卒然临之而不惊，无故加之而不怒"矣。虽有秦皇、项籍，亦不能惊而怒之也。　此段极写子房之能忍，以见其为天下之大勇。

⑳忽推论到高祖、项籍，正欲说归子房。

㉑高祖能忍，由子房教之，所谓"忍小忿而就大谋"者以此。

㉒淮阴侯韩信请为假王，汉王大怒，张良蹑汉王足，因附耳语，汉王悟，立信为齐王。　举一事，以明子房教高祖能忍。

㉓《史记·留侯世家赞》："余以为其人，计魁梧奇伟，至见其图，状貌如妇人好女。"

㉔淡语作收，含蓄多少。

人皆以受书为奇事，此文得意在“且其意不在书”，一句撇开，拿定“忍”字发议。滔滔如长江大河，而浑浩流转，变化曲折之妙，则纯以神行乎其间。

贾谊论

非才之难，所以自用者实难。惜乎！贾生，王者之佐，而不能自用其才也[①]。

夫君子之所取者远，则必有所待；所就者大，则必有所忍。古之贤人，皆负可致之才，而卒不能行其万一者，未必皆其时君之罪，或者其自取也[②]。

愚观贾生之论，如其所言，虽三代何以远过？得君如汉文，犹且以不用死。然则是天下无尧舜，终不可有所为耶[③]？仲尼圣人，历试于天下，苟非大无道之国，皆欲勉强扶持，庶几一日得行其道。将之荆，先之以冉有，申之以子夏[④]。君子之欲得其君，如此其勤也[⑤]。孟子去齐，三宿而后出昼，犹曰："王其庶几召我。"君子之不忍弃其君，如此其厚也[⑥]。公孙丑问曰："夫子何为不豫？"孟子曰："方今天下，舍我其谁哉！而吾何为不豫？"君子之爱其身，如此其至也[⑦]。夫如此而不用，然后知天下果不足与有为，而可以无憾矣[⑧]。若贾生者，非汉文之不能用生，生之不能用汉文也[⑨]。

夫绛侯亲握天子玺而授之文帝[⑩]，灌婴连兵数十万，以决刘、吕之雌雄[⑪]，又皆高帝之旧将，此其君臣相得之分，岂特父子骨肉手足哉！贾生，洛阳之少年，欲使其一朝之间，尽弃其旧而谋其新，亦已难矣[⑫]。

为贾生者，上得其君，下得其大臣，如绛、灌之属，优游浸渍而深交之，使天子不疑，大臣不忌，然后举天下而唯吾之所欲为，不过十年，可以得志[⑬]。安有立谈之间，而遽为人痛哭哉[⑭]！观其过湘，为赋以吊屈原[⑮]，萦纡郁闷，趯[⑯]然有远举之志[⑰]。其后以自伤哭泣，至于夭绝[⑱]，是亦不善处穷者也[⑲]。夫谋之一不见用，则安知终不复用也？不知默默以待其变，而自残至此[⑳]！呜呼！贾生志大而量小，才有余而识不足也[㉑]。

古之人，有高世之才，必有遗俗之累。是故非聪明睿智、不惑之主，则不能全其用。古今称苻坚得王猛于草茅之中，一朝尽斥去其旧臣，而与之谋。彼其匹夫略有天下之半，其以此哉[㉒]！愚深悲生之志，故备论之。亦使人君得如贾生之臣，则知其有狷介之操，一不见用，则忧伤病沮，不能复振[㉓]。而为贾生者，亦谨其所发哉[㉔]！

【注释】

①贾谊，雒阳人。年二十余，文帝召以为博士，一岁中至大中大夫。天子议以为贾生任公卿之位，绛、灌之属尽害之，乃短贾生，帝于是疏之，出为长沙王太傅。后召对宣室，拜为梁王太傅。因上疏曰："臣窃惟今之事势，可为痛哭者一，可为流涕者二，可为长太息者六。"帝虽纳其言，而终不见用。卒以自伤哭泣而死，年三十三。　一起断尽，立一篇主意。

②以其不能待且忍，故云“自取”。　　申“不能自用其才”句。

③冷语破的。

④荆，楚本号。将适楚，而先使二子继往者，盖欲观楚之可仕与否，而谋其可处之位欤？

⑤得君勤，一引。

⑥爱君厚，一引。

⑦爱身至，一引。

⑧得此一锁，方可接到贾生。

⑨此段说出“得君勤”、“爱君厚”、“爱身至”，必如是始可以无憾。摹写古圣贤用世之不苟，以责贾生。见得贾生欲得君甚勤，但爱君不厚，爱身不至耳。故曰“生之不能用汉文也”，甚有意味。

⑩帝初封代王，孝惠无嗣，大臣迎立之。始至渭桥，太尉勃跪上天子玺符。

⑪高后时，诸吕欲危刘氏。大将军灌婴与齐王襄连和，以待吕氏之变，共诛之。

⑫此言其上疏中之意。　　此段发明贾生不善用才之故。

⑬代为贾生画策。

⑭责倒贾生，觉《治安》等篇，俱属无谓。

⑮有“造托湘流兮，敬吊先生”句。

⑯趯，同“跃”。

⑰有“予独抑郁其谁语？凤缥缥其高逝兮，夫固自引而远去”句。

⑱梁王骑，堕马而死，贾生自伤为傅无状，哭泣岁余，亦死。

⑲不善处穷，即“不能自用”意。

⑳文情开宕

㉑总断二句，是“不能用汉文”之本，一字一惜。

㉒秦王苻坚，因吕婆楼以招王猛，一见大悦，自谓如刘玄德之遇诸葛孔明也，乃以国事任之。　　借苻坚能用王猛，正归过汉文不能用贾生。此一转尤妙。

㉓二十一字为一句。　　补出人主当怜才意。

㉔仍归结到本身上去。　　双关作收，深情远想，无限低徊。

贾生有用世之才，卒废死于好贤之主。其病原欲疏间绛、灌旧臣，而为之痛哭，故自取疏废如此。所谓不能“谨其所发”也。末以苻坚用王猛，责人君以全贾生之才，更有不尽之意。

晁错论

天下之患，最不可为者，名为治平无事，而其实有不测之忧[①]。坐观其变而不为之所，则恐至于不可救[②]；起而强为之，则天下狃于治平之安，而不吾信[③]。惟仁人君子、豪杰之士，为能出身为天下犯大难，以求成大功[④]。此固非勉强期月之间，而苟以求名之所能也[⑤]。

天下治平[⑥]，无故而发大难之端[⑦]。吾发之，吾能收之，然后有辞于天下[⑧]。事至而循循焉欲去之[⑨]，使他人任其责[⑩]，则天下之祸，必集于我[⑪]。

昔者晁错尽忠为汉，谋弱山东之诸侯。山东诸侯并起，以诛错为名。而天子不之察，以错为之说[12]。天下悲错之以忠而受祸，不知错有以取之也[13]。

古之立大事者，不惟有超世之才，亦必有坚忍不拔之志[14]。昔禹之治水，凿龙门，决大河，而放之海。方其功之未成也，盖亦有溃冒冲突可畏之患。惟能前知其当然，事至不惧，而徐为之图，是以得至于成功[15]。

夫以七国之强而骤削之[16]，其为变岂足怪哉[17]！错不于此时捐其身，为天下当大难之冲，而制吴、楚之命，乃为自全之计，欲使天子自将，而己居守[18]。且夫发七国之难者，谁乎[19]？己欲求其名[20]，安所逃其患[21]！以自将之至危，与居守之至安，较易知也。己为难首，择其至安而遗天子以其至危，此忠臣义士所以愤怨而不平者也[22]。当此之时，虽无袁盎，亦未免于祸[23]。何者？己欲居守，而使人主自将，以情而言，天子固已难之矣，而重违其议，是以袁盎之说，得行于其间[24]。使吴、楚反，错以身任其危，日夜淬砺[25]，东向而待之，使不至于累其君，则天子将恃之以为无恐，虽有百盎，可得而间哉[26]？

嗟夫！世之君子，欲求非常之功，则无务为自全之计[27]。使错自将而讨吴、楚，未必无功[28]。惟其欲自固其身，而天子不悦，奸臣得以乘其隙。错之所以自全者，乃其所以自祸欤[29]！

【注释】

①暗说景帝时诸侯强大。

②开。

③狃，习也。　阖。暗说晁错建言削诸侯。

④三句为一篇关键。

⑤暗说晁错非其伦。　一段是冒。

⑥暗说景帝时。

⑦暗说削七国。

⑧所谓“出身犯难”。

⑨暗说错居守。

⑩暗说使天子将。

⑪暗说诛错。　一段是承。　以上两段，摄尽通篇大意。

⑫景帝三年，晁错患七国强大，请削诸侯郡县。吴王濞、胶西王印、胶东王雄渠、菑川王贤、济南王辟光、楚王戊、赵王遂合兵反，罪状晁错，欲共诛之。帝与错议出军事，错欲令上自将，而身居守。袁盎素与错有隙，因言唯斩错可以谢诸侯，帝遂斩错东市。　入事。

⑬一句判定，全篇俱发此句。

⑭惟坚忍不拔，故能从容收功。伏下“徐”字，反照下“骤”字。

⑮借禹作证，为立论之根。

⑯不能“徐为之图”。

⑰不能“前知其当然”。

⑱一句指出晁错破绽，通篇从此发议。

⑲紧喝一句。

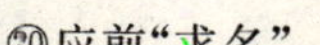

⑳应前“求名”。

㉑应前“祸”字。

㉒断尽晁错，与袁盎何与耶？

㉓承上递下。

㉔正见受祸皆错自取。

㉕火入水为淬。砺，磨也。

㉖此段是代为错计，作正意收住。

㉗又唤醒。

㉘到底只责其不自将，收足“出身犯难”意。

㉙收上“错有以取之”句。

此篇先立冒头，然后入事，又是一格。晁错之死，人多叹息，然未有说出被杀之由者。东坡之论，发前人所未发，有写错罪状处，有代错画策处，有为错致惜处，英雄失足，千古兴嗟。任大事者，尚其思坚忍不拔之义哉！

古文观止卷之十一

苏　轼

上梅直讲书

轼每读《诗》至《鸱鸮》，读《书》至《君奭》，常窃悲周公之不遇①。及观《史》②，见孔子厄于陈、蔡之间，而弦歌之声不绝。颜渊、仲由之徒，相与问答。夫子曰："'匪兕匪虎，率彼旷野'，吾道非耶？吾何为于此？"颜渊曰："夫子之道至大，故天下莫能容。虽然，不容何病？不容然后见君子。"夫子油然而笑曰："回！使尔多财，吾为尔宰。"夫天下虽不能容，而其徒自足以相乐如此③，乃今知周公之富贵，有不如夫子之贫贱。夫以召公之贤，以管、蔡之亲，而不知其心，则周公谁与乐其富贵？而夫子之所与共贫贱者，皆天下之贤才，则亦足以乐乎此矣④！

轼七八岁时，始知读书。闻今天下有欧阳公者，其为人如古孟轲、韩愈之徒⑤；而又有梅公者从之游，而与之上下其议论⑥。其后益壮，始能读其文词，想见其为人，意其飘然脱去世俗之乐而自乐其乐也⑦。方学为对偶声律之文⑧，求升斗之禄，自度无以进见于诸公之间。来京师逾年，未尝窥其门⑨。今年春，天下之士群至于礼部，执事与欧阳公实亲试之，轼不自意，获在第二。既而闻之，执事爱其文，以为有孟轲之风，而欧阳公亦以其能不为世俗之文也而取，是以在此⑩。非左右为之先容，非亲旧为之请属，而向之十余年间闻其名而不得见者，一朝为知己⑪。退而思之，人不可以苟富贵，亦不可以徒贫贱⑫，有大贤焉而为其徒，则亦足恃矣⑬！苟其侥一时之幸，从车骑数十人，使闾巷小民聚观而赞叹之，亦何以易此乐也⑭！《传》曰："不怨天，不尤人"，盖"优哉游哉，可以卒岁"⑮。执事名满天下，而位不过五品，其容色温然而不怒，其文章宽厚敦朴而无怨言，此必有所乐乎斯道也。轼愿与闻焉⑯。

【注释】

①《鸱鸮》，《国风》篇名。周公相成王，管、蔡流言于国曰："公将不利于孺子。"故周公东征二年，而成王犹未知周公之意。公乃作《鸱鸮》之诗以贻王。《君奭》，《周书》篇名。君者，尊之之称。奭，召公名也。成王幼，周公摄政，当国践祚。召公疑之，乃作《君奭》。　劈头叹周公起，奇绝。

②《史》，《史记》。

③接手又羡孔子，更奇。　通篇以"乐"字为主。

④富贵而不乐，贫贱而足乐，此周公所以不如夫子也。　双收周公、孔子，暗以孔子比欧、梅，以其徒自比，意最高，而自处亦高。

⑤先出欧阳公。

⑥次出梅公。

⑦欧、梅之乐只虚写，妙。

⑧即作诗及词、赋之类。

⑨欲写其得见，先写其不得见。文势开拓。

⑩嘉祐二年，欧阳文忠公考试礼部进士，疾时文之诡异，思有以救之。梅圣俞时与其事，得公《论刑赏》以示文忠，文忠惊喜，以为异人。欲以冠多士，疑曾子固所为，子固，文忠门下士也，乃寘公第二。　　"不为世俗之文"，应上"脱去世俗之乐"，正见知己处。

⑪以上叙欧、梅之识拔，自己之遭遇，极为淋漓酣畅。

⑫应前富贵、贫贱。

⑬占地步多少。

⑭自东坡说出自己之真乐，乃一篇之关键。

⑮引成语四句收住。

⑯末复以"乐乎斯道"，专颂梅公，是"乐"字结穴。

此书叙士遇知己之乐，遂首援周公有管、蔡之流言，召公之不悦以形起，而自比于圣门之徒。长公之推尊梅公与阴自负意，亦极高矣。细看此文，是何等气象，何等采色！其议论真足破千古来俗肠，绝妙。

喜雨亭记

亭以雨名，志喜也[①]。古者有喜，则以名物，示不忘也[②]。周公得禾，以名其书[③]；汉武得鼎，以名其年[④]；叔孙胜敌，以名其子[⑤]。其喜之大小不齐，其示不忘一也[⑥]。

予至扶风之明年，始治官舍。为亭于堂之北，而凿池其南。引流种树，以为休息之所[⑦]。是岁之春，雨麦于岐山之阳，其占为有年[⑧]。既而弥月不雨，民方以为忧[⑨]。越三月，乙卯乃雨。甲子又雨，民以为未足[⑩]。丁卯大雨，三日乃止[⑪]。官吏相与庆于庭，商贾相与歌于市，农夫相与忭于野[⑫]。忧者以喜，病者以愈[⑬]，而吾亭适成[⑭]。

于是举酒于亭上，以属客而告之[⑮]，曰："五日不雨，可乎[⑯]？"曰："五日不雨则无麦。""十日不雨，可乎[⑰]？"曰："十日不雨则无禾。"无麦无禾，岁且荐饥，狱讼繁兴，而盗贼滋炽，则吾与二三子，虽欲优游以乐于此亭，其可得耶[⑱]？今天不遗斯民，始旱而赐之以雨，使吾与二三子得相与优游而乐于此亭者，皆雨之赐也。其又可忘耶[⑲]？

既以名亭，又从而歌之曰："使天而雨珠，寒者不得以为襦。使天而雨玉，饥者不得以为粟。一雨三日，伊谁之力[⑳]？民曰太守，太守不有。归之天子，天子曰不然。归之造物，造物不自以为功。归之太空，太空冥冥。不可得而名，吾以名吾亭[㉑]。"

【注释】

①起笔便将“喜雨亭”三字拆开，倒点出，已尽一篇之意。

②释所以志喜之意。

③唐叔得禾，异母同颖，献之成王，成王命唐叔以馈周公于东土。周公嘉天子之命，作《嘉禾》。

④汉武帝元狩六年夏，得宝鼎于汾水上，改元为元鼎元年。

⑤鲁文公十一年，叔孙得臣获长狄侨如，名其子曰侨如。

⑥引古为证。

⑦先记作亭。

⑧纵一笔，下便可用“既而”字转，文始曲折。

⑨跌一句，借“忧”字形出“喜”字。

⑩又跌一句。

⑪次记雨。

⑫“庆”、“歌”、“忭”三字，易法。

⑬次记喜。

⑭紧接此句，妙。雨更不可不喜，喜更不可不志，志喜更不可不以名亭在此。

⑮开出波澜。

⑯更五日也。

⑰更十日也。

⑱以无雨之可忧，形出得雨之可乐。

⑲应前“示不忘”，结住。

⑳一眼注著亭，却不肯一笔便说亭。

㉑歌非余文。盖喜雨固必志，而志喜雨何故却于亭，此理还未说出，因借歌以发之。

只就“喜雨亭”三字，分写、合写、倒写、顺写、虚写、实写，即小见大，以无化有，意思愈出而不穷，笔态轻举而荡漾，可谓极才人之雅致矣。

凌虚台记

国于南山之下，宜若起居饮食与山接也[①]。四方之山，莫高于终南[②]；而都邑之丽山者，莫近于扶风[③]。以至近求最高，其势必得。而太守之居，未尝知有山焉。虽非事之所以损益，而物理有不当然者[④]。此凌虚之所为筑也[⑤]。

方其未筑也，太守陈公，杖履逍遥于其下，见山之出于林木之上者，累累如人之旅行于墙外而见其髻也，曰：“是必有异[⑥]。”使工凿其前为方池，以其土筑台，高出于屋之檐而止。然后人之至于其上者，怳然不知台之高，而以为山之踊跃奋迅而出也[⑦]。公曰：“是宜名凌虚[⑧]。”以告其从事苏轼，而求文以为记[⑨]。

轼复于公曰：“物之废兴成毁，不可得而知也[⑩]。昔者荒草野田，霜露之所蒙翳，狐虺之所窜伏，方是时，岂知有凌虚台耶[⑪]？废兴成毁，相寻于无穷，则台之复

为荒草野田,皆不可知也[12]。尝试与公登台而望,其东则秦穆之祈年、橐泉也[13],其南则汉武之长杨、五柞[14],而其北则隋之仁寿、唐之九成也[15]。计其一时之盛,宏杰诡丽,坚固而不可动者,岂特百倍于台而已哉[16]!然而数世之后,欲求其仿佛,而破瓦颓垣,无复存者。既已化为禾黍荆棘丘墟陇亩矣,而况于此台欤[17]!夫台犹不足恃以长久,而况于人事之得丧,忽往而忽来者欤!而或者欲以夸世而自足,则过矣[18]。盖世有足恃者,而不在乎台之存亡也[19]。"

既以言于公,退而为之记。

【注释】

①笔亦凌虚而起。
②终南山,在陕西西安府。
③丽,附也。
④应"宜若"句。
⑤点出台。
⑥叙未筑台之先。
⑦叙既筑台之后。"恍然不知"二句,正写凌虚意。
⑧点出名台。
⑨点出作记。
⑩提句寄想甚远。
⑪台从无而有,是说兴成。
⑫台自有而无,是说废毁。
⑬祈年、橐泉,皆宫名。
⑭长杨,较猎之所。五柞,祀神宫。
⑮仁寿,隋文宫名。九成,唐太宗所建宫,以避暑。
⑯例兴成。
⑰例废毁。　　凭吊今古,唏嘘感慨,欲歌欲泣。
⑱推进一层说。
⑲托意有在而不说出,妙。

通篇只是兴成、废毁二段,一写再写,悲歌慷慨,使人不乐。然在我有足恃者,何不乐之有?盖其胸中实有旷观达识,故以至理出为高文。若认作一篇讥太守文字,恐非当日作记本旨。

超然台记

凡物皆有可观。苟有可观,皆有可乐[1],非必怪奇伟丽者也。哺糟啜醨[2],皆可以醉;果蔬草木,皆可以饱。推此类也,吾安往而不乐[3]?

夫所为求福而辞祸者,以福可喜而祸可悲也。人之所欲无穷,而物之所以足吾欲者有尽[4],美恶之辨战于中,而去取之择交乎前,则可乐者常少,而可悲者常多[5]。

是谓求祸而辞福[6]。夫求祸而辞福，岂人之情也哉？物有以盖之矣[7]！彼游于物之内，而不游于物之外[8]。物非有大小也，自其内而观之，未有不高且大者也。彼挟其高大以临我，则我常眩乱反复[9]，如隙中之观斗，又乌知胜负之所在[10]？是以美恶横生，而忧乐出焉，可不大哀乎[11]！

予自钱塘移守胶西[12]，释舟楫之安，而服车马之劳；去雕墙之美，而庇采椽之居[13]；背湖山之观，而行桑麻之野[14]。始至之日，岁比不登，盗贼满野，狱讼充斥，而斋厨索然，日食杞菊[15]。人固疑予之不乐也[16]。处之期年，而貌加丰，发之白者，日以反黑。予既乐其风俗之淳，而使吏民亦安予之拙也[17]。于是治其园囿，洁其庭宇，伐安邱、高密之木[18]，以修补破败，为苟完之计。而园之北，因城以为台者旧矣，稍葺而新之。时相与登览，放意肆志焉[19]。

南望马耳、常山[20]，出没隐见，若近若远，庶几有隐君子乎[21]？而其东则庐山[22]，秦人卢敖[23]之所从遁也[24]。西望穆陵[25]，隐然如城郭，师尚父[26]、齐威公[27]之遗烈，犹有存者[28]。北俯潍水[29]，慨然太息，思淮阴[30]之功，而吊其不终[31]。台高而安，深而明，夏凉而冬温[32]，雨雪之朝，风雨之夕，予未尝不在，客亦未尝不从[33]。撷园蔬，取池鱼，酿秫酒，瀹脱粟而食之，曰："乐哉游乎[34]！"

予弟子由，适在济南，闻而赋之，且名其台曰超然[35]，以见予之无所往而不乐者，盖游于物之外也[36]。

【注释】

①"乐"字，是一篇主意。

②醨，薄酒。

③此即"蔬食饮水，乐在其中"，"箪食瓢饮，不改其乐"意。　　一起便见超然。

④指富贵利达。

⑤不超然则不乐。

⑥福可喜，祸可悲。今以求福辞祸之故，而多悲少乐，是求祸辞福也。

⑦盖，蔽也。　　承上起下。

⑧反超然说。

⑨即《孟子》"勿视其巍巍"之意。

⑩喻眼界之小。

⑪此段言游于物之内，则因其美恶在生忧乐；游于物之外，则无所往而不乐。

⑫钱塘，属浙江杭州。胶西，即胶州，属山东莱州。　　入题。

⑬采椽不斲。

⑭安得超然！

⑮春食苗，夏食叶，秋食花，冬食根。　　安得超然！

⑯反跌一句，起下文。

⑰正写己之"安往而不乐"。

⑱安邱、高密，二县名。

⑲叙完作台事。　　上写因乐而有台，下写因台而得乐。"放意肆志"四字，正为"乐"字写照。上下关锁。

⑳马耳、常山，二山名。秦汉间，高人多隐于此。

㉑南。

㉒即秦始皇遣卢生入海，求羡门子高者。

㉓卢敖，秦博士。

㉔东。

㉕穆陵，关名。《左传》："齐桓公曰：'赐我先君履，南至于穆陵。'"即此。

㉖师尚父，太公。

㉗齐威公，即桓公。

㉘西。

㉙韩信与龙且战，夹潍水而阵，即此。

㉚韩信封淮阴侯。

㉛北。　凭今吊古，感慨淋漓，超然山水之外。

㉜写台。

㉝写人。

㉞撷，捋取也。酝酒为酿。秫，稷之黏者，即糯也。瀹，粗熟而出之也。脱粟，才脱谷而已，言不精凿也。　写人与台之日用平常。　"乐"字一振。

㉟点台名字。

㊱应前"安往而不乐"及"游于物之外"句。　超然之意，得此一结，更畅。

是记先发超然之意，然后入事。其叙事处，忽及四方之形胜，忽入四时之佳景，俯仰情深，而总归之一乐，真能超然物外者矣。

放鹤亭记

熙宁[①]十年秋，彭城[②]大水。云龙山人张君之草堂，水及其半扉[③]。明年春，水落，迁于故居之东，东山之麓[④]。升高而望，得异境焉，作亭于其上[⑤]。

彭城之山，冈岭四合，隐然如大环，独缺其西一面，而山人之亭，适当其缺[⑥]。春夏之交，草木际天。秋冬雪月，千里一色，风雨晦明之间，俯仰百变[⑦]。山人有二鹤，甚驯而善飞[⑧]，旦则望西山之缺而放焉，纵其所如，或立于陂田[⑨]，或翔于云表，暮则傃东山而归[⑩]，故名之曰放鹤亭[⑪]。

郡守苏轼，时从宾佐僚吏，往见山人，饮酒于斯亭而乐之[⑫]。挹山人而告之[⑬]曰："子知隐居之乐乎？虽南面之君，未可与易也[⑭]。《易》曰：'鸣鹤在阴，其子和之[⑮]。'《诗》曰：'鹤鸣于九皋，声闻于天[⑯]。'盖其为物清远闲放，超然于尘埃之外，故《易》、诗人以比贤人君子。隐德之士，狎而玩之，宜若有益而无损者，然卫懿公好鹤，则亡其国[⑰]。周公作《酒诰》[⑱]，卫武公作《抑戒》[⑲]，以为荒惑败乱，无若酒者，而刘伶、阮籍之徒，以此全其真而名后世[⑳]。嗟夫！南面之君，虽清远闲放如鹤者，犹不得好，好之则亡其国。而山林遁世之士，虽荒惑败乱如酒者，犹不能为害，而况于鹤乎！由此观之，其为乐未可以同日而语也[㉑]。"山人欣然而笑曰："有是哉[㉒]！"

乃作放鹤、招鹤之歌曰：

"鹤飞去兮，西山之缺。高翔而下览兮，择所适。翻然敛翼，宛将集兮，忽何所见，矫然而复击。独终日于涧谷之间兮，啄苍苔而履白石[23]。

"鹤归来兮，东山之阴。其下有人兮，黄冠草履，葛衣而鼓琴。躬耕而食兮，其余以汝饱。归来归来兮，西山不可以久留[24]。"

【注释】

①熙宁，神宗年号。

②彭城，今徐州是。

③云龙山，在州城南，张天骥隐此。

④麓，山足。

⑤先点作亭。

⑥承写因异境作亭。

⑦又从异境上摹写一番。

⑧驯，顺习也。

⑨泽障曰陂。

⑩傃，向也。

⑪次点名亭。　　二段叙事，错落多致。

⑫藏"饮酒"二字，作后案。

⑬挹，酌也。

⑭三句是一篇纲领。

⑮《易·中孚·九二》爻辞。言"九二"中孚之实，而"九五"亦以中孚之实应之，如鹤鸣于幽隐之处，而其子自和之也。

⑯《诗·小雅·鹤鸣》之篇。皋，泽中水溢出所为坎，从外数至九，喻深远也。言鹤之鸣在于九皋，至深远矣，而声则闻于天。犹德至幽，而有至著者焉。

⑰卫懿公好鹤，出则鹤乘轩而行。一日，敌患，欲御之，皆曰："公有鹤，何不以御敌？乃烦吾为？"遂亡国。

⑱《周诰》，《周书》篇名。商受酗酒，天下化之。妹土，商之都邑，其染恶尤甚。武王以其地封康叔，故周公作《酒诰》以教之。

⑲《抑戒》，即《诗·大雅·抑》之篇。卫武公行年九十有五，作《抑戒》以自儆。其三章云："颠覆厥德，荒湛于酒。"

⑳晋刘伶、阮籍崇尚虚无，轻蔑礼法，纵酒昏酣，遗落世事，与阮咸、山涛、向秀、王戎、嵇康为"竹林七贤"。　　引鹤，从上名亭来；引酒，从上饮酒来。

㉑应上"隐居之乐"三句。远想远韵，笔势澜翻。

㉒仍就山人作收。

㉓歌放鹤。

㉔歌招鹤。

记放鹤亭，却不实写隐士之好鹤，乃于题外寻出"酒"字，与"鹤"字作对，两两相较，真见得南面之乐无以易隐居之乐。其得心应手处，读之最能发人

文机。

石钟山记

《水经》云："彭蠡之口，有石钟山焉[1]。"郦元[2]以为下临深潭，微风鼓浪，水石相搏，声如洪钟[3]。是说也，人常疑之[4]。今以钟磬置水中，虽大风浪不能鸣也，而况石乎[5]？至唐李渤[6]，始访其遗踪，得双石于潭上。扣而聆之，南声函胡[7]，北音清越[8]，枹止响腾，余韵徐歇[9]。自以为得之矣[10]。然是说也，余尤疑之[11]。石之铿然有声者，所在皆是也，而此独以钟名，何哉[12]？

元丰[13]七年六月丁丑，余自齐安舟行适临汝[14]。而长子迈将赴饶之德兴尉[15]，送之至湖口，因得观所谓"石钟"者。寺僧使小童持斧，于乱石间择其一二，扣之硿硿然[16]，余固笑而不信也[17]。至其夜月明，独与迈乘小舟至绝壁下。大石侧立千尺，如猛兽奇鬼，森然欲搏人。而山上栖鹘，闻人声亦惊起，磔磔云霄间，又有若老人欬且笑于山谷中者，或曰："此鹳鹤也[18]。"余方心动欲还[19]，而大声发于水上，噌吰如钟鼓不绝[20]。舟人大恐，徐而察之，则山下皆石穴罅，不知其浅深，微波入焉，涵澹澎湃，而为此也[21]。舟回至两山间，将入港口，有大石当中流，可坐百人，空中而多窍，与风水相吞吐，有窾坎镗鞳之声[22]，与向之噌吰者相应，如乐作焉[23]。因笑谓迈曰："汝识之乎？噌吰者，周景王之'无射'也[24]，窾坎镗鞳者，魏庄子之'歌钟'也[25]。古之人不余欺也[26]。"

事不目见耳闻，而臆断其有无，可乎[27]？郦元之所见闻，殆与余同，而言之不详[28]。士大夫终不肯以小舟夜泊绝壁之下，故莫能知。而渔工水师，虽知而不能言。此世所以不传也[29]。而陋者乃以斧斤考击而求之，自以为得其实[30]。余是以记之，盖叹郦元之简，而笑李渤之陋也[31]。

【注释】

①彭蠡，即鄱阳湖。　　引《水经》起，更典实。

②郦元，郦道元，注《水经》。

③一说。

④人疑。

⑤一驳，伏下"简"字案。

⑥李渤，少室山人，唐顺宗征为左拾遗，称疾不至。

⑦宫音。

⑧商音。

⑨枹，鼓槌也。

⑩一说。

⑪余疑。

⑫一驳，伏下"陋"字案。

⑬元丰，神宗年号。

⑭齐安、临汝，皆邑名。

⑮时公之长君苏迈为饶州府德兴县尉。

⑯此即李渤之故智。

⑰仍然是疑，转下有势。

⑱一段点缀奇景，惨淡凄其，侵人毛发，伏下“士大夫不肯以小舟夜泊绝壁”句。

⑲折笔妙。

⑳噌吰，钟声。

㉑一处见闻得其实。

㉒窾坎镗鞳，钟鼓声。

㉓两处见闻得其实。

㉔无射，周景王所铸钟名。

㉕魏庄子，晋大夫。　两处石声，与古钟声无异。

㉖始知古人以钟名石为不谬。

㉗人谓石置水中不能鸣，盖臆断耳。

㉘简。

㉙破“人常疑之”句。

㉚破“余尤疑之”句。

㉛结出。

世人不晓石钟命名之故，始失于旧注之不详，继失于浅人之俗见。千古奇胜，埋没多少！坡公身历其境，闻之真，察之详，从前无数疑案，一一破尽，爽心快目。

潮州韩文公庙碑

匹夫而为百世师，一言而为天下法[①]。是皆有以参天地之化，关盛衰之运[②]。其生也有自来[③]，其逝也有所为[④]。故申、吕自岳降[⑤]，傅说为列星[⑥]，古今所传，不可诬也[⑦]。孟子曰：“我善养吾浩然之气[⑧]。”是气也，寓于寻常之中，而塞乎天地之间。卒然遇之，则王公失其贵，晋、楚失其富，良、平[⑨]失其智，贲、育[⑩]失其勇，仪、秦[⑪]失其辩[⑫]。是孰使之然哉[⑬]？其必有不依形而立，不恃力而行，不待生而存，不随死而亡者矣[⑭]。故在天为星辰，在地为河岳，幽则为鬼神，而明则复为人。此理之常，无足怪者[⑮]。

自东汉以来，道丧文弊，异端并起，历唐贞观[⑯]、开元[⑰]之盛，辅以房[⑱]、杜[⑲]、姚[⑳]、宋[㉑]而不能救[㉒]。独韩文公起布衣，谈笑而麾之，天下靡然从公，复归于正[㉓]，盖三百年于此矣[㉔]。文起八代之衰[㉕]，而道济天下之溺[㉖]，忠犯人主之怒[㉗]，而勇夺三军之帅[㉘]：此岂非参天地，关盛衰，浩然而独存者乎[㉙]？

盖尝论天人之辨，以谓人无所不至[㉚]，惟天不容伪[㉛]。智可以欺王公[㉜]，不可以欺豚鱼[㉝]；力可以得天下[㉞]，不可以得匹夫匹妇之心[㉟]。故公之精诚，能开衡山之

云[36]，而不能回宪宗之惑[37]；能驯鳄鱼之暴[38]，而不能弭皇甫镈、李逢吉之谤[39]；能信于南海之民，庙食百世[40]，而不能使其身一日安于朝廷之上[41]。盖公之所能者天也，其所不能者人也[42]。

始潮人未知学，公命进士赵德为之师，自是潮之士，皆笃于文行，延及齐民[43]，至于今，号称易治。信乎孔子之言，"君子学道则爱人，小人学道则易使也"[44]。潮人之事公也，饮食必祭，水旱疾疫，凡有求必祷焉[45]。而庙在刺史公堂之后，民以出入为艰。前太守欲请诸朝作新庙，不果。元祐[46]五年，朝散郎王君涤来守是邦，凡所以养士治民者，一以公为师。民既悦服[47]，则出令曰："愿新公庙者听[48]！"民欢趋之。卜地于州城之南七里，期年而庙成[49]。

或曰："公去国万里，而谪于潮，不能一岁而归[50]，没而有知，其不眷恋于潮也审矣。"轼曰："不然。公之神在天下者，如水之在地中，无所往而不在也[51]。而潮人独信之深，思之至，焄蒿凄怆[52]，若或见之。譬如凿井得泉，而曰水专在是，岂理也哉[53]！"

元丰[54]元年，诏封公昌黎伯[55]，故榜曰"昌黎伯韩文公之庙[56]"。潮人请书其事于石[57]，因作诗以遗之，使歌以祀公。其辞曰：

公昔骑龙白云乡[58]，手抉云汉分天章[59]。天孙为织云锦裳[60]，飘然乘风来帝旁[61]，下与浊世扫秕糠[62]。西游咸池略扶桑[63]，草木衣被昭回光[64]。追逐李、杜参翱翔[65]，汗流籍、湜走且僵[66]，灭没倒影不能望[67]。作书诋佛讥君王[68]，要观南海窥衡、湘[69]，历舜九嶷吊英、皇[70]。祝融先驱海若藏[71]，约束蛟鳄如驱羊[72]。钧天无人帝悲伤[73]，讴吟下招遣巫阳[74]。犦牲鸡卜羞我觞[75]，於粲荔丹与蕉黄[76]。公不少留我涕滂[77]，翩然被发下大荒[78]。

【注释】

①东坡作此碑，不能得一起头，起行数十遭，忽得此两句，是从古来圣贤，远远想入。

②用"是皆"二字接，包括古今圣贤多少。

③生不苟生。

④死不苟逝。

⑤《大雅》："维岳降神，生甫及申。"甫，即吕也。《书·吕刑》，《礼记》作《甫刑》，而孔氏以为吕侯，后为甫侯是也。申，申伯也。　　生有自来。

⑥《庄子》："傅说乘东维，骑箕尾，而比于列星。"　　逝有所为。

⑦略证，顿住。

⑧忽然提出"气"字来。

⑨良、平，张良、陈平。

⑩贲、育，孟贲、夏育。

⑪仪、秦，张仪、苏秦。

⑫一遇是气，则贵、富、智、勇、辩皆无所用，才见浩然。

⑬顿上起下，有力。

⑭叠四语，刻画"气"字。

⑮以上言古今圣贤殁后必为神，是一篇之冒。

⑯贞观，太宗年号。

⑰开元，明皇年号。

⑱房玄龄。

⑲杜如晦。

⑳姚崇。

㉑宋璟。

㉒折人。

㉓文公排异端，明天道，正人心，布衣而挽回世教，其功尤烈。

㉔宕句得神。

㉕八代，东汉、魏、晋、宋、齐、梁、陈、隋。

㉖公《原道》等篇，奥衍宏深，障百川，回狂澜，所以救济人心之溺。

㉗宪宗迎佛骨入禁中，公上表极谏，帝怒，贬潮州。

㉘镇州乱，杀帅洪正，而立王廷凑，诏公宣抚，众皆危之。公至，对廷凑力折其党。　四句，说尽韩公一生。

㉙应前结住，下提笔再起。

㉚可以智力胜。

㉛必以精诚感。　总二句。

㉜人。

㉝《易·中孚》彖曰："信及豚鱼。"　天。

㉞人。

㉟天。　四句，承上生下。

㊱公有《谒衡山南岳庙》诗云："我来正逢秋雨节，阴气晦昧无清风。潜心默祷若有应，岂非正直能感通。须臾尽扫众峰出，仰天突兀撑晴空。"是诚能开衡山之云也。　天。

㊲谓贬潮州。　人。

㊳潮州鳄鱼为患，公为文投水中，是夕暴风震电起溪中，数日水尽涸，西徙六十里。　天。

㊴宪宗得公潮州谢表，颇感悔，欲复用之。镈忌公，奏改袁州。李逢吉因台参之事，使公与李绅交斗，遂罢公为兵部侍郎。是不能止谤也。　人。

㊵谓潮州立庙祀公。　横插一笔。　天。

㊶公自观察推官入仕，贬山阳，贬潮州，移袁州，行军蔡州，宣抚镇州，是不能一日在朝也。　人。

㊷一点便醒。应上"人无所不至"二句，收住。

㊸齐民，齐等之民。

㊹记公于潮。

㊺记潮于公。

㊻元祐，哲宗年号。

㊼凡作记，最要补出此一笔。

㊽听其所令。

㊾记新庙，下忽作辩难，文情涌起。

㊿不及一年而去。

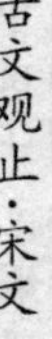

(51)何尝不在潮？

(52)鬼神精气蒸上处，是焄蒿。使人精神悚然，是凄怆。

(53)何尝专在潮？　现前点拨，妙解妙喻。

(54)元丰，神宗年号。

(55)昌黎，郡名。

(56)点出庙门上额。

(57)点出碑。

(58)《庄子》："乘彼白云，游于帝乡。"谓公昔日骑龙作马，乘白云于帝乡。

(59)《诗》曰："倬彼云汉，为章于天。"谓公以手抉开云汉，分天之为章。

(60)天孙，织女也。言若织女为公织就云锦之裳。　此言公之文章，自天而成。

(61)飘飘然乘高风而降自上帝之侧。

(62)浊世粃糠，喻世俗文章之陋。　此言公从天而降，为一代词章之宗。

(63)《淮南子》："日出阳谷，浴于咸池，拂于扶桑。"谓公西游咸池日浴之地，而略过于扶桑日拂之方。

(64)公光辉发越，被及草木，犹日月之昭回于天而光明也。　此言公光被四表，而为民物之所瞻仰。

(65)李白、杜甫，唐之诗士。公与之追逐，参列翱翔于其间。

(66)张籍、皇甫湜同名于时，而不及公远甚。汗流者，言其愧汗如流也。走且僵，谓其退避奔走而僵仆也。

(67)日光冲激，谓之灭没。反从下照，谓之倒影。喻公之道德光辉，炫耀夺目，人不能拟而望之也。　此言公之文章道德，大莫能及。

(68)谓《佛骨表》。

(69)公被谪潮州，跋涉岭海，是谓要观南海，窥衡山、湘水。

(70)九嶷，山名，在苍梧、零陵之间，舜所葬处。英、皇，尧女娥皇、女英也。从舜南狩，道死衡湘之间。公历行舜所巡之地，吊娥皇、女英之灵。　此言公谪潮及所经历之处。

(71)南海之神曰祝融。海若，亦海神。公涉岭外海道，祝融为之先驱于前，而海若亦率怪物以敛藏。

(72)谓驱鳄鱼之暴。　此言公之德足以感神，威足以服物。

(73)九天，中天曰钧天。言大钧之天无人，而上帝为之悲伤。

(74)特遣巫阳讴吟，以下招文公。　此言公没仍归帝旁。

(75)犦牲，即犎牛。鸡卜，岭表凡小事必卜，名鸡卜鼠卜。羞，进也。言祭以犦牲鸡卜之薄，而进我之觞，所以表诚也。

(76)公《罗池庙碑》："荔枝黑兮蕉叶黄。"为迎送柳子厚之歌。东坡引用其语，以见潮人祭公，亦如公之祭子厚也。　此言庙中陈祭之品。

(77)伤公之殁。

(78)韩公诗云："翩然下大荒，被发骑麒麟。"东坡用此语，盖祝其来享也。　歌词蹈厉发越，直追《雅》、《颂》。

韩公贬于潮，而潮祀公为神。盖公之生也，参天地，关盛衰，故公之没也，是气犹浩然独存。东坡极力推尊文公，丰词瑰调，气焰光彩。非东坡不能为此，非韩公不足当此。千古奇观也。

乞校正陆贽奏议进御劄子

臣等猥以空疏，备员讲读[①]。圣明天纵，学问日新。臣等才有限而道无穷，心欲言而口不逮，以此自愧，莫知所为[②]。窃谓人臣之纳忠，譬如医者之用药，药虽进于医手，方多传于古人，若已经效于世间，不必皆从于己出[③]。

伏见唐宰相陆贽，才本王佐，学为帝师。论深切于事情，言不离于道德。智如子房，而文则过；辩如贾谊，而术不疏。上以格君心之非，下以通天下之志[④]。但其不幸，仕不遇时[⑤]。德宗以苛刻为能，而贽谏之以忠厚。德宗以猜忌为术，而贽劝之以推诚。德宗好用兵，而贽以消兵为先。德宗好聚财，而贽以散财为急。至于用人听言之法，治边御将之方，罪己以收人心，改过以应天道，去小人以除民患，惜名器以待有功，如此之流，未易悉数[⑥]。可谓进苦口之药石，针害身之膏肓[⑦]。使德宗尽用其言，则贞观[⑧]可得而复[⑨]。

臣等每退自西阁，即私相告：以陛下圣明，必喜贽议论。但使圣贤之相契，即如臣主之同时[⑩]。昔冯唐论颇、牧之贤，则汉文为之太息[⑪]；魏相条晁、董之对，则孝宣以致中兴[⑫]。若陛下能自得师，则莫若近取诸贽[⑬]。

夫六经三史[⑭]、诸子百家，非无可观，皆足为治。但圣言[⑮]幽远，末学[⑯]支离，譬如山海之崇深，难以一二而推择。如贽之论，开卷了然。聚古今之精英，实治乱之龟鉴[⑰]。臣等欲取其奏议，稍加校正，缮写进呈。愿陛下置之坐隅，如见贽面；反复熟读，如与贽言。必能发圣性之高明，成治功于岁月[⑱]。臣等不胜区区之意，取进止。

【注释】

①时任翰林，与吕希哲、范祖禹同进。

②自谦引起。

③设一确喻，便可转入宣公奏议。

④极赞宣公。

⑤便发感慨。

⑥举奏议中大要言。

⑦肓，膈也。心下为膏。《左传》："晋景公疾病，秦伯使医缓治之。未至，公梦疾为二竖子曰：'彼良医也，惧伤我，焉逃之？'其一曰：'居肓之上、膏之下，若我何？'医至，曰：'疾不可为也。在肓之上、膏之下，攻之不可，达之不及，药不至焉。'"

⑧贞观，太宗年号。

⑨反振作顿，起下仁宗当用宣公之言。

⑩取善不必以时代拘。

⑪汉文帝谓冯唐曰："昔有为我言赵将李齐之贤，战于钜鹿下，吾每饭未尝不在钜鹿。"唐对曰："尚不如廉颇、李牧之为将也。"帝拊髀曰："我独不得颇、牧为将，何忧匈奴哉！"

⑫魏相好观汉故事，数条汉兴以来国家便宜行事，及晁错、仲舒等所言，请施行之，上任用焉。

⑬此段劝勉仁宗听信之意，最为婉切。

⑭《史记》及两《汉书》为三史。

⑮圣言，六经。

⑯夫学，子史。

⑰以经史诸子形出奏议，深明宣公之论，便于观览推行。

⑱直写乞校正进御之意。

东坡说宣公，便学宣公文章。讽劝鼓舞，激扬动人。宣公当时不见知于德宗，庶几今日受知于陛下。与其观六经、诸子之崇深，不如读宣公奏议之切当，尤使人主有欣然向往、恨不同时之想。

前赤壁赋

壬戌[①]之秋，七月既望，苏子与客泛舟游于赤壁之下[②]。清风徐来，水波不兴[③]。举酒属客，诵《明月》之诗，歌《窈窕》之章[④]。少焉，月出于东山之上，徘徊于斗、牛之间[⑤]。白露横江，水光接天[⑥]。纵一苇之所如，凌万顷之茫然[⑦]。浩浩乎如冯虚御风，而不知其所止[⑧]；飘飘乎如遗世独立，羽化而登仙[⑨]。

于是饮酒乐甚[⑩]，扣舷而歌之[⑪]。歌曰："桂棹兮兰桨[⑫]，击空明兮泝流光[⑬]。渺渺兮予怀，望美人兮天一方[⑭]。"客有吹洞箫者[⑮]，依歌而和之，其声呜呜然，如怨如慕，如泣如诉，余音嫋嫋，不绝如缕。舞幽壑之潜蛟，泣孤舟之嫠妇[⑯]。

苏子愀然，正襟危坐，而问客曰："何为其然也[⑰]？"客曰："'月明星稀，乌鹊南飞'，此非曹孟德之诗乎[⑱]？西望夏口，东望武昌[⑲]，山川相缪[⑳]，郁乎苍苍，此非孟德之困于周郎者乎[㉑]？方其破荆州[㉒]，下江陵[㉓]，顺流而东也，舳舻千里，旌旗蔽空，酾酒临江，横槊赋诗[㉔]，固一世之雄也，而今安在哉[㉕]？况吾与子渔樵于江渚之上，侣鱼虾而友麋鹿，驾一叶之扁舟[㉖]，举匏樽以相属[㉗]。寄蜉蝣于天地，渺沧海之一粟[㉘]。哀吾生之须臾，羡长江之无穷[㉙]。挟飞仙以遨游，抱明月而长终[㉚]。知不可乎骤得，托遗响于悲风[㉛]。"

苏子曰："客亦知夫水与月乎[㉜]？逝者如斯[㉝]，而未尝往也[㉞]。盈虚者如彼[㉟]，而卒莫消长也[㊱]。盖将自其变者而观之，则天地曾不能以一瞬[㊲]。自其不变者而观之，则物与我皆无尽也，而又何羡乎[㊳]？且夫天地之间，物各有主。苟非吾之所有，虽一毫而莫取[㊴]。惟江上之清风，与山间之明月[㊵]，耳得之而为声[㊶]，目遇之而成色[㊷]，取之无禁，用之不竭，是造物者之无尽藏也，而吾与子之所共适[㊸]。"

客喜而笑[㊹]，洗盏更酌。肴核既尽，杯盘狼藉。相与枕藉乎舟中，不知东方之既白[㊺]。

【注释】

①壬戌，元丰四年。

②建安十三年，曹操自江陵追刘备，备求救于孙权，权将周瑜请兵三万拒之。瑜部将黄盖建议以斗舰载荻柴，先以书诈降。时东南风急，盖以十舰著前，余船继进，去二里许，同时火发。火烈风猛，烧尽北船，操军大败，石壁皆赤。赤壁有二，惟蒲圻县西北乌林，与赤壁相对，乃周瑜破曹操处。东坡所游，则黄州之赤壁，误也。

③先赋风。

④谓《明月》诗中《窈窕》一章。

⑤斗、牛，二星。　次赋月。　风月是一篇张本。

⑥写秋景二句。

⑦一苇，谓小舟也。苇，蒹葭之属。《卫风》："谁谓河广？一苇杭之。"

⑧列子御风而行，泠然善也。

⑨道家飞升遐举，谓之羽化。　赋领受此风此月者，一路都写乐景。

⑩点出"乐"字。

⑪舷，船边。

⑫舟中前推曰桨，后推曰棹。

⑬摇桨曰击。月在水中，谓之空明。逆水而上曰泝。月光与波俱动，谓之流光。

⑭美人，谓同朝君子。此先生眷眷不忘朝廷之意也。

⑮无底者谓洞箫。

⑯嫠妇，寡妇也。　忽因吹洞箫发出一段悲歌感慨。起下"愀然"意。

⑰生出后半篇文字。

⑱《文选·魏武帝〈短歌〉》曰："月明星稀，乌鹊南飞；绕树三匝，无枝可依。"孟德，曹操字也，是为魏武帝。　先引昔所诵诗。

⑲武昌，即鄂州。夏口，在鄂州江夏县西。

⑳缪，同"缭"。

㉑缪，绕也。周瑜，字公瑾，曹操呼为周郎。此谓曹操为周瑜败于赤壁。　现指今所遭境。

㉒刘琮降。

㉓自江陵至赤壁。

㉔酾，酌酒也。槊，矛属。曹氏父子鞍马间为文，往往横槊赋诗。

㉕一段借曹公发端，其伤心却在下一段。

㉖小舟曰扁舟。

㉗匏樽，酒器之质者。

㉘蜉蝣，小虫，一名渠略，朝生暮死。　无有曹公"舳舻千里，旌旗蔽空"也。

㉙承上"而今安在"。

㉚遐想此事。

㉛终无可奈何也，故借此意于悲风之中。　以上拟客发议，以抒下文。

㉜现前指点。

㉝客所知。

㉞客所未知。　　此句说水。

㉟客所知。

㊱客所未知。　　此句说月。

㊲瞬，目摇也。　　客所知。

㊳客所未知。“羡”字应上。　　即水月天地以自解，见得天地盈虚消息之理，本无终穷；况眼前境界，自有风月可乐，何事悲感！

㊴推开一步。

㊵应前风月。

㊶风。

㊷月。

㊸客曰“况吾与子”，此曰“而吾与子”，一酬一对之间，差却境界多少！

㊹客转悲而喜。

㊺结出人自在。

欲写受用现前无边风月，却借吹洞箫者发出一段悲感，然后痛陈其胸前一片空阔。了悟风月不死，先生不亡也。

后赤壁赋

是岁[1]十月之望，步自雪堂，将归于临皋[2]。二客从予，过黄泥之坂[3]。霜露既降，木叶尽脱[4]。人影在地，仰见明月[5]。顾而乐之，行歌相答[6]。已而叹曰：“有客无酒，有酒无肴，月白风清，如此良夜何[7]！”客曰：“今者薄暮[8]，举网得鱼，巨口细鳞，状如松江之鲈。顾安所得酒乎[9]？”归而谋诸妇。妇曰：“我有斗酒，藏之久矣，以待子不时之需[10]。”

于是携酒与鱼，复游于赤壁之下[11]。江流有声，断岸千尺，山高月小，水落石出[12]。曾日月之几何，而江山不可复识矣[13]。予乃摄衣而上[14]，履巉岩[15]，披蒙茸[16]，踞虎豹[17]，登虬龙[18]，攀栖鹘之危巢[19]，俯冯夷之幽宫[20]。盖二客不能从焉[21]。划然长啸[22]，草木震动，山鸣谷应，风起水涌[23]。予亦悄然而悲，肃然而恐，凛乎其不可留也[24]。反而登舟[25]，放乎中流，听其所止而休焉[26]。时夜将半，四顾寂寥。适有孤鹤，横江东来，翅如车轮，玄裳缟衣，戛然长鸣，掠予舟而西也[27]。

须臾客去，予亦就睡[28]。梦一道士，羽衣蹁跹，过临皋之下，揖予而言曰：“赤壁之游乐乎[29]？”问其姓名，俛[30]而不答。“呜呼噫嘻！我知之矣。畴昔之夜，飞鸣而过我者，非子也耶？”道士顾笑，予亦惊寤[31]。开户视之，不见其处[32]。

【注释】

①承上篇。

②公年四十七，在黄州寓居临皋亭，就东坡筑雪堂，自号东坡居士。堂以大雪中为之，故名。写不必定游赤壁。

③黄泥坂,雪堂至临皋之道也。　　写不必定约某客。

④赋十月。

⑤赋望。

⑥赋自本欲归,客亦偶从。

⑦仍用“风月”二字,乃长公一生襟怀。

⑧薄,迫也。迫晚曰薄暮。

⑨客创逸兴。

⑩妇更凑趣。

⑪泛舟复游。　　叙出复游之端,最有头绪。

⑫状景写情,字字若画。

⑬感慨多少。

⑭舍舟登岸。

⑮巉岩,高危也。

⑯披,开也。蒙茸,草卉丛生也。

⑰石类虎豹之状者,踞而坐之。

⑱草木有类虬龙者,登而援之。

⑲鹘,鹰属,夜则宿于危巢,吾仰而欲攀之。

⑳冯夷,水神,息于深渊之幽宫,吾俯而欲窥之。

㉑上六句,又添此一句,写尽崎岖险仄。

㉒啸,蹙口出声,以舒愤懑之气。

㉓写出萧瑟景况。

㉔先生至此,亦不能不知难而退也。

㉕舍岸登舟。

㉖赋出入自在。

㉗空中奇想。

㉘舍舟登岸。

㉙应“乐”字。

㉚俛,同“俯”。

㉛借鹤与道士,寄写旷达胸次。

㉜岂惟无鹤,无道士?并无鱼,并无酒,并无客,并无赤壁,只有一片光明空阔。

前篇写实情实景,从“乐”字领出歌来;此篇作幻境幻想,从“乐”字领出叹来。一路奇情逸致,相逼而出。与前赋同一机轴,而无一笔相似。读此两赋,胜读《南华》一部。

三槐堂铭

天可必乎?贤者不必贵,仁者不必寿。天不可必乎?仁者必有后。二者将安取衷哉[①]?吾闻之申包胥[②]曰:“人定者胜天,天定亦能胜人[③]。”世之论天者,皆不待

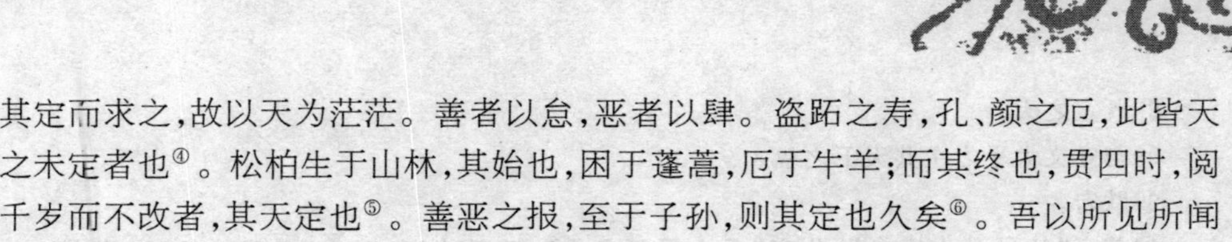

其定而求之，故以天为茫茫。善者以怠，恶者以肆。盗跖之寿，孔、颜之厄，此皆天之未定者也[④]。松柏生于山林，其始也，困于蓬蒿，厄于牛羊；而其终也，贯四时，阅千岁而不改者，其天定也[⑤]。善恶之报，至于子孙，则其定也久矣[⑥]。吾以所见所闻考之，而其可必也审矣[⑦]。

国之将兴[⑧]，必有世德之臣，厚施而不食其报[⑨]，然后其子孙能与守文太平之主共天下之福[⑩]。故兵部侍郎晋国王公[⑪]，显于汉、周之际，历事太祖、太宗，文武忠孝[⑫]，天下望以为相，而公卒以直道不容于时[⑬]。盖尝手植三槐于庭，曰："吾子孙必有为三公者[⑭]。"已而其子魏国文正公[⑮]相真宗皇帝于景德、祥符[⑯]之间[⑰]，朝廷清明，天下无事之时，享其福禄荣名者十有八年[⑱]。今夫寓物于人，明日而取之，有得有否[⑲]。而晋公修德于身，责报于天，取必于数十年之后，如持左契，交手相付，吾是以知天之果可必也[⑳]。吾不及见魏公，而见其子懿敏公[㉑]，以直谏事仁宗皇帝，出入侍从将帅三十余年，位不满其德。天将复兴王氏也欤？何其子孙之多贤也[㉒]！

世有以晋公比李栖筠[㉓]者[㉔]，其雄才直气，真不相上下[㉕]。而栖筠之子吉甫，其孙德裕，功名富贵略与王氏等[㉖]；而忠恕仁厚，不及魏公父子[㉗]。由此观之，王氏之福，盖未艾也[㉘]。

懿敏公之子巩与吾游[㉙]，好德而文，以世其家，吾以是铭之[㉚]。铭曰：

呜呼休哉！魏公之业，与槐俱萌，封植之勤，必世乃成。既相真宗，四方砥平，归视其家，槐阴满庭。吾侪小人，朝不及夕，相时射利，皇恤厥德。庶几侥幸，不种而获，不有君子，其何能国？王城之东，晋公所庐，郁郁三槐，惟德之符。呜呼休哉[㉛]！

【注释】

①入手便作疑词，文势曲折。

②申包胥，楚人。

③引证。

④判断极得。

⑤即物以验之。

⑥不必待其已报而后定。

⑦此句便是入题笔势。

⑧暗指宋。

⑨暗指晋国。

⑩暗指魏国。　　先虚虚说起。

⑪晋国王公，王祐。

⑫厚施。

⑬不食其报。

⑭未定之天。

⑮魏国文正公，王旦。

⑯景德、祥符，俱年号。

⑰既定之天。

⑱与守文太平之主共天下之福。

⑲跌宕。

⑳前言"其可必也审矣",此言"天之果可必也",正是决词,以应"天可必乎"之说。转盼有情。

㉑懿敏公,王素。　写世德子孙,故又添出一世。

㉒此言王氏之得天未已,意思唱叹不尽。

㉓李栖筠,唐人。

㉔请李栖筠作陪。

㉕且说同。

㉖且说同。

㉗请李栖筠,乃只为此句也。

㉘此又借一相近人出色一番。

㉙又添出一世。

㉚收结劲健。

㉛铭意言种槐即是种德。

起手以"可必"、"不可必"两设疑局,作诘问体。次乃说出有未定之天,有一定之天,历世数来,乃见人事既尽,然后可以取必于天心。此长公作铭微意。王氏勋业,与槐俱荫,实与此文而俱永。

方山子传

方山子,光、黄间隐人也[①]。少时慕朱家、郭解[②]为人,闾里之侠皆宗之[③]。稍壮,折节读书,欲以此驰骋当世[④],然终不遇[⑤]。晚乃遁于光、黄间,曰岐亭[⑥],庵居蔬食,不与世相闻。弃车马,毁冠服,徒步往来,山中人莫识也[⑦]。见其所著帽方耸而高,曰:"此岂古方山冠之遗像乎?"因谓之方山子[⑧]。

余谪居于黄[⑨],过岐亭,适见焉。曰:"呜呼!此吾故人陈慥季常也[⑩],何为而在此[⑪]?"方山子亦矍然问余所以至此者[⑫]。余告之故[⑬],俯而不答,仰而笑[⑭]。呼余宿其家,环堵萧然,而妻子奴婢皆有自得之意[⑮]。余既耸然异之[⑯]。

独念方山子少时,使酒好剑,用财如粪土[⑰]。前十九年,余在岐山,见方山子从两骑,挟二矢,游西山。鹊起于前,使骑逐而射之,不获,方山子怒马独出,一发得之[⑱]。因与余马上论用兵及古今成败,自谓一时豪士[⑲]。今几日耳,精悍之色,犹见于眉间,而岂山中之人哉[⑳]?

然方山子世有勋阀,当得官,使从事于其间,今已显闻[㉑]。而其家在洛阳,园宅壮丽,与公侯等。河北有田,岁得帛千匹,亦足以富乐[㉒]。皆弃不取,独来穷山中,此岂无得而然哉[㉓]?

余闻光、黄间多异人,往往佯狂垢污,不可得而见,方山子傥见之欤[㉔]?

【注释】

①一句伏案。

②朱家、郭解，俱汉时游侠。

③好侠是一篇之纲。

④仍是侠。

⑤总是豪侠气概，伏下使酒好剑轻财一段。

⑥伏岐亭相见。

⑦伏山中人。

⑧《后汉书》："方山冠似进贤冠，以五彩縠为之。"　方山子，是想象得名。

⑨谪黄州监税。

⑩姓、名、字并点出。

⑪惊怪之词。

⑫紧接妙，真似一时适见光景。

⑬告以谪居之故。

⑭逼真隐士行径。

⑮描写隐居之乐，刻画入情。

⑯一顿，便作波澜。

⑰追叙其侠。

⑱游侠之态如画。

⑲得此一转，更见悲壮。

⑳应前"山中之人"，唤起"有得"意。

㉑一跌。

㉒二跌。

㉓掉转"自得意"句。有声响。

㉔作不凡语，余波宕漾。

前幅自其少而壮而晚，一一顺叙出来。中间"独念方山子"一转，由后追前，写得十分豪纵，并不见与前重复，笔墨高绝。末言舍富贵而甘隐遁，为有得而然，乃可称为真隐人。

苏　辙

六 国 论

尝读六国世家[①]，窃怪天下之诸侯，以五倍之地，十倍之众，发愤西向，以攻山西千里之秦，而不免于灭亡[②]。常为之深思远虑，以为必有可以自安之计[③]。盖未尝不咎其当时之士虑患之疏而见利之浅，且不知天下之势也[④]。

夫秦之所与诸侯争天下者，不在齐、楚、燕、赵也，而在韩、魏之郊；诸侯之所与秦争天下者，不在齐、楚、燕、赵也，而在韩、魏之野。秦之有韩、魏，譬如人之有腹心之疾也。韩、魏塞秦之冲，而蔽山东之诸侯，故夫天下之所重者，莫如韩、魏也[⑤]。

昔者范雎用于秦而收韩，商鞅用于秦而收魏[⑥]。昭王未得韩、魏之心，而出兵以攻齐之刚寿，而范雎以为忧[⑦]，然则秦之所忌者可见矣[⑧]。秦之用兵于燕、赵，秦之危事也。越韩过魏，而攻人之国都，燕、赵拒之于前，而韩、魏乘之于后，此危道也。而秦之攻燕、赵，未尝有韩、魏之忧[⑨]，则韩、魏之附秦故也。夫韩、魏诸侯之障，而使秦人得出入于其间，此岂知天下之势耶[⑩]？委区区之韩、魏，以当强虎狼之秦，彼安得不折而入于秦哉！韩、魏折而入于秦，然后秦人得通其兵于东诸侯，而使天下遍受其祸[⑪]。

夫韩、魏不能独当秦，而天下之诸侯，藉之以蔽其西，故莫如厚韩亲魏以摈秦[⑫]。秦人不敢逾韩、魏以窥齐、楚、燕、赵之国[⑬]，而齐、楚、燕、赵之国，因得以自完于其间矣[⑭]。以四无事之国，佐当寇之韩、魏[⑮]，使韩、魏无东顾之忧，而为天下出身以当秦兵[⑯]。以二国委秦，而四国休息于内，以阴助其急[⑰]。若此，可以应夫无穷，彼秦者将何为哉[⑱]！

不知出此，而乃贪疆场尺寸之利，背盟败约，以自相屠灭。秦兵未出，而天下诸侯已自困矣。至于秦人得伺其隙，以取其国，可不悲哉[⑲]！

【注释】

①《史记》，六国俱有《世家》。

②先怪六国灭亡。

③次写六国代计。

④次咎当时策士不知天下之势。下乃发议。

⑤此言韩、魏为六国蔽障，为秦咽喉，深明天下大势。

⑥收者，使之附秦也。

⑦一反更醒。

⑧引证以明己说之有据。

⑨八句，只是一句。

⑩此切责韩、魏。

⑪此切责东诸侯。

⑫通篇结穴。下只一意，转折而尽。

⑬一转。

⑭二转。

⑮三转。

⑯四转。

⑰五转。

⑱此段深著自安之计在知天下之势。

⑲感叹作结，遗恨千古。

是论只在“不知天下之势”一句。苏秦之说六国，意正如此。当时六国之策，万万无出于亲韩、魏者。计不出此，而自相屠灭。六国之愚，何至于斯！读之可发一笑。

上枢密韩太尉书

太尉执事，辙生好为文，思之至深。以为文者气之所形，然文不可以学而能，气可以养而致[①]。孟子曰：“我善养吾浩然之气。”今观其文章，宽厚宏博，充乎天地之间，称其气之大小[②]。太史公[③]行天下，周览四海名山大川，与燕、赵间豪俊交游，故其文疏荡，颇有奇气[④]。此二子者，岂尝执笔学为如此之文哉[⑤]？其气充乎其中而溢乎其貌，动乎其言而见乎其文，而不自知也[⑥]。

辙生年十有九矣[⑦]。其居家所与游者，不过其邻里乡党之人[⑧]，所见不过数百里之间，无高山大野可登览以自广[⑨]。百氏之书，虽无所不读，然皆古人之陈迹，不足以激发其志气[⑩]。恐遂汩没，故决然舍去，求天下奇闻壮观，以知天地之广大[⑪]。过秦、汉之故都，恣观终南、嵩、华之高[⑫]，北顾黄河之奔流，慨然想见古之豪杰[⑬]。至京师，仰观天子宫阙之壮，与仓廪、府库、城池、苑囿之富且大也，而后知天下之巨丽[⑭]。见翰林欧阳公[⑮]，听其议论之宏辩，观其容貌之秀伟，与其门人贤士大夫游，而后知天下之文章聚乎此也[⑯]。太尉以才略冠天下[⑰]，天下之所恃以无忧，四夷之所惮以不敢发，入则周公、召公，出则方叔、召虎[⑱]，而辙也未之见焉[⑲]。

且夫人之学也，不志其大，虽多而何为[⑳]？辙之来也，于山见终南、嵩、华之高，于水见黄河之大且深，于人见欧阳公，而犹以为未见太尉也[㉑]。故愿得观贤人之光耀，闻一言以自壮，然后可以尽天下之大观，而无憾者矣[㉒]。

辙年少，未能通习吏事。向之来，非有取于斗升之禄，偶然得之，非其所乐[㉓]。然幸得赐归待选，使得优游数年之间，将以益治其文，且学为政。太尉苟以为可教而辱教之，又幸矣[㉔]。

【注释】

①以养气冒起一篇大意。

②一证。

③太史公，司马迁。

④二证。

⑤跌宕。

⑥申明文为气之所形。非亲尝者不能道此。

⑦开宕。

⑧一。

⑨二。

⑩三。

⑪虚提以起下四段。

⑫一。

⑬二。

⑭三。　　本欲说见太尉，却自嵩、华、黄河、京师许多奇闻壮观说来，文势浩瀚。

⑮欧阳公，欧阳修。

⑯四。　　又引一欧阳公，陪起太尉，妙。

⑰转接无痕。

⑱皆周宣一时人。

⑲一句挽上起下。

⑳开宕。

㉑一齐收卷，势如破竹。

㉒应“奇闻壮观”结束，笔力千钧。

㉓又自明志气。

㉔住意洒然。

意只是欲求见太尉，以尽天下之大观，以激发其志气，却以得见欧阳公，引起求见太尉。以历见名山大川、京华人物，引起得见欧阳公；以作文养气，引起历见名山大川、京华人物。注意在此，而立言在彼，绝妙奇文。

黄州快哉亭记

江出西陵[①]，始得平地。其流奔放肆大，南合湘、沅，北合汉、沔[②]，其势益张，至于赤壁之下，波流浸灌，与海相若[③]。清河张君梦得，谪居齐安[④]，即其庐之西南为亭，以览观江流之胜[⑤]，而余兄子瞻名之曰“快哉”[⑥]。

盖亭之所见，南北百里，东西一舍，涛澜汹涌，风云开阖。昼则舟楫出没于其前，夜则鱼龙悲啸于其下，变化倏忽，动心骇目，不可久视。今乃得玩之几席之上，举目而足。西望武昌诸山，冈陵起伏，草木行列，烟消日出，渔夫樵父之舍，皆可指数，此其所以为快哉者也[⑦]。至于长洲之滨，故城之墟，曹孟德、孙仲谋之所睥睨，周瑜、陆逊之所驰骛，其风流遗迹，亦足以称快世俗[⑧]。

昔楚襄王从宋玉、景差于兰台之宫，有风飒然至者，王披襟当之，曰：“快哉此风！寡人所与庶人共者耶？”宋玉曰：“此独大王之雄风耳，庶人安得共之！”玉之言盖有讽焉。夫风无雄雌之异，而人有遇不遇之变。楚王之所以为乐，与庶人之所以为忧，此则人之变也，而风何与焉[⑨]？士生于世，使其中不自得，将何往而非病？使其中坦然，不以物伤性，将何适而非快[⑩]？今张君不以谪为患，窃会计之余功[⑪]，而自放山水之间，此其中宜有以过人者[⑫]。将蓬户瓮牖，无所不快[⑬]。而况乎濯长江之清流，揖西山之白云，穷耳目之胜以自适也哉[⑭]！不然，连山绝壑，长林古木，振之以清风，照之以明月，此皆骚人思士之所以悲伤憔悴而不能胜者，乌睹其为快也哉[⑮]！

【注释】

①西陵,即黄州地。

②湘、沅,二水名。汉水出为漾,东南流为沔,至汉中东行为汉、沔。

③以亭览观江流,故从江叙起。

④齐安,即黄州。

⑤点“亭”字。

⑥倒出“快哉”。

⑦一段写当日所见以为快。

⑧曹操,字孟德。孙权,字仲谋。睥睨,衺视貌。周瑜,权将,尝破曹操赤壁下。陆逊,亦权将,尝破曹休,振旅过武昌,权以御盖覆逊。出入直骋曰驰,乱驰曰骛。　　一段吊往古之事以为快。

⑨因“快哉”二字,发此一段论端,寻说到张梦得身上,若断若续,无限烟波。

⑩“快”字从“其中”看出,才起得张君谪居之快来。

⑪会计,指簿书钱谷言。

⑫与上两“其中”应。

⑬蓬户,编蓬为户也。瓮牖,以破瓮口为牖也。　　翻跌。

⑭紧收,正写“快哉”。何等酣畅!

⑮反结,更有余味。

前幅握定“快哉”二字洗发,后幅俱从谪居中生意,文势汪洋,笔力雄壮。读之令人心胸旷达,宠辱都忘。

曾　巩

寄欧阳舍人书

去秋人还,蒙赐书及所撰先大父墓碑铭,反复观诵,感与惭并。夫铭志之著于世,义近于史,而亦有与史异者[①]。盖史之于善恶无所不书,而铭者,盖古之人有功德、材行、志义之美者,惧后世之不知,则必铭而见之。或纳于庙,或存于墓,一也[②]。苟其人之恶,则于铭乎何有?此其所以与史异也[③]。

其辞之作,所以使死者无有所憾,生者得致其严[④]。而善人喜于见传,则勇于自立,恶人无有所纪,则以愧而惧。至于通材达识,义烈节士,嘉言善状,皆见于篇,则足为后法。警劝之道,非近乎史,其将安近[⑤]?

及世之衰,人之子孙者,一欲褒扬其亲,而不本乎理。故虽恶人,皆务勒铭以夸后世。立言者既莫之拒而不为,又以其子孙之请也,书其恶焉,则人情之所不得,于是乎铭始不实[⑥]。

后之作铭者,当观其人[⑦]。苟托之非人,则书之非公与是[⑧],则不足以行世而传

后。故千百年来，公卿大夫至于里巷之士，莫不有铭，而传者盖少，其故非他，托之非人，书之非公与是故也⑨。

然则孰为其人而能尽公与是欤？非畜道德而能文章者无以为也⑩。盖有道德者之于恶人，则不受而铭之⑪，于众人则能辨焉⑫。而人之行，有情善而迹非，有意奸而外淑，有善恶相悬而不可以实指，有实大于名，有名侈于实⑬。犹之用人，非畜道德者，恶能辨之不惑⑭，议之不徇⑮？不惑不徇，则公且是矣⑯。而其辞之不工，则世犹不传，于是又在其文章兼胜焉⑰。故曰非畜道德而能文章者无以为也，岂非然哉⑱！

然畜道德而能文章者，虽或并世而有，亦或数十年或一二百年而有之。其传之难如此，其遇之难又如此⑲。若先生之道德文章，固所谓数百年而有者也⑳。先祖之言行卓卓，幸遇而得铭其公与是，其传世行后无疑也㉑。而世之学者，每观传记所书古人之事，至于所可感，则往往衋然不知涕之流落也㉒，况其子孙也哉？况巩也哉㉓？其追晞祖德㉔而思所以传之之由，则知先生推一赐于巩而及其三世，其感与报，宜若何而图之㉕？

抑又思若巩之浅薄滞拙而先生进之，先祖之屯蹶否塞以死而先生显之，则世之魁闳豪杰不世出之士，其谁不愿进于门？潜遁幽抑之士，其谁不有望于世？善谁不为，而恶谁不愧以惧㉖？为人之父祖者，孰不欲教其子孙？为人之子孙者，孰不欲宠荣其父祖？此数美者，一归于先生㉗。

既拜赐之辱，且敢进其所以然㉘。所论世族之次，敢不承教而加详焉㉙！愧甚不宣㉚。

【注释】

①三句是一篇纲领。

②古之铭志必勒之石，或留于家庙，或置之墓前，其义一也。

③史兼载善恶，铭独记善，所以异也。　此段申明“与史异”句。

④严，敬也。

⑤此段申明“义近于史”句。

⑥此段言衰世铭不得实，起下段“当观其人”意。

⑦铭以人重，此句为通篇关锁。

⑧徇私则不公，惑理则失是。

⑨又从“观其人”翻出“公与是”一语。见今世之铭并其义之近于史者，亦失之矣。

⑩此一转，徐徐引入欧公身上来。

⑪公。

⑫是。

⑬辨之甚难。

⑭而是。

⑮而公。　此以见必畜道德者而后可以为。

⑯从道德侧到文章。

⑰此以见必畜道德而能文章者而后可以为。

⑱此段申明能尽公与是，必待畜道德而能文章者，下便可直入欧公。

⑲可直入欧公矣，偏又作此一顿，文更曲折。

⑳千里来龙，至此结穴。

㉑挽上略顿。

㉒衋，伤痛也。　　波荡。

㉓收转，感慨呜咽。

㉔晞，明不明之际也。

㉕即感恩图报意顿住，下乃发出绝大议论，正是铭与史异用而同功。

㉖遥应前段警劝之道。

㉗铭一人而天下之为父祖子孙者皆知所警劝，其为美更多于作史者。"数美归于先生"一语，极为推重欧公。若徒为己之祖父作感激，是犹一人之私耳。

㉘所以感欧公者。

㉙承欧公来书之教而加详。

㉚并结出自惭意。

子固感欧公铭其祖父，寄书致谢，多推重欧公之辞。然因铭祖父而推重欧公，则推重欧公，正是归美祖父。至其文纡徐百折，转入幽深，在《南丰集》中，应推为第一。

赠黎安二生序

赵郡苏轼，予之同年友也[①]。自蜀以书至京师遗予，称蜀之士曰黎生、安生者[②]。既而黎生携其文数十万言，安生携其文亦数千言，辱以顾予。读其文，诚闳壮隽伟，善反复驰骋，穷尽事理，而其材力之放纵，若不可极者也[③]。二生固可谓魁奇特起之士，而苏君固可谓善知人者也[④]。

顷之，黎生补江陵府司法参军，将行，请予言以为赠。予曰："予之知生，既得之于心矣，乃将以言相求于外邪[⑤]？"黎生曰："生与安生之学于斯文[⑥]，里之人皆笑以为迂阔，今求子之言，盖将解惑于里人[⑦]。"

予闻之，自顾而笑。夫世之迂阔，孰有甚于予乎[⑧]？知信乎古，而不知合乎世；知志乎道，而不知同乎俗：此予所以困于今而不自知也[⑨]。世之迂阔，孰有甚于予乎[⑩]！今生之迂，特以文不近俗，迂之小者耳，患为笑于里之人。若予之迂大矣，使生持吾言而归，且重得罪，庸讵止于笑乎[⑪]？

然则若予之于生，将何言哉？谓予之迂为善，则其患若此。谓为不善，则有以合乎世，必违乎古；有以同乎俗，必离乎道矣[⑫]。生其无急于解里人之惑，则于是焉必能择而取之[⑬]。

遂书以赠二生，并示苏君以为何如也[⑭]。

【注释】

①提苏轼说入。
②点出二生。
③叙出二生之文。
④一总顿住。
⑤通篇意在勉二生以行道，不当但求为文词。
⑥插入安生。妙。
⑦因“迂阔”、“解惑”二句，生出下两段文字。
⑧自负不少。
⑨迂阔至此。
⑩叠一句，妙。
⑪一段答他“笑以为迂阔”句。
⑫应前错落有致。
⑬一段答他“解惑于里人”句。
⑭照起作结。

文之近俗者，必非文也。故里人皆笑，则其文必佳。子固借“迂阔”二字，曲曲引二生入道。读之觉文章声气，去圣贤名教不远。

王安石

读《孟尝君传》

士皆称孟尝君能得士，士以故归之，而卒赖其力，以脱于虎豹之秦[①]。嗟乎！孟尝君特鸡鸣狗盗之雄耳，岂足以言得士[②]？不然，擅齐之强，得一士焉，宜可以南面而制秦，尚何取鸡鸣狗盗之力哉[③]？鸡鸣狗盗之出其门，此士之所以不至也[④]。

【注释】

①秦昭王囚孟尝君，欲杀之。孟尝君使人抵昭王幸姬求解。幸姬曰：“妾愿得君狐白裘。”此时孟尝君有一狐白裘，入秦，献之昭王。客有能为狗盗者，乃夜为狗，以入秦宫藏中，取所献狐白裘以献幸姬。幸姬为言昭王，释孟尝君。孟尝君得出，即驰去。夜半，至函谷关。昭王后悔出孟尝君，求之，已去，即使人驰传追之。孟尝君至关，关法：鸡鸣而出客。孟尝君恐追至。客有能为鸡鸣，而鸡尽鸣，遂得出。　立案。
②陡然一劈。
③驳得倒。
④断得尽。　疾转疾收，字字警策。

文不满百字，而抑扬吞吐，曲尽其妙。

同学一首别子固

江之南有贤人焉，字子固，非今所谓贤人者，予慕而友之。淮之南有贤人焉，字正之，非今所谓贤人者，予慕而友之[①]。二贤人者，足未尝相过也，口未尝相语也，辞币未尝相接也，其师若友，岂尽同哉[②]？予考其言行，其不相似者何其少也？曰：学圣人而已矣[③]。学圣人，则其师若友，必学圣人者。圣人之言行，岂有二哉？其相似也适然[④]。

予在淮南，为正之道子固，正之不予疑也。还江南，为子固道正之，子固亦以为然[⑤]。予又知所谓贤人者，既相似又相信不疑也[⑥]。子固作《怀友》一首遗予，其大略欲相扳以至乎中庸而后已。正之盖亦尝云尔[⑦]。夫安驱徐行，辚中庸之庭而造于其室[⑧]，舍二贤人者而谁哉[⑨]？予昔未敢自必其有至也，亦愿从事于左右焉尔，辅而进之其可也[⑩]。

噫！官有守，私有系，会合不可以常也[⑪]。作《同学》一首别子固，以相警，且相慰云[⑫]。

【注释】

①两"非今所谓贤人者"，见其俱以古处自期也。　　分提。

②先翻"同"字。

③次点"学"字。

④接上"相似"总点"同学"。　　合写。

⑤空中立说，句法变换，自成隽永。

⑥醒发"同学"二字，先后缀映，百倍精神。

⑦此处微分主客，是文家点题法。

⑧辚，车践也。

⑨写出两人阶级。到底只用合发。

⑩插入自己。

⑪结出别意。同学兄弟，每每若此，言之慨然。

⑫正文只此二语。

别子固而以正之陪说，文互映发，错落参差。至其笔情高寄，淡而弥远，自令人寻味无穷。

游褒禅山记

褒禅山亦谓之华山，唐浮屠慧褒[①]始舍于其址，而卒葬之，以故其后名之曰褒禅。今所谓慧空禅院者，褒之庐冢也[②]。距其院东五里，所谓华山洞者，以其乃华山之阳名之也[③]。距洞百余步，有碑仆道[④]，其文漫灭，独其为文犹可识，曰"花山"。

今言“华”如“华实”之“华”者，盖音谬也⑤。

其下平旷，有泉侧出，而记游者甚众，所谓前洞也⑥。由山以上五六里，有穴窈然，入之甚寒，问其深，则其好游者不能穷也，谓之后洞⑦。予与四人拥火以入，入之愈深，其进愈难，而其见愈奇⑧。有怠而欲出者，曰：“不出，火且尽。”遂与之俱出⑨。盖予所至，比好游者尚不能十一，然视其左右，来而记之者已少。盖其又深，则其至又加少矣⑩。方是时，予之力尚足以入，火尚足以明也⑪。既其出，则或咎其欲出者，而予亦悔其随之，而不得极乎游之乐也⑫。

于是予有叹焉。古人之观于天地、山川、草木、虫鱼、鸟兽，往往有得，以其求思之深而无不在也⑬。夫夷以近，则游者众⑭；险以远，则至者少⑮。而世之奇伟、瑰怪、非常之观，常在于险远，而人之所罕至焉，故非有志者不能至也⑯。有志矣，不随以止也，然力不足者，亦不能至也⑰。有志与力，而又不随以怠，至于幽暗昏惑而无物以相之，亦不能至也⑱。然力足以至焉，于人为可讥⑲，而在己为有悔⑳；尽吾志也，而不能至者，可以无悔矣，其孰能讥之乎？此予之所得也㉑。

予于仆碑㉒，又有悲夫古书之不存，后世之谬其传而莫能名者，何可胜道也哉㉓！此所以学者不可以不深思而慎取之也㉔。

四人者：庐陵萧君圭君玉，长乐王回深父，予弟安国平父、安上纯父㉕。

【注释】

①浮屠，僧也。

②叙出所由名。

③通篇借游华山洞发挥，故先点出洞名。

④伏篇末案。

⑤闲文生趣。

⑥点前洞，是宾。

⑦点出后洞，是主。

⑧隐下正旨在内。

⑨已上叙游事，笔笔伏后议论。

⑩借此以喻学之深造。

⑪顿宕。

⑫归结在此一句。

⑬文情开拓。

⑭应前洞。

⑮应后洞。

⑯接入主意。

⑰翻跌尽致，亦以曲折递下。

⑱挽上“拥火”句。

⑲应“咎其欲出”句。

⑳应“悔其随之”句。

㉑无悔与讥，便是有得，真论学名言。　　一路俱是论游，按之却俱是论学。古人诣力到

时，头头是道。川上山梁，同一趣也。

㉒应篇首。

㉓无限感慨。

㉔直至此，方点明学者。记意寓体，收拾已尽。

㉕点四人结。

借游华山洞，发挥学道。或叙事，或诠解，或摹写，或道故，意之所至，笔亦随之。逸兴满眼，余音不绝。可谓极文章之乐。

泰州海陵县主簿许君墓志铭

君讳平，字秉之，姓许氏，余尝谱其世家，所谓今泰州海陵县主簿者也[①]。君既与兄元相友爱称天下，而自少卓荦不羁，善辩说，与其兄俱以智略为当世大人所器[②]。宝元[③]时，朝廷开方略之选，以招天下异能之士，而陕西大帅范文正公、郑文肃公争以君所为书以荐，于是得召试，为太庙斋郎，已而选泰州海陵县主簿[④]。贵人多荐君有大才，可试以事，不宜弃之州县。君亦尝慨然自许，欲有所为，然终不得一用其智能以卒。噫！其可哀也已[⑤]！

士固有离世异俗，独行其意，骂讥笑侮，困辱而不悔，彼皆无众人之求，而有所待于后世者也，其龃龉固宜[⑥]。若夫智谋功名之士，窥时俯仰，以赴势物之会，而辄不遇者，乃亦不可胜数[⑦]。辩足以移万物，而穷于用说之时；谋足以移三军，而辱于右武之国。此又何说哉[⑧]？嗟乎！彼有所待而不悔者，其知之矣[⑨]。

君年五十九，以嘉祐[⑩]某年某月某甲子葬真州之杨子县甘露乡某所之原。夫人李氏。子男瓌，不仕；璋，真州司户参军；琦，太庙斋郎；琳，进士。女子五人，已嫁二人：进士周奉先，泰州泰兴令陶舜元。

铭曰：有拔而起之，莫挤而止之[⑪]。呜呼许君，而已于斯，谁或使之[⑫]？

【注释】

①点得有致。

②略顿。

③宝元，仁宗年号。

④长才屈于下位者，不堪展读。

⑤一句断。下发议。

⑥龃龉，谓不遇也。　此是另一种人，提过一边。

⑦似说许，又似不说许。

⑧韩非工说而发愤于韩王，李广善战而终诎于汉武，千古恨事不少。

⑨收上，妙不说尽。

⑩嘉祐，仁宗年号。

⑪指范、郑诸公。

⑫感慨不尽。

起手叙事，以后痛写淋漓，无限悲凉。总是说许君才当大用，不宜以泰州海陵县主簿终，此作铭之旨也。文情若疑若信，若近若远，令人莫测。

古文观止卷之十二

明文

宋濂

送天台陈庭学序

西南山水，惟川蜀最奇[①]。然去中州万里，陆有剑阁栈道之险[②]，水有瞿唐、滟滪之虞[③]。跨马行，则竹间山高者，累旬日不见其巅际，临上而俯视，绝壑万仞，杳莫测其所穷，肝胆为之掉栗[④]。水行则江石悍利，波恶涡诡，舟一失势尺寸，辄糜碎土沉，下饱鱼鳖[⑤]。其难至如此[⑥]。故非仕有力者，不可以游；非材有文者，纵游无所得；非壮强者，多老死于其地[⑦]。嗜奇之士恨焉[⑧]。

天台陈君庭学，能为诗[⑨]，由中书左司掾[⑩]，屡从大将北征，有劳，擢四川都指挥司照磨[⑪]，由水道至成都。成都，川蜀之要地，扬子云、司马相如、诸葛武侯[⑫]之所居，英雄俊杰战攻驻守之迹，诗人文士游眺饮射、赋咏歌呼之所[⑬]，庭学无不历览[⑭]。既览必发为诗，以纪其景物时世之变[⑮]，于是其诗益工[⑯]。越三年，以例自免归[⑰]。会予于京师，其气愈充，其语愈壮，其志意愈高，盖得于山水之助者侈矣[⑱]。

予甚自愧。方予少时，尝有志于出游天下，顾以学未成而不暇[⑲]。及年壮可出，而四方兵起，无所投足[⑳]。逮今圣主兴而宇内定，极海之际，合为一家，而予齿益加耄矣[㉑]。欲如庭学之游，尚可得乎[㉒]？

然吾闻古之贤士，若颜回、原宪，皆坐守陋室，蓬蒿没户，而志意常充然，有若囊括于天地者，此其故何也？得无有出于山水之外者乎[㉓]？庭学其试归而求焉，苟有所得，则以告予，予将不一愧而已也[㉔]。

【注释】

①提一句，作一篇之冒。

②一难。

③二难。

④陆行之难。

⑤水行之难。

⑥总锁一笔。

⑦极言游历之难，句句伏下案。

⑧应“奇”字，顿住。

⑨材有文。
⑩掾，官属。
⑪仕有力。
⑫皆成都人。
⑬述成都人物形胜，思致勃勃。
⑭无处不游。
⑮游有所得。
⑯挽“能为诗”一笔，遒紧。
⑰壮强不老死。
⑱“山水”一应。
⑲非材有文。
⑳非仕有力。
㉑非壮强。
㉒收转庭学一句，下又推开。
㉓勘进一层，“山水”再应。
㉔应“愧”字结。

先叙游蜀之难，引起庭学之能游，是正文。继叙己之不能游，与前作反衬。末更推进一步，起伏应合，如峰回路转，真神明变化之笔。

阅江楼记

金陵为帝王之州①，自六朝迄于南唐，类皆偏据一方，无以应山川之王气②。逮我皇帝定鼎于兹，始足以当之。由是声教所暨，罔间朔南③，存神穆清，与天同体，虽一豫一游，亦可为天下后世法④。

京城之西北，有狮子山，自卢龙蜿蜒而来，长江如虹贯，蟠绕其下⑤。上以其地雄胜，诏建楼于巅⑥，与民同游观之乐，遂锡嘉名为“阅江”云⑦。

登览之顷，万象森列，千载之秘，一旦轩露，岂非天造地设，以俟夫一统之君，而开千万世之伟观者欤⑧？

当风日清美，法驾幸临，升其崇椒，凭阑遥瞩⑨，必悠然而动遐思⑩。

见江汉之朝宗，诸侯之述职，城池之高深，关阨之严固⑪，必曰：“此朕栉风沐雨，战胜攻取之所致也。”中夏之广，益思有以保之⑫。

见波涛之浩荡，风帆之上下，番舶接迹而来庭，蛮琛联肩而入贡⑬，必曰：“此朕德绥威服，覃及内外之所及也。”四陲之远，益思有以柔之⑭。

见两岸之间，四郊之上，耕人有炙肤皲足之烦，农女有捋桑行馌之勤⑮，必曰：“此朕拔诸水火，而登于衽席者也。”万方之民，益思有以安之⑯。

触类而思，不一而足。臣知斯楼之建，皇上所以发舒精神，因物兴感，无不寓其致治之思，奚止阅夫长江而已哉⑰！

彼临春、结绮，非不华矣；齐云、落星，非不高矣⑱。不过乐管弦之淫响，藏燕、赵之艳姬，一旋踵间而感慨系之，臣不知其为何说也⑲。

虽然，长江发源岷山⑳，委蛇七千余里而入海，白涌碧翻，六朝之时，往往倚之为天堑㉑。今则南北一家，视为安流，无所事乎战争矣㉒。然则果谁之力欤㉓？逢掖之士㉔，有登斯楼而阅斯江者，当思圣德如天，荡荡难名，与神禹疏凿之功，同一罔极㉕，忠君报上之心，其有不油然而兴耶㉖？

臣不敏，奉旨撰记，欲上推宵旰图治之功者，勒诸贞珉㉗。他若留连光景之辞，皆略而不陈，惧亵也㉘。

【注释】

①金陵即江南江宁府。

②六朝，谓东晋、宋、齐、梁、陈也。五代时，徐知诰号为南唐。

③暨，及也。朔南，朔北与极南之地也。《禹贡》："朔南暨声教，讫于四海。"

④二句是立言本旨。

⑤卢龙，山名。蜿蜒，龙屈伸貌。虹，䗖蝀也。

⑥先点作楼。

⑦次点楼名。　　以上叙事，下发论。

⑧登高一呼，气势雄阔。

⑨山巅曰椒。覼，视之甚也。

⑩一"思"字，生下许多"思"字。

⑪诸侯春见天子曰朝，夏见曰宗。《小雅》："沔彼流水，朝宗于海。"言流水亦知所向也。

⑫一段"思有以"怀诸侯。

⑬舶，海中大船。琛，宝也。

⑭一段"思有以"柔远人。

⑮皲，足坼冻裂。捋，取也。馌，馈也。

⑯一段"思有以"子庶民。　　从"阅"字注一"思"字，发出三大段议论，体裁宏远。

⑰一总，文势开宕。

⑱临春、结绮、齐云、落星，皆古楼名。

⑲又叹前代所建之楼，以寓箴规意。

⑳岷山，在蜀。

㉑应篇首。

㉒前从"阅"字上注想，此又从"江"字上点缀，笔无渗漏。

㉓呼一句，承上起下。

㉔逢掖，大衣也。《儒行》："丘少居鲁，衣逢掖之衣。"

㉕可谓赞扬之至。

㉖既颂君，又讽臣，意极周匝得体。

㉗珉，石之美者。

㉘结又补出此意，何等郑重！

奉旨撰记，故篇中多规颂之言，而为庄重之体，真台阁应制文字。明初朝廷大制作，皆出先生之手，洵堪称为一代文宗。

刘 基

司马季主论卜

东陵侯既废，过司马季主而卜焉[①]。季主曰："君侯何卜也？"东陵侯曰："久卧者思起，久蛰者思启，久懑者思嚏[②]。吾闻之，蓄极则泄，闷极则达，热极则风，壅极则通。一冬一春，靡屈不伸。一起一伏，无往不复[③]。仆窃有所疑，愿受教焉[④]。"季主曰："若是，则君侯已喻之矣，又何卜为[⑤]？"东陵侯曰："仆未究其奥也，愿先生卒教之[⑥]。"

季主乃言曰："呜呼！天道何亲？惟德之亲。鬼神何灵？因人而灵。夫蓍，枯草也；龟，枯骨也，物也。人，灵于物者也，何不自听，而听于物乎[⑦]？且君侯何不思昔者也？有昔者必有今日[⑧]。是故碎瓦颓垣，昔日之歌楼舞馆也；荒榛断梗，昔日之琼蕤玉树也；露蚕风蝉，昔日之凤笙龙笛也；鬼燐萤火，昔日之金缸华烛也；秋荼春荠，昔日之象白驼峰也；丹枫白荻，昔日之蜀锦齐纨也[⑨]。昔日之所无，今日有之不为过[⑩]；昔日之所有，今日无之不为不足[⑪]。是故一昼一夜，华开者谢；一春一秋，物故者新。激湍之下，必有深潭；高邱之下，必有浚谷[⑫]。君侯亦知之矣，何以卜为[⑬]？"

【注释】

①邵平为秦东陵侯，秦破，为布衣，种瓜长安城东。司马季主，汉时善卜者。

②蛰，伏藏也。懑，烦闷也。嚏，鼻塞喷嚏。　　三句，喻废久则思用。

③六句，喻废极则必用。

④当复用而终不用，故疑而欲卜。

⑤卜以决疑，既已喻之，何待于卜？

⑥不知之深，虽喻犹疑，何可不卜？

⑦泛言不必卜之理。下乃转入正旨。

⑧昔者，谓见用之日。今者，谓处废之时。　　"思"字，与上三"思"字应。东陵知既废之当用，而不知既用之当废也。季主点醒他，全在此二句。

⑨燐，鬼火。象白、驼峰，皆美味。　　六段，由今思昔，现前指点，何等醒快！

⑩暗指昔废今用者。

⑪暗指昔用今废者。

⑫句句与东陵之言相对。

⑬应前作收，紧峭。

通篇只说得一个循环道理。吃紧唤醒东陵处，全在“何不思昔者”一句，以下总发明此意。世之人，类多时命之感，读此可以晓然矣。

卖柑者言

杭有卖果者，善藏柑，涉寒暑不溃。出之烨然，玉质而金色。剖其中，干若败絮[①]。予怪而问之曰：“若所市于人者，将以实笾豆，奉祭祀，供宾客乎？将衒外以惑愚瞽乎？甚矣哉为欺也[②]！”

卖者笑曰：“吾业是有年矣，吾赖是以食吾躯。吾售之，人取之，未闻有言，而独不足子所乎？世之为欺者不寡矣，而独我也乎？吾子未之思也[③]。今夫佩虎符、坐皋比者[④]，洸洸乎干城之具也，果能授孙[⑤]、吴[⑥]之略耶[⑦]？峨大冠、拖长绅者，昂昂乎庙堂之器也，果能建伊[⑧]、皋[⑨]之业耶[⑩]？盗起而不知御，民困而不知救，吏奸而不知禁，法斁而不知理，坐縻廪粟而不知耻。观其坐高堂，骑大马，醉醇醴而饫肥鲜者，孰不巍巍乎可畏，赫赫乎可象也？又何往而不金玉其外、败絮其中也哉[⑪]！今子是之不察，而以察吾柑[⑫]！”

予默默无以应。退而思其言，类东方生滑稽之流[⑬]。岂其忿世嫉邪者耶？而托于柑以讽耶[⑭]？

【注释】

①金玉其外，败絮其中，映“衒外”意。

②提出“欺”字作主，通篇俱从此发论。

③欺世盗名，举天下皆是。下历说居官之为欺者以实之。

④皋比，虎皮也。

⑤孙，(孙)膑。

⑥吴，(吴)起。

⑦武将欺。

⑧伊，(伊)尹。

⑨皋，(皋)陶。

⑩文臣欺。　　忽发两段大议论，文臣武将，何处可置面目？

⑪承上二段细写之。借题骂世之文，得此遂为酣畅。

⑫作反诘语，极冷峻。

⑬滑稽，诙谐也。东方朔善诙谐，号滑稽。

⑭结出立言之旨。

青田此言，为世人盗名者发，而借卖柑影喻。满腔愤世之心，而以痛哭流涕出之。士之金玉其外而败絮其中者，闻卖柑之言，亦可以少愧矣。

方孝孺

深虑论

虑天下者，常图其所难，而忽其所易；备其所可畏，而遗其所不疑。然而祸常发于所忽之中，而乱常起于不足疑之事。岂其虑之未周与？盖虑之所能及者，人事之宜然；而出于智力之所不及者，天道也[①]。

当秦之世，而灭诸侯，一天下，而其心以为周之亡在乎诸侯之强耳。变封建而为郡县，方以为兵革可不复用，天子之位，可以世守[②]。而不知汉帝起陇亩之中，而卒亡秦之社稷[③]。汉惩秦之孤立，于是大建庶孽而为诸侯，以为同姓之亲，可以相继而无变[④]，而七国萌篡弑之谋[⑤]。武、宣以后，稍剖析之，而分其势，以为无事矣[⑥]，而王莽卒移汉祚[⑦]。光武之惩哀、平，魏之惩汉，晋之惩魏，各惩其所由亡而为之备[⑧]。而其亡也，皆出于所备之外[⑨]。唐太宗闻武氏之杀其子孙，求人于疑似之际而除之[⑩]，而武氏[⑪]日侍其左右而不悟[⑫]。宋太祖见五代方镇之足以制其君，尽释其兵权，使力弱而易制[⑬]，而不知子孙卒困于敌国[⑭]。此其人[⑮]皆有出人之智、盖世之才，其于治乱存亡之幾，思之详而备之审矣。虑切于此而祸兴于彼，终至乱亡者何哉[⑯]？盖智可以谋人，而不可以谋天[⑰]。良医之子，多死于病；良巫之子，多死于鬼。彼岂工于活人而拙于活己之子哉[⑱]？乃工于谋人而拙于谋天也[⑲]。

古之圣人，知天下后世之变，非智虑之所能周，非法术之所能至，不敢肆其私谋诡计，而唯积至诚、用大德以结乎天心，使天眷其德，若慈母之保赤子而不忍释。故其子孙虽有至愚不肖者足以亡国，而天卒不忍遽亡之，此虑之远者也[⑳]。

夫苟不能自结于天，而欲以区区之智，笼络当世之务，而必后世之无危亡，此理之所必无者也，而岂天道哉[㉑]！

【注释】

①从人事侧到天道，为一篇议论张本。

②人事。

③天道。　　引秦事一证。

④人事。

⑤景帝三年，晁错患七国强大，请削诸侯郡县。吴王濞、胶西王卬、胶东王雄渠、菑川王贤、济南王辟光、楚王戊、赵王遂同举兵反。　　天道。

⑥人事。

⑦天道。　引汉事一证。

⑧人事。

⑨天道。　　引东汉、魏、晋一证。

⑩贞观二十二年，有传秘记云："唐三世之后，女主武后，代有天下。"上密问太史令李淳风：

“秘记所云，信有之乎？”对曰：“臣仰观天象，俯察历数，其人已在陛下宫中。自今不过三十年，当王天下，杀唐子孙殆尽，其兆既成矣。”上曰：“疑似者尽杀之，何如？” 人事。

⑪武氏，则天。

⑫天道。 引唐事一证。

⑬人事。

⑭天道。 引宋事一证。

⑮总承。

⑯跌宕。

⑰总断一笔，应上天、人二意，关锁甚紧。

⑱跌宕。

⑲又引医巫以为不能深虑之喻，尤见醒快。

⑳此段才说出工于谋天而能为深虑者。一篇主意，结穴在此。

㉑反掉作结，尤见老法。

天道为智力之所不及。然尽人事以合天心，即天亦有可谋处。此文归到“积至诚、用大德”，正是祈天永命工夫。古今之论天道人事者多，得此乃见透快。

豫让论

士君子立身事主，既名知己，则当竭尽智谋，忠告善道，销患于未形，保治于未然，俾身全而主安。生为名臣，死为上鬼，垂光百世，照耀简策，斯为美也[①]。苟遇知己，不能扶危于未乱之先，而乃捐躯殒命于既败之后，钓名沽誉，眩世炫俗，由君子观之，皆所不取也[②]。

盖尝因而论之。豫让臣事智伯，及赵襄子杀智伯，让为之报仇[③]，声名烈烈，虽愚夫愚妇，莫不知其为忠臣义士也[④]。呜呼！让之死固忠矣，惜乎处死之道有未忠者存焉[⑤]。何也？观其漆身吞炭，谓其友曰：“凡吾所为者极难，将以愧天下后世之为人臣而怀二心者也。”谓非忠可乎[⑥]？及观斩衣三跃，襄子责以不死于中行氏，而独死于智伯，让应曰：“中行氏以众人待我，我故以众人报之。智伯以国士待我，我故以国士报之。”即此而论，让有余憾矣[⑦]。

段规之事韩康，任章之事魏献，未闻以国士待之也，而规也章也，力劝其主从智伯之请，与之地以骄其志，而速其亡也[⑧]。郄疵之事智伯，亦未尝以国士待之也，而疵能察韩、魏之情以谏智伯，虽不用其言以至灭亡，而疵之智谋忠告，已无愧于心也[⑨]。让既自谓智伯待以国士矣，国士，济国之士也[⑩]。当伯请地无厌之日，纵欲荒暴之时，为让者，正宜陈力就列，谆谆然而告之曰：“诸侯大夫，各安分地，无相侵夺，古之制也。今无故而取地于人，人不与，而吾之忿心必生；与之，则吾之骄心以起。忿必争，争必败；骄必傲，傲必亡。”谆切恳至，谏不从，再谏之；再谏不从，三谏之；三

谏不从，移其伏剑之死，死于是日。伯虽顽冥不灵，感其至诚，庶几复悟。和韩、魏，释赵围，保全智宗，守其祭祀。若然，则让虽死犹生也，岂不胜于斩衣而死乎⑪？让于此时，曾无一语开悟主心，视伯之危亡，犹越人视秦人之肥瘠也，袖手旁观，坐待成败，国士之报，曾若是乎？智伯既死，而乃不胜血气之悻悻，甘自附于刺客之流，何足道哉！何足道哉⑫！

虽然，以国士而论，豫让固不足以当矣⑬！彼朝为仇敌，暮为君臣，靦然而自得者，又让之罪人也。噫⑭！

【注释】

①就正意泛论起。

②暗贬豫让一流人，作一篇之冒。

③赵襄子约韩、魏大败智伯军，遂杀之，尽灭智氏之族。智伯之臣豫让，欲为之报仇。

④宽一笔。

⑤二句为一篇纲领。

⑥初，豫让入襄子宫中，欲刺襄子，被获，襄子义而舍之。让又漆身为癞，吞炭为哑，行乞于市。其友曰："以子之才，臣事赵孟，必得近幸，子乃为所欲为，顾不易耶。"让曰："既已委质为臣，而又求杀之，是二心也。凡吾所为者，极难耳，然所以为此者，将以愧天下后世之为人臣怀二心者也。"　申"让之死固忠"句。

⑦襄子出，豫让伏于桥下，获之。襄子曰："子不尝仕范中行氏乎？智伯灭范中行氏，而子不为报仇，反委质仕智伯。智伯已死，子独何为报仇之深也？"让曰："范中行氏以众人遇臣，臣故众人报之。智伯以国士遇臣，臣故国士报之。"襄子使兵环之。让曰："今日之事，臣固伏诛，然愿请君之衣而击之，虽死不恨。"襄子义之，持衣与让，让拔剑三跃，呼天击之，遂伏剑死。　申"处死之道有未忠"句。

⑧智伯请地于韩康子，康子欲弗与，段规曰："不如与之。彼狃于得地，必请于他人，他人不与，必向之以兵，然则我得免于患，而待事之变矣。"康子乃与之。智伯悦，又求地于魏桓子，桓子以无故欲弗与，任章曰："无故索地，诸大夫必惧。吾与之地，智伯必骄。彼骄而轻敌，此惧而相亲，智氏之命，必不长矣。"桓子亦与之。　请规、章作陪客。

⑨智伯帅韩、魏之兵，围赵城而灌之。郄疵谓智伯曰："夫从韩、魏而攻赵，赵亡，难必及韩、魏，韩、魏必反矣。"智伯不听。襄子阴与韩、魏约，夜使人杀守堤之吏，而决水灌智伯军，遂灭智氏。　又请郄疵作陪客。　两段先就他人翻驳"国士"二字，而豫让可见。

⑩注一句，起下正论。

⑪一段代为豫让画策，信手拈来，都成妙理。所谓扶危于未乱之先，而申国士之报者如此。

⑫安有既命为国士，而旁观其主纵欲荒暴，不救其亡者乎？如此辩驳，足令九泉心服。

⑬转开生面。

⑭靦，面目貌。　结处忽与豫让，无限感慨。

此论责豫让不能扶危于智氏未乱之先，而徒欲伏剑于智氏既败之后，独辟见解，从来未经人道破。通篇主意，只在"让之死固忠矣"二句上。先扬后抑，深得《春秋》褒贬之法。

王　鏊

亲政篇

《易》之《泰》曰："上下交而其志同。"其《否》曰："上下不交而天下无邦[①]。"盖上之情达于下，下之情达于上，上下一体，所以为泰。下之情壅阏而不得上闻，上下间隔，虽有国而无国矣，所以为否也[②]。交则泰，不交则否，自古皆然，而不交之弊，未有如近世之甚者[③]。

君臣相见，止于视朝数刻。上下之间，章奏批答相关接，刑名法度相维持而已[④]。非独沿袭故事，亦其地势使然[⑤]。何也？国家常朝于奉天门，未尝一日废，可谓勤矣。然堂陛悬绝，威仪赫奕，御史纠仪，鸿胪举不如法，通政司引奏，上特视之，谢恩见辞，惴惴而退，上何尝治一事，下何尝进一言哉[⑥]！此无他，地势悬绝，所谓堂上远于万里，虽欲言无由言也[⑦]。愚以为欲上下之交，莫若复古内朝之法[⑧]。

盖周之时有三朝：库门之外为正朝，询谋大臣在焉；路门之外为治朝，日视朝在焉；路门之内曰内朝，亦曰燕朝。《玉藻》云："君日出而视朝，退适路寝听政[⑨]。"盖视朝而见群臣，所以正上下之分，听政而适路寝，所以通远近之情[⑩]。

汉制：大司马、左右前后将军、侍中、散骑、诸吏为中朝，丞相以下至六百石为外朝[⑪]。

唐皇城之北，南三门曰承天，元正、冬至，受万国之朝贡，则御焉，盖古之外朝也。其北曰太极门，其西曰太极殿，朔望则坐而视朝，盖古之正朝也。又北曰两仪殿，常日听朝而视事，盖古之内朝也[⑫]。

宋时常朝则文德殿，五日一起居则垂拱殿，正旦、冬至、圣节称贺则大庆殿，赐宴则紫宸殿或集英殿，试进士则崇政殿。侍从以下，五日一员上殿，谓之轮对，则必入陈时政利害。内殿引见，亦或赐坐，或免穿靴，盖亦有三朝之遗意焉[⑬]。

盖天有三垣，天子象之。正朝，象太极也；外朝，象天市也；内朝，象紫微也。自古然矣[⑭]。

国朝圣节、正旦、冬至，大朝会则奉天殿，即古之正朝也。常日则奉天门，即古之外朝也。而内朝独缺。然非缺也[⑮]，华盖、谨身、武英等殿，岂非内朝之遗制乎[⑯]？洪武[⑰]中如宋濂、刘基，永乐[⑱]以来如杨士奇、杨荣等，日侍左右；大臣蹇义、夏元吉等，常奏对便殿。于斯时也，岂有壅隔之患哉[⑲]！今内朝未复，临御常朝之后，人臣无复进见，三殿高閟，鲜或窥焉。故上下之情壅而不通，天下之弊由是而积[⑳]。孝宗[㉑]晚年，深有慨于斯，屡召大臣于便殿，讲论天下事，方将有为，而民之无禄，不及睹至治之美，天下至今以为恨矣[㉒]！

惟陛下远法圣祖，近法孝宗，尽铲近世壅隔之弊。常朝之外，即文华、武英二

殿，仿古内朝之意[23]。大臣三日或五日一次起居，侍从、台谏各一员上殿轮对，诸司有事咨决，上据所见决之，有难决者，与大臣面议之。不时引见群臣，凡谢恩辞见之类，皆得上殿陈奏。虚心而问之，和颜色而道之，如此，人人得以自尽。陛下虽深居九重，而天下之事灿然毕陈于前[24]。外朝所以正上下之分，内朝所以通远近之情[25]。如此，岂有近时壅隔之弊哉[26]！唐虞之时，明目达聪，嘉言罔伏，野无遗贤，亦不过是而已。

【注释】

①分提。

②分疏。

③双承，侧入时弊。

④虚文何补？

⑤二句推出弊源。

⑥上下不交如此。

⑦与明目达聪之治异。

⑧此句为一篇之纲。

⑨《玉藻》，《礼记》篇名。

⑩注《玉藻》四句。　一段言周制。

⑪一段言汉制。

⑫一段言唐制。

⑬挽一句，法变。　一段言宋制。

⑭再提三朝之象，间衬作渡。

⑮立言本旨，专注内朝，故特笔提清。

⑯明初之制，有正朝、外朝，而内朝独缺。乃以临御、武英等殿，证合内朝。识议俱见精确。

⑰洪武，太祖年号。

⑱永乐，成祖年号。

⑲一段言明制。

⑳上下不交，弊日益甚。

㉑年号弘治。

㉒无限感慨。

㉓著紧在此。

㉔交泰之象，固自如是。

㉕外朝、内朝双结。

㉖收尽通章。

稽核朝典，融贯古今，而于兴复内朝之制，深致意焉。人主亲贤士大夫之日多，亲宦官宫妾之日少，则上下之情通，而奸伪不得壅蔽矣。谁谓唐虞之治，不可见于今哉！

王守仁

尊经阁记

经，常道也[1]。其在于天谓之命，其赋于人谓之性，其主于身谓之心[2]。心也、性也、命也，一也。通人物，达四海，塞天地，亘古今，无有乎弗具，无有乎弗同，无有乎或变者也，是常道也[3]。

其应乎感也，则为恻隐，为羞恶，为辞让，为是非。其见于事也，则为父子之亲，为君臣之义，为夫妇之别，为长幼之序，为朋友之信。是恻隐也、羞恶也、辞让也、是非也，是亲也、义也、序也、别也、信也、一也，皆所谓心也、性也、命也。通人物，达四海，塞天地，亘古今，无有乎弗具，无有乎弗同，无有乎或变者也，是常道也[4]。

以言其阴阳消息之行，则谓之《易》；以言其纪纲政事之施，则谓之《书》；以言其歌咏性情之发，则谓之《诗》；以言其条理节文之著，则谓之《礼》；以言其欣喜和平之生，则谓之《乐》；以言其诚伪邪正之辨，则谓之《春秋》。是阴阳消息之行也，以至于诚伪邪正之辨也，一也，皆所谓心也、性也、命也。通人物，达四海，塞天地，亘古今，无有乎弗具，无有乎弗同，无有乎或变者也。夫是之谓六经，六经者非他，吾心之常道也[5]。

是故《易》也者，志吾心之阴阳消息者也；《书》也者，志吾心之纪纲政事者也；《诗》也者，志吾心之歌咏性情者也；《礼》也者，志吾心之条理节文者也；《乐》也者，志吾心之欣喜和平者也；《春秋》也者，志吾心之诚伪邪正者也[6]。

君子之于六经也，求之吾心之阴阳消息而时行焉，所以尊《易》也；求之吾心之纪纲政事而时施焉，所以尊《书》也；求之吾心之歌咏性情而时发焉，所以尊《诗》也；求之吾心之条理节文而时著焉，所以尊《礼》也；求之吾心之欣喜和平而时生焉，所以尊《乐》也；求之吾心之诚伪邪正而时辨焉，所以尊《春秋》也[7]。

盖昔圣人之扶人极，忧后世，而述六经也，犹之富家者之父祖，虑其产业库藏之积，其子孙者，或至于遗亡散失，卒困穷而无以自全也，而记籍其家之所有以贻之，使之世守其产业库藏之积而享用焉，以免于困穷之患[8]。故六经者，吾心之记籍也，而六经之实，则具于吾心[9]。犹之产业库藏之实积，种种色色，具存于其家，其记籍者，特名状数目而已[10]。而世之学者，不知求六经之实于吾心，而徒考索于影响之间，牵制于文义之末，硁硁然以为是六经矣。是犹富家之子孙，不务守视、享用其产业库藏之实积，日遗亡散失，至为窭人丐夫，而犹嚣嚣然指其记籍曰："斯吾产业库藏之积也。"何以异于是[11]？

呜呼！六经之学，其不明于世，非一朝一夕之故矣[12]。尚功利，崇邪说，是谓乱经。习训诂，传记诵，没溺于浅闻小见，以涂天下之耳目，是谓侮经。侈淫辞，竞诡辩，饰奸心盗行，逐世垄断，而犹自以为通经，是谓贼经[13]。若是者，是并其所谓记籍者，而割裂弃毁之矣，宁复知所以为尊经也乎[14]！

越城旧有稽山书院，在卧龙西冈[15]，荒废久矣。郡守渭南南君大吉，既敷政于民，则慨然悼末学之支离，将进之以圣贤之道，于是使山阴令吴君瀛，拓书院而一新之。又为尊经之阁于其后[16]，曰："经正则庶民兴，庶民兴斯无邪慝矣。"阁成，请予一言以谂多士。予既不获辞，则为记之若是[17]。呜呼！世之学者，得吾说而求诸其心焉，则亦庶乎知所以为尊经也已[18]。

【注释】

①劈手便疏"经"字，冒下三段。

②"心"、"性"、"命"三字，为一篇之纲领。"心"字又为三句之纲领。

③一段提出心、性、命。

④二段推出四端、五伦。

⑤三段疏出六经。　　心、性、命之论，了然洞达，凡三见而不易一字。斩尽理学葛藤，下乃归到尊经之意，云净水空，绝无凝滞。

⑥说六经而归之于心，才是实学。

⑦一言"志吾心"，即所以为经。一言"求之吾心"，即所以尊经。分作两层，说得至平至易，独探圣贤真种子。

⑧一喻。

⑨处处不脱"吾心"二字，两语为一篇关锁。

⑩即前喻再喻。

⑪即前喻再喻。　　只是一喻翻剔，愈折愈醒，可为不知尊经者戒。

⑫感叹不尽。

⑬举乱经、侮经、贼经三项，正与尊经相反。恶似而非，不可不深辨也。

⑭仍点前喻，掉转尊经，劲甚，快甚。

⑮卧龙山，在越城内。

⑯才点出尊经阁。

⑰入题只此数语。

⑱仍归心上作结。

六经不外吾心，吾心自有六经。学道者何事远求？返之于心，而六经之要，取之当前而已足。阳明先生一生训人，一以良知良能根究心性，于此记略，已备具矣。

象祠记

灵博之山，有象祠焉。其下诸苗夷之居者，咸神而祠之。宣尉安君，因诸苗夷之请，新其祠屋，而请记于予。

予曰："毁之乎，其新之也[1]？"曰："新之。""新之也，何居乎[2]？"曰："斯祠之肇

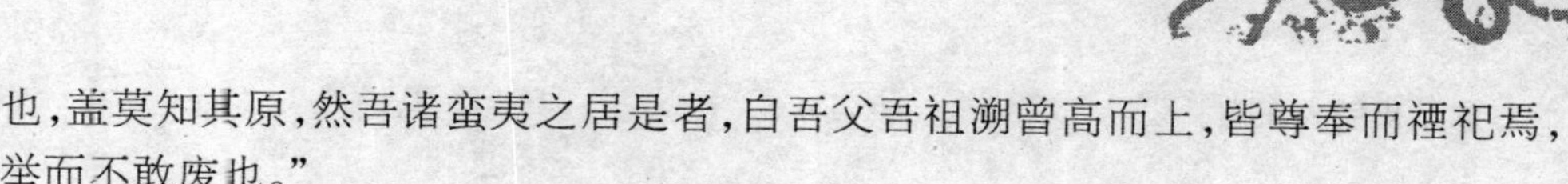

也，盖莫知其原，然吾诸蛮夷之居是者，自吾父吾祖溯曾高而上，皆尊奉而禋祀焉，举而不敢废也。”

予曰：“胡然乎？有鼻之祀，唐之人盖尝毁之[3]。象之道，以为子则不孝，以为弟则傲，斥于唐，而犹存于今，坏于有鼻，而犹盛于兹土也，胡然乎[4]？”

我知之矣！君子之爱若人也，推及于其屋之乌[5]，而况于圣人之弟乎哉！然则祠者为舜，非为象也[6]。意象之死，其在干羽既格之后乎[7]？不然，古之骜桀者岂少哉？而象之祠独延于世。吾于是盖有以见舜德之至，入人之深，而流泽之远且久也[8]。

象之不仁，盖其始焉耳，又乌知其终之不见化于舜也[9]？《书》不云乎：“克谐以孝，烝烝乂，不格奸”，“瞽瞍亦允若”[10]。则已化而为慈父。象犹不弟，不可以为谐[11]。进治于善。则不至于恶；不底于奸，则必入于善。信乎象盖已化于舜矣[12]。

孟子曰：“天子使吏治其国，象不得以有为也。”斯盖舜爱象之深而虑之详，所以扶持辅导之者之周也。不然，周公之圣，而管、蔡不免焉。斯可以见象之见化于舜[13]，故能任贤使能，而安于其位，泽加于其民，既死而人怀之也[14]。诸侯之卿，命于天子，盖周官之制，其殆仿于舜之封象欤？吾于是盖有以信人性之善，天下无不可化之人也[15]。

然则唐人之毁之也，据象之始也。今之诸苗之奉之也，承象之终也[16]。斯义也，吾将以表于世。使知人之不善，虽若象焉，犹可以改。而君子之修德，及其至也，虽若象之不仁，而犹可以化之也[17]。

【注释】

①提出“毁”字发义。

②波折。

③应“毁之”句。

④故为疑词，跌起自己一段议论。

⑤刘向《说苑》：“爱其人者，兼爱屋上之乌。”

⑥推出祠象之由，奇确。

⑦舜命禹征有苗，三旬，苗民逆命。禹班师，帝乃诞敷文德，舞干羽于两阶，七旬有苗格。承“为舜”句推出此意，独辟见解，名论不磨。

⑧以上从舜德看出当祠。以下从象化看出当祠。

⑨“始”、“终”二字，伏后断案。“化”字，是立论本旨。

⑩谐，和也。烝，进也。乂，善也。格，至也。言舜遭人伦之变，而能和以孝。使之进进以善自治，而不至于大为奸恶也。允，信也。若，顺也。

⑪奇思创解。

⑫一证。

⑬再证。

⑭落到象祠上。

⑮推开一笔，下急收住。

⑯一篇议论，只二语结尽。

⑰结出勉人正意。

傲弟见化于舜，从象祠想出，从来未经人道破。当与柳子厚《毁鼻亭神记》参看，各辟一解，俱有关名教之文。

瘗旅文

维正德四年秋月三日，有吏目云自京来者，不知其名氏，携一子一仆，将之任，过龙场[①]，投宿土苗家。予从篱落间望见之，阴雨昏黑，欲就问讯北来事，不果[②]。明早，遣人觇之，已行矣。

薄午，有人自蜈蚣坡来云："一老人死坡下，傍两人哭之哀。"予曰："此必吏目死矣，伤哉[③]！"薄暮，复有人来云："坡下死者二人，傍一人坐哭。"询其状，则其子又死矣。明日，复有人来云："见坡下积尸三焉。"则其仆又死矣。呜呼伤哉[④]！

念其暴骨无主，将二童子持畚锸往瘗之[⑤]，二童子有难色然[⑥]。予曰："噫！吾与尔犹彼也[⑦]。"二童闵然涕下，请往[⑧]。就其傍山麓为三坎，埋之。又以只鸡、饭三盂[⑨]，嗟吁涕洟而告之曰：

呜呼伤哉！繄何人，繄何人[⑩]？吾龙场驿丞余姚王守仁也[⑪]。吾与尔皆中土之产。吾不知尔郡邑，尔乌乎来为兹山之鬼乎[⑫]？古者重去其乡，游宦不逾千里，吾以窜逐而来此，宜也。尔亦何辜乎[⑬]？闻尔官吏目耳，俸不能五斗，尔率妻子躬耕可有也，胡为乎以五斗而易尔七尺之躯？又不足，而益以尔子与仆乎？呜呼伤哉[⑭]！

尔诚恋兹五斗而来，则宜欣然就道，胡为乎吾昨望见尔容，蹙然盖不胜其忧者？夫冲冒霜露，扳援崖壁，行万峰之顶，饥渴劳顿，筋骨疲惫，而又瘴疠侵其外，忧郁攻其中，其能以无死乎[⑮]？吾固知尔之必死，然不谓若是其速，又不谓尔子尔仆亦遽然奄忽也[⑯]。皆尔自取，谓之何哉[⑰]！

吾念尔三骨之无依而来瘗耳，乃使吾有无穷之怆也。呜呼伤哉！纵不尔瘗，幽崖之狐成群，阴壑之虺如车轮，亦必能葬尔于腹，不致久暴尔。尔既已无知，然吾何能为心乎[⑱]？自吾去父母乡国而来此，三年矣，历瘴毒而苟能自全，以吾未尝一日之戚戚也。今悲伤若此，是吾为尔者重，而自为者轻也，吾不宜复为尔悲矣[⑲]。吾为尔歌，尔听之。

歌曰：连峰际天兮飞鸟不通，游子怀乡兮莫知西东。莫知西东兮维天则同，异域殊方兮环海之中。达观随寓兮莫必予宫，魂兮魂兮无悲以恫[⑳]。

又歌以慰之曰：与尔皆乡土之离兮，蛮之人言语不相知兮。性命不可期，吾苟死于兹兮，率尔子仆，来从予兮。吾与尔遨以嬉兮，骖紫彪而乘文螭兮，登望故乡而嘘唏兮[㉑]。吾苟获生归兮，尔子尔仆，尚尔随兮。道傍之冢累累兮，多中土之流离兮，相与呼啸而徘徊兮。餐风饮露，无尔饥兮。朝友麋鹿，暮猿与栖兮。尔安尔居兮，无为厉于兹墟兮[㉒]！

【注释】

①正德二年，先生以兵部主事疏救戴铣，下狱廷杖，谪贵州龙场驿丞。
②安顿一笔，有情。
③吏目死，独作摹揣，妙。
④叙三人之死，作一样写法。
⑤瘗，埋也。
⑥亦惧死耶？
⑦伤情处只在此一语。
⑧自然感动。
⑨盂，饭器。
⑩不识彼之姓名。
⑪告以己之姓名。
⑫先作疑讶。
⑬再作悲悯。
⑭为五斗丧身，又益以尔子与仆，言至此为之凄绝。
⑮瘴疠固能死人，忧郁之死人更甚。
⑯前云"益以子与仆"，此云"不谓子与仆"，婉转情深。
⑰恋兹五斗而来，又不胜其忧，非自取而何？
⑱一反一转，有非常苦心。
⑲有情归之无情，深于学问之言。
⑳言虽身处异乡，总同在天之中，不必悲也。
㉑洒洒落落，足以慰死。
㉒精诚可以格幽冥。

先生罪谪龙场，自分一死，而幸免于死。忽睹三人之死，伤心惨目，悲不自胜。作之者固为多情，读之者能无泪下！

唐顺之

信陵君救赵论

论者以窃符为信陵君之罪[①]，余以为此未足以罪信陵也[②]。

夫彊秦之暴亟矣，今悉兵以临赵，赵必亡。赵，魏之障也，赵亡，则魏且为之后。赵、魏，又楚、燕、齐诸国之障也。赵、魏亡，则楚、燕、齐诸国为之后。天下之势，未有岌岌于此者也。故救赵者，亦以救魏，救一国者，亦以救六国也。窃魏之符以纾魏之患，借一国之师以分六国之灾，夫奚不可者[③]？然则信陵果无罪乎？曰：又不然也。予所诛者，信陵君之心也[④]。

信陵一公子耳，魏固有王也[⑤]。赵不请救于王，而谆谆焉请救于信陵，是赵知有信陵，不知有王也。平原君以婚姻激信陵，而信陵亦自以婚姻之故，欲急救赵，是信陵知有婚姻，不知有王也。其窃符也，非为魏也，非为六国也，为赵焉耳；非为赵也，为一平原君耳[⑥]。使祸不在赵而在他国，则虽撤魏之障，撤六国之障，信陵亦必不救。使赵无平原，或平原而非信陵之姻戚，虽赵亡，信陵亦必不救[⑦]。则是赵王与社稷之轻重，不能当一平原公子，而魏之兵甲所恃以固其社稷者，只以供信陵君一姻戚之用[⑧]。幸而战胜，可也。不幸战不胜，为虏于秦，是倾魏国数百年社稷以殉姻戚，吾不知信陵何以谢魏王也[⑨]。

夫窃符之计，盖出于侯生，而如姬成之也。侯生教公子以窃符，如姬为公子窃符于王之卧内，是二人亦知有信陵，不知有王也[⑩]。余以为信陵之自为计，曷若以唇齿之势，激谏于王；不听，则以其欲死秦师者，而死于魏王之前，王必悟矣。侯生为信陵计，曷若见魏王而说之救赵；不听，则以其欲死信陵君者，而死于魏王之前，王亦必悟矣。如姬有意于报信陵，曷若乘王之隙，而日夜劝之救；不听，则以其欲为公子死者，而死于魏王之前，王亦必悟矣[⑪]。如此，则信陵君不负魏，亦不负赵，二人不负王，亦不负信陵君。何为计不出此？信陵知有婚姻之赵，不知有王。内则幸姬，外则邻国，贱则夷门野人，又皆知有公子，不知有王。则是魏仅有一孤王耳[⑫]！

呜呼！自世之衰，人皆习于背公死党之行，而忘守节奉公之道，有重相而无威君，有私仇而无义愤，如秦人知有穰侯，不知有秦王，虞卿知有布衣之交，不知有赵王，盖君若赘旒[⑬]久矣[⑭]！

由此言之，信陵之罪，固不专系乎符之窃不窃也[⑮]。其为魏也，为六国也，纵窃符犹可[⑯]。其为赵也，为一亲戚也，纵求符于王，而公然得之，亦罪也[⑰]。

虽然，魏王亦不得为无罪也[⑱]。兵符藏于卧内，信陵亦安得窃之？信陵不忌魏王，而径请之如姬，其素窥魏王之疏也。如姬不忌魏王，而敢于窃符，其素恃魏王之宠也。木朽而蛀生之矣[⑲]。古者人君持权于上，而内外莫敢不肃[⑳]，则信陵安得树私交于赵，赵安得私请救于信陵，如姬安得衔信陵之恩，信陵安得卖恩于如姬？履霜之渐，岂一朝一夕也哉[㉑]！由此言之，不特众人不知有王，王亦自为赘旒也[㉒]。

故信陵君可以为人臣植党之戒，魏王可以为人君失权之戒[㉓]。《春秋》书“葬原仲”、“翚帅师”，嗟夫！圣人之为虑深矣[㉔]。

【注释】

①信陵君，魏公子无忌也。秦围赵邯郸，公子姊为平原君夫人，平原君遗书公子，请救于魏。魏王使将军晋鄙救赵，畏秦留军壁邺。平原君使让公子曰：“胜所以自附为婚姻者，以公子之高义，为能急人之困也。”公子约车骑百余乘，欲赴秦军与赵俱死。夷门监者侯生，教公子请如姬窃兵符于王之卧内。公子尝为如姬报其父仇，果盗兵符与公子，夺晋鄙军，救邯郸，存赵。

②一句立案。

③先论六国大势，明信陵救赵之功。欲擒先纵，此宽一步法。

④一语扼定主意。

⑤提清。

⑥层层驳入。

⑦又反证二层，更醒。

⑧议论刺入心髓。

⑨又设一难以诘之，信陵真难置喙。

⑩又生一枝节，以为后半篇议论张本。

⑪一段代为区处，反笔敲击，愈读愈快。

⑫作一总收，深明信陵之非，使之无地逃隐。

⑬旒，同“瘤”。

⑭穰侯，秦昭王相魏冉。虞卿，赵孝成王相，解其相印，与魏齐亡。　引战国时事作陪衬，见列国无王，习已成风。波澜绝妙。

⑮深一层说。

⑯深文。

⑰深文。

⑱上因罪信陵，而并罪侯生、如姬，此处又以罪魏王作波澜，潆洄映带，议论不穷。

⑲插喻巧妙。

⑳立此二语，渐收拾前文。

㉑《易》曰：“履霜坚冰至。”又曰：“其所由来者渐矣，非一朝一夕之故也。”

㉒如此立论，方是根究到底。

㉓两语双结，全局俱振。

㉔庄公二十有七年秋，“公子友如陈，葬原仲”。公子友，即季子也。如陈，私行也。原仲，陈大夫。隐公四年秋，“翚帅师”。翚，鲁卿羽父也。宋公乞师，翚以不义强其君，固请而行，无君之心兆矣。书“葬原仲”，以戒人臣之植党。书“翚帅师”，以戒人君之失权。此圣人之深虑也。　结意凛然。

诛信陵之心，暴信陵之罪，一层深一层，一节深一节，愈驳愈醒，愈转愈刻。词严义正，直使千载扬诩之案，一笔抹杀。

宗　臣

报刘一丈书

数千里外，得长者时赐一书，以慰长想，即亦甚幸矣。何至更辱馈遗，则不才益将何以报焉[①]？

书中情意甚殷，即长者之不忘老父，知老父之念长者深也[②]。至以“上下相孚，才德称位”语不才[③]，则不才有深感焉。夫才德不称，固自知之矣[④]。至于不孚之病，则尤不才为甚[⑤]。

且今之所谓孚者何哉[⑥]？日夕策马候权者之门，门者故不入，则甘言媚词作妇人状，袖金以私之。即门者持刺入，而主人又不即出见[⑦]，立厩中仆马之间，恶气袭衣袖，即饥寒毒热不可忍，不去也。抵暮，则前所受赠金者出，报客曰："相公倦，谢客矣，客请明日来。"即明日又不敢不来[⑧]。夜披衣坐，闻鸡鸣即起盥栉[⑨]，走马推门。门者怒曰："为谁？"则曰："昨日之客来[⑩]。"则又怒曰："何客之勤也！岂有相公此时出见客乎[⑪]？"客心耻之[⑫]，强忍而与言曰："亡奈何矣，姑容我入。"门者又得所赠金，则起而入之，又立向所立厩中[⑬]。幸主者出，南面召见，则惊走匍匐阶下。主者曰："进！"则再拜，故迟不起，起则上所上寿金。主者故不受，则固请。主者故固不受，则又固请[⑭]。然后命吏纳之。则又再拜，又故迟不起，起则五六揖始出[⑮]。出揖门者曰："官人幸顾我，他日来，幸勿阻我也。"门者答揖。大喜，奔出。马上遇所交识，即扬鞭语曰："适自相公家来，相公厚我！厚我！"且虚言状[⑯]。即所交识，亦心畏相公厚之矣。相公又稍稍语人曰："某也贤，某也贤。"闻者亦心计交赞之。此世所谓上下相孚也[⑰]，长者谓仆能之乎[⑱]？

前所谓权门者，自岁时伏腊一刺之外，即经年不往也。间道经其门，则亦掩耳闭目，跃马疾走过之，若有所追逐者。斯则仆之褊衷，以此长不见悦于长吏，仆则愈益不顾也。每大言曰："人生有命，吾惟守分而已！"长者闻之，得无厌其为迂乎[⑲]？

【注释】

①谢馈遗。

②谢念及其父。

③相爱情深，方有此语。

④提过。

⑤二句伏后案。

⑥借"孚"字一转，生出无数议论。

⑦尊严若神。

⑧曲笔一接，刻画尽致。

⑨盥，洗手。栉，梳发。

⑩可发一笑。

⑪厉声不堪。

⑫至此亦觉难受。

⑬故意描摹。

⑭叠句妙。

⑮历叙丑态如画。

⑯写马上两"厚我"急语，神情逼肖。

⑰以冷语结前案。

⑱以下乃言不孚之病。

⑲一段道出自己气节，以少胜多，笔力峭劲。

是时严介溪揽权，俱是乞哀昏暮、骄人白日一辈人，摹写其丑形恶态，可为

尽情。末说出自己之气骨，两两相较，薰莸不同，清浊异质。有关世教之文。

归有光

吴山图记

吴、长洲二县，在郡治所，分境而治，而郡西诸山，皆在吴县[①]。其最高者，穹窿、阳山、邓尉、西脊、铜井；而灵岩，吴之故宫在焉，尚有西子之遗迹[②]。若虎邱、剑池及天平、尚方、支硎，皆胜地也。而太湖汪洋三万六千顷，七十二峰沉浸其间，则海内之奇观矣[③]。

余同年友魏君用晦为吴县，未及三年，以高第召入为给事中。君之为县有惠爱，百姓扳留之不能得，而君亦不忍于其民，由是好事者绘《吴山图》以为赠[④]。

夫令之于民诚重矣。令诚贤也，其地之山川草木，亦被其泽而有荣也；令诚不贤也，其地之山川草木，亦被其殃而有辱也[⑤]。君于吴之山川，盖增重矣。异时吾民将择胜于岩峦之间，尸祝于浮屠、老子之宫也，固宜[⑥]。而君则亦既去矣，何复惓惓于此山哉[⑦]？

昔苏子瞻称韩魏公去黄州四十余年，而思之不忘，至以为思黄州诗，子瞻为黄人刻之于石。然后知贤者于其所至，不独使其人之不忍忘而已，亦不能自忘于其人也[⑧]。

君今去县已三年矣，一日与余同在内庭，出示此图，展玩太息，因命余记之[⑨]。噫！君之于吾吴有情如此，如之何而使吾民能忘之也[⑩]？

【注释】

①先提清吴山。

②灵岩独另写，妙。

③太湖又另写，妙。　　以上叙次山水，作两番写，错落多致。

④叙出图山之由。

⑤忽起一峰，文情排宕。

⑥一顿。

⑦又拓开一笔。

⑧借魏公美用晦，绝妙引证。

⑨点作记。

⑩结有余韵。

因令赠图，因图作记，因赠图而知令之不能忘情于民，因记图而知民之不能忘情于令。婉转情深，笔墨在山水之外。

沧浪亭记

浮图文瑛[①]居大云庵，环水，即苏子美[②]沧浪亭之地也[③]。亟求予作《沧浪亭记》，曰：昔子美之记，记亭之胜也，请子记吾所以为亭者。

余曰：昔吴越有国时[④]，广陵王镇吴中，治南园于子城之西南，其外戚孙承佑亦治园于其偏。迨淮海纳土[⑤]，此园不废。苏子美始建沧浪亭[⑥]，最后禅者居之，此沧浪亭为大云庵也[⑦]。有庵以来二百年，文瑛寻古遗事，复子美之构于荒残灭没之余，此大云庵为沧浪亭也[⑧]。

夫古今之变，朝市改易。尝登姑苏之台，望五湖之渺茫，群山之苍翠，太伯、虞仲之所建，阖闾、夫差之所争，子胥、种、蠡之所经营，今皆无有矣，庵与亭何为者哉[⑨]！

虽然，钱镠因乱攘窃，保有吴越，国富兵强，垂及四世，诸子姻戚，乘时奢僭，宫馆苑囿，极一时之盛[⑩]。而子美之亭，乃为释子所钦重如此[⑪]，可以见士之欲垂名于千载，不与澌然而俱尽者，则有在矣[⑫]。

文瑛读书喜诗，与吾徒游，呼之为“沧浪僧”云[⑬]。

【注释】

①浮图，释氏之称。文瑛，僧之号也。

②苏子美，名舜卿。

③提明来历。

④吴越王钱镠，临安人，唐末据杭州，梁封为吴越王，谥武肃。传国四世，至宋太祖时入朝，国亡。　　落想甚远。

⑤入赵宋。

⑥遗迹在苏州府学东南。

⑦亭变为庵。

⑧庵复为亭，下发感慨。

⑨合挽庵与亭一笔，写得淡然。

⑩顿宕。

⑪缴转。

⑫澌，冰索也。　　一篇曲折文字，主意只在此一句。

⑬点睛。

忽为大云庵，忽为沧浪亭，时时变易，已足唤醒世人。中间一段点缀，凭吊之感，黯然动色。至末一转，言士之垂名不朽者，固自有在，而不在乎亭之犹存也。此意开人智识不浅。

茅　坤

青霞先生文集序

青霞沈君[1]，由锦衣经历上书诋宰执，宰执深疾之，方力构其罪，赖天子仁圣，特薄其谴，徙之塞上[2]。当是时，君之直谏之名满天下[3]。

已而君累然携妻子，出家塞上。会北敌数内犯，而帅府以下，束手闭垒，以恣敌之出没，不及飞一镞以相抗。甚且及敌之退，则割中土之战没者与野行者之馘以为功。而父之哭其子，妻子哭其夫，兄之哭其弟者，往往而是，无所控吁[4]。君既上愤疆埸之日弛，而又下痛诸将士日菅刈我人民以蒙国家也[5]，数呜咽欷歔，而以其所忧郁发之于诗歌文章，以泄其怀，既集中所载诸什是也[6]。

君故以直谏为重于时，而其所著为诗歌文章，又多所讥刺，稍稍传播，上下震恐，始出死力相煽构，而君之祸作矣[7]。君既没，而一时阃寄所相与谗君者，寻且坐罪罢去。又未几，故宰执之仇君者亦报罢。而君之门人给谏俞君，于是裒辑其生平所著若干卷，刻而传之。而其子以敬，来请予序之首简[8]。

茅子受读而题之曰：若君者，非古之志士之遗乎哉[9]！孔子删《诗》，自《小弁》之怨亲、《巷伯》之刺谗以下，其忠臣寡妇幽人怼士之什，并列之为“风”，疏之为“雅”，不可胜数，岂皆古之中声也哉？然孔子不遽遗之者，特悯其人，矜其志，犹曰“发乎情，止乎礼义”，“言之者无罪，闻之者足以为戒”焉耳[10]。予尝按次《春秋》以来，屈原之骚疑于怨，伍胥之谏疑于胁，贾谊之疏疑于激，叔夜之诗疑于愤，刘贲之对疑于亢，然推孔子删《诗》之旨而裒次之，当亦未必无录之者[11]。

君既没，而海内之荐绅大夫，至今言及君，无不酸鼻而流涕。呜呼！集中所载《鸣剑》、《筹边》诸什，试令后之人读之，其足以寒贼臣之胆，而跃塞垣战士之马，而作之忾也，固矣[12]。他日国家采风者之使出而览观焉，其能遗之也乎？予谨识之[13]。至于文词之工不工，及当古作者之旨与否，非所以论君之大者也，予故不著[14]。

【注释】

①沈君，名炼，字纯甫，会稽人。

②先生抗疏言严嵩父子误国，请戮之以谢天下。诏榜之数十，谪出塞外。

③横插一句，妙。

④旷职冒功，毒害生民，今古一辙。

⑤指上一段言。

⑥出诗文之有集，多少曲折。

⑦宰执、帅府恨先生切骨，窜名白莲教中，戮于边。　先生垂名千载，全从此祸得来，未足为恨。

⑧出作序意。

⑨喝一句。

⑩删《诗》不必皆中声，独见其大。

⑪上引《小弁》、《巷伯》，此引屈原、伍胥诸人，俱以孔子夹写，正极力推尊处。

⑫二十三字作一气读。

⑬应“遗”字收。

⑭结有余波。

先生生平大节，不必待文集始传。特后之人诵其诗歌文章，益足以发其忠孝之志，不必其有当于中声也。此序深得此旨，文亦浩落苍凉，读之凛凛有生气。

王世贞

蔺相如完璧归赵论

蔺相如之完璧，人皆称之，予未敢以为信也①。

夫秦以十五城之空名，诈赵而胁其璧，是时言取璧者情也，非欲以窥赵也②。赵得其情则弗予，不得其情则予；得其情而畏之则予，得其情而弗畏之则弗予。此两言决耳，奈之何既畏而复挑其怒也③？

且夫秦欲璧，赵弗予璧，两无所曲直也。入璧而秦弗予城，曲在秦；秦出城而璧归，曲在赵。欲使曲在秦，则莫如弃璧；畏弃璧，则莫如弗予④。夫秦王既按图以予城，又设九宾，斋而受璧，其势不得不予城⑤。璧入而城弗予，相如则前请曰：“臣固知大王之弗予城也。夫璧非赵璧乎？而十五城秦宝也。今使大王以璧故而亡其十五城，十五城之弟子，皆厚怨大王以弃我如草芥也⑥。大王弗予城而绐赵璧，以一璧故而失信于天下。臣请就死于国，以明大王之失信⑦！”秦王未必不返璧也⑧。今奈何使舍人怀而逃之，而归直于秦？是时秦意未欲与赵绝耳；令秦王怒而僇相如于市，武安君⑨十万众压邯郸而责璧与信⑩，一胜而相如族，再胜而璧终入秦矣。

吾故曰：蔺相如之获全于璧也，天也⑪。若其劲渑池⑫，柔廉颇⑬，则愈出而愈妙于用。所以能完赵者，天固曲全之哉⑭！

【注释】

①赵惠文王时，得楚和氏璧，秦昭王欲以十五城易之，赵王使蔺相如奉璧西入秦。相如视秦王无意偿赵城，使其从者怀璧从径道亡，完璧归赵。　劈手一断。

②情，谓诈赵之情也。秦非欲谋赵，其情止欲取赵之璧。

③予璧，畏也。复怀以归，挑其怒也。　此段言止有予与弗予两说，不当既予而复怀归。

④相如谓赵王曰：“秦以城求璧，而赵不许，曲在赵。赵予璧，而秦不予赵城，曲在秦。”此言

赵弗予璧，亦无所曲。以辩其"赵不许，曲在赵"之说。

⑤秦王从相如之言，斋戒五日，设九宾礼于庭，引相如受璧，势不得不予赵城也。作一飏。

⑥既不可以城易璧。

⑦又不可以璧易信。

⑧此段代为相如画策，璧可以还赵，而直亦不在秦。

⑨武安君 秦将白起。

⑩邯郸，赵都。

⑪言相如归璧，而获全无害者，乃一时之幸，非人力也。

⑫赵王与秦王会渑池，秦王请赵王鼓瑟，相如亦请秦王击筑，是"劲渑池"也。

⑬相如一旦位在廉颇之右，廉颇羞为之下，欲辱相如，相如尝畏避之。廉颇负荆谢罪，卒相与欢，是"柔廉颇"也。

⑭余波作结。

相如完璧归赵一节，至今凛凛有生气，固无待后人之訾议也。然怀璧归赵之后，相如得以无恙，赵国得以免祸者，直一时之侥幸耳。故中间特设出一段中正之论，以为千古人臣保国保身万全之策，勿得视为迂谈，而忽之也。

袁宏道

徐文长传

徐渭，字文长，为山阴诸生，声名藉甚。薛公蕙校越时，奇其才，有国士之目。然数奇，屡试辄蹶[①]。

中丞胡公宗宪闻之，客诸幕。文长每见，则葛衣乌巾，纵谈天下事，胡公大喜。是时，公督数边兵，威镇东南，介胄之士，膝语蛇行，不敢举头，而文长以部下一诸生傲之，议者方之刘真长、杜少陵云[②]。会得白鹿，属文长作表，表上，永陵喜。公以是益奇之，一切疏计，皆出其手。文长自负才略，好奇计，谈兵多中，视一世士无可当意者，然竟不偶[③]。

文长既已不得志于有司[④]，遂乃放浪麴蘖，恣情山水，走齐、鲁、燕、赵之地，穷览朔漠，其所见山奔海立，沙起云行，雨鸣树偃，幽谷大都，人物鱼鸟，一切可惊可愕之状，一一皆达之于诗[⑤]。其胸中又有勃然不可磨灭之气，英雄失路、托足无门之悲，故其为诗，如嗔如笑，如水鸣峡，如种出土，如寡妇之夜哭，羁人之寒起[⑥]。虽其体格时有卑者，然匠心独出，有王者气，非彼巾帼而事人者所敢望也[⑦]。文有卓识，气沉而法严，不以模拟损才，不以议论伤格，韩、曾之流亚也[⑧]。文长既雅不与时调合，当时所谓骚坛主盟者，文长皆叱而奴之，故其名不出于越，悲夫[⑨]！喜作书，笔

意奔放如其诗[10]，苍劲中姿媚跃出，欧阳公所谓"妖韶女，老自有余态"者也[11]。间以其余，旁溢为花鸟，皆超逸有致[12]。

卒以疑杀其继室，下狱论死。张太史元汴力解，乃得出。晚年愤益深，佯狂益甚，显者至门，或拒不纳。时携钱至酒肆，呼下隶与饮[13]。或自持斧击破其头，血流被面，头骨皆折，揉之有声。或以利锥锥其两耳，深入寸余，竟不得死[14]。周望言：晚岁诗文益奇[15]，无刻本，集藏于家。余同年有官越者，托以钞录，今未至。余所见者，《徐文长集》、《阙编》二种而已。然文长竟以不得志于时，抱愤而卒[16]。

石公曰："先生数奇不已，遂为狂疾；狂疾不已，遂为囹圄。古今文人牢骚困苦，未有若先生者也。虽然，胡公间世豪杰，永陵英主，幕中礼数异等，是胡公知有先生矣；表上，人主悦，是人主知有先生矣。独身未贵耳。先生诗文崛起，一扫近代芜秽之习，百世而下，自有定论，胡为不遇哉[17]？梅客生尝寄予书曰：'文长吾老友，病奇于人，人奇于诗。'余谓文长无之而不奇者也。无之而不奇，斯无之而不奇也，悲夫[18]！"

【注释】

①通篇从"数奇"二字着眼。

②其才其品，固足增重。

③应"数奇"，一结。

④接"屡试辄蹶"。

⑤"其所见"至此，作一气读。

⑥诗评新确。

⑦巾帼，妇人冠。　　极抑扬之致。　　此段论其诗，是袁石公之文，即是徐天池之文，悲壮淋漓，睥睨一世。

⑧并论其文。

⑨总承诗文一结，正见"数奇"、"不偶"。

⑩挽诗一笔，妙。

⑪并论其书。

⑫并论其画。　　文长诗、文、字、画皆自性中流出，不假人工雕琢者也。

⑬极写不可一世之状。

⑭宁为玉碎，无为瓦全，可伤可痛。

⑮又挽诗、文，妙。

⑯"数奇"、"不偶"，一语收住。

⑰生则见知于君臣，没则见重于后世，身虽不贵，未为不遇也。

⑱赞语亦极咏叹之致。

文长固数奇不偶，然而致身幕府，为天子嘉叹，不可谓不遇矣。而竟抱愤而卒，何其不善全乎？非石公识之残编断简中，几埋没千古矣。

张　溥

五人墓碑记

五人者，盖当蓼洲周公之被逮，激于义而死焉者也[①]。至于今，郡之贤士大夫请于当道，即除魏阉废祠之址以葬之，且立石于其墓之门，以旌其所为[②]。呜呼！亦盛矣哉！

夫五人之死，去今之墓而葬焉，其为时止十有一月耳。夫十有一月之中，凡富贵之子，慷慨得志之徒，其疾病而死，死而湮没不足道者，亦已众矣，况草野之无闻者欤！独五人之皦皦，何也[③]？

予犹记周公之被逮，在丁卯三月之望。吾社之行为士先者，为之声义，敛赀财以送其行，哭声震动天地[④]。缇骑按剑而前，问："谁为哀者？"众不能堪，抶而扑之[⑤]。是时以大中丞抚吴者[⑥]，为魏之私人，周公之逮所由使也。吴之民方痛心焉，于是乘其厉声以呵，则噪而相逐。中丞匿于溷藩以免[⑦]。既而以吴民之乱请于朝，按诛五人，曰：颜佩韦、杨念如、马杰、沈扬、周文元[⑧]，即今之傫然在墓者也[⑨]。

然五人之当刑也，意气扬扬，呼中丞之名而詈之，谈笑以死。断头置城上，颜色不少变。有贤士大夫发五十金，买五人之脰而函之，卒与尸合。故今之墓中，全乎为五人也[⑩]。

嗟夫！大阉之乱，缙绅而能不易其志者，四海之大，有几人欤[⑪]？而五人生于编伍之间，素不闻诗书之训，激昂大义，蹈死不顾，亦曷故哉[⑫]？且矫诏纷出，钩党之捕，遍于天下，卒以吾郡之发愤一击，不敢复有株治。大阉亦逡巡畏义，非常之谋，难于猝发，待圣人之出而投缳道路，不可谓非五人之力也[⑬]。

由是观之，则今之高爵显位[⑭]，一旦抵罪，或脱身以逃，不能容于远近；而又有剪发杜门，佯狂不知所之者，其辱人贱行，视五人之死，轻重固何如哉[⑮]？是以蓼洲周公，忠义暴于朝廷，赠谥美显，荣于身后。而五人亦得以加其土封，列其姓名于大堤之上，凡四方之士，无有不过而拜且泣者，斯固百世之遇也[⑯]。不然，令五人者保其首领，以老于户牖之下，则尽其天年，人皆得以隶使之，安能屈豪杰之流，扼腕墓道，发其志士之悲哉[⑰]？故予与同社诸君子，哀斯墓之徒有其石也，而为之记，亦以明死生之大，匹夫之有重于社稷也[⑱]。

贤士大夫者，冏卿因之吴公，太史文起文公，孟长姚公也[⑲]。

【注释】

①入手便提出五人来历。

②点墓碑。

③史公云："死或重于泰山，或轻于鸿毛。"良然。

④吴民好义如此。

⑤挟,击也。

⑥毛一鹭。

⑦一时义勇如见。

⑧点五人姓名。

⑨句宕甚。

⑩写五人凛凛若生。

⑪文情开拓。

⑫此言五人之死义为尤难。

⑬怀宗即位,谪魏忠贤凤阳看皇陵,忠贤行至阜城,知不免诛殛,因自经死。　此言五人之死,关系甚重。

⑭暗指魏党。

⑮将此辈与五人两两相较,尤妙在不说煞。

⑯五人至今犹生,谁谓五人之不幸哉?

⑰反掉一段,文势振宕。

⑱点出作记意。

⑲点出贤士大夫,应起作结。

议论随叙事而入,感慨淋漓,激昂尽致。当于史公伯夷屈原二传,并垂不朽。

续古文观止

◎ 王文濡 选辑

林开甲 魏成信 李浙音 李 沁 校理

前 言

成书于民国十三年(1924 年)的《续古文观止》,是我国有清一代古文作品的选集,也是有名的文选《古文观止》的续编。

编者王文濡,字均卿,浙江吴兴人。曾是以柳亚子先生等为代表的知识分子革命团体南社的重要成员,为清末民初著名学者。他先后于进步书局、国学扶轮社、中华书局、文明书局任主编或编辑,编注的著作除《续古文观止》外,尚有《明清八大家文钞》、《晚唐诗选》、《说库》、《笔记小说大观》、《香艳》等数十种。他一生热心于我国古籍整理出版和文化普及事业。此书便是其重要成果之一。

《古文观止》问世以后,被文人学子视为研习古文的最佳读本,因而广为流传,至今不衰。但此书选文虽称宏富,毕竟迄明末而止,使读者无以欣赏清代诸多名家的篇章,领略其古文创作的灿烂成就。为了弥补这一缺憾,王文濡选编了《续古文观止》。学者并读二书,始得完璧。

此书之所以值得一读,因为它还具有选文不拘一格、众体兼备、雅俗共赏的特点,既可作为研究清代古文发展史的参考资料,又可作为学习古文者的入门向导。

书中选录了清代六十多位作者的古文名篇一百七十六篇,分为八卷,体例既仿效《古文观止》,又有其独到之处。所选人物,有不少是各时期杰出的作家或创作流派的代表人物。如顾炎武、黄宗羲、侯方域等,皆为清初文坛之翘楚;方苞、姚鼐、刘大櫆等所代表的桐城派,为清代中叶最著名的古文流派,而张惠言、袁枚等又别树一帜,为当时学人所宗尚;龚自珍、梅曾亮、曾国藩、梁启超等,则是晚清至民国初年的大家,对古文创作有着深刻的影响。入选的文章,也有不少是彪炳千载、脍炙人口之作,如侯方域的《李姬传》、全祖望的《阳曲傅先生事略》、郑日奎的《游钓台记》、龚自珍的《病梅馆记》等。通过阅读这些名流佳作,可以大致了解我国清代古文创作的重要成就和不同时期的趣尚与风格。但编者的眼光又并未限止于此,而是本着"取便初学,文不求高"的宗旨,对众多作家情理兼备、文笔顺畅、生动可读、易于领会的篇章广为采撷,而对于那些言辞晦拗、难以理解的作品,则不予选录。在文体方面,则包括议论、序跋、传状、杂记、赠序、书信、墓志、祭悼等多种体裁,使初学者得以在广泛涉猎的基础上,熟悉不同形式的古文写作的章法和技巧,从而获得较深厚的修养。同时,编者还对原文加以句读、夹注和评论,评论分夹评、眉评二种。其句读和注释大都精确可据,评论中亦不乏切要中肯之见解,这都为阅读和赏析原作提供了极大的方便。此外,编者还在书前为所选人物写了小传,对其生平事迹与

著述作了简明扼要的介绍，这是《古文观止》所没有的。

本书所选的都是封建时代文人的作品，由于阶级立场和历史的局限，有些文章宣扬了封建伦理或迷信思想，有些则表现出保守甚至反动的政治观念，对于这些糟粕，相信广大读者是会加以摈弃的。

这次整理，以1985年长春市古籍书店影印民国十三年刊本为底本，并参检有关资料加以校勘，具体工作约有下述几点：

一、给原文划分段落，加以新式标点，改繁体字为现代简化汉字。

二、原书有夹注、夹评之处，依序标以新式注码，将注、评文字移于篇末[注释]栏下。原注、评之间及某些注语之间往往有圈号隔开，今皆于相当位置空二格，以示区分。夹注中所采用的反切、读若注音，不便初学，悉予删削。

三、原书眉评过繁，今除保留某些很有参考价值的评语外，余皆不录。保留的眉评，凡移于[注释]栏中的，如与原夹注、夹评同居一条，则次其后，并空二格，以示区别。

四、原书中有关于全篇写作主旨及艺术特色的总论性文字，今录于注释部分之后，间隔一行，以示区别。

五、原书有些夹注未标明被释之词，今在注释文字中的适当位置予以标明，以便阅读。

六、原则上照录原文，而不妄加改动。但经考证而确知为明显缺误者，则径予订补，而不出校记。如：侯方域《王猛论》中有“姚氏、石氏多雄略之主……猛之才高于诸葛亮，而澹泊宁静不及”一段，自“石氏”至“而澹”等文字全部阑入下篇《马伶传》中，今予移正。又如：林纾《二箴·序》：“乃不知为贫贱之骄人也。”夹注引《史记·魏世家》有云：“子击因问曰：‘富贵□骄人乎？且贫贱者骄人乎？’”“贵”下原空缺一字，今据《魏世家》补“者”字。又：“余少刻苦自励，守仲氏贫而无谄之训。”夹注引《论语·学而》：“贫而无谄，富而无骄。”二“谄”字并当作“谄”，今据《十三经注疏》本更正。

由于我们学识浅薄，校理工作中难免有疏漏谬误之处，敬祈读者教正。

林开甲等

《续古文观止》序

《古文观止》一书，为吴子楚材所辑，风行数百年，后生小子口沫手胝，岂止万本万遍云尔哉！时代所限，讫明而止，承学之士，辄引为憾。因思逊清以来，名人辈出，文界维新，有祖周秦诸子者，有宗《史》、《汉》者，有绍述唐宋者。其中以桐城之标建宗旨，传授徒党，自高坛坫，雄长东南，为统系分明之一大派。湘乡突起异军，不名为派。其四大弟子以下，翕然同声，奉为宗主，别张一帜于桐城之外。今虽国体革更，故文凋落，而遗老耆宿，羁旅他乡，支离斗室，风潇雨晦，鸡鸣不已，相与吮墨濡豪于举世不为之日，而毅然为千钧一发之维系，信乎其难能可贵者欤！文明主人以续编请，余笑而谓之曰："是欲吴子我也！逊清至今，名家无虑数百，佳文又何止数千？以余沟瞀，有望洋兴叹已耳。曩者，吴子之才之识，尚未敢自居选政，而谓余敢任此乎？"顾念今日葆存国学之正义与主人启迪后学之盛心，姑徇其请，爰就平昔披览而有得者，辑得百有七十余篇，商榷同人，刻时协力而加评注焉。非敢谓此时代中名家只此数十人，佳文之尽此百余篇也，而撮凤一毛、麟一趾，自足概其全体之美者。颜曰"观止"，沿前例也。吴子有知，其许我否？

民国十三年五月吴兴王文濡识

凡例

一、本编继吴氏而编，故命名曰《续古文观止》。凡已读《古文观止》者，得此编而斯成完璧。

一、吴氏《古文观止》至明代为止。兹选清代至今约得百七十余篇，厘为八卷，皆名家传诵之作。

一、普通选家多所嫌避，只载已逝之作。本编并及生存，使读者知今昔风尚之同异。

一、取便初学，文不求高。其孤僻晦拗者，读之既难领会，又非文家之正轨，概不入集。

一、论、说、序、跋、记、赞以及墓、碑、祭文，普通文体悉行采入，学者举一可以隅反。

一、音注不可不有。本编加音加注于文内，弥详弥慎，不蔓不支，读者可无调查费时之患。

一、文之有评，所以揭主要，示法守。本编于文内多加作法之评，又列论文之要旨于眉端，一依吴氏《古文观止》之例。

一、作者小传，吴氏《古文观止》所未有。兹编列入简端，以便寻检，为论世知人之预备。

小传

顾炎武　初名绛，字宁人。江苏昆山人。明亡，往还关陇、河北之间，凡十年，晚乃卜居华阴。康熙间，举鸿博，修《明史》，力辞不赴。著有《诗文集》、《日知录》、《求古录》、《顾氏石经考》等书。

黄宗羲　字太冲，号梨洲。浙江余姚人。明诸生。鲁王监国，授左都御史。明亡，奉母还家。康熙间，荐举鸿博，不就。征修《明史》，固辞不起。著有经学、史学、性理、历算、文集、笔记诸书，编《明文海》四百八十二卷、《金石要例》一卷、《明儒学案》六十二卷。

侯方域　字朝宗。河南商邱人。明亡，不仕，早卒。有《壮悔堂文集》。

魏　禧　字叔子。江西宁都人。明末，弃诸生，结庐翠微峰。与兄际瑞、弟礼皆以文章称，号宁都三魏。康熙中，举博学鸿词，以疾辞。寻卒。有文集、诗集及《左传经世》。

周　容　字茂三，一字鄮山。浙江鄞县人。明诸生。国变后为僧，已以母在返初服。踪迹遍天下，有以博学鸿词荐者，以死拒。著有《春酒堂诗文集》。

顾景星　字赤方，号黄公。湖北蕲州人。明诸生。康熙时，荐鸿博，以病辞。著有《白茆堂集》、《读史集论》、《赗池录》、《南渡集》、《来耕集》等书，入《四库》著录。

王猷定　字于一，号轸石。江西南昌人。明拔贡生。工诗、古文。晚寓浙中西湖僧舍。著有《四照堂文集》。

王弘撰　字无异，一字文修，号山史。陕西华阴人。康熙中，举鸿博，以病辞。著有《砥斋文集》。

郑日奎　字次公。江西贵溪人。顺治进士。由庶吉士官至礼部郎中。著有《静庵文集》。

汪　琬　　字苕文。江苏长洲人。顺治进士。官至刑部郎中。缘事左迁。后举鸿博，授编修，典修《明史》。著有《尧峰文集》。

朱彝尊　　字锡鬯，号竹垞。浙江秀水人。康熙己未举博学鸿词，以布衣入翰林，官检讨。著有《曝书亭集》、《经义考》、《明诗综》等。

施闰章　　字尚白，号愚山。安徽宣城人。顺治六年进士。康熙十八年召试鸿博，官至侍读学士。与宋琬齐名。著有文集二十八卷、诗集五十卷。

王士禛　　字贻上，号阮亭，别号渔洋山人。山东新城人。顺治进士。官至刑部尚书。谥文简。诗为一代正宗。著有《带经堂集》、《池北偶谈》等数十种。

谢济世　　字石霖，号梅庄。广西全州人。康熙壬辰进士。授检讨，转御史，补湖南粮道，改盐驿道。著有《西北域记》、《纂言内外篇》等书。

陆陇其　　初名龙其，字稼书。浙江平湖人。康熙庚戌进士。知嘉定县、灵寿县，有政绩。征授四川道监察御史，忤上官意，放归。学以居敬穷理为本。所著有《四书大全》、《困勉录》、《三鱼堂文集》、《读朱随笔》等书。雍正二年，从祀孔庙。谥清献。

方　苞　　字灵皋，号望溪。安徽桐城人。康熙丙戌进士。坐戴名世《南山集》事下狱。后官至礼部右侍郎。著有《望溪集》八卷及释经诸书。

全祖望　　字绍衣，一字谢山。浙江鄞县人。乾隆进士。选庶吉士，散馆归，不复出。著有《经史问答》、《汉书地理志稽疑》、《鲒埼亭集》等书。

杭世骏　　字大宗，号堇浦。浙江仁和人。乾隆初，由举人试鸿博。授编修，改御史，以言事罢归，未几复原官。著有《道古堂诗文集》、《礼记集说》、《三国志补注》等书。

袁　枚　　字子才，号简斋。浙江钱塘人。乾隆进士。以庶吉士散馆，历知溧水、江宁等县。早岁解组，寓居金陵，筑随园以终老。著有《小仓山房全集》。

刘大櫆　　字才甫，一字耕南，号海峰。安徽桐城人。两中顺天副榜。乾隆丙辰召试鸿博，庚午举经学，皆报罢。授黟县教喻。著有《海峰诗文集》。

胡天游　　字稚威，号云持。浙江山阴人。雍正副贡。后举经学，报罢。客游山西，卒于蒲州。有《石笥山房集》。

赵　佑　　字启人，号鹿泉。浙江仁和人。乾隆进士。由编修历官左都御史，屡典文衡。著有《清献堂集》。

彭绍升　　字允初，号尺木。江苏长洲人。乾隆二十六年进士。壮岁喜浮屠之学，礼佛不下楼者四十年。著有《二林居集》、《一行居集》。

罗有高　　字台山。江西瑞金人。乾隆举人。晚交长洲彭绍升，遂长斋读佛乘。著有《尊闻居士集》。

朱仕琇　　字斐瞻，号梅崖。福建建宁人。乾隆十三年进士。改庶吉士，散馆，以知县用。选山东夏津县，以足疾改福宁府教授。乾隆四十五年卒，年六十六。著有《梅崖文集》三十卷、《外集》八卷。

彭　绩　　字其凝，更字秋士。江苏长洲人。布衣。乾隆五十年卒，年四十四。著有《秋士遗集》。

姚　鼐　　字姬传，一字梦谷。安徽桐城人。乾隆二十八年进士。改庶吉士，散馆，改礼部主事，迁刑部郎中。嘉庆十五年，重宴鹿鸣，赏四品衔。二十九年九月卒，年八十五。著有《惜抱轩文集》二十卷。

秦　瀛　　字凌沧，一字小岘，号遂庵。江苏无锡举人。乾隆四十一年南巡召试，赐内阁中书，官至刑部右侍郎。道光元年七月卒，年七十九。著有《小岘山房文集》。

恽　敬　　字子居。江苏阳湖人。乾隆四十八年举人。由咸安宫官学教习历任浙江江山、山东平阴、江西新喻、瑞金知县。以事去官。卒年六十一。著有《大云山房文集》四卷、《二集》四卷、《续编》一卷、《言事》二卷。

吴　定　　字殿麟，号澹泉。安徽歙县人。诸生。举嘉庆元年孝廉方正。著有《紫石泉山房文集》十二卷。

陆继辂　　字祁孙。江苏阳湖人。嘉庆举人。官贵溪知县。著有《崇百药斋诗文集》。

王庆麟　　字畤祥。江苏华亭人。嘉庆举人。任宣城教官。著有《洞庭诗文集》。

张惠言　　字皋文。江苏武进人。嘉庆四年进士。改庶吉士，散馆，授编修。七年六月卒，年四十二。著有《茗柯文集》初、二、三、四编。

周树槐　　字星叔。湖南长沙人。嘉庆十四年进士。历官山西沁源、江西吉水知县。著有《壮学斋文集》十二卷。

杨凤苞　　字传九，号秋室，又号萸沜。浙江归安人。嘉庆时诸生。有《秋室文录》、《南疆逸史跋》、《采兰簃文集》。

龚自珍　　后名巩祚，字璱人，号定盦。浙江仁和人。道光己丑进士。官内阁中书。著有《定盦集》。

刘　开　　字方来，号孟涂。安徽桐城人。布衣。著有《孟涂文集》十卷。

梅曾亮　　字伯言。江南上元人。道光二年进士。以知县用，改捐郎中。咸丰五年卒。著有《柏枧山房文集》十六卷。

管　同　　字异之。江南上元人。道光五年举人。卒年四十七。著有《因寄轩文初集》十卷、《二集》六卷、《补遗》一卷。

王　拯　　原名锡振，字定甫，号少鹤。广西马平人。道光进士。官至通政使。著有《龙壁山房文集》。

龙启瑞　　字辑五，号翰臣。广西临桂人。道光进士。官江西布政使。著有《经德堂文集》十四卷。

吴敏树　　字本深，号南屏。湖南巴陵人。道光举人。官浏阳县训导。著有《柈湖文集》十二卷。

曾国藩　　字伯涵，号涤笙。湖南湘乡人。道光十八年进士。改庶吉士，散馆，授检讨。官至武英殿大学士、两江总督。以平粤匪功，封一等毅勇侯，世袭。同治十一年卒，特谥文正。著有《求阙斋集》及经史百家杂钞等。

姚　谌　　字子展。浙江归安人。咸丰举人。洪杨之难，募乡勇守城，城陷，赴水不死，旋以心疾卒。著有《景暗斋文集》。

施补华　　字均甫。浙江乌程人。同治举人。官山东道员。有《泽雅堂文集》。

李慈铭　　字炁伯，号莼客。浙江会稽人。光绪进士。官山西道监察御史，数上封事，不避权要。中日事起，败问至，感愤扼腕，卒于官。有《孟学斋古文内外篇》、《湖塘林馆骈体文钞》、《越缦堂日记》等。

张裕钊　　字廉卿。湖北武昌人。道光举人。官内阁中书。有《濂亭文钞》。

黎庶昌　　号莼斋。贵州遵义人。廪贡生。官至川东道。两使日本。影抄唐宋旧籍，成《古逸丛书》。著有《拙尊园丛稿》。

薛福成　　字叔耘，一字庸盦。江苏无锡人。光绪间，以副贡参曾国藩、李鸿章幕，除宁绍台道，内擢卿寺，出使英、法、义、比诸国。著有《庸盦文集》。

吴汝纶　　字挚甫。安徽桐城人。同治进士。官冀州知州。光绪时，充北京大学总教习，加五品卿衔。著有诗文集。

王闿运　　字壬秋。湖南湘潭举人。著有《湘绮楼集》。

杨　岘　　字见山，号庸斋。浙江归安人。咸丰举人。著有《庸盦文集》。

刘可毅　　原名毓麟，字葆真。江苏武进人。光绪进士。官编修。死于拳匪之难。有遗集。

王先谦　　字益吾。湖南长沙人。同治进士。官至国子监祭酒。有《虚受堂集》。

易顺鼎　　号实甫，别号哭庵。湖南龙阳人。曾任广西太平思顺道。

贺　涛　　字松坡。直隶武强人。光绪进士。官刑部主事。有文集。

熊其英　　字纯叔。江苏青浦人。岁贡生。有《耻不逮斋集》。

李　桢　　字佐周。湖南善化人。有《畹兰斋文集》。

李　佳　　字瘦生。江苏丹徒人。有《独诵堂遗集》。

冯　煦　　字梦华，号蒿叟。江苏金坛人。某科探花。官至安徽巡抚。有《蒿庵类稿》。

章炳麟　　又名绛，字枚叔，一字太炎。浙江余杭人。有《章氏丛书》。

林　纾　　字琴南，号畏庐。福建闽县举人。著有《畏庐文正续集》。

张　謇　　字季直，号啬庵。江苏通州人。某科状元。有诗文集。

李　详　　字审言。江苏兴化人。有《学制斋集》。

梁启超　　字卓如，一字任公。广东新会举人。有《饮冰室全集》。

续古文观止卷之一

顾炎武

复庵记

旧中涓[①]范君养民，以崇祯十七年夏自京师徒步入华山[②]，为黄冠。数年，始克结庐于西峰之左，名曰复庵[③]。华下之贤士大夫多与之游，环山之人皆信而礼之。而范君固非方士者流也，幼而读书，好《楚辞》、诸子及经史，多所涉猎，为东宫伴读[④]。方李自成[⑤]之挟东宫二王以出也，范君知其必且西奔，于是弃其家，走之关中[⑥]，将尽厥职焉[⑦]。乃东宫不知所之，范君为黄冠矣[⑧]。

太华之山，悬崖之巅，有松可荫，有地可蔬，有泉可汲，不税于官，不隶于宫观之籍。华下之人或助之材，以创是庵而居之。有屋三楹，东向以迎日出。余尝一宿其庵，开户而望，大河之东，雷首之山[⑨]，苍然突兀，伯夷、叔齐[⑩]之所采薇而饿者[⑪]，若揖让乎其间，固范君之所慕而为之者也[⑫]。自是而东，则汾之一曲[⑬]。绵上之山[⑭]，出没于云烟之表，如将见之，介子推之从晋公子[⑮]，既反国而隐焉[⑯]，又范君之所有志而不遂者也[⑰]。又自是而东，太行、碣石[⑱]之间，宫阙山陵之所在，去之茫茫，而极望之不可见矣[⑲]。相与泫然[⑳]。作此记，留之山中，后之君子登斯山者，无忘范君之志也[㉑]。

【注释】

①涓，洁也。奄侍曰中涓，谓居中而涓洁者也。

②华山，在陕西华阴县。

③复庵，取复明之义，范君之意深矣。

④胜于作《酌中志》者一流。

⑤李自成，陕西米脂人，与张献忠同为明末流寇。

⑥关中，谓陕西长安县等地。

⑦此言范君之初意。

⑧十三字无限伤心，与“非方士”一句相呼应。

⑨首阳山，或以为即雷首山。山上有夷齐墓，在山西永济县东南。

⑩伯夷，名允，字公信。叔齐，名智，字公达。孤竹君之二子，姓墨胎。武王伐纣，叩马以谏。殷乱既平，天下宗周，而夷、齐耻之，隐于首阳山，采薇而食，卒饿死。

⑪引出两个高人来。

⑫极赞范君，以愧当时朝秦暮楚之士夫。

⑬汾水为山西省之大川，源出宁武县管涔山，南流入黄河。

⑭一曰介山，在山西介休县东南。晋文公返国，介子推不言禄，禄亦弗及，因隐于绵山而死。

⑮晋公子，即文公，名重耳，献公子。出亡在外，后返国，嗣晋位。

⑯又引出一个高人来。

⑰承“东宫不知所之”二句。

⑱太行山，在京兆西。碣石山，在直隶昌黎县西北。

⑲言路远不可去，并望之亦不可得见也。　　数句抵得一篇“黍油麦秀”之歌。

⑳泫然，流涕貌。《礼记·檀弓》：“孔子泫然流涕。”

㉑以“志”字作结，见作记之不苟。

与三侄书

新正已移至华下[①]。祠堂[②]书院之事，虽皆秦人[③]为之，然吾亦须自买堡中书室一所，水田四五十亩，为饔飧[④]之计。秦人慕经学，重处士，持清议，实与他省不同[⑤]。黄精[⑥]、松花[⑦]，山中所产。沙苑[⑧]、蒺藜[⑨]，止隔一水[⑩]。终日服饵，便可不肉不茗[⑪]。然华阴绾毂关河之口[⑫]，虽足不出户，而能见天下之人，闻天下之事。一旦有警，入山守险[⑬]，不过十里之遥。若志在四方，则一出关门，亦有建瓴[⑭]之便[⑮]。今年三月，乘道途之无虞及筋力之未倦，出崤[⑯]函[⑰]，观伊[⑱]雒[⑲]，历嵩[⑳]少[㉑]。亦有一二好学之士，闻风愿交，但中土饥荒，不能久留，遂旋车而西矣[㉒]。彼中经营方始，固不能久留于外也。

【注释】

①华下，华山之下也。今陕西华阴县。先生往还河北诸边塞，凡十年，始卜居陕之华阴。

②建朱子祠堂。

③秦人，指陕西省人。先生至华阴，王征君弘撰筑室延之。

④朝食曰饔，夕食曰飧。

⑤此言秦人之长。

⑥黄精，多年生草，茎高一二尺，叶似百合，夏初叶腋开花，下垂如小铃，色淡绿，花后结黑实如豆，根为管状，色白而青，根茎均可入药。

⑦松花，松树之花粉，可食。岑参诗：“五粒松花酒，双溪道士家。”

⑧沙苑，在今陕西大荔县南，一名沙阜，产蒺藜。《唐书·高祖纪》：“武德六年，如华阴，猎于沙苑。”

⑨《本草》：“蒺藜有二种，一杜蒺藜，开小黄花，结芒刺。一白蒺藜，出沙苑，结荚，长寸许，子大如黍粒。”

⑩水，谓渭水。大荔在渭北，华阴在渭南。

⑪此言服食之得。

⑫关，谓潼关，在华阴东。河，谓黄河，在华阴东北。绾毂，言华阴道狭，绾其道口，若车毂之辏也。

⑬华山在华阴南十里，山之东有牛心谷，南通商洛，为险厄处。

⑭瓴，屋瓦之仰盖者，亦曰瓦沟。建瓴，喻向下之势易也。《汉书·高帝纪》：“譬犹居高屋上建瓴水也。”

⑮此言地利之得。于此见先生之处心积虑、未忘复明之意。

⑯崤，二崤山，在今河南洛宁县北。其地或谓之崤渑，或谓之渑隘，或谓之崤塞。

⑰函，谓函谷关，在今河南省灵宝县南。

⑱伊水，出河南卢氏县东南闷顿岭，东北流至偃师县，入洛。

⑲雒，同“洛”。　　洛水出陕西雒南县之秦岭，东北流至河南汜水县，入河。

⑳嵩，谓嵩山，一名太室山，五岳之中岳也，在河南登封县北。

㉑少，谓少室山，在登封县西。

㉒此言河南之不如陕西。

与人书

《宋史》[①]言刘忠肃[②]每戒子弟曰：“士当以器识为先，一命为文人，无足观矣[③]。”仆自一读此言，便绝应酬文字，所以养其器识而不堕于文人也[④]。悬牌于室，以拒来请，人所共见，足下尚不知耶？抑将谓随俗为之而无伤于器识耶？中孚[⑤]为其先妣[⑥]求传再三，终已辞之，盖止为一人一家之事，而无关于经术政理之大，则不作也。韩文公[⑦]文起八代之衰[⑧]，若但作《原道》、《原毁》、《争臣论》、《平淮西碑》、《张中丞传后序》诸篇，而一切铭状概为谢绝，则诚近代之泰山北斗矣[⑨]，今犹未敢许也。此非仆之言，当日刘叉[⑩]已讥之。

【注释】

①《宋史》，元脱脱等撰，凡四百九十六卷。

②刘忠肃，名挚，字莘老，宋永静东光人。嘉祐进士，为监察御史，不阿新法。累官至仆射，兼中书侍郎，出知郓州。卒谥忠肃。

③此语自当书诸座右。

④应酬文字，欺己欺人，宜先生之深恶而戒绝之。

⑤中孚，姓李，名颙，中孚其字也，自署曰二曲土室病夫，陕西盩厔人。为清初大儒。父可从，崇祯时，以壮武从军，为材官，战败死。母彭氏闻报，欲以身殉，以子幼，制泪抚之，令颙从师学。颙稍长，母夫人日言忠孝节义事以督之，故颙以昌明圣学为己任。明亡后，隐居不仕。康熙时，征召鸿博，称疾固辞。自是反锁荆扉，不复与人接。惟顾炎武至，则款待之。

⑥先妣，称其已故之母。

⑦韩文公，名愈，字退之，唐昌黎人。擢进士第，累官吏部侍郎。长庆中卒，赠礼部尚书，谥曰文。

⑧八代，谓东汉、魏、晋、宋、齐、梁、陈、隋也。句见苏轼《潮州韩文公庙碑》。

⑨泰山北斗，《唐书·韩愈传赞》：“唐兴，愈以六经之文，为诸儒倡。自愈没，其学盛行，学者仰之如泰山北斗。”

⑩《唐书·韩愈传》：“刘叉闻愈接天下士，步归之。后以争语不能下，因持愈金数斤，曰：‘此谀墓中人得耳，不若与刘君为寿。’愈不能止。”

与叶讱庵书[①]

去冬韩元少[②]书来，言曾欲与执事荐及鄙人，已而中止。顷闻史局中[③]复有物色[④]及之者，无论昏耄[⑤]之资，不能黾勉从事。而执事同里人也，一生怀抱，敢不直陈之左右？先妣[⑥]未嫁过门，养姑抱嗣，为吴中[⑦]第一奇节，蒙朝廷旌表。国亡绝粒，以女子而蹈首阳[⑧]之烈。临终遗命，有无仕异代之言，载于志状。故人人可出，而炎武必不可出矣[⑨]。《记》[⑩]曰：将贻父母令名，必果；将贻父母羞辱，必不果。七十老翁何所求？正欠一死。若必相逼，则以身殉之矣！一死而先妣之大节愈彰于天下，使不类之子得附以成名，此亦人生难得之遭逢也[⑪]。谨此奉闻。

【注释】

①讱庵，名方蔼，字子吉。顺治进士，官至刑部右侍郎，卒谥文敏。有《独赏集》、《读书斋偶存稿》。

②韩元少，名菼，号慕庐，长洲人。官至礼部尚书，谥文懿。

③时开史局，修《明史》。

④《汉书·严光传》："帝思其贤，乃令以物色求之。"注："以形貌求之。"

⑤昏耄，惛忘也。

⑥先妣，先生母王氏。

⑦吴中，谓旧苏州府属一带。

⑧首阳，见上《复庵记》注。

⑨说得决绝，以见己之不得与他人比。

⑩《记》，《礼记》。

⑪至诚感人，征召之不再至者，其以此夫？

与友人辞祝书

昨见子德，云：明府[①]将以贱辰光临赐祝。窃惟生日之礼，古人所无。《小弁》[②]之逐子[③]，始说"我辰"[④]；《哀郢》[⑤]之故臣[⑥]，乃言"初度"[⑦]。故唐文皇[⑧]以"劬劳"之训，垂泣以对群臣[⑨]。而近时孙退谷[⑩]、张篑山[⑪]著论，欲废此礼。彼居常处顺者犹且辞之，况鄙人生丁[⑫]不造，情事异人，流离四方，偷存视息[⑬]，若前世王华[⑭]、王肃[⑮]、陆襄[⑯]、虞荔[⑰]、王慧龙[⑱]之伦，便当终身布衣疏食[⑲]，不听音乐，不参喜事[⑳]。即不能然，而又以此日接朋友之觞[㉑]，炫[㉒]世俗之目，岂不于我心有戚戚乎[㉓]？知我者，当闵[㉔]其不幸而吊慰之，不当施之以非礼之礼，使之拂[㉕]其心而夭[㉖]其性也。用是直摅[㉗]衷曲[㉘]，布诸执事，惟祈鉴之。

【注释】

①古于太守、牧令皆称府君，或明府君，简称明府。

②《小弁》,《诗·小雅》篇名。周幽王娶申后,生太子宜臼。又得褒姒,生伯服,而黜申后,废宜臼。宜臼之傅为作此诗,以叙其悲怨之情。首句曰"弁彼鸒斯",故曰《小弁》。
③指宜臼。
④《小弁》诗有"我辰安在"之句。
⑤《哀郢》,《楚辞·九章》篇名。郢为楚之国都。
⑥指屈原。
⑦初度,始生时也。《楚辞》:"皇览揆予于初度兮。"按:俗称生日曰初度,本此。
⑧唐文皇,唐太宗也。
⑨《唐书》:"上谓长孙无忌曰:'今日吾生日,世俗皆为乐,在朕翻成伤感。今君临天下,富有四海,而承欢膝下,永不可得。此子路所以有负米之恨也。《诗》云:"哀哀父母,生我劬劳。"奈何以劬劳之日,更为欢乐乎?'因泣数行下,左右皆悲。"　　杀建成、元吉者而能如是,是亦天理之未尽澌灭处。
⑩孙退谷,名承泽,益都人,字耳北,号北海,亦号退谷。明崇祯进士。入清,仕至吏部侍郎。
⑪张篑山,名贞生,字干臣,一字篑山。顺治进士,累官翰林学士。以理学名。
⑫丁,当也。《诗》:"宁丁我躬。"
⑬言仅目能视,鼻能息,偷生于世也。
⑭王华,字子陵。以父存亡不测,布衣蔬食,不交游,如此十余年。见《宋书》。
⑮王肃,奂子,字恭懿。奂及兄弟并为萧赜所杀,肃再期蔬缊不改。见《魏书》。
⑯陆襄,字师卿。台军攻陷,襄痛父闲、兄绛遇祸之酷,丧过于礼。弱冠后,终身蔬食布衣,不听音乐。见《梁书》。
⑰虞荔,余姚人,字山披。侯景之乱,荔母随荔入台,卒于台内,寻城陷,情礼不申,由是终身布衣蔬食,不听音乐。见《陈书》。
⑱王慧龙,愉孙。愉合家被诛,慧龙布衣蔬食,不参吉事。见《魏书》。
⑲疏食,粗饭也。《论语》:"饭疏食饮水。"
⑳以上诸人行其心之所当然,不得谓之矫激。
㉑觞,酒卮之总名。
㉒炫,矜也。
㉓戚戚,心动貌。《孟子》:"于我心有戚戚焉。"
㉔闵,伤念也。
㉕拂,逆也。
㉖夭,折也。
㉗摅,舒也。
㉘衷曲,中心之委曲也。

寿文作俑于明,震川此种文尤多,故启后人之非议。

与王虹友书

流寓关华①,已及二载。幸得栖迟②泉石,不与弓旌③,而此中一二绅韦④颇知重道。管幼安之客公孙，惟说六经之旨[⑤]；乐正裘之友献子，初无百乘之家[⑥]。若使戎马不生，弦歌无辍，即此可为优游卒岁之地矣[⑦]。惟是筋力衰隤，山川缅邈。获麟西野，粗成拨乱之书[⑧]；化鹤东州，未卜归来之日[⑨]。言念邦族，憬[⑩]然如何[⑪]！

【注释】

①关华，关中华阴县。

②栖迟，游息也。《诗·陈风》："可以栖迟。"

③古者招虞人以弓，招大夫以旌，以此为征召之信物。　此幸征召之不及。

④绅韦，罢官而家处者。

⑤幼安，名宁。北海朱虚人。天下大乱，避地辽东，依公孙度，惟说经典，不涉世事。　此言已无他志。

⑥"孟献子，百乘之家也。有友五人焉：乐正裘，牧仲，其三人，则予忘之矣。献子之与此五人者友也，无献子之家者也。此五人者，亦有献子之家，则不与之友矣。"见《孟子》。　此言权势之胥忘。

⑦此言人地之相宜。

⑧《史记》：鲁哀公十四年，西狩于大野。叔孙氏之车子钼商获兽，以为不祥，以赐虞人。仲尼观之，曰："麟也。"然后取之。孔子修《春秋》，因而绝笔。《春秋》者，拨乱反正之书也。

先生有《天下郡国利病》、《日知录》等书。

⑨丁令威，辽东人。学道灵虚山，后化鹤归辽。

⑩憬，远也。

⑪此言著作粗成，思归之心，未尝或忘，忧衰念远，末如之何耳。

与李中孚书[①]

衰疾渐侵，行须扶杖，南归尚未可期。久居秦[②]晋[③]，日用不过君平[④]百钱，皆取办囊橐，未尝求人[⑤]。过江而南，费须五倍，舟车所历，来往六千。求人则丧己，不求则不达，以此徘徊未果。华令迟君谋为朱子祠堂，卜于云台观[⑥]之右，捐俸百金，弟亦以四十金佐之。七月四日买地，十日开土，中秋后即百堵皆作[⑦]。然堂庐门垣[⑧]，备制而已[⑨]，不欲再起书院，惟祠中用主像，遵足下前论，主题曰"太师徽国文公朱子神位"，像合用林下冠服[⑩]，敢祈足下考订明确示之。

太夫人祠已建立否？委作记文，岂敢固辞，以自外于知己[⑪]？顾先妣以贞孝受旌[⑫]，顷使舍侄于墓旁建一小祠，尚未得立，日夜痛心[⑬]。若使不立母祠，而为足下之母作祠文，是为不敬其亲而敬他人矣，足下亦何取其人乎？贵地高人逸士甚不乏人，似不须弟，若谓非弟不可，则时乎有待，必鄙愿已就，方可泚笔耳[⑭]。

【注释】

①中孚，李颙也。见上《与人书》。

②秦，见上。

③晋，山西。

④君平，汉蜀人，姓严，名遵，以字行。卜筮成都市，日阅数人，得百钱，足自养，则闭肆下帘读《老子》。
⑤两语已见风骨。
⑥云台观，在华阴县南山下。《朱子年谱》："淳熙十二年，主管华山云台观。"
⑦语见《诗·小雅》。堵，垣也。一丈为板，五板为堵。
⑧垣，墙也。
⑨备制，简略之意。
⑩冠服，罢官后之服。
⑪以下说明不作之故。
⑫见前《与叶讱庵书》。
⑬念念不忘其母。
⑭泚笔，以笔蘸墨也。

黄宗羲

过云木冰记[①]

岁在壬午[②]，余与晦木、泽望[③]入四明[④]，自雪窦[⑤]返至过云。雰霿澒浊[⑥]，蒸满山谷。云乱不飞，瀑危弗落。遐路窈然[⑦]，夜行撤烛[⑧]。雾露沾衣，岚[⑨]寒折骨。相视褫气[⑩]，呼嗟咽续[⑪]。忽尔冥霁地表[⑫]，云敛天末。万物改观，浩然目夺，小草珠圆，长条玉洁[⑬]。珑松插于幽篁[⑭]，缨络缠于萝阙[⑮]。琤琮俯仰[⑯]，金奏石搏。虽一叶一茎之微，亦莫不冰缠而雾结[⑰]。

余愕眙[⑱]而叹曰："此非所谓木冰乎？《春秋》书之[⑲]，《五行》志之[⑳]，奈何当吾地而有此异也？"言未卒，有居僧笑于傍曰："是奚足异！山中苦寒，才入冬月，风起云落，即冻洛[㉑]飘山，以故霜雪常积也。盖其地当万山之中，嚣尘沸响，扃镉人间[㉒]，邨烟佛照，无殊阴火[㉓]之潜，故为愆阳[㉔]之所不入。去平原一万八千丈，刚风疾轮[㉕]，侵铄心骨。南箕哆口[㉖]，飞廉弭节[㉗]，土囊[㉘]大隧[㉙]，所在而是，故为勃郁烦冤[㉚]之所不散。溪回壑转，蛟[㉛]螭[㉜]蠖蛰[㉝]，山鬼窈窕，腥风之冲动，震瀑之敲嗑[㉞]，天呵地吼[㉟]，阴崖沍穴[㊱]，聚雹堆冰，故为玄冥[㊲]之所长驾。群峰灌顶，北斗堕胁[㊳]，藜蓬臭蔚[㊴]，虽焦原竭泽[㊵]，巫吁魃舞[㊶]，常如夜行秋爽[㊷]，故为曜灵[㊸]之所割匿。且其怪松人枫[㊹]，礜石[㊺]罔草[㊻]，碎碑埋砖，枯胔[㊼]碧骨，皆足以兴吐云雨；而仙宫神治，山岳炳灵，高僧悬记[㊽]，冶鸟[㊾]木客[㊿]，窅岑幽深，其气皆敛而不扬，故恒寒而无燠[51]。"

余乃喟然曰："嗟乎！同一寒暑，有不听命于造化之地；同一过忒[52]，有无关系于吉凶之占。居其间者，亦岂无凌峰掘药、高言畸行[53]、无与于人世治乱之数者乎？余方龃龉世度[54]，将欲过而问之。"

【注释】

①陆龟蒙《四明山》诗序："山中有云不绝者二十里，民皆家云之南北，每相徙，谓之过云。"木

冰，谓雨着树木即凝成冰也。

②明崇祯十五年。

③晦木、泽望，均宗羲弟。晦木名宗炎，世称立溪先生。泽望名宗会，号缩斋，学者称石田先生。

④四明，山名，在浙江会稽道。山上有分水岭，石窗四面玲珑。每天地澄霁，望之如户牖。中通日月星辰之光，故曰四明。

⑤雪窦，山名，在浙江奉化县西北，亦四明之别阜。

⑥雰，雾气也。霭，氛也。澳，垢浊也。

⑦窈，深远也。

⑧此言一路之景象。

⑨岚，山气蒸润也。

⑩褫气，夺气也。

⑪言呼声嗟声忽咽忽续也。　　此言寒气之烈而行路之难。

⑫冥，晦冥也。霁，云雾散也。地表，地外也。

⑬言草上凝露，如珠之圆，木上结冰，如玉之洁也。

⑭王建诗："一树珑松玉刻成，飘廊点地色轻轻。"篁，竹丛也。

⑮梁简文帝《菩提树颂》："五百宝盖，胜光自合。十千缨络，悬空下坠。"萝，蔓草也。阙，空隙处也。

⑯琤琮，玉声。首所俯仰，触之成声也。

⑰"忽尔"以下，至此入木冰。

⑱原本为"眙睜"。按：字书无"睜"字，当作"愕眙"，惊视貌。班固《西都赋》："虽轻迅与僄狡，犹愕眙而不能阶。"

⑲《春秋·成公十六年》："春，王正月，雨木冰。"

⑳刘向《五行传》："冰者，阴之盛而水滞者也。阴气胁木，木先寒，故得雨而冰也。"

㉑冻洛，《楚辞》："冰冻兮洛泽。"洛泽，冰貌。

㉒扃鐍，箱箧前锁处。言与人间隔绝也。

㉓阴火，《博物志》："凡水源有硫黄，其泉则温，故云阴火。"《拾遗记》："西海之西有浮玉山，山下有巨穴，穴中有水，其色若火，昼则通昽不明，夜则照耀穴外，虽波涛灌荡，其光不灭，是谓阴火。"

㉔《左传》："冬无愆阳，夏无伏阴。"□天时阴阳失调也。

㉕言强风之疾于轮也。

㉖哆，张口也。箕，星名，二十八宿之一，今夏至节子初三刻十四分之中星。旧说箕星主风。《诗·小雅》："哆兮哆兮，成是南箕。"

㉗《风俗通》："飞廉，风伯也。"弭，止也。

㉘土囊，大穴也。宋玉《风赋》："夫风生于地，起于青蘋之末。侵淫溪谷，盛怒于土囊之口。"

㉙大隧，地阙也。《诗·大雅》："大风有隧，有空大谷。"注："隧，道也。""西风谓之大风。大风之行，有所从而来，必从大空谷之中。"

㉚郁勃烦冤，风回旋之貌。宋玉《风赋》："勃郁烦冤，冲孔袭门。"

㉛古以蛟为龙类，能发生大水。

㉜螭，旧说，若龙而黄，无角。

㉝蛰，伏藏也。
㉞嗑，合也。
㉟兽鸣也。　　状风之大。
㊱崖，山边也。沍，闭塞也。
㊲玄冥，水神。《礼·月令》："孟冬之月，其神玄冥。"
㊳胁，胸之两旁有肋骨处。此言接近北斗星，望之如堕胁也。　　二句状其高。
㊴曹植《籍田说》："藜蓬臭蔚，弃之乎远疆。"藜、蓬、蔚，皆贱草也。
㊵焦原竭泽，旱之甚也。
㊶巫主祈晴祷雨。魃，旱鬼也。《诗·云汉》篇："旱魃为虐。"
㊷言山外虽旱暵，而山中自寒凉也。
㊸曜灵，《广雅》："日名曜灵。"
㊹人枫，《南方草木状》："枫木岁久，则生瘤瘿，谓之枫人。"《朝野佥载》："江东、江西山中多有枫木人，似人形，长三四尺，夜雷雨即长与树齐，见人即缩依旧。"
㊺礜石，《说文》："毒石，出汉中。"《山海经》："西山皋涂之山，有白石名礜，可毒鼠。"
㊻罔草，纠结之丛草也。
㊼胔，肉腐也。
㊽悬记，即题名于高处。
㊾冶鸟，《搜神记》："越地深山中有鸟，大如鸠，青色，名曰冶鸟。"
㊿木客，《漫叟诗话》："东坡作《虔州八境诗》，曰：'山中木客解吟诗。'"《十道四蕃志记》："虔州上洛山有木客鬼，与人交甚信。"未尝言能作诗也。
(51)大地何地？于今何世？敛而不扬，寒而无燠，遗民之所处为然。特于此记一发之，勿视为无关系之作。
(52)过忒，更变也。
(53)畸，异也。
(54)龃龉，格不相入之谓。世，谓人世。度，谓法度。言与世之法度相龃龉也。　　一语点睛。

侯方域

王猛论[①]

唐荆川[②]曰："王猛者，苻坚[③]之谋臣也。"此可谓得猛之著者矣。猛处天下分崩之时，其志未尝不在中原[④]，及其不得已而见用于异国，犹惓惓[⑤]不能忘晋，盖识大义者也。呜呼！三代而下，乱世之臣识大义者，诸葛亮[⑥]、王猛而已。亮始终心乎汉者乎，猛始终心乎晋者也。然亮仕于汉，而为汉人之所知也；猛仕于秦，而为晋人之所不知也[⑦]。吾故舍亮而论猛。当猛之隐于华阴也[⑧]，姚氏[⑨]、石氏[⑩]多雄略之主，岂不能出而佐之？以为是氐[⑪]羌[⑫]僭窃者，而非其志也。志不肯轻出，而又无以自达于晋，故宁隐焉[⑬]。逮夫桓温入关[⑭]，而后喜可知矣。被褐[⑮]而谒[⑯]，扪虱而

谈[17]，讵偶然哉？温见之，而与论三秦之豪杰，既而曰："江东无君比也[18]。"盖温且心折于猛矣[19]，乃温还而猛不从[20]，何欤？呜呼！猛英雄也，温亦英雄也，天下英雄之与英雄，可一望而知。猛从温，则温必大用猛。然而温欲篡晋[21]，其从之，则荀彧[22]、郭嘉[23]之下者也；不从，温又必杀猛。天下英雄之相爱而相用也，出于诚，然而英雄之杀英雄、与其见杀于英雄者，则必皆出于万不得已。苟有可以择之而可以全之，断不相强也。故此时猛不难于舍温，温亦不难于舍猛。温欲篡晋，猛之所知也；猛必不从温篡晋，亦温之所知也。然猛自是始无望于晋也矣[24]。晋偏安江左[25]，仅有一桓温，足以有为，而又不可以从，大军一还，彼崤[26]、渑[27]、函谷[28]之间，岂复尚有奉正朔[29]、袭冠带[30]之日哉？其出而相苻坚者[31]，猛之不得已也。一出而强兵富国，扩疆启宇，勋绩烂然[32]，说者以为苻坚之管仲[33]，是固猛之生平所裕如也[34]，不足异也。垂没而告苻坚曰："晋正统相承，上下辑睦，非所可图。臣死之后，愿无以晋为念。"而后其本怀见矣[35]。故吾以为猛者，非仅仅功名之人也。然则猛盍并不仕秦？曰：猛之才高于诸葛亮，而澹泊宁静[36]不及。即其治秦也，亦以英气为之，而多不可耐。使亮不遇先主，则必不仕吴、魏者，亮之所能也。猛不遇晋，则并不仕秦者，非猛之所能也[37]。然而当猛之时，可以为晋难者，莫秦若也。猛存，则以秦存晋；猛亡，犹欲以秦存晋：是则吾之所为识大义者也。

【注释】

①猛字景略，晋魏郡人。好读兵书，识度宏远。桓温入关，猛见之，扪虱而谈世务，旁若无人。温欲与俱还，不从。吕婆楼荐之于苻坚，以为相。

②唐荆川，名顺之，字应德，明武进人，学者称荆川先生。嘉靖间，以进士官至淮扬巡抚、右金都御史，卒于官。著有《荆川集》十二卷及《史纂》、《左编》、《文编》、《武编》、《稗编》等书。

③苻坚，本氐种，蒲洪之孙，苻健之从子。杀健子生而自立，国号秦。

④中原，对于边境及蛮夷而言。晋以中原与江左并称。

⑤惓惓，不忘之义。

⑥诸葛亮，字孔明，汉末琅琊阳都人。辅蜀汉先主，成三分之业。先主崩，辅幼主禅。封武乡侯，卒谥忠武。

⑦此文之自谓直探其隐处。

⑧华阴，今陕西华阴县地。

⑨姚弋仲，本羌种。初为南安赤亭羌酋，寻东徙，仕刘石，改居滠头。降晋，为六夷大都督。晋穆帝永和八年卒。子襄嗣，叛晋，后为苻秦击败而死。弟苌降苻秦，既而叛奔渭北，进兵杀苻坚，据长安称帝，是为后秦。

⑩石勒，本羯种。灭刘曜，称赵帝，是为后赵。始都襄国，今直隶邢台县。后迁邺，今河南临漳县。

⑪氐，为古西戎之一部落，在今甘肃。晋时，氐之国三，为成李雄、秦苻坚、后凉吕光是也。

⑫羌，西戎种族名。晋时，羌之国为后秦，即姚氏也。

⑬姚、石苟能推心置腹如坚，猛亦未尝不乐为之用。

⑭关中，即今陕西长安县等地。温字元子，晋穆帝时，温帅师伐秦，入关中。

⑮褐，毛布衣也。

⑯谒，请见也。

⑰猛对温谈当世之事，扪虱而言，旁若无人。见《晋书》。

⑱温曰："吾奉天子之命，将锐兵十万，为百姓除残贼，而三秦豪杰未有至者，何也？"猛曰："公不远数千里，深入敌境，长安咫尺，而不渡灞水。百姓未知公心，所以不至。"温默然无以应，徐曰："江东无卿比也。"见《晋书》。

⑲温署猛军咨祭酒。

⑳温欲与王猛俱还，猛还山咨师，师曰："君与桓温岂并世哉？"乃辞不就。　猛之不从，未始不见到温之奸雄难与共事。

㉑温灭蜀后，渐蓄异志。

㉒荀彧，字文若，汉末颍川人。从曹操。及操将进爵国公，加九锡，彧曰："公本兴义师，不宜如此。"操心不平。彧知操意，饮药死。

㉓郭嘉，字奉孝，三国时颍川阳翟人。荀彧荐之于曹操，嘉出曰："真吾主也。"

㉔停顿一句。

㉕江南曰江左。东晋元帝避五胡之乱，东都建康，故曰偏安。

㉖崤，山名，今河南洛宁县北。

㉗渑，水名，今河南有渑池县，渑水在其西，流入涧水。

㉘函谷，关名，故关在今河南灵宝县南，是为秦之东关，新关在今河南新安县东北，汉武帝时移置。

㉙奉晋所建之正朔也。

㉚用晋代衣冠也。

㉛苻坚与猛语，大悦，自谓玄德之遇孔明，遂任以相事。

㉜猛佐苻坚，举贤才，修废职，课农桑，恤困穷，立学校，秦民大悦。其后平燕，定蜀，擒代，灭凉，平西域诸国，幅员之大，五胡所未有也。

㉝管仲，名夷吾，颍上人。齐桓公相之而霸。此以仲比猛。

㉞裕如，宽然有余貌。

㉟时秦寇晋梁益，陷之，故猛垂没犹以勿伐晋为言。猛卒后，坚仍大举伐晋，卒致淝水之败，此见猛之心乎晋室也。　一篇之骨在此，昆仑之脊，绵亘万里。

㊱孔明《诫子书》云："非澹泊无以明志，非宁静无以致远。"澹泊，无所欲也。宁静，不纷扰也。

㊲此论殊确。

急功近名，乃王猛之为人。临没之言，不可谓非识大义。必谓其以秦存晋，则推尊过甚，转失之矣。至文笔之矫健，自足以称雄一时。

马伶传

马伶者，金陵梨园[1]部也。金陵为明之留都[2]，社稷[3]百官皆在，而又当太平盛时，人易为乐，其士女之问桃叶渡[4]、游雨花台[5]者，趾相错也[6]。

梨园以技鸣者，无虑[7]数十辈，而其最著者二，曰兴化部，曰华林部[8]。一日，新

安[9]贾合两部为大会，遍征金陵之贵客、文人与夫妖姬静女，莫不毕集。列兴化于东肆，华林于西肆[10]，两肆皆奏《鸣凤》[11]。所谓椒山先生者[12]，迨半奏，引商刻羽[13]，抗坠疾徐[14]，并称善也。当两相国论河套[15]，而西肆之为严嵩相国者，曰李伶，东肆则马伶。坐客乃西顾而叹，或大呼命酒，或移坐更近之，首不复东。未几更进，则东肆不复能终曲。询其故，盖马伶耻出李伶下，已易衣遁矣[16]。马伶者，金陵之善歌者也[17]。既去，而兴化部又不肯辄以易之，乃竟辍其技不奏，而华林部独著。

去后且三年，而马伶归。遍告其故侣，请于新安贾曰："今日幸为开燕，招前日宾客，愿与华林部更奏《鸣凤》，奉一日欢[18]。"既奏，已而论河套，马伶复为严嵩相国以出。李伶忽失声，匍匐[19]称弟子，兴化部是日遂凌出华林部远甚。其夜，华林部过马伶曰："子，天下之善技也，然无以易李伶。李伶之为严相国，至矣，子又安从授之而掩其上哉？"马伶曰："固然，天下无以易李伶，李伶又不肯授我。我闻今相国昆山[20]顾秉谦者[21]，严相国俦也。我走京师，求为其门卒三年[22]，日侍昆山相国于朝房，察其举止，聆其语言，久乃得之，此吾之所为师也[23]。"华林部相与罗拜[24]而去。马伶名锦，字云将，其先西域人[25]，当时犹称马狙狙[26]云。

【注释】

①明皇选子弟三百教于梨园，声有误者，帝必觉而正之，号皇帝梨园弟子。见《唐书·礼乐志》。按：此为称优伶之始。

②明初定都金陵，永乐时始建北京，改北平为顺天府，故以明之留都称金陵。

③社，土神。稷，谷神。指祭土谷神之所在。

④桃叶渡，在南京城内武定桥北。晋王献之有爱妾，曰桃叶，其妹曰桃根，献之曾临渡歌以送之，后因名渡。

⑤雨花台，在江宁县南聚宝门外，即聚宝山之东巅，为金陵扼要之地。相传梁武帝时，有僧云光讲经于此，感天雨花，故名。

⑥言游人之众也。　　本传马伶，却先插入金陵一段，为下文地步。

⑦无虑，不一一计虑，犹言大率也。

⑧点明两部。

⑨新安，晋郡名，故城在今浙江淳安县西，隋移治休宁，后移治歙，至唐废。休宁、歙二县今俱属安徽。

⑩铺叙亦热闹，亦大雅。

⑪《鸣凤记》，梁辰鱼作。言夏言、杨继盛、严嵩事，中有《谒师》、《辞阁》、《河套》、《参相》等剧。

⑫椒山先生，杨姓，继盛名，字仲芳，别号椒山。容城人。嘉靖进士，官兵部员外郎。劾严嵩十大罪、五奸，疏入，廷杖系狱，竟弃市。

⑬引，延长也。刻，深也。五音曰宫、商、角、徵、羽。谓商音长，羽音深，用二音以协律也。

⑭言音之高下迟速也。

⑮河套，今陕西省长城以外、黄河以内地。明孝宗时，鞑靼之居河套者，以小王子和硕为最强，杨一清、王琼议复河套，不果。武宗时，和硕出河套，惟小王子居套中。世宗时，小王子孙谙达最强盛，时曾铣为兵部侍郎，总督陕西三边军务。铣喜功名，议复河套，大学士夏言

主之，独严嵩力言不可，帝卒从嵩言，杀铣及言。

⑮奇人奇事。

⑰又提一句，得史迁之神。

⑱名心之竞争，胜于士大夫。

⑲匍匐，伏行也。

⑳昆山，今县名，属江苏苏常道。

㉑秉谦，昆山人。万历进士，天启中仕至礼部尚书。以谄附魏忠贤，入参机务。

㉒奇人奇事。

㉓善自得师，那得不一战而胜？

㉔罗拜，罗列而拜也。

㉕西域名始于汉，指敦煌以西诸国而言。其地在今甘肃西境及新疆省地。

㉖西域人。马盖奉回回教者，其曰犸犸，人贱之之称。

李姬传[①]

李姬者，名香，母曰贞丽。贞丽有侠气，尝一夜博，输千金立尽。所交接皆当世豪杰，尤与阳羡[②]陈贞慧[③]善也。姬为其养女，亦侠而慧[④]，略知书，能辨别士大夫贤否[⑤]。张学士溥[⑥]、夏吏部允彝[⑦]急称之。少风调皎爽不群。十三岁，从吴人周如松受歌玉茗堂四传奇[⑧]，皆能尽其音节[⑨]。尤工《琵琶词》[⑩]，然不轻发也。

雪苑侯生己卯[⑪]来金陵，与相识。姬尝邀侯生为诗，而自歌以偿之[⑫]。初，皖人阮大铖[⑬]者，以阿附魏忠贤[⑭]论城旦[⑮]，屏居金陵，为清议[⑯]所斥。阳羡陈贞慧、贵池[⑰]吴应箕[⑱]实首其事，持之力。大铖不得已，欲侯生为解之，乃假所善王将军，日载酒食与侯生游。姬曰："王将军贫，非结客者，公子盍叩之[⑲]？"侯生三问，将军乃屏人述大铖意。姬私语[⑳]侯生曰："妾少从假母[㉑]识阳羡君，其人有高义，闻吴君尤铮铮[㉒]，今皆与公子善，奈何以阮公负至交乎？且以公子之世望，安事阮公！公子读万卷书，所见岂后于贱妾耶[㉓]？"侯生大呼称善，醉而卧。王将军者殊怏怏[㉔]，因辞去，不复通。

未几，侯生下第。姬置酒桃叶渡[㉕]，歌《琵琶词》以送之[㉖]，曰："公子才名文藻，雅不减中郎[㉗]。中郎学不补行，今琵琶所传词固妄，然尝昵[㉘]董卓[㉙]，不可掩也。公子豪迈不羁，又失意，此去相见未可期。愿终自爱，无忘妾所歌《琵琶词》也，妾亦不复歌矣。"

侯生去后，而故开府田仰者，以金三百锾[㉚]邀姬一见，姬固却之[㉛]。开府惭且怒，且有以中伤[㉜]姬。姬叹曰："田公宁异于阮公乎？吾向之所赞于侯公子者谓何？今乃利其金而赴之，是妾卖公子矣！"卒不往[㉝]。

【注释】

①姬，金陵教坊伎，许身侯方域。开府田仰谋夺之，姬坚拒，血贱扇面，杨文骢因血点画成桃花一枝，清孔尚任为作《桃花扇》传奇。

②阳羡，县名，故城在今江苏宜兴县南五里。

③陈贞慧，清宜兴人，字定生。读书砥行，倾家财以交天下士，与冒襄、侯方域、方以智称“四公子”。有《皇明语林》、《山阳录》、《雪岑集》、《秋园杂佩》。

④慧，智也。《论语》：“好行小慧。”

⑤此句是立骨，即指其慧，并为下文地步。

⑥张溥，明太仓人，字天如。

⑦夏允彝，明华亭人，字彝仲。

⑧玉茗堂四传奇，谓《紫钗》、《还魂》、《南柯》、《邯郸》四记也，明汤若士著，若士有《玉茗堂集》。

⑨点缀风调处，只须如此。

⑩即《琵琶记》，元南曲脚本，高则诚撰。有王四者，则诚与之友善，劝之仕。登第，即弃其妻，而赘于不花太师家。则诚恶之，故作此记讽谏。名曰“琵琶”者，取其头上四王，为王四之隐语。元人呼牛为不花，故谓之牛太师也。见明何元朗《曲论》。　　此言其技。

⑪崇祯十二年，时朝宗二十二岁。

⑫叙入己与姬之关系。　　能辨别一。

⑬阮大铖，怀宁人。附魏忠贤，与霍维华、杨维垣、倪文焕为死友。

⑭魏忠贤，明肃宁人。熹宗时，为司礼秉笔太监，寻掌东厂事，诬杀杨涟、左光斗等，媚之者拜伏呼九千岁。庄烈帝即位，安置凤阳，自缢死，诏磔其尸。

⑮城旦，秦汉时徒刑，罚作苦工也。昼伺寇，夜筑城，故谓之城旦。见《史记》注。

⑯清议，清流所持之议论也。《唐书》：“天下清议尚之。”

⑰贵池，今县名，属安徽芜湖道。

⑱吴应箕，字次尾。善今古文。大铖联络南北附珰失职诸人，劫持当道，应箕与复社诸生为留都防乱公揭，讨之。

⑲能辨别二。

⑳语，告也。

㉑假母，谓贞丽也。

㉒铮铮，金声也，谓人之刚正不阿也。《后汉书·刘盆子传》：“帝曰：‘卿所谓铁中铮铮、庸中佼佼者也。’”　　能辨别三。

㉓口吻亦合。

㉔怏怏，怅也。《汉书》：“塞其怏怏心。”

㉕桃叶渡，见上《马伶传》。

㉖回应“不轻发”句。

㉗中郎，汉蔡邕也。邕曾拜左中郎将。

㉘昵，亲近也。

㉙董卓，字仲颖，后汉临洮人。灵帝时，拜前将军。帝崩，将兵入朝，废少帝，立献帝，杀太后，自为太师，凶暴滋甚，司徒王允密诱卓将吕布杀之。《后汉书·蔡邕传》：卓闻邕名高，辟之，邕不就。卓大怒曰：“我力能族人，邕遂偃蹇者，不旋踵矣！”邕不得已，到，署祭酒，三日之间，周历三台。

㉚锾，古衡名。

㉛能辨别四。

㉜中伤，谓攻人过失而陷害之也。《后汉书》："有忤逆于心者，必求事中伤。"

㉝结处回抱阮事，全神一振。

癸未去金陵日与阮光禄书[1]

仆窃闻：君子处己，不欲自恕而苛责他人，以非其道。今执事之于仆，乃有不然者，愿为执事陈之。执事，仆之父行也[2]。神宗[3]之末，与大人[4]同朝，相得甚欢[5]。其后，乃有欲终事执事而不能者，执事当自追忆其故[6]，不必仆言之也[7]。大人削官[8]归，仆时方少，每侍，未尝不念执事之才，而嗟惜者弥日[9]。及仆稍长，知读书，求友金陵[10]。将戒途[11]，而大人送之曰："金陵有御史成公勇者[12]，虽于我为后进[13]，我常心重之。汝至，当以为师。又有老友方公孔炤[14]，汝当持刺[15]拜于床下。"语不及执事[16]。及至金陵，则成公已得罪去，仅见方公，而其子以智者[17]，仆之夙交也，以此晨夕过从。执事与方公同为父行，理当谒，然而不敢者，执事当自追忆其故，不必仆言之也[18]。今执事乃责仆与方公厚，而与执事薄。噫！亦过矣[19]！

忽一日，有王将军[20]过仆甚恭。每一至，必邀仆为诗歌，既得之，必喜，而为仆贳酒[21]奏伎，招游舫，携山屐[22]，殷殷积旬不倦。仆初不解，既而疑以问将军。将军乃屏人以告仆曰："是皆阮光禄所愿纳交于君者也。光禄方为诸君所诟[23]，愿更以道之君之友陈君定生[24]、吴君次尾[25]，庶稍湔乎[26]。"仆敛容谢之曰："光禄身为贵卿，又不少佳宾客，足自娱，安用此二三书生为哉？仆道之两君，必重为两君所绝。若仆独私从光禄游，又窃恐无益光禄[27]。辱相款八日，意良厚，然不得不绝矣。"凡此，皆仆平心称量，自以为未甚太过，而执事顾含怒不已，仆诚无所逃罪矣[28]！

昨夜方寝，而杨令君文骢[29]叩门过仆，曰："左将军兵且来[30]，都人汹汹[31]。阮光禄飏[32]言于清议堂，云子与有旧[33]，且应之于内。子盍行乎？"仆乃知执事不独见怒，而且恨之，欲置之族灭而后快也。仆与左诚有旧，亦已奉熊尚书[34]之教，驰书止之，其心事尚不可知。若其犯顺，则贼也；仆诚应于内，亦贼也。士君子稍知礼义，何至甘心作贼？万一有焉，此必日暮途穷，倒行而逆施，若昔日干儿[35]义孙之徒，计无复之，容出于此。而仆岂其人耶？何执事文织[36]之深也！窃怪执事常愿下交天下士，而展转蹉跎，乃至嫁祸而灭人之族，亦甚违其本念[37]。倘一旦追忆天下士所以相远之故，未必不悔。悔，未必不改 。果悔且改，静待之数年，心事未必不暴白。心事果暴白，天下士未必不接踵而至执事之门。仆果见天下士接踵而至执事之门，亦必且随属其后，长揖谢过，岂为晚乎？而奈何阴毒左计，一至于此！仆今已遭乱无家，扁舟短棹，措此身甚易。独惜执事忮[38]机一动，长伏草莽则已，万一复得志，必至杀尽天下士，以酬其夙昕不快。则是使天下士终不能复至执事之门，而后之操简书以议执事者，不能如仆之词微而义婉也！仆且去，可以不言。然恐执事不察，终谓仆于长者傲[39]，故敢述其区区。不宣。

【注释】

①光禄，名大铖，字圆海。明怀宁人。熹宗时，附魏忠贤。忠贤败，失职，居南京。时复社名

士作留都防乱揭，逐之。大铖惧，与马士英相结。福王立，士英秉政，为兵部尚书，专务报复。清兵至，大铖乞降，从攻仙霞岭，僵仆石上死。癸未，为明崇祯十六年，朝宗年二十六。

②父行，于父同辈行也。

③神宗，名翊钧，穆宗子，在位四十八年。

④汉人称父曰大人。见《高祖纪》及《霍光传》。朝宗父名恂，官至户部尚书。

⑤阮大铖少有俊才，其未党阉时，侯恂绝爱之。

⑥大铖为魏忠贤干儿，明思宗镌之九鼎，比之魑魅魍魉，斥居金陵。

⑦不必说出，令其自反，绝妙。

⑧天启四年，魏忠贤兴东林党人狱，侯恂削籍，时朝宗方七岁。

⑨弥日，终日也。　　小作停顿，引起下文。

⑩崇祯十二年，朝宗应南京试，交陈定生、吴次尾及南中诸名士。

⑪任昉书："零雪戒途。"

⑫成勇，字仁有，乐安人。天启进士。崇祯时，擢南京御史，以救黄道周被逮。按《山东通志》，勇为青州乐安人，《明史》作"安乐人"，误。

⑬后进，后辈也。

⑭孔炤，字潜夫，桐城人。万历进士。崇祯间以右佥都御史巡抚湖广，为杨嗣昌劾奏，下狱。

⑮刺，名片。

⑯冷语刺骨。

⑰方以智，字密之，号鹿起，为"四公子"之一。崇祯进士，官检讨。国变后，弃家为僧，名弘智，号无可，又号药弛和尚。有《浮山堂集》。

⑱复笔妙。

⑲作一小结。

⑳王将军，见上《李姬传》。

㉑贳，赊也。《史记·高祖本纪》："常从王媪家贳酒。"

㉒山屐，木屐也。

㉓诟，詈辱也。

㉔陈定生，即贞慧，宜兴人。以名卿子，读书砥行，倾家财交天下名士，与如皋冒襄及方域、以智并称"四公子"。

㉕吴次尾，即应箕，贵州人。南都失守，起兵应金声，旋败死。

㉖湔，洗也。

㉗婉而多讽。

㉘以下乃入答书之正意。

㉙杨文骢，名龙友，贵阳人。崇祯时，官江宁知县，以贪污夺官。福王立于南京，擢右佥都御史。

㉚事详《与宁南侯书》题下。

㉛汹汹，人众而鼓噪不靖也。

㉜飏，同"扬"。

㉝左良玉为侯恂旧部，尝三过商邱，拜伏如家人，不敢居于客将。

㉞熊尚书，名明遇，字良孺。累迁兵部尚书。左兵抵江州，旦夕且至，明遇请朝宗往说之。朝宗乃即署中为书，以付明遇，驰致之良玉，良玉得书而止。

㉟明指大铖。

㊱文织，舞文法以人□罪也。

㊲又为他回护。

㊳忮，害也。

㊴"傲"字仍回抱上文。

答田中丞书[①]

承示省讼[②]，惭恧[③]无所自容。执事与仆，齿[④]不啻[⑤]倍蓰[⑥]，位不啻悬隔，顾猥与仆道及少年之游，谓执事往日曾以兼金[⑦]三百招致金陵伎，为伎所却，仆实教之，而因以爬垢索瘢[⑧]，甚指议执事者[⑨]。仆诚不自修饬，然窃恐重为执事累也。使执事无可议[⑩]，则昔贤如白太傅[⑪]、欧阳公[⑫]、东坡居士[⑬]，皆与鸣珂[⑭]，不废酬答，未闻后世之议之也，何独至执事而苛求之？执事果有可议，即不征伎，庸但已乎？仆之来金陵也，太仓[⑮]张西铭[⑯]偶语仆曰："金陵有女伎李姓，能歌玉茗堂词[⑰]，尤落落有风调。"仆因与相识，间作小诗赠之。未几下第去，不复更与相见[⑱]。后半岁，乃闻其却执事金，尝窃叹异，自谓知此伎不尽[⑲]，而又安从教之？且执事之邀之，在仆去金陵之后。今天下如执事者，不止一人[⑳]，岂仆居常独时时标举执事之姓名，预告此伎，谓异日或邀若[㉑]，必不得往乎？此伎而无知也者，以执事三百金之厚赀，中丞[㉒]之贵，方且奔命恐后，岂犹记忆一落拓[㉓]书生之言？倘其有知[㉔]，则以三百金之赀，中丞之贵，曾不能一动之，此其胸中必自有说[㉕]，而何待乎仆之告之也！士君子立身行己，自有本末，反复来示，益复汗下。仆虽书生，常恐一有蹉跌[㉖]，将为此伎所笑，而又能以生平读数卷书、赋数首诗之伎俩[㉗]，遂颐指[㉘]而使之耶[㉙]？惟执事垂察不宣。

【注释】

①中丞名仰。李姬曰："是故以八座父事魏珰者耶？"却其金不往。

②省讼，自责也。

③恧，亦惭也。

④齿，年也。

⑤不啻，不但也。

⑥倍，一倍。蓰，五倍。《孟子》："或相倍蓰。"

⑦兼金，好金也，其价兼倍于常者。《孟子》："王馈兼金一百而不受。"

⑧瘢，疮痕也。赵壹《刺世疾邪赋》："所好则钻皮出其毛羽，所恶则洗垢求其瘢痕。"

⑨此述来函语意。

⑩先开一步。

⑪白太傅，唐白居易。

⑫欧阳公，宋欧阳修。

⑬东坡居士，宋苏轼。

⑭珂，玉也，以饰马，贵人所用者也。唐张嘉贞为相，弟嘉祐为金吾将军，所居之坊号曰鸣珂

里。见《唐书》本传。此似妓人所居。按：宋贺方回词有“鸣珂曲里”之句。

⑮太仓，今县名，属江苏沪海道。

⑯张西铭，张溥。

⑰玉茗堂词，明汤若士作。若士颜所居曰玉茗堂。

⑱其无深情密约可知。

⑲抬高香君，是此题本义。

⑳妙。

㉑若，汝也。

㉒中丞，官名。明清时，命副都御史或佥都御史出任巡抚事，故俗称巡抚为中丞。

㉓落拓，失意貌。

㉔宛转尽意。

㉕高一层说，仍由“知此伎不尽”句来，以便开下一段议论。

㉖蹉跌，失坠也。《汉书》：“不敢跌蹉。”

㉗伎俩，犹言技能也。

㉘颐指，谓口不言而动颐示意也。《汉书》：“颐指如意。”

㉙书生意气，屈于一妓，而何论于龌龊之贵人？为香君增多少光辉。

为司徒公与宁南侯书[1]

顷待罪师中[2]，每接音徽[3]，嘉壮志，又未尝不叹。以将军之材武，所向无前，而掎角[4]无人，卒致一篑[5]遗恨[6]。今凶焰复张，堕坏名城，不下十数，飞扬跋扈[7]，益非昔比。虽然，天厚其毒，于斯极矣[8]。非常之功，必待非常之人。一时阃外士锐马腾，有如将军者乎？忠义威略，有如将军者乎？久于行阵，熟悉情状，有如将军者乎？然则今日所称为熊罴[9]不二心者，舍将军其谁[10]？老夫曩者仓卒拜命，固以主忧臣辱，金革之义，不敢控辞。亦缘与将军知契素深，相须如左右手。倘得凭先声，歼[11]渠俘馘[12]，实千载一时。不谓六年患难[13]，病疢[14]已笃，更遭家变[15]，痛毁之过，遂致癃[16]废。爰以采薪[17]之忧，未毕尽瘁[18]，顾念高厚，末繇[19]报塞，惟愿将军贾其馀勇[20]，灭此朝食。是则十五年旧部所以不忘老夫，而老夫借手以答万一，犹之其身耳矣[21]。勉旃！勉旃！

乡土丧乱，已无宁宇。阖门百口，将寄白下[22]。喘息未苏[23]，风鹤[24]频警。相传谓将军驻节江州[25]，且扬帆而前。老夫以为必不然[26]。即陪京[27]卿大夫亦共信之，而无如市井仓皇，讹以滋讹，几于三人成虎[28]。夫江州三楚要害，麾下[29]汛防[30]之冲也。郧襄[31]不戒，贼势鸱张[32]，时有未利，或需左次[33]以骄之。储威夙饱，殚图收复，在将军必有确画。过此一步，便非分壤[34]，冒嫌涉疑，义何居焉[35]？若云部曲[36]就粮[37]，非出本愿，则尤不可。朝廷所以重将军者，以能节制经纬[38]，危不异于安也。荆土千里，自可具食，岂谓小饥，动至同诸军士仓皇耶[39]？甚则无识之人，料麾下自率前驱，伴送室帑[40]。匈奴未灭，何以家为[41]？生平审处，岂后嫖姚[42]？或者以垂白[43]在堂，此自纲纪[44]奉移内郡，何必双旌聿来相宅？况陪京高皇帝[45]弓剑所藏[46]，禁地肃

清。将军疆埸师武，未取进止，讵宜展觐？语云："流言止于智者。"若将军今日之事，其为流言，又不待智者而决之矣[47]。惟是老夫与将军，义则故人，情实一家。每闻将军奏凯献捷，报效朝廷，则喜动颜色，倾耳而听，引席而前，惟恐其言之尽也。或功高而不见谅，道路之口，发为无稽，则辄掩耳而走，避席而去，蹙乎其不愿闻也。

顷者，浪语最堪骇异。虽知其妄，必以相告。将军十年建竖，中外倚赖，所当矜重以副人望。郭汾阳[48]功盖天下，势极一时，而国体所关，呼之未尝不来，遣之未尝不去。当其去来，若不自知其大将也。同时临淮[49]，亦与齐名。其后，势位之际，稍不能忘，偃蹇[50]蹉跎，乃至偏较[51]不复禀承。此无他，功名愈盛，责备愈深。善处形迹，昭白宜早，惟三思留意焉。不宣。

【注释】

①司徒公，朝宗父恂也。崇祯六年，迁户部尚书，故称司徒。宁南侯，左良玉也。良玉字昆山，辽东人。属侯恂部下。初为都司，积功至宁南侯，擢太子太保，镇荆襄，拒清兵颇有功，后因跋扈养贼失望。福王时，以清君侧为名，引兵欲趋金陵，讨马士英，至九江死。

②崇祯九年，侯恂为薛相国观、温相体仁所嫉，嗾给事宋之普奏劾糜饷，逮系狱。

③歘，美也。

④犄角，军分两面以待敌也。《左传》："譬如捕鹿，晋人角之，诸戎掎之。"

⑤篑，以竹为之，盛土器也。《书》："为山九仞，功亏一篑。"

⑥此惜其功之未成，而原其相助之无人。

⑦飞扬跋扈，犹强梁也。《北史·侯景传》："专制河内，常有飞扬跋扈之意。"

⑧寇深矣，若之何？

⑨熊、罴，皆猛兽，亦以喻武士。《书》："则亦有熊罴之士，不二心之臣。"

⑩此上言相需之急，以下言引荐之初意。

⑪歼，尽也，尽杀之也。《左传》："其将聚而歼旃。"

⑫俘馘，获敌而截其左耳也。《左传》："楚子使师缙示之俘馘。"

⑬崇祯九年，司徒公下狱，至十四年出狱。

⑭病疢，犹灾患也。

⑮崇祯十五年，寇破归德，司徒公父太常公、夫人田及二媳汴妇刘、恕妇朱骂贼死之。

⑯癃，罢病也。《汉书》："年老癃病勿遣。"

⑰言病不能采薪也。《孟子》："有采薪之忧。"

⑱诸葛亮《出师表》："鞠躬尽瘁，死而后已。"

⑲繇，同"由"。

⑳言已勇有馀欲卖之。《左传》："欲勇者贾余馀勇。"

㉑所谓报旧主者在此，乃作者言外之意。

㉒白下，地名，故城在江苏江宁县北。唐武德时，更金陵为白下。

㉓苏，醒也。

㉔苻坚兵败，闻风声鹤唳，皆以为晋兵。

㉕江州，今九江。

㉖撇一笔，为宁南留地步。

㉗陪京，指南京言。

㉘三人成虎，喻谗者多，能以伪乱真也。《国策》："夫市之无虎明矣，然而三人言之，则成虎。"

㉙麾下，旗麾之下，指良玉。

㉚汛，军队之名，其公防之地曰汛地。

㉛郧、襄，郧阳、襄阳也。

㉜鸱张，喻强梁之人，如鸱鸮之张其翼也。《晋书》："怙险鸱张。"

㉝左次，《易》："师左次，无咎。"正义曰："行师之法，欲右背高，故左次之。"

㉞说得斩截。

㉟责备得是。

㊱部曲，行伍也。《汉书·李广传》："广行无部曲行阵。"

㊲此是当时宁南移师所藉口。

㊳物之有秩序而整齐者曰经纬。

㊴数句撇去上说。

㊵室帑，谓妻子也。

㊶霍去病，卫青姊少儿之子，加骠骑将军。帝为治第，令观之，对曰："匈奴未灭，何以家为？"

㊷嫖姚，与"剽姚"同，劲疾貌，亦指去病，以去病当日为嫖姚校尉也。

㊸垂白，老亲也。

㊹纲纪，仆役也。言此可使仆役为之。

㊺高皇帝，谓明太祖。

㊻弓剑所藏，谓陵寝之地也。《史记·孝武本纪》："黄帝采首山铜，铸鼎于荆山下。鼎既成，有龙垂胡髯，下迎黄帝。黄帝上骑，群臣后宫从上龙七千余人，龙乃上去。余小臣不得上，乃悉持龙髯。龙髯拔，堕黄帝之弓。"

㊼以上层层疑窦，一笔撇去，以下又以念旧之情动之。

㊽唐郭子仪，封汾阳王。

㊾临淮，李光弼也，封临淮郡王。在徐州，拥兵不朝，诸将田神功等不复禀承，光弼愧恨成疾而卒。

㊿偃蹇，夭挢也，沿用为傲慢之义。《左传》："彼皆偃蹇。"

(51)偏较，将佐之称，指田神功辈。

魏 禧

留侯论[①]

客问魏子曰：或曰，子房弟死不葬，以求报韩。既击始皇[②]博浪沙[③]中，终辅汉灭秦。似矣。韩王成[④]既杀[⑤]，郦生[⑥]说汉立六国后，而子房沮之[⑦]，何也？故以为子房忠韩者，非也。

魏子曰：噫！是乌足知子房哉？人有力能为人报父仇者，其子父事之。而助之以灭其仇，岂得为非孝子哉？子房知韩不能以必兴也，则报韩之仇而已矣。天下之能报韩仇者，莫如汉。汉既灭秦，而羽杀韩王，是子房之仇昔在秦，而今又在楚也[⑧]。六国立，则汉不兴；汉不兴，则楚不灭；楚不灭，则六国终灭于楚。夫立六国，损于汉，无益于韩。不立六国，则汉可兴，楚可灭，而韩之仇以报。故子房之志决矣[⑨]。子房之说项梁立横阳君也，意固亦欲得韩之主而事之[⑩]，然韩卒以夷灭。韩之为国，与汉之为天下，子房辨之明矣。范增以沛公有天子气，劝羽急击之，非不忠于所事，而人或笑以为愚。且夫天下公器，非一人一姓之私也[⑪]。天为民立君，故能救生民于水火。则天以为子，而天下戴之以为父。子房欲遂其报韩之志[⑫]，而得能定天下祸乱之君，故汉必不可以不辅。夫孟子学孔子者也，孔子尊周，而孟子游说列国，惓惓[⑬]于齐梁之君，教之以王。夫孟子岂不欲周之子孙王天下而朝诸侯？周卒不能，而天下之生民不可以不救。天生子房以为天下也，顾欲责子房以匹夫之谅[⑭]，为范增之所为乎？亦已过矣。

【注释】

①张良，字子房，其先韩人。高祖起兵，良常为画策，灭项羽，定天下。及帝即位，封留侯，卒谥文成。

②始皇，名政，实姓吕氏。即帝位凡十二年。

③博浪沙，地名，今河南阳武县南。

④韩王成，韩诸公子横阳君也，良说项梁立之。

⑤项王北击齐，不肯遣韩王，乃以为侯，又杀之彭城。良亡，间行归汉王。

⑥郦生，郦食其也。按："食其"读"异基"。

⑦汉王遣郦食其立六国后。未行，张良来谒，曰："诚用客谋，大事去矣！"汉王骂曰："竖儒，几败而公事！"

⑧此言子房辨认之确。

⑨了报韩。

⑩带报韩，入事汉。

⑪畅发此理，与报韩大不相干。

⑫又带报韩。

⑬惓惓，恳至也。《汉书》："惓惓之义也。"

⑭谅，小信也。《论语》："岂若匹夫匹妇之为谅也？"

忠臣以兴复为急，虽杀身殃民而无悔。仁人以救民为重，故通权达节以择主。子房始终之节，皎然明白，忠臣仁人，兼而有之，奈何后世独以智谋见推也！古今草昧之际，奇才志士，得一失一，自非根本忠孝之性，达于天地之心，其能为三代以下之完人乎！因作此论而附识之。癸卯自记。

与李翰林书

蜀[1]之山，峭[2]狭而自上，奇险甲天下。故人才不多生，生则必奇[3]。执事，蜀奇士也，通籍[4]后，侨江南，足迹交天下，才益博大。以蜀之人居江南而游天下，其奇且博大也固宜，抑又当不独在文章。禧，江右[5]鄙夫，县[6]最僻，于文章宜无所知。天下称文盛矣，执事少所可[7]。尝闻友人闵宾连[8]，窃谓禧为可与言，又奉书征所未刻文，谨录若干首以献。禧隐居金精[9]翠微山[10]，奇石四十里，为古神仙之宅，自谓足终老。然尝披蜀图志，则是固盆盎[11]中物，不得望部娄[12]。禧不敢更费辞，惟执事教，幸赐德音焉[13]。

【注释】

①蜀，四川。

②峭，山峻拔峭绝也。

③此言地灵者人必杰。

④通籍，士中进士，著籍于官，故曰通籍。

⑤江右，江西也。江西称江右者，盖自江北视之，江东在左，江西在右耳。

⑥谓宁都县也。

⑦可，许可也。

⑧闵宾连，歙人。

⑨金精，在宁都县西北十五里，道家列为三十五福地。

⑩翠微山，在宁都县西十里，金精十二峰之一，叔子有《翠微峰记》。相传张丽英飞升，即在此处。

⑪盎，瓦器。

⑫部娄，与"培𪣻"同，小山也。《左传》："部娄无松柏。"　仍抱上奇险作结。

⑬德音，善言也。《诗》："貊其德音。"

复六松书

"死友"一语[1]，此仆十数年来最伤心事。每登高望远，辄怆然[2]涕下，有子昂[3]"天地悠悠"[4]之叹。吾辈德业相勖[5]，无儿女态，然气谊所结，自有一段贯金石、射

日月、齐生死、诚一专精、不可磨灭之处。此在千百年后犹得而想见之,况指顾[6]数十年之间耶[7]?仆于天性骨肉中,颇不可解[8],此外则一腔热血,亦欲一用。非用于君,则用于友,悠悠泛泛,无所用之[9],又安能禁宝剑沉埋之恨[10]?仆所以期待二三至友者,颇不以世人所谓,遂足相许[11]。旅寓屏营[12],百感交集,聊因人来,为一及之。

【注释】

①乃来书中语。

②怆然,悲伤也。

③陈子昂,唐射洪人,字伯玉,官右拾遗。有《陈拾遗传》。

④天地悠悠,眇邈无期貌。子昂诗:"念天地之悠悠,独怆然而涕下。"

⑤勗,勉也。

⑥指顾,迅速也。张衡赋:"指顾倏忽。"

⑦文亦由至性中流出。

⑧天性自然固结。

⑨此言不能轻用。

⑩无所用,则如宝剑之沉埋矣。

⑪此亦言不能轻用。

⑫屏营,惶恐也。《国语》:"屏营彷徨于山林之中。"

瓶庵小传

吴门[1]枫江之市有君子焉,人皆称曰瓶庵。或曰守口如瓶[2],取谨言之义。或曰瓶窄口而广腹,善容物者也[3]。

瓶庵幼失怙[4]废学,长自力于学,好文墨士,于贤人、隐君子尤尊敬之。朋友之穷老无所归者,曰:于我乎养生送死。于是士君子皆贤瓶庵。人有急难之日,好行其德。尝僦[5]小舟,问舟子[6]曰:"几何钱?"曰数若干。瓶庵曰:"米贵甚,如是,汝安得自活?"乃增其值。故负贩[7]人亦曰瓶庵盛德长者[8]。吴门高士徐枋[9]难衣食,瓶庵尝馈遗之,枋不辞。瓶庵年六十,家人将觞[10]客。瓶庵曰:"吾将归故乡,以是费为祖宗祠墓费。吾六十善病,不于此时一拜先陇[11],更何待耶?"于是去。倡建始祖祠,修五世以上墓。拜故旧之陇而酹[12]之,不令其子孙知。事竣[13],力疾游黄山[14]而后返。里有事,尝就瓶庵平曲直,白徒[15]悍卒皆服之。

或曰:瓶庵之父往侨[16]维扬[17],会逆奄[18]魏忠贤[19]用事,有假其威虐人者,君以布衣叩阍[20]抗疏,既危而免。瓶庵殊多父风也,父尝刲[21]股以疗[22]亲病,瓶庵父病亦刲股。瓶庵之妹死,有遗子女,并婚嫁之,如己出。其孝友如此[23]。于是远近士至吴门者,皆欲争识瓶庵矣[24]。

识瓶庵者曰:瓶庵姓吴,名传鼎,禹存其字也,或曰雨岑,盖徽之休宁人云[25]。瓶庵父字绍素[26]。

【注释】

①吴门，苏州。

②《癸辛杂志》："富郑公有'守口如瓶，防意如城'之语。"

③析"瓶"字命名之义。

④父死曰失怙。《诗》："无父何怙？"

⑤僦，租赁也。

⑥《诗》："招招舟子。"

⑦负贩，肩负货物而贩卖也。

⑧长者，谨厚者之称。《汉书》："宽大长者。"

⑨徐枋，长洲人，字昭法，号俟斋，自号秦余山人。明崇祯举人。以父殉难，隐居不出。

⑩饮人以酒曰觞。《左传》："觞曲沃人。"

⑪陇，邱陇也。

⑫酹，以酒洒地也。

⑬竣，毕也。

⑭黄山，在安徽歙县西北，跨太平县界。原名北黟山，唐天宝时改名。有三十六峰。

⑮白徒，谓不练之卒无武艺者。见《管子》。

⑯侨，寄寓也。

⑰维扬，扬州也。

⑱奄人，即太监。

⑲魏忠贤，原名进忠，肃宁人。熹宗时，擅朝政，大戮东林党人，生祠遍各地。思宗立，贬凤阳，遂自缢。

⑳阉，宫门也。

㉑刲，割也。

㉒疗，医治也。

㉓补叙其孝友。

㉔总束一句。

㉕姓名字籍，至是点出。

㉖又补出其父之字。

周　容

小港渡者

庚寅冬，予自小港欲入蛟川城[①]，命小奚[②]以木简[③]束书从。时西日沉山，晚烟萦树。望城二里许，因问渡者："尚可得南门开否[④]？"渡者熟视小奚[⑤]，应曰："徐行之尚开也，速进则阖[⑥]。"予愠为戏。趋行及半，小奚仆，束断书崩，啼，未即起。理书就束，而前门已牡下矣[⑦]。

余爽然[8]，思渡者言近道。天下之以躁急自败、穷暮而无所归宿者，其犹是也夫！其犹是也夫！

【注释】

①按：浙江镇海县东海中有蛟门山，昔人称蛟门虎蹲天设之险是也。蛟川城，当即指镇海。
②小奚，小僮也。《礼记》疏："有才能曰奚，无才能曰奴。"
③木简，木版也。
④"南门"二字，句中有眼。
⑤"熟视"二字乃关键。不对问者，而熟视小奚，似观色而已得之。
⑥出语奇，然皆从"熟视"二字来。
⑦户钥曰牡。言城门已锁也。　　果不出渡者所料。
⑧爽然，自失之貌。

有明之季，四明义师风起云涌。江上一蹶，遽尔不振。推原致败，良由仓卒召募，众志不齐，卒伍四溃，牵累将帅，皆此小奚类也。容志存兴复，足迹遍天下。躁急自败，当是有感而言。

鹅笼夫人传[1]

鹅笼夫人者[2]，毗陵[3]某氏女也。幼时，父知女必贵，慎卜婿。得鹅笼文，即婿之[4]。母曰："家云何？"曰："吾恃其文为家也。"家果贫，数年，犹不能展一礼[5]。妹许某，家故豪。遽行聘，童仆高帽束绦[6]者将百人，筐篚亘里许，媒簪花曳彩，嘿[7]部署[8]，次第充庭庑[9]。锦绣縠[10]珠钏[11]，金碧光照屋梁。门外雕鞍骏骑，起骄嘶声[12]，宗戚压肩视。或且问："迺姊家何似矣[13]！"媪婢共围其妹欢笑吃吃[14]，夫人静坐治针黹[15]，无少异容[16]。一日，母出妹所聘币，裁为妹服。忽愠曰："尔姊勿复望此也！身属布矣！"夫人闻之，即屏去丝帛，内外惟布。再数年，鹅笼益落魄[17]。夫人妹已结鸳鸯枕，大鼓吹，簇[18]凤舆出阁去[19]。夫人静坐治针黹，无少异容[20]。

壬子秋，鹅笼岁二十四，举于乡。夫人母谓已出意外，即鹅笼亦急告娶，夫人谓母曰："总迟矣[21]！"于是鹅笼愧而赴京，中两榜[22]，俱第一人，名哄[23]天下。南京兆[24]闻状元贫，移公帑金代行聘。官吏犇走执事，宗戚媪婢间视妹时加甚[25]。夫人仍静坐治针黹，无少异容[26]。已而鹅笼奉特恩赐归，以命服娶。抚按[27]使者已[28]下及郡守，俱集驿庭候，鹅笼亲迎。自毗陵抵鹅笼家，绛纱并两岸数十里。县令角带[29]出郊，伏道左。女子显荣，闻见未有也[30]。

十年为相，夫人常以礼规放佚，故鹅笼当时犹用寡过闻[31]。壬申，夫人卒于京邸。朝廷赐祭者七，遣官护丧归，敕有司营葬。绋引日[32]，公卿勋贵，奠幄[33]鳞次[34]东郊如云。水陆南经二十余里，几筵相接。卒时语鹅笼曰："地高坠重，公可休矣。妾不自知何故，以今日死为幸[35]。"阅岁，鹅笼予[36]告回里。久之，复夤缘再相，纵淫恣乱政，赐死[37]。

赞曰：予至燕，闻鹅笼小帽青衫死古庙中，刑部锦衣[38]诸官钥门，复命去。尸挂三日，旨下始殓。牛车载柳棺出郭[39]，无一视者[40]。未死时，京师盛传十子谣。十子者，如叶子、附子类[41]。叶子戏初起，鹅笼笃好之，偕客斗，恒通曙[42]。直宿内阁，辄携女子男妆人。予友徐心水时为侍御，尝语予曰："鹅笼善啖附子，对客不去口，故面如红玉。其贿也，厌银矣，以金；金厌矣，以珠。俗称金珠俱亲之以子，故与[43]在十子，余子予偶忘焉。"鹅笼再相如此，知夫人卒时所言固已窥其微也[44]。呜呼！夫夫之得罪于国也，固先得罪于妇矣[45]！

【注释】

①按：鹅笼，当指周延儒。《明史》本传：延儒，字玉绳，宜兴人。万历四十一年，会试殿试皆第一。授修撰，年甫二十余，美丽自喜。崇祯二年，拜东阁大学士。明年九月，成基命致仕，延儒遂为首辅。六年，引疾归。张溥说延儒再相，延儒以为然。溥友吴昌时为交关，近侍冯铨复助为谋。十四年二月，诏起延儒，九月至京，复为首辅。十六年，命尽削延儒职，安置正阳门外古庙，十二月赐自尽，籍其家。

②《续齐谐记》："阳羡许彦，遇一书生，云足痛，求寄鹅笼中。彦戏许之，书生更入笼，与两鹅并坐，负之不觉重。"按：阳羡即今江苏宜兴县。鹅笼云者，盖谓宜兴书生也。

③毗陵，晋郡名，今江苏武进县。

④仅观其文，已失相攸之道。

⑤展，具也。礼，指纳币等是。

⑥绦，丝带也。

⑦嘿，同"默"。

⑧部署，布置也。

⑨甩，砌也。

⑩縠，纱也。

⑪钏，臂环。

⑫铺张扬厉，衬出夫人。

⑬故意一问，是势利人口吻。

⑭揶揄使人不堪，极力作反衬笔。　我亦曾见此情形来。

⑮俗谓女工为针凿。

⑯总一笔，写镇定。

⑰落魄，失业无倚也。

⑱簇，凑也。

⑲竭力描写，与夫人出嫁情形作对照。

⑳复一笔，写镇定。

㉑三字，语简而意深。

㉒两榜，会试及殿试也。

㉓哄，大声。

㉔明初都金陵，燕王改都燕，以金陵为留都，官制如京师。曰南者，别异于北也。

㉕一一对照。

㉖再复一笔，写镇定。

㉗抚、按，巡抚及巡按御史。

㉘已，通“以”。

㉙角，结发为饰也。带，衣带也。

㉚铺张盛事，仍是衬出夫人，此画家烘云托月之法。

㉛夫人不死，鹅笼晚境或不至此。

㉜引棺索曰绋。《礼·曲礼》：“助葬必执绋。”

㉝奠幄，祭奠所设之帐幕。

㉞鳞次，状其多也。

㉟写夫人之伟识。沉痛至此，而不见听，是亦下愚不移者矣。

㊱予，同“与”。

㊲富贵何在？得此可唤醒迷梦。

㊳明制，锦衣卫掌侍卫、缉捕、刑狱之事。

㊴牛车，谓不能具马，以牛驾车也。柳棺，谓以柳木为棺，材之下者也。

㊵视迎娶时盛衰何如？地高坠重，夫人之言验矣，其如鹅笼不痦何！

㊶叶子，如今纸牌类赌具也。附子，多年生草，有大毒，根多肉，略似乌头，故又谓之乌头。四围附之而生者称附子。可入药，气味辛温。

㊷曙，天初明也。

㊸与，同“预”。

㊹复应一笔，仍是衬出夫人。

㊺得罪于妇，为其不听妇之正言，覆家以及其国也。

顾景星

蔡邕论[1]

王允既诛董卓[2]，蔡邕动色悲叹[3]。允勃然叱之曰：“董卓，国之大贼，几倾汉室。邕为王臣，所宜同忿，而怀其私义，以忘大节，天诛有罪，反相痛伤，岂不共为逆哉！”收付廷尉，人皆冤邕而罪允。

以今观之，王允斯言，未为过也。始邕直言，为阉侍所中[4]，囚徙朔方[5]，赭衣[6]抱拲[7]，全室流离，可谓难矣。及宥还畏祸，亡命吴会[8]，十有二年，无意功名，而且以弹琴著书终老牖下矣。使邕如梅福[9]，长流江湖，岂不高哉[10]？董卓擅权，辟署祭酒[11]，补御史[12]，迁尚书[13]，不三日而周历三台[14]，伊何为者？卓盖借邕致天下豪杰，不加望外之荣，无以市德，故举之髡钳[15]之余，爵之卿贰[16]之上。且邕有何功？遂封侯，食五百户[17]，禄五十万。夫无故之利，圣人恶之。邕初议卓不可受尚父之称[18]，而自当显位[19]，何也？今夫捕鸟者，择其黠者以为囮[20]，榖[21]米为饲，滤[22]流而饮。凡所以慰囮，靡弗至也。筱而出于野[23]，寘之丛薄[24]之间，悲呼众鸟，至日暮，翾然[25]投于罗者众矣。夫囮，未始乐为是也，而鸣致众鸟，谓非囮罪不可也。邕，卓之囮也。

邕未始乐为是也，而厚禄高位，将以风天下为邕之类者，而邕甘心受之，谓非邕罪不可。桓帝[26]召邕鼓琴[27]，行次偃师[28]，称疾而返。卓每燕集，邕辄赞事鼓琴[29]，后遂为表荐卓。时卓已为太尉，封郿侯[30]，进相国，废少帝[31]，放太后[32]，倾逼人主。邕谓宜益隆委任，厚其爵赏，岂欲卓加九锡[33]、封安汉[34]而后已哉[35]？然则邕死，不亦宜乎？

【注释】

①邕字伯喈，后汉陈留圉人。事详篇中。

②允，字子师，汉太原祁人。献帝时为司徒。董卓，字仲颖，陇西临洮人。性残忍，废少帝，弑太后，自为太师。诸将言语有蹉跌，便戮于前。王允密谋诛卓。中郎将吕布，膂力过人，卓爱信之，誓为父子。尝小失卓意，卓拔戟掷布，布避之。王允因说布以诛卓，布允之。会献帝疾愈，大会未央殿，吕布令勇士十余人着卫士服，守北掖门。卓人，以戟刺之，卓伤臂堕车，顾大呼曰："吕布何在？"布曰："有诏讨贼臣！"趣兵斩之。

③邕亡命江海，卓闻其名而辟之，甚见敬重，三日周历三台，迁为侍中。及卓死，邕在王允坐，闻之惊叹，允叱为叛逆，收付廷尉。邕谢曰："身虽不忠，愿黥首刖足，继成《汉史》。"太尉马日磾谓允曰："伯喈旷世逸才，多识汉事，当继成后史，为一代大典。"允不从。

④中，伤害也。灵帝以灾异问邕，对："圣朝既自约厉，左右亦宜从化，人自抑损，以塞咎戒。"曹节窃视之，宣语左右，中常侍程璜使人飞章言邕私事，下雒阳狱，劾大不敬，弃市。中常侍吕强力救，诏减死一等，与家属髡钳，徙朔方。

⑤汉武帝逐匈奴，收河南地，立朔方郡。即今内蒙古鄂尔多斯。

⑥赭，赤也，古囚徒服赤色之服。

⑦拲，《说文》："两手同械也。"

⑧后汉顺帝永建四年，分浙东为会稽，浙西为吴郡。会稽，今浙江绍兴县等地。吴郡，今江苏吴县等地。

⑨梅福，字子真，汉九江寿春人。屡上书言外戚剬权，成帝不纳。及王莽剬政，福一朝弃妻子去。后有见之于会稽者，变名姓为吴市门卒云。

⑩邕不能为梅福，便非高士，况贪禄恋位耶！以此责邕，邕复何辞？

⑪辟，召也。署，题名任职也。《后汉书·百官志》："博士祭酒一人。"注："祭酒皆一位之元长者也。古礼，宾客得主人馔，则老者一人举酒以祭于地。"

⑫后汉御史专掌弹劾之任，官署曰御史台。

⑬尚书，官名。后汉时，尚书权最大，天下之事，尽入尚书。

⑭三台，汉以尚书为中台，御史为宪台，谒者为外台。历，经历也。周，周遍也。

⑮髡，去发也。钳，以铁束颈也。均古刑法。

⑯汉置九卿：太常、光禄、太仆、卫尉、廷尉、鸿胪、宗正、司农、少府是也。贰，卿佐。

⑰一家曰一户，食五百户，谓其邑约有五百家，而食其邑之租入也。

⑱董卓宾客议欲尊卓比太公，称尚父。卓谋之于邕，邕曰："太公辅周，受命翦商，故特为其号。今明公威德，诚为巍巍，然比之尚父，愚意以为未可。"卓从之。

⑲言行矛盾，邕自难免。

⑳囮，鸟媒也，捕鸟者借鸟以诱鸟也。

㉑榖，细也。

㉒用纱葛过水曰滤。

㉓筊，鸟笼也。置媒笼中而至野也。

㉔丛薄，草木丛生之处。

㉕翾然，轻扬之貌。

㉖桓帝，名志，章帝曾孙。

㉗桓帝时，中常侍徐璜、左琯等五侯擅恣，闻邕善鼓琴，遂白天子，敕陈留太守督促发遣。邕不得已，行到偃师，称疾而归。

㉘偃师，汉县，属河南郡，今属河南河洛道。

㉙不为天子鼓琴，高矣！而反赞事权奸，则又何说？

㉚郿，汉县，属右扶风，今属陕西关中道。按：卓于灵帝中平六年封郿侯。

㉛少帝，名辩，灵帝子。卓与帝语，语不可了，因废之，立陈留王协，是为献帝。

㉜太后，即灵帝何皇后。卓迁太后于永安宫，鸩杀之。

㉝九锡：一舆马，大辂、乘辂各一也；二衣服，玄衮也；三乐，轩县之乐也；四朱户，居之室朱其户也；五纳陛，从中阶而升也；六虎贲，三百人也；七弓矢，彤弓兹矢也；八鈇钺，大柯斧，赐之专杀也；九秬鬯，秬鬯之酒，赐以祭祀也。平帝元始五年，加王莽九锡。

㉞汉平帝时，太后以王莽为太傅，号安汉公。

㉟卓之不为莽，几希耳。犹欲隆其委任，正王允所谓共为逆也。以此责邕，邕复何辞？

王猷定

钱烈女墓志铭

扬州有死节而火葬[①]于卞忠贞祠[②]南十五步，为镇江[③]钱烈女之墓。烈女死明弘光[④]乙酉[⑤]四月二十七日，五日乃火。以家于忠贞祠，即其地为墓。当其死，告于父："无葬此土，以尸投火。"父如其言。

南昌[⑥]王猷定客扬州，与里人谈乙酉事，辄为诗文吊之。岁丙申[⑦]春，其父乞余铭，痛哭言曰："吾老人无儿，自吾女死，而老人不欲生也。城破，督师史公[⑧]率兵趋东门。女决其必死[⑨]，已持刀欲自刭[⑩]，余挽其手。积薪以焚，余又夺去。结缳[⑪]，丝绝，缳又断。余皇急不知所出，不得已，乃予以药，曰：'汝姑视缓急可也。'"猷定为之感泣，时宾客闻者皆流涕[⑫]。又言曰："呜呼！吾老人十年以来，头童然秃且尽，而视听茫然，而肝肺崩裂，如沸如屠。然每忆吾女吞药不得死，吾老人不知生之可恋而死之可悲也[⑬]！兵入，以戈刺床下，数刺，数抵其隙，乃去，不知女反匿床下。药发，喘不绝，余与老妻抱之恸，强饮以水，不死。女泣谓余曰：'儿必死，无缓儿为也！儿受生养十六年，父母又无男儿，不能与父母相养以生，相待以老，俾至于终身，而今使父母收我骨，目不瞑矣！父老祖宗之不血食[⑭]，家世江南[⑮]，当与母勉图归计耳[⑯]。'时注水庭中，立起以头投水，水浅，自顶以上不及颈。余力持之起，目瞪[⑰]，口泻水如注。是时雨甚，门外马蹄践血与泥声濊濊[⑱]，比[⑲]屋杀人焚庐，火四起。夜，女以纸渍[⑳]水，塞口鼻，强余手闭其气，令绝，余心痛，手不能举。又解衣

带，强母缢之，母仓卒[21]走出，闻足击床阁阁，呜呼！死矣！”猷定闻益悲，忍不铭[22]？烈女名淑贤，父为镇江钱公应式，母卞氏。公善医，活人者众。女死后，受兵梃[23]刃数十，不死。兵缚公欲杀，以手格之，皆仆地，反得免。卞时病甚，亦受刃，久之复苏。人以为女之阴助云[24]。铭曰：

三光[25]绝，一炬烈，后土争之土欲裂。瘗[26]尔于忠贞之旁[27]，丽重离，以照四方之缺[28]。

【注释】

①火葬，以火焚尸也。

②忠贞祠，在扬州南门内，卞壸尝行广陵相，故有祠。《晋书·卞壸传》：壸字望之，元帝永嘉中，除著作郎。苏峻称兵，为尚书令右将军领右卫。峻至东陵口，六军败绩，壸苦战死之。二子眕、盱随从，俱为贼害。赠侍中、开府，谥忠贞。

③镇江，今江苏丹徒县。

④明弘光帝，名由崧，神宗孙，福恭王常洵长子。甲申五月，即位于南京。明年五月，总兵田雄劫帝以降清。

⑤即弘光元年。

⑥南昌，江西省城，清为南昌府，今裁府留县，属豫章道。

⑦顺治十三年。

⑧名可法，字道邻。崇祯末，历官南京兵部尚书。甲申国亡，立弘光帝于南京，拜内阁大学士，自请督师，驻节扬州。及城破，可法自刎不殊，一参将拥之出小东门。既就执，大呼曰：“我史督师也！”遂遇害。城中死者凡八十余万。

⑨隐然与阁部比烈。

⑩刭，以刀割颈也。　　匹夫匹妇，不可辱志，信然。

⑪结缳，以绳为环而络之。

⑫老人之言未半，著此两笔，使文气一束，便不平衍。

⑬沉痛之至。

⑭不血食，谓绝祭祀也，古者取血膋以祭。

⑮镇江在江南，扬州在江北。

⑯朴实说来，纯是至性至情团结一片，又从身后为祖宗计，为父母计，烈哉此女！孝哉此女！

⑰瞪，直视貌。

⑱溅溅，水流疾激之声。

⑲比，连也。

⑳渍，浸也。

㉑仓卒，匆遽貌。

㉒铭，为文字以表章其名也。

㉓梃，杖也。

㉔写烈女父母，仍是写女。

㉕三光，日、月、星也。

㉖瘗，埋也。

㉗与卞公、史公比烈矣。

㉘丽，附也。《易·说卦传》："重离，日月也。"铭词之意：三光绝，指当时之黑暗也。一炬烈，指尸之投火也。后土争之土欲裂，此烬余之骨，后土争欲得而掩之，故土有绽裂之象。丽重离，以照四方之缺，女之气节，附日月以争光，而四方之不循女职者，得此照曜之，亦可弥补其缺陷也。

此文妙在中间两段，借应式之言，叙烈女之事，作者不自著一字。血泪邪？文字邪？求仁得仁。甲申以后诸公，能无一齐愧煞！

王弘撰

与赵韫退大参书

昨承执事[①]枉驾，以贵乡诸先生之命，属为贺相国冯公[②]寿文，且云本之相国意，又述相国尝称弘撰文为不戾[③]于古法。此虽弘撰所惶悚不敢当，而知己之谊，则有中心藏之而不忘者。即当欣跃操觚[④]，竭其所蓄，直写相国硕德伟抱、辅世长民之大略，以求得相国之欢[⑤]。然而审之于己，度之于世，皆有所不可。故敢敬陈其愚，唯执事详詧焉。

弘撰以衰病之人，谬叨荐举。尝具词控诸本省抚军，转咨吏部，不允。嗣又奉旨严催，不得已，强勉匍匐以来京师，复具词令小儿抱呈吏部，又不允。借居昊天寺僧舍，僵卧一榻，两月以来，未尝出寺门一步。即大人先生有忘贵惠顾者，皆不能答拜，特令小儿持一刺诣门称谢而已，须白齿危，两目昏花，不能作楷书。意欲临期尚复陈情，冀幸于万一，蒙天子之矜怜而放还田里。

夫贺相国之寿，非细故也。诸先生或在翰苑[⑥]，或在台省[⑦]，或在部司[⑧]，皆闻望素著，人人属耳目焉。公为屏障以为相国寿，则其文必传视都下，非可以私藏巾笥[⑨]者也。弘撰进而不能应天子之诏，乃退而作贺相国之寿文，无论学疏才短，不能揄扬相国之德[⑩]，即朝廷宽厚之恩，亦未必以此为罪[⑪]。而揆之于法，既有所不合；揣之于心，亦有所不安[⑫]。甚至使不知者，以弘撰于相国素不识面，今一旦为此文，疑为夤缘相国之门，希图录用，欺世盗名，将必有指摘之及。不但文不足为相国重，而且重为相国累，此弘撰之所以逡巡[⑬]而不敢承也。

即执事代为弘撰筹之，亦岂有不知是者哉[⑭]？不然，操天下文章之柄，为天子教育人才，天下之士，望之如泰山北斗，伏谒门下者，咸思得邀相国之一盼为荣，其间负名位而擅词华者，固繁有徒[⑮]，而相国独属意于贱子，身非木石，岂不有心识此义者？而顾推委而不为，有此人情也乎[⑯]？所谓韩愈亦人耳[⑰]，所行如此，欲以何求耶[⑱]？是用直布腹心，唯执事裁之谅之，并乞上告相国，倘邀惠于相国，得归老华山[⑲]，为击壤之民[⑳]，以遂其畎亩作息之愿，午夜[㉑]一灯，晓窗万字，其不能忘相国之德，将以传之纪载，而形之歌咏者，必有在矣[㉒]。燕山[㉓]易水[㉔]，共闻斯语[㉕]，唯执事

图之。

【注释】

①执事，言左右执役之人，不敢直指所尊。古人书信称呼往往如此。

②冯公，名溥，字孔博，一字易斋，山东益都人，谥文毅。

③戾，乖违也。

④操觚，犹言执笔也。陆机《文赋》："或操觚以率尔。"

⑤此数句暗骂利用己文之人，妙在不着痕迹。

⑥翰苑，翰林院也。

⑦台省，汉尚书称中台，在禁省中，故称台省。唐时尚书省为中台，门下省称东台，中书省称西台，皆在禁省，故总称台省。

⑧部司，指吏、礼、兵、刑、户、工六部之属官。

⑨《庄子》："楚有神龟，死已三千岁矣，王巾笥而藏之。"方者曰笥，以竹为之。

⑩撇一句。

⑪曲一笔，妙。

⑫四句引起下文。

⑬逡巡，行不进貌。

⑭对面设想，义愈足而说愈圆。

⑮骂得痛快。

⑯此段以反衬见意，文乃不平。

⑰韩退之《释言》："愈曰：'前之谤我于宰相者，翰林不知也；后之谤我于翰林者，宰相不知也。今二公合处而会言，若及愈，必曰：韩愈亦人耳，彼敖宰相，又敖翰林，其将何求？'"

⑱引用昌黎句恰合。

⑲华山，见前顾文。

⑳尧游康衢，有老人击壤而歌曰："日出而作，日入而息，凿井而饮，耕田而食，帝力何有于我哉？"

㉑午夜，夜半也。

㉒著此数语，便见不作寿词，诚有如上文所云，非薄相国也。不是决绝到底，使相国犹有后望，亦文之善于转圜处。

㉓燕山，在京兆蓟县东南。

㉔易水，水有南、北、中之分，皆出今易县。

㉕誓词也。

续古文观止卷之二

郑日奎

醉书斋记

于堂左洁一室，为书斋。明窗素壁，泊如也[①]。设几二，一陈笔墨，一置香炉、茗碗之属，竹床一，坐以之。木榻一，卧以之。书架、书筒各四，古今籍在焉。琴磬、麈尾[②]诸什物，亦杂置左右。

甫晨起，即科头[③]拂案上尘，注水砚中，研墨及丹铅[④]，饱饮笔以俟[⑤]。随意抽书一帙[⑥]，据坐批阅之。顷至会心处，则朱墨淋漓渍纸上，字大半为之隐。有时或歌或叹，或笑或泣，或怒骂，或闷欲绝，或大叫称快，或咄咄[⑦]诧异，或卧而思、起而狂走，家人睊[⑧]见者悉骇愕，罔测所指[⑨]，乃窃相议，俟稍定，始散去。婢子送酒茗来，都不省取，或误触之，倾湿书册，辄怒而加责，后乃不复持至。逾时或犹未食，无敢前请者。惟内子[⑩]时映帘窥余，得间始进，曰："日午矣，可以饭乎[⑪]？"余应诺，内子出，复忘之矣。羹炙皆寒，更温以俟者数四，及就食，仍挟一册与俱，且啖且阅，羹炙虽寒，或且味变，亦不觉也。至或误以双箸乱点所阅书[⑫]，良久始悟非笔，而内子及婢辈罔不窃笑者。夜坐漏常午，顾童侍，无人在侧。俄而鼾震左右，起视之，皆烂漫[⑬]睡地上矣。客或访余者，刺已入，值余方校书，不遽见。客伺久，辄大怒诟[⑭]，或索取原刺，余亦不知也。盖余性既严急，家中人启事不以时，即叱出，而事之紧缓不更问，以故仓卒不得白。而家中盐米诸琐务，皆内子主之，颇有序，余以是无所顾虑，而嗜益僻。

他日忽自悔，谋立誓戒之。商于内子，内子笑曰："君无效刘伶[⑮]断饮法，只赚余酒脯，补五脏劳耶？吾亦惟坐视君沉湎耳，不能赞成君谋。"余惝然[⑯]久之，因思余于书洵不异伶于酒，正恐旋誓且旋畔。且为文字饮，不犹愈于红裙耶[⑰]？遂笑应之曰："如卿言，亦复佳。但为李白妇[⑱]、太常妻[⑲]不易耳。"乃不复立戒，而采其语意以名吾斋，曰醉书[⑳]。

【注释】

①泊如，淡然无欲貌。

②麈尾，拂尘也。

③科头，脱帽露首也。

④丹，赤色，丹砂也。即朱砂。铅即铅粉。批书欲用数色，故墨与丹铅齐施。

⑤喝起下文。

⑥帙，书衣也，小囊也。古人之书皆为卷子，以囊盛之。

⑦咄咄，惊怪声。

⑧眮，视也。

⑨不测其意之所在也。

⑩内子，妻也。

⑪写内子关心特甚。

⑫得意忘形，确有此情事。

⑬烂漫，此作不整齐解。

⑭诟，骂也。

⑮《晋书·刘伶传》：伶字伯伦，沛国人也。尝渴甚，求酒于其妻。妻捐酒毁器，涕泣谏曰："君酒太过，非摄生之道，必宜断之。"伶曰："善，吾不能自禁，惟当祝鬼神自誓耳，便可具酒肉。"妻从之。伶跪祝曰："天生刘伶，以酒为名，一饮一斛，五斗解酲，妇儿之言，慎不可听。"仍引酒御肉，块然复醉。

⑯惝然，失意貌。

⑰谓醉于书，犹愈于醉于色也。

⑱李白《赠内》诗："三百六十日，日日醉如泥。虽为李白妇，何异太常妻?"按：李白，字太白，唐人。妇许氏，故相许圉师之孙女。

⑲《后汉书·周泽传》：常卧病斋宫，其妻哀泽老病，窥问所苦。泽大怒，以妻干犯斋禁，收送诏狱。时人为之语曰："生世不谐，作太常妻。一岁三百六十日，三百五十九日斋。"

⑳点出斋名。通篇竭力描写一"醉"字。

游钓台记[①]

钓台在浙东，汉严先生[②]隐处也。先生风节，辉映千古，予夙慕之。因忆富春桐江[③]诸山水，得借先生以传，心奇甚，思得一游为快[④]。顾是役也，奉檄[⑤]北上，草草行道中耳，非游也。然以为游，则亦游矣[⑥]。

舟发自常山[⑦]，由衢抵严[⑧]，凡三百余里。山水皆有可观，第目之所及，未暇问名，颔之而已。惟诫舟子以过七里滩[⑨]，必予告。越日，舟行万山中。忽睹云际双峰，崭然[⑩]秀峙，觉有异，急呼舟子曰："非钓台耶?"曰："然矣。"舟稍近，迫视之，所云两台，实两峰也。台称之者，后人为之也[⑪]。台东西峙[⑫]，相距可数百步。石铁色，陡[⑬]起江干[⑭]，数百仞[⑮]不肯止。巉岩傲睨，如高士并立，风致岸然[⑯]。崖际草木亦作严冷状[⑰]。树多松，疏疏罗植，偃仰离奇，各有态。倒影水中，又有如游龙百余。水流波动，势欲飞起。峰之下，先生祠堂在焉。意当日垂纶[⑱]，应在是地，固无登峰求鱼之理也[⑲]。故曰：峰也而台称之者，后人为之也。

山既奇秀，境复幽茜[⑳]。欲舣[㉑]舟一登，而舟子固持不可，不能强，因致礼焉，遂行。于是足不及游，而目游之。俯仰间，清风徐来，无名之香，四山飔[㉒]至，则鼻游之。舟子谓滩水佳甚，试之良然，盖是即陆羽[㉓]所品十九泉也[㉔]，则舌游之。顷之，帆行峰转，瞻望弗及矣。返坐舟中，细绎其峰峦起止、径路出没之态，惝恍间，如舍舟登陆，如披草寻磴[㉕]，如振衣最高处，下瞰群山趋列，或秀静如文，或雄拔如武，大似云台诸将相[㉖]，非不杰然卓立。觉视先生悉在下风，盖神游之矣。思稍倦，隐几

卧，而空濛滴沥之状，竟与魂魄往来，于是乎并以梦游，觉而日之夕矣。舟泊前渚，人稍定。呼舟子劳以酒，细询之曰："若[27]尝登钓台乎？山之中景何若？其上更有异否？四际云物，何如奇也？"舟子具能答之，于是乎并以耳游[28]。噫嘻！快矣哉！是游乎！

客或笑谓郑子："足未出舟中一步，游于何有？"嗟乎！客不闻乎？昔宗少文卧游五岳[29]，孙兴公遥赋天台[30]，皆未尝身历其地。余今所得，较诸二子，不多乎哉？故曰：以为游，则亦游矣[31]。客曰："微子言，不及此。虽然，少文之画，兴公之文，盍处一焉以谢山灵？"余窃愧未之逮也，遂为之记。

【注释】

①今浙江桐庐县西富春山，一名严陵山。前临大江，汉严子陵钓处，人号严陵濑。有东西二钓台，各高数百丈。

②严先生，名光，字子陵，一名遵，会稽余姚人。少与光武同学，及光武即位，乃变名姓，隐身不见，帝令访之。后齐国上言，有一男子，披羊裘钓泽中。帝遣使聘之，三反而后至，欲以为谏议大夫，不屈，乃耕于富春山。山在今桐庐县西三十里。

③桐江，即浙江上源，在桐君山下，桐庐县南。

④点出"游"字。

⑤檄，官书也。

⑥喝起下文。

⑦常山，清县，属衢州府，今属金华道。

⑧衢州、严州，均清府，今属金华道。常山属衢，桐庐属严，故云。

⑨七里滩，在钓台西，亦曰七里濑。谚云："有风七里，无风七十里。"盖舟行难于牵挽，惟视风为迟速也。

⑩崭然，高峻貌。

⑪点明钓台之为两峰。

⑫跱，屹立也。

⑬顿也，忽也。

⑭干，水涯也。

⑮古以周尺八尺为仞，合营造尺六尺四寸八分。

⑯岸然，高傲之意。

⑰的是钓台风景，不可移易。

⑱纶，钓丝也。《诗·小雅》："之子于钓，言纶之绳。"

⑲点缀"钓"字。

⑳茜，草盛貌。

㉑舣，整舟向岸也。

㉒飓，具四方之风也。

㉓陆羽，字鸿渐，唐复州人。隐居苕溪，自称桑苎翁，又号东园先生。嗜茶，著《茶经》三篇。

㉔钓台下有泉，陆羽品为天下第十九泉。

㉕磴，谓山岩有石平坦可登者也。

㉖明帝永平三年，思中兴功臣，乃图二十八将于南宫云台，于邓禹、马成、吴汉、王梁、贾复、

陈俊、耿弇、杜茂、寇恂、傅俊、岑彭、坚镡、冯异、王霸、朱祐、任光、祭遵、李忠、景丹、万修、盖延、邳彤、铫期、刘植、耿纯、臧宫、马武、刘隆外，又益以王常、李通、窦融、卓茂，合三十二人。马援以椒房之亲，不与。

㉗若，汝也。

㉘"游"字义足。

㉙少文名炳，宋南阳人。好山水，爱远游。尝叹曰："老疾俱至，名山恐难遍睹，唯当澄怀观道，卧以游之。"五岳，华山、泰山、嵩山、恒山、衡山也。

㉚兴公，名绰，晋太原人。天台，山名，在浙江天台县北，一名桐柏山。绰作《游天台山赋》，其序曰："余所以驰神运思，昼咏宵兴，俯仰之间，若已再升者也。方解缨络，永托兹岭，不任吟想之至，聊奋藻以散怀。"

㉛复句似不可少。

翻空出奇，最善避熟。若从正面实写，则人云亦云。先生诗文最奇，寻常蹊径，不屑蹈也。神游一层，尤令人想味不尽。

汪 琬

送王进士之任扬州序[①]

诸曹[②]失之，一郡得之，此数十州县之庆也。国家得之，交游失之，又二三士大夫之憾也[③]。吾友王子贻上，年少而才，既举进士于甲第[④]，当任部主事，而用新令，出为推官[⑤]扬州，将与吾党别。吾见憾者方在燕市[⑥]，而庆者已翘[⑦]足企[⑧]首，相望江淮之间矣[⑨]。王子勉旃！事上宜敬，接下宜诚，莅[⑩]事宜慎，用刑宜宽，反是罪也[⑪]。吾告王子止此矣。朔风[⑫]初劲，雨雪载[⑬]涂，摇策[⑭]而行，努力自爱。

【注释】

①王进士，名士禛，见小传。

②分职治事之官署曰曹。《汉书·薛宣传》："坐曹治事。"按：清时各部司官曰部曹。

③六句一幸一惜，幸者公而惜者私也。

④唐时试进士，凡经策全通为甲第，通四以上为乙第。见《唐书·选举志》。

⑤推官，官名。元明时，各府置推官一人，专理一府之刑名，俗谓刑厅。清初尚因之，寻废。

⑥燕市，指京师。

⑦翘，举也。

⑧企，犹仰也。

⑨应上"庆"、"憾"二字，以下接勉戒语，局势遒紧。

⑩莅，临也。

⑪十六字之官箴，以当古时朋友赠行之义。

⑫朔风，北风也。

⑬载，满也。

⑭策，马棰也。

朱彝尊

寄谭十一兄左羽书①

江生自昌平②至，述十一兄比来③颇有不豫④之色。叩其故，则以贤主人好音乐，延吴下歌板师，所进食单，恒倍主客之奉，思辞之归。弟以为不足介意也⑤。昔者孔子以燔肉不至行⑥，穆生以醴酒不设去⑦，则以先至后不至，先设后不设，是为礼貌衰则去之，去之固宜矣⑧。在《易·同人》之《象》曰："君子以类族辨物⑨。"盖物各有族，在人类而辨之。君子惟自审其分处焉，斯无不自得矣⑩。不观夫昏⑪者乎？娶妻而纳采⑫，俪皮⑬、纯帛⑭可也。至于买妾，有费百金者。若欲落营妓⑮之籍⑯，非千金不可。其流愈下，其直⑰益高⑱，礼固有以少为贵者。且歌板师之教曲，在兄未适馆⑲以前。主人既置之别馆，不与同席，每食但与兄偕，则能类族辨物矣⑳。食单之丰，譬如以鱼饲㉑狸㉒，以肉喂㉓犬，于兄何损焉㉔？孟子有言："饮食之人，则人贱之㉕。"兄若引去，不知者将以兄为饮食之人，其可哉㉖？故特附书左右，惟垂听焉。

【注释】

①左羽，名瑄，嘉兴人。康熙举人，官至礼科给事中。有《涵万楼疏稿》。

②昌平，清州，属顺天府，今县属京兆。

③比来，近来也。

④豫，乐也。《孟子》："夫子若有不豫色然。"

⑤小故本不必去。

⑥《孟子》："孔子为鲁司寇，不用。从而祭，燔肉不至，不税冕而行。不知者以为为肉也，其知者以为为无礼也。"

⑦《汉书·楚元王传》：元王敬礼申公等，穆生不耆酒，元王每为设醴。及王戊即位，常设。后忘设焉，穆生退曰："可以逝矣！醴酒不设，王之意怠。"称疾卧。

⑧此言如此后可去。

⑨族，聚也。言君子于类聚之中仍分别流品也。

⑩以下比例甚当。

⑪昏，同"婚"。　婚姻也。

⑫《仪礼·士昏礼》"纳采"注："使人纳其采择之礼。"疏："纳采言纳者，以其始相采择，恐女家不许，故言纳。"今人作为采币之采，失本旨矣。

⑬俪，偶数也。上古未有衣帛，衣鸟兽皮，故以为礼。谯周《古史考》："伏羲制嫁娶，以俪皮为礼。"

⑭《周礼·媒氏》："凡嫁子娶妻，入币纯帛，无过五两。"注："纯实'缁'字。纳币用缁，妇人阴

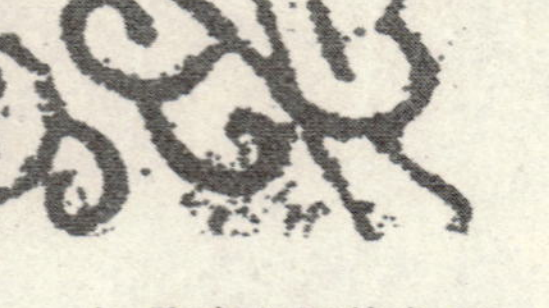

也，娶妻必用其类。”

⑮营妓，军营所蓄之妓也。《汉武外史》：“汉武始置营妓，以待军士之无妻者。”

⑯籍，乐籍也。明时妓女列入乐籍，既嫁人，则除名，谓之落籍。

⑰直，价值也。

⑱贱身辱行，以博多金，事亦宜然。

⑲《诗·郑风》：“适子之馆兮。”

⑳主人未尝不知轻重。

㉑饲，养也。

㉒猫称狸奴。

㉓喂，亦饲也。

㉔视同猫犬，此心自平。

㉕《孟子》：“饮食之人，则人贱之矣。”为其养小以失大也。

㉖此说尤确。

施闰章

送杜审舒归里序

杜生审舒自齐归，施子贶焉[1]，司橐[2]者以匮[3]告。杜生谢，且蹙额曰：“先生念我则至矣，然窃疑厚人而忘己也，意者太左计[4]。”施子曰：“若以我为过廉乎？予盖天下之贪夫也[5]，子何敝敝然[6]为我谋？”杜生口呿色变，久之，曰：“从先生官三年矣，事大小罔弗知也。所与交游，虚往实归者众矣，而先生橐中无长物[7]。以币进，则拒之惟恐不速。焦形槁颜，手校雠而口伊吾[8]。夫子病矣，如是而谓贪，将阳拒而阴纳与？敢问其说。”

施子曰：“噫！何子之泥[9]于言贪也[10]！夫取而不能有者，非贪也；不取而有之，人不能夺焉者，贪之至也[11]。庄子曰：‘君子内无饥寒之患，外无劫夺之忧。’子不见夫今之鼎食[12]而覆餗[13]者乎？戕其躯，籍其家[14]，以沉其宗者，比比矣。其始不过竞筐篚之私[15]，卒以捐其所甚爱而不遑恤。夫人捐其所甚爱，至于弃身家，舍妻子，谓之能贪，则不可[16]。予鄙人也，未就事而先饮冰[17]，其行若踬[18]，其居若坠，其独处若群窥[19]，先人后己，亦夷亦惠[20]，忧谗畏讥，补缺修弊，籝[21]有一金，而不知所置[22]，予盖患得患失、见鄙于尼父[23]者也。然而疾风震雷，守之晏如[24]，饱食高坐，进退生徒。陟泰岱[25]，观沧海，谒阙里[26]，陈诗书。搜讨旧籍，累椟连车[27]。寸缣尺楮，并蓄兼储。盗不睥睨[28]，民不咒诅。人见不足，我见有余：此亦贪之至也[29]。且夫名浮其实者，德之欺也；勉乎其职而不能尽其道，事之末也。吾目迷五色，而不蒙失人之诮；行忝颜闵[30]，而窃附有道之林。吾循孔氏之门墙，而惴惴然惧其不能入也。奉命而出，终事而归[31]，所得侈矣，况敢自以为廉乎？子貌朴而志端，归而修业，亦务守其不可

夺者已矣[32]，何敝敝然为我谋[33]？”

杜生闻之，喜曰：“吾乃知先生之所以为贪！”于是酌酒别去。明日，次其语，追而送之济水[34]之上。

【注释】

①赆，送行者之礼也。

②无底曰橐。

③匮，乏也。

④左计，谋画不中事也。

⑤故作惊人之笔。

⑥敝，通“弊”。敝敝然，犹皇皇然也。

⑦《世说新语》：“平生无长物。”《正韵》：“长，多也，冗也，剩也。”

⑧校雠，校对文字，严若仇雠也。伊吾，读书声。

⑨泥，拘泥也。

⑩一语点醒。

⑪立论奇辟，得未曾有。

⑫鼎食，列鼎而食，指大官言。

⑬悚，鼎实也。《易·鼎卦》：“鼎折足，覆公悚。”言鼎既折足，则实其中者必覆，喻当大任而偾事也。

⑭家被抄而入官籍。

⑮筐篚，竹器。方曰筐，圆曰篚。言微利也。

⑯此所谓取而不能有者也。

⑰《庄子》：叶公语沈诸梁曰：“朝受命而夕饮冰。”喻心冷而无所欲也。

⑱蹶，跌也。

⑲窥，视也。

⑳伯夷，圣之清。柳下惠，圣之和。言学夷学惠，亦清亦和。

㉑簏，竹器，箱属。

㉒描写迂儒尽致。

㉓尼父，孔子也。《论语》：孔子曰：“鄙夫可与事君也与哉？其未得之也，患得之。既得之，患失之。”

㉔晏如，犹安然也。

㉕泰岱，泰山也，在山东泰安县北。

㉖阙里，在山东曲阜县城内，为孔子故宅。

㉗椟，藏物之器，以木为之。累椟连车，言书之多。

㉘睥睨，邪视也。

㉙此所谓不取而有之，人不能夺焉者也。

㉚颜回，字子渊。闵损，字子骞。皆鲁人，孔子弟子。

㉛先生曾任山东学政。

㉜一篇宗旨，只在此句。

㉝复笔妙。

㉞济水，亦称沇水。源出河南济源县西王屋山，东南流，为猪龙河，入黄河。其故道与黄河并行入海，今下游为黄海、大清河、小清河所占。

王士禛

吴顺恪六奇别传[①]

海宁[②]孝廉[③]查伊璜[④]继佐，崇祯中名士也。尝冬雪偶步门外，见一丐避庑[⑤]下，貌殊异。呼问曰："闻市中有铁丐者，汝是否？"曰："是。"曰："能饮乎？"曰："能。"引入发醅[⑥]，坐而对饮，查已酩酊[⑦]，而丐殊无酒容。衣以絮衣，不谢，径去。明年，复遇之西湖[⑧]放鹤亭[⑨]下，露肘[⑩]跣行。询其衣，曰："入夏不须此，已付酒家矣[⑪]。"曰："曾读书识文字乎？"曰："不读书识字，何至为丐[⑫]！"查奇其言，为具汤沐而衣履之。询其氏里，曰："吴姓，六奇名，东粤人。"问何以丐，曰："少好博，尽败其产，故流转江湖。自念叩门乞食，昔贤不免。仆何人？敢以为污[⑬]！"查遽起，捉其臂曰："吴生海内奇士，我以酒徒目之，失吴生矣[⑭]！"留与痛饮一月，厚资遣之。

六奇者，家世潮阳[⑮]。祖为观察，以摴蒱[⑯]故，遂为窭[⑰]人。既归粤，寄食充驿卒。稔知关河厄塞形势[⑱]。会王师入粤[⑲]，逻者[⑳]执六奇。六奇请得见大帅言事，既见，备陈诸郡形势，因请给游劄[㉑]数十通，散其土豪，所至郡县，壁垒皆下[㉒]。帅上其功，十年中，累官至广东水陆师提督[㉓]。

孝廉家居，久不记忆前事。一旦有粤中牙将[㉔]叩问请谒，致吴书问。以三千金为寿，邀致入粤。水行三千里，供帐极盛。度梅岭[㉕]，已遣其子迎候道左，所过部下将吏皆负籣[㉖]、抱弩矢为前驱。抵惠州[㉗]，吴躬自出迎，导从杂沓，拟于侯王。至戟门[㉘]，则蒲伏泥首[㉙]，登堂北面长跪，历叙往事，无所忌讳。入夜，置酒高会，身行酒炙，歌舞妙丽，丝竹迭陈，诸将递起为寿，质明始罢。自是留止一载，装累巨万，复以三千金为寿，锦绮、珠贝、珊瑚、犀象之属，不可訾计[㉚]。查既归数年，值吴兴私史之狱[㉛]，牵连及之。吴抗疏为之奏辩，获免于难[㉜]。

初，查在惠州幕府。一日游后圃，圃有英石[㉝]一峰，高二丈许，深赏异之。再往，已失此石。问之，则以巨舰载至吴中矣。今石尚存查氏之家[㉞]。

【注释】

①吴六奇，官至广东水陆师提督。后卒官，赠少保，兼太子太师，谥顺恪。余详文中。

②海宁，清州，属杭州府，今改县，属浙江钱塘道。

③汉武帝始令郡国岁举孝廉各一人，后世因称举人为孝廉。

④查伊璜，名继佐，浙江海宁人，明崇祯癸未举人。

⑤庑，堂下周屋。

⑥醅，酒未漉也。

⑦酩酊，醉也。

⑧西湖，在浙江杭县西。

⑨放鹤亭，在西湖孤山北，明嘉靖中钱唐令王钛建。

⑩肘，臂节也。

⑪写得豪迈不羁。

⑫阅历语，非愤激语。

⑬句法亦简亦洁，丐亦自有师承，自高身价。

⑭“海内奇士”至“失吴生矣”，查至是始识吴生。

⑮潮阳，清县，属潮州府，今属广东潮循道。

⑯摴蒱，古博具，犹后世掷色。今通称赌博曰摴蒱。

⑰窭，贫也。

⑱不读书识字，焉能熟知地理？

⑲时明桂王由榔称帝广东，清贝勒博洛遣副总兵李成栋攻之。

⑳逻者，巡兵。

㉑旧制，官文书上行下者曰劄，又用于不相统属者曰劄。游劄者，空白之劄，可以任意自填。

㉒是读书识字之效。

㉓清绿营兵制，有外委、把总、千总、守备、都司、游击、参将、副将等官，其上有提督。

㉔牙将，帐前护卫之将。

㉕梅岭，即大庾岭，在江西赣南道西南，广东岭南道北。唐张九龄凿新路后，上多植梅，因名梅岭。一云：汉初梅鋗曾将兵至此，故名。

㉖箙，盛弩矢具，形如木桶。

㉗惠州，清府，今为惠阳县，属广东潮循道。

㉘戟门，立戟于门，谓显贵之家也。唐制，官阶勋俱三品，始听立戟。

㉙泥首，顿首至地也。张温文：“临去武昌，庶得泥首阙下。”

㉚《商子》：“訾粟而税。”訾，限也，量也。计，计算也。

㉛浙江湖州府，三国时为吴兴郡，今改吴兴县，属钱塘道。县东七十里曰南浔镇，明相国朱文肃公国祯家在焉。国祯尝著《明史稿》藏于家，国变后，朱氏中落，质其稿于里之富室庄廷鑨。廷鑨瞽，奋欲著书，乃招致宾客，为补崇祯一朝事，语多指斥满清。会卒，其父胤城刊行之。归安知县吴之荣以赃败，索贿不遂，首告之。廷鑨戮尸，并杀其弟廷钺。书中有名之士，及官吏失察与刊板收藏者，凡七十余人，皆坐死，妻子俱论戍。伊璜亦列名参订，以先自首，又赖吴为之斡旋，故免于难。

㉜知己之报，至是而极。

㉝英石，石之似玉者。

㉞极写英雄报恩处。

书剑侠事

新城[1]令崔懋，以康熙戊辰往济南[2]。至章邱[3]西之新店，遇一妇人，可三十余，高髻[4]如宫妆，髻上加毡笠[5]，锦衣弓鞋[6]，结束为急装。腰剑，骑黑卫[7]，极神骏。妇人神采四射，其行甚驶。试问："何人?"停骑漫应曰："不知何许人。""将往何处?"又漫应曰："去处去。"顷刻东逝，疾若飞隼[8]。崔云："惜赴郡匆匆，未暇蹑[9]其踪迹，疑剑侠也[10]。"

从侄鹓因述莱阳[11]王生言：顺治初，其县役某解官银数千两赴济南，以木夹函之。晚将宿逆旅[12]，主人辞焉，且言镇西北里许有尼庵，凡有行橐者，皆往投宿，因导之往。方入旅店时，门外有男子着红帩头[13]，状貌甚狞[14]。至尼庵，入门，有廨[15]三间，东向，床榻甚设。北为观音大士殿，殿侧有小门，扃焉[16]。叩门久之，有老妪出应。告以故，妪云："但宿西廨，无妨。"久之，持硃封镉山门而入[17]。役相戒勿寝，明灯烛，手弓刀以待曙[18]。至三更，大风骤作，山门砉然而辟[19]。方愕然相顾，倏闻呼门声甚厉。众急持械谋拒之，廨门已启，视之，即红帩头人也。徒手握束香[20]掷地，众皆仆。比天晓始甦，银已亡矣。急往市询逆旅主人，主人曰："此人时游市上，无敢谁何者，唯投尼庵客辄无恙。今当往愬耳，然尼异人，吾须自往求之。"至则妪出问故，曰："非为夜失官银事耶?"曰："然。"入白。顷之，尼出，命妪挟蒲团趺坐[21]，逆旅主人跪白前事。尼笑曰："此奴敢来作此狡狯[22]！罪合死，吾当为一决!"顾妪人，牵一黑卫出，取剑背之，跨卫向南山径去，其行如飞，倏忽不见[23]，市人集观者数百人。移时，尼徒步手人头驱卫返，驴背负木夹函数千金，殊无所苦。入门呼役曰："来！视汝木夹函，官封如故乎?"验之，良是。掷人头地上，曰："视此贼不错杀却否?"众聚观，果红帩头人也，罗拜谢去。比东归，再往访之，庵已空无人矣[24]。

尼高髻盛妆，衣锦绮，行缠[25]罗袜，年十八九好女子也。市人云：尼三四年前挟妪俱来，不知何许人[26]。尝有恶少夜入其室，腰斩掷垣外，自是无敢犯者。

【注释】

①新城，清县，属保定府，今属直隶保定道。

②济南，清府，今为道，为山东省会。

③章邱，清县，属济南府，今属济南道。

④高髻，总发也，挽发而束之于顶也。《后汉书·马廖传》："长安语曰：城中好高髻，四方高一尺。"

⑤毡笠，以毡为帽也。

⑥锦衣，文衣也。《诗》："君子至止，锦衣狐裘。"弓鞋，缠足女子之鞋也。郭钰诗："草根露湿弓鞋绣。"

⑦《清异录》："驴一名卫。"

⑧隼，鸟名，鹰类中最小者。毛色斑纹俱与鹰同，惟胸腹灰白，略带赤色。　写得妆束离

奇，踪迹诡秘。神龙见首不见尾，其此妇人之谓欤？

⑨蹑，追随也。

⑩著一“疑”字，与下实写不同。

⑪莱阳，清县，属登州府，今属山东胶东道。

⑫逆旅，客舍也。《庄子》：“阳子之宋，宿于逆旅。”

⑬帩，缚也。言以红布缚头也。

⑭狞，恶也，状貌凶恶曰狰狞。　　伏下“时游市上”二句。

⑮官吏办公之所曰廨，此作房屋解。

⑯扃，关也。

⑰硃封，标硃之封条也。镉，锁也。

⑱曙，晓也。

⑲砉然，皮骨相离声。庖丁解牛，奏刀砉然。见《庄子》。辟，开也。

⑳香，贼所用之闷人香也。

㉑僧人盘腿而坐曰趺坐。

㉒狡狯，诡谲之行为也。

㉓飞行绝迹，真是妙手空空儿伎俩。

㉔此尼亦神龙见首不见尾。

㉕缠，妇人用帛逼束其足者。

㉖使知为何许人，便非异人。

述其轶事，令人惊怖，文笔亦如河汉之无极。

谢济世

戆子记

梅庄主人[①]在翰林，佣仆三：一黠[②]，一朴，一戆[③]。一日，同馆[④]诸官小集。酒酣，主人曰：“吾辈兴阑[⑤]矣，安得歌者侑[⑥]一觞乎？”黠者应声曰：“有。”既又虑戆者有言，乃白主人，以他故遣之出，令朴者司阍[⑦]，而自往召之。召未至，戆者已归，见二人抱琵琶到门，诧曰：“胡为来哉？”黠者曰：“奉主命。”戆者厉声曰：“吾自在门下十余年，未尝见此辈出入，必醉命也[⑧]！”挥拳逐去。客哄[⑨]而散，主人愧之。

一夕，然烛酌酒校书。天寒，瓶已罄，颜未酡[⑩]。黠者眴[⑪]朴者再沽，遭戆者于道，夺瓶还谏曰：“今日二瓶，明日三瓶，有益无损也。多酤伤费，多饮伤生[⑫]，有损无益也。”主人强颔[⑬]之。

既而改御史[⑭]。早朝，书童掌灯，倾油污朝衣。黠者顿足曰：“不吉！”主人怒，命朴者行杖。戆者止之，谏曰：“仆尝闻主言，古人有羹污衣[⑮]、烛然须[⑯]不动声色者[⑰]，主能言不能行乎？”主人迁怒曰：“尔欲沽直邪？市恩邪[⑱]？”应曰：“恩自主出，

仆何有焉？仆效愚忠，而主曰沽直[19]。今主居言路[20]，异日跪御榻，与天子争是非，坐朝班，与大臣争献替[21]，弃印绶其若蹝[22]，甘迁谪以如归[23]，主亦沽直而为之乎？人亦谓主沽直而为之乎[24]？”主人语塞，谢之，而心颇衔之[25]。由是黠者日夜伺其短，诱朴者共媒蘖[26]，劝主人逐之。会主人有罪下狱[27]，不果。

未几，奉命戍边，出狱治装。黠者逃矣，朴者亦力求他去。戆者攘臂而前曰："此吾主报国之时，即吾侪报主之时也！仆愿往！"市马造车，制穹庐[28]，备粱糗[29]以从。于是主人喟然叹曰："吾向以为黠者有用，朴者可用也，乃今而知黠者有用而不可用，而戆者可用也，朴者可用而实无用，而戆者有用也[30]！"养以为子，名曰戆子云。

【注释】

①济世，号梅庄。见小传。

②黠，慧也。

③戆，愚也。　　朝野人物，大约不出此三种。

④同在翰林者称同馆。

⑤阑，尽也。

⑥侑，佐也。

⑦司阍，守门也。

⑧补一笔，见平日之操守。

⑨哄，大声也。

⑩酡，饮酒面红也。

⑪眴，以目示意也。

⑫二句可作酒戒读。

⑬颔，低头也。

⑭在清世宗雍正四年。

⑮《后汉书·刘宽传》："侍婢奉肉羹，翻污朝衣，婢遽收之。宽神色不异，乃徐言曰：'羹烂汝手？'其性度如此。"

⑯《宋名臣言行录》："韩魏公帅定州时，夜作书，令侍兵持烛。侍兵旁视，烛燃公须，公以袖麾之，作书如故。"

⑰再补一笔，见主人平日之言论。

⑱君主时代，诏求直言，而言者往往以直言获罪。究其致罪之由，不曰沽直，即曰市恩，帝王言行不符，数言揭尽。

⑲此四句驳得极正。

⑳御史职主诤谏，故曰居言路。

㉑替，废也。谓与大臣争献可替否之事。

㉒绶，承受印环之带也。蹝，草履也。言弃官如弃敝蹝也。

㉓官之降调及遣戍曰谪。言不以迁谪为苦，反视如归乡之乐也。

㉔此文作于迁谪时，特借戆子语作反诘，词锋懔懔可畏。

㉕终衔之，雄主容忍直臣，亦是如此。

㉖媒，酒酵。蘖，麹也。谓酿成其罪也。

㉗济世露章面奏河南巡抚田文镜不法状，世宗不怿，掷还其疏，济世争益力，帝震怒，令往阿

尔泰军前效力。

㉘穹庐，毡帐也。蒙古、新疆一带，逐水草而居，无定所，故均用毡帐为屋。

㉙糗，干粮也。

㉚至此觉悟，已嫌太晚，况觉悟者仅患难一时耳，唐之玄宗、德宗皆是如此。

按梅庄以劾田文镜遣戍，又以注释《大学》不宗程朱，坐怨望论死，虽得旨宽免，而仕途蹭蹬，屡踬屡起，皆坐一戆字，戆子特梅庄之小影耳。文特借此发挥，故言之痛切如是。

陆陇其

崇明老人记[①]

崇明县有吴姓老人者，年已九十九岁，其妇亦九十七岁矣[②]。老人生四子，壮年家贫，鬻子以自给，四子尽为富家奴。及四子长，咸能自立，各自赎身娶妇[③]，遂同居而共养父母焉[④]。卜居于县治[⑤]之西，列肆[⑥]共五间，伯开花布店[⑦]，仲开布庄[⑧]，叔开腌腊[⑨]，季开南北杂货，四铺并列[⑩]，其中一间，为出入之所。

四子奉养父母，曲尽孝道。始拟膳每月一轮，周而复始。其媳曰[⑪]："翁姑老矣，若一月一轮，则必历三月后，方得侍奉颜色，太疏。"拟每日一家，周而复始。媳又曰："翁老矣，若一日一轮，则历三日后，方得侍奉颜色，亦疏[⑫]。"乃以一餐为率[⑬]，如蚤餐伯，则午餐仲，晚餐叔，则明日蚤餐季，周而复始。若逢五及十，则四子共设于中堂，父母南向坐，东则四子及诸孙辈，西则四媳及诸孙媳辈，分昭穆坐定[⑭]，以次称觞[⑮]献寿，率以为常[⑯]。

老人饮食之所，后置一橱，橱中每家各置钱一串，每串五十文。老人每食毕，反手于橱中随意取钱一串，即往市中嬉，买果饼啖之。橱中钱缺，则其子潜补之，不令老人知也[⑰]。老人间往知交游，或博弈[⑱]，或摴蒱[⑲]，四子知其所往，随遣人密持钱二三百文，安置所游家，并嘱其家佯[⑳]输钱于老人。老人胜，辄踊跃持钱归。老人亦不知也，亦率以为常[㉑]，盖数十年无异云[㉒]。

老人夫妇至今犹无恙，其长子年七十七岁，余子皆颁白[㉓]，孙与曾孙约共二十余人。崇明总兵[㉔]刘兆以联表其门曰："百龄夫妇齐眉[㉕]，五世[㉖]孙儿绕膝。"洵不诬也。因援笔记之，以告世之为人子者。

【注释】

①崇明，清县，今仍之，属江苏沪海道。

②先叙其寿。

③四子能自立，奇。

④四子知孝养，奇。

⑤县官所驻地曰县治。

⑥肆，陈货鬻物之处。

⑦花布店，售棉花及布也。

⑧凡运销货物而为其总汇之所曰庄。

⑨以盐渍物曰腌。用盐渍肉，干而食之，曰腊肉。《丹铅总录》:《周易》“噬腊肉遇毒”注：“朝曝而夕干。今人经腊而成，故曰腊肉。”

⑩兄弟仍聚居，奇。

⑪出于其媳之口，奇。

⑫其媳皆贤而争侍奉，尤奇。

⑬凡一定之限制曰率。言以一餐一轮也。

⑭按：宗庙之序，一世为昭，二世为穆。又左为昭，右为穆。此当作左右解。

⑮称觞，举觞也。

⑯家庭雍穆，秩序井然，太和之气，犹在人间。

⑰能养亲志，奇。

⑱博，局戏，即今骰子之类。弈，围棋也。

⑲摴蒱，见前王士禛《吴顺恪六奇别传》。

⑳佯，诈也。

㉑曲礼亲志，奇。

㉒孝养之道，历久不渝，世家巨室有此景象否？

㉓颁白，头半白也。

㉔总兵，清武官名，位次提督，此乃总兵之驻崇明者。

㉕齐眉，言夫妇之有礼也。《后汉书》:“梁鸿与妻隐居，妻为具食，不敢于鸿前仰视，举案齐眉。”

㉖五世，即五代，谓己与子、孙并曾、玄也。

崇明老人碌碌耳，所可敬者其子。末段揭出正意，以示为子之道。世之有亲不能养，养而不能曲尽其道者，对此能无愧色？

方 苞

书孝妇魏氏诗后

古者妇于舅姑服期，先王称情以立文，所以责其实也。妇之爱舅姑，不若子之爱其父母，天也。苟致爱之实，妇常得子之半，不失为孝妇①。古之时，女教修明。妇于舅姑，内诚则存乎其人而无敢显为悖者，盖入室而盥馈②，以明妇顺，三月而后反马③，示不当于舅姑而遂逐也。终其身荣辱去留，皆视其事舅姑之善否，而夫之宜不宜不与焉④。惟大为之坊，此其所以犯者少也。近世士大夫百行不怍⑤，而独以出妻为丑，闾阎⑥化之。由是妇行放佚而无所忌⑦，其于舅姑以貌相承，而无勃

溪[⑧]之声者，十室无二三焉，况责以诚孝与？妇以类己者多而自证，子以习非者众而相安[⑨]。百行之衰，人道之所不立，皆由于此。

广昌[⑩]何某妻魏氏，刲[⑪]肱[⑫]求疗其姑，几死。其事虽人子为之，亦为过礼，而非笃于爱者不能。以天下妇顺之不修，非绝特之行不足以振之，则魏氏之事，岂可使无传与[⑬]？抑吾观节孝之过中者，自汉以降始有之，三代之盛，未之前闻也，岂至性反不若后人之笃与[⑭]？盖道教明而人皆知夫义之所止也。后世人道衰薄，天地之性，有所壅遏不流，其郁而钟于一二人者，往往发为绝特之行，而不必轨于中道[⑮]。然用以矫枉扶衰，则固不可得而议也[⑯]。魏氏之舅官京师，士大夫多为诗歌以美之，予因发此义以质后之人。

【注释】

①原情立论，不为苛责。

②盥，洗面。馈，食也。

③礼，送女留其送马，谦不敢自安也，三月庙见，遣使反马。

④自是读书得间语。

⑤怍，耻也。

⑥闾阎，民所居屋。

⑦今离昏屡见矣，而放佚无忌加甚。

⑧勃溪，反戾也。《庄子》："室无空虚，则妇姑勃溪。"言无空虚以容其私，则反戾共争也。

⑨今时习尚却合。

⑩广昌，今江西广昌县。

⑪刲，割也。

⑫肱，臂也。

⑬此叙文之不可不作。

⑭折一笔。

⑮所谓贤者过之也，出诸妇人，尤为难得。

⑯自是正论。

议论好而文非高古，姬传之评此文，蒙亦云然。

送左未生南归序[①]

左君未生，与予未相见，而其精神志趣、形貌辞气，早熟悉于刘北固、古塘[②]及宋潜虚。既定交，潜虚、北固各分散，予在京师。及归故乡，惟与未生游处为久长[③]，北固客死江夏[④]。予每戒潜虚当弃声利，与未生归老浮山[⑤]，而潜虚不能用，予甚恨之。辛卯之秋，未生自燕南附漕船[⑥]东下，至淮阴[⑦]，始知《南山集》祸作[⑧]，而予已北发。居常自怼曰[⑨]："亡者则已矣，其存者遂相望而永隔乎[⑩]？"

己亥四月，予将赴塞上，而未生至自桐[⑪]。沈阳[⑫]范恒庵高其义，为言于驸马孙

公，俾偕行以就予。既至上营[13]，八日而孙死，祁君学圃馆焉。每薄莫[14]公事毕，辄与未生执手溪梁间。因念此地出塞门[15]二百里，自今上北巡，建行宫[16]，始二十年前，此盖人迹所罕至也。予生长东南，及莫齿，而每岁至此涉三时[17]。其山川物色，久与吾精神相凭依，异矣；而未生复与余数晨夕于此，尤异矣[18]。盖天假之缘，使余与未生为数月之聚，而孙之死，又所以警未生而速其归也[19]。

夫古未有生而不死者，亦未有聚而不散者。然常观子美[20]之诗及退之[21]、永叔[22]之文，一时所与游好，其人之精神志趣，形貌辞气，若近在耳目间。是其人未尝亡，而其交亦未尝散也。予衰病多事，不可自敦率[23]。未生归，与古塘各修行著书，以自见于后世，则余所以死而不亡者有赖矣，又何必以别离为戚戚哉[24]？

【注释】

①未生名待，桐城人，明左忠毅公季孙。

②北固，名辉祖，其弟古塘，名捷，均江宁举人。详见《望溪集》。

③此言与未生交情之较久。

④江夏，今湖北武昌县。

⑤浮山，在今安徽盱眙县西。《寰宇记》："山下为穴，淮水泛溢，其穴即高，水减复低，有似山浮。"

⑥漕船，运漕船也。

⑦淮阴，今江苏淮安县。

⑧戴名世著《南山集》，载方孝标书中忌讳语，被举发。先生以同宗牵连被逮，赴诏狱，旋免罪，隶汉军，发辽东。

⑨怼，怨也。

⑩引起下文出塞偕行一段。

⑪桐，今安徽桐城县。

⑫沈阳，今奉天沈阳县。

⑬上营，热河地名。

⑭莫，同"暮"。

⑮塞门，谓古北口。

⑯清康熙间，始于热河建避暑庄。

⑰当是扈跸从公。

⑱承上起下。

⑲前后钩绾极紧。

⑳子美，唐杜甫字。

㉑退之，韩愈字。

㉒永叔，欧阳修字。

㉓敦率，谓厚自督率也。

㉔千古惟文章不死，后幅数语，似得此旨。勉以修行著书，自合赠言之义。

白云先生传

张怡，字瑶星，初名鹿征，上元[1]人也。父可大[2]，明季总兵登莱。会毛文龙将

卒反[③]，诱执巡抚孙元化，可大死之。事闻，怡以诸生授锦衣卫[④]千户[⑤]。甲申，流贼[⑥]陷京师。遇贼将，不屈，械系将肆掠，其党或义而逸之[⑦]。久之，始归故里，其妻已前死。独身寄摄山[⑧]僧舍，不入城市，乡人称白云先生[⑨]。

当是时，三楚、吴、越[⑩]耆旧多立名义，以文术相高[⑪]。惟吴中徐昭法[⑫]、宣城沈眉生[⑬]躬耕穷乡，虽贤士大夫不得一见其面，然尚有楮墨流传人间[⑭]。先生则躬樵汲，口不言诗书，学士词人，无所求取。四方冠盖往来，日至兹山，而不知山中有是人也[⑮]。先君子[⑯]与余处士公佩岁时问起居，入其室，架上书数十百卷，皆所著经说及论述史事。请贰之[⑰]，弗许，曰："吾以尽吾年耳，已市二瓮，下棺则并藏焉[⑱]。"卒年八十有八，平生亲故，夙市良材，为具棺椁。疾将亟，闻而泣曰："昔先将军致命危城，无亲属视含殓。虽改葬，亲身之椑[⑲]弗能易也。吾忍乎[⑳]？"顾视从孙某，趣易棺，定附身衾衣，乃卒。时先君子适归皖桐，反则已渴葬矣[㉑]。或曰：书已入圹。或曰：经说有贰，尚存其家。

乾隆三年，诏修三礼[㉒]，求遗书。其从孙某以书诣[㉓]郡，太守命学官集诸生缮写，久之未就。先生之书，余心向之，而惧其无传也久矣，幸其家人自出之，而终不得一寓目焉。故并著于篇，俾乡之后进有所感发，守藏而传布之，毋使遂沉没也。

【注释】

①上元，今江苏江宁县。

②可大，字观甫。世袭南京羽林卫指挥，总兵登莱。城陷，杀其妾陈氏，自缢于署。

③先是袁崇焕以计杀总兵官毛文龙于双岛。登州游击孔有德等皆文龙旧部，崇祯四年，大凌围急，登莱巡抚孙元化遣有德等赴援，抵吴桥，遂反。元化，字初阳，嘉定人。

④锦衣卫，本掌禁卫，后参刑狱。

⑤千户，卫所官名。

⑥李自成辈。

⑦贼以为义，其品可知。

⑧摄山，即栖霞山，在江宁县东北。

⑨至是点题。

⑩旧名江陵为南楚，吴为东楚，彭城为西楚。吴，为江苏。越，为浙江。

⑪今之遗民，自视何如？

⑫徐昭法，名枋，长洲人，崇祯举人。痛父汧殉难，隐灵岩山，闭户著书，不入城市。巡抚汤斌屏驺从两访之，终不得见。隐居四十余年卒。

⑬沈眉生，名寿民，宣城人。崇祯中，巡抚张国维以寿民应诏，至即疏劾兵部尚书杨嗣昌夺情及总督尚书熊文灿主抚之罪。未几，移疾去，隐居讲学以终。

⑭故作一抑，转入先生之愈高一等。

⑮此即先生之不立名义、不高文术处。

⑯先君子，望溪父仲舒，号逸巢。

⑰抄副本也。

⑱介推所谓"身将隐，焉用文之"之谓也。

⑲椑，棺也。

⑳至死不忘其父。

㉑渴葬，不及时月而葬。

㉒三礼，《仪礼》、《周礼》、《礼记》。

㉓诣，犹至也。

二贞妇传

康熙乙亥，余客涿州[1]，馆于滕氏。见童某，独自异于群奴，怪之。主人曰："其母方氏，歙[2]人也，美姿容。自入吾家，即涕泣请于主妇曰：'某良家子，不幸夫无藉[3]。凡役之贱且劳者，不敢避也。但使与男子杂居同役，则不能一日以生[4]。'会孺子疾，使存视，兼旬睫[5]不交。所养孺子凡六人，忠勤如始至。自其夫自鬻，即誓不与同寝处[6]。而夫死，疏食终其身[7]。家人重其义，故于其子亦礼貌焉[8]。"

戊戌秋，天津朱乾御言："里中节妇任氏，年十七，归符钟奇，逾岁而钟奇死。姑杨氏，故嫠也，阅六月又死。时任氏仅遗腹一女子，而钟奇弟妹四人皆孩提。任氏保抱携持，为之母，为之师，又以其间修业而息之，凡二十年，各授室有家，而节妇死。族姻皆曰：'亡者而有知也，杨氏可无怼[9]于其死，钟奇可无憾于其亲矣[10]。'"

夫嫠[11]之苦身以勤家，多为其子也。自有任氏，而承夫之义始备焉。妇人委身于夫，而方氏非生绝其夫、不能守其身以芘[12]其子，是皆遭事之变，而曲得时义。虽圣贤处此，其道亦无以加焉者也[13]。凡士之安常履顺、而自检其身与所以施于家者，其事未若二妇人之艰难也。而乃苟于自恕，非所谓失其本心者欤[14]？

【注释】

①涿州，治今京兆涿县。

②歙，今安徽歙县。

③无藉，犹无赖也。

④贞操如见。

⑤睫，目旁毛。

⑥示与夫绝。

⑦又示不与夫绝。

⑧亦爱乌及屋之义。此叙方氏。

⑨怼，怨也。

⑩此叙任氏。

⑪嫠，寡妇也。

⑫芘，同"庇"。

⑬此就二人合论，以下又推开说。

⑭此或有感而言。

高节妇传

节妇段氏，宛平[1]民高位妻也。京师俗早嫁娶，位之死，节妇年十七，有二子

矣。高氏无宗亲，依兄以居。丧期毕，数喻以更嫁，节妇曰：“吾不识兄意何居！吾非难死也，无如二子何[②]。”其兄曰：“吾正无如二子何也，我力食，能长为妹赡[③]二甥乎？”节妇曰：“易耳，自今日，即无累兄，但望毋羞我贫，暇则频过我，使人知我尚有兄，足矣[④]。”方是时，节妇嫁时物仅余一箱，直二千。取置门外，索半直，立售，即日移居小市[⑤]板屋中。京师地贵，或作板屋于中衢，妇人贫无依者，多僦居，为市人缝纫。节妇以此为生，几二十年，二子长，始能僦屋[⑥]以居。二子幼时，节妇艰衣食，不能使就学。长子市贩，中年殁。次子为小吏，以罪谪辽左[⑦]。节妇复抚诸孙，又十余年，孙裔发愤成进士，赎其父以归，而节妇年九十矣。

节妇性严毅，常早起，子妇虽老，终日侍立，不命不敢坐[⑧]。裔之母谷氏，性笃孝，鸡初鸣，起洒扫，奉匜[⑨]侍盥[⑩]，就灶下作羹食，亲上之，食毕，然后退，率以为常。及贵盛，姻党皆曰：“世有太夫人年七十而执仆婢之役者乎？”将公为节妇言之。谷氏曰：“若毋言。吾与姑故寒苦，姑习我，非我供事，始终不适[⑪]。吾皤然白发，身无疾，洒扫盥馈以事吾姑，此日可多得耶[⑫]？”节妇以康熙戊辰卒，年九十六，距位之死七十有九年。

始节妇所僦板屋在珠市西，及孙贵，卜居正当其地，家童数十，出入呼拥。节妇时指示子孙姻党，京师之人，亦以为美谈云[⑬]。

【注释】

①宛平，清县，属顺天府，今属京兆尹。

②声口如闻，忍哉其兄！

③赡，给也，助也。

④对兄数语，不累兄，不绝兄，斯为情义兼至。

⑤小市，在宣武门外大街路西。

⑥僦屋，租屋也。

⑦辽左，辽河之左也。方位以左为东，辽左即辽东，今奉天东南境。

⑧又见节妇之善治家。

⑨匜，盥器。

⑩盥，以盘水沃洗也。

⑪言我事姑久，姑习惯而安之。非我，则姑意不适也。

⑫即宣圣所言一喜一惧之意，难得出诸贤妇之口。

⑬就板屋为点染，收处亦不寂寞。

陈驭虚墓志铭

君讳典，字驭虚，京师人。性豪宕[①]，喜声色狗马，为富贵容[②]，而不乐仕宦。少好方术，无所不通，而独以治疫为名[③]。疫者闻君来视，即自庆不死。京师每岁大疫，自春之暮至于秋不已。康熙辛未，予游京师。仆某遘[④]疫，君命市冰，以大罂[⑤]贮之，使纵饮，须臾尽。及夕，和药下之，汗雨注，遂愈[⑥]。予问之，君曰：“是非医者

所知也。此地人畜骈阗[7]，食腥膻[8]，家无溷匽[9]，污渫[10]弥沟衢，而城河久湮[11]，无广川大壑以流其恶。方春时，地气愤盈[12]上达，淫雨[13]泛溢，炎阳蒸之，中人膈臆[14]，困惾[15]忿蓄，而为厉疫。冰气厉而下渗[16]，非此不足以杀其恶[17]。故古者藏冰，用于宾食丧祭，而老疾亦受之[18]，民无厉疾。吾师其遗意也[19]。”

予尝造君，见诸势家敦迫之使麇至[20]，使者稽首[21]阶下，君伏几呻吟固却之。退而嘻曰：“若生有害于人，死有益于人，吾何视为！”君与贵人交，必狎侮，出嫚语[22]相訾警[23]。诸公意不堪，然独良其方，无可如何[24]。予得交于君，因大理[25]高公。公亲疾，召君，不时至。独予召之，夕闻，未尝至以朝也。君家日饶益，每出，从骑十余。饮酒歌舞，旬月费千金。或劝君谋仕，君曰：“吾日活数十百人，若以官废医，是吾日杀数十百人也[26]。”诸势家积怨日久，谋曰：“陈君乐纵逸，当以官为维娄[27]，可时呼而至也。”因使太医院[28]檄取为医士，君遂称疾笃，饮酒近女，数月竟死[29]。君之杜门不出也，予将东归，走别君。君曰：“吾逾岁当死，不复见公矣。公知吾谨事公意乎？吾非医者，惟公能传之，幸为我德[30]。”

乙亥，予复至京师。君柩果殡[31]，遗命必得予文以葬。予应之，而未暇以为。又逾年，客淮南[32]，始为文以归其孤。君生于顺治某年某月某日，卒于康熙某年某月某日，娶某氏，子某。铭曰：

义从古，迹戾世[33]，隐于方，尚其志[34]。一愤以死避权势，胡君之心与人异！

【注释】

①豪宕，逞其意气，无检制也。

②言一切容止举动若富贵者也。

③提出治疫，中段大议论，先伏此根。

④遘，遭也。

⑤罂，瓶之大腹小口者。

⑥治法甚奇，自非时医所能知。

⑦骈，并也。阗，满也。言人畜□也。

⑧鱼臭曰腥，羊臭曰膻。

⑨溷，厕也。匽，同“偃”，亦厕也。《庄子·庚桑楚》：“观室者周于寝庙，又适其偃焉。”

⑩渫，污也。

⑪湮，塞也。

⑫愤盈，愤郁充满也。

⑬淫雨，久雨也。

⑭膈，胸膈也，在胸部之下，腹部之上。臆，当胸之处。

⑮困惾，气臭熏鼻不通之谓。《庄子》：“五臭熏鼻，困惾中颡。”

⑯下渗，下漉也。

⑰杀，减削也，言减其恶秽也。

⑱《左传》：“日在北陆而藏冰，西陆朝觌而出之。其藏冰也，深山穷谷，涸阴沍寒，于是乎取之。其出之也，朝之禄位，宾客丧祭，于是乎用之……而自命夫命妇至于老疾，无不受冰。”

⑲此叙其明医理，能得法外之意。

⑳麇至，䗂至也。

㉑稽首，下拜首至地也。

㉒嫚语，慢侮之语也。

㉓訾謷，诋毁也。

㉔此叙其教医品，力矫时医趋承富贵人之习。

㉕大理，掌刑法之官，秦汉改为廷尉，北齐复为大理卿，历代因之。

㉖如此存心，才当"仁术"二字。

㉗系马曰维，系牛曰娄。"牛马维娄"，见《左传》。

㉘太医院，掌宫廷医药。

㉙死于自杀，实死于医。

㉚不居为医，本不屑为医也，世以其医也而困之，其能免于死乎？

㉛殡，埋棺坎下也。

㉜淮南，今江苏淮安县等地。

㉝言行义从古，而行事背世也。

㉞言隐于方术，而高尚其志也。

杜苍略先生墓志铭

先生姓杜氏，讳岕，字苍略，号些山，湖广[①]黄冈[②]人。明季为诸生。与兄濬[③]避乱居金陵[④]，即世所称茶村先生也。二先生行身略同，而趣各异[⑤]。茶村先生峻廉隅，孤特自遂。遇名贵人，必以气折之，于众人未尝接语言，用此丛忌嫉，然名在天下，诗每出，远近争传诵之。先生则退然一同于众人，所著诗歌古文，虽子弟弗示也[⑥]。方壮丧妻，遂不复娶。所居室漏且穿，木榻敝帷，数十年未尝易，室中终岁不扫除。有子教授里巷间，窭[⑦]艰，每日中不得食，男女啼号。客至，无水浆，意色间无几微不自适者。间过戚友，坐有盛衣冠者，即默默去之。行于途，尝避人，不中道与人语。虽儿童厮舆，惟恐有伤也[⑧]。

初，余大父[⑨]与先生善，先君子嗣从游，苞与兄百川[⑩]亦获侍焉[⑪]。先生中道仆，遂跛[⑫]，而好游，非雨雪，常独行，徘徊墟莽[⑬]间。先君子暨苞兄弟暇则追随寻花莳[⑭]，玩景光，藉草而坐，相视而嘻，冲然若有以自得，而忘身世之有系牵也[⑮]。辛未壬申间，苞兄弟客游燕[⑯]、齐[⑰]，先生悄然不怡，每语先君子曰："吾思二子，亦为君惜之[⑱]。"先生生于明万历[⑲]丁巳四月初九日，卒于康熙癸酉七月十九日，年七十有七，后茶村先生凡七年，而得年同。所著《些山集》藏于家。其子琰以某年月日卜葬某乡某原，来征辞。铭曰：

蔽其光，中不息也[⑳]。虚而委蛇[㉑]，与时适也[㉒]。古之人欤，此其的也。

【注释】

①元代湖广指两湖两广，明之湖广乃专指两湖。

②黄冈，今湖北黄冈县，属江汉道。

③杜濬，字于皇，号茶村。阎百诗于杜五言律，目为诗圣。
④金陵，今江苏江宁县。
⑤以下分言之。
⑥此即铭词中所谓“蔽其光”者。
⑦窭，贫不能为礼也。
⑧此二事与茶村异处。
⑨名帜，字汉树，号马溪，岁贡生，有文名。
⑩杜百川，名舟，寄籍上元，为诸生，以文名，卒年三十七。
⑪此叙三世之师友。
⑫跛，足偏废也。
⑬墟莽，墓地之有宿草者。
⑭莳，更种也。
⑮此姬传所谓“文有逸气”者。
⑯燕，直隶。
⑰齐，山东。
⑱沉痛之语，耳不忍闻。
⑲万历，神宗年号。
⑳此即笃实发为辉光意。
㉑委蛇，委曲貌。《易林》：“委蛇循河。”
㉒此言宽以接物、和以待人意。

武季子哀辞

康熙丙申夏，闻武君商平之丧，哭而为墓表，将以归其孤。冬十月，孤洙至京师，曰：“家散矣，父母、大父母、诸兄七丧，蔑以葬，为是以来。”叩所学，则经书能背诵矣。授徒某家，冬春间，数至，假唐宋诸家古文，自缮写。首夏，予出塞，返役，而洙死已浃旬[①]矣。

始商平有子三人，予皆见其孩提以及成人。长子洛，为邑诸生，卒年二十有四。次子某，年二十有一，将受室而卒。洙其季也。忆洙五六岁时，予过商平，常偕群儿喧聒左右。少长，抱书从其父往来予家。及至京师，则干躯伟然。予方欲迪之学行，以嗣其宗，而遽以羇死[②]，有子始二岁[③]。商平生故家，而窭艰迫厄，视细民有甚焉。又父母皆笃老烦急，家事凌杂，米盐无几微，辄生瑕衅[④]。然卒能约身隐情以尽其恩，而不愆于义，予每叹其行之难也[⑤]，而既羸[⑥]其躬，复札[⑦]其后嗣[⑧]。呜呼！世将绝而后乃繁昌者，于古有之矣，其果能然也邪[⑨]？洙卒于丁酉十月十日，年二十有一，藁葬[⑩]京师郭东江宁义冢。予志归其丧，事有待，先以鸣予哀。其辞曰：

嗟尔生兮震愆，罹百忧兮连延。蹇[⑪]孤游兮局窄，命支离兮为鬼客。天属尽兮茕茕，羌地下兮相从。江之干兮淮之汭[⑫]，翳先灵兮日延企，魂朝发兮暮可投，异生还兮路阻修。孺子号兮在室[⑬]，永呵护兮无失。

【注释】

①洟旬，周旬也。

②序洙之一世。

③以下追叙商平事。

④想见其家庭之不幸。

⑤难处而能善处，尤为不易得。

⑥羸，拘累缠绕也。

⑦夭死为札。

⑧一语拍合。

⑨于绝望之中，作后来之希望，故作疑词，文情绝妙。

⑩藁葬，草葬也。

⑪蹇，难也，险在前也。

⑫汭，水堤也。

⑬应上"有子二岁"句。

全祖望

书明辽东经略熊公传后[①]

明启、祯间[②]，东事之坏，如破竹之不可遏[③]。一时大臣才气魄力足以搘拄[④]之者，熊司马一人耳[⑤]。古称温太真挺挺若千丈松[⑥]，虽磥[⑦]砢多节[⑧]，自是足用，司马之卞急忼厉[⑨]，盖亦此种。用人者贵展其才，原不当使一二腐儒操白简[⑩]以议其旁也[⑪]。关门再出[⑫]，庙堂诸公忌其有所建白[⑬]，乃以全不解兵之王化贞漫夸六万兵平辽，为之掣肘[⑭]。时江侍郎秉谦力陈经臣不得展布尺寸，反使抚臣得操节制之柄，必误国事，不幸言而中矣[⑮]。当国者苟有人心，即寸斩抚臣，以谢经臣，犹且不足[⑯]，反以不能死绥罪之[⑰]，是犹束乌获[⑱]之手足，使力不胜匹雏者代之任重[⑲]。及蹶而偾，则曰：是亦获有同咎。可乎[⑳]？

爰书将定[㉑]，枢辅孙公承宗[㉒]、大司寇乔公允升[㉓]、太仆周公朝瑞[㉔]、刑曹顾公大章[㉕]皆援议能议劳之例[㉖]，而太仆凡四上疏，褎如充耳[㉗]。独怪大司寇王公纪、大中丞邹公元标、都谏魏公大中亦皆力持以为当死[㉘]，是则予之所不能解者[㉙]。有明三百年，以文臣能任边疆之事者，惟曾襄愍公铣并司马耳[㉚]。曾死于西，熊死于东，英雄之所遇一也[㉛]。

【注释】

①熊公，名廷弼，字飞百，江夏人。万历进士，任辽东经略，为人构陷死。

②天启，明熹宗年号；崇祯，明怀宗年号。

③时清兵克辽阳，经略袁应泰、巡按御史张铨等皆死之，因复命廷弼经略辽东。

④搘拄，支撑也。

⑤时进廷弼兵部尚书，如古司马，故云。　　一语断定。

⑥温名峤。按：《晋书·和峤传》："庾顗谓峤森森如千丈松，虽礧砢多节目，施之大厦，有栋梁之用。"《温峤传》无是语，作者误引也。

⑦礧，同"磊"。

⑧礧砢，小石攒积貌，此状其节之突起众多也。

⑨卞急，躁急也。忼厉，愤激不平也。

⑩《晋书·傅休奕传》："每有奏劾，或值日暮，捧白简，整簪带，竦踊不寐。"故称谏臣奏劾为操白简。

⑪断得极是。

⑫关指山海关，时廷弼二次经略辽东。

⑬建白，对于国家陈述意见也。

⑭掣肘，阻其行事也。《说苑》：宓子贱为单父宰。请借善书者，至单父。使书，从旁引其肘，书丑，则怒之。书者归以告鲁君，鲁君曰："子贱惧吾扰之。"命有司毋得擅征发单父。

时兵部尚书张鹤鸣忌廷弼甚，凡王化贞所请，无不允，而于廷弼则事事牵制之。大学士叶向高为化贞座主，亦左袒化贞。化贞诸城人，时既起廷弼于家，并进化贞右佥都御史，巡抚广宁，便宜行事。初，化贞凡五出师，辄以无功引还，廷弼乞敕化贞慎重举止。化贞上言，愿得六万众一举荡平，朝臣自阁部逮言官皆右之。及失广宁，化贞败还，向廷弼哭。廷弼微笑曰："六万众一举荡平，竟何如？"

⑮秉谦，字兆豫，歙人。时熹宗以经抚不和，诏廷臣议。秉谦言："陛下命廷弼节制三方，则三方之进战退守，当一一听其指挥。乃化贞欲进则使廷弼从之进，欲退则使廷弼随之退，化贞倏进倏退，则使廷弼进不知所以战，退不知所以守。是化贞有节制廷弼之权，而廷弼未尝有节制三方之权也。"至后朝议方撤廷弼，而化贞已弃广宁还。

⑯翻进一笔。

⑰广宁既失，熹宗令刑部尚书王纪、左都御史邹元标、大理寺卿周应秋会审廷弼、化贞。狱成，奏言：王化贞宜服上刑。熊廷弼再起经略，即缴有控扼山海之旨，识者已知其无意于广宁。使广宁告急之日，廷弼仗义誓师，收余烬以图恢复，反败为功，死且不朽。计不及此，一闻大兵既败，先奔榆关，即有盖世之气，亦不足赎丧师失地之罪矣。若引从前经略观之，比之杨镐，更多一逃，比之袁应泰，反欠一死，应俱坐斩。从之。

⑱乌获，古勇士。

⑲《孟子》"曹交"章注："'匹'字本作'鸥'，鸭也，从省作'匹'。"《礼记》疏："'匹'为'鹜'是也。"

⑳譬喻确切。

㉑爰，换也。古者重刑，嫌有爱恶，故换狱书，使他官考实之。

㉒孙承宗，字稚绳，高阳人，为东阁大学士。出关视师，请宽廷弼死罪，遣戍效用。

㉓乔允升，字吉甫，洛阳人，为刑部尚书，欲因朝审宽廷弼罪。

㉔周朝瑞，字思永，临清人，为太仆少卿。以廷弼才可用，请令带罪守山海。疏四上，并抑不行。

㉕顾大章，字伯钦，常熟人，为刑部主事。援议能议劳例，言化贞宜诛，廷弼宜论戍。

㉖案：《周礼·秋官》："小司寇之职……以八辟丽邦法，附刑罚……四曰议能之辟，五曰议功之辟。"劳即功也。

㉗褎，衣饰盛貌。《诗·邶风》："褎如充耳。"言衣服虽盛，而塞耳如不闻也。

㉘纪字惟理，芮城人。秉理持正，时论蔚然，曾劾魏忠贤党徐大化、沈漼等。元标，字尔瞻，吉水人，官左都御史。建首善书院，集同志讲学，有高名。魏忠贤乱政，罢归。大中，字孔时，嘉善人，以忤魏忠贤下狱死。三人皆正人，而皆力持廷弼以为当死者。

㉙二三名儒，亦挤熊公以死，则党见误之也。

㉚铣字子重，嘉靖进士，历总督陕西三边军务，有胆略，长于用兵。时俺答据河套，铣议复之，忤严嵩，论斩。隆庆初，追谥襄愍。河套，即蒙古鄂尔多斯，其地东、西、北三面距黄河，南限边城。

㉛英雄末路，千古同慨。然曾死于奸党，熊死于清流。门户之见，颠倒是非，贤者如此，焉得不亡？

阳曲傅先生事略

朱衣道人者，阳曲[①]傅山先生也。初字青竹，寻改字青主，或别署曰公之它[②]，亦曰石道人，又字啬庐[③]。家世以学行师表晋中[④]。先生六岁，啖黄精[⑤]，不乐谷食，强之，乃复饭。少读书，上口数过，即成诵。顾任侠[⑥]，见天下且丧乱，诸号为荐绅先生者[⑦]，多腐恶不足道，愤之，乃坚苦持气节，不肯少与时媕婀[⑧]。提学袁公继咸为巡按张孙振所诬[⑨]，孙振故奄党也[⑩]，先生约其同学曹公良直等诣匦[⑪]使三上书讼之[⑫]，不得达，乃伏阙陈情。时抚军[⑬]吴公甡[⑭]亦直袁，竟得雪，而先生以是名闻天下。马文忠公世奇[⑮]为作传，以为裴瑜、魏邵复出[⑯]。已而曹公任在兵科[⑰]，贻之书曰："谏官当言天下第一等事，以不负故人之期。"曹公瞿然。即疏劾首辅宜兴[⑱]及骆锦衣养性[⑲]，直声大振[⑳]。

先生少长晋中，得其山川雄深之气，思以济世自见，而不屑为空言[㉑]。于是蔡忠襄公抚晋[㉒]，时寇已亟，讲学于三立书院，亦及军政、军器之属。先生往听之，曰："迂哉！蔡公之言！非可以起而行者也[㉓]。"甲申，梦天帝赐之黄冠，乃衣朱衣，居土穴以养母。次年，袁公自九江羁于燕邸[㉔]，以难中诗贻先生曰："晋士惟门下知我最深，盖棺不远，断不敢负知己，使异日羞称友生也[㉕]。"先生得书恸哭曰："公乎！吾亦安敢负公哉[㉖]！"甲午[㉗]，以连染遭刑戮，抗词不屈，绝粒九日，几死，门人有以奇计救之者，得免[㉘]。然先生深自咤恨，以为不如速死之为愈。而其仰视天、俛画地者[㉙]，并未尝一日止。凡如是者二十年[㉚]。

天下大定[㉛]，自是始以黄冠自放[㉜]，稍稍出土穴与客接[㉝]。然间有问学者，则告之曰："老夫学庄、列者也[㉞]，于此间诸仁义事，实羞道之。即强言之，亦不工[㉟]。"又雅不喜欧公以后之文，曰："是所谓江南之文也[㊱]。"平定[㊲]张际者，亦遗民也，以不谨得疾死。先生抚其尸，哭之曰："今世之醇酒妇人以求必死者，有几人哉[㊳]？呜呼！张生是与沙场之痛等也[㊴]！"又自叹曰："弯强跃骏之骨，而以占毕朽之[㊵]，是则埋吾血千年而碧不可灭者矣[㊶]。"或强以宋诸儒之学问，则曰："必不得已，吾取同甫[㊷]。"

先生工书，自大小篆隶以下[㊸]，无不精，兼工画。尝自论其书曰："弱冠学晋唐

人楷法[44]，皆不能肖。及得松雪、香山墨迹[45]，爱其员转流利，稍临之，则遂乱真矣。”已而乃愧之曰：“是如学正人君子者，每觉其觚棱难近，降与匪人游，不觉其日亲者。松雪曷尝不学右军[46]？而结果浅俗，至类驹王之无骨[47]，心术坏而手随之也。于是复学颜太师[48]。”因语人学书之法：宁拙毋巧，宁丑毋媚，宁支离毋轻滑，宁真率毋安排。君子以为先生非止言书也[49]。先生既绝世事，而家传故有禁方[50]，乃资以自活[51]。

其子曰眉，字寿髦，能养志。每日樵于山中，置书担上，休担则取书读之。中州[52]有吏部郎者[53]，故名士。访先生，既见，问曰：“郎君安往？”先生答曰：“少需[54]之，且至矣。”俄而有负薪而归者，先生呼曰：“孺子来前肃客[55]！”吏部颇惊。抵暮，先生令伴客寝，则与叙中州之文献[56]，滔滔不置，吏部或不能尽答也。诘朝，谢先生曰：“吾甚惭于郎君。”先生故喜苦酒，自称老蘖禅[57]，眉乃自称小蘖禅。或出游，眉与先生共挽车，暮宿逆旅，仍篝灯[58]课读经、史、《骚》、《选》诸书。诘旦，必成诵始行，否则予杖。故先生之家学，大河以北，莫能窥其藩者[59]。尝批欧公《集古录》[60]，曰：“吾今乃知此老真不读书也。”

戊午[61]，天子有大科之命[62]，给事中李宗孔、刘沛先以先生荐。时先生年七十有四，而眉以病先卒。固辞，有司不可。先生称疾，有司乃令役夫舁[63]其床以行，二孙侍。既至京师三十里，以死拒，不入城。于是益都[64]冯公[65]首过之，公卿毕至，先生卧床，不具迎送礼。蔚州[66]魏公[67]乃以其老病上闻，诏免试，许放还山。时征士中报罢而年老者，恩赐以官。益都密请以先生与杜征君紫峰[68]，虽皆未豫试，然人望也。于是亦特加中书舍人以宠之[69]。益都乃诣先生曰：“恩命出自格外，虽病，其为我强入一谢。”先生不可，益都令其宾客百辈说之[70]，遂称疾笃，乃使人舁以入。望见午门[71]，泪涔涔[72]下，益都强掖之使谢，则仆于地，蔚州进曰：“止，止，是即谢矣。”次日遽归，大学士以下皆出城送之。先生叹曰：“自今以还，其脱然无累哉！”既而又曰：“使后世或妄以刘因辈贤我[73]，且死不瞑目矣。”闻者咋舌[74]。

及卒，以朱衣黄冠殓。著述之仅传者，曰《霜红龛集》十二卷[75]，眉之诗亦附焉。眉诗名《我诗集》，同邑人张君刻之宜兴[76]。

先生尝走平定山中，为人视疾，失足堕崩崖。仆夫惊哭曰：“死矣！”先生旁皇四顾，见有风峪甚深，中通天光。一百二十六石柱林立，则高齐所书佛经也[77]。摩挲视之，终日而出，欣然忘食，盖其嗜奇如此[78]。

惟顾亭林之称先生曰：“萧然物外，自得天机。”予则以为是特先生晚年之踪迹，而尚非其真性所在[79]。卓尔堪曰[80]：“青主盖时时怀翟义之志者[81]。”可谓知先生者矣[82]。吾友周君景柱守太原，以先生之行述请，乃作事略一篇致之，使上之史馆。予固知先生之不以静修自屈者[83]，其文当不为先生之所唾，但所愧者，未免为江南之文尔。

【注释】

①阳曲，县名，清属太原府，今属山西冀宁道。

②它，古"佗"字，与"他"同。

③以上叙姓名字号。

④山西为古晋地。

⑤黄精，多年生草，夏初开花，花后结黑实如豆，根茎均可入药。

⑥点出"仁侠"二字。

⑦荐，与"搢"通。《史记·五帝本纪》："荐绅先生难言之。"

⑧嫡婀，圆通应世也。　　此数句一篇关键，先生一生大节，根柢于此。

⑨继咸，字季通，号临侯，宜春人。崇祯七年春，擢山西提学佥事。未行，中官张彝宪有朝觐官赍册之奏，继咸疏论之，彝宪大恚，与继咸互讦奏，帝不听，乃孑身赴任。久之，巡抚吴甡荐其廉能，而巡按御史张孙振以请属不应，疏诬继咸赃私事，帝怒，逮继咸，责甡回奏。甡贤继咸，斥孙振，孙振坐谪戍，继咸得复官。

⑩奄党，宦官之党。

⑪匭，匣也。

⑫《唐书·百官志》："武后垂拱二年，鱼保宗上书，请罪匭以受四方之书。"此为通达民隐而设。

⑬抚军，即巡抚。

⑭吴甡，字鹿友，明扬州兴化人。崇祯七年，为佥都御史，巡抚山西。官至东阁大学士。与周延儒不相能，及延儒败，帝并敕法司议甡罪，将遣戍金齿。未几，福王立，赦还，复故秩。国变后，卒于家。

⑮马世奇，字君常，无锡人。崇祯十七年，京师陷，自缢死。

⑯《后汉书》：史弼为河东太守，中常侍侯览怨之，诈作飞章，下司隶，诬弼诽谤，槛车征吏，人莫敢近者，唯前孝廉裴瑜送之。《万姓统谱》：邵，河东人。太守史弼受诬，当弃市，邵与同郡人卖邸赂侯览，得减死。

⑰明初吏、户、礼、兵、刑、工六科，兵科给事中十人。万历九年裁五人，十一年，复设二人。

⑱周延儒，字玉绳，宜兴人。崇祯三年，延儒入阁，为首辅，旋削职。十四年，复为首辅。十六年，给事中曹良直劾延儒十大罪，帝旋命延儒自尽。

⑲骆养性，嘉鱼人，掌锦衣卫事。本延儒所荐，旋背延儒，与中官结，以陷延儒。

⑳以上叙其待师友。

㉑先生遗著流传不多，以志在起行也。

㉒蔡忠襄公，名懋德，字维立，昆山人，为山西巡抚。李自成陷太原，懋德死之，谥忠襄。

㉓先生经济，可见一斑。

㉔时左良玉怀异谋，至九江，邀总督袁继咸入舟中。继咸往，良玉告其谋，继咸正辞拒之。会良玉卒，众推其子梦庚为帅。梦庚降清，遂执继咸北去。

㉕友生，朋友也。《诗》："不求友生。"今用为师长对于弟子之称。

㉖声泪俱下。

㉗清世祖顺治十一年。

㉘时河南获乱匪，扳朱衣道人傅姓，晋抚遂逮先生入狱。翌年，龚鼎孳等救之，得释出。或曰为通永历帝事。

㉙愤郁无聊状，谓意欲恢复明室也。

㉚以上叙其恢复之志历久不渝。

㉛即永历遇害后。　　自是先生心死矣。

㉜黄冠，道士也。《唐书·李淳风传》：淳风父播弃官为道，号黄冠子。

㉝前此二十年艰贞苦节，可于言外得之。

㉞庄周著《庄子》，列御寇著《列子》。

㉟此数语乃愤世语，盖以滔滔皆是，仁义道熄久矣。

㊱谓其抑扬顿挫，失之柔靡也。

㊲平定，清直隶州，今为县，属山西冀宁道。

㊳《史记·信陵君传》：公子再以毁废，乃谢病不朝，与宾客为长夜饮，饮醇酒，多近妇人，日夜为乐饮者四岁，竟病酒而卒。

㊴有激而言，想当时必有所见，非安处海滨、征歌选色者所得藉口。

㊵占毕，讽诵也。言生有弯强弓、跃骏马之骨，不能立功业，而以文人老也。《傅青主家训》：“忧抑仓皇，蒿目世变，强言俯首，为蠹鱼终此天年。火藏焰腾，又恨呫哔大坏人筋骨。弯强跃马，呜呼已矣！”

㊶苌弘死于蜀，藏其血三年，而化为碧。

㊷同甫，姓陈，名亮，婺州永康人。才气超迈，喜谈兵，下笔千言立就。　以上叙其论学大概。

㊸大篆，周史籀所作。小篆，李斯所作。隶书，秦程邈所作。

㊹晋人如王羲之、献之等，唐人如褚遂良、虞世南等，皆工楷书。

㊺松雪，姓赵，名孟頫，字子昂。工书法。宋亡，仕元。香山，在河南洛阳县龙门山之东，唐白居易与香山僧如满结香火社，每肩舆往来，自号香山居士。《宣和书谱》：“白居易书丰年洛下两帖，笔势翩翩，不失书家法度。”

㊻右军，即王羲之，字逸少，王导之从子。善书。官至右军将军。

㊼驹王，徐国之君。见《礼·檀弓》。　　相传生而无骨。

㊽颜太师，名真卿，字清臣，唐琅琊临沂人，官至太子太师。德宗时，慰谕李希烈，持节不屈，为所缢杀，谥文忠。善正草书，笔力遒劲秀拔。

㊾点醒句意。

㊿禁方，秘方也。《史记·扁鹊传》：“长桑呼扁鹊与语曰：‘吾有禁方，欲传于公。’”按：今所传先生之女科及内外科，云□遗箸。

(51)以上叙其艺事。

(52)中州，谓河南。

(53)吏部，旧官制六部之一，掌中外文职铨叙、勋阶黜陟之政。郎，郎中也。

(54)需，待也。

(55)肃客，古人敬客之礼也。

(56)《论语》：“文献不足故也。”注：“文，典籍也。献，贤也。”

(57)蘗，同“檗”。　黄檗，唐宣宗时僧。沈辽诗：“裴休自参黄檗禅。”命名之意本此。

(58)篝，笼也。以笼覆火作灯也。

(59)以上叙其家学。

(60)欧阳永叔《集古录》序云：“予性颛而嗜古，好之既笃，随其所得而录之，又以谓聚多而终必散，乃撮其大要，别为录目。”

(61)清圣祖康熙十七年。

(62)大科，即博学鸿词科也。
(63)舁，共举也。
(64)益都，县名，今属山东胶东道。
(65)见卷一王弘撰文。
(66)蔚州，清直隶州，今山西广灵县。
(67)魏公，名象枢，字环极，一字庸斋，顺治进士，官至刑部尚书。
(68)杜紫峰，名越，字君异，定兴之东江村人。有《紫峰集》十四卷。
(69)中书舍人，清官名，属内阁，掌书写诰敕制诏等事，后但称中书。
(70)益都自污污人，亦自无谓。
(71)午门，京师旧紫禁城正门，三阙，上覆重楼九间，门前左设嘉量，右设日圭。左右各一阙，西向者曰左掖，东向者曰右掖。翼以两观，杰阁四耸，与中相辅，俗称五凤楼，前接皇城之端门。
(72)涔涔，多貌。
(73)因字梦吉，容城人。留心性命之学，隐居不仕。元至元间，征授右赞善大夫，母病，辞归，再征不起。《傅青主家训》："后之人诬以刘因辈贤我，我目几时瞑也？"
(74)以上叙其晚节。
(75)近山阳丁氏所刻《霜红龛全集》共四十卷。
(76)以上叙其遗著。
(77)高齐，即南北朝时之北齐，姓高氏，故曰高齐。按：此即上方山石经洞，有碑一百四十六枚，为隋静琬法师所刻佛经。
(78)以上叙其遗事。
(79)伤心人别有怀抱，亭林且不知之，何论其他？
(80)尔堪，字子立，自号宝香山人，曾辑《明遗民录》。
(81)义字文仲，汉汝南上蔡人。王莽称假皇帝，义时为东郡太守，起兵讨莽，立刘信为天子，后为莽所败而死。
(82)是真知先生者。
(83)刘因撰《静修集》三十卷。

逸民如先生，尚矣。然其人以医隐，以书画隐，以佛老隐，甚则新君时相强胁致而荣赏之。而黄冠土穴，二十年隐谋恢复之志，事虽不遂，名则章著。谢山此文，一字一句，如履危石，下巉岩，步步慎重而出之，才道得先生心事。九原有知，当无刘因贤我之憾。

梅花岭记[①]

顺治二年乙酉四月，江都[②]围急。督相史忠烈公[③]知势不可为，集诸将而语之曰："吾誓与城为殉，然仓皇中不可落于敌人之手以死，谁为我临期成此大节者？"副将军史德威[④]慨然任之。忠烈喜曰："吾固未有子，汝当以同姓为吾后，吾上书太夫人[⑤]，谱汝诸孙中。"二十五日城陷，忠烈拔刀自裁[⑥]，诸将固争前抱持之。忠烈大呼

德威，德威流涕不能执刃，遂为诸将所拥而行[7]。至小东门，大兵[8]如林而至，马副使鸣騄[9]、任太守民育[10]及诸将刘都督肇基等皆死[11]。忠烈乃瞠目曰："我史阁部也！"被执至南门，和硕豫亲王[12]以先生呼之，劝之降，忠烈大骂而死[13]。初，忠烈遗言："我死，当葬梅花岭上。"至是，德威求公之骨不可得，乃以衣冠葬之[14]。

或曰：城之破也，有亲见忠烈青衣乌帽、乘白马出天宁门投江死者[15]，未尝殒于城中也[16]。自有是言，大江南北遂谓忠烈未死。已而英霍山师大起[17]，皆托忠烈之名[18]，仿佛陈涉之称项燕[19]。吴中孙公兆奎以起兵不克[20]，执至白下[21]。经略[22]洪承畴与之有旧[23]，问曰："先生在兵间，审知故扬州阁部史公果死耶？抑未死耶[24]？"孙公答曰："经略从北来，审知故松山殉难督师洪公果死耶？抑未死耶[25]？"承畴大恚[26]，急呼麾下驱出斩之[27]。

呜呼！神仙诡诞之说，谓颜太师以兵解[28]，文少保亦以悟大光明法蝉蜕[29]，实未尝死[30]。不知忠义者圣贤家法，其气浩然，常留天地之间[31]，何必出世入世之面目[32]？神仙之说，所谓为蛇画足[33]。即如忠烈遗骸，不可问矣。百年而后，予登岭上，与客述忠烈遗言，无不泪下如雨[34]。想见当日围城光景，此即忠烈之面目宛然可遇[35]，是不必问其果解脱否也。而况冒其未死之名者哉[36]！

墓旁有丹徒钱烈女之冢[37]，亦以乙酉在扬，凡五死而得绝。特告其父母火之，无留骨秽地，扬人葬之于此。江右王猷定[38]、关中黄遵岩[39]、粤东屈大均[40]为作诗铭哀词，顾尚有未尽表章者[41]。予闻忠烈兄弟自翰林可程下[42]，尚有数人，其后皆来江都省墓。适英霍山师败，捕得冒称忠烈者，大将发至江都，令史氏男女来认之。忠烈之第八弟已亡，其夫人年少有色守节，亦出视之，大将艳其色，欲强娶之，夫人自裁而死[43]。时以其出于大将之所逼也，莫敢为之表章者[44]。呜呼！忠烈尝恨可程在北，当易姓之间，不能仗节，出疏纠之。岂知身后乃有弟妇，以女子而踵兄公之余烈乎[45]？梅花如雪，芳香不染[46]。异日有作忠烈祠者，副使诸公，谅在从祀之列，当另为别室，以祀夫人，附以烈女一辈也。

【注释】

①岭在江苏江都县广储门外，明州守吴秀浚河积土而成。因树以梅，故名。史可法殉国后，人葬其衣冠于此。

②江都，清为扬州府首县，今属淮扬道。

③史公，名可法，字宪之，祥符人。弘光时任兵部尚书、武英殿大学士，开府扬州。清师入扬州，被执遇害。按：可法，清予谥忠正，此称忠烈，又有称文忠、忠靖者，当是唐桂诸王所予之谥。

④史德威，山西平阳人。

⑤太夫人，忠烈之母尹夫人也。

⑥自裁，自杀也。

⑦《扬州十日记》所载同此。

⑧大兵，清兵也。

⑨马鸣騄，褒城人。

⑩任民育，字时泽，济宁人。福王擢为扬州知府，可法倚之。城破，绯衣坐堂上，遂见杀。阖家男妇尽赴井死。

⑪肇基，字鼎维，辽东人。城破，率所部巷战，力不支，与副将乙邦才、马应魁、庄子固、汪思诚等皆死。肇基清予谥节愍，马应魁等俱予谥烈愍。

⑫顺治元年十月，清世祖命豫亲王多铎为定国大将军，帅师下江南。

⑬《明史》本传与此大致相同，惟删去豫王一段，想当时为尊者讳，或豫王避杀贤之名，委之乱兵，亦未可定。谢山去明季未远，见闻较确，得此足补正史之阙。

⑭以上叙忠烈死事及葬梅花岭原委。

⑮孔云亭《桃花扇传奇》亦如此说。

⑯以上叙异说之根由。

⑰倪在田《续明史纪事本末》：义士马弘图、侯应龙、张图容、杨国士起兵于霍山，弘图倡言史可法实未死，众信之，集兵数千，攻英山、霍山，皆下之，寻为吴胜兆所破。

⑱是辈为号召计，别有苦心。然忠烈之得人心，于此可见。

⑲《史记·陈涉世家》：涉曰："项燕为楚将，数有功，爱士卒，楚人怜之。或以为死，或以为亡。今诚以吾众诈自称公子扶苏、项燕，为天下倡，宜多应者。"吴广以为然。乃诈称公子扶苏、项燕，从民欲也。

⑳兆奎，字君昌，吴江举人。长兴伯吴日生起义兵于吴江，兆奎率众从之，号孙吴军。旋为北帅吴胜兆所袭，军败被擒。

㉑白下，江宁县旧有白下城，故称白下。

㉒经略，以文辖武之大员，尝掌数路军事。

㉓承畴，字亨九，福建南安人。崇祯十二年，总督蓟辽军务。清兵围锦州，承畴援之。次松山，战不利，即走入松山固守。十五年，清兵拔松山城，承畴与总兵祖大寿皆降清。败书闻，或传承畴已死，帝惊悼甚，设坛都城，赐承畴祭十六坛，并命建专祠。帝将亲临奠，已闻承畴降，乃止。降清后历武英殿大学士、七省经略。卒谥文襄。

㉔可见当时传说不一，而清廷之畏忠烈，亦可于言外得之。

㉕诙谐得妙。

㉖恚，恨怒也。

㉗麾，旌旗也。经略治军务，故称麾下，犹言部下也。 以上叙托名起义之事。

㉘《太平广记》：颜真卿，字清臣，德宗时为太子太师。会淮西李希烈反，真卿往喻，为希烈所拘。欲降之，不屈，被杀。其后十五年，颜氏家仆至洛京，于同德寺见真卿在佛殿东上坐，旋归城西东北隅菜园中。仆随之入，真卿付金十两与仆，使作家费。后再至其处，但满眼榛芜，一无所有。时人皆称真卿尸解得道焉。

㉙《宋史·文天祥传》："天祥为元兵所执，入燕，劝之降，不屈，被杀。数日，其妻收其尸，面如生。"彭尺木《与袁子才书》："昔文信公在燕狱，遇楚黄道人，受出世法，始得脱然于生死之际。故其诗云：'谁知真患难，忽遇大光明。'又云：'莫笑道人空打坐，英雄敛手即神仙。'其语具集中，可复按也。"蝉蜕，蝉脱其皮，喻人之脱却臭皮囊而仙去也。

㉚当时必有以此疑忠烈者，故引此作衬。

㉛议论正大，此儒家之高出于宗教家也。

㉜出世，谓脱离俗界也。入世，谓生于世上也。

㉝《战国策》："楚有祠者，赐其舍人卮酒。舍人相谓曰：'数人饮之不足，一人饮之有余。请

画地为蛇，先成者饮酒。'一人蛇先成，引酒且饮，乃左手持卮，右手画蛇，曰：'吾能为之足。'未成，一人之蛇成，夺其卮，曰：'蛇固无足，子安能为之足！'遂饮其酒。"神仙之说，乃当时遗民义士愤无可泄，姑假此以平人心，且有冀其复存，为万一之希望者。人心不死，其见端已。

㉞三代直道，于此犹存。

㉟透进一层说。

㊱以上驳诸异说。

㊲详见王猷定《钱烈女墓志铭》。

㊳江右，谓长江以西之地，今称江西省为江右。猷定，见小传。

㊴黄遵岩，陕西人。

㊵屈大均，字翁山，又字介子，广东番禺人。明遗民。工诗文，著有《翁山文外》、《诗外》等书。

㊶引钱烈女作陪，亦见当时兵祸之惨，而忠义之入人深也。

㊷《明史·史可法传》："公有弟曰可程，崇祯十六年进士，擢庶吉士。京师陷，降贼。贼败，南归。可法请置之理，王以可法故，令养母，可程遂居南京。后流寓宜兴，阅四十年而卒。"

㊸汪有典《史八夫人传》："八夫人者，姓李氏，宛平人，史文忠可法夫人之妹，而公弟可则之妻也。可则早世，文忠公殉国难，八夫人奉太夫人居金陵。浙人厉绍伯者，尝入文忠幕，躯貌类文忠。冒文忠名，集亡命数百人，破巢县，破无为州。提督率省兵擒之，坚冒文忠名，众莫辨。召三夫人识认，斥其妄，始吐实。而八夫人有国色，为众所窥。会金声桓起豫章禁旅往讨，驻金陵。辽官聂三，媚少宰某，艳八夫人，强为委禽。八夫人遣婢拒之，不听，詈之，又不听。须臾，一婢奉黑漆盘进聂曰：'奉八夫人命，恣若所为。'聂视之，则一发髻、一耳、一鼻也，血淋漓满漆盘。聂失措，急跃马驰去。"按：上所云，与此文互有同异，未知孰是。

㊹军阀专横，言之慨然。

㊺《尔雅》："夫之兄曰兄公。"　　引出夫人，可无南枝向暖北枝寒之憾矣。

㊻只此两语，抵过多少梅花赋。

谢山当文字狱亟之时，独一意表章遗烈，明季义士，赖此不至湮没。辛亥根荄，半萌于此。是篇虽记梅花岭，而忠烈殉国情形与海内人心之不死，均约略可见。篇末从祀附祀一议，直欲为殉难士女遍与昭雪，其胆识自不可及。

续古文观止卷之三

杭世骏

师制服议

自《檀弓》心丧[①]之制定，于是门人之于夫子，若丧父而无服[②]，然犹群居则绖[③]。汉夏侯胜死，窦太后为制服[④]，以答师傅之恩。而东汉风俗，遂为制杖[⑤]，同之于父。甚且有表师丧而去官，延笃[⑥]、孔昱[⑦]、李膺[⑧]、宣度[⑨]、刘焉[⑩]、王朗[⑪]，其较著者也，而应劭[⑫]尝讥之。至晋定新礼[⑬]，从挚虞之议[⑭]，谓浅教之师，暂学之徒，不可皆为之服，或有废兴，悔吝生焉。于是无服之制相沿至今，未之有易。

杭子曰：甚乎！虞之教人以薄也[⑮]！师者，匠成[⑯]我以进德修业者也。于其死而等诸涂之人，在人情为寡恩，在礼制为阙典[⑰]。浅教之师，暂学之徒，以之几圣学，较儒术，固不可同日语。然向者既有北面[⑱]之义，民生于三，而事如一[⑲]，教不同而伦则同，为制服以厚俗也。若谓其浅教暂学，而豫申废兴悔吝之说，浇季末俗，将遂有逆师畔教，藉口实于挚虞之议，而传道授业解惑之儒[⑳]，竟至甘受菲薄，而莫能以师道自立者[㉑]。故吾之议，谓师死不可以不制服[㉒]。

其制奈何？吊服加麻，三月除之，此魏王肃、郑称之礼也[㉓]。吊服加麻，既葬除之，此宋庾蔚之之礼也[㉔]。礼：大夫三月而葬，士逾月而葬。《春秋》疏云："逾月，亦三月也。"此五服之缌也[㉕]。其服奈何？朱子之丧[㉖]，门人用缌麻，深衣而布缘[㉗]。何北山[㉘]之丧，王鲁斋[㉙]定议，玄冠端武加帛[㉚]，深衣布带，加葛绖屦[㉛]。金仁山[㉜]易之为玄冠加帛，绖带方屦[㉝]。今可仿其意而变通之，玄冠绖带可也。三月不宴不听乐，三年心丧。

【注释】

①《礼·檀弓》："事师无犯无隐，左右就养无方，服勤至死，心丧三年。"谓丧在心而无服也。

②《礼·檀弓》："孔子之丧，门人疑所服。子贡曰：'昔者夫子之丧颜渊，若丧子而无服，丧子路亦然，请丧夫子若丧父而无服。'"

③绖，丧服所用麻也，在首在腰皆曰绖。《礼·檀弓》："孔子之丧，二三子皆绖而出。群居则绖，出则否。"

④按：太后为昭帝后，姓上官，非姓窦也。《汉书·夏侯胜传》："胜字长公，授太后《尚书》。及卒，太后素服，以报师傅之恩。"

⑤《礼·丧服小记》："苴杖，竹也。"用诸父丧。为师制杖，则同于父。

⑥延笃，字叔坚，汉南阳犨人。举孝廉，为平阳侯相。从师丧弃官奔赴，五府并辟不就。

⑦孔昱，字元世，汉鲁国鲁人。灵帝时，补洛阳令，以师丧弃官。

⑧李膺，字元礼，汉颍川襄城人，以同郡荀淑、陈寔为师。淑于建和三年卒，李膺时为尚书，

自表师丧。

⑨宣度，汉敦煌人，为师太常张文明制杖。

⑩刘焉，字君郎，汉江夏竟陵人。以宗室拜中郎，后以师祝公丧去官。

⑪王郎，字景兴，魏东海郡人也。除菑丘长，师太尉杨赐。赐薨，弃官行服。举孝廉，辟公府，不应。

⑫应劭，字仲远，汉汝南南顿人。劭作《风俗通》，中有《愆礼篇》，略谓今人为师制杖，同之于父，论者皆不匡纠，而实则为之制杖者，皆在权威之门，反有遭亲丧而不归者，真不爱其亲而爱他人云云，即指宣度而言。

⑬《晋礼志》："古无师服之制，新礼齐衰三月。挚虞议宜依旧无服，诏从之。"

⑭挚虞，字仲洽，京兆长安人。其议师服曰："先圣为礼，必易从而可传。师徒义诚重，而服制不著，历代相袭，不以为缺。且寻师者以弥高为得，故屡迁而不嫌；修业者以日新为益，故舍旧而不疑。仲尼称：'三人行，必有我师焉。'子贡云：'夫何常师之有？'浅教之师，暂学之徒，不可皆为之服。义有轻重，服有废兴，则臧否由之而起，是非因之而争，爱恶相攻，悔吝生焉。宜定新礼，无服如旧。"

⑮教人以薄，紧对下厚俗言，断语如铸。

⑯匠成，言如物之受成于匠也。

⑰实写"薄"字。

⑱《汉书·于定国传》："定国迎师学《春秋》，身执经北面，备弟子礼。"

⑲《国语·晋语》："民生于三，事之如一。父生之，师教之，君食之。非父不生，非食不长，非教不知。生之族也，故一事之。"谓三者皆为生之类，故事之如一也。

⑳韩愈《师说》："古之学者必有师。师者，所以传道授业解惑也。"

㉑明吴中行疏攻张江陵，为后贤所讥。逆师畔教，师道愈不可问。

㉒入己议，直截之至。

㉓魏王肃之说，谓礼师弟子无服，以吊服加麻临之，哭之于寝。郑称之说，谓凡吊服加麻者，三月除之。师、朋友、嫂、叔、族姑、姊妹嫁者，□吊服加麻者，为师出入常经，出则变服。语见《通典》。

㉔《通典》：宋庾蔚之谓："今受业于先生者，皆不执弟子之礼。唯师氏之官。王命所置，故诸王之敬师，国子生之服祭酒，犹粗依古礼，吊服加麻，既葬除之，但不心丧三年耳。"

㉕斩衰、齐衰、大功、小功、缌麻为五服。五服之缌，谓五服中之缌麻服也。

㉖朱子之丧，门人黄干服加麻，制如深衣，用冠绖。

㉗布缘，以布镶其边也。

㉘何北山，名基，字子恭，宋婺州金华人。学于黄干，著《大学发挥》等书。

㉙王鲁斋，名柏，字会之，金华人，少号长啸，后改鲁斋。从何基学。处基之丧，服深衣加带，绖冠加丝武。武，冠卷也。

㉚端，玄端服也。正幅无杀，故曰端。帛，素绸也。

㉛绖履，履上加麻也。

㉜金仁山，名履祥，字吉父，兰溪人。事同郡王柏，从登何基之门，学者称仁山先生。柏之丧，履祥加绖于白巾。

㉝自"吊服加麻"至此，历举古人制服以实之，与前篇所引相对峙，便觉后路不竭。

袁　枚

书王荆公文集后[①]

荆公上仁宗[②]书，通识治体，几乎王佐之材[③]。何以新法[④]一行，天下大病？读其《度支厅壁记》[⑤]，而后叹其心术之谬也[⑥]。

夫财者，先王以养人聚人，而非以之制人也。今其言曰："苟不理财，则闾巷之贱人皆可以擅取与之利，以与人主争黔首[⑦]，而放其无穷之欲。"然则荆公之所以理财者，其意不过夺贱人取与之权，与之争黔首，而非为养人聚人计也[⑧]。是乃商贾角富之见，心术先乖，其作用安得不悖？三代圣人[⑨]无理财之官，但求足民，不求足国。其时黔首熙熙[⑩]，一心归附。譬之臧获[⑪]婢妾，仰食于家主，然所以畜之者，恃有恩意德教维系其间，不徒恃财以相制也。后世秦、隋两朝，专求足国，不求足民，卒之与争黔首者，陈涉[⑫]、窦建德[⑬]之流。贫民乎？富民乎[⑭]？

夫物之不齐，物之情也。民之有贫富，犹寿之有长短，造物亦无如何。先王因物付物，使之强不陵弱、众不暴寡而已。春秋[⑮]时，阡陌[⑯]未开，豪强未并。孔子弟子业已富者自富，贫者自贫。而圣人身为之师，亦不闻裒[⑰]多益寡，损子贡[⑱]以助颜渊[⑲]，劝子华[⑳]使养原宪者[㉑]，何也？宋室之贫，在纳币[㉒]、郊费[㉓]、冗员[㉔]诸病，荆公不揣[㉕]其本[㉖]，弊弊[㉗]焉以赊贷取赢[㉘]，考其所获，不逮桑、孔[㉙]，而民怨则过之。以利为利，不以义为利[㉚]。争黔首，反失黔首，悲夫！

【注释】

①荆公，宋临川人，名安石，字介甫，号半山。博览强记。神宗时为相，封荆国公。力行新法，卒无效，求补外而卒。有《临川集》。

②仁宗，初名受益，更名祯，真宗第六子。嘉祐五年，安石上万言书，有"因天下之力，以生天下之财，取天下之财，以供天下之费"等语。

③言材器可为王者之佐也。《汉书》："刘向称董仲舒有王佐之材。"

④宋神宗信任王安石，由是颁行新法，如青苗法之贷民以钱，出息二分，春散而秋敛之，农田水利法之遣使八人，求废田之遗利等皆是。卒以所用非人，利民反以扰民。

⑤文集中有《度支副使厅壁题名记》。按：宋沿五代置三司使，通管度支盐铁户部，谓之总领三部，又置三部副使各一人。

⑥一语破的。

⑦秦谓民为黔首。"争黔首"者，谓国家笼络人民，富人之力亦足以笼络之。

⑧诛心之笔。

⑨三代圣人，谓禹、汤、文武也。

⑩熙熙，和也。《老子》："众人熙熙。"

⑪臧获，奴婢也。《方言》："海岱之间，骂奴曰臧，骂婢曰获。燕之北郊，凡民男而婿婢谓之臧，女而归奴谓之获。"

⑫陈涉，名胜，字涉，阳城人。自立为王，号为张楚，为庄贾所杀。

⑬窦建德，漳南人。隋大业间，选充小帅，从征高丽，寻去为群盗。久之，据乐寿称王，国号曰夏，唐讨平之。

⑭两两相形，成败自见。

⑮鲁隐公元年至哀公十四年，凡二百四十二年，皆为春秋之世。

⑯阡陌，田间小路也。东西为陌，南北为阡。秦至孝公时，商鞅变法，始废井田，开阡陌。

⑰衰，减也。

⑱子贡，姓端木，名赐，卫人，孔子弟子，善货殖。

⑲颜渊，名回，鲁人，孔子弟子。家贫好学，箪食瓢饮，不改其乐。

⑳子华，姓公西，名赤，鲁人。使齐时，乘肥马，衣轻裘，盖孔门弟子之富者。

㉑原宪，字子思，鲁人，或曰宋人。蓬户瓮牖，上漏下湿，匡坐而弦歌，盖孔门弟子之极贫者。

㉒澶渊之盟，曹利用以钱十万两、绢二十万匹为岁币之数，定和议。至仁宗时，又增岁币银、绢各十万，乃与夏和。又岁赐银、绮、绢、茶二十五万。

㉓宋制，每岁一亲南郊，即行祭天之礼。每次赏臣下缗钱五百余万。

㉔宋真宗时，内外官通一万三千余员。英宗时，官至三万四千员。大臣罢退者，多优以藩镇空名，待制以下，亦或带留后观察等衔。于是节度使至八十余人，刺吏以上数千人，禄赐例与现任者同，皆坐糜国用。

㉕揣，度也。

㉖《孟子》："不揣其本，而齐其末。"

㉗弊弊，经营貌。《庄子·逍遥游》："孰弊弊焉以天下为事。"

㉘赢，有余利也。　此四字指青苗法之贷民以钱而言。

㉙桑弘羊为洛阳贾人子，孔仅为南阳大冶。弘羊为大农中丞，仅为大农令，皆汉武帝时言利之臣。

㉚《大学》："此谓国不以利为利，以义为利也。"　此即安石之谬处。

理财之法，详于《周礼》。然必有《雎》《麟》之意，而后可行之。新法之行，文饰周礼，安石其厚诬周公哉！

书潘荆山

潘荆山讳兆，吾浙孝廉也[①]，静深有谋[②]，浙闽总督[③]满保[④]辟[⑤]入幕府[⑥]。

康熙五十四年，台湾[⑦]反，以立朱一贵[⑧]为名。朱农家子，幼养鸭为业。每叱鸭，鸭皆成伍，路不乱行[⑨]，乡人异之。游民之无赖者倡为乱，拥一贵，据南路，杀守备[⑩]及官兵二百。总兵[⑪]欧阳凯[⑫]、副将许云讨贼，战死，台湾陷。事闻，省城大震。时漏下二鼓，满公不知所为，登荆山床为诀[⑬]，哭声乌乌。荆山披衣起，笑曰："公止哭，贼即平矣[⑭]。台湾贼皆乌合[⑮]，何能为？第兵机贵速，须尽此夜了之。"公曰："如何？"曰："公持印，荆山持笔，两侍儿供纸墨，群奴张灯听遣足矣。"如其言。书一牒[⑯]下中军[⑰]，曰："发两标[⑱]兵各千，五鼓集辕[⑲]，旌旗、器械、战船，缺者斩！"一牒下司道，曰："运粮若干，集厦门[⑳]听取，误者军法从事！"一牒下府县，曰："明早部院出

兵，送者斩⑱ 各吏民安堵㉑毋动。”荆山每书牒，笔飒飒㉒如风雨㉓。毕一纸，请公加印，印毕，即发。未三鼓，而部署㉔定㉕。荆山复解衣卧，哈台大鼾㉖。

黎明拔营行，两日至厦门。时承平日久，兵不善橹桨，公忧之。荆山下令传呼曰：“凡海贾船能捐㉗货载兵者，与五品官！”有一贾奋前，即褫㉘守备蟒服与之，继来者分给牌劄㉙、豹豸绣补㉚，众贾大喜，争自掉船㉛。船衔尾布列，兵依队而上，不敢哗，甲光耀日，五日抵鹿耳门㉜。贼大怖，以为神兵从天而下㉝，骇散无斗者，互相攻杀。守红毛城㉞仅十六人，诛之。进剿竹箐城，禽㉟朱一贵，槛车㊱送京师。兵不血刃，粮不支给，凡七日而台湾平㊲。

满公欲奏荆山功，荆山辞曰：“某性孏㊳，非能吏事者也。贼平，仗国家威灵，不可贪天功，袭人爵，请事公终其身。”满公卒，潘复佐浙督李公卫㊴，以名闻㊵。

【注释】

①孝廉，清举人之称。

②四字已含罩下事。

③总督，官名，明置，清因之，为外省统辖文武最高之级。

④满保，满洲人，姓觉罗氏，字九如，一字凫山。康熙进士，官浙闽总督。七日平台乱，以功加兵部尚书。

⑤辟，征召也。

⑥军中张幕以居，故将帅所在曰幕府。

⑦台湾，岛名，在福建省之东。其地本属我国，明季为荷兰人所据，郑成功逐荷人而有之。郑氏亡，归清。光绪甲午，割让于日本。

⑧朱一贵，台湾人。时台湾知府王珍税敛繁苛，奸民潜谋为变。以一贵朱姓，可托明裔，因奉之为渠，陷台湾，称中兴王。

⑨行，行伍也。

⑩守备，官名，位次都司。

⑪总兵，官名，肇自明代，清因之。各省提督之下分设总兵、副将等官，总兵所辖者为镇，副将所辖者为协，故俗又称总兵为总镇，副将为协镇。

⑫欧阳凯，漳浦人，任台湾总兵官。为朱一贵所围，力战死。事闻，赠太子太保。

⑬诀，别也。

⑭一语决定。

⑮乌合，仓卒集合之众，如乌鸟之忽聚忽散也。

⑯牒，札也。

⑰古行军，以中军为发号施令之所，主帅自将之。

⑱标，清陆军制，以三营为一标。

⑲古王者巡行于外，以车为藩，其出入之处仰车以辕相向表门，故曰辕门。《周礼》：“设车宫辕门。”后因称衙署之外门曰辕门。

⑳厦门，岛名，一名嘉禾屿，亦名鹭屿，在福建同安县东南，清时设厦门厅驻此，今改为思明县。

㉑安堵，相安也。

㉒飒飒，风声也。

㉓文亦飒飒如风雨。

㉔部署，犹言布置也。

㉕神速之至。

㉖鼾，睡声也。《世说新语》："许璪上床，便咍台大鼾。" 此与"登床为诀，哭声乌乌"相对照，披衣解衣。一丝不漏，一笔不懈。

㉗捐，除也。

㉘褫，夺也。

㉙牌劄，功牌劄子也。

㉚清制五品武官之服。

㉛所谓"重赏之下，必有勇夫"。

㉜鹿耳门，在台湾港口，形如鹿耳，分列两旁，中有港门，分锁水口，两岸皆筑炮台。

㉝此即神速之效。

㉞红毛城，当即红毛楼，荷兰人据台湾时营此，今台南城内镇北方。郑成功时，于台南置府曰承天，以楼为火药库。

㉟禽，同"擒"。

㊱槛车，囚禁罪人之车。

㊲史笔。

㊳孄，同"懒"。《后汉书·王丹传》："每岁农时，丹载酒肴，田间勤苦者劳之，其惰孄者耻不致。"

㊴李卫，砀山人，字又玠。初为浙江巡抚，寻迁直隶总督，尝劾年羹尧、田文镜等。卒谥敏达。

㊵佐李事以三字了之。

祭妹文

乾隆丁亥[①]冬，葬三妹素文[②]于上元[③]之羊山，而奠以文曰：

呜呼！汝生于浙，而葬于斯，离吾乡七百里矣。当时虽觭梦[④]幻想，宁知此为归骨所耶[⑤]？汝以一念之贞[⑥]，遇人仳离[⑦]，致孤危托落。虽命之所存，天实为之，然而累汝至此者，未尝非予之过也[⑧]。予幼从先生授经，汝差肩而坐[⑨]，爱听古人节义事。一旦长成，遽躬蹈之。呜呼！使汝不识诗书，或未必艰贞若是[⑩]。余捉蟋蟀[⑪]，汝奋臂出其间，岁寒虫僵，同临其穴。今予殓汝葬汝，而当日之情形，憬然[⑫]赴目。予九岁憩[⑬]书斋[⑭]，汝梳双髻[⑮]、披单缣[⑯]来，温《缁衣》[⑰]一章。适先生奓[⑱]户入，闻两童子音琅琅然，不觉莞尔[⑲]，连呼则则[⑳]，此七月望日事也，汝在九原，当分明记之[㉑]。予弱冠[㉒]粤行[㉓]，汝掎[㉔]裳悲恸。逾三年，予披宫锦[㉕]还家，汝从东厢[㉖]扶案[㉗]出，一家瞠视[㉘]而笑，不记语从何起，大概说长安[㉙]登科，函使报信迟早云尔[㉚]。凡此琐琐，虽为陈迹，然我一日未死，则一日不能忘。旧事填膺[㉛]，思之凄梗，如影历历，逼取便逝。悔当时不将嫛婗[㉜]情状罗缕纪存，然而汝已不在人间，则虽年光倒流，儿时可

再,而亦无与为证印者矣[33]。

汝之义绝高氏而归也,堂上阿奶[34],仗汝扶持,家中文墨,眣[35]汝办治。尝谓女流中最少明经义、谙[36]雅故[37]者,汝嫂[38]非不婉嫕[39],而于此微缺然。故自汝归后,虽为汝悲,实为予喜。予又长汝四岁,或人间长者先亡,可将身后托汝,而不谓汝之先予以去也!前年予病,汝终宵刺探,减一分则喜,增一分则忧。后虽小差[40],犹尚殗殜[41],无所娱遣。汝来床前,为说稗官[42]野史[43]可喜可愕[44]之事,聊资一欢。呜呼!今而后吾将再病,教从何处呼汝耶[45]!

汝之疾也,予信医言无害,远吊扬州,汝又虑戚吾心,阻人走报。及至绵惙[46]已极,阿奶问:"望兄归否?"强应曰:"诺。"已予先一日梦汝来诀[47],心知不祥,飞舟渡江,果予以未时还家,而汝以辰时气绝。四支[48]犹温,一目未瞑,盖犹忍死待予也。呜呼痛哉!早知诀汝,则予岂肯远游?即游,亦尚有几许心中言,要汝知闻,共汝筹画也。而今已矣!除吾死外,当无见期。吾又不知何日死,可以见汝;而死后之有知无知,与得见不得见,又卒难明也。然则抱此无涯之憾,天乎?人乎?而今已乎[49]!

汝之诗,吾已付梓[50]。汝之女,吾已代嫁。汝之生平,吾已作传。惟汝之窀穸[51],尚未谋耳。先茔[52]在杭,江广河深,势难归葬,故请母命而宁汝于斯,便祭扫也。其旁葬汝女阿印[53],其下两冢,一为阿爷侍者朱氏,一为阿兄侍者陶氏[54]。羊山旷渺,南望原隰[55],西望栖霞[56],风雨晨昏,羁魂有伴,当不孤寂。所怜者,吾自戊寅[57]年读汝哭侄诗[58]后,至今无男,两女牙牙[59],生汝死后,才周晬[60]耳。予虽亲在,未敢言老[61],而齿危发秃,暗里自知,知在人间尚复几日?阿品[62]远官河南,亦无子女[63],九族无可继者。汝死我葬,我死谁埋?汝倘有灵,可能告我?呜呼!身前既不可想,身后又不可知。哭汝既不闻汝言,奠汝又不见汝食。纸灰飞扬,朔风野大。阿兄归矣,犹屡屡回头望汝也。呜呼哀哉!呜呼哀哉!

【注释】

①乾隆三十二年。

②素文,名机,别号青琳居士。

③上元,清县,属江宁府。今并入江宁县,属金陵道。

④《周礼》:"大卜掌三梦之法,二曰觭梦。"

⑤悲哽语,传神全在一二虚字,读者不可不知。

⑥枚撰《女弟素文传》云:"先君与如皋高氏指腹订婚,寄金锁为礼,时妹未周晬也。后十余年,高氏使人来曰:'某子病,不可以婚,愿以前言为戏。'先君犹豫,妹侍侧,持金锁而泣,不食。继高氏复使人来曰:'婿非疾也,有禽兽行,故訾言辞婚,贤女无自苦。'妹闻如不闻,竟适高氏。高渺小,偻而斜视,躁戾佻险,非人所为。索奁具,为狭邪费,不得,则手掐足踆、烧灼之毒毕具,姑救之,殴姑折齿。输博者钱,将负妹而鬻。妹见耳目非是,告先君,先君大怒,讼之官而绝之。妹归,侍母倚兄以终。"

⑦《诗》:"有女仳离,慨其叹矣。慨其叹矣,遇人之艰难矣。"仳,别也。

⑧叙其不幸,归咎于己。

⑨差，次也，以次并肩而坐也。

⑩曲一笔，束上。

⑪蟋蟀，一名促织，有薄翅，全体褐色，善斗。

⑫憬然，远也。

⑬憩，息也。

⑭齐，同“斋”。

⑮髻，总发也。

⑯缣，细绢也。

⑰《缁衣》，《诗·郑风》篇名。

⑱奓，开也。

⑲莞尔，小笑貌。《论语》：“夫子莞尔而笑曰。”

⑳则则，惊叹之声。

㉑此叙儿时事。

㉒《礼》：“二十曰弱冠。”

㉓枚年二十一，省叔父健磐公于广西巡抚金铁幕中，金一见异之，即举枚应鸿博科。

㉔掎，牵也。

㉕唐进士及第后，披宫锦袍。枚于乾隆三年成进士，选翰林院庶吉士。

㉖廊侧之房曰厢。

㉗案，几属。

㉘瞠视，直视也。

㉙长安，本汉唐之旧都，在今陕西长安县西北。此以长安借比北京。

㉚《开天遗事》：“唐时新进士才及第，以泥金书帖，附家信中，用报登科之喜。” 此叙弱冠时事。

㉛言前事填实于胸也。

㉜人始生曰婴婗。

㉝悲惨中自有此种幻想，人情大抵如是。

㉞阿奶，谓枚母章太孺人也。阿，发语词。《博雅》：“楚人呼母曰奶。”

㉟《增韵》：“以目通指曰眣。”

㊱谙，熟闻也。

㊲《汉书·叙传》：“函雅故，通古今。”注：“包含雅训之故。”

㊳枚妻王氏。

㊴婉嫕，顺从也。

㊵小差，小愈也。《魏志·张辽传》：“病小差。”

㊶扬子《方言》：“自关而西，秦晋之间，凡病而不甚者曰殗殜。”

㊷稗官，小官也。《汉书·艺文志》：“小说者流，盖出于稗官街谈巷谚、道听涂说者之所造也。”

㊸在野之史，如今人笔记之类。

㊹愕，惊骇也。

㊺此叙大归后事母、持家、事兄之状况。

㊻绵惙，病危也。

㊼诀，别离之言也。枚《哭妹》诗有"魂孤通梦远，江阔送终迟"句。自注："得信前一夕，梦与妹如平生欢。"
㊽支，同"肢"。
㊾以下俱死后之事。
㊿素文遗稿附人《小仓山房全集》中。
51窀穸，墓穴也。
52先茔，祖墓也。
53《素文传》云："女阿印病喑，一切人事器物，不能言而能书。"枚《哭妹》诗有"有女空生口，无言但点头"之句。
54陶氏，枚之妾也。《小仓山房集》中有《哭陶姬诗序》，云："姬，亳州人，工棋善绣。"
55高平曰原，下湿曰隰。
56栖霞，山名，在江宁县东北，即摄山。　　此数句亦点染葬地。
57乾隆二十三年。
58素文遗稿有《阿兄得子不举》诗，疑即是。
59张口曰牙牙。故谓小儿学语曰牙牙。
60周晬，周年也。
61《礼》："父母在，不称老。"
62芗亭由进士出宰河南正阳县，阿品当是小名。
63枚作《先妣行状》云："前年弟阿品生男，枚抱以来。"盖即阿通也。素文葬时，芗亭未有子也。

刘大櫆

息　争

昔者，孔子之弟子，有德行，有政事，有言语、文学。其鄙有樊迟，其狂有曾点[1]。孔子之师，有老聃[2]，有郯子[3]，有苌弘[4]、师襄。其故人有原壤[5]，而相知有子桑伯子[6]。仲弓问子桑伯子，而孔子许其为简。及仲弓疑其太简，然后以雍言为然。是故南郭惠子问于子贡曰：夫子之门，何其杂也？呜呼，此其所以为孔子欤？至于孟子，乃为之言曰：今天下不之杨，则之墨，杨墨之言不息，孔子之道不著。能言距杨墨者，圣人之徒。当时因以孟子为好辩，虽非其实，而好辩之端，由是启矣[7]。

唐之韩愈攘斥佛老，学者称之。下逮有宋，有洛、蜀之党[8]，有朱、陆[9]之同异[10]。为洛之徒者，以排击苏氏为事，为朱之学者，以诋諆[11]陆子为能。

吾以为天地之气化，万变不穷，则天下之理亦不可以一端尽[12]。昔者曾子之一以贯之，自力行而入。子贡之一以贯之，自多学而得。以后世观之，子贡是，则曾子非矣。然而孔子未尝区别于其间，其道固有以包容之也。夫所恶于杨墨者，为其无父无君也。斥老佛者亦曰：弃君臣，绝父子，不为昆弟夫妇，以求其清净寂灭。如其不至于是，而吾独何为訾謷[13]之？大盗至，胠箧[14]探囊，则荷戈戟以随之。服吾之服，而诵吾之言，吾将畏敬亲爱之不暇。今也操室中之戈，而为门内之斗，是亦不可以已乎[15]？

夫未尝深究其言之是非，见有稍异于己者，则众起而排之，此不足以论人也。人貌之不齐，稍有巨细长短之异，遂斥之以为非人，岂不过哉？北宫黝、孟施舍[16]，其去圣人之勇盖远甚，而孟子以为似曾子、似子夏，然则诸子之迹虽不同，以为似曾子、似子夏可也。居高以临下，不至于争，为其不足与我角也。至于才力之均敌，而惟恐其不能相胜，于是纷纭之辩以生[17]。是故知道者，视天下之歧趋异说，皆未尝出于吾道之外，故其心恢然有余。夫恢然有余，而于物无所不包，此孔子之所以大而无外也[18]。

【注释】

①圣门四科，德行：颜渊、闵子骞、冉伯牛、仲弓。政事：冉有、子路。言语：宰我、子贡。文学：子游、子夏。樊迟问稼圃，孔子目为小人。子桑户死，曾点倚门而歌。

②老聃，姓李，名耳。孔子尝从之问礼。

③郯子，周时小国诸侯，孔子尝从之问官。

④苌弘，周大夫，孔子尝从之问乐。

⑤原壤，母死而歌，孔子为弗闻也者而过之。事见《礼・檀弓》。

⑥子桑伯子，书传无见，或谓秦之公孙枝，字子桑。

⑦孟子之时已非孔子之时可比，其徒亦程度远逊，邪说陷人，万章、彭更辈致有反唇相稽、致疑其师之问。

⑧洛党，程颐为首。蜀党，苏轼为首。　　洛、蜀因政见而起。

⑨朱，名熹，字元晦，新安人。教人穷理，谓此理已明，则可以诚心正意。陆，名九渊，字子静，金溪人。则欲先发人之本心，而后使之博览，以应万物之变。

⑩朱、陆因讲学而起，要皆徒党有以构成之。

⑪诋諆，讥毁也。

⑫扼要之语。

⑬訾謷，讥毁也。

⑭胠，开也。箧，箱也。见《庄子》。

⑮此是持平之论，如此存心，安有门户之争？

⑯北宫，姓。黝，名。孟，姓。施，发语辞。舍，名。皆勇者。

⑰此言争之根由。

⑱仍收到孔子。

海舶三集序[①]

乘五板之船，浮于江淮，滃然[②]云兴，勃然风起，惊涛生，巨浪作。舟人仆夫失色相向，以为将有倾覆之忧、沉沦之惨也。又况海水之所汩没，渺尔无垠，天吴[③]睒睗[④]，鱼鼋[⑤]撞冲。人于其中，萍飘蓬转，一任其挂罥[⑥]奔驰，曾不能以自主，故往往魄动神丧，不待樯摧橹折，而梦寐为之不宁[⑦]。顾乃俯仰自如，吟咏自适，驰想于沆瀣[⑧]之虚，寄情于霞虹之表。翩然而藻思翔，蔚然而鸿章著[⑨]。振开宝[⑩]之余风，鬅鬙乎杜甫[⑪]、高、岑[⑫]之什。此所谓神勇者矣[⑬]。余谓不然。人臣悬君父之命于心，大如日轮，响如霆[⑭]轰。则其于外物也，视之而不见其形，听之而不闻其声。彼其视海水之荡潏[⑮]，如重茵[⑯]莞[⑰]席之安；视崇岛之峌岘[⑱]当前，如翠屏之列，几砚之陈；视百灵怪物之出没而深浮，如佳花、美竹、奇石之星罗于苑囿，歌声出金石[⑲]。若夫风潮澎湃之音，彼固有不及知者，而又何震慑恐惧之有？翰林徐君亮直[⑳]先生，以康熙某年之月日，奉使琉球[㉑]。岁且及周，歌诗且千百首，名之曰《海舶三集》。海内之荐绅大夫，莫不闻而知之矣。后二十余年，先生既归老于家，乃命大櫆为之序。

【注释】

①舶，海中大船。

②滃然，云起貌。

③天吴，水伯也，八面，八首，八足，八尾，皆青黄色。

④睒睗，疾视也。

⑤鼋，似鳖而大，背上有文似塔。

⑥罥，挂也。

⑦竭力掀腾，而下文折入乃益有力。

⑧沆瀣，海气。

⑨出以整语，文气一振。

⑩开宝，开元、天宝，玄宗年号。

⑪杜甫，字子美，唐人，有诗圣之称。

⑫高、岑，高适、岑参，唐人，均工诗。

⑬顿笔亦觉有力。

⑭霆，霹雳。

⑮荡潏，水涌出貌。

⑯茵，席也。

⑰莞，草也，可为席。

⑱峌岘，高山貌。

⑲此一段乃进一层说，自是题中应有之义。

⑳徐亮直，名葆光，长洲人。康熙进士，官编修，赐一品服，使琉球，敕封国王。

㉑琉球，国名，在东海中，今属日本。

送姚姬传南归序[①]

古之贤人，其所以得之于天者独全，故生而向学，不待壮而其道已成。既老而后从事，则虽极其日夜之勤劬，亦将徒劳而鲜获[②]。姚君姬传，甫弱冠而学，已无所不窥，余甚畏之。姬传，吾友季和之子，其世父[③]则南青[④]也。忆少时与南青游，南青年才二十，姬传之尊府方垂髫未娶。太夫人仁恭有礼，余至其家，则太夫人必命酒，饮至夜分乃罢。其后余漂泊在外，儵[⑤]忽三十年，归与姬传相见，则姬传之齿，已过其尊府与余游之岁矣。明年，余以经学应举，复至京师，无何，则闻姬传已举于乡而来，犹未娶也。读其所为诗赋古文，殆欲压余辈而上之[⑥]，姬传之显名当世，固可前知。独余之穷如曩时，而学殖[⑦]将落，对姬传不能不慨然而叹也。昔王文成公[⑧]童子时，其父携至京师，诸贵人见之，谓宜以第一流自待。文成问："何为第一流？"诸贵人皆曰："射策甲科为显官。"文成莞尔[⑨]而笑："恐第一流当为圣贤。"诸贵人乃皆大惭[⑩]。今天既赋姬传以不世之才，而姬传又深有志于古人之不朽，其射策甲科为显官，不足为姬传道，即其区区以文章名于后世，亦非余之所望于姬传。孟子曰："人皆可以为尧舜。"以尧舜为不足为，谓之悖天；有能为尧舜之资，而自谓不能，谓之慢天。若夫拥旄[⑪]仗钺[⑫]，立功青海[⑬]万里之外，此英雄豪杰之所为，而余以为抑其次也。姬传试于礼部，不售而归，遂书之以为姬传赠[⑭]。

【注释】

①姬传，见小传。

②总冒一段，下意已隐然揭出。

③世父，伯父。

④南青，名范。

⑤儵，同"倏"。

⑥知弟莫若师，信哉！

⑦学殖，言学之进德，如农之植苗。《左·昭》："夫学，殖也。不殖，将落。"

⑧王文成公，名守仁，字伯安，明余姚人。弘治进士。正德时，巡抚南赣，平大帽山诸贼，定宸濠之乱。卒赠新建侯，谥文成。其学以良知良能为主，尝筑室阳明洞中，世称阳明先生。

⑨莞尔，微笑貌。

⑩引证甚当，的是策励后辈语。

⑪旄，帅旗。

⑫钺，大斧。

⑬青海，在我国西境，东北界甘肃，东南界四川，南邻川边特别区域及西藏，西界新疆，东西相距约二千四百余里，南北相距约千余里。域内有大湖曰青海，故名。

⑭申明南归赠序之故。

胡孝子传

孝子胡其爱者，桐城[①]人也。生不识诗书[②]，时时为人力佣，而以其佣之直奉

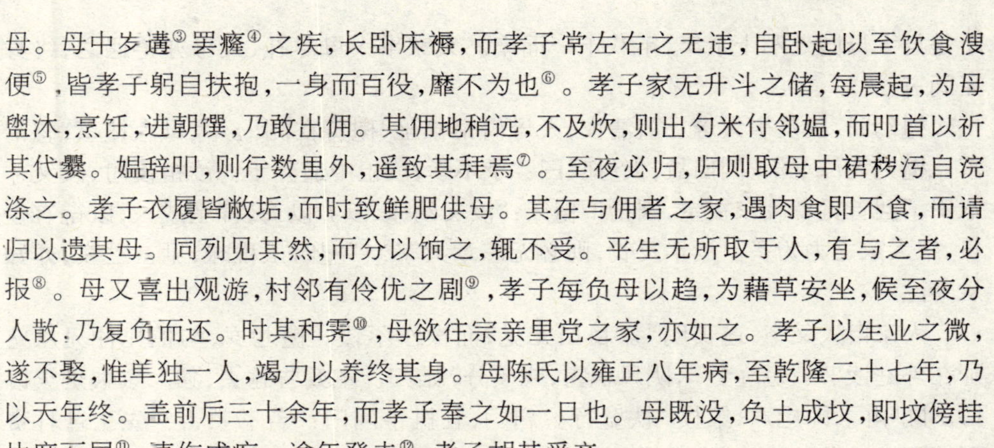

母。母中岁遘[3]罢癃[4]之疾，长卧床褥，而孝子常左右之无违，自卧起以至饮食溲便[5]，皆孝子躬自扶抱，一身而百役，靡不为也[6]。孝子家无升斗之储，每晨起，为母盥沐，烹饪，进朝馔，乃敢出佣。其佣地稍远，不及炊，则出勺米付邻媪，而叩首以祈其代爨。媪辞叩，则行数里外，遥致其拜焉[7]。至夜必归，归则取母中裙秽污自浣涤之。孝子衣履皆敝垢，而时致鲜肥供母。其在与佣者之家，遇肉食即不食，而请归以遗其母。同列见其然，而分以饷之，辄不受。平生无所取于人，有与之者，必报[8]。母又喜出观游，村邻有伶优之剧[9]，孝子每负母以趋，为藉草安坐，候至夜分人散，乃复负而还。时其和霁[10]，母欲往宗亲里党之家，亦如之。孝子以生业之微，遂不娶，惟单独一人，竭力以养终其身。母陈氏以雍正八年病，至乾隆二十七年，乃以天年终。盖前后三十余年，而孝子奉之如一日也。母既没，负土成坟，即坟傍挂片席而居[11]，凄伤成疾。逾年癸未[12]，孝子胡其爱卒。

赞曰：今之士大夫，游宦数千里外，父母没于家，而不知其时日。岂意乡里佣雇之间，怀笃行深爱之德，有不忍一夕离其亲、宿于外，如胡君者哉？胡君字汝彩。父曰志贤。又同里有潘元生者，入自外，而其家方火，其母闭在火中。元生奋身入火，取其母以出，头面皆灼烂。此亦人之至情，无足异。然愚夫或怯懦不进，则抱终身之痛，无及矣。勇如元生，盖亦有足多者，余故为附著之。

【注释】

①桐城，今县名，属安徽安庆道。

②一识诗书，则真意漓矣。虽非概诸人人，而吾所见为多。

③遘，遇也。

④罢癃，背疾也。言腰曲而背隆高，即俗云驼背也。《史记》："臣不幸有罢癃之疾。"

⑤溲便，小便也。《汉书》："遗矢溲便。"

⑥总束一句。

⑦曲折达出，真挚之意见于纸上。

⑧此尤难得，孝而能廉。

⑨剧，戏也。

⑩霁，晴也。

⑪此谓生葬尽礼。

⑫乾隆二十八年。

章大家行略[1]

先大父侧室[2]姓章氏，明崇祯丙子[3]十一月二十七日生。年十八来归，逾年，生女子一人，不育。又十余年，而大父卒。先大母钱氏。大母早岁无子，大父因娶章大家。三年，大母生吾父，而章大家卒无出。大家生寒族，年少，又无出，及大父卒，家人趣[4]之使行，大家则慷慨号恸，不食，时吾父才八岁，童然在侧。大家挽吾父跪大母前，泣曰："妾即去，如此小弱何[5]！"大母曰："若能志夫子之志，亦吾所荷[6]也。"

于是与大母同处四十余年，年八十一而卒。大家事大母尽礼，大母亦善遇之，终身无间言。

槐幼时，犹及事大母。值清夜，大母倚帘帷坐，槐侍在侧[⑦]。大母念往事，忽泪落。槐见大母垂泪，问何故，大母叹曰："予不幸，汝祖中道弃予。汝祖没时，汝父才八岁。"回首见章大家在室，因指谓槐曰："汝父幼孤，以养以诲，俾至成人，以得有今日，章大家之力为多。汝年及长，则必无忘章大家[⑧]！"槐时虽稚昧，见言之哀，亦知从旁泣[⑨]。

大家自大父卒，遂丧明[⑩]。目虽无见，而操作不辍。槐七岁，与伯兄仲兄从塾师在外庭读书。每隆冬[⑪]，阴风积雪，或夜分[⑫]始归。童奴皆睡去，独大家煨炉火以待。闻叩门，即应声，策杖[⑬]扶壁行。启门，且执手问曰："若书熟否？先生曾朴责否？"即应以书熟，未曾朴责，乃喜[⑭]。大家垂白[⑮]，吾家益贫，衣食不足以养，而大家之晚节更苦。呜呼！其可痛也夫[⑯]！

【注释】

①家，同"姑"。

②侧室，妾也。

③崇祯九年。

④趣，同"促"。

⑤此言大家能知大义，已伏下养诲成人之根。

⑥荷，犹感也。

⑦一幅家庭画。

⑧此言大家之有恩于父。

⑨自是童时情况。

⑩丧明，目无所见。

⑪隆冬，严寒之时。

⑫夜分，夜半也。

⑬策杖，扶杖也。

⑭此言大家之有恩于己。

⑮垂白，发将白也。

⑯报刘虽切，有志未逮。读此文者，亦为泫然。

窦祠记

桐城县治之西北有窦祠，邑之人所建以祀蜀人窦成者也。明之亡，流贼将破桐城，成有救城功，故邑人戴其德，而建祠以祀之也。

当是时，贼攻城甚急，城坚不可卒[①]下，贼时去时来，巡抚安庆[②]等处部将廖应登率蜀兵三千人为防御。时贼不在，应登将兵往庐州[③]，经舒城[④]，方解鞍憩息，而贼骑突至，遂劫应登去。贼顾谓应登曰："今欲诱降桐城，汝卒中谁可遣者？"应登

曰:“宜莫如窦成。”贼问成:“若能往否?”成许之,无难色[5]。贼遂以二卒持兵夹成,拥至城下,使登高阜呼城守而告之。成谛[6]视,见所与相识者,乃大呼曰:“我廖将军麾下[7]窦戌也!贼胁我诱若令降,若必无降!若谨守若城,且急使人请援。贼今穿洞,洞皆石骨不可穿,计穷且去矣!”夹成之二卒猝出不意,相顾惊愕,遂以刀劈其头,脑出而死。自是守兵始无降贼意,益昼夜谨护城,而密使人之安庆请援,援至而城赖以全[8]。

当明之季世,流贼横行,江之北鲜完邑焉,而桐以蕞尔[9]独坚守得全,虽天命,岂非人力哉?成本武夫悍卒,然能知大义,不为贼屈,捐一身之死,以卒全一邑数万之生灵,有功德于民,则庙而食之宜矣。彼其受专城之寄,百里之命[10],君父之恩至深且渥[11]也,贼未至而开门迎揖者,独何心欤[12]!夫以一卒之微,而使一邑之缙绅大夫莫不稽首跪拜其前,岂非以义邪?又况士君子之杀身以成仁者哉[13]?吾观有明之治,常贵士而贱民。诵读草茅[14]之中,一日列名荐书,已安富而尊荣矣。系官于朝,则其尊至于不可指。而百姓独辛苦流亡,无所控诉。然卒亡明之天下者,百姓也[15]。后之为人君者,可以鉴矣。

【注释】

①卒,同“猝”。

②安庆,明江南安庆府,治今安徽怀宁县。

③庐州,治今安徽合肥县。

④舒城,今安徽舒城县,在合肥城之西南。

⑤成见已定。

⑥谛,审也。

⑦麾下,犹言部下。《史记》:“李广廉,得赏赐,辄分其麾下。”

⑧此叙其全城之功。

⑨蕞尔,小貌。《左·昭》:“蕞尔国。”

⑩《论语》:“可以寄百里之命。”

⑪渥,水厚渍也。

⑫反诘一句,愈见窦成之义。

⑬此处似以《五人墓碑记》为蓝本。

⑭《孟子》:“在野则曰草茅之臣。”

⑮前车覆矣,后车宜鉴。

祭舅氏文

维年月日,刘氏甥大櫆,谨以清酌庶羞之奠,致祭于舅氏杨君稚棠先生之灵:呜呼舅氏!以君之毅然直方[1]长者[2],而天乃绝其嗣续,使茕茕[3]之孤魂,依于月山之址[4]。櫆不肖,未尝学问,然君独顾之而喜,谓:“能光刘氏之业者,其在斯人,吾未老耄[5],庶几犹及见之矣[6]。”呜呼!孰知君之忽焉以没,而不肖之零落无状,今犹若

此[⑦]！尚飨。

【注释】

①《易》:"直方大。"

②长者,谨厚者之称。　　赞舅氏只此一语。

③茕茕,忧思也。《左传》:"茕茕余在疚。"

④此哀其无子。

⑤《礼·曲礼》:"八十、九十曰耄。"

⑥感恩知几,不仅甥舅亲情而已也。

⑦戛然而止,何等简洁。

胡天游

命说

仆居京师,或爱仆者曰:"东肆有工,能以命辨人吉凶短长,指贵禄约穷,若鉴鉴状,吏决狱,了莫遁而成勿易也[①]。"他日又至,曰:"尝试卜乎?王公贵人,四方来者,咸往请,蕲[②]得一言,子何乐自失[③]?"

仆告之曰:"若知所谓命乎?始生而然,以为人之约穷贵禄也。古称圣贤,犹不免焉。本乎天,生乎地,物之数以万,莫不有造化定吉凶[④]。木生而断之,土凝而坏[⑤]之[⑥],为屋,为舟车,为樽,为薪,为瓦,为盂,为恶器,彼匠与陶适然成之。方其未始形,过者审焉,能预得其为屋、为舟车、为樽、为薪、为瓦与盂若恶器耶[⑦]?命之于人之视物[⑧],吾又何以得其贵禄约穷者耶[⑨]?且命,人为之乎?果天为之耶[⑩]?假人为之,憎约穷,奔贵禄,均其力所至,工奚分焉[⑪],必天为之,其幽眇微远,度终不可得测。昔者孔子有说矣,其系《易》曰[⑫]:'乐天知命,故不忧[⑬]。'弥子瑕能致卫卿,孔子曰:'有命[⑭]。'孔子明其不可测,故常罕言[⑮],奚计约穷贵禄之适来者耶[⑯]?微[⑰]论终不可测[⑱],假工诚神,得其贵禄诸者,必喜以愉。得其约穷斥者,必愁以悲,其不能更吾悲愁以为喜愉也[⑲]。假犹能更吾悲愁,以为化乎喜愉,诚未肯祈工术,易孔子说。若然,予何卜为[⑳]?

"三代始盛,士修其躬,治其家,贤能授官,升才于朝,氓农勤功,商工贾服其世[㉑],罔或闻是说者。自夫贤不必贵,不肖不必贱,智不必亨,愚庸不必困,术夫瞽师因得持其妄幸而乘之,以诞鬻于世[㉒]。苟少明其陋,虽诚不必学于孔子,犹将断断无所疑惑。惟妇人竖子、臧获[㉓]贾贩悦贵禄,惧约穷,谓术夫瞽师足以命己也,鬼神尊其言[㉔],群相告其名,夫何怪而责焉?妇人竖子,非能知有孔子者也,臧获贾贩之无愈于妇人竖子也。士衣冠称名[㉕],非孔氏书不得进,苟言不由孔子,于道也群罪为畔[㉖]。孔子进以礼,退以义[㉗]。独攘攘乎悦贵禄而惧约穷,吾又安禁术夫瞽师之言之不尚于孔子耶[㉘]!"

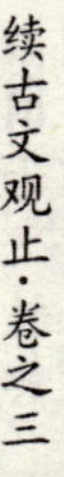

【注释】

①上鉴，镜也。下鉴，照也。了莫遁，承上“鉴鉴状”言。成勿易，承上“吏决狱”言。　　先带一笔。

②蕲，通“祈”。　　求也。

③足一笔，情状宛肖。

④先探其原。

⑤坏，同“坯”。

⑥陶瓦未烧曰坏。

⑦譬喻确切。

⑧言命在人生之初，犹人视未成形之物也。

⑨引物证人，便非武断。

⑩从“命”字反诘之。

⑪撇开一笔。

⑫系，联缀也。系《易》，谓属其词于《易》卦爻之下也。《易·系辞传》乃孔子所述。

⑬句见《易·系辞》。乐天，顺其自然也。知命，明其已然也。

⑭《孟子》：“弥子谓子路曰：‘孔子主我，卫卿可得也。’子路以告。孔子曰：‘有命。’”

⑮《论语》：“子罕言利与命与仁。”

⑯此指安命说。

⑰犹无也。

⑱再进一层说。

⑲驳得是。

⑳决定语。

㉑行货曰商，居货曰贾，古者世服其业。服，习也。

㉒诞，妄也。鬻，卖也。　　原星命家所缘起。

㉓臧获，奴婢也。《方言》：“海岱之间，骂奴曰臧，骂婢曰获。燕之北郊，民男而婿婢谓之臧，女而妇奴谓之获。”

㉔言遵其言如尊鬼神。

㉕谓未冠之时。《礼·曲礼》：“幼名冠字。”谓士为衣冠之族，自未冠称名之时，非孔子之书不阅也。

㉖言群罪之为畔道也。

㉗《孟子》：“孔子进以礼，退以义，得之不得曰‘有命’。”

㉘结语深责士大夫之不能安命，故术夫瞽师得入而售其欺也。

书侯振东

振东，肃宁人[①]。家贫，去为县卒[②]，事令安懋修。懋修治好猛，或杖人枉，色然傍不可[③]。数怒扑，不可如故[④]，懋修阴异之。振东短眇[⑤]，视若尪[⑥]，特负胆勇，能人所不敢。虽贱隶乎，常咤喑[⑦]思因事自立[⑧]。

明之亡也，河北盗贼动数千，一日合攻肃宁，尤易其小，先播语守者：“城破且屠!”城中人多恐,独振东进说令曰:“此喝我也[9],当固守[10]!”与懋修意合,即日部众拒贼。城东北隅守弱,振东请当之。望见其渠[11]坐马上,振东私计贼视守卒数倍,保否不可知,莫若先击杀渠,围且解[12]。便走白令,手炮拟渠。炮炸[13],伤振东股,股折。或劝其已,怒不肯,再发,果中渠,渠糜[14],余立奔散。城中出追贼,斩数十人。令以此益多[15]振东,方厚赐之,然贼去未两日,而振东竟死,谓其人曰:“炮反激时,吾所忍死不仆而必再举者,欲誓剪贼以全吾城故也!”

【注释】

①肃宁,县名,清属河间府,今属直隶津海道。

②先写其职业。

③色然,惊貌。傍不可,在旁以为不可也。

④数,频数也。懋修数怒扑人,振东仍如前之色然傍不可也。一说振东数遭怒扑,而仍如故也。　　再足一笔,便有威武不屈气概。

⑤眇,一目盲也。一说,微细也。

⑥尪,疾病之人也。《说文》:“跛,曲胫也。”一说,短小也。　　次写其形体。

⑦咤喑,发呼声。

⑧写英雄不得志,有声有色,文笔亦得自史迁。

⑨言贼大言恐吓我也。

⑩有胆识。

⑪渠,贼首也。

⑫擒贼先擒王,极有见识。

⑬火力暴发,炮为之裂也。

⑭糜,烂也。

⑮多,称美也。

忍死全城,智勇兼备,军国民之绝好模范也。日本于封锁旅顺一役,前仆后继,世界竞称,而不知数百年前,我国固有如振东者。阐幽表微,足补正史,是文字之有关系于社会者。

赵　佑

书书永清张乞人事后

嘉善[1]周震荣宰永清[2],尝书张乞人事。张乞人,永清县南门外贫人也。父殁,行乞养母。止无庐舍,穴土为居。会天大雪,知县魏继齐过其处,闻歌声出地中,怪之,左右曰:“张乞人也。”呼出问之,答曰:“今日我母生辰,歌以劝餐耳[3]。”命车载其母子至官廨[4],继齐母馈其母大布及粟,继齐馈乞人钱十缗[5]。乞人叩头曰:“官

母赐我母，不敢不受。官赐我，我不敢受。”继齐曰：“与其残杯冷炙，日夕沿门也[6]？”答曰：“残杯冷炙，我母安之久矣[7]，且无所污也。我愚民，不知此十缗，官何所受之？我母年八十，我年六十有一，为官清白，百姓足矣！”继齐惭汗下[8]，不复强授焉。为营室于城内金花巷，将命居之，乞人负其母去，不知所终[9]。于是仁和[10]老友赵佑读而为书其后云：

乞而孝，难已，乞而廉，尤难。观乞人之受官母赐，不受官赐，其真视万钟犹嘑[11]蹴[12]哉！惟孝，故能廉；不廉，不成其为孝也[13]。虽然，乞人以乞养母，官以官养母，官母之赐乞母，何莫非官之有所受以安其母，乞人特推其安母之心，以重官母，亦善为官地也。官盍徐省其向所受之果克安母，母之安之亦如乞母乎？则无独为乞人难也[14]，则犹幸此一官之知惭也。

【注释】

①嘉善，县名，今属浙江钱塘道。

②宰，县令也。永清县名，清属顺天府，今属京兆。

③胜于钟鸣鼎食，以养其亲者多矣。

④廨，办公之房舍也。

⑤缗，钱贯。

⑥此二句夷落太甚，曷怪诘所受之也。

⑦有是母，乃有是子。

⑧犹有惭汗，天良殊未丧尽。

⑨其人固隐于乞者。

⑩仁和，清县名，今与钱塘县合为杭县，属浙江钱塘道。

⑪嘑，同“呼”。

⑫蹴，以足踢物也。钟，量名，能受六斛四斗。《孟子》：“一箪食，一豆羹，得之则生，弗得则死。嘑尔而与之，行道之人弗受，蹴尔而与之，乞人不屑也。万钟则不辨礼义而受之，万钟于我何加焉？”

⑬确论，世之为官者听之。

⑭难，问难也。

奇人，奇事，奇文。

彭绍升

表 微[1]

沈忠伯馆于上津桥程氏，司出纳无苟，与人交，诺必诚，行不蹈非礼。予友汪大绅[2]亦授徒程氏，见而异之曰：“子性耶？亦习而安之耶？”曰：“吾尝闻教于黄先生若木[3]矣，始吾贫且困，皇皇[4]然如有失也，汲汲[5]然常有求也[6]。噫，殆矣！黄先生

进而教之曰：'子毋然，吾语[⑦]子：吾昔常苦贫，一日粮不继，将出门干[⑧]人。步于庭，日方午，顾影忽自咤[⑨]曰：咄[⑩]！七尺男子，负圆履方[⑪]，不自重，乃从人道一乞字耶！且我命固当死，出门将安之[⑫]？遂闭门兀坐[⑬]者三日，病且僵[⑭]。忽闻叩门声，强[⑮]起，徐行启门，则故人者引一力[⑯]，儋[⑰]粟两斛[⑱]、钱两贯[⑲]，入门而吁曰："吾过矣！吾过矣！吾固虞[⑳]子之不以困告也，吾不意子之困至于斯也！"扶予坐，呼力买薪煮汤与粥，盥而食之而后去。嗣是予常常闭门，然粮尽辄继，亦不知何以致之也。子其勉之！'吾闻先生言，知命之不可为也[㉑]，求者之徒自苦也[㉒]，而志定，至于今守之。"

又言："先生为人坦白[㉓]，善诱人。习青乌家言[㉔]，为人度地[㉕]，辄曰佳，欲其子之速葬也。审向背，谨趋避而已[㉖]。馈以金，不启封，投之瓮[㉗]中。子昏，方与人弈，门无贺者。忠伯肃衣冠上堂，欲致礼，先生不顾，已而谓曰：'忠伯，尔亦如许俗耶？'忠伯谢不敢。"

或又言：先生家于木渎[㉘]时，冒雨入城，辄着木屐[㉙]，往还六十里。或曰："泥滑且颠。"先生曰："吾脚头有眼[㉚]。"性喜茶，贮雨水数十瓮，客至，拾松子烹而饮之。晨起，东向坐，吸日华[㉛]以为常。既老，神明不衰，卒年八十余。

【注释】

①表者，明也，明幽微之事也。

②汪大绅，名缙，号爱庐，江苏吴县人，诸生，著有《汪子文录》。

③按：黄之隽，字石牧，华亭人，康熙辛丑进士。"若木"、"石牧"音相近，疑即是。

④皇皇，如有求而弗得之意。《孟子》："则皇皇如也。"

⑤汲汲，不止也。

⑥贫人之心理如是。

⑦语，告也。

⑧干，求也。

⑨咤，叱怒也。

⑩惊怪也。

⑪昔人谓天圆地方，故称立在天地之间曰负圆履方。

⑫之，往也。　如此存心，无往而不得其安。

⑬兀坐，危坐也。

⑭僵，仆也。

⑮强，勉强也。

⑯为人役者曰力。陶潜书："还此力，助汝薪水之劳。"

⑰儋，负荷也，通作"担"。

⑱十斗曰斛。

⑲千钱谓一贯。

⑳虞，忧也。

㉑应上"皇皇"句。

㉒应上"汲汲"句。

㉓坦白，率真也。

㉔秦青乌子著《青乌经》，所言皆堪舆术。

㉕度地，相地也。

㉖无葬师之恶习。

㉗瓮，汲瓶也。

㉘木渎，镇名，在江苏吴县西南三十里，近太湖口，渡太湖者皆取道于此。

㉙木屐，履底以木为之。

㉚句奇。

㉛日华，日之精华也。道家每于晨间向日呼吸，是为吸日华。

黄君处世淡然无与，泊焉无求，有随遇而安之概，年寿之永，宜哉！

重修盘门双忠祠记[①]

余观建炎[②]之事，宋之不亡者幸耳[③]。方金兵破扬州，于时高宗驻平江[④]，去敌尚远，平江固可守也。蹙蹙[⑤]焉去之临安[⑥]，而越[⑦]，而明[⑧]，不暇一夕息。已而敌破建康[⑨]，道[⑩]广德[⑪]，趋临安，由越入明，纵掠海上而归。使其时平江诸将帅从劲旅遏[⑫]其冲[⑬]，俾只轮不反，无难者[⑭]。奈何兵不战而溃[⑮]，城不攻而下，坐使五十万人并命于锋刃，而莫之救。相传金兵自盘门入[⑯]，有二士者拒战于门外，一死于陈[⑰]，一死于水，而盘门破矣[⑱]。呜呼！彼守城者，或则侍郎[⑲]，或则宣抚使[⑳]，非不显且要也，委而去之，若弃唾涕，而独遗二士者以殉国之烈，此不可为发愤而深痛者哉！然自二士之死，里人神而祀之[㉑]，迄今六百余年，而灵爽益著[㉒]。

二士俱汴[㉓]人，从高宗南渡，守平江。其一刘姓鼐名，盖死于陈者也；其一张姓鳌名，盖死于水者也[㉔]。祠有明永乐[㉕]中俞祯碑，以鼐为顺国明王，职天坛传奏司；以鳌为顺济龙王，职盘溪守御司。其封爵莫知何昉[㉖]，要其来也则远矣。近者祠久不修，里人醵[㉗]金千两，新其宇，既成，属予记[㉘]。祠在盘门外灵岩乡，俗名双土地祠，余更之曰双忠[㉙]。夫其忠也，乃其所以自神也。遂书而记之。

【注释】

①盘门，江苏吴县城南门。

②建炎，宋高宗年号。

③喝起下文。

④平江，今江苏吴县。

⑤蹙蹙，缩小貌。《诗》："蹙蹙靡所骋。"

⑥临安，今浙江钱塘县。

⑦越，越州，治今浙江绍兴县。

⑧明，明州，治今浙江鄞县。

⑨建康，今江苏江宁县。

⑩道，从也。

⑪广德，清安徽直隶州，今为县。

⑫遏，止也。

⑬冲，冲要也。

⑭《公羊传》："匹马只轮无反者。"

⑮溃，散也。

⑯点出盘门。

⑰陈，同"阵"。

⑱拒战而无继者，二士安得不死？盘门安得不破？

⑲侍郎，官名。

⑳宣抚使，唐始置，宋不常置，有军旅大事，则令执政大臣为之。

㉑见死后自有公论。

㉒二士得与韩、岳同传，彼侍郎、宣抚使之遗臭，人亦视之若弃唾涕矣。

㉓汴，河南省。

㉔至是点出姓名。

㉕永乐，明成祖年号。

㉖昉，适当其时也。《公羊传》："始灭，昉于此乎？"今用与"始"通，如"始此"曰"昉此"。

㉗醵，聚集众人之赀财也。

㉘叙作记之由。

㉙记其祠地与祠名。

罗有高

邓先生墓表

先生讳元昌，氏曰邓，字慕濂，不知其先何族之别也。祖父居赣州[①]府城，为赣人云。先生弱冠[②]负志气，思以文章自名，为制艺有师法，诸老先生咸逊避以为能。年十七，得宋五子[③]书读之，涕泗被面下，曰："嗟夫！吾乃今日知为人之道也，出入禽门，忍不自返，何哉？"自是澄心默坐以观理，饬言动、严视听以劘[④]习，博考图籍，约之程朱之遗书，以崇其知，端本于闺门，敦行孝弟睦姻任恤[⑤]之行以求仁，确[⑥]然沛然，不沮于俗，不疑于心，澹泊和平，以此自终[⑦]。

赣在万山中，文明所被者微矣。宋周濂溪[⑧]先生过化[⑨]赣南，未闻从游之士有赣人焉。明阳明王先生讲学章门[⑩]，而雩[⑪]始有何、黄、袁、管[⑫]四先生出。至养愚李先生[⑬]，乃粹然一以朱子为宗。其后易堂九子[⑭]以气节文章声海内，而中叔彭先生声华至落寞，守学明礼，与程山谢先生[⑮]相响答。近百年来，高风寥邈矣[⑯]，而先生独奋发于陈编蠹简之中，成之以勇迈不回之气，佐之以坚苦廉毅之操，内外完朴，挺为伟人[⑰]。

初，雩都宋昌图以通家[⑱]子谒先生，先生器之，馆之于家，昕[⑲]夕论学，为日程疏

记言动相交摘。一日，昌图读朱子《大学》，或问首章，先生适过窗外，驻听之，不觉泪下而拜，感动不能起，谓昌图曰："子勉之，毋蹈吾所悔，永为朱子罪人，偷息天地也[20]！"盖先生为学诚切，日见其不足，且又以为身欲至之，亦愿人之同至之也，身既未至之，而尤愿人之先至之，而已得步其后也。故其友教人也挚，无智愚、贤否、老耄，苟近之牖之，即惟恐不力。有田在城南，先生尝以秋熟视获，挟朱子小学书，坐城隅。见贫人子累累拾秉穗[21]甚众。先生招之曰："来！汝毋然，吾教汝读书，吾自量谷与汝归。"群儿欢，争昵就先生。先生始则使识字，既使讽章句，以俚[22]语晓譬之。卒获，群儿嗥[23]，以为先生且归也。夫先生与人之量则宏矣，而未尝杂以意气；孳孳[24]为善，而未尝有干慕名誉之思；自甘朴学[25]，而耻垂空文以眩世：盖庶几乎知至至之者乎！

先生以乾隆三十年闰四月四日卒。昌图以有高夙，尝被先生之教，以墓道之文属。有高闻命恐惧，不知所以为辞。屏气定息，思先生为学大旨，粗有明于心者，谨诠次之，以表于阡。后之君子，将必有兴感于斯文者。

【注释】

①赣州，府名，属江西，民国废，赣县其旧治。

②《礼》："二十曰弱冠。"《左传》："国君十五而生子，冠而生子。"按：天子诸侯十二冠，大夫十六冠，士庶则二十冠，周制如此。其后昏冠同行，迟早无定。下文言"年十七"，则其冠或在十五六之间，非《礼》所谓弱冠也。

③五子：周敦颐、程颢、程颐、张载、朱熹。

④劘，分也。《汉书》："自下劘上。"注："剀切之也。"

⑤《周礼》："六行：孝、友、睦、姻、任、恤。"

⑥确，坚正也，实也。《后汉书》："言辨而确。"

⑦约举其言行。

⑧周濂溪，名敦颐，字茂叔，道州营道人。

⑨《孟子》："夫君子所过者化。"

⑩南昌有章江门，故以章门为南昌之代表词。

⑪雩都，县名，旧属江西赣州府，今属赣南道。

⑫何、黄、袁、管，皆雩都人。何名廷仁，初名秦，字性之，号善山。举嘉靖元年乡试，二十年始谒选，知新会县，后迁南京工部主事。黄名宏纲，字正之，号洛村。举正德十一年乡试，嘉靖二十三年为汀州府推官，升刑部主事。袁、管待考。

⑬李养愚，未详。

⑭魏际瑞，原名祥，字善伯，号东房。弟禧，字冰叔，号勺庭。礼，际瑞季弟，字和公。李腾蛟，字力负，号咸斋。邱维屏，字邦士。彭任，字中叔。曾灿，又名传灿，字青藜。皆江西宁都人。林时望，字确斋。彭士望，字躬庵。皆江西南昌人。易堂，在宁都翠微山，魏氏居之，九子讲学之所也。

⑮程山，名文洊，字秋水，号约斋，江西南丰人。起程山学舍，著有《程山集》。

⑯风神滛曳。

⑰句如山立。

⑱《后汉书》："孔融年十岁，造李膺门，曰：'先君孔子，与君先人李老君同德比义，而相师友，则融与君累世通家。'"

⑲昕，朝也。

⑳暮鼓晨钟，发人深省。

㉑秉，禾盈把也。穗，禾结实也。《诗·小雅·大田》篇："彼有遗秉，此有滞穗。"

㉒俚，犹俗也。

㉓嗥，同"号"。

㉔孳孳，勤勉之意。

㉕朴学，经学也。

台山以武侠自矜，此文乃庄重沉着如此，殆亦一变至道、究心理学之效耶？

朱仕琇

兰陔爱日图记[①]

兰陔爱日图者，建安[②]郑君有章图其小象，取传记孝子爱日之义，兼采晋束皙[③]补诗而名之者也。君成进士，当选为县，而太夫人年高，徘徊未肯仕[④]。盖孟子称世俗所谓不孝者五，其为不顾父母之养一也。《小序》[⑤]曰："《南陔》，孝子相戒以养也。"补诗曰："循彼南陔，言采其兰。眷念庭闱，心不遑安。彼居之子，罔或游盘。馨尔夕膳，洁尔晨飧。"夫晨夕者，日之所有也。人之忨[⑥]愒[⑦]晨夕，而安弃之者多矣。孝子日奉飧膳，见亲已老，念如此晨夕之不可多得，故皇然闵然，内有不遑安之心，外有游盘之戒，此所为顾养而爱日者也。

夫往而不可反者，年也；接而递迁者，人之情也。人之生，知有父母而已。稍长而婚媾，嗣续宾好，富贵燕玩，利害恩怨，百端之事起于前，而不见父母矣。憧憧[⑧]往来，乐此不疲，而父母之年日以老矣[⑨]。古之人知人情之如此也，递迁变化而忘父母之在后也，哀矜呼号，思有以反之，故称顾焉，顾而生戒，始知养焉。夫孝子之接于天下，与众人无以异也，而独挚其养亲之情者，惟能屡顾而生戒心而已。日之在西[⑩]，苍苍凉凉，余光凛然，有不能少待之势。顾之者亦洒淅凄栗于体，怆惶于心，不能自安，虽有百端斗进之情，于此得无少驻乎哉[⑪]？嗟夫！此孝子之心，而郑君名图之指也。

郑君才士也，继其先人从父，以文学科第得名天下，世皆艳之，不知其笃于内行乃如此[⑫]。昔蔡中郎[⑬]为东京文宗，世称崔[⑭]蔡。元鲁山[⑮]以学授宗人结[⑯]，结文遂洗唐风之陋。史载二人孝友之异，白兔起茔，乳湩为出。若郑君之健文卓行，视二君子岂异哉？余记斯图，而益仰慕慨叹于其人云。至图之布置曲折与夫寓形取象之称，盖画者之常理，无与于生人之大节，故此不著。

【注释】

①《南陔》，笙诗篇名。《小序》："孝子相戒以养也。""有其义而亡其辞。"束皙补亡有"循彼南陔，言采其兰"句，后人习用为养亲之义。爱日之诫见《论语》注，后人称子事父母之日为爱日，本此。

②建安，旧与瓯宁县并为福建建宁府治，民国废府，并为瓯宁县。

③束皙，字广微，晋元城人，补亡诗《南陔》、《白华》、《华黍》、《由庚》、《崇丘》、《由仪》六篇。

④"徘徊"二字，想见孝子之心。

⑤《小序》，即《诗序》，子夏所作。

⑥忨，同"玩"。

⑦忨、愒，皆贪也。《左·昭》："主民忨岁而愒日。"

⑧憧憧，不定貌。

⑨所谓一则以惧者，此也。

⑩此回抱上"晨夕"一段，重言以申明之。

⑪作劝语，用婉笔。谁非人子，能不动心？

⑫推开说，仍拍合。

⑬蔡中郎，名邕，字伯喈，东汉陈留人。以祭酒迁中郎将。奏定六经文字，著书百余篇。性笃孝，母卒，庐于冢侧，有兔驯扰其旁。

⑭崔，名骃，字亭伯，东汉安平人。博学善属文，与班固、傅毅齐名。子瑗能世父业，瑗子实举至孝独行。崔氏世有美才，遂为儒家之林。

⑮元鲁山，名德秀，唐人。其兄子襁褓丧亲，无资得乳媪，德秀自乳之，数日湩流，能食乃止。湩，乳也。

⑯结，字次山，尝为道州刺史。韩愈称唐文人，必推结。

续古文观止卷之四

彭 绩

亡妻龚氏圹铭[①]

乾隆四十三年九月朔,彭绩秋士具舟载其妻龚氏之柩[②],之[③]吴县[④]九龙坞彭氏墓,翌日[⑤]葬之。龚氏讳双林,苏州人,先世徽州人。国子生[⑥]讳用鏊之次女,处士[⑦]讳景骙之冢妇[⑧]。嫁十年,年三十以疾卒,在乾隆四十一年二月之十二日。诸姑[⑨]兄弟哭之,感动邻人[⑩]。于是彭绩始知柴米价,持门户[⑪],不能专精读书,期年[⑫],发数茎[⑬]白矣[⑭]。铭曰:

作于宫,息土中,吁嗟乎龚!

【注释】

①圹,墓穴也。

②柩,棺也,有尸谓之柩。

③之,至也。

④吴县,今县名,属苏常道。

⑤翌日,明日也。

⑥国子生,即监生。

⑦处士,谓不仕之士也。《孟子》:"处士横议。"

⑧冢妇,嫡长子妇也。

⑨《诗》:"问我诸姑。"

⑩正说一二语已足。

⑪古诗:"健妇持门户。"

⑫期年,一年也。

⑬茎,草木干也,此犹言数根也。

⑭悲痛之意溢于言外。

姚 鼐

读《孙子》[①]

左氏序阖闾[②]事,无孙武[③]。太史公为列传[④],言武以十三篇见于阖闾。余观之,吴容有孙武者[⑤],而十三篇非所著,战国言兵者为之,托于武焉尔[⑥]。春秋大国用兵不过数百乘[⑦],未有兴师十万者也,况在阖闾乎[⑧]?田齐、三晋[⑨]既立为侯,臣乃

称君曰主。主，在春秋时大夫称也[10]。是书所言皆战国事耳，其用兵法，乃秦人以虏使民法也[11]，不仁人之言也。然自是世言用兵者，以为莫武若矣。

【注释】

①《孙子》，周齐孙武著。

②阖闾，吴王名。

③按：孙星衍《孙子兵法序》："孙子为吴将，以三万破楚二十万，入郢、威齐晋之功，归之子胥，故《春秋传》不载武名，盖功成不受官者。"

④《史记·孙子吴起列传》："孙子武者，齐人也。以兵法见于吴王阖闾。阖闾曰：'子之十三篇，吾尽观之矣，可以小试勒兵乎？'对曰：'可。'"

⑤《越绝书》、《吴越春秋》皆载武名。

⑥一语断定。

⑦乘是兵车，四马驾一车为一乘，内甲士三人，步卒七十二人。

⑧引证一。

⑨周安王时，齐田和始为诸侯。威烈王时，晋韩、赵、魏三家始为诸侯，是为三晋。

⑩引证二。

⑪《战国策》："彼秦，弃礼义而尚首功之国也，权使其士，虏使其民。"

神韵绵邈，在不离不即之间。昔人论惜抱文如松风水月，信然。

泰山道里记序[1]

余尝病天下地志谬误，非特妄引古记，至纪今时山川道里、远近方向，率与实舛[2]，令人愤叹[3]。设每邑有笃学好古能游览者，各考纪其地土之实据，以参相校订，则天下地志何患不善[4]？余尝以是语告人，嘉定[5]钱辛楣学士[6]、上元[7]严东有侍读[8]因为余言泰安[9]聂君[10]《泰山道里记》最善，心识其语。比有岱宗之游，过访聂君山居，迺索其书读之，其考订古今，皆详核[11]可喜，学士、侍读之言不妄也[12]。

余疑《水经注》[13]于汶水左右水源流方面[14]颇有舛误。又谓古奉高[15]在今泰安右汶东，故古登封[16]，入奉高境西行，度环水[17]而北，至天门[18]，历尽环道[19]，跻岱，迺得封所[20]。马第伯[21]记可覆案也。往昔在济南[22]，秋霁登千佛山[23]，望岱巅诸峰遥相接，窃谓历城[24]以南诸山皆泰山也，后人多为之名耳[25]。今阅是书，每与余意合，而辨正尤起人意。

聂君欲余序以重其书。余浅学，又偶过臆度[26]，徒幸有合于好古[27]、力索久往来是山中者。聂君足重余耳，余安足重聂君哉[28]！

【注释】

①泰山，五岳之一，东岳也，亦曰岱宗，在山东泰安县北。

②舛，错乱也。

③先揭地志之谬误。

④次筹校订之法，事简易举。

⑤嘉定，县名，旧属江苏苏州府，今属沪海道。

⑥钱辛楣，名大昕，字晓征，辛楣其号。乾隆十九年进士，官内阁侍读学士。

⑦上元，旧为江宁府治，今并入江宁县，属江苏金陵道。

⑧严东有，名长明，一字道甫。乾隆二十七年召试，赐内阁中书，官至侍读。按："东有"一作"冬友"。

⑨泰安，清府名，属山东，今为县，属山东济南道。

⑩聂君，名钕，字剑光。少为府胥，性好山水。

⑪核，即实验之意。

⑫是记质之野老，参考群书，竭半生精力，汇成一编，其搜讨金石之文，阅二十余年。见《自序》及其从孙学文跋。

⑬汉桑钦撰《水经》，后魏郦道元注。

⑭汶水源出山东临朐县南沂山瀑布泉，东流经安丘县，入于潍河。

⑮汉泰山郡治奉高，故城在今泰安县东北。

⑯王者治定功成，常于泰山上筑土为坛以祭天，曰封；于泰山附近之小山上除地为墠以祭地，曰禅。"登封"者，登泰山而增封其土也。

⑰泰山有东、西、中三溪。

⑱泰山有东、西、南三天门。《汉官仪》："泰山东上七十里，至天门。"

⑲《汉官仪》："泰山盘道屈曲而上，凡五十余盘。"

⑳封所，谓古代封土祀天处。

㉑马第伯，东汉初人，著有《封禅仪记》。见应劭《汉官仪》。

㉒济南，清府名，即山东省治。

㉓千佛山，在今历城县南五里，一名大佛头山，即历山也。

㉔历城，县名，旧为山东省治，今属济南道。

㉕按：岱背琨瑞、灵岩诸山，前人志泰山者因隶他县而未录，是记特为之补缺，故文中及之，并参以己见为证。

㉖臆，胸臆也。谓但凭己意而揣度之。

㉗此自信语。

㉘作自谦语作结，文体应尔。

南园诗存序[①]

昆明[②]钱侍御沣既丧，子幼，诗集散亡。长白法祭酒式善[③]、赵州师令君范[④]为搜辑，仅得百余首，录之，成二卷。侍御尝自号南园，故名之曰《南园诗存》[⑤]。

当乾隆[⑥]之末，和珅秉政[⑦]，自张威福。朝士有耻趋其门下以希进用者，已可贵矣，若夫立论侃然，能讼言[⑧]其失于奏章者，钱侍御一人而已[⑨]。今上[⑩]既收政柄，除慝扫奸，屡进畴昔不为利诱之士，而侍御独不幸前丧，不与褒录，岂不哀哉[⑪]！

君始以御史奏山东巡抚国泰[⑫]秽乱，高宗命和珅偕君往治之。君在道衣敝，和珅持衣请君易，君卒辞。和珅知不可私干，故治狱无敢倾陂[⑬]，得伸国法。其后君

擢至通政副使[⑭]，督学[⑮]湖南[⑯]。时和珅已大贵，媒蘖其短[⑰]不得，乃以湖北盐政有失，镌君级[⑱]。君旋遭艰[⑲]归，服终，补部曹[⑳]。高宗知君直，更擢为御史，使直军机处[㉑]。君奏和珅及军机大臣常不在直之咎[㉒]，有诏饬责，谓君言当。和珅益嗛[㉓]君，而高宗知君贤，不可谮。则凡军机劳苦事，多以委君。君家贫，衣裘薄，尝夜入暮出，积劳感疾以殒[㉔]。方天子仁明，纲纪犹在[㉕]，大臣虽有所怨恶，不能逐去，第劳辱之而已[㉖]。而君遭其困，顾不获迁延数寒暑，留其身以待公论大明之日，俾国得尽其才用，士得尽瞻君子之有为也。悲夫！悲夫[㉗]！

余于辛卯会试分校得君[㉘]，四年而余归，遂不见君。余所论诗古文法，君闻之独喜，君诗尤苍郁劲厚，得古人意。士立身如君，诚不待善诗乃贵[㉙]，然观其诗，亦足以信其人矣[㉚]。余昔闻丧，即作诗哭之，今得集，乃复为序以发余痛云[㉛]。

【注释】

①钱沣，字东注，号南园，云南昆明人。乾隆三十六年进士，官御史。以忤和珅，有直名。

②昆明，县名，旧为云南府治，今属滇中道。

③长白，山名，绵亘于奉吉二省及朝鲜半岛间。法式善，号时帆，蒙古正黄旗人。乾隆四十五年进士，官至国子监祭酒。

④师范，云南人，乾隆甲午举人，安徽望江县知县。令君本中书令所称，后知县亦称之。

⑤先叙其诗。

⑥乾隆，清高宗年号。

⑦和珅，清满洲正红旗人，姓钮钴禄氏，字致斋。官大学士，为高宗所宠任，弄权黩货，吏治大坏，遂酿成川楚教匪之乱。仁宗嘉庆四年，为王念孙纠参，夺职下狱，赐自尽，籍没其家。

⑧讼言，公言之也。《史记》："未敢讼言诛之。"

⑨言下有无限感慨，一以表南园之刚正，一以见气节之士至乾隆朝消铄摧折殆尽。

⑩今上，谓清仁宗。

⑪次叙其人。

⑫国泰，和珅私人，任山东巡抚，亏帑数十万金，事觉，逮京伏法。

⑬陂，倾也，邪也。

⑭通政副使，清官名，本掌出纳上命，奏报臣民上书、军情消息。自军机处设，遂为闲曹。

⑮督学，即学政，掌岁科两试取士。

⑯南园任湖南学政共六年。

⑰媒蘖其短，谓欲构成其罪也。《汉书》："而全躯保妻子之臣随而媒蘖其短。"

⑱镌，谪也。时有旨降沣三级。

⑲遭父母丧曰丁艰。

⑳时沣服阕入京，补主事。

㉑清世宗因用兵西北两路，以内阁在太和门外，虑泄露军机，始设军需房于隆宗门内，选内阁中书之谨密者入直缮写，后名军机处。其后凡内外要事悉综于军机，与汉之尚书省无异。所属有军机章京，亦犹汉之尚书郎也。清末并入内阁。

㉒沣疏略云：军机处，向来大臣与其职者萃止其中，用以集思广益，属寮白事署稿，得有定所。近日和珅、福长安止于如意门外直庐，王杰、董诰止于南书房，并请敕改正。

㉓嗛，同“衔”。　　恨也。

㉔再序其事。

㉕此二句有微词，盖直庐之内，一任和珅困辱同列，不之察觉。则所谓仁明，所谓纪纲，仅视明之嘉靖、万历两朝胜一筹耳。

㉖和珅一流，只可谓之佞臣，不可谓之奸臣，而正人君子受其挤排屈辱者已不可胜计，则古稀天子不能辞其责矣。

㉗又惜其蚤卒。

㉘高宗乾隆三十六年，时姚鼐以礼部员外郎任分校。

㉙曲一笔。

㉚由师友渊源而拍到其诗。

㉛终述作序之意。

复鲁絜非书[1]

桐城姚鼐顿首，絜非先生足下：相知恨少，晚遇先生。接其人，知为君子矣；读其文，非君子不能也[2]。往与程鱼门[3]、周书昌[4]尝论古今才士，惟为古文者最少[5]。苟为之，必杰士也，况为之专且善如先生乎[6]？辱书[7]，引义谦而见推过当，非所敢任。鼐自幼迄衰，获侍贤人长者为师友，剽[8]取见闻，加臆[9]度为说，非真知文能为文也，奚辱命之哉？盖虚怀乐取者，君子之心；而诵所得以正于君子，亦鄙陋之志也[10]。

鼐闻天地之道，阴阳刚柔而已。文者，天地之精英，而阴阳刚柔之发也[11]。惟圣人之言，统二气之会而弗偏，然而《易》、《诗》、《书》、《论语》所载，亦间有可以刚柔分矣，值其时其人告语之体各有宜也[12]。自诸子而降，其为文无有弗偏者。其得于阳与刚之美者，则其文如霆如电，如长风之出谷，如崇山峻崖，如决大川，如奔骐骥；其光也如杲日[13]，如火，如金镠[14]铁；其于人也，如凭高视远，如君[15]而朝万众，如鼓万勇士而战之。其得于阴与柔之美者，则其文如升初日，如清风，如云如霞如烟，如幽林曲涧，如沦[16]如漾[17]，如珠玉之辉，如鸿鹄之鸣而入寥廓；其于人也，漻[18]乎其如叹，邈乎其如有思，暖乎其如喜，愀乎其如悲。观其文，讽其音，则为文者之性情形状，举以殊焉。且夫阴阳刚柔，其本二端，造物者糅[19]而气有多寡进绌，则品次亿万，以至于不可穷，万物生焉，故曰一阴一阳之为道。夫文之多变，亦若是也。糅而偏胜可也，偏胜之极，一有一绝无，与夫刚不足为刚、柔不足为柔者，皆不可以言文[20]。今夫野人孺子闻乐，以为声歌弦管之会尔。苟善乐者闻之，则五音十二律[21]，必有一当，接于耳而分矣。夫论文者岂异于是乎[22]？宋朝欧阳[23]、曾公[24]之文，其才皆偏于柔之美者也。欧公能取异己者之长而时济之，曾公能避所短而不犯。观先生之文，殆近于二公焉。抑人之学文，其功力所能至者，陈理义必明当[25]，布置取舍、繁简廉肉[26]不失法[27]，吐辞雅驯，不芜而已[28]。古今至此者盖不数数得，然尚非文之至。文之至者，通乎神明，人力不及施也[29]。先生以为然乎？

惠寄之文，刻本固当见与，钞本谨封还。然钞本不能胜刻者。诸体以书疏赠序为上，记事之文次之，论辩又次之。鼐亦窃识[30]数语于其间，未必当也。《梅崖集》[31]果有逾人处，恨不识其人。郎君令甥[32]皆美才未易量，听所好，恣为之，勿拘其迹可也。于所寄文辄妄评说，勿罪勿罪。秋暑，惟体中安否？千万自爱。七月朔日。

【注释】

①絜非，名九皋，江西新城县人。乾隆辛卯进士，任山西夏县知县。著有《山木集》。

②如此与论文体，方无失言失人之患。

③程鱼门，名晋芳，号蕺园，歙人。著有《周易知旨》、《尚书今文释义》、《左传翼疏》、《礼记集释》、《勉行斋文》、《蕺园诗》。

④周书昌，名永年，山东历城人。乾隆进士。其学淹博无津涘，自谓之拙，不存稿，亦不著书。

⑤时考据之学盛行，为古文者所以少也。

⑥宕一笔，便不板滞。

⑦言屈辱自己寄来书札也。

⑧剽，剥也，截也。

⑨臆，胸也。

⑩如此引起下文，方不突兀。前辈谦抑，于此可见。

⑪至论，发前人所未发。

⑫孔子答问，人各不同，读此恍然，盖法语与巽言、告语之体本自分刚柔也。

⑬杲，明貌。《诗》："杲杲出日。"

⑭《尔雅》："黄金谓之璗，其美者谓之镠。"

⑮君，君主也。

⑯沦，水波也。《诗》："河水清且沦兮。"

⑰漾，水摇动貌。

⑱漻，高远貌。

⑲糅，杂也。《史记》："同糅玉石兮。"

⑳补一笔，意便周密。

㉑五音，宫、商、角、徵、羽。十二律，阳律六，黄钟、太簇、姑洗、蕤宾、夷则、无射。阴律六，大吕、夹钟、仲吕、林钟、南吕、应钟也。

㉒精辟之语，非确有心得者不能说。

㉓欧阳，名修，字永叔。

㉔曾，名巩，字子固。

㉕先明理。

㉖肉，肥满也。《礼·乐记》："使其曲直、繁瘠、廉肉、节奏。"注："繁瘠、廉肉，声之鸿杀也。"

㉗次守法。

㉘终修辞。作文之道，不越乎是。

㉙非深于文学源流者那能知此？

㉚识，同"志"。

㉛朱仕琇，号梅崖。见小传。

㉜絜非子肇熊、肇光，拔贡生；嗣光，壬子举人。迪光，甥陈用光。见本集《鲁君墓志铭》。

姬传先生古文名天下，嘉庆后言古文者必以先生为归，盖其文合义理、考据、词章而冶以一炉。此篇论古文，尤阐发殆尽。

复蒋松如书

久处闾里，不获与海内贤士相见，耳目为之聩霿[①]。冬间，舍侄浣江寄至先生大作数篇，展而读之，若麒麟[②]、凤凰[③]之骤接于目，欣忭[④]不能自已[⑤]。聊识其意于行间，顾犹恐颂叹盛美之有弗尽，而其颇有所引绳[⑥]者，将惧得罪于高明，而被庸妄专辄[⑦]之罪也[⑧]。乃旋获惠赐手书，引义甚谦，而反以愚见所论为喜。于是鼐益俯而自惭，而又以知君子之衷，虚怀善诱，乐取人善之至于斯也[⑨]。鼐与先生虽未及相见，而蒙知爱之谊如此，得不附于左右，而自谓草木臭味之不远者乎[⑩]？心乎爱矣，何不谓矣。尚有所欲陈说于前者，愿卒尽其愚焉[⑪]。

自秦汉以来，诸儒说经者多矣，其合与离，固非一途。逮宋程[⑫]朱[⑬]出，实于古人精深之旨所得为多，而其审求文辞往复之情，亦更为曲当，非如古儒者之拙滞而不协于情也[⑭]。而其生平修己立德，又实足以践行其所言，而为后世之所向慕[⑮]。故元明以来，皆以其学取士[⑯]，利禄之途一开，为其学者以为进趋富贵而已。其言有失，犹奉而不敢稍违之，其得亦不知其所以为得也，斯固数百年以来学者之陋习也[⑰]。然今世学者乃思一切矫之，以专宗汉学为主，以攻驳程朱为能，倡于一二专己好名之人，而相率而效者，因大为学术之害[⑱]。夫汉人之为言，非无有善于宋而当从者也[⑲]，然苟大小之不分，精粗之弗别[⑳]，是则今之为学者之陋，且有甚于往者。为时文之士[㉑]守一先生之说，而失于隘者矣[㉒]。博闻强识，以助宋君子之所遗则可也，以将跨越宋君子则不可也[㉓]。鼐往昔在都中[㉔]，与戴东原[㉕]辈往复尝论此事，作《送钱献之序》[㉖]，发明此旨，非不自度其力小而孤[㉗]，而义不可以默焉耳。先生胸中似犹有汉学之意存焉，而未能豁然决去之者，故复为极论之。木铎之义[㉘]，苏氏说，《集注》固取之矣[㉙]，然不以为正解者，以其对何患于丧意少远也。至盆成见杀之《集注》[㉚]，义甚精当，先生曷为驳之哉[㉛]？朱子说诚亦有误者，而此条恐未误也，望更思之。

鼐于蓉庵先生为后辈，相去甚远，于颍州乃同年耳[㉜]。先生谓颍州曰兄，固于鼐同一辈行，而过于谦，非所宜也[㉝]。客中惟保重，时赐教言为冀。愚陋率达臆见，幸终宥之。

【注释】

①聩，耳不聪也。霿，晦也。　　起笔先作自谦语。

②麒麟，兽之长。

③凤凰，鸟之长。

④忭，喜乐也。

⑤赞一笔。

⑥引绳，《史记集解》："二人相倚引绳直之意。"

⑦《广韵》："专，辄也。"

⑧缓顿一笔。

⑨一笔带转，引起下文。

⑩此答来书之意。《左·襄》："今譬于草木，寡君在君，君之臭味也。"按：言气类相同也。

⑪自此以下，方畅发己见，盖交浅言深，不得不加委婉。

⑫程，名颢，字伯淳，河南人，世称明道先生。其弟颐，字正叔，世称伊川先生。

⑬朱，名熹，字元晦，一字仲晦，婺源人。历焕章阁待制，谥文。

⑭汉儒说经，泥守家法，此弊容不能免。

⑮程朱之学重在躬行，末流乃有假其名为伪道学者。

⑯元仁宗时，始开科试士。首场经问，《大学》、《论语》、《孟子》、《中庸》内出题，用朱氏《章句集注》。又经义，《诗》主朱氏，《书》主蔡氏，《易》主程朱，《春秋》用三传及胡氏传，《礼记》用古注疏。明代试士，专取四书五经命题，其文代古人语气为之，体用排偶，谓之八股。主用学说，与元大致相同。

⑰八股之弊在是，明代最甚。清初名儒辈出，如斯陋习已渐改变。

⑱程朱学说非无可议，然如毛西河辈，藉攻驳程朱，为破溃道德之防，世道人心，关系非浅。姬传断断力争，以此。

⑲不偏护宋儒，所见乃得其平。

⑳汉学主考据训诂，宋学主义理，故有精粗大小之分。

㉑时文之士，即为科举之学者。

㉒科举时功令，四书文须遵朱子《集注》，故失于隘。

㉓持平之论。

㉔都中，京师也。

㉕戴东原，名震，休宁人。为训故之学，曾著《孟子字义疏证》，诋程朱为老为佛。

㉖献之，嘉定人。《序》见本集。大意为当时学者欲尽舍程朱而宗汉，故畅论之。

㉗是时考据之学盛行之故。

㉘木铎，古者施政教时用以警众之具。《论语》："二三子何患于丧乎？天将以夫子为木铎。"丧，失位也。

㉙谓天使夫子失位，周流四方，如木铎之徇于道路也，其说为朱子《集注》所取。

㉚盆成，名括，仕齐而被杀，孟子讥其小有才，未闻君子之大道，有取杀之道。朱子《集注》恃才妄作，所以取祸。

㉛此两条就蒋松如驳朱注处略加申辩。

㉜蒋熊昌，字澄川，阳湖人。与姬传同□进士，曾任安徽颍州府知府。

㉝以上叙辈行。

姬传先生历主扬州及钟山两书院讲席，世称见之者如坐春风然，不饮而和，不薰而洁，此篇文境仿佛似之。古人云："蓄道德，能文章。"岂虚语哉！

萧孝子祠堂碑文

萧孝子讳日曛，江都人。其母朱氏病且殆，孝子刲[①]胁割肝，使妇虞氏和药进母，母愈而孝子死[②]。世之学者，言不敢以亲遗体行危殆为孝[③]，是固然也[④]。抑纣之时，微子去之，比干死而箕子奴，而皆为仁[⑤]。武王伐暴救民，伯夷耻食周粟，而皆为圣[⑥]。君子行岂必同乎[⑦]？今夫小人之为不善，非不闻有礼谊廉隅[⑧]之介也，出于情所不自胜，则溃藩篱、荡防检而不顾。夫君子之为善，亦若小人之为不善也，发于至善而不可抑遏，岂寻常义理辞说之所能易哉[⑨]？故曰："求仁而得仁，又何怨[⑩]？"

孝子既丧，虞氏谓母初愈，不当使闻悲恸，乃匿语姑曰："日曛商出耳。"殡孝子他室[⑪]，奠[⑫]则麻衰绖[⑬]而哭孝子，入则常服而进食药。孝养十余年，姑死，虞氏守节以终。虞氏诚贤妇，然亦孝子行足感动之，以成其德。士患欲行道不能必于妻子者，观于虞氏，可自反矣。

孝子事在康熙时。墓在梅花岭[⑭]东，邑人祠之于墓侧。盐运使辽东[⑮]朱使君[⑯]至，修整祠宇。桐城姚鼐为铭之曰：

亲吟[⑰]于席，子忧弗宁。亲偃[⑱]然死，子欲无生。亲蹶然起[⑲]，而坼[⑳]子形。犹全九鼎[㉑]，碎彼缶[㉒]罂[㉓]。何究何思，一决于诚。志存身灭，夫岂徇名[㉔]？德衰恩薄，以忍为贞[㉕]。千世万世，徕[㉖]读此铭。

【注释】

①刲，割也。

②先叙其事。

③见《礼·祭义》。

④以常理责之。

⑤微子，纣庶兄。见纣无道，抱祭器奔周，以存殷祀。箕子、比干，纣诸父。比则强谏被杀，箕则佯狂为奴。孔子称曰三仁。

⑥武王伐纣在救民，伯夷耻食周粟在维大义，故皆为圣也。

⑦虚按一笔，见古之圣贤行不同而心则一。

⑧廉隅，节操坚确之谓。

⑨见得孝子当时只知有母，身且不惜，何论毁誉？此不当以常理责之者。

⑩见《论语》。此言孝子之心发于自然也。

⑪殡，柩之将迁葬者。此因孝子之柩尚未出葬，故徙于他室也。

⑫奠，荐也，顿爵神前也。

⑬衰，同"缞"，丧服，在胸前，以麻为之。又，麻之在首在腰者为绖。

⑭梅花岭，在江都县广储门外，明史可法死国后衣冠葬处。

⑮辽东，今奉天。

⑯朱使君，名孝纯，字子颖，汉军旗人，曾任两淮盐运使。

⑰吟，呻也，病中叹声。

⑱伏而覆曰仆，仰而倒曰偃。

⑲蹶，行也，速也。《礼·孔子闲居》："子夏蹶然而起。"

⑳坼，裂也。

㉑九鼎，宝器。喻母生之重。

㉒缶，盆也。

㉓罂，瓦器。喻己死之轻。　此二句说孝子心事。

㉔《汉书》："烈士徇名。"

㉕以忍为贞，谓以安于不仁者为贞定也。

㉕徕，同"来"。

毁体请旌，向格于例。惟孝子之心，只知有母，母存身死，求仁得仁，身后是非，何曾计及？而邑人之祀，先生之记，无非为德衰恩薄时，欲人知所景仰。后有修平民史者，当采辑之，以表我国民特性。

博山知县武君墓表[①]

乾隆五十七年，当和珅[②]秉政，兼步军统领[③]，遣提督番役[④]至山东，有所诇察[⑤]。其役携徒众，持兵刃，于民间陵虐为暴，历数县，莫敢何问[⑥]。至青州[⑦]博山县，方饮博恣肆，知县武君闻即捕之。至庭不跪，以牌[⑧]示知县，曰："吾提督差也。"君诘曰："牌令汝合地方官捕盗，汝来三日，何不见吾？且牌止差二人，而率多徒，何也？"即擒而杖之，民皆为快。而大吏[⑨]大骇，即以杖提督差役参奏，副奏投和珅[⑩]，而番役例不得出京城。和珅还其奏，使易，于是以妄杖平民，劾[⑪]革武君职。博山民老弱谒大府[⑫]留君者千数，卒不获，然和珅遂亦不使番役再出。当时苟无武君阻之，其役再历数府县，为害未知所极也。武君虽一令，而功固及天下矣[⑬]。

君讳亿，字虚谷，偃师[⑭]人。乾隆四十五年进士。其任博山县及去官才七月，而多善政，民以其去流涕。君自是居贫，常于他县主书院[⑮]，读经史，考证金石文[⑯]，多精论明义，著书数百卷[⑰]。今皇帝[⑱]在藩邸[⑲]，闻君名。及亲政[⑳]，召君将用之，而君先卒矣。君卒以嘉庆四年十月二十九日，年五十五。余与君未及识，第闻其行事，读所著述。今遇君子穆淳于江宁，为文使归揭诸墓上。君行足称者犹多，而非关天下利害，兹不著[㉑]。嘉庆十八年二月桐城姚鼐表。

【注释】

①博山，县名，旧属山东青州府，今属济南道。

②和珅，见前《南园诗存序》。

③步军统领，掌京城内外门禁，统率八旗步军两翼五营，又称九门提督。

④番役，步军统领衙门之捕役也。

⑤诇察，刺探也。《唐书·窦参传》："多所诇察，四方畏之。"

⑥不敢问其何为也。

⑦青州，府名，属山东，民国废，今益都县其旧治也。

⑧牌，旧制以为符信者，如信牌、火牌等类。

⑨大吏，当时之山东巡抚也。

⑩时和珅专权，奏事者必备副奏，以备珅阅。

⑪劾，论人罪状也。

⑫大府，抚、藩等也。

⑬推论其功。

⑭偃师，县名，今属河南河洛道。

⑮书院之长，旧称山长，主评文字。

⑯钟鼎碑碣，古人多镌勒文字，又或纪事寓戒，铭诸金石。后人搜采著录，遂为专门之学。

⑰著有《经读考异》、《群经义证》、《金石跋》、《读史金石集目》、《钱谱》、《授经堂诗文集》。

⑱今皇帝，嘉庆仁宗。

⑲藩邸，藩王之邸第。

⑳仁宗初立，高宗称太上皇训政，凡事均须请命。至嘉庆四年春，高宗卒，遂亲政，诛和珅。

㉑川楚教匪之乱，实由和珅柄政，内外贪墨，民怨沸腾，有激而成。番役之扰，虽仅山东数县，而关系天下利害实大，故此篇独详著之。

汪玉飞墓志铭

汪生行忠信而立志甚高，不与今世士同流。谓士舍宋儒程朱之所道以为学，举不足云学也[①]。昼动而暮休，必考一日所为得失离合，悉书于一册，以自为戒劝[②]。事其父兄，抚其妻子，交其师友，循今世之礼，通以古人之意，见者未尝不以为当于人心[③]。为今世场屋之文，必求发古圣贤之旨，而不为苟美[④]。余主钟山书院，生以上元[⑤]学生来为弟子。余德薄，不足为生益。然生亲余尤至，相见论说，依依者几三年[⑥]，而生遽死。生故有咯血疾[⑦]，而为学研思不懈，余时戒之。乾隆五十六年，秋冬间忽大甚，至失音。余方归里，亟以为忧。其次年春正月疾进，时时念余，遂卒。余复至，遂不见生[⑧]。

嗟乎！使生不死，必追逮古贤人，必有立于天下。不幸亡，学未成，行未著，知其异于今世学者，惟余而已[⑨]。生年二十六。其父七十余。子云官甫六岁。妻杨氏，割肱疗生不愈，终为嫠而守之。余为择摄山[⑩]东南故昙花寺址右阜葬生，而为铭曰：

古秣陵[⑪]，明南畿[⑫]。粤[⑬]汪生，挺产兹。名兆虹，字玉飞[⑭]。圣不作，望绢[⑮]哉！夐[⑯]有辙[⑰]，崇有阶[⑱]。逴[⑲]劢[⑳]志，胡弗几[㉑]？抗发涂，蹶骏材[㉒]。芒[㉓]天乎，理则乖。痛无沬[㉔]，伐石埋[㉕]。翳[㉖]姚鼐，缀[㉗]此辞。

【注释】

①先志学。

②次律己。

③三及其居家涉世。

④四论其文。

⑤上元,县名,旧属江苏江宁府,今并江宁县。

⑥五叙交谊。

⑦咯血,即吐血,肺病也。

⑧终叙其病。

⑨师弟之情与其人其事,即此数语,可见一斑。

⑩摄山,在江宁县东北五十里,中有千佛岩,一名栖霞山。

⑪秦曾改金陵为秣陵。

⑫南畿,江宁县治,明为应天府,亦称南京。

⑬粤,《尔雅》:"曰也。"注:"语辞发端。"

⑭汪生名字,于此点出。

⑮缗,通"绵"。　　远意。

⑯敻,远也。

⑰谓圣道虽远,而有辙可行也。

⑱谓圣道虽高,而有阶可升也。

⑲逴,同"卓"。　　远也。

⑳劢,通"迈"。　　勉也。

㉑谓圣贤可几及也。

㉒抗,抵也。骏,马之美者。言如良马始发,遭抵抗而一蹶也。

㉓芒,通"茫"。陆机《叹逝赋》:"嗟乎今之方殆,何视天之芒芒!"

㉔沬,已也。

㉕埋,谓葬也。

㉖翳,语助词。

㉗缀,缉也,又表也。

祭朱竹君学士文[①]

呜呼!海内万士,于中有君。其气超然,不可辈[②]群。余始畏焉,曰师非友。辱君下交,以为吾偶[③]。自处京师,君日从语。执拒相诤,卒承谐许[④]。或岁或月,以事间[⑤]之[⑥]。清辞酒态,靡不可思。余与君决[⑦],乙未之春。有言握手,期我古人[⑧]。君之属文,如江河汇[⑨]。不择所流,荡无外内[⑩]。猋[⑪]怒涛惊,复于恬靡[⑫]。小沚澄潭,亦可以喜[⑬]。世皆知君,文士之硕。莫见君心,坚如金石。不可势趋,不可利眯[⑭]。吃口涩辞[⑮],遇义大启[⑯]。呜呼今日,士气之衰。天留一人,庶卒振之。七年江滨,日思君面。已矣及今,终不可见[⑰]。呜呼尚飨!

【注释】

①朱名筠,字竹君,一字美叔,大兴人。乾隆进士,授编修,官至侍读学士。嗜酒好交,著有《笥河文集》。

②《吴志·张温传》："当今无辈。"言其气概不可一世也。　　以上叙其人。

③偶，侪辈也。

④执，持也。拒，御也。诤，通"争"，辩也。谐，合也。许，可也。言议论之际，虽各持一见，固执拒抵而相争，终谐合而许可也，此君子和而不同之意。

⑤间，隔也。

⑥言岁月之间惟有事相间隔也。

⑦决，同"诀"。　　别也。

⑧谓临别赠言，以古人相期许也。　　以上叙交谊。

⑨汇，会合也。

⑩言其取材广博，不立宗派也。

⑪猋，暴风从上下也。《尔雅》："扶摇谓之猋。"

⑫恬，安也。靡，相随顺之意。言其豪放之极，复归恬静也。

⑬沚，小渚。潭，深水。此言其小品文字也。　　以上叙其文。

⑭眯，物入目中也。《庄子》："播糠眯目。"

⑮吃，言蹇难也。涩，不滑也。《史记·韩非传》："非为人口吃，不能道说，而善著书也。"

⑯以上论其气节。

⑰激昂慷慨，非寻常哀挽可比。

秦　瀛

赠邵秀才序[①]

余监司浙西[②]，于诸生[③]中得一人焉，曰邵子怀粹。余初未识邵子，因其邻潘侍御[④]德园[⑤]以识邵子。侍御又为余言：邵子故与长洲[⑥]彭进士尺木[⑦]善。侍御贤也，进士又贤也。以侍御与进士之贤，而知邵子贤；因侍御以识邵子，而知邵子果贤也[⑧]。

邵子少孤露[⑨]，能敬事其兄。足不出里闬[⑩]，而行修于家。为善若不及，言动一范于礼。所为诗古文词，欲追蹑[⑪]古作者，而不屑苟同于世俗。盖邵子之贤如是[⑫]。顾余既识邵子，每乐昵[⑬]就邵子，而邵子乃落落[⑭]然，非招之来不肯至。夫邵子非有干于余者也，余亦非有私于邵子者也，而邵子以道自闲，卒守而不变，余是以益贤邵子[⑮]。

邵子困诸生中，年四十无所试。然于吏治之得失，民生之休戚，皆能言之[⑯]。邵子虽无干于余，而余不能无求于邵子也。《诗》曰："孑孑[⑰]干旄[⑱]，在浚[⑲]之郊。"又曰："彼姝[⑳]者子，何以告之[㉑]？"余之贤固远愧卫大夫，而邵子其将何以告我也[㉒]？

【注释】

①秀才，仁和人，名志纯，字怀粹，号右庵。嘉庆间举孝廉方正。有《安乐书屋诗文稿》。

②谓任浙江臬司。

③清代称生员为诸生。

④侍御，清时御史之通称。

⑤潘德园，钱塘人，名庭筠，字兰公，号德园。乾隆进士，官至御史。

⑥长洲，清县名，民国并入吴县。

⑦彭尺木，见小传。

⑧叙相识之始。

⑨孤露，少无父母也。嵇康书："少加孤露，母兄见骄，不涉经学。"

⑩里闬，里门也。《后汉书·成武侯顺传》："顺与光武同里闬，少相善。"

⑪蹑，追随也。《晋书》："远超枚马，高蹑王刘。"

⑫叙其行与文而证其贤。

⑬昵，亲也，近也。

⑭落落，独立不徇俗貌。《后汉书·耿弇传》："常以为落落难合，有志者事竟成也。"

⑮此言品高而愈见其贤。

⑯此言邵子之才。

⑰孑孑，特出貌。

⑱干旄，以旄牛尾注于旗干之首也。

⑲浚，即汉浚仪县，故城在今河南开封县西北。

⑳姝，顺貌。

㉑以上四句见《诗·卫风·干旄》篇，为礼贤者之诗。

㉒以引诗作结，而邵子之身份愈高。

恽 敬

纪言

嘉庆元年，敬以富阳县①知县饷贵州平苗②军。五月丁巳，次③益阳④。有大星陨⑤于西南，声隆隆⑥然。癸亥，次武陵⑦。一骑自西南来，白衣冠。闻嘉勇贝子⑧薨⑨。庚午，次桃源⑩。

同饷军者裘乌程⑪世璘曰："吾属在浙，贝子方平林爽文⑫凯旋⑬，自三衢⑭方舟⑮下严陵江⑯，舟设重楼，陈百戏⑰，中流鼓吹竞作。从官舟衔舳舻⑱，并两岸疾下。顷之，有哗⑲于从官舟者，乃一巴图鲁⑳与都司㉑饮，争酒佐㉒。贝子出座亲鞫㉓之，色甚和。贝子曰：'汝二人何功？'叩颡㉔曰：'花翎㉕，通诸罗道赐㉖。比㉗旋役，各进一官。'贝子曰：'今天子神圣，军以功返。汝二人不知谨，亏朝廷体耶？然重惩汝，非优功盛惜㉘也。'目㉙左右曰：'花翎不称，去之。'二人叩颡下，卒不问所坐何事㉚。"方绍兴㉛应逵曰："吾闻文武事贝子，贝子必优以官，顷有府经历㉜三年至同知㉝、试用知县五年至分守道㉞者㉟。"钟慈溪㊱德溥曰："吾乡人尝事贝子，官亦分守道矣。往岁贝子舆夫与守备㊲争，殴之伤额，乡人杖舆夫四十。贝子曰：'若㊳忘富贵所自耶？何躏[39]我也？'乡人惧，数月不敢见[40]。"语有间[41]，敬告之曰："吾闻之张皋文[42]，皋文闻之副都御史方葆岩[43]。先生曰：贝子援诸罗时，壮勇公海兰察[44]前行。行约百里，贝子督师夜继进。天黑如覆盘，遇土山，驻军山顶。贝子中坐，随军官围贝子坐。外亲军，外正军，皆围坐。贼游兵近山，践泥泞[45]过，火炬[46]千万。贼自炬处上窥山，黝[47]黑无所见。疑有军，发铳炮击之。贝子令曰：'无出声，无动[48]。'久之，贼过尽。雨霁[49]，天益明，壮勇公已入诸罗城。捷使至，军始起行，无一伤。视铳炮子，历落[50]入山腹也。先生又曰：贝子征卫[51]、藏[52]，有隘[53]道几一里，贼屯军守隘北，甚严，大军屯隘南三十里许。贝子调军伏隘东西[54]，而以前军分五军攻隘，迭退迭进，战一日，盖数十胜负。贝子在大军中，前军军报沓至，不动。及三更，前军大败，退不止，贼逐前军出隘南。忽铳炮声大震，火炬尽爇[55]，照耀如同白昼，东西伏军皆起，贼惊退，相蹂躏[56]，我军蹙[57]之入隘。贝子急上马，万骑齐足，顷刻至隘口。前军伏军已过隘，闻贝子至，勇气百倍，大军乘势合攻，遂夷[58]贼屯，追逐五十里而后止[59]。"

【注释】

①富阳县，属浙江钱塘道。

②清高宗末年，贵州铜仁府苗石柳邓作乱，福康安征之，未竟其功而卒。

③师止曰次。

④益阳，今县名，属湖南湘江道。

⑤陨，坠也。

⑥隆隆，大声也。《汉书》："隆隆如雷声。"

⑦武陵，清湖南县，民国改为常德县。

⑧嘉勇贝子，即福康安，字瑶林，满洲镶黄旗人。谥文襄。嘉勇，封号。贝子，清代以授宗室及蒙古外藩之爵名，福以功大得之。

⑨薨，死也。

⑩桃源，县名，属湖南武陵道。　以上叙途中所见所闻，以下述诸人之所见所闻。

⑪乌程，县名，旧与归安同为浙江湖州府治，今并为吴兴县。裘乌程，裘为乌程令耳，下"方绍兴"、"钟慈溪"同。

⑫林爽文，台湾人。肇乱台湾，连陷多郡，福康安平之。事在乾隆五十二年。

⑬凯旋，军行得胜而还也。

⑭三衢，江名，在浙江之上游，有二源，曰金溪，曰文溪，东北流合东阳为兰溪，曰三衢。

⑮方舟，并两船也。

⑯严陵江，在浙江桐庐县南，汉严子陵所居，故名。

⑰奇技异能之人各献其艺，如扛鼎、吞刀、履火之类，谓之百戏。

⑱舳舻，方长船也。《汉书》："舳舻千里。"

⑲哗，喧哗也。

⑳巴图鲁，满洲语，译言勇士，清代凡有武功者多赐以此称。

㉑都司，为四品武官，位次游击。

㉒酒佐，侑酒之妓。

㉓鞫，究问之也。
㉔颡，额也。
㉕花翎，清代之冠饰，以孔雀翎施于冠后，犹古之珥貂也。
㉖诸罗，清时台湾地，谓因通道而受赐也。
㉗比，及也。
㉘恉，通“旨”。
㉙目，谓动目以喻也。《汉书》：“范增数目羽击沛公。”
㉚想见其颟顸之状。
㉛绍兴，今县名。宋置府，明清因之，治山阴会稽。民国废府，并山阴会稽为绍兴县，属浙江会稽道。
㉜经历，府之属官。
㉝同知，清代惟府州置同知。
㉞明时布政使有参政、参议诸员，分守各道，督察州县，为布政之辅。清废参政、参议，即以守道为名，其职与巡道无异。
㉟清代以保举为人情，有未参军事而保举得官者。
㊱慈溪，县名，属浙江会稽道。
㊲守备，清代为绿营武官，位次都司。
㊳若，汝也。
㊴躏，践踏也。
㊵此乡人能杖贝子舆夫，不得谓非好官。
㊶间，歇也。
㊷张皋文，见小传。
㊸方葆岩，名维甸，字南耦，号葆岩。乾隆进士，屡佐康安军事，官至直隶总督。卒谥勤襄。
㊹海兰察，清黑龙江人。乾隆时，从征西藏，平金川，讨林爽文，累立奇功，官至领侍卫内大臣。康安征台湾，折节下之，始为尽力。卒谥壮勇。
㊺泥泞，谓泥水淤积道上也。
㊻火炬，俗称火把。
㊼《尔雅》：“黑谓之黝。”
㊽此其军略之一。
㊾霁，雨止也。
㊿历落，排列参差也。苏颋文：“初历落以星峙。”
[51]卫，前藏之别名。
[52]藏，西藏也。
[53]隘，险阻之地。
[54]此其军略之二。
[55]爇，烧也。
[56]蹂躏，践踏也。《汉书》：“奔走相蹂躏。”
[57]蹙，迫也。
[58]夷，灭也。
[59]截然而止，不作一褒贬语，而讽刺之意，自可于言外得之，要自序述中之高手。

张皋文墓志铭

张皋文，名惠言。先世自宋初由滁州[①]迁武进[②]，遂世为武进人。曾祖采，祖金第，父蟾宾，皆县学生。母姜氏。皋文生四年而孤，姜太孺人守志，家甚贫[③]。

皋文年十四，遂以童子教授里中。十七补县学附生[④]，十九试高等，补廪膳生。乾隆五十一年，本省乡试中式，明年赴礼部会试，中中正榜，例充内阁中书，以特奏通榜[⑤]，皆报罢。是年，考取景山宫官学[⑥]教习。五十九年，教习期满，例得引见。闻姜太孺人疾，请急归，遂居母丧。嘉庆四年，今皇帝始亲政，试天下进士加慎，皋文中式。时大学士大兴[⑦]朱文正公珪[⑧]为吏部尚书，以皋文学行特奏，改庶吉士，充实录馆[⑨]纂修官，武英殿[⑩]协修官。盖皋文前后七试礼部而后遇，年三十有[⑪]九矣。六年，散馆，奉旨以部属用。文正复特奏，改授翰林院编修[⑫]。七年六月辛亥，以疾卒，年四十二。

皋文清羸[⑬]，须眉作青绀[⑭]色，面有风棱[⑮]，而性特和易。与人交，无贤不肖皆乐之。至义之所在，必达然后已。其乡试中式，文正以侍郎主考。皋文自出其门，未尝私求见、以所能自异，默然随群弟子进退而已。文正潜察得之，则大喜，故屡进达之，而皋文断断[⑯]以善相诤，不敢隐。文正言："天子当以宽大得民。"皋文言："国家承平百余年，至仁涵育，远出汉唐宋之上。吏民习于宽大，故奸孽萌芽其间，宜大伸罚以肃内外之政。"文正言："天子当优有过大臣。"皋文言："庸猥之辈，幸致通显，复坏朝廷法度。惜全之，当何所用？"文正喜进淹雅[⑰]之士，皋文言："当进内治官府、外治疆埸者。"与同县洪编修亮吉[⑱]于广坐诤之。亮吉后以上书不实遣戍，赦归田里，皋文则竟死矣。

方皋文为庶吉士时，今皇上加上列圣尊号，盛京[⑲]太庙旧藏宝，例遣官磨治，篆所加尊号，刻入之。皋文以能篆书受廷推[⑳]，言于当事者："宜自京师下所司等上上玉，刻成，遣使奉藏，其旧藏宝不得磨治。"当事者以为然，格于例，不果奏。又言于当事者："翰林院乃皇帝侍从，奉命篆列圣宝，宜奏请驰驿[㉑]，不得由部给火牌[㉒]。"亦格于例，不果奏。已而叹曰："天下事皆如是邪？吾位卑，能言之而已！"

皋文善书，初学李阳冰[㉓]，后学汉碑额[㉔]及石鼓文[㉕]。尝曰："少温言篆书如铁石陷入屋壁，此最精晋书篆势，是晋人语，非蔡中郎[㉖]语也。"少为辞赋，尝拟司马相如[㉗]、扬雄[㉘]之言。及壮为古文，效韩氏愈、欧阳氏修，言《易》主虞氏翻[㉙]，言《礼》主郑氏玄[㉚]。始至京师，与王灼滨麓、陈石麟子穆及敬最友善。尝曰："文章末也，为人非表里纯白，岂足为第一流哉[㉛]？"皋文娶于吴，子成孙，女适国子监生董士锡[㉜]。铭曰：

车掔[㉝]马攻[㉞]驾千里，隆隆之轮蹶[㉟]于阤[㊱]。勿乎[㊲]皋文谁讯此，铭之幽扃[㊳]俟来祀[㊴]。

【注释】

①滁州，旧直隶州，属安徽，民国改县，属安徽淮泗道。

②武进，今县名，属江苏苏常道。

③以上叙其家世。

④附生，即生员。

⑤唐时开榜，有专取知名之士，不问其试艺，曰通榜。

⑥景山宫官学，清时内务府佐领下子弟肄业之所，因在景山，故名。景山即万寿山。

⑦大兴，今县名，明清皆为顺天府治，民国移治黄村。

⑧朱珪，字石君，号南崖先生。乾隆进士，官至体仁阁大学士，卒谥文正。

⑨实录馆，设馆派人专记帝王一人之事迹，明清皆有之。

⑩武英殿，在京师紫禁城内，殿宇前后皆藏书板。

⑪有，同“又”。

⑫以上叙其出身、官职。

⑬羸，瘠也。

⑭绀，色青而带赤。

⑮风棱，犹风骨也。

⑯断断，争辩貌。

⑰淹雅，淹通博雅也。

⑱洪亮吉，字稚存，号北江。嘉庆时，上成亲王书，论时事，言词切直，闻于上。戍伊犁，寻赦还。

⑲盛京，今奉天省治，清太祖自辽阳迁都于此。

⑳廷推，明时铨选之法，公推二三人，由君主决定任用。

㉑驿，即古乘传。清制，各省皆设驿，凡官之奉差出京者，地方官供其夫马廪给，谓之驰驿。

㉒火牌，符信之一。凡有公事，给与火牌，以为沿途具领口粮之用，由兵部每年发给督抚提镇，有定数。

㉓李阳冰，字少温，唐赵郡人，善篆，舒元舆谓其不下李斯云。

㉔汉碑额，为汉碑题额之字。

㉕石鼓文，鼓上有大篆，相传为周史籀所作，今存四百六十四字。鼓凡十，列北京国子监。

㉖蔡中郎，汉蔡邕，累迁中郎将。

㉗司马相如，汉成都人，字长卿。长于辞赋，所作有《子虚》、《上林》、《大人》等赋。

㉘扬雄，汉成都人，字子云。辞赋仿相如。成帝时召对，奏《甘泉》、《河东》、《长杨》、《校猎》四赋。

㉙虞翻，字仲翔，三国余姚人，精《易》。

㉚郑玄，字康成，东汉高密人，博通诸经。经学家称郑众为先郑，郑玄为后郑。　以上叙其学艺。

㉛桓曰：“第一流复是谁？”刘曰：“正是吾辈。”见《世说》。刘谓真长，桓谓温。　此言器识为先，文艺为后。

㉜董士锡，字晋卿，武进副贡达章之子。亦深于《易》，著有《遁甲因是录》，又文诗词若干卷。

㉝掣，杀小貌。《周礼·考工》：“欲其掣尔而纤也。”

㉞攻，坚也。《诗》："我车既攻。"

㉟踬，颠踬也。

㊱阤，阪也，崖际也。《周礼·考工》："故登阤者，倍任者也。"

㊲勿，悫爱貌。《礼·祭义》："勿勿乎其欲飨之也。"

㊳器物上横木皆称扃。

㊴祀，犹年也，商称年曰祀。

吴　定

答鲍觉生书[①]

顷邀惠书，省仆动静安否，情重辞温，增仆远望。仆自足下北游，沉默闲处，叹左右益少通敏之才、可与之深言文字者，以此私恚[②]，他无足怀。

仆八岁入塾[③]，诵四子[④]、六艺[⑤]之书，慨然愿游春秋[⑥]之世，追陪颜[⑦]、曾[⑧]、闵[⑨]、冉[⑩]、游[⑪]、夏[⑫]之伦，执经杏坛[⑬]，觌[⑭]圣人之德辉，沐浴[⑮]车服礼器之余韵。又思游南北宋[⑯]之世，偕杨[⑰]、游[⑱]、黄[⑲]、蔡[⑳]诸人，立程子、朱子之堂，饫[㉑]闻其训诫[㉒]。已念二者虽不可得，然乌知今世不有道德渊纯之士聚众讲学、可扶翼我者？既成童[㉓]，出与乡闾读书之子游，见其所倾向者，无非科举[㉔]之学，众人一志，传习成风。叩以圣贤之道，则群怪以为狂痴而笑之。退而告诸父兄，始知讲道劝学之风，海内衰歇者数十年矣[㉕]。于是怆[㉖]然内悲，太息向之所志不度也[㉗]。

年既壮[㉘]，涉历东越吴楚之交，交游日广以远。见有嗜好三代旧章法物，以考订为工，有慕秦汉以来之诗歌古文，以文藻风流相尚，私心喜且慕，谓此虽非吾学所急，抑亦可备斯道什一之资，宜以余力讲明其术也。于是或师焉，或友焉，盖自幼至今，同志相导之助，莫盛于此时矣。

今者年已五十，足不涉四方，而四方雄俊之群旧尝假馆于歙[㉙]者，或散或亡，不可复合，无所慰其意。冀得一二秀髦[㉚]后进[㉛]，与之相劝相成，而来游者类溺没于科举旧习，而不能为之展其志、拓其才。盖虽考订辞章之末，鲜[㉜]有能助我者，况其他乎？呜呼！幼志不可遂矣，即壮岁师友相从之欢亦渺不可复。甚矣！岁晚而道益孤也[㉝]！

今夫积云成露，积霜成雪，积溪涧之水成江河。何者？有所因也。骐骥[㉞]一跃，可方[㉟]驽马[㊱]十驾。然使欲东而西，欲南而北，则虽骐骥输驽马矣。何者？力虽强，无策之者也。君子之志于道也，合众人之贤明以群相诱掖[㊲]，虽中材，企及之而有余。竭一己之私智微能，委曲与道相从，虽豪杰有所不足。仆之智不逮[㊳]中人，而偏违众，有志于道，譬如深居暗室，无人导延，乃欲积跬步[㊴]以致千里，吾知有画地以终焉已。乡[㊵]者仆方稚昧，不自度德薄才庸，奋然以继鲁[㊶]、邹[㊷]、洛[㊸]、闽[㊹]之传自任，其志岂小哉？岁今艾[㊺]矣，而所可者止此[㊻]。思欲毕智尽才，责功暮齿[㊼]，而独

学之苦，反甚于前，遇歧途，畴㉝能指我哉？此所以中夜伏枕太息，而深以不克成其幼稚之志自悲也。足下少而才，在门墙中最为笃志于学者，因来书念仆勤拳，故发愤举仆今昔之恨，而一为足下道之如此㉝。

【注释】

①鲍名桂星，字双五，一字觉生，安徽歙人。嘉庆进士，官至詹事。初从吴定学诗古文，后师姚鼐。著《文钞》二卷，诗八卷，辑《唐诗品》八十五卷。

②恚，恨也。

③家学曰塾。

④四子，《大学》、《中庸》、《论语》、《孟子》。

⑤六艺，《易》、《诗》、《书》、《礼》、《乐》、《春秋》。汉刘歆总群书而奏《七略》，有《六艺略》。

⑥春秋，自鲁隐公元年至哀公十四年，凡二百四十二年，皆为春秋之世。

⑦颜，名回，字子渊，鲁人，列孔门德行科。

⑧曾，名参，字子舆，鲁人，孔子弟子。

⑨闵，名损，字子骞，鲁人，季氏使为费宰而不就。

⑩冉，名耕，字伯牛，鲁人，与颜、闵列孔门德行科。

⑪游，姓言，名偃，字子游，吴人，列孔门文学科。

⑫夏，姓卜，名商，字子夏，卫人，列孔门文学科。

⑬杏坛，孔子讲授之处，在山东曲阜县。《庄子》："孔子游于缁帷之林，休坐乎杏坛之上。"

⑭觌，见也。

⑮沐浴，喻身受其润德也。《史记》："沐浴膏泽而歌咏勤苦。"

⑯宋自高宗至帝昺称南宋，自太祖至徽、钦称北宋。

⑰杨，名时，字中立，宋将乐人。

⑱游，名酢，字定夫，宋建阳人，与杨时同事二程。

⑲黄，名干，字直卿，宋闽县人。朱熹称其志坚思苦，以女妻之。

⑳蔡，名元定，字季通。子沈，字仲默。宋建阳人。同事朱熹。

㉑饫，饱也。

㉒此言初志之如此。

㉓成童，十五岁以上也。

㉔唐始用科目取士，故曰科举。其后宋用帖括，明清用八股试士，亦沿科举之称。此则专指八股言耳。

㉕此言科举之害人。

㉖怆，悲伤也。

㉗不度，犹言意想所不到也。

㉘《礼·曲礼》："三十曰壮。"

㉙歙，今县名，属安徽芜湖道。

㉚髦，俊士也。

㉛后进，后辈也。《论语》："后进于礼乐。"

㉜鲜，少也。

㉝此处总束上文，面面顾到。

㉞骐骥，千里马也。《国策》："骐骥盛壮之时，一日而致千里。"

㉟方，譬也。

㊱驽马，最下之马也。

㊲在前导之曰诱，在旁扶之曰掖。

㊳逮，及也。

㊴跬步，半步也。《礼·祭义》："故君子跬步而弗敢忘孝也。"

㊵乡，同"向"。昔也。

㊶鲁，孔子鲁人。

㊷邹，孟子邹人。

㊸二程洛人。

㊹朱熹宦学于闽。

㊺《礼·曲礼》："五十曰艾。"

㊻一一回抱上文。

㊼暮齿，晚年也。

㊽畴，谁也。

㊾此言答书之意。

示诸生书

道学[1]之名，不见于经。自《宋史》[2]创立道学之传[3]，以尊濂、洛、关、闽[4]诸贤，一时从其游者，罔[5]非沐仁浴义[6]，暗然[7]为心性之谋，何其盛也[8]。时代日迁，陵夷[9]至于有明之季，高、顾[10]讲学东林[11]，士慕其道学之名，而依附之者，未免伪君子厕[12]其间矣[13]，非若宋世伪学之禁[14]之诬罔诸贤也。

夫行而伪焉，俗之所以不古也。然行而伪焉，俗犹未尽不古也。何则？天下尚知道学之可贵而崇奉之，故群喜其名而思窃之也[15]。至于怵然[16]以道学为戒，而相与讪[17]之、笑之、挤排[18]之，则风俗乃颓然[19]不可收拾矣[20]。夫教化之权，未尝不振于上，而草泽[21]之下，无复有人焉宣上德意，明其道以倡率斯民，故俗之敝如此也。是则昔之君子虑以其好名而托之，今之君子虞其以被谤而去之[22]。吁！可畏哉！《齐邱子》[23]曰："涧松所以能凌霜者，藏正气也；美玉所以犯火者，畜至精也。"士生于今，苟非毅然秉不惧不愠[24]之操，吾知破方而就圆，毁直而为曲，以求免于今之世者相环矣，非志愿使然，盖有所不获已也。然则不居道学之名、而卓然蹈[25]道学之实者，宁非今世豪杰之士哉[26]！

【注释】

①道学，宋儒性理之学。

②《宋史》，元托克托等奉敕撰，共四百九十六卷，文则失之太繁。

③特创此传，表章道学。

④濂、洛、关、闽，宋理学家之四派也。濂，谓濂溪周敦颐；洛，谓河南程颢、程颐；关，谓关中张载；闽，则闽中朱熹也。

⑤罔，无也。
⑥沐仁浴义，谓沾濡仁义之教也。
⑦暗然，隐晦貌。《中庸》："暗然而日章。"
⑧此言道学之盛。
⑨陵夷，《汉书》："帝王之道，日以陵夷。"师古曰："陵，邱陵也。夷，平也。言其颓替如邱陵之渐平也。"
⑩高攀龙，字存之。顾宪成，字叔时。俱无锡人，同讲学东林。
⑪东林，书院名，宋杨时讲学处。久圮，明万历间高、顾重建而讲学焉，时目为东林党。
⑫厕，次也。《史记》："厕之宾客之中。"
⑬此言道学之衰。
⑭宋宁宗时，韩侂胄秉政，欲除异己以快己私，因目道学为伪学，乃禁用伪学之党，削朱熹官，贬蔡元定于道州。旋因议者沸腾，乃弛其禁。
⑮此言以道学为借径。
⑯怵然，惊惧貌。
⑰讪，毁谤也。《论语》："恶居下流而讪上者。"
⑱挤排，犹排轧，斥而去之也。《史记》："张汤为廷尉，治淮南狱，排挤庄助。"
⑲颓然，下坠貌。
⑳此言以道学为畏途。
㉑草泽，在野之称。《史记》："原宪亡在草泽中。"
㉒总束上文。
㉓《齐邱子》，书名。南唐谭峭撰《化书》，宋齐邱攘为己作，故亦名《齐邱子》。
㉔《论语》："人不知而不愠。"
㉕蹈，足践也。
㉖此谓真道学。

陆继辂

与友人书

伻①来，言所治地僻而土瘠②，城中居民不及百家。大府③以足下曾任繁剧④，才大不可以简县⑤屈，若以治狱，留省中待迁其可，足下遂瞻顾不行。仆闻之，未以为信。何者？地僻则官无奔走迎候之劳，可专志为治；土瘠则民无骄奢淫荡之习，而教令易行。此正宜足下所乐⑥，乃自春徂⑦夏，犹未上事，是非徒有所瞻顾，而实自薄之不屑往也⑧？果尔，则足下之才，方今郡守⑨、监司⑩不逮⑪什百者，何可数计，而足下乃浮湛⑫县令，将并薄之不为耶？

向在京师，见牧令谒吏部出者，欣戚之意判然见于颜色。叩其故，则曰：某地官富，某地贫。讼言⑬而不讳。吏习如此，可为深叹⑭。岂足下胸中亦有此等计较，未

能悉化耶？抑别有他故？望即裁答，毋令久蓄此疑[15]。

【注释】

①伻，使者也。《书》："伻来，以图及献卜。"

②瘠，土不肥饶也。

③大府，指抚、藩、臬三宪而言，其人当由部选而来。

④繁剧，言事极繁多也。郭璞文："以无用之才，管繁剧之任。"

⑤简县，事少之县。清代有繁县、简县之别。

⑥以官为业者乌足以语此？

⑦徂，及也。

⑧坐实一句。

⑨郡守，知府也。

⑩监司，监察州郡之官，清代对于司道统称监司。

⑪逮，及也。

⑫湛，同"沉"。

⑬讼言，公言也。

⑭振古如兹，于今为烈。

⑮如此方为直谅之友。

掌广西道监察御史管君墓表

君姓管氏，讳世铭，字缄若。所居曰韫山堂，门下士因称韫山先生，故韫山之字特著。曾祖枪，刑部郎中。祖高，雍正间举人，广东盐场大使。父基承，国子监生。祖、父俱赠朝议大夫浙江道监察御史加二级。祖母徐，母王，赠恭人。君乾隆三十九年举人，四十三年进士，引见以主事用，分户部行走[1]。旋补山东司，充军机章京[2]，擢云南司员外郎，山东司郎中。六十年，改浙江道监察御史，奏留军机处[3]。嘉庆三年，转掌广西道。故事：部郎充军机章京者改官御史，即罢直[4]。或经军机大臣奏留，其仪注[5]仍如司官，不得专达封事[6]。

君少读史，慕汲黯[7]、朱云[8]之为人。及成进士，金坛[9]于文襄公[10]实为总裁[11]。文襄好士，所援引或数年至卿贰[12]。君旅进旅退[13]，未尝独求见以所能自异[14]。文襄卒，和珅[15]浸[16]用事，君益忧愤，每与同官论前代辅臣贤否，语讥切无所避[17]，和珅微有闻。而章佳文成公[18]方倚君如左右手，猝[19]未有以中伤[20]君。君既擢御史，则大喜，夜起，徬徨[21]中庭。构疏稿未成，而仍留军机命下，俞[22]文成公请也。君废然人谒文成，自言愧负此官[23]。文成知君意，慰之曰："报称[24]，行有日耳，何必汲汲[25]以言自见耶？"盖文成期君大用，不欲君以击奸获谴[26]，其用意至深，君亦感悟，稍自韫[27]晦，而讽喻之意，一以寓之于诗[28]，今所传《韫山堂集》是也。

后四年，朝廷行大赏罚[29]，薄海臣民欢呼相告语，而君已前殁不及见。呜呼！可哀也已！卒于嘉庆三年十一月十二日，春秋六十有一。配恭人张氏，以五年十一

月日，合葬阳湖新塘乡之原。子学洛，候选知州，后君十一年卒。孙绳莱[30]，慷慨尚气节，习君者以为酷[31]似君。用形家[32]言，于君既葬之十八年始立石君墓，而征文于继辂。继辂既与绳莱游处，有[33]多获交于君及门弟子，熟闻君之志行，不可以不文辞[34]，因系以辞曰：

君子小人，消长固有时耶？胡四凶[35]之诛殛[36]，必有待于重华[37]？呜呼！君虽赍[38]志以殁，而庆慰之意当无间[39]于死生。后之人尚读君之遗诗，而信余言之有征[40]。

【注释】

①不设专官之处及非专任者谓之行走。

②章京，清代官名，为各衙门办理文书之官，军机处亦有之。

③军机处，官署名。创于清世宗时，初仅理军事，其后军国重要事均于此议之。内设军机大臣及行走等官。大臣以亲王及满汉大臣充之，行走则以主事等员充之。

④直宿曰直。

⑤仪注，犹言礼节。《南史·司马褧传》："撰《嘉礼仪注》一百一十二卷。"

⑥或上书，或奏事，虑有宣泄，则囊封以进，谓之封事。　　申明在前，为中段阿文成奏留地步。

⑦汲黯，字长孺，汉濮阳人。武帝时，为东海太守，大治，召为九卿，面折廷诤，帝惮之。

⑧朱云，字游，汉平陵人。成帝时，为槐里令，上书愿赐尚方剑，斩佞臣张禹。帝怒，欲斩之，御史将云去，云攀折殿槛，以辛庆忌救，得免，帝命勿治槛以旌之。

⑨金坛，今县名，属江苏金陵道。

⑩于文襄公，名敏中，官至大学士，文襄其谥。

⑪总裁，谓会试主考官。

⑫卿贰，谓尚书侍郎也。《称谓录》："尚书曰卿，侍郎亚之，亦称贰卿。"

⑬随众进退也。

⑭风骨已见。

⑮和珅，见姚鼐《南园诗存序》。

⑯浸，渐也。

⑰风骨再见。

⑱章佳文成公，名阿桂，姓章佳氏，满洲人。平伊犁缅甸大小金川，官至大学士。

⑲猝，急也。

⑳中伤，谓攻人过失而陷害之也。《后汉书》："其忤逆于心者，必求事中伤。"

㉑徬徨，散步思虑之貌。

㉒俞，允也。

㉓懊丧之状如见。

㉔报称，报答称职也。《汉书》："无以报称。"

㉕汲汲，欲速之意。

㉖谴，罪也。

㉗韫，藏也。

㉘忠君爱国恶奸去邪之心，至泄之于诗以自见，昔人称杜诗为诗史，公足以继之矣。

㉙嘉庆亲政，赐和珅自尽。

㉚绳莱，字孝逸，官知县。长于诗古文辞，有《万绿草堂诗文集》、《风孙楼词》。

㉛酷，甚也。

㉜形家，风水家也。

㉝有，同“又”。

㉞叙作文之由来。

㉟四凶，浑敦、穷奇、梼杌、饕餮。舜按其罪而放流之。

㊱殛，诛也。

㊲重华，虞舜号，此谓嘉庆。

㊳赍，持也。江淹赋：“赍志殁地。”

㊴间，隔也。

㊵征，证也。

王庆麟

书魏叔子集后[①]

观叔子之文，最长[②]人识见。叔子盛推朝宗，朝宗固当不及也[③]。集太多，予欲录其精美者为一集，而薙[④]去客游后作什之九以附焉[⑤]。嗟夫！使叔子足不下金精山[⑥]，不爱浮誉，不受大腹贾[⑦]金钱，滥作文字，不急于成集，益之岁年，演漾平迤[⑧]，时而出之[⑨]，庶几[⑩]乎儒者之文矣[⑪]。昌黎[⑫]云：“无慕乎速成，无诱于势利。”有味哉！有味哉！

【注释】

①魏叔子，见小传。

②长，长进也。

③自是定论。

④薙，除草也。

⑤自是卓识。

⑥金精山，在江西宁都县西北，叔子隐于此。

⑦大腹贾，指富商也。　叔子受人金，为人作寿序墓志铭。

⑧演，水回曲貌。漾，水摇动貌。迤，斜也，言平行而又斜行也。　此状其文之养到功深。

⑨出，发现也。以时发现于外也。

⑩庶几，近辞也。

⑪此数句，非知文之甘苦者不能道。

⑫韩愈，字退之，其先世居昌黎，宋元丰中追封昌黎伯，故世称韩昌黎。昌黎，唐县，故城在今直隶通县东。

张惠言

周维城传

嘉庆元年，余游富阳①。知县②恽侯请余修县志，未及属③稿，而恽侯奉调，余去富阳。富阳高傅占，君子人也，为余言周维城事甚具，故为之传，以遗后之修志者④。

周丰，字维城，其先绍兴人，徙杭州。世为贾，有赀。父曰重章，火灾荡其家，流寓富阳。重章富家子，骤贫，抑郁无聊，益跅弛⑤不问生产，遂大困，寻死富阳⑥。

丰为儿时，当天寒，父中夜自外归，又无所得食，辄引父足怀中以卧。十余岁，父既卒，学贾。晨有老人过肆，与之语，奇之，立许字以女⑦。女，李氏也。丰事母，起坐行步，尝先得其所欲。饮食必亲视，然后进。事虽剧，必时时至母所视问辄去⑧。去少顷，即又至，母不觉其烦。李氏女又能顺之⑨。母脱有不当意，或端坐不语，丰大惧，皇皇然若无所容，绕膝盘旋呼阿母不已，声悲慕如婴儿。视母颜色怡，乃大喜，又久之然后退⑩。其子孙逮见者，言其寝将寐，必呼阿母，将寤，又如之，殆不自觉也⑪。

丰年四十二，时未有子，病几死。过吴山⑫，有相者睨之良久，引其手指之曰："是文如丹砂，公殆有隐德，当有子。富寿康宁，自今始矣。"丰贾致富，有子三人，孙六人。子沅、濂，孙恺、恒皆补学官弟子⑬。丰年八十四卒，如相者言⑭。

丰于乡里能行其德，有长者行。尝有与同贾者归，丰既资之，已而或检其装，有丰肆中物，以告丰，丰急令如故藏，诫勿言。其来，待之如初⑮。

高傅占言曰：富阳人多称丰能施与好义。然丰尝曰："吾愧吴翁、焦翁⑯。"吴翁者，徽州人，贾于富阳。每岁尽，夜怀金走里巷，见贫家，嘿置其户中，不使知也。焦翁者，江宁人，挟三百金之富阳贾。时江水暴发，焦急呼渔者，拯一人者与一金，凡数日，得若干人，留肆中饮食之，俟水息，赀遣之归，三百金立罄。二人者，今以问富阳人，不能知也⑰。丰又尝言："吾生平感妇翁知我⑱。"呜呼！市巷中固不乏士哉⑲！

【注释】

①富阳，见上。

②知县，旧称邑侯。以其宰理一邑，如古之诸侯也。

③属，缀辑之也。

④叙作传缘起。

⑤跅弛，不自检束也。

⑥以上叙其家世。

⑦老人亦有特识。

⑧无时不念其母。

⑨有是父，当有是女；有是夫，当有是妇。

⑩此等处最难曲达。皋文乃至性中人，故言之历历，如见其人。

⑪以上叙其孝行。

⑫吴山，在浙江杭县城内，一名城隍山。

⑬学官弟子，即生员。

⑭以上叙其子孙及年龄。

⑮以上叙其隐德。

⑯引出吴、焦二翁，是史家附传体，妙在即从维城说出，更觉自然，其虚己从善之处亦并传出。

⑰一部廿四史，几为名公卿占尽，郡县志又多士绅家乘，则埋没如吴、焦二翁者，何可胜计！著此二句，感喟同深。

⑱补一笔，更见深厚。

⑲市巷中固不乏士，足觇我国文化至久且远。编辑平民史者，能细心采辑，此等事实皆绝妙好资料也。

先妣事略

先妣姓姜氏。考讳本维，武进县学增广生[①]。其先世居镇江丹阳[②]之滕村，迁武进者四世矣。先妣年十九归我府君[③]，十年，凡生两男两女，殇[④]其二，惟姊观书及惠言在，而府君卒。卒后四月，遗腹生翊[⑤]。是时先妣年二十九，姊八岁，惠言四岁矣[⑥]。

府君少孤，兄弟三人，资教授以养先祖母。先祖母卒，各异财，世父[⑦]别赁[⑧]屋居城中。府君既卒，家无一夕储[⑨]。世父曰："吾弟不幸以殁，两儿未成立，是我责也。"然世父亦贫，省啬[⑩]口食，常以岁时减分钱米，而先妣与姊作女工以给焉。惠言年九岁，世父命就城中与兄学，逾月时乃一归省。一日暮归，无以为夕飧，各不食而寝。迟明，惠言饿不能起，先妣曰："儿不惯饿惫耶？吾与而姊而弟时时如此也[⑪]。"惠言泣，先妣亦泣。时有从姊乞一钱买糕啗[⑫]惠言，比日昳[⑬]，乃贳贷得米，为粥而食。惠言依世父居，读书四年反，先妣命授翊书。先妣与姊课针黹，常数线为节。每晨起，尽三十线，然后作炊。夜则然一灯，先妣与姊相对坐，惠言兄弟持书倚其侧，针声与读声相和也。漏四下，惠言姊弟各寝，先妣乃就寝[⑭]。然先妣虽不给于食，惠言等衣履未尝不完，三党[⑮]亲戚吉凶遗问之礼未尝阙，邻里之穷乏来告者未尝不佽[⑯]恤也[⑰]。

先是，先祖早卒。先祖妣白太孺人[⑱]恃纺绩以抚府君兄弟，至于成人，教之以礼法孝弟甚备，里党称之以为贤。及先妣之艰难困苦，一如白太孺人时，所以教惠言等者，人以为与白太孺人无不合也。先妣逮事白太孺人五年，尝得白太孺人欢，于先后[⑲]委宛备至，于人无所忤。又善教诲人，与之居者皆悦而化。姊适同邑董氏，其姑钱太君与先妣尤相得，虚其室假先妣居，先妣由是徙居城中。每岁时过故居，里中诸母争要请，致殷勤，惟恐速去。及先妣卒，内外长幼无不失声，及姻亲之臧获[⑳]皆为流涕[㉑]。

先妣以乾隆五十九年十月十八日卒，年五十有九。以嘉庆二年正月十二日权

葬于小东门桥之祖茔，俟卜地而窆[22]焉。府君姓张氏，讳蟾宾，字步青，常州府学廪膳生，世居城南郊德安里。惠言乾隆丙午[23]科举人。翊武进县学生，为叔父后。观书之婿曰董达章，国子监生。呜呼！先妣自府君卒，三十年更困苦惨酷，其可言者止此，什伯于此者不可得而言也[24]。尝忆惠言五岁时，先妣日夜哭泣，数十日，忽蒙被昼卧。惠言戏床下，以为母倦哭而寝也。须臾，族母至，乃知引带自经，幸而得苏[25]。而先妣疾，惠言在京师，闻状驰归，已不及五十一日。呜呼！天降罚于惠言，独使之无父无母也耶？而于先妣何其酷也[26]！

【注释】

①清制，于生员正额外续加增广者，谓之增广生。其额与廪生同，有缺，以附生岁科两试前列者补之。

②丹阳，县名，清属镇江府。

③府君，称其父也。

④殇，未成人而死也。

⑤先叙其姓氏及子女。

⑥总提一笔。

⑦世父，伯父也。《尔雅》："父之晜弟，先生为世父，后生为叔父。"

⑧赁，以财雇物也。

⑨为"不食而寝"句种根。

⑩省啬，有余不尽用之意。

⑪只此数语，而平居窘状与爱子之情毕现，纯是传神之笔。

⑫啗，食也。

⑬昳，日过午时也。《汉书》："日昳皆会。"

⑭以上叙其艰难困苦之状。

⑮三党，谓父党、母党、妻党也。《说苑》："晏子曰：'臣以君之赐，臣父之党无不乘车者，母之党无不足于衣食者，妻之党无冻馁者。'"

⑯佽，助也。

⑰以上叙其处家之道。

⑱孺人，妻之通称。妻以上通称太孺人。旧官制，职官妻七品以下封孺人。

⑲先后，兄弟妻相谓也。《史记》注："古谓之娣姒，今关中俗呼为先后，吴楚俗呼为妯娌。"

⑳臧获，奴婢也。《方言》："燕之北郊，凡民男而婿婢谓之臧，女而归奴谓之获。"

㉑以上叙其待人之厚。

㉒窆，下棺于穴。

㉓清高宗五十一年。

㉔一语包含无数。

㉕补叙此事，以见儿时无知识情景。

㉖一语截住，哀恸之极，不辨是血是墨。

崔景偁哀辞[①]

余始识景偁于京师，与为友，景偁以兄事余。既数岁，已而北面承贽，请为弟子[②]。余愧谢不获，且曰："偁之从先生，非发策决科之谓也[③]。先生不为世俗之文，又不为世俗之人，偁则愿庶几焉[④]。"呜呼！世俗之为师为弟子云者，其取之有由矣[⑤]，其学之有由矣[⑥]。非所援[⑦]焉而取，非所炫[⑧]焉而学，则以为狂且愚。昔韩退之作《师说》，毅然为人师，一世非笑之，惟李翱、张籍、皇甫湜数人以为然[⑨]。余之文质靡当，诵圣人之书，而未识其道，其于景偁未有以相过也，而穷困之效已明[⑩]。自景偁游公卿间，名声日起，当世所谓速化之术固当闻之[⑪]，乃退然就执友之门[⑫]而请受业，欣然若有乐者[⑬]，惜乎不遇韩退之，使与李翱、张籍之徒相颉颃[⑭]也[⑮]。

景偁之学，拙于进而勇于取[⑯]。虽小物务既[⑰]其实。与之论道理，未尝不悦，其改过果以速。呜呼！使假之年而就其学，岂可量哉[⑱]！

景偁字格卿，蒲州永济人[⑲]。以乾隆五十八年五月十二日卒于京师，年二十五[⑳]。其为人长弟[㉑]完好[㉒]，生而父兄偁之，殁而所与游者思之[㉓]。工八分楷书摹印[㉔]，世多藏者[㉕]。余独悲其有盛志，而卒不遂其学，以无闻于后为可惜也。为辞以哀之曰：

呜呼偁耶！群黯黮[㉖]以为贤，谁使兴耶？既朝轫[㉗]而夕颠，又谁憎耶？苟啬[㉘]其命，而胡以厚其凭[㉙]耶？将匪获于天，而独自以心为雄耶？才者之小年[㉚]，延于不肖者之恒耶？泯泯[㉛]于后世，而落落乎古人，呜呼！奈何乎偁耶[㉜]！

【注释】

①偁，"称"本字。

②《汉书》："于定国迎师学《春秋》，身执经，北面备弟子之礼。"

③发策，犹策问。决科，谓决定其所习科目。皆科举时所谓学也。

④庶几，近辞，又侥幸也。　　以上五句述景偁语。

⑤就师言。

⑥就弟子言。

⑦援，谓攀附为助也。

⑧炫，自矜而夸耀于人也。

⑨翱，字习之。籍，字文昌。湜，字持正。皆韩愈弟子。

⑩曾子固有《送黎安二生序》，文似窃取其意。

⑪推开说。

⑫父之友曰执友。《礼·曲礼》："见父之执，不问不敢对。"

⑬收转说。

⑭颉颃，犹言上下也。

⑮一笔顿住。　　以上叙师弟渊源。

⑯资禀弱，故拙于进；为学勤，故勇于取。

⑰既，尽也。

⑱以上叙其学。

⑲蒲州，府名，属山西，今废。永济县旧为蒲州府治，今属河东道。

⑳以上叙其身世。

㉑弟，同“悌”。

㉒长其长而尽弟道也。

㉓以上叙其行。

㉔《书法本象》：“上谷羽人王次仲作八分书。”又：“动合楷法，谓之楷书。”

㉕以上叙其艺。

㉖黯黮，不明也。

㉗止轮之转曰轫，去轫轮动而车行，故始启行曰发轫。《离骚》：“朝发轫于天津。”

㉘啬，悭吝也。

㉙凭，谓其聪明才力也。

㉚《庄子》：“小年不及大年。”

㉛泯泯，犹茫茫也。

㉜词尽而意不尽。

祭金先生文[①]

呜呼！六经同归，其指在礼。谁欤明之？北海郑氏[②]。经唐涉宋，大论日芜。天鉴大清，笃生巨儒。乾隆之初，婺源江公[③]。刊榛[④]兑[⑤]途[⑥]，洒[⑦]流就东[⑧]。厥其继者，休宁之戴[⑨]。先生起歙[⑩]，并轂联佩[⑪]。戴君宏通，众流并泳[⑫]。志修[⑬]年短，厥绪未竟[⑭]。先生精研，思约理积。掉头庌庑[⑮]，壶奥独辟[⑯]。既启其室，遂周其藩。桴宲梠楄[⑰]，既固既完[⑱]。笺《礼》九篇，以郑正郑[⑲]。惟其匡捄[⑳]，是谓笃信。一义之发，迩于睫眸[㉑]。先生不言，千载其幽[㉒]。较其所成，于戴盖多[㉓]。婺源之传，岱华比峨[㉔]。

古人著书，感发不遇[㉕]。先生不然，颐[㉖]志养素。早年献赋，入赞机衡[㉗]。对策銮坡[㉘]，声震殿廷。帝嘉其文，冠之上第[㉙]。再命持衡[㉚]，慎简俊乂。翩然高蹈，有遁若飞。不事[㉛]之功，其成则巍[㉜]。杜门养疴[㉝]，二十一年。既定礼堂[㉞]，其人未传[㉟]。

景行实行，高山惟仰[㊱]。昊天弗遗，后学谁放[㊲]？伊蒙寡昧[㊳]，一言获褒。春风所嘘，不遗薪荛[㊴]。三年在门，莫窥美富[㊵]。既困驰驱，乃始自咎。独持绪论，以当众歧[㊶]。端策恐骤[㊷]，瞻途识夷[㊸]。丙辰之春，再谒几席。先生欣然，曰子可益。则理其秽，则瀹[㊹]其清。恢之拓之，以崇以闳[㊺]。闵其饥寒，恤其生死。割宅以居，推食以食[㊻]。岁在己未，孟春北征。先生饯之，肴核既盈。酒酣执手，曰学实难。曹不知道，绣其帨鞶[㊼]。前贤后生，气求声应。弗章弗传，孰美孰盛[㊽]？挹河知源，测景[㊾]知光。今我老矣，非子曷望[㊿]？畴昔之岁，殷勤与书。问子所学，今则何如？勉子旧闻，告我新得。使我暮年，快睹奇特。惶恐再拜，负惭此言。匪敢怠荒，乃为俗牵。逝将归来，返我矩矱[51]。庶几籍湜[52]，果不畔去。

恭闻易箦[53]，命简作械。写不成章，笔绝意嗛[54]。呜呼微言，遂绝于兹。哭寝此日，伤心曩时[55]。具存者书，莫继者事。命我以意，曷敢以二？尚羁尘鞅，罔遂骏奔[56]，铨[57]绋[58]不亲，奠斝弗存。南望一恸，告兹哀衷。言有弗宣，哀其可穷？先生之灵，其曷不鉴？未知后死，斯言勿玷。呜呼哀哉！

【注释】

①金名榜，字辅之，一字蕊中，号檠斋，歙人，江永弟子。乾隆时一甲一名进士，著有《礼笺》。

②汉郑玄，北海人，注三《礼》。

③江公，名永，字慎修，安徽婺源人。

④榛，芜也。

⑤兑，通也。

⑥谓刊去榛芜而通其路也。

⑦洒，分也，谓分疏其流使就东也。

⑧此二句喻江氏学说。

⑨戴震，字东原，安徽休宁人。

⑩歙，县名，今属安徽芜湖道。

⑪黻、佩皆所以章身，喻与东原并美也。

⑫东原兼精音韵、天算诸学。

⑬修，长也。

⑭竟，终也。按：戴震早卒。

⑮《释名》："大屋曰庑。廊庑四达之谓庌。"

⑯宫中衖谓之壸，室西南隅为奥。　　此二句喻其深入。

⑰《尔雅》："栋谓之桴。"韩愈文："大木为宲。"宲，栋也。楮，柱上横木承栋者。楠，斗拱也，柱之上端方木，以承梁者。按：桴、宲实一物，楮、楠亦一物。

⑱此二句喻其结构。

⑲金氏《礼笺》十卷一宗郑君。

⑳捄，同"救"。

㉑迩于睫眸，即近在眼前之意。

㉒幽，隐也。　　反振一笔，便觉有势。

㉓盖东原早卒之故。

㉔岱，泰山。华，华山。峨，高也。　　以上先叙学统。

㉕此承上起下之辞。

㉖颐，养也。

㉗榜于乾隆乙酉召试举人，授中阁中书，在军机处行走。

㉘唐德宗移翰林院于金銮坡。见《翰林志》。故后世翰林院称銮坡。

㉙乾隆壬辰，以第一人及第。

㉚曾任山西副考官。

㉛《易·蛊卦》："不事王侯，高尚其事。"

㉜《论语》："巍巍乎其有成功也。"

㉝疴，病也。

㉞《后汉书·郑康成传》："所愤愤者，徒以己亲坟垄未成，所好群书率皆腐敝，不得于礼堂写定，传于其人。"

㉟以上叙事实。此二句已带起下文。

㊱《诗》:"高山仰止,景行行止。"

㊲放,同"方"。　　此四句承上起下,一气贯注。

㊳皋文自道也。　　以下述师弟渊源。

㊴《诗》:"询于刍荛。"

㊵《论语》:"夫子之墙数仞,不得其门而入,不见宗庙之美,百官之富。"

㊶歧,道旁出也。

㊷端,正也。策,画策。恐骤,惧人捷径之义。以策为马棰,义亦通。

㊸夷,平也。

㊹瀹,疏通于涤也。

㊺就学识上说。

㊻就情义上说。

㊼帨鞶,巾带也。《法言》:"今之学者,非独为之华藻,又从而绣其鞶帨。"

㊽韩愈《与于襄阳书》:"莫为之前,虽美而不章;莫为之后,虽盛而不传。"

㊾景,同"影"。《周礼·地官》:"以土圭之法测土深,正日景。"

㊿从学统上说,与首段妙有关合。

51矩矱,犹言法度也。　　度也,尺也。

52籍,张籍。湜,皇甫湜。均见上。

53曾子寝疾,病。童子曰:"华而睆,大夫之箦与?"曾子曰:"然,斯季孙之赐也,吾未之能易也。元,起,易箦。"反席未安而殁。见《礼·檀弓》。

54嗛,犹恨。

55以上述哀祭之意。

56《诗》:"骏奔走在庙。"按:骏,疾也。

57辁,车之庳而无辐者也。

58绋,引棺索也。

续古文观止卷之五

周树槐

汉高帝论[①]

丁公[②]为楚将，逐窘[③]高帝彭城[④]西。帝急顾曰："两贤岂相厄[⑤]哉！"丁公引而去之。及楚灭，丁公见，高帝斩以徇[⑥]，曰："后世毋效丁公[⑦]。"

壮学子[⑧]曰：丁公死晚矣，然谲[⑨]哉高帝乎！高帝曰："使项王失天下者，丁公也，丁公为项王臣不忠。"然则为项王臣忠者，宜莫如季布[⑩]。丁公已戮，而季布方购[⑪]，高帝非能以公灭私者也。然则高帝曷为斩丁公？曰：高帝之怨丁公，犹其怨季布尔矣。然而丁公斩，季布终赦者，季布数窘高帝，卒无害于高帝，自以为罪而逃之，则非高帝之所甚恶也[⑫]；丁公能窘高帝，能释高帝，自以为德而谒之，是则高帝之所甚耻也[⑬]。不然，鸿门[⑭]之役，使项王失天下者，项伯[⑮]也，而封之，其有词于后世也哉[⑯]！

【注释】

①高帝姓刘，名邦，字季，沛人。灭秦平项，而有天下。在位十二年。

②丁公，名固，薛人，季布同母异父弟。

③窘，迫也。

④彭城，县名，今铜山县。

⑤厄，困也。

⑥徇，巡行以示人也。

⑦以上俱见《史记·季布传》。

⑧壮学子，树槐自号也。

⑨谲，诡也。

⑩《史记·季布传》：布为项羽将，数窘高祖。羽灭，高祖购求布千金。布匿濮阳周氏，周氏衣布褐衣，髡钳之，卖于鲁朱家。朱家言之滕公，滕公言之高祖，乃赦布。　此句承上急转。

⑪以财有所求曰购。

⑫此猜透高祖心事，不脱一"谲"字。

⑬一"耻"字足以杀丁公矣。

⑭鸿门，今陕西临潼县东。

⑮项伯，项王季父，名缠，伯其字。《史记·项羽本纪》：项王击破函谷关，驻军鸿门，高祖军霸上，项王期以旦日袭击霸上军。项伯夜驰至高祖所，告之。伯教以旦日来谢，反告项王善遇之，项王许诺。旦日高祖从百余骑见项王鸿门，项王与之饮。项庄拔剑起舞，欲杀高祖，项伯亦拔剑起舞，以身翼蔽高祖，以是得逸去。项王既灭，高祖封伯为射阳侯。

⑯此是一种驾驭臣下作用，英主皆然，不独汉高。

杨凤苞

黄贞文传

黄淳耀，字蕴生，号陶庵，嘉定县①人。少即以圣贤自期，尝作日历②，昼所为，夜必书之。缊袍③粝食④，不苟取⑤一钱。崇祯十六年，试礼部⑥。有要人喻意，欲荐为榜首，峻却之。成进士，不谒选而归⑦。南都⑧初建，求仕者争趋之，淳耀独不赴。或问故，应曰："某公素善余，今方与当国者比，往必为彼牢笼矣。君子始进必以正，岂可损名义以徇之耶⑨？"卒不往。迨嘉定被围，偕弟渊耀暨⑩侯峒曾⑪、龚用圆、张锡眉⑫诸人固守。及城破，兄弟并诣城西竹胜庵⑬，将死，僧止之曰："公未仕，可勿死也。"淳耀曰："城亡与亡，此儒者分内事耳⑭。今借上人⑮一片干净土，死得所矣。"索笔书曰："弘光元年七月四日，进士黄淳耀自裁⑯于城西僧舍。呜呼！进不能宣力王朝，退不能洁身自隐，读书寡益，学道无成，耿耿⑰不昧，此心而已！"遂衣冠北向再拜，自经⑱死。

渊耀字伟恭，年十五补诸生。幼颖异，甫就傅，即向学，既乃受业于兄，悉得其绪论。平居谈道讲德，往往启伯氏所未及。性狷介，不妄交游。淳耀登第后，与之书曰："传胪⑲时，人见鼎甲⑳先上殿，皆啧啧称羡，以为登仙，吾此时叹息无限。天地间自有为数千年一人、数百年一人者，今人必不肯为数千百年之一人，而必欲为三年之一人，可笑也㉑！"渊耀得书，益以品节自厉。就义时，见兄头帻坠地㉒，复下拾而冠之，乃就缢于右。

淳耀所著诗古文制举业㉓，原本六经㉔，旁通三史㉕，规范先正㉖，皆传于世。卒年四十一，门人私谥贞文。渊耀卒年二十二，有《谷帘学吟》。兄弟死时，口血喷壁间，入砖寸许，其迹历久不灭云㉗。

【注释】

①嘉定县，今属江苏沪海道。

②日历，犹日记也。

③缊袍，以旧絮或碎麻着于袍中，谓粗恶之衣也。

④粝，米不精也，谓以粗米为食也。

⑤不当取而取曰苟取。

⑥明清时，由礼部试进士。

⑦明制，京官六部主事、中书、行人评事、博士，外官知州、推官、知县，由进士选。选人之法，每年吏部六考六选。文谓不谒吏部候选而即归也。

⑧南都，谓南京。崇祯十七年，怀宗自经于煤山，史可法、马士英等拥立福王于南京，改元弘光。

⑨不受牢笼，方见气节，彼损名义者乌足以知之？

⑩暨，与也。

⑪侯峒曾，字豫瞻，号广成，嘉定人。天启五年进士。弘光时，用为左通政，辞不就。及南京亡，州县多起兵自保，嘉定士民推峒曾为倡，偕里人黄淳耀、张锡眉、董用圆、马元调、唐全昌、夏云蛟等誓死固守。城陷，峒曾及二子元演、元洁并沉于池。

⑫龚用圆、张锡眉，俱嘉定举人，用圆官秀水教谕。《明史》"龚"作"董"。

⑬按：《苏州府志》："祝圣庵在嘉定县城内西南隅，明崇祯二年九华山僧大见重建。"当即是。

⑭死志早定。

⑮上人，僧人之尊称。佛家谓内有德智，外有胜行，在人之上，故名上人。

⑯自裁，自杀也。

⑰耿耿，不安也。《诗·卫风》："耿耿不寐。"

⑱经，缢也。《论语》："自经于沟渎，而莫之知也。"

⑲科举时代，殿试后宣旨唱名，谓之传胪。

⑳科举时，殿试以名列一甲之三人为鼎甲，状元、榜眼、探花是也。

㉑不为数千百年之一人，而为三年之一人，登鼎甲者，读之皆当愧死。

㉒帻，韬发之巾也。头帻坠地，必拾而冠之者，盖即子路结缨之义，谓君子死而冠不免也。

㉓应试之文，体制定自上，故曰制举。业者，士以此为业也。

㉔六经，谓《诗》、《书》、《易》、《春秋》、《礼》、《乐》也。《乐经》亡于秦，故不传。

㉕六朝人以《史记》、《汉书》及《东观记》为三史，唐以后《东观记》失传，乃以范蔚宗《后汉书》当之。

㉖先正，先贤也。谓以先贤为规矩模型也。

㉗奇人奇事，难兄难弟。

龚自珍

说居庸关[①]

居庸关者，古之谭守者[②]之言也。龚子曰：疑若可守然[③]。何以疑若可守然？曰：出昌平州[④]，山东西远相望[⑤]，俄然而相辏[⑥]相赴，以至相蹙[⑦]，居庸寘[⑧]其间，如因两山以为之门，故曰疑若可守然。关凡四重，南口[⑨]者，下关也，为之城，城南门至北门一里。出北门十五里，曰中关[⑩]，又为之城，城南门至北门一里。出北门又十五里，曰上关，又为之城[⑪]，城南门至北门一里。出北门又十五里，曰八达岭，又为之城[⑫]，城南门至北门一里。盖自南口之南门至于八达岭之北门，凡四十八里[⑬]，关之首尾具制如是[⑭]，故曰疑若可守然。下关最下，中关高倍之，八达岭之俛[⑮]南口也，如窥井形然，故曰疑若可守然。

自入南口，城甃[⑯]有天竺字[⑰]、蒙古字[⑱]。上关之北门大书曰"居庸关"，景泰[⑲]二年修。八达岭之北门大书曰"北门锁钥"，景泰三年建[⑳]。自入南口，流水啮吾马

蹄,涉之琳然[21]鸣,弄之则忽涌忽洑[22]而尽态,迹之则至乎八达岭而穷。八达岭者,古隰余水[23]之源也[24]。自入南口,木多文杏[25]、蘋婆[26]、棠梨[27],皆怒华[28]。自入南口,或容十骑,或容两骑,或容一骑[29]。

蒙古自北来,鞭橐驼[30],与余摩[31]臂行。时时橐驼冲余骑颠[32],余亦挝[33]蒙古帽,堕于橐驼前,蒙古大笑。余乃私叹曰:若蒙古,古者建置居庸关之所以然,非以若[34]耶?余江左士[35]也,使余生赵宋世,目尚不得睹燕赵[36],安得与反毳[37]者相挝戏乎万山间?生我圣清中外一家之世,岂不傲古人哉[38]!蒙古来者,是岁克什克腾、苏尼特[39],皆入京诣理藩院交马云[40]。

自入南口,多雾若小雨。过中关,见税亭焉。问其吏曰:"今法网宽大,税有漏乎?"曰:"大筐小筐,大偷橐驼小偷羊[41]。"余叹曰:"信若是,是有间道矣[42]。"自入南口,四山之陂陀[43]之隙[44],有护边墙数十处。问之民,皆言是明时修。微税吏言,吾固知有间道出没于此护边墙之间[45]。承平之世,漏税而已,设生昔之世,与凡守关以为险之世,有不大骇北兵自天而降者哉[46]?降自八达岭,地遂平,又五里曰坌道[47]。

【注释】

①关在京兆昌平县西北,关门南北□距四十里,两山夹峙,巨涧中流,悬崖峭壁,称□绝险云。

②《吕氏春秋》、《淮南子》皆曰天下九塞,居庸其一也。明洪武间,徐达复累石为城,自后永为京师北面之固。

③下一"疑"字,见得可守与不可守,视乎其守之之人。

④昌平州,今为昌平县,属京兆尹。

⑤《地理志》:"居庸塞,东连卢龙、碣石,西属太行、常山,极天下之险。"

⑥辏,聚也。

⑦蹙,迫也。

⑧寘,置也。《诗》:"寘予于怀。"

⑨《一统志》:"居庸关城之南有南口城,去昌平州二十五里,亦南北二门。"

⑩《一统志》:"自南口而上,两山之间,一水流焉,道出其上,十五里为关城,即中关也。"

⑪按:《一统志》作"八里为上关东城",说略异。

⑫按:《一统志》作"又七里为弹瑟峡,又七里为青龙桥,又三里为八达岭。岭上有城,元人以此为居庸北口。故八达岭为直隶延庆县南,去居庸上关十七里",与龚说不合。

⑬《一统志》作"自南口至北口止四十里"。

⑭总束一句。

⑮俛,同"俯"。

⑯甃,以石砌入城墙也。

⑰天竺文字,即梵文,起于印度。

⑱蒙古文字,出于回纥,与满洲文字相似。

⑲景泰,明景帝年号。

⑳记其建筑。

㉑珮然，佩玉声。

㉒洑，伏流也。

㉓隰余水，即今榆河，在昌平县之南，一名湿余河。“湿”，本通“隰”。

㉔记水。

㉕文杏，果木名，二月有花。

㉖蘋婆，俗称蘋果，二三月有花。

㉗棠梨，即甘棠。《诗》：“蔽芾甘棠。”郑注曰：“北人谓之杜梨，南人谓之棠梨。”

㉘怒华，花盛开也。华，同“花”。　　记木。

㉙记其险要。

㉚橐驼，即骆驼，能负重行远，数日不饮食，最便旅行沙漠中。

㉛摩，切近而过也。

㉜颠，陨也。

㉝挝，击也。

㉞若，指蒙古言。

㉟定盦为浙江仁和县人。

㊱女真入中国后，南宋都临安，即浙江杭县。今直隶、山西之地古称燕赵，南宋时均为女真所有。

㊲毳，兽细毛。蒙古人衣皮多反着。

㊳故作满意语。

㊴克什克腾、苏尼特，内蒙古二旗名。克什克腾一旗，系昭乌达盟之一部，在古北口东北五百七十里，今属热河。苏尼特部二旗，系锡林郭勒盟之一部，在张家口北五百五十里，属察哈尔。

㊵清代官制，理藩院掌内外蒙古及额鲁特之年班朝贡承袭等事，设尚书一人、侍郎二人，全以满洲及蒙古人任之。交马，贡马也。《一统志》：“克什克腾贡道由独石口入，苏尼特贡道由张家口入。”

㊶此二句是谚语。

㊷因漏税而知间道。

㊸山旁曰陂，岩际曰陀。

㊹隟，古“隙”字。

㊺见边墙之失修已久。

㊻暗应“中外一家”之句。

㊼前路分明。

送夏进士序[①]

乾隆中，大吏有不悦其属员者，上询之，以书生对。上曰：“是胡害？朕亦一书生也[②]。”大吏悚服。呜呼！大哉斯言！是其炳[③]六籍[④]、训万祼[⑤]矣。

嘉庆二十二年春，吾杭夏进士之京师，将铨[⑥]县令，纡道[⑦]别余海上[⑧]。相与语，益进，睟然[⑨]愉，谡然[⑩]清。论三千年史事，意见或合或不[⑪]，辄哈然[⑫]以欢[⑬]。余曰：

“是书生非俗吏。”海上之人以及乡之人皆曰非俗吏。之京师，京师贵人长者[14]识余者，皆识进士，亦必曰非俗吏也。虽然，固微窥君。君若惧人之訾[15]其书生者[16]，又若有所讳夫书生者[17]，暴[18]于声音笑貌焉[19]。天下事，舍书生无可属，真书生又寡，有一于是，而惧人之訾己而讳之耶？且如君者，虽百人訾之，万人訾之，啮指而自誓不为书生，以喙[20]自卫[21]，哓哓[22]然力辩其非书生，其终能肖俗吏之所为也哉？为之而不肖，瘉[23]见其拙；回护其拙，势必书生与俗吏两无所据而后已。噫！以书生之声音笑貌，加之以拙，济之以回护，终之以失所据，果尔，则进士之为政也病矣！

新妇三日知其所自育[24]，新官三日知其所与[25]。予识进士十年，既庆其禄之及，于吾里有光；而又恐其信道之不笃，行且一前而一却也。于其行，恭述圣训[26]，以附古者朋友赠行[27]之义。

【注释】

①夏进士，名璜，钱塘人。熟于《左氏》及廿二史。定公十六岁即与之识，是平生有朋友之始。

②《东华录》：雍正十三年，时高宗已即位，有“朕阅督抚参奏属员，每有‘书生不能胜任’等语。夫读书所以致用，朕惟恐人不足当书生之称，而安得以书生相戒乎？若以书生为戒，朕自幼读书宫中，实一书生也”云云。足□书生吐气。

③炳，明也。

④六籍，六经也。言其言视六经为更明也。

⑤禩，同“祀”。　　犹言万年也。

⑥铨，选官也。

⑦纡道，至京之路，不必经由上海，盖因事纡道而来此也。纡，曲也。

⑧定盦父为上海道。

⑨睟然，润泽貌。

⑩谡然，峻挺貌。

⑪不，通“否”。

⑫咍然，嗤笑也。

⑬此书生本色。

⑭长者，尊贵者之称。《汉书·陈平传》：“门外多长者车辙。”

⑮訾，诋毁也。

⑯不脱书生之见。

⑰言进士以书生为不足称，不欲人以书生称之也。

⑱暴，显也。

⑲亦由当时看轻书生之故。

⑳喙，口也。

㉑言辩其非书生也。

㉒哓哓，恐惧告诉之意。《诗》：“予维音哓哓。”

㉓瘉，通“愈”。

㉔自育，治家之善否也。

㉕与，交游也。

㉖指上“朕亦书生也”之语。

㉗《史记·孔子世家》：“孔子去周，老子送之曰：‘吾闻富贵者赠人以财，仁者赠人以言。’”

病梅馆记

江宁之龙蟠[1]、苏州之邓尉[2]、杭州之西溪[3]皆产梅[4]。或曰：梅以曲为美，直则无姿；以攲[5]为美，正则无景[6]；以疏为美，密则无态。固也，此文人画士[7]心知其意，未可明诏[8]大号，以绳[9]天下之梅也。又不可以使天下之民斫[10]直、删密、锄正，以夭[11]梅病梅为业，以求钱也。梅之攲之疏之曲，又非蠢蠢[12]求钱之民能以其智力为也。有以文人画士孤僻[13]之隐，明告鬻[14]梅者，斫其正，养其旁条，删其密，夭其稚枝，锄其直，遏其生气，以求重价，而江浙之梅皆病。文人画士之祸之烈至此哉[15]！

予购三百瓮[16]，皆病者，无一完者。即泣之三日，乃誓疗之、纵之、顺之。毁其瓮，悉埋于地，解其棕缚[17]。以五年为期，必复之全之。予本非文人画士，甘受诟厉[18]，辟病梅之馆以贮[19]之。乌[20]乎[21]！安得使予多暇日，又多闲田，又广贮江宁、苏州、杭州之病梅，穷予生之光阴以疗梅也哉[22]！

【注释】

①龙蟠，江宁县东北之钟山，诸葛亮曾有“钟山龙蟠，石城虎踞”之称，或即指此。

②邓尉，山名，在吴县西南，汉有邓尉者隐此，故名。山多树梅。花时一望如雪，行数十里，香风不绝。见《一统志》。

③叶廷琯《鸥陂渔话》：“武林西溪，梅花最深处，旧称花海。”武林，山名，在杭县西南。

④此言江浙为人才荟萃之地。

⑤攲，倾侧也。

⑥景，同“影”。

⑦文人画士，指创法之吏言。

⑧诏，告也。

⑨纠人之失曰绳。

⑩斫，击也，谓以刃击之也。

⑪夭，早死也。

⑫蠢蠢，虫动貌。《异苑》：“见一异物，蠢蠢而动。”按：此当作“愚蠢”解。

⑬孤僻，嗜好之深且别者。

⑭鬻，卖也。

⑮正意已跃然纸上。

⑯瓮，同“盆”。

⑰鬻梅者以棕线缚梅，使之或曲或攲，以求悦于人，故解之。

⑱诟，辱骂也。厉，病也。《庄子》：“以为不知己者诟厉也。”按：此应作“嫌恶”解。

⑲贮，积而藏之。

⑳乌，同“呜”。

㉑乎，同“呼”。

㉒即杜陵“广厦”、白傅“大裘”之意。

清代文法烦重，束缚人民，无微不至。司法之吏上下其手，比附出入，而民益病。正直而守法者一不自检，易触刑网，邪曲而玩法者反得逍遥于法外。文似有感而作，姑借病梅以鸣其不平。

刘　开

知己说

韩子云：“非知之难，处知者实难。”悲夫！士以遇知己而名著，亦有得知己而遂至行亏名辱者，可不惧哉！余观穆生在楚，以未设醴[①]而去[②]，未尝不怪其恝然径行，负畴昔[③]知遇之意。及见后世君子，处乡里之间，其才气学识卓然异乎众人，一旦受当事之知，遂心驰势利，变刚正之操，以事媚悦，所求未获，已为天下所非笑，然后知古人不屈道以徇私者，乃善处交游以全人己之美也[④]。君子上交不谄，下交不渎[⑤]，是故天子有不召之臣，王侯有不屈之士，将军得揖客[⑥]而身益重。如使受知者皆谗谄面谀[⑦]，希迎意旨，图旦夕之安，而忘其所有事，卒使世之论者谓下无可取之实，而上无知人之明，此岂遇合中之美事哉？

人之相知，贵相知心[⑧]。光武知严光之不能屈，而不绳以君臣之法[⑨]；献子有友五人，皆无献子之家[⑩]。故士之自负也愈大，则其自待也愈重。抱杰出之才，逢破格之赏识，而即欲顺从求悦者，是不以道义自处，而又以世俗之心待君子也[⑪]。

夫轻合者必易离，故其始必有所甚难，而其终也至于久远而不废。信陵之客三千，其最难屈者，莫若侯生及毛、薛二公[⑫]，然卒赖其力以建功人国，显名天下。嗟乎！非常特达[⑬]之士，亦未必不终为人用也，夫固可以礼屈，而不可以势束也。持尺寸之丝，以系北溟之鹏[⑭]，虽欲为之回翼，岂可得哉[⑮]？然而有子夏[⑯]之贤，犹未免出见纷华而悦[⑰]，吾诚为士之有志于立身者忧其继也[⑱]。

【注释】

①醴，甜酒。

②《汉书·楚元王传》：穆生不耆酒，元王为之设醴。及王戊即位，忘设焉。穆生曰：“可以逝矣，醴酒不设，王之意怠。”

③畴昔，前日也。

④正意在此一句。

⑤渎，慢也。二句见《周易·系辞》。

⑥《汉书·汲黯传》：大将军青既益尊，黯与抗礼。或说黯曰：“大将军尊贵，君不可以不拜。”黯曰：“夫以大将军有揖客，反不重耶？”

⑦《孟子》:"士止于千里之外,则谗谄面谀之人至矣。"

⑧二句见《李陵答苏武书》。

⑨《后汉书·光传》:光,字子陵,与光武同游学。光武即位,遣使聘之,三反而后至。车驾幸其馆,光卧不起。帝抚光腹曰:"咄咄子陵,不可相助为理耶?"光张目熟视曰:"昔唐尧著德,巢父洗耳。士各有志,何至相迫乎?"帝除为谏议大夫,不屈。

⑩《孟子》:"孟献子,百乘之家也,有友五人焉:乐正裘,牧仲,其三人,则予忘之矣。献子之与此五人者友也,无献子之家者也。此五人者,亦有献子之家,则不与之友也。"

⑪此仍侧重士一面说。

⑫《史记·信陵君传》:魏公子无忌者,安釐王弟也。安釐王即位,封为信陵君。仁而下士,食客三千。魏有隐士曰侯嬴,为大梁夷门监者。公子闻之,置酒大会,虚左自迎侯生。安釐王二十年,秦围邯郸,公子姊为赵平原君夫人,数遗魏王及公子书请救。魏王使将军晋鄙救赵,留军壁邺。公子乃请宾客,欲以客往赴秦军,与赵俱死。行过侯生,侯生曰:"嬴闻晋鄙兵符在王卧内,而如姬力能窃之。嬴闻如姬父为人杀,公子斩其仇头。公子诚请如姬,如姬必许诺。"公子从其计,如姬果盗晋鄙兵符与公子。公子遂矫魏王令,代晋鄙击秦军,秦军解去。赵有处士毛公,藏于博徒,薛公处于卖浆家。公子欲见两人,两人自匿。公子闻所在,乃间步往,从此游甚欢。公子留赵十年不归,秦日夜出兵东伐魏,魏王使使往请公子,公子诫门下不为通。毛公、薛公往见公子曰:"公子所以名闻诸侯者,徒以有魏也。今秦攻魏,使破大梁而夷宗庙,公子尚何面目立天下乎?"公子立归救魏,魏王以上将军印授公子。诸侯闻公子将,将兵救魏,公子率五国兵破秦军于河外。

⑬特达,特出于众也。《晋书》:"聪明特达。"

⑭溟,海也。《庄子》:"北溟有鱼,其名为鲲。鲲之大,不知其几千里也。化而为鸟,其名为鹏。鹏之大,不知其几千里也。怒而飞,翼若垂天之云。"

⑮此就在上一方面说。

⑯子夏,姓卜名商,孔子弟子。

⑰《史记·礼书》:"子夏,孔门之高弟也,犹云'出见纷华盛丽而悦,入闻夫子之道而乐,二者心战,未能自决'。"

⑱结句使人悚然。

梅曾亮

韩非论[①]

太史公[②]谓韩非引绳墨,切事情,悲其为《说难》而不能自脱[③]。嗟夫!非之为《说难》,非之所以死也[④]。今人君无贤智愚不肖,莫不欲制人而不制于人,测物而不为物所测,然卒为揣摩[⑤]智士之所中,而不能脱其要[⑥]领[⑦]者,彼士也阴用其术,而主不知,故因势而抵[⑧]其巇[⑨]。使知有人焉玩吾于股掌之上,而吾莫之遁,虽无信臣左右之谗,其不能一日容之也决矣[⑩]。

且古今著书立说之士,多出于功成之后者,不然,则无意于世以潜其身。今非

方皇皇[11]焉入世之网罗，独举世主所忌讳者，纵言之而使吾畏，亦可谓不善藏其用[12]者矣。不然，非之术，固士阴挟以结主取济者，非独以发其覆[13]而为祸首，岂不悲哉[14]！

吾观老子之书，以柔为刚[15]，以予为取[16]，处万物所不胜[17]，而视天下不婴儿处女若，宜有难免于雄猜之世者。然则老子之不知所终[18]，其已知及此哉！

【注释】

①非，韩之诸公子，喜刑名法术之学，与李斯俱事荀卿。秦急攻韩，韩王遣非使秦，秦王悦之，未信用。李斯、姚贾害之，秦王下吏治非。李斯遣人遗非药，使自杀。韩非欲自陈，不得见。秦王后悔之，使人赦之，非已死矣。

②太史公，谓司马迁也。

③《史记·韩非传》："非见韩之削弱……以为儒者用文乱法，而侠者以武犯禁。宽则宠名誉之人，急则用介胄之士。今者所养非所用，所用非所养……观往者得失之变，故作《孤愤》、《五蠹》、《内外储》、《说林》、《说难》十余万言。然韩非知说之难，为《说难》书甚具。"又《传赞》：太史公曰："韩子引绳墨，切事情，明是非，其极惨礉少恩。"

④非有取死之道，下一段说明之。

⑤揣摩，揣度其意而与之相切近也。

⑥要，同"腰"。

⑦要，衣要也。领，衣领也。凡持衣者，则执要与领。《汉书》："骞从月氏至大夏，竟不能得月氏要领。"

⑧抵，触击也。

⑨巇，罅隙也。扬子《法言》："巇可抵乎？"

⑩以下再进一层说。

⑪皇皇，如有求而弗得之貌。《孟子》："孔子三月无君，则皇皇如也。"

⑫《易》："显诸仁，藏诸用。"

⑬《庄子》："微夫子之发吾覆也，吾不知天地之大全也。"

⑭以上两段议论，极得要领，文笔亦能曲折赴题。

⑮《老子》："人之生也柔弱，其死也坚强。故坚强者死之徒，柔弱者生之徒。"

⑯《老子》："将欲夺之，必固与之。"

⑰《老子》："牝常以静胜牡。以静为下，故大国以下小国，则取小国。小国以下大国，则取大国。"

⑱《史记·老子传》："老子见周之衰，遂去。至关，关令尹喜曰：'子将隐矣，强为我著书。'于是老子乃著书上下篇，言道德之意五千余言而去，莫知其所终。"

管异之文集书后[1]

曾亮少好为骈体文[2]。异之曰："人有哀乐者，面也。今以玉冠之[3]，虽美，失其面矣。此骈体之失也[4]。"余曰："诚有是，然《哀江南赋》[5]、《报杨遵彦书》[6]，其意固不快耶？而贱之也？"异之曰："彼其意固有限。使有孟、荀、庄、周、司马迁之意，来

如云兴，聚如车屯，则虽百徐庾[⑦]之词，不足以尽其一意。"余遂稍学为古文词。异之不尽谓善也，曰："子之文病杂，一篇之中，数体驳见[⑧]，武其冠，儒其服，非全人也[⑨]。"余自信不如信异之深，得一言，为数日忧喜[⑩]。呜呼！今异之亡矣，吾得失不自知。人知之，不能为吾言之。余虽于学日从事焉，茫乎不自知其可忧而可喜也[⑪]，故益念异之不能忘。

异之卒于道光十一年。其明年，今安徽巡抚邓公[⑫]刊其遗文，命曾亮为之序，乃书畴昔之文语于集后，以志吾悲。

【注释】

①异之，见小传。

②古文无骈散之分。六朝初唐，专用偶句。韩愈氏起，惩其靡丽之弊，以气势行文，自是有骈散之名。而骈体之文至清为集大成。

③《史记》："绛侯、灌婴等咸谗陈平曰：'平虽美丈夫，如冠玉耳，其中未必有也。'"注："饰冠以玉，光好外见，中非所有。"

④此即文饰失真之说。

⑤庾信，字子山，新野人。初仕梁，居江南，使周被留。梁亡后，乃为此赋。

⑥齐受魏禅，梁元帝承制于江陵。徐陵使于齐，拘留不遣，致书于仆射杨遵彦，不报。按：杨名愔，小名秦王，北齐人，为孝昭帝所诛。徐陵详下。报，当作"致"。

⑦徐陵，南朝郯人，字孝穆，梁亡入陈。庾信由梁使魏而仕周。文章并艳丽，世称"徐庾体"。

⑧驳见，杂见也。

⑨深于骈文者自未能免此。

⑩是笃志学文时情景。

⑪是学文进步时情景。

⑫邓公，名廷桢，字嶰筠，江苏江宁人。嘉庆进士。道光六年，授安徽巡抚。

书复社人姓氏后[①]

右复社人姓氏一卷，朱氏彝尊得之，而藏于曹氏寅[②]者。首顺天，次应天[③]、浙江、江西、福建、湖广[④]、广东、河南、山东、山西、四川，至少者广西一人，居其末，凡二千二百五十五人[⑤]。其人其地，或辽远不相及。其名而可知者，又不能十之一。呜呼！滥已[⑥]！

夫君子相游处，讲说道艺，名高则党众，党众则品淆[⑦]。盖必有人为吾取怨于天下，而激吾以不能庇同类之耻，故有争；争则所以求胜之术或无异乎小人，而所营救者又不必皆君子，而君子遂为世之诟病[⑧]。传曰："因[⑨]不失其亲，亦可宗也[⑩]。"岂不谅[⑪]哉？当党祸方急时，娄东张氏[⑫]走急卒京师，致书要人[⑬]，起复周延儒[⑭]，事乃解。夫延儒即不相，固无救于明之亡。而张氏之所以倾时相者，有异乎其祸党人者耶[⑮]？

余观《几社[⑯]源流》一书，言明季甚夥，然颇疑过其实。范蔚宗[⑰]传党锢也亦然。

夫汉与明皆受祸于宦竖，而东林⑱与党锢偏受其名。文人矜夸能震动奔走天下，多浮语虚词。而有国者或欲出全力以胜之，其计左矣⑲。然以一时之习尚，使后世谓士气不可伸，而名贤亦为之受诟。驯至清议不立，廉耻道消。庸懦无耻之徒，附正论以自便，则党人者亦不能无后世之责也夫。

【注释】

①明天启时，张溥等十余人集合南北各省文人会于吴郡，继东林以讲学。取兴复绝学之义，名为复社，声势甚盛。福王时，阮大铖以报复私怨，尽逮复社主盟陈贞慧等。见吴伟业《复社纪事》。

②曹寅，汉军镶蓝旗人，世居沈阳，字子清，一字楝亭，号荔轩。曾官江宁织造。校刊古书甚精。有《楝亭诗词钞》。

③应天，唐为江宁郡，明改应天府，太祖定都于此，后称南京。清改为江宁府。今改为县。

④湖广，湖南、湖北。

⑤声气不为不广。

⑥一"滥"字，无限慨叹。

⑦淆，杂也。

⑧诟病，耻辱也。《礼》："常以儒相诟病。"

⑨匽，依也。

⑩宗，主也。

⑪谅，信也。

⑫张溥，字天如，明太仓人。崇祯进士，复社之有名者。太仓在娄江之东，故曰娄东。

⑬要人，显要之人。

⑭周延儒，字玉绳，明宜兴人。万历进士。崇祯初，拜大学士。性警敏，善伺意旨，庄烈帝甚信任之。旋为温体仁所排挤，乃引疾归。体仁败，张至发、薛国观相继当国，与杨嗣昌等并以媢嫉称，一时正人郑三俊、刘宗周、黄道周等得罪。溥等忧之，说延儒曰："公若再相，易前辙，可重得贤声。"延儒以为然。溥友吴昌时为交关近侍冯铨，复助为谋。会帝亦颇思延儒，而国观适败，乃诏起延儒，复为首辅。

⑮老吏断狱，自无诬枉。

⑯几社，与复社同起，除讲学外，不问外事。如夏允彝、陈子龙等，乃创此社者也。

⑰范蔚宗，名晔，南北朝宋顺阳人，字蔚宗。善文章，删定《后汉书》，成一家之作。

⑱明万历间，无锡顾宪成与高攀龙重修宋杨时东林书院，讲学其中，声气甚盛。迨魏忠贤乱政，诸人力与撑拄。惟贤奸糅杂，小人伺隙，党祸大兴，诛斥殆尽，籍其名，颁示天下。崇祯初，忠贤伏诛。而阉党余孽彼此报复，明亡后已。清陈鼎有《东林列传》二十四卷，凡一百八十余人。

⑲崇祯一朝，至易五十余相。门户既分，是非混淆，人主至无所适从。党人之罪，其可逭哉？

赠孙秋士序

为名公子、贵介弟，而无官于朝，无迹于场屋。斗室中课六七童子，十余年主者不易姓，往来不过一二士。诗一卷，纸墨暗昧，读者卷舌滞口而不可舍去。敝衣冠，

独行市中，断烂古书外，不市他物。居近正阳门[①]不二三里，目不见朝报一字，不知何者为今日时事、达官要人。盖古之山林枯槁之士，无过于孙先生者。而今于京师中遇之，亦异矣[②]。

韩昌黎言："居京师八九年，不知当时何能自处。"夫士至京师不可居，困矣。然困有至非京师无可居如先生者，为愈奇耳。吾观东方曼倩[③]及扬子云[④]，皆非嗜禄利者。其居长安中，甚落拓矣[⑤]，亦卒不舍去。岂古今人之遇或同与[⑥]？二子在当时，虽其遭遇若此，后之好事者或传其书，写放其貌，忻慕笑抃[⑦]，而欲从游。则以吾所言如先生其人者，后人好事者见之，有不欲传其书、写放其貌、而欲从之游者乎？有不忻慕笑抃而忘其为落拓于当世者乎[⑧]？太史公、班固[⑨]书，屡言长安诸公贵人，皆不出其名氏，以其人日异月新，不胜识也[⑩]。然则有名氏如二子者，落拓亦何负于人哉！

曾亮交先生十余年，今先生年六十矣。乃述其行之似古人者以为寿，以见寿莫寿于使后世知我为古人也。

【注释】

①正阳门，清京师内城正南门之名，俗称前门，即元之丽正门也。

②不奇其隐，而奇其隐于京师。

③东方曼倩，名朔，汉平原厌次人。善诙谐，长于文辞，武帝时为金马门侍中。

④扬子云，名雄，汉成都人，子云其字也。

⑤落拓，失意也。《北史·杨素传》："少落拓有大志。"

⑥就京师陪衬出二人来。

⑦抃，欢欣也。

⑧使后之人亦忘其为落拓于当世也，更奇。

⑨班固，东汉人，字孟坚，续成父彪之《西汉书》，时人比之迁、董。

⑩当时则荣，没则已焉，贵人本不足与处士比。

有古趣，绝似昌黎杂作。

送周石生序

为言官于朝廷求言如不及之时，奋白笔书盈尺之纸，为国家陈民俗所急及封疆[①]、郡县吏能否得失之所宜，朝入而夕报可。所言非，则天下受其病。即所言当，而天子为之发信臣，封密诏，官驰吏奔，往返万余里，自畿辅及山海下县，惴惴[②]然不知雷霆斧钺之所向，其关于人心轻重如此。非出公忘私，尽扫刮同异恩怨，屏置城府[③]外，不足称朝廷委任寄耳目之意[④]。即出于公无私，而不能远览情事，洞合内外，一旦投身事中，地亲势迫，违变不得如意料，始喟然叹立言之不可易，虽贤者亦往往有是。

吾友石生，自幼同书砚，识其性情。今数十年无少变异，忠恕纯白，文圆质方，

不激不随。故为言官者今四年矣，所建白皆益事就功，不屑矜懻[5]中伤及断烂[6]无情实之言，塞言责以自快。天子嘉之，特授为兰州[7]道。封疆之任，兆其基焉。而君夷然充然 无稍喜戚于其心。盖昔所见之言者，今且自实之，故有深念而无夸[8]容[9]。而君之言事也，必度之己所能为与不能为，故有定心而无惊色。公之属也，明之充也。以行政庇民，计有余矣。君将行，告曾亮曰："赠必以言。"乃书君所能于前者以征其后[10]。

【注释】

①明清以来，称督抚曰封疆，言居封疆将帅之任也。

②惴惴，忧惧貌。《诗》："惴惴其栗。"

③城府，喻隐蔽之处也。《宋史》："傅尧俞重厚寡言，遇人不设城府，人自不忍欺。"

④此言人心之共以为重，而言官乃不得自轻。以下再进一层说。

⑤懻，恨也。《史记》："人民矜懻忮，好气任侠为奸。"

⑥王安石目《春秋》为断烂朝报。

⑦兰州，府名，旧为甘肃省治，民国废，今皋兰县其旧治。

⑧夸，自大也。《汉书》："怀银黄夸乡里。"

⑨字字经锻炼而出。

⑩一齐收住。

书李林孙事

郏县[1]陈伯瑜，任侠士也[2]。尝于巡抚[3]某公座大言曰："某某处教匪当起。"时乾隆六十年矣，天下乂[4]安。座中皆搢绅先生、大吏官属也，大哗[5]以为妖人，嗾[6]某公即座上执之。伯瑜曰："执我易易耳，若何者而释？"无何，川楚贼[7]果起。官吏皆惊，礼为上客[8]。

时贼众已蔓延，然未入河南界。河南路四通，轻徙鸟举[9]不可制，当事者尤是为忧。而浸淫[10]闻贼自襄城[11]来，文武吏皆他出守御，独布政使[12]马慧裕[13]提空名守城，实无兵。用伯瑜计，得襄城李林孙，以五百人破贼襄城，时贼已大至，临水欲渡。闻伯瑜以二百五十人阅兵也，戏视之，未及战而后陈[14]嚣[15]，林孙以二百五十人出其背。贼前后相纷拏[16]，杀伤过当[17]，乃遁去[18]。

林孙已破贼襄城，其乡兵声闻梁[19]楚间。林岚[20]乞其兵守庐氏[21]。贼帅张潮儿来攻，众号十万，可二三万。岚卒不满二千，莫敢进。岚谢其众曰："公等皆林孙人，徒死无益。"指大树曰："我官也，死是间耳！"众怒曰："谁无面目者？致公为此言！今日战，有不胜贼而生者，撞大石破脑死！"岚拜，众亦拜，遂战，贼几歼[22]。贼走且诟[23]曰："我识若[24]！我识若[25]！"林岚者，河南省试用知县，后为安徽省同知[26]。

有盖方泌者[27]，为陕西商州[28]州同，亦善使乡民。尝败，言笑如平常。众怒曰："见人父兄子弟死，反笑为，固不可解也！"方泌曰："贼小胜，骄矣。我报父兄子弟仇，战必胜，珍宝尽有之，我故乐而笑也。"众气振，复战，乃大胜。方泌至前战地，呼

亡者而哭曰:“好男子!不见吾杀贼而死也!”因伏地哭,不能已,众皆哭。

汪士鋆曰:“吾往来梁楚间,问所闻李林孙者。见之襄城逆旅[29]中,年六十余矣,而温厚长者。士鋆与言,言形势王相[30]用兵奇正之道,皆不省,曰:‘大豪杰无他,得人心耳[31]。’”

【注释】

①郏县,旧属河南汝州,今属河洛道。

②任者,谓任使其气力。侠者,谓以权力辅人也。《汉书》:“季布为任侠有名。”

③巡抚,清为外省行政长官。

④乂,治也。

⑤哗,喧哗也。

⑥嗾,使犬声,此作“使”字解。

⑦嘉庆初,白莲教匪聂杰人、高均德等先后滋扰川楚。

⑧此言林孙之有卓识。

⑨《史记·主父偃传》:“夫匈奴无城郭之居、委积之守,迁徙鸟举,难得而制也。”

⑩浸淫,以渐而入也。

⑪襄城,今县名,属河南开封道。

⑫布政使,官名。明太祖分全国为十三布政司,每司置布政使,管理全省之民政及财政。清因之,为总督巡抚之属僚。

⑬马慧裕,汉军正黄旗人,乾隆进士。嘉庆间,累擢河南布政使,协剿宝丰郏县教匪,获教首刘之协有功,官至礼部尚书。卒谥清恪。

⑭陈,同“阵”。

⑮嚣,喧哗也。

⑯纷拏,争乱也。《史记》:“汉匈奴相纷拏。”

⑰过当,过于相当之数也。《史记》:“斩捕首虏过当。”

⑱林孙之立功一。

⑲梁,河南。

⑳林岚,宛平人,后官庐州知府。

㉑庐氏,县名。旧属河南陕州,今属河洛道。

㉒歼,尽杀之也。《左传》:“其将聚而歼旃。”

㉓诟,骂也。

㉔若,汝也。

㉕林孙之立功二。

㉖清代惟府州置同知,府同知曰同知,州同知则称州同。　　林岚至是点出官职,以下叙盖方泌事,又一笔法。

㉗盖方泌,清蒲台人,字季源,又字碧轩,以拔贡官陕西州判。嘉庆间,署商州州同。川楚教匪乱,屡扰商州。方泌出击,贼望风溃,相戒不入商州境。以功擢台湾知府。

㉘商州,清为直隶州,今改县,属陕西关中道。

㉙逆旅,旅舍也。

㉚王相,阴阳家语,一作“旺相”。《论衡》:“春夏休囚,秋冬旺相。”按:五行递旺于四时,凡动

作宜乘旺相之气。如春三月则木旺，火相，土死，金囚，水休。夏三月则火旺，土相，金死，水囚，木休。俗以得时为旺相，失时为休囚。

㉛仍回抱李林孙。

书杨氏婢

杨氏之寡妾，以贫故，不安于室，嫁有日矣[①]。未嫁前一夕，呼其婢，不应者三。怒曰："汝我婢也，何敢如是！"婢叱[②]曰："我杨氏婢耳，汝今谁家妇者？曰'我婢我婢'！"妾方持剪刀，落于地。起，环走房中。至天曙[③]，呼其婢曰："汝今竟何如？吾复为尔主矣[④]。"婢叩头泣，妾亦泣，竟谢媒妁[⑤]不行[⑥]。后将嫁其婢，婢曰："人[⑦]以我一言，故忍死至今。我亦终不去杨氏门，亦不嫁。"妾之夫，杨勤悫[⑧]公锡绂[⑨]子也。

【注释】

①说得迫切。

②大呵曰叱。

③曙，东方明也。《管子》："曙戒勿怠。"

④妾之觉寤，亦极难得。

⑤媒妁，婚姻之绍介人也。媒谓谋合两姓，妁谓斟酌两姓，名异而实同也。一说男为媒，女为妁。《孟子》："不待父母之命，媒妁之言。"

⑥所谓放下屠刀，立地成佛。

⑦人，指杨氏也。

⑧《谥法》："行见中外曰悫。"

⑨杨锡绂，字方来，号兰畹，清江人。雍正进士。累官兵部尚书，漕运总督。卒谥勤悫。有《漕运全书》、《节妇传》、《四知堂文集》。

有关名教之文，读之令人警悚。

上某公书[①]

久未肃启，歉然于中。伏计盛暑就道，明公高识远度，必能坦然，惟顺时节宣[②]，加意卫摄为重。

天之成就伟人，各有意度[③]。如陆敬舆[④]、李伯纪[⑤]诸公[⑥]，其困苦冤抑，百倍于闾巷之小民，而天不为悔[⑦]，以为成其名而增重以天下后世之望者，与郭令公[⑧]、裴司空[⑨]之功成名立[⑩]无以异也。太史公[⑪]曰："人能弘道，无如命何。"此犹有竞心[⑫]焉。若《淮南子》[⑬]之言，则进乎是矣。其操之也若发机，其纵之也若委衣，此则命无如人何耳。不能默默，进其餍饫者为馈，伏惟亮察不宣。

【注释】

①某公，似指林则徐少穆，林因禁烟事获罪遣戍。

②《左传》:“于是乎节宣其气。”

③亦《孟子》“将降大任”之意。

④陆敬舆,名贽,唐嘉兴人。德宗时,累迁中书侍郎同平章事。为裴延龄所谗,贬忠州别驾。

⑤李伯纪,名纲,宋邵武人。相钦宗、高宗,屡为谗臣所沮,罢官。

⑥此为其逆。

⑦天虽厄之于一时,天自厚之于千古也。

⑧郭令公,名子仪,唐华州人。仕肃宗朝,平安禄山、史思明之乱,累官太尉、中书令。亦称令公。

⑨裴司空,名度,字中立,唐闻喜人。仕宪宗朝,平蔡州有大功,封晋国公。

⑩此为其顺。

⑪太史公,谓司马迁也。

⑫竞心,争竞之心也。

⑬《淮南子》,书名,汉淮南王刘安撰。

诰授朝议大夫贵州遵义府知府胡公墓志铭[①]

君姓胡氏,讳钟,字山音,又字兰川,后自号晚晴居士,江宁[②]人,其先自婺源[③]以明末来居,数世有隐德不仕[④]。

君性孝友,博学多能,书画尤工。年十六,补邑庠生[⑤]。应乾隆丁酉科拔贡[⑥],以是科举于乡,于《四库会要》、《内廷方略》两馆誊录议叙。授云南太和县[⑦],历任至贵州遵义府知府。以嘉庆九年致仕归[⑧]。

始在云南时,靖变民,严苞苴[⑨],立学校,卓卓可纪述[⑩]。而家居不一语人。乡里善事,锐身坚行,与后进均劳逸,当事者知君署可辄行。而平居不一至官府。自学士大夫老亲流辈、新进小生至山僧羽士无不交,茂树幽石、寂寥莽苍[⑪]之墟[⑫]无不游。州闾聚会文酒之盛事,人必引之以为名,而未尝辞以事。古今图书钱鼎画印,其妍蚩[⑬]真伪,有问者,必告以诚。所作丹青、真行篆隶,无疏戚,为之必尽其技。然常退然若无能。和平斋庄,以一律持物,不见其待富贵贫贱迹者,二十年而不衰。七十七岁而卒[⑭]。

嗟夫!士君子度其身其时其地,有可以裨国家、庇[⑮]民人者,则出可也;不自苦其心而逍遥无为以适己,则处可也。使君乞身之时不早,志不坚,以增其禄位荣宠,即优游强健之乐,亦时有兼得者,而必有所弃以全之,可谓能尊生[⑯]矣。

君卒于嘉庆二十四年十二月二十一日。后二年而配卢恭人卒。以道光某年月日,合葬于聚宝门外某乡。子潆,湖南候补县丞。澂,嘉庆癸酉[⑰]科举人,充镶红旗官学教习。沛,县学生。女三人,适张,适蓝,适汪。孙男八人,女孙六人。凡嫁婚皆仕族,雍雍[⑱]可风。铭曰:

骋[⑲]高衢[⑳],日未晡[㉑]。忽解辔[㉒],肆嬉娱。眺嵚岑[㉓],水舒舒[㉔]。古官人,为民癯[㉕]。昧其艰,谓退愚。明古义,先生欤!铭其质,奠幽墟[㉖]。

【注释】

①朝议大夫，清从四品文阶封职。遵义府，属贵州，治遵义县。今废府留县，属黔中道。

②江宁，今县名，今以上元县并入，为江苏省治。

③婺源，今县名，属安徽芜湖道。

④叙其家世。

⑤庠本学校之名，科举时代，称县学曰邑庠。生，谓生员，即秀才也。

⑥清制，每十二年，学政选拔在学各生中文艺之优者，贡诸京师，谓之拔贡。

⑦太和县，明清皆为云南大理府治，民国改为大理县。

⑧叙其出处。

⑨苞苴，包裹馈赠之物，谓纳贿也。《说苑》："苞苴行耶，谗夫昌耶。"按：苞，草也。苴，裹也。

⑩叙其政绩。

⑪莽苍，近郊之色。《庄子》："适莽苍者，三餐而反。"

⑫墟，墟里也。

⑬蚩，通"媸"。　　丑也。《后汉书》："孰能辨其蚩妍。"

⑭叙其致仕居乡之行之事。

⑮庇，护也。

⑯尊生，犹今言卫生。《管子》："公亦固情谨声，以严尊生。"

⑰嘉庆十八年。

⑱雍雍，和也。《礼》："肃肃雍雍。"

⑲骋，驰骋也。

⑳衢，四达道也。

㉑晡，日过午也。

㉒辔，马缰也。

㉓岑，山高而小也。

㉔舒舒，宽缓貌。韩愈诗："淮之水舒舒。"

㉕癯，瘠也。

㉖墟，墓也。

管　同

蒯通论[①]

使韩信听蒯通之计[②]。汉之为汉，诚未可知。虽然，吾不知通之所以劝信者，果何为也[③]。夫秦自陈涉[④]以来，俊雄豪杰，鱼鳞杂袭，飙[⑤]至而云起。战斗所伤，寡人之妻，孤人之子，屠戮人之父母。民被其毒，甚于始皇二世。数年之间，并而归于刘[⑥]、项[⑦]。刘、项两雄亟战乎荥阳京索间[⑧]，丁壮苦军旅，老弱罢转饷，使天下之民肝脑涂地，父子暴骨于中野者不可胜数。其为祸也，通又自言之矣。当是时，天下一日不平，则百姓一日被其毒。毒之去也，待乎刘、项雌雄之决。为蒯生者，宜教信以速灭项王之策，使四海之内，晏然无复战斗之危，而民安其所，则所称天下士矣。知信之能安天下，而教之以乱，听其计，成与败未可知，而于意究何所取乎？两虎斗中原，伤人无算，不足，而又驱一虎继之。彼蒯生者，抑何其不仁也[9]！

或曰：生非为天下者也，其意专于爱信而已。君子曰：蒯生岂爱信！吾观其意，大抵自为焉已耳。何以言之？当郦生伏轼说齐[10]，掉[11]三寸舌，遂下七十余城。而通复说信以击之，破已服之国，不可谓仁；夺已成之功，不可谓智。内以丧其谋臣，外以劳其军旅。汉之疑信，自是始矣[12]。使通诚爱信，不宜出此。盖自战国秦项以来，纵横捭阖[13]之徒，无恒产而无恒心，乘天下之有事，说人主出金玉锦绣，以取卿相之尊。彼其人皆利天下之危，而不利其安；利天下之分，而不利其合也。蒯生承战国之风，见天下之将一，自度委质[14]事汉，不过与陆贾、随何、郦生、平原君等[15]，故乐天下之瓜分，己得藉以为资，而坐收其利。其始说信以击齐。是将败之于汉也。既而不成，则遂危言栗辞[16]以触动之，必使其反而后已。其阴险叵测，盖虽高帝为其所欺，而况其下焉者与？嗟乎！世所贵乎谋士者，为其能以排人之难也。高帝虽雄心猜忌，萧相国用召平、鲍生之计，卒免其疑而脱于祸[17]。使通诚爱信，则必思所以终全之矣[18]。说之以三分，不听而遂无复计，是使世之为人谋者，必使臣子叛其君父，而非是则无以自全也。彼蒯生者，抑何其不义也[19]！

【注释】

①通，涿郡人，本名彻，以避武帝讳，故《史》、《汉》作“通”。

②齐人蒯通说韩信曰：“当今两主之命悬于足下，足下为汉则汉胜，与楚则楚胜……诚能听臣之计，莫若两利而俱存之，三分天下，鼎足而居……盖闻天与弗取，反受其咎；时至不行，反受其殃。”语见《史记·淮阴侯传》。

③先下疑词，喝起下文。

④陈涉，秦阳城人，始皇死，首发难。

⑤飙，暴风也。

⑥刘，刘邦。

⑦项，项籍。

⑧古荥阳城在今河南荥泽县西南。汉二年，汉王败楚军于荥阳东，既而项王围荥阳，拔之。三年，汉军围钟离昧于荥阳。索水，源出嵩渚山，北流入京水。京水亦出嵩渚山，经今郑县西南十五里，东北入郑水。今荥阳县东南三十里有故京城，即春秋郑太叔段封邑。故京城西有大索城，大索城东北有小索城。见《读史方舆纪要》。

⑨点出“不仁”，以下又转出一层说。

⑩郦生，郦食其也。轼，车前横木。汉王拜韩信为相国，使击齐。信引兵东，闻汉王使郦食其已说下齐，欲止。蒯通说信曰：“郦生一士，伏轼掉三寸之舌，下齐七十余城。将军将数万众，岁余乃下赵五十余城。为将数岁，反不如一竖儒之功乎？”信遂渡河。齐已听郦生，即留纵酒，罢备汉守御，信因袭齐历下军。齐王田广以郦生卖己，烹之。见《汉书·淮阴侯传》。食其，音“异基”。

⑪掉，摇也。

⑫此不为信之证。以下说出蒯通游士之伎俩、之心术。

⑬南北曰纵,东西曰横。合纵,谓合六国以拒秦。连横,谓联六国以事秦。捭阖,犹开合,因时因事以制其宜也。《鬼谷子·捭阖篇》:"捭阖者以变动阴阳四时开闭以化万物。"

⑭《左传》:"策名委质。"

⑮陆贾、随何、郦生、平原君,四人皆汉初辩士。陆贾尝为高祖使南越,令赵佗称臣,奉汉约。随何在汉为谒者,黥布与楚有隙,何往说之,畔楚归汉。郦食其以说下陈留功,封广野君,后又为汉说齐王田广,下齐七十余城。平原君朱建者,辟阳侯审食其客也。辟阳侯下狱,建为行说于籍孺出之。见《史记·高祖本纪》、《郦食其陆贾朱建传》。

⑯蒯生曰:"臣闻勇略震主者身危,而功盖天下者不赏。今足下归楚,楚人不信;归汉,汉人震恐。足下欲持是安归乎?"

⑰《史记·萧相国世家》:汉十一年,上闻淮阴侯诛,使使拜何为相国,益封五千户,令卒五百人一都尉为相国卫。诸君皆贺,召平独吊。谓相国曰:"祸自此始矣。上暴露于外,而君守于中,非被矢石之事,而益君封置卫者,以今者淮阴侯新反于中,疑君心矣。夫置卫卫君,非以宠君也。愿君让封勿受,悉以家私财佐军,则上必悦。"相国从之,高帝乃大喜。又:汉三年,汉王与项羽相距京索之间,上数使使劳苦丞相。鲍生谓丞相曰:"王暴衣露盖,数使使劳苦君者,有疑君心也。为君计,莫若遣君子孙昆弟能胜兵者悉诣军所,上必益信君。"

⑱回抱"爱信"一段。

⑲点明不义。

书苏明允《辨奸论》后[①]

苏明允《辨奸论》诋斥荆公[②],宋方勺《泊宅编》[③]言其本末甚备。顷见周密[④]《浩然斋雅谈》,谓尝见陈振孙说,此论亦间及二程。此本臆说无凭,而近世辟宋儒者多喜道之,其亦谬矣。

明允之卒,张方平[⑤]为墓碣,特载此文为荆公而作,子瞻有谢书[⑥]可考也[⑦]。当明允至京,盖在嘉祐[⑧]、治平[⑨]之世,其时欧公既为介甫延誉,而潞公为相,又请不次擢用,以激奔竞之风[⑩],故《论》曰:盖世之名,而贤者有不知[⑪]。若明道、伊川,则自神、哲两朝始出仕[⑫],其于是《论》无一可合焉。夫面垢不洗、衣垢不澣者[⑬],介甫之实事,当其少年,尝见戒于韩魏公矣[⑭]。世岂有"囚首丧面"[⑮]之二程也!

呜呼!道学之尊,犹天地日月也。纵使明允著论讥之,于二程亦何损?又况牵合臆决,绝不考其当时之事。彼振孙与密者,亦何心哉!

【注释】

①明允,宋苏洵字也。

②宋王安石封荆国公。

③勺,宋人,寓吴兴。作《泊宅编》,凡三卷,所纪皆元祐讫政和间朝野旧事。

④周密,字公谨,宋末济南人。

⑤张方平,字安道,宋南京人。

⑥亦承认此《论》为安石而发。　　子瞻有《谢张方平书》,此实确证,可辟振孙之谬。

⑦此一证也。

⑧嘉祐，宋仁宗年号。

⑨治平，宋英宗年号。

⑩欧公，谓欧阳修。介甫，王安石字。潞公，谓文彦博。初曾巩携安石所撰文示修，修大奇之，因为延誉，擢进士上第，授淮南判官。故事，秩满，许献文求试馆职。安石独否，调知鄞县。彦博荐其恬退，乞不次进用，以激奔竞之风，修亦疏荐安石为谏官。安石皆以祖母年高辞。修复言于朝，安石遂于嘉祐五年被召为群牧判官，改三司度支判官。

⑪《辨奸论》："以盖世之名而济其未形之患。"又："月晕而风，础润而雨，人人知之。人事之推移，理势之相因，其疏阔而难知。变化而不可测者，孰与天地阴阳之事？而贤者有不知。"　此二证也。

⑫程颢之卒，文彦博采众论题其墓曰：明道先生颢弟颐，世称伊川先生。嘉祐、治平间，颢为鄠县主簿，迁晋城令。神宗熙宁初，以吕公著荐，始被召为太子中允、监察御史里行。颐于英宗、神宗时，大臣屡荐皆不起。哲宗元祐初，始被命至京，为秘书省校书郎，寻擢崇政殿说书。　此三证也。

⑬见《宋史·王安石传》。《辨奸论》中亦及之。

⑭韩琦封魏国公。

⑮《辨奸论》："衣臣虏之衣，食犬彘之食，囚首丧面，而谈诗书。"

孝史序

予既为陈君宝田序《彤史》①，陈君又集录古今孝子之事，为《孝史》数十编以示予。予受而读之，曰：孔子有言："古者言之不出，耻躬之不逮也②。"由是推之，古人凡著一书，必其身有是行，无苟作者矣。孔子之徒，曾子最孝③，是以受师之说，著《孝经》十八章。及东汉马融，依阿权势，所至以贿闻。辄不自量，仿《孝经》以作《忠经》④。呜呼！彼不自忠，而教人以忠，是姣⑤妇而勉人守义，盗贼而劝人毋拾遗金也，谁信之哉？

陈君之父想庐先生以孝称闾里，江南总督表其门。陈君少时亦尝刲⑥股以疗亲疾，世德相继，无愧古贤。其著是书，可谓匪苟知之，亦允蹈之者矣⑦。

吾闻之：忠孝之事，发乎性情，而亦由观感。彼德色谇语⑧，多出村甿田妇。而都邑之士犯恶逆卒鲜者，前言往行有以动乎其心也⑨。使天下幼学日得是编，濡染耳目⑩，则乖戾之习消，和顺之气作，人人可以为忠孝，而天下平矣。《诗》曰："孝子不匮，永锡尔类⑪。"夫爱其亲而施及⑫一二人，锡类之小者也；著一书以施天下后世，锡类之大者也。陈君之志可嘉也如此。

呜呼！予不孝人也。菽水之养⑬，不逮⑭我父母。诵《蓼莪》⑮之篇，悔焉无及。序是书也，虽未比于马融之《忠经》，其亦悚然而增愧恨也夫！

【注释】

①《后汉书》:"女史彤管,记功书过。"彤管,赤管笔,女史记事规诲之所执者。用赤者,亦其以赤心正人。作者此书盖以记妇女之懿行也。

②二句见《论语》。

③曾子,名参,字子舆,孔子弟子。孟子称其孝亲能养志。《孝经》乃其所作也。

④融字季长,扶风茂陵人。桓帝时为南郡太守,贪浊免官。赦还,复拜议郎。为梁冀草奏李固,又作《大将军西第颂》,为世所讥。按:《忠经》十八章,马融作。

⑤姣,淫也。《左传》:"弃位而姣。"

⑥刲,割也。

⑦二句见扬子《法言》。　　承上"身有是行"句。

⑧《汉书》:"借父耰锄,虑有德色,母取箕帚,立而谇语。"

⑨言此书之有益于人。

⑩韩愈文:"目濡耳染,不学以能。"

⑪见《诗·大雅·既醉》篇。

⑫施及,延及也。《左·隐》:"颍考叔,纯孝也。爱其母,施及庄公。"

⑬《礼·檀弓》:"啜菽饮水尽其欢,斯之谓孝。"

⑭逮,及也。

⑮《蓼莪》,《诗·小雅》篇名。《诗序》:"《蓼莪》,刺幽王也。"言民人劳苦,孝子不得终养。

跋团勇助军约记

同尝序许君叔翘文,述其助平宿州[①]及擒滑县[②]逸贼杨七郎事。今观此卷,乃益得其详。叔翘今年六十有八,意气谈论未衰。然穷甚,岁谋衣食不给。嗟夫!天下有事,则勇略奇士唾手[③]而成封侯之业,顾安所得穷?奇士而至于穷者,宇内承平,才无可见故也。然则今日于叔翘为穷,于天下事则为福,叔翘又何憾[④]?虽然,取其法与其人,以待不时之需[⑤],抑所谓有备无患者与[⑥]?

【注释】

①宿州,今安徽宿县。

②滑县,旧属河南卫辉府,今属河北道。

③唾手,极言其易也。《后汉书·公孙瓒传》注:"瓒曰:'始天下兵起,我谓唾手可决。'"

④此亦慰藉无聊之语。

⑤苏轼《赤壁赋》:"以待子不时之需。"

⑥仍收到本题住。

祭檀默斋明府文[①]

呜呼!自圣不作,其传为经。宋精汉博,同炳日星。降为华藻,数乃奇零。要之质备,终藉丹青[②]。

嗟时之人，罔知其故。乃诋通儒，为傋为霿[3]。刍狗[4]词章，尘壒[5]考据。臬[6]首帖耳，耽游是务[7]。

有美[8]先生，崛起高平[9]。鹿鸣[10]五策，薄海为程。既仕而踬，天脱羁缨，鹤逸鸿飞，大放其声。

先生之书，其种数十。始取遗经，昌明缀缉[11]。次及见闻，以裒[12]以集[13]。先生之文，其数万千。意在独造，不循古先。至其得意，汪洋如渊[14]。

惟今儒林，得君已足。后世犹荣，当时则蹙[15]。始绾[16]印授，滇南瘴[17]窟。得罪长官，终填牢狱[18]。痛甚遗黎[19]，悲来旧仆。遇赦而归，齿危发秃[20]。

伊我幼稚，闻名有公。顷岁相逢，于大江东。划然长啸，风回苍穹[21]。奋袂[22]而谈，天地为空[23]。谓当执贽，重仰山崇。天不憖遗[24]，降君鞠凶[25]。

吁嗟人生，会合非偶。已矣何言，颂君不朽。君身黄泉，君名北斗[26]。陷君者谁？蝇营狗苟[27]。呜呼哀哉！尚飨。

【注释】

①檀名萃，安徽望江人。乾隆进士，官禄劝县知县。有《法书》一卷。

②文质相济，言词章之不可少也。

③霿，或作“瞀”。傋霿，愚而无识也。《荀子》：“愚陋傋瞀。”

④结草为狗，以供祭时之用，祭终则弃之。故物之废弃者谓之刍狗。《老子》：“天地不仁，以万物为刍狗。圣人不仁，以百姓为刍狗。”

⑤壒，尘合也。

⑥臬，头不正之貌。

⑦此言时人之不知学。

⑧有美，先生之号。

⑨高平，县名。旧属山西泽州府，今属冀宁道。又古郡县名，今江苏淮阴县、安徽盱眙县北均名高平。

⑩乡试中式曰赋鹿鸣。

⑪说经等书。

⑫裒，聚也。

⑬笔记等书。

⑭此言先生文之异人处。

⑮蹙，穷迫也。

⑯绾，系也。

⑰瘴，山川湿热蒸郁之气，人中之辄病。

⑱此申明先生之踬于仕。

⑲《诗》：“周余黎民，靡有孑遗。”

⑳以下人交情。

㉑苍穹，天也。

㉒袂，袖也。

㉓此言先生之豪气。

㉔慭，且也。《左·哀》："不慭遗一老。"
㉕鞠，盈也。《诗》："降此鞠凶。"
㉖唐韩愈文："学者仰之如泰山北斗。"
㉗蝇营狗苟，指小人也。韩愈《送穷文》："蝇营狗苟，驱去复还。"　承上"长官"。

苍凉感喟，如读昌黎祭柳子厚文。

王　拯

媭砧课诵图序[①]

《媭砧课诵图》者，不材[②]拯官京师日[③]之所作也。拯之官京师，姊刘[④]在家，奉其老姑，不能来就弟养。今姑殁矣，姊复寄食宁氏姊[⑤]于广州[⑥]，阻于远行。拯自始官日，畜[⑦]志南归，以迄[⑧]于今，颠顿[⑨]荒忽[⑩]，琐屑自牵[⑪]，以不得遂其志[⑫]。

念自七岁时，先妣[⑬]殁，遂来依姊氏。姊适新寡，又丧其遗腹子，茕茕[⑭]独处。屋后小园数丈余，嘉树荫之。树阴有屋二椽，姊携拯居焉。拯十岁后，就塾师学，朝出而暮归。比[⑮]夜，则姊恒执女红[⑯]，篝一镫[⑰]，使拯读其旁。夏苦热，辍夜课。天黎明[⑱]，辄呼拯起，持小几，就园树下读。树根安二巨石，一姊氏捣衣以为砧，一使拯坐而读。读日出[⑲]，乃遣入塾。故拯幼时每朝入塾，所读书乃熟于他童。或夜读倦，稍逐于嬉游，姊必涕泣告以母氏劬劳瘁死之状，且曰："汝今弗勉学，母氏地下戚矣[⑳]！"拯哀惧泣告姊后无复为此言[㉑]。

呜呼！拯不材年三十矣。念十五六时，犹能执一卷就姊氏读，日惴惴[㉒]于悲思忧戚之中，不敢稍自放逸。自二十后出门，行身居业，日即荒怠。念姊氏教不可忘，故为图以自警，冀使其身依然日读姊氏之侧，庶免其堕弃之日深，而终于无所成也[㉓]。道光二十四年甲辰秋九月，为之图者，陈君名铄，为余丁酉[㉔]同岁生也。

【注释】

①楚人谓姊曰媭。《楚辞》："女媭之婵媛兮。"砧，捣衣石也。
②不材，自谦之辞。
③历任京官至通政使。
④姊刘，姊适刘氏。
⑤宁氏姊，拯姊之适宁氏者。
⑥广州，清府，民国废，今番禺县其旧治。
⑦畜，积也。
⑧迄，至也。
⑨颠顿，颠连困顿也。
⑩荒忽，不经意也。

⑪为琐屑之事所牵缚也。
⑫此言不能报姊之恩谊。
⑬母死曰妣。
⑭茕茕,单独也。
⑮比,及也。
⑯红,同“工”。《汉书》:“锦绣纂组,害女红者也。”
⑰篝镫,以笼蔽灯也。《宋史·陈彭年传》:“彭年好学,母禁其夜读。彭年篝灯密室,不令母知。”
⑱黎,黑也。天将明而犹黑也。见《史记》注。
⑲言读至日出也。
⑳情真语挚。
㉑此指“母氏地下戚”之言,确是童时情事。
㉒见上《送周石生序》。
㉓由后追前,以励将来。
㉔道光十七年。

龙启瑞

书郭玉传后[①]

传[②]称玉为太医丞[③],多有效应。贫贱厮养[④],必尽其心力。而医疗贵人,时或不愈[⑤]。玉亦因有四难[⑥]之说,余尝读而病之,以谓玉特世俗者流,浅之乎为术者也。玉诚能精其术以济世,则惟吾之所为,而必其效,而何富贵贫贱之足易其志哉?玉惟不能内自决于必胜之术,故不能不震[⑦]于外而失其故智[⑧]。不然,何以羸服变处,而一针即愈邪[⑨]?岂非技不能通乎道,其技固有时而穷邪?然人有疾而使医者不能自尽其意[⑩],则亦可危之甚者也[⑪]!

【注释】

①《后汉书·方术传》:玉,广汉雒人。初有老父,不知何出,常渔钓于涪水,因号涪翁。乞食人间,见有疾者,时下针石,辄应时而效。乃著《针经》、《诊脉法》传于世,授弟子程高。玉少师事高,学方诊六征之技、阴阳不测之术。和帝时,为太医丞,多有效应。
②传,谓《后汉书·方术传》也。
③秦汉有太医令,隋置太医署,宋改为太医局,元又改为太医院,明清因之。丞,副佐也。
④《前汉书·陈余传》:“有厮养卒。”按:厮役之主炊烹者曰养。
⑤今之时医却反之。
⑥《郭玉传》:“夫贵者处尊高以临臣,臣怀怖慑以承之,其为疗也有四难焉:自用意而不任臣,一难也;将身不谨,二难也;骨节不强,不能使药,三难也;好逸恶劳,四难也。”
⑦震,动也,感也。

⑧其心不净，其技不灵。医道且然，何论其他？

⑨谓富贵人易而为贫贱人之服处，则应手而愈也。

⑩《郭玉传》："针有分寸，时有破漏，重以恐惧之心，加以裁慎之志，臣意且犹不尽，何有于病哉？"

⑪警醒贵人，冷隽之至。

大冈埠团练公局记[①]

尝考《周礼·州长》[②]、《党正》[③]，有属[④]民读法[⑤]之典，皆以岁时行之于学。而田猎讲武及守望[⑥]相助之法，民自得以其意行之于乡。秦汉以降，井田[⑦]废而乡学不立，至不幸用武，则乡民聚而为社，如宋时定州[⑧]有弓箭社[⑨]。近日广东御夷，各乡亦分立为社。至广西盗贼蜂起[⑩]，各府州县官吏荐绅[⑪]先生率其乡之所属，日从事于团练，而各村镇关市始有公局之设。睦姻任恤[⑫]之风，一变而为功利战斗，古所谓观于乡者，其若是耶[⑬]？虽然，时之所至，虽圣贤不能执古道以绳民，惟豪杰有为之士，能因时之所宜，以求合乎古[⑭]。

夫以广西之盗，蔓延数十州县，蘖[⑮]芽乎十年之前，一发而不可治。今天子[⑯]悯吾民疾苦，征兵数千里外，转饷数百万。顾其力能及于盗之所至，而盗之所不至而将动者，与其既去将复来者，则必恃民之自为捍[⑰]御，而团练之事急焉。独吾邑[⑱]地当省会，盗警缓于他邑，可以措理裕如。顾其事之实与不实，用之必有效或无效者，则以董事之人为断[⑲]。故团练公局之设，遍乎一县。惟大冈埠之在邑南者，以唐丈尧心先生得名。方事之初起，先生于其乡设公所，聚众期会，行之期年[⑳]，什伍[㉑]有法，少长有序，人知师律，无哗[㉒]于乡，大吏激赏为诸团最。先生益奋志督劝，亲执枹鼓[㉓]。家之子弟，咸编入伍。人用是和，盗贼益稀。盖必如先生之为团练，然后缓急乃为有用；必尽如先生之团练，然后各乡之公局乃不虚设。

会先生之嗣、吾友仲实来乞为文，因书此贻[㉔]之。吾尝与仲实言：今之团练，名为寓兵于农，而多失古意，异日风俗之害将不可究。如先生为之，又何其善也[㉕]！此即因而复讲让修睦之风，而进以读法讲武乡田同井[㉖]之治，其又何难焉[㉗]！书之以复于先生，其亦不能无蜡宾[㉘]之感也。咸丰元年岁次辛亥仲冬月同邑龙启瑞记。

【注释】

①埠，同"步"，商船停泊之地。团练，谓人民自行团集，选取丁壮，按军法训练，用以防卫乡土者。

②《周礼》，周公所作政治之书。州长，官名，《周礼》地官之属，位次乡大夫。乡有五州，州长各掌其州之政教禁令。

③党正，官名，《周礼》地官之属，位次州长。周制，每州五党。《释名》曰："五百家为党。正，长也，一党之所尊长也。"党正，各掌其党之政教禁令。

④属，聚也。

⑤读一年之政令及司徒之十二教法也。《周礼》："吉日，则属民而读邦法。"

⑥守望，防寇盗也。

⑦周制，授田之法，以地方一里画为九区，每区百亩。中为公田。其外八家，各受一区为私田，形如井字，故曰井田。

⑧定州，后魏置，今改定县。

⑨弓箭社，《宋史·兵志》："知定州滕甫言：河北州县近山谷处，民间各有弓箭社。"按：即民团之类。

⑩蜂起，如蜂群飞，喻其多也。《史记》："楚蜂起之将皆争附君者。"

⑪荐绅，与"搢绅"同。《史记·五帝本纪》："荐绅先生难言之。"

⑫睦姻任恤，《周礼》："六行：孝，友，睦，姻，任，恤。"注："睦，亲于九族。姻，亲于外族。任，信于友道。恤，振忧贫者。"

⑬古之良法美意，去之愈远。感慨中妙有含蓄。

⑭转处有力，挺接甚健。

⑮蘖，芽之旁出者。

⑯今天子，谓清文宗。

⑰捍，卫也。

⑱吾邑，指临桂。

⑲有治法，须有治人。

⑳期年，一年也。

㉑什伍，五人为伍，二五为什。

㉒哗，喧哗也。

㉓《国语》："执枹鼓于军门，使百姓加勇焉。"按：枹，击鼓杖也。

㉔贻，赠也。

㉕当日团练之不善，可以概见。

㉖《孟子》："死徙无出乡，乡田同井。"

㉗回抱上意，文法周匝，有宜僚弄丸之妙。

㉘《礼·礼运》："昔者仲尼与于蜡宾，事毕，出游于观之上，喟然而叹。"蜡宾，为蜡祭之宾也。

续古文观止卷之六

吴敏树

序意赠西垣

乡之人日接于余前者，皆非余之人也；而人亦皆不喜就余，以余非其人也。余之人者，西垣是也；西垣亦独喜就余，则余亦西垣之人也。其不然哉！其不然哉！

前年西垣归自京师，馆于余从弟伯乔之家，违余居仅数十丈许，朝夕往来相乐也。今春余往京师，还以夏六月。西垣复乐甚，而道余去后所以思余者："忽欲有所言，仰天而望之，无可告语者。足将举，无所如往，辄废然止[①]。"甚哉西垣之思余也！往年西垣在京师盖久矣，余思之亦如此[②]，西垣岂知之乎？今余益家居不出，而西垣明春又当入都，别余以去，余之思又将甚也。然余今兹自京师往还，所遇知识及从来故人，与居虽相得，无若西垣者。西垣为人，乐易[③]善交过于余。然得如余者岂多乎[④]？其亦不能无思也。

嗟夫！余与西垣之年，今兹各四十。古所称强而仕[⑤]者，谓其人所问学既自有成就矣，当及其未衰，有效于吾君，有劳于斯人，未可苟以便其身而已也。余既当侍养老亲，又自料才力不能为用于世，其身之不可复进而遂止焉[⑥]。西垣其勉之哉！若仅以其私谋也，则洞庭之滨，吾与子侪而渔之，亦乐矣[⑦]。

【注释】

①情景宛然。
②补一笔，自不可少。
③《荀子》："安利者常乐易。"
④停顿之处，以宕逸之笔出之。
⑤《礼·曲礼》："四十曰强而仕。"
⑥此亦补笔。
⑦挽"乐"字。

先考行状[①]

先考研田府君[②]既殁之二十年，不肖中子敏树欲有表于其墓，既以请于户部郎中上元梅先生伯言，而许为之文矣。谨具列里居世次、先人之性行事迹大略如状：

我吴氏上世，明初曰伏一公者，始自南昌徙来巴陵之南乡，十有四传而至府君。我高大父府君讳书泰，曾大父府君讳宅揆，大父府君讳传经，是生先考研田府君兄弟三人，府君次居长。

始吾家故贫，先大父之世，起有赀产，为里中富家。府君始读书，即笃信宋儒之学，期必行之于身。尝扁于其塾曰“学四字”，而为之序以自励，取朱子淳熙入对时答人语也[3]。为文章理致深厚，朴而不华。试有司，辄不利，年三十，尚困童子试中。时昆明钱公沣为湖南学使，待士严。府君当入场，人拥失屦，觅屦乃复入，钱公怒其迟，退之不令入，既而召之。府君叹曰：“所以就试者，为进其身也，岂可受辱如此哉！”而先大父年且老，家务多，府君遂弃举子业，佐大父治家，家益起。

初，府君年九岁，而先大母胥太孺人卒。继大母孙太孺人，又继大母李太孺人，府君事之皆尽诚孝。而大父昆弟三人，仲季两大父皆早卒，府君待诸孤弟尤有恩礼。然自敏树生时，府君年已五十有一，其前者皆不得见而尽知之矣[4]。顾自其微有知识之日，日趋侍府君于家，而仰其容貌，则见其温然以和，又俨然以庄也。其于兄弟也，与吾仲父异母以生，同居以及老，未尝有一言之相责望也。吾季父早世，季母守节嫠居，其于府君未尝有一事之不然于其意者也。其于子孙也，爱而教之，加意以抚之，然未敢有不敬恭于其侧者也。其日接于乡之人也，虽妄少年，未有不肃然于其坐者也[5]。

呜呼！此其外之大略可见者也。抑其行事，犹有能道者焉。吾乡家有赢谷者，多积头谷。头谷者，人质贷其谷，加息以偿，至来岁春夏间，除其息，仍以本谷贷。而吾家所积头谷，盖盈万石矣。嘉庆癸酉之秋，府君与仲父谋曰：“吾田产足可业也，而积谷又多，遂积而不已，以多财遗子孙，吾惧其为不义也[6]。今岁颇不登，贷者艰偿，不如放之，此两利也。”仲父以为然。而所贷出谷万石，尽放出，不复收。然府君平时治家纤啬，不忍妄费一钱，人或疑其吝。及是放谷万石，一乡尽惊。有称颂于府君前者，则徐应之曰：“吾年老力衰，计自逸耳。”然自后府君果益少事，惟观览书史自娱，尤喜钞书，积巨册，首尾端楷若一，无违误者。素善饮酒，乃益召诸昆弟劝饮，未尝至甚醉，酒后滋益恭。时时自锄菜畦，树瓜果。及课佣人治田，必尽其法[7]。子孙读书，训课甚勤，不多望以进取。敏树年十七时，补县学生。训之曰：“汝今为学校中士人矣，士者行义，必可观也，可不勉乎？”临终，戒子孙曰：“愿后世不失为读书善人，富贵非所望也[8]。”

自府君之殁，二十年间，乡之人往往有叹而言者曰：“厚矣先生之教我也，我奉其教以有今日之安也。”又有言者曰：“某某婚丧不举，往贷于先生，必得所求焉，不以其贫故疑难之也。某与某讼，以厚质请贷，则不得焉，又力劝喻而已之。凡先生之行皆此类也[9]。”又有言者曰：“昔先生之存，乡之长者，常有所听闻善言，以教戒其子弟。少年之为非者不敢肆，今不然矣。”呜呼！此皆府君之实也。

府君讳达德，字怀新，别自号曰研田。太学生按察司照磨[10]职衔。以子敏树候补教谕，得赠修职郎。生于乾隆乙亥八月二十二日，殁于道光乙酉正月二十日，享年七十有一。即以其年十一月初五日葬横板桥之新阡，直家南十里。府君元配，吾前母罗太孺人，生吾伯兄友树，附贡生。继配吾母徐太孺人，生吾姊，适刘氏；次即敏树，道光壬辰举人，大挑[11]二等，候补教谕；次吾弟庭树，县学生。孙男八人：昌

烈、昌煜、昌耀、昌辉、贻孙、庆孙、似孙、雨孙。曾孙男十二人：坦、坚、均、圭、墉、垣、垕[12]、堂、城、坤、域、堪。今吾伯兄与吾弟皆已卒世，敏树幸侍养老母，无能进取，以图显扬。惟思托贤人之文章，垂先型于不朽。谨状其实，以俟文焉。道光二十四年十二月十二日不肖中子敏树谨状。

【注释】

①生曰父，死曰考。　　行状，述死者生平行事之文也。亦称行述。

②府君，人子尊祖考之辞，不限名位。汉碑及唐人集已有之。

③宋孝宗淳熙十五年，周必大荐朱熹为江西提刑，入奏事。或曰："正心诚意，上所厌闻，慎勿复言。"熹曰："吾平生所学，惟此四字。"

④补笔得体。

⑤叙庸行，无饰词，矜平躁释，令人百读不厌。

⑥汉家两疏，即此宗旨。

⑦叙其轶事。

⑧此为贻谋之善。

⑨总束一句，下又另起，笔势不平。

⑩照磨，旧官名，掌照刷卷宗，清时布政、按察两司及各府皆置一人。

⑪大挑，清制，每经数科会试后，拣选三科以上举人，每省挑若干人，面试分为一等二等，以知县教职用。

⑫垕，古"厚"字。

亡弟云松事状

亡弟讳庭树，字云松，别自号半圃。巴陵县学生。以道光十六年十一月二十六日卒，年三十。明年二月初五日葬于近里彭仙塘祖茔之旁。妻李氏。子昌煊。女二人，适本县何氏、郭氏。孙期坛、期埏。

先君子研田公行善于家乡，有上元梅郎中曾亮为表墓。子三人，长先兄石林先生，讳友树，附贡生。次即敏树。亡弟季也，为三叔父宗海公后。先兄出前母氏，年最长。而吾母为先君子继室，生敏树，又最晚。弟少敏树二岁。兄弟三人虽异出，年相差，至相笃爱。弟名后三叔，父母皆已早卒，实无所为异产别居者[1]。

及先兄卒，母氏念诸侄与余兄弟年相若，且指众或难处，乃命析产半以畀四侄，而敏树与弟共其半焉，乡人惊为义事。敏树颇好书，不解家人生计，弟独任之，纤毫不以相关。及有所欲物，或他有所费，无多少则无不得者。弟又绝有干才，处置毕，惟相与怡怡母亲之侧。又从余读书，为文字。喜艺花木，辟小园为楼，临之可三里外望洞庭。花树绕楼下，两人读且卧其中。名楼曰"听雨"，取韦苏州诗语[2]也。当时兄弟相顾，以为此乐可长有，人世间他可喜事，即不如志，亦不足为有无矣[3]。

及余丙申会试归，而弟已病，则急为延医远地，又相从就医长沙，日夜守视之，疾竟不起。敏树盖自是丧精失魄，茫然视天地，独哭荒山中，凡三四年，而仅能自活也[4]。惟时先母七旬望八之年，孤侄才二龄，而又当强其所不能，以治米盐牛豕田谷之务。往时所欲学而为者，中遂废弃。春官试[5]亦不能上，而意气消耗，终已不可复振，凡以余弟之故[6]。

呜呼！非敏树之有性情，能厚于其同气而然也。惟余弟之贤而蚤死，所以困余者，岂非其命也夫！初，弟为叔父后，有遗赀钱千贯，弟所当独得。而不愿有私财，乃以创为族人义学之塾，尚有余。病时顾我，愿以积置义田，赡族人之贫者[7]。及弟死，余检其籍，则所与假贷，皆姻戚不能促偿，而籍首自注所以放息将为义田之语，余读之痛而不知所为[8]。先是义塾因旧有公田，稍增益之，以起其事，乃还族人田而自专其责。而弟所欲为义田赡族人者，至今未能就也。弟之葬也，余未为志，其地已隘，而余终当相就，欲别择地，而自营圹偕焉。近经兵乱不暇，而弟子孙又颇宜善以葬家之说，意未可迁易之，遂定于此。呜呼！亦余之命也夫！

咸丰丁巳之春，寓家长沙，遇孙芝房侍读[9]。与言吾弟为人，及余兄弟不幸早相失，所以为憾者。侍读文章高世，顷年罹其两弟之戚，盖能以类怜余而知其情者。因请表于亡弟之墓，而为之状如此。谨状。

【注释】

①此补笔不可少。

②韦应物诗有“山馆夜听雨”句。按：应物曾为苏州太守。

③此为加倍写法。

④“仅能自活”四字，前后俱顾到，此见下字不苟处。

⑤春官试，谓应礼部试也。

⑥束一句，以下又撇开说。

⑦置田取其租人，以赡宗族之贫者也。

⑧此等语意最难达出。

⑨孙名鼎臣，字子余，号芝房，善化人，官翰林院侍读。著有《苍筤集》。

答李香州书

香州三兄足下：见乡试录，喜浏[1]士中式者多，而宿好诸君皆不与，又可惜也。浏中科名近来有日盛之势，后生初试，动辄得之。如吾香州好古多学，乃不得与之并，场屋如此久矣，其无足怪也[2]。

承惠手书，滔滔千百言，旨趣浩大，不可以骤穷。其于鄙人阿好过誉，万不敢当。然不意香州何以勤勤切切，至于如此？岂非平昔深慕古人奇节伟行，见时之人无似焉者，乃如鄙人之迂拙，亦以为少能自异于俗，而故深许之也[3]？嗟乎！世之人无为古人之所为者。其所不为，则必厌忌而共排之，宜也。若鄙人者，即不能少有似于古人，而又欲强自异于今人[4]。作一教官，尚不免遭诟讪，被弹射[5]，仅自逃避而去。此独可以终老乡里，幸全其身命而止耳。今乃欲复入京师，以其童[6]然垂白[7]之老叟，与群少年争进于春官，此何为哉？香州既厚爱我，又以他日非常之望

见属于我,非聊用相戏云尔耶?既以愧君,又自笑也[8]。然所为区区欲一行者,非果自意其尚有用于世而然也,又非不自知其不合于时之人,而欲侥幸于一试也[9]。

平生时读书,颇喜用意。一二所及,欲上与古人议论,相为发明。而又好为诗古文辞,文章源流,上下得失之故,差谓不迷于其心[10]。盖京师者,非独功名富贵者之所走趋,而学道艺术之家亦往往在焉。如欲熟知其人,揽其所长,间从之驰骋笔墨之林,以快吾意,而发吾之才,非久留与居游,则未可也[11]。若其终不偶于有司,以罢而归,乃吾命也。庸可易乎?因香州爱我,聊具言之,他不悉。

【注释】

①浏阳,县名,旧属湖南长沙府,今属湘江道。

②此慰其下第语。

③此答来书见誉语。

④此即世人厌忌共排之由。

⑤《三国志》:"孟光曰:'吾好直言,无所回避。每弹射利病,为世人讥嫌。'"按先生传,校官浏阳,小有不合,即自免去。

⑥年老顶秃曰童。

⑦垂白,发将白之谓。

⑧此又答来书劝行语,似笑香州之未能免俗。

⑨翻去此两层,转入正意。

⑩此道其自信,人下乃申明此行之不可缓。

⑪叙其与他人之应试求功名者宗旨本异,以自解于香州期望之意。

己未上曾侍郎书

顷者恭闻先生大军已克景镇[1],定江西[2],将移师防川,还驻楚境,敏树于湖上瞻望前旌有日矣。而楚南之贼,先以闻风败遁,各路诸军皆将随先生以共清皖省[3],图复金陵。闻此尤为喜跃,计先生大功之遂成,而果为古今所未有,如敏树所日夜祷祝于山中者也[4]。

自湖上先后两次奉谒以来,虽以驽怯未获受事于左右,其心盖无日不若随侍于舟中之坐。每闻传有捷报,及忧危未免之事,无不窃窃同之,而未敢辄从人一通贺慰。盖功名形势之会,一世之所趋求,宜有所避以谢于不知。而妄意相与之徒,谓其获交宠于大君子之门,而能为之驰走者,此固先生之所不罪也。而舍甥王庆奎,前岁尝蒙耻一求供役,竟蒙在驱使之末,铭感在心,岂胜言谢[5]?

兹有友人学博杨君鸿烈,乃前数岁所欲为今世人才起见,欲一通之麾下者[6],此君往与芸台筱岑皆为密游[7]。兵事初起,尝从江忠烈战长沙、湖北间。其人名字,或亦先生之所宿闻。所以迟回而不敢遽言之者有故,筱岑已有书道之,无用申说。要之,其人自是负气性男子。自其早岁读书,即喜谈兵,习武事,欲以雄奇功迹显见于时。而遭时多事,诸庸懦书生皆奋兴,此君独困厄,至无聊赖以自存,岂不可

叹也[8]！今使前诣军门，倘许加察而一试之，幸甚幸甚！

敏树于先生，本不宜以形迹自外。独自恨无当世才，不能附从以自达。记往岁都门尝戏相比许，有欧梅[9]之目。先生命世大贤，何止欧公？乃敏树于圣俞亦未欲多让之。顷读《宛陵集》，见其间与欧公唱酬多至不可数，不觉废卷叹息。盖使敏树得相从幕中，承讲论道艺之暇，亦未必不以寒陋之姿盛邀奖饰，非止夸今世耳目，且以炫耀将来，侥幸于无穷也。而其事与古人有异，即兢兢不欲同之[10]。坐此落然不常合并，岂非命耶？

筱岑昨寄先生所为《欧阳生集序》中，于鄙薄亦许在名流之次。而妄见所疑于古人者，乃窃与筱岑论之。彼书闻已寄呈左右，使人惶惧惭愧之极[11]。然先生此文，乃敏树心所诚服，以为气力当在庐陵、震川[12]之上也[13]。且《序》中所称文派，本近来风气实然，将来论者亦必援为案据，所以敏树尤欲自别耳[14]。

敏树近于诗文俱罕有作，惟见阮氏[15]所编我朝《经解》中，有仁和翟灏《四书考异》，因就加论辩，自谓颇有得处，足以破考据家之习弊，而收其一二之功。仅成《学庸论语》八卷，适官中委办捐输而止。俟成后，当就正有道之前。临书神驰。

【注释】

①景镇，景德镇，在江西浮梁县。

②粤匪陷江西，阅六年，至咸丰八年而克。

③皖省，安徽省。

④以上叙其功在垂成，作一番套贺语。

⑤此为带笔，引起下文。

⑥蓄之于久而未言者。

⑦其友如此，可以信其人。

⑧有此一段，自非泛泛荐人可比。

⑨欧，谓欧阳修。梅，名尧臣，字圣俞，与修为诗友，著有《宛陵集》。

⑩转捩有力。

⑪带一笔已足。

⑫庐陵、震川，欧阳修、归有光。

⑬以上赞其文。

⑭此即彼书中之意。

⑮阮氏，名元，字伯元，号芸台。清仪征人。刻有《学海堂经解》等书。若上文之“芸台”，即吴云台也。

梅伯言先生诔辞

为古文词之学于今日，或曰当有所授受。盖近代数明昆山归太仆、我朝桐城方侍郎于诸家为得文体之正。侍郎之后，有刘教喻、姚郎中各传侍郎之学，皆桐城人，故世言古文有桐城宗派之目，而上元梅郎中伯言又称得法于姚氏[1]。余曩在京师，

见时学治古文者，必趋梅先生，以求归、方之所传。而余颇亦好事，顾心窃隘薄时贤，以为文必古于词，则自我求之古人而已，奚近时宗派之云[②]？果若是，是文之大厄也。而余间从梅先生语，独有以发余意[③]。又读其文数十篇，知先生于文自得于古人，而寻声相逐者或未之识也[④]。余自是益求之古书。

自道光甲辰，又九年，咸丰壬子，余复入都，则梅先生已去官归金陵，而粤寇之乱大作。明年金陵陷，闻先生得出。丁巳，余寓长沙，孙侍读子余告余曰："梅先生以前二岁卒矣。"余于先生才数面，而与先生游京师者，称先生语未尝不及余。余穷老于世，今且避徙无所，而先生亦可谓不得志以死者。其才俊伟明达，固非但文人，而趣寄尤高[⑤]。以进士不欲为县令，更求为赀郎[⑥]。及补官，老矣，而归又逢世之乱，可伤也。乃为之诔曰：

才何以兮不施？名何为兮大驰？独为文章之人兮，世安赖而有斯[⑦]？呜呼哀哉伯言父，其文之好耶？其志之皦[⑧]耶？其又以逢天之忌，而卒于颠倒者耶？

【注释】

①不昧师承，郎中未尝不是。

②确论不易，学者其奉为座右铭。

③一语拍合。

④撇去此说，顾见卓识。

⑤此四字似指下"不欲为县令"言。

⑥赀郎，纳赀为官也。《史记·司马相如传》："以赀为郎。"

⑦所谓借他人酒杯浇自己块垒。

⑧皦，白也，明也。

吴云台哀辞

吴云台之殁于京邸也，以庚戌四月。今年壬子，余来京师，每过长沙邸下[①]，未尝不悲云台也。云台为人，状貌才气皆过绝于人。自其少年，人莫不意其飞腾，云台亦厚自负。既屡踬场屋，晚乃得乡举，犹自冀得一旦遭逢至大官，立功名以取重于世，不知其遂穷以死也[②]。然云台才实高，为歌诗得杜[③]骨法，纵横老健大类元遗山[④]，近世诸子不论也[⑤]。惜其以贫故，颠倒所为，不得一意尽力于文章，行身往往不自顾惜，蒙世之訾诟，亦不能无恨。独其意气豪俊，可悲也[⑥]。其生平所与交游，始皆与尽欢，后多稍疏避以去，独余犹以故意遇之。其殁也，余在浏阳。既为诗以畀之，又欲为之铭以遗其孤，而不果。故作为哀辞，以卒余交友之义，且见云台之梗概云[⑦]。其辞曰：

四海来萃兮，求闻于京。客穷而死兮，万千以赢。嗟若君之才貌兮，胡不究乎公卿[⑧]？绝命旅邸兮，无人哭声。棺敛无资兮，众合以营。惟乡人之仕者兮，多君与之平生。终归君于南湘兮，繄惟君之才名[⑨]。

我时在浏阳兮，接赴使而魂惊。疑梦寐之来告兮，心恍惚而难明。思廿载之游

处兮，自岳麓之始盟。谓君之必速飞兮，翔天路以遐征。人时命固难知兮，终溘[10]死而无成。岂骨相之不侯兮？睹犀角[11]之丰盈[12]。文章之在人兮，若树花而鸟鸣。虽吐奇以惊世兮，固豪士之所轻。

我来京师兮，馆舍行经。悲君之死此兮，视宿草[13]而涕倾[14]。已焉哉！君已死其蔑有知兮，聊此辞以当铭。

【注释】

①长沙邸下，即京中长沙会馆。

②此叙其遇不称其才以死。

③杜，杜甫。

④元遗山，名好问，字裕之，金秀容人。著有《遗山集》。

⑤叫应“过绝于人”句。

⑥曲折写来，其人如见。

⑦抵得一篇传。

⑧此惜其才之不遇。

⑨此言赖有才名，而得归骨于故乡。

⑩溘，奄忽也。李乂文：“形神溘谢。”

⑪犀角，谓额角之骨。《国策》：“犀角偃月。”

⑫以上叙与己之交情及期望悼惜之情。

⑬《礼·檀弓》：“朋友之墓，有宿草而不哭焉。”

⑭应“每过长沙邸下”二句。

石君砚铭

石君，余砚也。昔在辛卯之岁，与亡弟半圃读书岳麓，以钱三万取之友人家[1]。砚体甚巨，形制古异。无他文饰，惟池旁有“停云馆”三字。验其刻未工，盖谬为文待诏[2]家物，以炫售者，然砚故良石也[3]。半圃喜学书，余以砚属之。颇贵之，未肯轻用。及亡，余痛此砚遂废无事，命工稍镌治之，摩去旧刻，常供之案间。一日久雨始晴，日光照书室，砚在盖下喷沸有声。怪而启之，清水盈溢，以此益知其尤[4]，愈宝爱之，以姓号之石君。余既无能遭遇发扬于世，而文字日颇有名，恐遂抱砚为庸人役，故作为是铭，将求善工而刻之其背。铭曰：

年可寿若老彭[5]，吾不以墨之汁而佐彼之觥。行可赠若班生[6]，吾不以毫之颖[7]而赆[8]彼之程。匪墨之私，匪毫之爱，恐污吾石君之生平。呜呼石君兮！吾与君铭。

【注释】

①叙砚之由来。

②文待诏，名征明，初名璧，以字行。更字征仲，号衡山居士。明长洲人。贡入都，授翰林待诏，后致仕。诗文书画，兼擅其长。

③定砚之为赝物，而又谛其为良石。

④尤，异也。《庄子》："夫子，物之尤也。"

⑤老彭，即彭祖，姓篯，名铿，颛顼玄孙，寿八百三十余岁。

⑥班生，班景倩，唐人。自采访使人为大理少卿，刺史倪若水饯之，立望其行尘，久之乃返，谓官属曰："班生此行，何异登仙？"按："老彭"四句，言不滥作寿文及送行文也。

⑦颖，笔头也。韩愈有《毛颖传》。

⑧赆，送行者之礼。

曾国藩

原　才

风俗之厚薄奚自乎[①]？自乎一二人之心之所向而已[②]。民之生，庸弱者戢戢[③]皆是也。有一二贤且智者，则众人君[④]之而受命焉。尤智者，所君尤众焉[⑤]。此一二人者之心向义，则众人与之赴义；一二人者之心向利，则众人与之赴利[⑥]。众人所趋，势之所归，虽有大力，莫之敢逆。故曰：挠[⑦]万物者，莫疾乎风[⑧]。风俗之于人心也，始乎微而终乎不可御者也[⑨]。

先王之治天下，使贤者[⑩]皆当路在势，其风民也皆以义[⑪]，故道一而俗同[⑫]。世教既衰，所谓一二人者[⑬]不尽在位，彼其心之所向[⑭]，势不能不腾为口说，而播为声气。而众人者[⑮]势不能不听命而蒸[⑯]为习尚。于是乎徒党蔚[⑰]起，而一时之人才出焉。有以仁义倡者，其徒党亦死仁义而不顾；有以功利倡者，其徒党亦死功利而不返。水流湿，火就燥[⑱]，无感不仇[⑲]，所从来久矣[⑳]。

今之君子之在势者，辄曰天下无才。彼自尸[㉑]于高明之地，不克以己之所向转移习俗而陶铸[㉒]一世之人，而翻谢曰无才，谓之不诬，可乎否也[㉓]？十室之邑[㉔]，有好义之士。其智足以移十人者，必能拔十人中之尤者而材之；其智足以移百人者，必能拔百人中之尤者而材之。然则转移习俗而陶铸一世之人，非特处高明[㉕]之地者然也，凡一命[㉖]以上，皆与有责焉者也[㉗]。

有国家者得吾说而存之，则将慎择与共天位[㉘]之人；士大夫得吾说而存之，则将惴惴乎谨[㉙]其心之所向。恐一不当，以坏风俗而贼人才。循是为之，数十年之后，万一有收其效者乎？非所逆睹[㉚]已[㉛]。

【注释】

①起笔作诘问词。

②次句一转一煞。

③戢戢，众多也。

④君，犹言尊也。

⑤间架从柳州《封建论》得来。

⑥曰贤曰智曰义曰利，总挈处包括不少，全用虚冒之法。

⑦挠，动摇之也。

⑧见《易·说卦传》。

⑨缴足开首二句之意。　以上言人心与风俗之关系。

⑩应前"贤"者。

⑪应前"向义"。

⑫此段从正面说。　以上言古时贤者在上，风民以义。

⑬应前"一二人"。

⑭应前"之所向"。

⑮应前"众人"。

⑯蒸，含有渐成义。

⑰蔚，盛也。

⑱见《易·乾卦》。

⑲仇，应验也。

⑳此段仍从正面说。仁义一派，如宋明讲学是也。功利一派，如周秦诸子是也。　以上言贤智在下，亦足以成一时之人才。

㉑尸，主也。　"尸"字亦古。

㉒《庄子》："是其尘垢秕穅，将犹陶铸尧舜者也。"

㉓此段从反面说，遥对第二段，从昌黎《马说》得来。　以上言后之在上者败坏人才。

㉔《论语》："十室之邑，必有忠信如丘者焉。"

㉕应前"高明"句。

㉖周制，任官自一命以至九命。

㉗此段亦从正面说，遥对第三段，浩气流行，一波三折，总不使一平笔。　以上言在下者皆有育才之责。

㉘位曰天位，言天所以待贤人也。《孟子》："弗与共天位也。"

㉙"谨"字下得郑重，盖为急功近名、意气用事者痛下针砭。

㉚逆睹，犹云先见。

㉛此段从后面说，在上在下两层，一齐收拾。　以上以期望作收。

书归震川文集后[①]

近世缀文之士[②]颇称述熙甫，以为可继曾南丰[③]、王半山[④]之为文。自我观之，不同日而语矣[⑤]。或又与方苞氏并举，抑非其伦也[⑥]。盖古之知道者，不妄加毁誉于人，非特好直也。内之无以立诚，外之不足以信后世，君子耻焉[⑦]。

自周诗有《崧高》、《烝民》[⑧]诸篇，汉有"河梁"之咏[⑨]，沿及六朝，饯别之诗动累卷帙[⑩]，于是有为之序者。昌黎韩氏为此体特繁。至或无诗而徒有序，骈拇枝指[⑪]，于义为已侈矣[⑫]。

熙甫则未必饯别而赠人以序，有所谓贺序者、谢序者、寿序者，此何说也[⑬]？又彼所为抑扬吞吐、情韵不匮者，苟裁之以义，或皆可以不陈。浮芥舟[⑭]以纵送于蹄涔[⑮]之水，不复忆天下有曰海涛者也[⑯]。神乎味乎，徒词费[⑰]耳[⑱]。

然当时颇崇茁轧[19]之习，假齐梁之雕琢，号为力追周秦者，往往而有[20]。熙甫一切弃去，不事涂饰，而选言有序，不刻画而足以昭物情，与古作者合符，而后来者取则焉，不可谓不智已[21]。人能弘道，无如命何[22]。藉熙甫早置身高明之地，闻见广而情忘阔，得师友以辅翼，所诣固不竟此哉[23]！

【注释】

①归有光，字熙甫，明昆山人。嘉靖进士，官至南京太仆丞，学者称震川先生。工古文，为有明一代大家。

②《汉书》："自孔子后，缀文之士众矣。"缀，犹缉也。

③曾南丰，名巩，字子固，南丰人。

④半山，安石号。　震川之文类欧阳子，拟之曾、王固非。

⑤同时吴南屏亦言："震川之文，拟之古人，犹若不逮。"与湘乡所论正同。殆以其偏于阴柔耳。

⑥虽非其伦，桐城派实从震川得来，以上言称述震川者之未当。

⑦语语坚卓，立言者宜守为戒律。

⑧《崧高》、《烝民》，《诗·大雅》篇名。《崧高》，周尹吉甫送申伯之诗。《烝民》，尹送仲山甫之诗。

⑨李陵《与苏武》诗："携手上河梁，游子暮何之？"

⑩帙，书衣。

⑪《庄子》："骈拇枝指，出乎性哉，而侈乎德。"注："骈拇，谓足拇指连第二指也。枝指，手有六指也。"

⑫题前盘旋，引起后文。　以上言行文不宜虚饰，因推原作俑之始。

⑬震川亦知其非古，数鄙之而数□之，特以当时之俗，张此尤盛，故牵率以从事耳。

⑭《庄子》："覆杯水于坳堂之上，则芥为之舟。"

⑮蹄涔，牛马足迹中之水也。《淮南子》："牛蹄之涔，不能生鳣鲔。"

⑯设喻妙绝。

⑰《礼·曲礼》："不辞费。"

⑱时仿震川者，摇曳其声，以取姿媚，而文衰矣。湘乡之言，欲正之也。以上实指震川行文之失。

⑲欧阳修知贡举，举子刘幾好为险怪之文，曰"天地轧，万物茁，圣人发"，修斥之。

⑳齐梁，指萧齐、萧梁。两朝文多偶语，近于雕琢。震川之时，有李攀龙、王世贞辈，文宗周秦，诗宗盛唐，其实则摹仿而失真。

㉑以上言震川之文颇能不随风尚为转移。

㉒此为《史记·外戚世家序》语。

㉓南屏亦有此惋惜。　以上惜震川之文尚少师友之益。

欧阳生文集序

乾隆之末，桐城姚姬传先生鼐善为古文辞，慕效其乡先辈方望溪侍郎之所为，而受法于刘君大櫆，及其世父[1]编修君范[2]。三子既通儒硕望，姚先生治其术益精。

历城[3]周永年书昌[4]为之语曰："天下之文章，其在桐城乎？"由是学者多归向桐城，号桐城派，犹前世所称江西诗派[5]者也[6]。

姚先生晚而主钟山书院[7]讲席，门下著籍者，上元有管同异之、梅曾亮伯言，桐城有方东树植之[8]、姚莹石甫[9]。四人者称为高第弟子，各以所得传授徒友，往往不绝。在桐城者有戴钧衡存庄[10]，事植之久，尤精力过绝人，自以为守其邑先正之法，禮[11]之后进，义无所让也[12]。

其不列弟子籍，同时服膺，有新城[13]鲁仕骥絜非[14]、宜兴[15]吴德旋仲伦[16]。絜非之甥为陈用光硕士[17]，硕士既师其舅，又亲受业姚先生之门，乡人化之，多好文章。硕士之群从，有陈学受艺叔，陈溥广敷，而南丰[18]又有吴嘉宾子序[19]，皆承絜非之风，私淑[20]于姚先生，由是江西建昌[21]有桐城之学[22]。仲伦与永福[23]吕璜月沧[24]交友，月沧之乡人有临桂[25]朱琦伯韩[26]、龙启瑞翰臣[27]、马平[28]王拯定甫[29]，皆步趋吴氏、吕氏，而益求广其术于梅伯言，由是桐城宗派流行于广西矣[30]。

昔者国藩尝怪姚先生典试湖南[31]，而吾乡出其门者，未闻相从以学文为事[32]。既得巴陵[33]吴敏树南屏，称述其术，笃好而不厌；而武陵[34]杨彝珍性农[35]、善化[36]孙鼎臣芝房[37]、湘阴[38]郭嵩焘伯琛[39]、溆浦[40]舒焘伯鲁[41]亦以姚氏文家正轨，违此则又何求[42]？最后得湘潭[43]欧阳生[44]。生，吾友欧阳兆熊小岑[45]之子，而受法于巴陵吴君、湘阴郭君，亦师事新城二陈，其渐染者多，其志趣嗜好，举天下之美，无以易乎桐城姚氏者也[46]。

当乾隆中叶，海内魁儒畸士崇尚鸿博，繁称旁证，考核一字，累数千言不能休。别立帜志[47]，名曰汉学[48]，深摈有宋诸子[49]义理[50]之说，以为不足复存。其为文尤芜杂寡要。姚先生独排众议，以为义理、考据[51]、词章[52]三者不可偏废。必义理为质，而后文有所附，考据有所归。一编之内，惟此尤兢兢。当时孤立无助，传之五六十年，近世学子稍稍诵其文，承用其说。道之废兴，亦各有时，其命也欤哉[53]！

自洪杨[54]倡乱，东南荼毒[55]。钟山石城[56]，昔时姚先生撰[57]杖都讲[58]之所，今为犬羊窟宅，深固而不可拔。桐城沦为异域，既克而复失。戴钧衡全家殉难，身亦欧[59]血死矣[60]。余来建昌，问新城南丰兵燹[61]之余，百物荡尽，田荒不治，蓬蒿没人。一二文士，转徙无所。而广西[62]用兵九载，群盗尤汹汹，骤不可爬梳[63]。龙君翰臣又物故，独吾乡[64]少安，二三君子尚得优游文学，曲折以求合桐城之辙。而舒焘前卒，欧阳生亦以瘵[65]死。老者牵于人事，或遭乱，不得竟其学，少者或中道夭殂。四方多故，求如姚先生之聪明早达、太平寿考、从容[66]以跻于古之作者，卒不可得。然则业之成否，又得谓之非命也耶[67]？

欧阳生名勋，字子和。殁于咸丰五年三月，年二十有几[68]。其文若诗，清缜喜往复，亦时有乱离之慨。庄周[69]云：逃空虚者，闻人足音跫然而喜，而况昆弟亲戚之謦欬[70]其侧者乎[71]？余之不闻桐城诸老之謦欬也久矣，观生之为，则岂直足音而已！故为之序，以塞小岑之悲，亦以见文章与世变相因，俾后之人得以考览焉[72]。

【注释】

①《尔雅》:“父之晜弟,先生为世父,后生为叔父。”

②姚范,字南青,号薑坞,桐城人,乾隆进士。著有《援鹑堂文集》。

③历城,县名,今属山东济南道。

④周永年,乾隆进士。积书五万卷,自谓文拙,不存稿,亦不著书。

⑤吕居仁作《江西诗社宗派图》,宗派之祖曰黄鲁直,其次陈师道,凡二十五人,居仁其一也。见《云麓漫钞》。

⑥以上述桐城派之成立。

⑦钟山,在江苏江宁县东北,俗称紫金山,清时借山名建书院课士。

⑧方东树,增生,著有《仪卫轩文集》。

⑨姚莹,薑坞先生曾孙,嘉庆进士,著有《东溟文集》。

⑩戴钧衡,道光举人,著有《蓉洲集》。

⑪禫,通作“禅”。 传与也。

⑫以上述江宁及桐城本地。

⑬新城,县名,今改黎川县,属江西豫章道。

⑭鲁仕骥,乾隆进士,著有《山木居士集》。

⑮宜兴,县名,今属江苏苏常道。

⑯吴德旋,诸生,著有《初月楼集》。

⑰陈用光,新城人,嘉庆进士,著有《太乙舟文集》。

⑱南丰,县名,今属江西豫章道。

⑲吴嘉宾,道光进士,著有《求有自得之室文钞》。

⑳《孟子》:“予私淑诸人也。”

㉑建昌,府名,属江西,今南城县其旧治也。

㉒以上述江西。

㉓永福,县名,今属广西桂林道。

㉔吕璜,嘉庆进士,著有《月沧文集》。

㉕临桂,县名,今改桂林县,属广西桂林道。

㉖朱琦,道光进士,著有《怡志堂集》。

㉗龙启瑞,见小传。

㉘马平,县名,今属广西柳江道。

㉙王拯,见小传。

㉚以上述广西。

㉛姬传曾充湖南副考官。

㉜前三段是顺入法,此一段是逆入法,可悟变换。

㉝巴陵,县名,今改岳阳县,属湖南武陵道。

㉞武陵,县名,今改常德县,属湖南武陵道。

㉟杨彝珍,道光进士,著有《移芝室文集》。

㊱善化,县名,今并入长沙县,属湖南湘江道。

㊲孙鼎臣,道光进士,著有《苍筤文集》。

㊳湘阴，县名，今属湖南湘江道。
㊴郭嵩焘，道光进士，著有《养知书屋集》。
㊵溆浦，县名，今属湖南辰州道。
㊶舒焘，官户部郎中，著有《绿猗轩文钞》。
㊷以下人本题。
㊸湘潭，县名，今属湖南湘江道。
㊹入欧阳生，用庐陵“其后得吾亡友石曼卿”句法。
㊺欧阳兆熊，曾得四品卿衔。
㊻以上四段，由近而远，参差变化，剪裁入妙。
㊼帜，旌旗之属。《汉书》：“拔赵帜，树汉赤帜。”帜志，犹言标记。
㊽江藩有《汉学师承记》。
㊾如周子、二程子、张子、朱子皆是。
㊿义理，宋儒性理之学也，一曰理学，亦称道学。
(51)考据，即汉学也。
(52)词章，诗赋杂文之属。
(53)以上从时代说，由衰而盛。　　归结到命，以寄咏叹。
(54)清道光末，洪秀全与其党杨秀清倡乱于桂平县之金田村，所至糜烂地方，据金陵十二年。
(55)言东南数省胥被其害。
(56)石城，在江宁县西、石头山后。　　应前“桐城”。
(57)撰，持也。
(58)都讲，谓讲师。张天龙讲《尚书》，选为都讲，生徒悉集。见《魏书·祖莹传》。
(59)欧，吐也。或作“呕”。
(60)存庄于咸丰癸丑避寇北行，卒于临淮，年未四十也。
(61)兵乱之地经火焚烧曰兵燹。
(62)应前“广西”。
(63)爬梳，爬搔而梳栉之，喻整理也。韩愈文：“蜂屯蚁聚，不可爬梳。”
(64)吾乡，应前“湖南”。
(65)瘵，肺病也
(66)从容，舒缓也。
(67)以上从地域说。洪杨之后，由盛而衰，亦归结到命以寄感慨。　　以上两段一正一反，互相激射，故波澜愈壮。
(68)详欧阳生之名字年龄，深寓痛惜之意。
(69)庄周，战国楚蒙人，著书十余万言，今所传《庄子》是也。
(70)謦欬，喻言笑也。
(71)均见《庄子·徐无鬼》篇。
(72)以上作序之故。

陈仲鸾同年之父母七十寿序

天之生贤人也，大抵以刚直[①]葆其本真。其回枉柔靡者，常滑其自然之性，而

无以全其纯固之天。即幸而苟延，精理已销，恒干仅存，君子谓之免焉而已[2]。国藩尝采辑国朝诸儒言行本末，若孙夏峰[3]、顾亭林、黄梨洲[4]、王而农[5]、梅勿庵[6]之徒，皆硕德贞隐，年登耄耋[7]，而皆秉刚直[8]之性。寸衷之所执，万夫非之而不可动，三光[9]晦、五岳[10]震而不可夺，故常全其至健之质，跻之大寿[11]而神不衰。不似世俗孱懦竖子，依违濡忍，偷为一切，不可久长者也[12]。

同年生陈君仲鸾与余交十余年，每相与议论平生，慷慨不挠。或品第当世人伦，意所不可，睥睨讥切，无所复忌[13]。同人或谓[14]仲鸾居吏部曹司，身处卑冗，更事未深，宜其嚣嚣[15]不绌。若移置要地，稍稍练习文法，亦且破觚而为圆矣[16]。既而仲鸾果以考第入直军机[17]，而戆直发愤，芒角[18]森然，曾不减其曩者之旧[19]。吾乃私怪生民刚直[20]之性，其禀之有厚有薄，未可以一概度量也[21]。

闲辄与仲鸾语家世之详及太公[22]、太母[23]之行。仲鸾为余言[24]封翁[25]荫召先生，生而伉爽，屡经艰险，履之如夷。遇人有心所不许，虽豪贵必唾弃之。即心之所许，虽孤嫠卑贱必引而翼之。愈穷厄，愈礼敬与钧。自亲族州闾皆服其诚信，远近纷难，就之决遣，凡所论断，久而辄应。封母高太恭人[26]，祇顺惇笃，尊尚节义，盖皆有刚直[27]之风[28]。然后知[29]仲鸾之激烈不阿，虽受性独厚，亦其禀之庭闱者岁渐月染，涵濡之久而不自知也。人固视乎所习。朝有媕婀[30]之老，则群下相习于诡随[31]；家有骨鲠[32]之长，则子弟相习于矩矱[33]。倡而为风，效而成俗，匪一身之为利害也[34]。

今年八月为先生暨太宜人[35]七十生日，年家之子，同官之良，咸称觞仲鸾之邸第，作为诗篇，以祝难老[36]。属国藩为之序，余乃略述平昔与仲鸾言论大指，以著先生之节概。因推国初诸儒以刚直而享大年者，为先生致善祷之谊[37]，亦使世之君子闻之而有所警焉[38]。

【注释】

①“刚直”二字，树一篇之骨。

②《论语》：“人之生也直，罔之生也幸而免。”

③孙夏峰，名奇峰，字启泰，明末容城人。晚讲学苏门之夏峰，学者称夏峰先生。自明至清，前后十一征不起。

④顾亭林、黄梨洲，均见小传。

⑤王而农，名夫之，明末衡阳人。入清不仕，学者称船山先生。其学以汉儒为门户，以宋五子为堂奥。著述甚多。

⑥梅勿庵，名文鼎，清宣城人。专精算学。著有《梅氏丛书》。

⑦耄耋，《礼·曲礼》：“八十、九十曰耄。”《说文》：“八十曰耋。”

⑧“刚直”再见。

⑨三光，日、月、星也。

⑩五岳，中岳嵩山，东岳泰山，西岳华山，南岳衡山，北岳恒山。

⑪此处点出“寿”字，渐引入题，已作多少曲折。

⑫以上历举先贤以至健之质跻于大寿。

⑬是其“刚直”处。

⑭“或谓”云云，故作一曲，解此乃不平直。

⑮嚣嚣，多言也。

⑯觚，方也。言去棱角而尚圆通也。语见《史记》。

⑰军机，官署名，清代内外要事悉综于军机，所属有军机章京。

⑱芒角，犹言棱角。

⑲回顾上文。

⑳“刚直”三见，非写陈君也，正以写其父母耳。文在此而意在彼，深得龙门之妙。

㉑以上言陈君刚直之性。

㉒古人称祖曰太公。《后汉书·李固传》“自太公以来”注：“谓祖父郃也。”

㉓《老学庵笔记》：“太母，祖母也。”

㉔点明仲鸾所言，方有根。

㉕封翁，子孙显贵，父祖受封典之称。下“封母”亦同。

㉖恭人，四品命妇之称。

㉗“刚直”四见。

㉘称其父母之善，只此数语。所谓称人之善，依于庸德，不宜褒扬溢量。

㉙此三字逆挽上一段，有千钧之力。

㉚嫜婀，不决也。

㉛诡随，不顾是非而妄随人也。《诗》：“无纵诡随。”　略作比例，解此便能开展。

㉜骨鲠，喻正直也。《荀子》：“君有忠臣，谓之骨鲠。”

㉝矩矱，犹法度也。

㉞以上言陈君刚直之性实由庭闱之渐染。

㉟宜人，五品命妇之称。

㊱《诗》：“永锡难老。”

㊲上文一齐收拾。

㊳以上作序之由。

欧阳氏姑妇节孝家传

节母蔡氏，生三岁而室于欧阳，事玉光[①]府君，家微也。姑刘孺人，端严匡敕[②]，无所假借。节一朝之食，分之二日；并三人之事，责之一手。举家事精粗剧易壹委节母，不以何[③]问他人。节母则先鸡鸣而兴，豫其未至；后斗转[④]而息，补其阙遗。箕拘[⑤]无尘，井汲无濡。半米寸薪，必珍必戒[⑥]。诸娣姒[⑦]次第入门，节母躬其难者，让其易者。自亲舍及众私室，衣垢则澣[⑧]之，绽[⑨]裂补缀[⑩]，初不问其所自来。群从子女[⑪]寒则衣之，饥则慈以甘瓷[⑫]，就湢[⑬]浴为之洁除。群从或忘其母而母节母[⑭]，节母亦忘其非己出也[⑮]。

乾隆三十年乙酉，舅席珍[⑯]府君卒，明年玉光以毁死[⑰]。刘孺人大戚。节母于时年二十有八，长子惟本甫三岁，少者成材未期耳。入则泣血[⑱]柴立[⑲]，茹檗[⑳]自盟。出则抱子奉姑，怡声亹亹[㉑]。益屏去华饰，先姑意之未发而从事。约其口与体，以及其孤子女，无所不约[㉒]。勤其力以率其妯娌与其子姓[㉓]佣奴，各有专职。土无寸

旷，人无暑暇。俛[24]拾仰取，宾祭有经。猪鸡肥硕，蔬果怒生。方节母事姑之初，岁入谷二十石，逮姑之暮年，谷近千石[25]。

惟本读书属文，试于郡县有声矣，年二十七岁而卒，妇蔡氏亦以节著[26]。节妇蔡氏，少归欧阳惟本，节母之冢妇也。乾隆四十三年戊戌岁大饥，节妇将嫁，其父辅世贫不能具礼，宗族或助之结褵[27]之赀，凡得钱三千有奇，父为装遣之。节妇阴返其钱，置秆[28]荐[29]中，而系钥匙其端。父归而室无见粮[30]，引钥则钱在焉。泣曰："孝哉吾女！留此以活我也[31]。"

惟本殁时，节妇亦二十八岁[32]。由是捐弃万事，壹从节母求所以事祖姑刘孺人之法[33]。黎明，刘孺人兴，节母执笄[34]侍左，节妇自右约之。及盥，节母奉水，节妇奉槃。及食，妇具馔，母侑之[35]。及寝，三世联床，听于无声。刘孺人即怒，节母负墙竦惧，节妇从容改为，以适厥指。即疾病，妇煮药，母尝而后进[36]。夜则番[37]宿递侍，衣不解带。一夕，节母起，堕床，折胁二骨。节妇号泣[38]，就援之，母戒屏息[39]，无令刘孺人得闻知也。刘孺人晚而丧明，手足痿痹[40]。挽篴舆[41]，日游庭中。节母肩前，节妇肩后。其后刘孺人九十而终，节母且六十矣，二胁骨者竟无恙[42]。其后二十余年，盗入室，劫母衣，刃伤节妇指及肘，创甚[43]，亦不医，而竟无恙[44]。论者以为孝征，神或相之云[45]。道光九年，节母殁，实年九十有六[46]。二十三年，节妇殁，实年八十有三[47]。其前五年，岁在乙亥，均旌表节孝如例[48]。

前史官[49]曾国藩曰："节妇之孙女子四人，次二者归于我。外舅福田[50]先生，笃行君子也，数为余述诵两世事状[51]。余昔官礼部[52]，见各行省题旌妇女，凡烈妇殉夫者，别具一疏。高宗皇帝[53]常下诏非之，不予旌表，以为行不贵苟难也。然末俗士论，往往以矫激卓绝之行为难。观欧阳姑妇之节，亦似庸行，无殊绝者，而纯孝兢兢，事姑至六十年[54]、五十年[55]之久而不渝，天下之至难，孰逾是哉！"

【注释】

①玉光，名心瑺。

②匡，诚正也。敕，慎固也。见《诗》"既匡既敕"注。

③何，通"呵"。　诘问也。　"何"字从《汉书》得来。

④《宋史·乐志》："斗转参横，将旦。"

⑤箕拘，《礼·曲礼》："必加帚于箕上，以袂拘而退。"注："以袂拥帚之前埽而却行。"

⑥以上节母事姑之贤孝。

⑦娣姒，即妯娌。冢妇为姒，介妇为娣。

⑧澣，濯衣垢也。

⑨绽，解也。

⑩《礼·内则》："衣裳垢，和灰请澣。衣裳绽裂，纫针请补缀。"　此文多从《礼记·内则》运化而出，浸润于经者至深。

⑪从子女，即侄男侄女。

⑫餈，稻饼。见《说文》。

⑬湢，浴室。

⑭此加倍写法。

⑮以上节母处娣姒之和及抚侄男女之慈。

⑯席珍，名天鼎。

⑰毁死，丧中哀伤致死也。

⑱《礼·檀弓》："泣血三年，未尝见齿。"

⑲柴立，谓如槁木，绝无生意也。《庄子·达生》篇："柴立其中央。"

⑳茹檗，喻食苦。檗，即黄柏，味甚苦。

㉑亹亹，不倦之意。

㉒此等处大似半山。

㉓子姓，犹言子孙。《仪礼》："子姓兄弟，如主人之服。"

㉔俛，同"俯"。

㉕似从《左传》叙卫文公"元年革车三十乘，季年乃三百乘"句得来。　以上节母处变之才。

㉖由上接下，蝉联蛇蜕，此法本之子长。

㉗褵，通"缡"。　衣带也。

㉘秆，禾茎也。

㉙荐，卧席也。

㉚《史记》："军无见粮。"

㉛以上节妇事父之孝。

㉜作呼应。

㉝一句领起下文，补前之所未及。

㉞笄，约发之具。

㉟句法变。

㊱句法亦变。

㊲番，更代也。

㊳写出惶遽之状、真挚之忱。

㊴屏息，屏藏其气，不敢息也。

㊵痿痹，肢体不仁之病，患者筋肉疲软。

㊶篴舆，竹编之舆。《史记》："上使泄公持节问之篴舆前。"

㊷应前。

㊸节妇事姑仅此及前"号泣"、"就援"二事，可悟行文繁简之法。

㊹两"无恙"呼应。

㊺以上节妇事祖姑及姑之孝。

㊻收结节母。

㊼收结节妇。

㊽以上节母节妇之旌表。

㊾明以后修史为翰苑诸臣之职，湘乡曾官翰林，故称前史官。

㊿欧阳福田，名凝祉。生三岁而孤，恪遵母训，跬步必谨。适馆课徒凡四十年，主讲莲湖书院者又十年。

51子长传赞之中，每揭明闻之某人，或某人为余道之如是，以见立言有本。此用其例。

⑤②湘乡曾官礼部右侍郎。

⑤③高宗，世宗之子，在位六十年。

⑤④谓节母。

⑤⑤谓节妇。

自范氏创《列女传》，厥后晋、魏诸史皆踵为之，率以奇特相胜，苟以新耳目而止。如此篇所述，皆至庸至难之道，而尺水兴波，生气勃勃，正无事颂美盈幅，反失之诬也。

何君殉难碑记

呜呼！军兴十载，士大夫君子横死[1]者多矣，独吾友何君丹畦尤深痛不忍闻。自近古以来，未有行善获祸如是之烈者也，岂不悲哉[2]！

君以咸丰四年五月由翰林院侍讲上书房行走，出为安徽徽宁池太广兵备道[3]。时则安庆[4]暨滨江府县沦没贼中，庐州[5]新立行省亦陷于贼。副都御史袁公[6]军临淮[7]，提督和公[8]、巡抚福公[9]军庐州。君当之官，不克南渡。袁公欲资君以兵，西会楚师。福公亦具疏留君江北，檄君募勇出征。公私匮乏，沮伤百端[10]。最后得二百余人，率之以西[11]。至霍山[12]，征集溃兵团勇三千余人，推诚奖励，遂以十月二日大破捻匪[13]李兆受[14]于城东，追至麻埠[15]。又五日，至流波礶。檄[16]商城[17]、固始[18]团练堵其北，金家寨[19]团丁御其东，而自率所部遏其西[20]。捻党汹惧，李兆受与马超江等相继投诚，遣散胁从。远近大悦，环三四县皆输猪鸡、糗[21]粮、金钱之属，声终宵不绝[22]。

先是[23]大府帅檄君救援庐江[24]，檄未至而城先陷。至是[25]奉被劾革职之命，军士怀不能平，虽百姓亦惘惘[26]也[27]。方楚师之出岳州[28]而东也，克武昌，下黄州[29]，破田家镇[30]，水陆电迈[31]，席卷千里[32]。其后塔齐布[33]、罗泽南[34]两军由黄梅[35]南渡以围九江[36]，贼循北岸而上，复陷蕲[37]黄[38]，窜武[39]汉[40]。自长淮[41]以南，天柱[42]内外，所在蜂屯[43]。君以孤军流离，西与楚师[44]不相闻，东与庐州大府隔绝，朝不谋夕，啮指誓众。五年正月，进攻蕲水，克之。又分军克复英山[45]。又歼剧贼田金爵。大府帅以君西征[46]有效，疏令留驻英山。君出师至是，凡八阅月，仅支见[47]银三百两。士卒及民团相从者增至三千人，又益以李兆受新降之众，无以为食，居无帐幕，雨无薪，村郭无居民，远近无援，伤亡无[48]以为恤。始什人赋面一斤，继而削减半之，既又半之。而贼来益盛，日提饥卒，转战不得休。五月十二日军败，徒行泥淖[49]中，乡民或哀而进食。君虽强自振厉，然惫甚，瘘[50]痺[51]发体，气亦稍馁矣[52]。

李兆受者，故反侧持两端。感君忠勤[53]，不忍遽背负。绝粮既久，怪君无以活之，意望[54]甚，又同时降人马超江为匪徒所杀，怨官不能捕诛以抵罪也，则大戚，议为超江复仇。设位受吊，捻匪毕集。于是河南、安徽两省皆以兆受复叛入告，而县令亦悬赏购兆受头千金。兆受益不自安，匍匐诣君，自陈无他，君抚慰稍稍绥定矣[55]。会大府帅有密书抵君，教以图剪叛贼，毋后人发，为兆受所得。遂阳[56]为置酒高会，而伏兵戕君于英山之小南门，遗骸残毁，同遇难者四十七人。咸丰五年十一月初三日也[57]。

君讳桂珍，字丹畦，云南师宗[58]人。道光甲午科举人。戊戌进士。翰林院编修，丙午提督贵州学政，旋晋侍讲，入直上书房。数抗疏陈军事得失，推本君德。又采朱子、真西山《大学》[59]之说，傅以己意，引申条例，手缮成帙，随疏奏进。君之意，尝以为圣人者事无不可为，功无不可就，独患人不自克，不能竭其心与力之所竟耳。及君出而莅事，饥饿经年，而百战不息。傥所谓自克者耶？竭吾心与力而不遗者耶[60]？卒其获祸如是之烈[61]，而或不免身后之余责，然则为善[62]者何适而不惧哉[63]！咸丰十年，国藩屯军江北，询君患难驰驱之所，乃立石英山，缀以铭词，俾来者有考焉[64]。铭曰：

饥寒偪身，难顾廉耻。圣主不能安其民，慈母不能抚其子。况于揭竿[65]乌合[66]之徒，亡命归诚之始，倏顺忽逆，朝人暮豕。封豕[67]负涂，积疑张弧[68]，锯牙钩爪，殪我闳儒。赤舌烧城[69]，死有余议。群毁所归，天地易位[70]。悠悠之口，难可遽胜。我铭诸石，少待其定。上讯[71]三光，下讯无竟[72]。

【注释】

①横死，死非正命。

②以上悲惋何君之死。

③清时辖理徽州、宁国、池州、太平四府，广德一州之道员。

④安庆，府名，属安徽省，今废，怀宁县其旧治。

⑤庐州，府名，属安徽省，今废，合肥县其旧治。

⑥袁公，名甲三，字午桥，项城人。平捻有功，官至漕运总督。

⑦临淮，镇名，在安徽凤阳县东，即明临淮县治，为南北之行陆孔道。

⑧和公，名春。

⑨福公，名济。均满洲人。

⑩以上叙奉命于危难之间。

⑪应“西会楚师”句。

⑫霍山，县名，今属安徽安庆道。

⑬清嘉庆时，山东、江苏、安徽三省交界处，乡人迎神赛会，有燃油纸捻为龙戏之俗。咸丰时，结党倡乱，谓之捻子。

⑭李兆受，固始人，为捻首。投诚后更名世忠。擢江南总督，因事革职。以凶暴恣肆被诛。

⑮麻埠，在今六安县西南九十里。

⑯檄，文书也。

⑰商城，县名，今属河南汝阳道。

⑱固始，县名，属同上。

⑲金家寨，当在霍山县东。

⑳曰北、曰东、曰西，序得历历。

㉑糗，干饭也。

㉒以上叙安徽之战绩。

㉓二字是史家追叙之法。

㉔庐江，县名，今属安庆道。

㉕与“先是”紧相呼应。

㉖惘惘，心如有所失也。

㉗顿住。　以上叙被劾之误。

㉘岳州，府名，属湖南省，今废，岳阳县其旧治。

㉙黄州，府名，属湖北省，今废，黄冈县其旧治。

㉚田家镇，在湖北蕲春县东南江滨，为全楚门户。

㉛电迈，如电之速。

㉜席卷千里，谓收取千里如卷席也。贾谊文：“席卷天下，包举宇内。”　写得气势汹涌。

㉝塔齐布，字智亭，清满洲镶黄旗人。官至湖北提督，每战皆亲陷阵。后攻九江，气脱而死。谥忠武。

㉞罗泽南，号罗山，湖南湘乡人。粤匪犯湖南，以孝廉方正带乡勇，所向皆捷，积功官至布政使。后援武汉，中炮卒。谥忠节。

㉟黄梅，县名，今属湖北江汉道。

㊱九江，府名，治德化，属江西省。今废府，改德化为九江县，属浔阳道。

㊲蕲，蕲水县也，今属湖北江汉道。

㊳黄，黄州。

㊴武，武昌。

㊵汉，汉阳。

㊶淮，水名，贯河南、安徽、江苏三省。

㊷天柱，山名，在安徽潜山县西北。

㊸蜂屯，言如蜂之聚也。

㊹应“西会楚师”句。

㊺英山，县名，今属安徽安庆道。

㊻应“西会楚师”句。

㊼见，同“现”。

㊽连用六“无”字，极写危急情形。

㊾泥淖，泥水相和深厚之处。

㊿瘘，久疮。

51瘴，恶疮。

52顿住。　以上叙饷匮而军败。

53忠勤从反侧子看出，更添色泽。

54望，怨也。《史记》：“绛侯望袁盎。”　此“望”字从彼得来。

55顿住。

56阳，同“佯”。　诈也。《汉书》：“阳尊怀王为义帝。”　此“阳”字从彼得来。

57以上叙李兆受复叛，何君之被戕。

58师宗，州名，今改县，属云南蒙自道。

59朱子，名熹，有《大学集注》、《或问》等书。真西山，名德秀，字希元，宋浦城人，著有《大学

衍义》。

⑥⓪就所自言处跌出。此种笔法皆从昌黎得来。

⑥①应起首。

⑥②应起首。

⑥③以上叙邑里、科第、官阶及其学说。

⑥④以上叙立碑之地。

⑥⑤揭竿，贾谊文："揭竿为旗。"言仓卒举事，仅得以揭竿号召也。后因谓倡乱曰揭竿。

⑥⑥乌合，仓卒集合之众，如乌鸟之忽聚忽散也。《后汉书》："归发突骑，以辚乌合之众。"

⑥⑦封，大也。《左·定》："吴为封豕长蛇，以荐食上国。"

⑥⑧《易》："见豕负涂，载鬼一车，先张之弧，后说之弧。" 负涂，秽也。张弧，防害也。

⑥⑨赤舌烧城，喻谗口也。《太玄经》："赤舌烧城，吐水于瓶。" 测曰："赤舌吐水，君子以解祟也。"

⑦⓪数语太似《易林》。

⑦①讯，告也。

⑦②无竟，犹言无穷。

复贺耦庚中丞书[①]

国藩顿首耦庚前辈大人阁下：二月接奉手示，兼辱雅贶[②]，感谢感谢！过蒙矜宠，奖饰溢量。国藩本以无本之学，寻声逐响，自从镜海[③]先生游。稍乃粗识指归，坐習[④]见明，亦耿耿耳[⑤]。乃甫涉向道之藩，遽钓过情[⑥]之誉，是再辱也。盖尝抉剔平生之病源，养痈藏瘤，百孔杂出，而其要在不诚而已矣[⑦]。

窃以为天地之所以不息，国之所以立，贤人之德业之所以可大可久[⑧]，皆诚为之也。故曰：诚者，物之终始，不诚无物[⑨]。今之学者，言考据则持为骋辩之具，讲经济则据为猎名之津，言之者不怍[⑩]，信之者贵耳[⑪]，转相欺谩，不以为耻。至如仕途积习，益尚虚文，奸弊所在，蹈之而不怪，知之而不言，彼此涂饰，聊以自保，泄泄[⑫]成风，阿同骇异。故每私发狂议，谓今日而言治术，则莫若综核名实[⑬]；今日而言学术，则莫若取笃实践履之士[⑭]。物穷则变，救浮华者莫如质。积玩之后，振之以猛，意在斯乎[⑮]？

方今时事孔棘，追究厉阶[⑯]之生，何尝不归咎于发难者？彼岂实见天下之大计，当痛惩而廓清之哉？岂豫知今日之变，实能自我收之哉？不过以语言欺人，思先登要路[⑰]耳[⑱]。国藩以兹内省，早岁所为涉览书册、讲求众艺者，何一非欺人之事？所为高谈古今、嘐嘐[⑲]自许者，何一非欺人之言？中夜以思，汗下如霤[⑳]。顷观先生所为楹帖[㉑]，道在存诚[㉒]云云，旨哉！其暗然[㉓]君子之言乎！果存诚而不自欺，则圣学王道又有他哉？镜海先生，庶几不欺者也。倭艮峰[㉔]前辈，见过自讼，言动无妄。吴竹如[㉕]比部[㉖]天质木讷[㉗]，贞[㉘]足干事[㉙]。同乡则黎月桥前辈至性肫肫[㉚]，陈岱云[㉛]行己知耻[㉜]，冯树堂有志力学，皆勉于笃实者也。国藩虽愚柔，既闻明训，敢不请事[㉝]？若夫读书之道，博学详说，经世之才，遍采广询，自度智慧精神，终恐有

所不逮，惟当谨守绳墨[34]，不敢以浮夸导子弟，不敢以暴弃殆父母之遗体。其有所进，幸也；无所进，终吾身而已矣[35]。

辱承扶掖之盛心，恐不察其浅鄙，而期许过实[36]，故谨布一二，以为请益[37]之地，亦附于《皇华》[38]三拜[39]之义云[40]。书不宣尽，伏维垂鉴。

【注释】

①贺名长龄，湖南善化人。嘉庆进士，改庶吉士，官至云贵总督，降补河南布政使，复以云贵回案落职。所辑有《经世文编》等书。

②贶，赐也。

③唐鉴，字镜海，湖南善化人。嘉庆进士。官至太常寺正卿。讲求义理之学。卒谥确慎。

④眢，枯井也。

⑤耿耿，不安也。

⑥《孟子》："故声闻过情，君子耻之。"

⑦湘乡一生，绝少自恕之语，允堪为后学模范。

⑧《易·系辞上传》："可久则贤人之德，可大则贤人之业。"

⑨见《礼·中庸》。　　以上痛自刻责，因言存诚之必要。

⑩怍，惭也。《论语》："其言不怍。"

⑪张衡赋："若客所谓末学肤受，贵耳而贱目者也。"

⑫泄泄，怠缓悦从之貌。《诗》："无然泄泄。"

⑬《汉书》："孝宣之治，信赏必罚，综核名实。"

⑭精实之至。他日戡大乱，垂大名，即因此数言而已。

⑮以上学者之痼弊与夫仕途之积习，因陈救弊之方。

⑯厉阶，犹言祸所自始。《诗》："谁生厉阶？"

⑰要路，显要之地位。《唐书·崔湜传》："丈夫当先据要路以制人。"

⑱一语道破。　　以上追咎始祸之人。

⑲嘐嘐，志大言大也。《孟子》："其志嘐嘐然。"

⑳霤，屋水流也。

㉑楹帖，即楹联。

㉒"道在存诚"四字，与湘乡所学所志适相吻合。此篇或反说，或正说，要皆不离乎存诚之意。

㉓暗然，隐晦貌。《礼·中庸》："故君子之道，暗然而日章。"

㉔倭艮峰，名仁，蒙古正白旗人。道光进士，官至文华殿大学士。精研义理之学。卒谥文端。

㉕吴竹如，名廷栋，霍山人。

㉖比部，刑部。

㉗《论语》："刚毅木讷近仁。"程子曰："木者质朴，讷者迟钝。"

㉘湘乡尝言："予所缺者贞耳。"以贞归吴，推许之极。

㉙《易·文言》："贞固足以干事。"

㉚肫肫，恳至貌。《礼·中庸》："肫肫其仁。"

㉛陈岱云，名源兖，长沙人。

㉜《论语》:"行己有耻。"

㉝以上以笃实不欺自勉。

㉞绳墨,所以为直之具,故以喻法度。《礼·经解》:"绳墨诚陈,不可欺以曲直。"

㉟以上以谨守绳墨自勉。

㊱回应篇首,以作收束。

㊲请益,已受教而更有所请也。《礼·曲礼》:"请益则起。"

㊳《皇华》,《诗·小雅》篇名,劳使之作。

㊴鲁叔孙豹如晋,晋侯享之,工歌《鹿鸣》之三,三拜。见《左·襄》。按:《鹿鸣》之三即《皇华》篇。

㊵以上复书之由。

复彭丽生书

前承惠书,存唁[1]不孝。顷又蒙手书,所以期勖[2]故人,甚笃且勤。国藩积愆丛慝,无实行而盗虚声,为神明所不容。乃不陨灭我躬,而延祸于吾母[3],椎心悔憾。盖不得自比于人数[4],其又何经济之足言[5]?顾如足下所称,今日不可救药之端,惟在人心陷溺,绝无廉耻云云,则国藩之私见,实与贤者相吻合[6]。窃尝以为无兵不足深忧,无饷不足痛哭[7]。独举目斯世,求一攘利不先、赴义恐后、忠愤耿耿者,不可亟得。或仅得之,而又屈居卑下,往往抑郁不伸,以挫以去以死。而贪饕[8]退缩者,果骧[9]首而上腾,而富贵,而名誉,而老健不死[10],此其可为浩叹者也[11]。足下与某公书,言之至为深痛。积年痒疥[12],为君一搔,忧患余生,得少快慰[13]。

国藩来此,盖以鄂中失守[14],恐其回窜,不得不出,以自别于畏死者之徒[15]。至于求有补济,则肮脏[16]之性,将以方枘周旋于圆凿之中[17],亦知其钼铻[18]而鲜当矣[19]。刻下所志,惟在练兵、除暴二事。练兵则犹七年之病,求三年之艾[20];除暴则借一方之良,锄一方之莠[21]。故急访各州县公正绅耆[22],佐我不逮。先与之一书,然后剀切[23]示喻之。

年来饱更世故,又经忧患,齿发稍侵,精神颓败。幸故人一来顾我,相对叙论,收召散亡之魂魄,祓濯如山之尘垢[24],庶生新机而还旧识,即拯时艰于万一,亦未可知。郭筠仙[25]、刘霞仙[26]、罗罗山[27]及平日交旧都来此间,尚望足下惠然命驾,无任伫[28]企[29]。

【注释】

①存唁,慰生者。

②勖,勉也。

③咸丰二年六月,江太夫人薨逝。

④无限沉痛。

⑤以上答其存唁及期勖之意。

⑥吻合,两唇相合,喻事之相合也。《庄子》:"为其吻合。"

⑦以下真痛哭之言，积年感愤，不得不一倾吐之。

⑧饕，贪财也。

⑨骧，举也。

⑩与上文针对。

⑪此与龙翰臣致涤生书同一愤慨，而气息深厚，非翰臣之所能及。

⑫《周礼》："夏时有痒疥疾。"

⑬以上慨君子之不容，小人之高张。

⑭清咸丰二年，粤逆陷武昌。

⑮回顾上文"独举目斯世"五句。

⑯肮脏，亦作"抗脏"。　　高亢婞直貌。赵壹诗："抗脏倚门边。"

⑰方枘圆凿，喻事之不可行也。《楚辞》："圆凿而方枘兮，吾固知其钽铻而难入。"方枘，刻木耑所以入凿。凿，孔也。

⑱钽铻，与"龃龉"同。　　不相入貌。

⑲以上言己之不得不出，而于时局恐无补。

⑳见《孟子》。

㉑莠，似苗之草，比喻恶人。

㉒《礼·曲礼》："六十曰耆。"

㉓剀切，谓切中事理也。《唐书·魏征传》："凡二百余奏，无不剀切。"

㉔造句凝炼之至。　　湘乡为文效法韩、欧，而辅益之以汉赋之气体势，集中每有此种句法。

㉕郭筠仙，名嵩焘，湘阴人。

㉖刘霞仙，名蓉，即孟容，湘乡人。

㉗罗罗山，名泽南，字仲岳，湘乡人。死于洪杨之难。谥忠节。

㉘伫，久立也。

㉙湘乡幕府宾僚极一时之盛，观此想见其致力延揽、广包兼容之量。　　以上以练兵除暴自任，望其相助为理。

与李眉生书①

申夫②新刻之《聪训斋语》③与吴漕帅④所刻之《庭训格言》⑤，不特可以进德，可以居业，并可以惜福，可以养身却病⑥。阁下重听⑦之恙已全愈否？如尚未愈，除酌服补剂外，似宜常常看此二书，以资静摄⑧。

昔年曾与阁下道及逆亿⑨命数，是一薄德，大约读书人犯此弊者最多。聪明而运蹇者⑩，厥弊尤深。富贵得志之人，亦未尝不扰扰焉。沉溺于逆亿命数之中，惟熟读《聪训斋语》⑪，可去此弊⑫。凡病在根本者，贵于内外交养。养内之道，第一将此心放在太平地方，久久自有功效⑬。近将张公书告舍沅弟⑭及儿侄辈，兹并以奉勖⑮。

【注释】

①李名鸿裔，中江人。

②李榕，字申夫，剑州人。

③《聪训斋语》，张英著。英字敦复，桐城人，官至大学士。

④吴漕帅，名棠，字仲宣，盱眙人，累任漕运总督。

⑤《庭训格言》，清世宗所述圣祖训言。

⑥引起下文，此句为一篇主脑。

⑦重听，耳聋也。《汉书》："霸曰：'许丞廉吏，虽老尚能起拜送迎，重听何伤？'"按：黄霸，汉宣帝时人。

⑧以上劝其看书静摄。

⑨逆亿，《论语》："不逆诈，不亿不信。"注："逆，未至而迎之也。亿，未见而意之也。"

⑩蹇，困顿也。

⑪此处单提《聪训斋语》，劝其熟读，此对症下药也。

⑫以上言张书可去逆亿命数之弊。

⑬胜于道家导引之术。

⑭曾国荃，字沅甫，公之弟也。

⑮以上告以养内之方。

复陈右铭太守书[①]

四月二十七日接到惠书，并附寄大文一册[②]，知台从去岁北行，以途中染疾，就医历下[③]，至正月之杪[④]乃达京师。是时鄙人适已出都，未及相见为怅。

阁下志节嶙峋[⑤]，器识宏达，又能虚怀取善，兼揽众长。来书所称，自吴侍郎[⑥]以下，若涂君、张君、方君，皆时贤之卓然能自立者。惟鄙人器能窳[⑦]薄。谬蒙崇奖，非所敢承[⑧]。前以久玷[⑨]高位，颇思避位让贤，保全晚节。赴阙以后，欲布斯怀，而未得其方，亦遂不复陈请。来书又盛引古义，力言不可遽萌退志。今已承乏[⑩]此间，进止殊不自由，第恐精力日颓，无补艰危，止速谤耳[⑪]。

大著粗读一过，骏快激昂，有陈同甫[⑫]、叶水心[⑬]诸人之风。仆昔备官朝列，亦尝好观古人之文章，窃以自唐以后，善学韩公[⑭]者莫如王介甫[⑮]氏，而近世知言君子，惟桐城方氏[⑯]、姚氏[⑰]所得尤多。因就数家之作而考其风旨，私立禁约，以为有必不可犯者，而后其法严而道始复。大抵剽窃前言，句摹字拟，是为戒律之首[⑱]。称人之善，依于庸德，不宜褒扬溢量，动称奇行异征，邻于小说诞妄者之所为[⑲]。贬人之恶，又加慎焉[⑳]。一篇之内，端绪不宜繁多。譬如万山旁薄，必有主峰；龙衮九章[㉑]，但挈一领。否则首尾衡决[㉒]，陈义芜杂，滋足戒也[㉓]。识度曾不异人，或乃竞为僻字涩句，以骇庸众，斫自然之元气。斯又才士之所同蔽，戒律之所必严[㉔]。明兹数者，持守勿失，然后下笔，造次[㉕]皆有法度，乃可专精以理吾之气[㉖]，深求韩公所谓与相如、子云[㉗]同工者[㉘]。熟读而强探，长吟而反覆，使其气若翔翥[㉙]于虚无之表，其辞跌宕俊迈，而不可以方物[㉚]。盖论其本则循戒律之说，词愈简而道愈进。论其末则抗吾气以与古人之气相翕[㉛]，有欲求太简而不得者。兼营乎本末，斟酌乎繁简，此自昔志士之所为毕生矻矻[㉜]，而吾辈所当勉焉者也[㉝]。国藩粗识途径，所求绝少。

在军日久，旧业益荒。忽忽衰老，百无一成[34]。既承切问，略举所见，以资参证[35]。

别示种烟之弊及李编修书，膏腴地亩，舍五稼而种罂粟[36]，不惟民病艰食，亦人心风俗之忧。直隶土壤硗薄[37]，闻种此者尚少，若果渐染此习，自应通饬严禁。但非年丰民乐，生聚教训，亦未易以文告[38]争耳[39]。

【注释】

①陈名宝箴，义宁人。曾参湘乡幕府，官至湖南巡抚。

②为下文论文张本。

③历下，故城在今山东历城县治西。

④杪，月之尽也。

⑤嶙峋，高峻貌。

⑥吴侍郎，名存义，曾任浙江学政，以清廉称。

⑦窳，恶也，惰也。

⑧以上答来书之崇奖。

⑨玷，玉之缺也。此作污辱解。

⑩承乏，官位适缺乏，以己摄而承之也。《左·成》："摄官承乏。"

⑪以上答来书"不可遽萌退志"。

⑫陈同甫，名亮，宋永康人，著有《龙川文集》。

⑬叶水心，名适，宋永嘉人，富于著述。

⑭韩公，韩愈。

⑮介甫，王安石字。

⑯方氏，方苞。

⑰姚氏，姚鼐。

⑱禁约一。

⑲禁约二。

⑳禁约三。

㉑天子法服九章：一龙，二山，三华虫，四火，五宗彝，皆画以为缋；六藻，七粉米，八黼，九黻，以絺为绣。则衮衣五章，裳四章，凡九也。见《书·益稷》传。

㉒衡决，犹横决也。贾谊《陈政事疏》："首尾衡决。"

㉓禁约四。

㉔禁约五。　　李申甫文笔所以不甚畅者，为在己之禁令太多，难于下笔耳。湘乡劝其破除禁令，一以条畅为主，此又因材而笃之妙用。

㉕造次，急遽之时也。《论语》："造次必于是。"

㉖湘乡尝言古文之法，全在"气"字上下用功夫，此处"理气"之说，有古人所未言者。

㉗汉司马相如，字长卿。扬雄，字子云。并成都人。

㉘韩愈《进学解》："子云相如，同工异曲。"言二人之文虽异，而工则同也。

㉙翥，飞也。

㉚言不可形容也。《史记》："不可方物。"

㉛翕，合也。

㉜矻矻，勤勉不止貌。《汉书·王褒传》："终日矻矻。"

㉝以上所言，可与韩愈《答李翊书》、柳宗元《论师道书》、李翱《答王载言书》参观，皆行文之要诀也。

㉞到底不作一自满之语。

㉟以上立行文之禁约及行气之法。

㊱罂粟，花大而艳，实未熟时，中有浆，为制鸦片之原料。

㊲硗薄，地羸瘠也。梁肃文："化硗薄为膏腴者，不知几千万亩。"

㊳文告，即告示也。

㊴结处已邻暮气，微示得过且过之意旨。

复吴南屏书[1]

三月初旬奉复一函，想已达览。旋接上年腊月惠书并大著诗文全集各五十部，就审履祺康胜，无任企仰[2]。大集古文[3]敬读一过，视昔年仅见零篇断幅者尤为卓绝。大抵节节顿挫，不矜奇辞奥句，而字字若履危石而下，落纸乃迟重绝伦[4]。其中闲适之文，清旷自怡，萧然物外。如《说钓》、《杂说》、《程日新传》、《屠禹甸序》之类，若翱翔于云表，俯视而有至乐[5]。国藩尝好读陶公[6]及韦、白、苏、陆[7]闲适之诗，观其博揽物态，逸趣横生，栩栩焉神愉而体轻[8]，令人欲弃百事而从之游，而惜古文家少此恬适之一种。独柳子厚[9]山水记破空而游，并物我而纳诸大适之域，非他家所可及。今乃于尊集数数遘[10]之，故编中虽兼众长[11]，而仆视此等尤高也[12]。

《与欧阳筱岑[13]书》中论及桐城文派，不右刘、姚[14]，至比姚氏于吕居仁[15]，讥评得无少过？刘氏诚非有过绝辈流之诣，姚氏则深造自得[16]，词旨渊雅。其文为世所称诵者，如《庄子章义序》、《礼笺序》、《复张君书》、《复蒋松如书》、《与孔㧑约论禘祭书》[17]、《赠㧑约假归序》、《赠钱献之序》[18]、《朱竹君传》[19]、《仪郑堂记》[20]、《南园诗存序》[21]、《绵庄文集序》[22]等篇，皆义精而词俊，敻[23]绝尘表。其不厌人意者，惜少雄直之气、驱迈之势。姚氏固有偏于阴柔之说，又尝自谢为才弱矣[24]。其论文亦多诣极之语，国史[25]称其有古人所未尝言，鼐独抉其微而发其蕴。惟亟称海峰，不免阿于私好。要之，方氏以后，惜抱固当为百年正宗[26]，未可与海峰同类而并薄之也。浅谬之见，惟希裁正[27]。

国藩回任江表[28]，眴[29]逾半年。辖[30]境敉平，雨泽沾足，岁事可望丰稔。惟是精力日衰，前发疝气[31]，虽已痊愈，目光蒙雾，无术挽回。吏治兵事，均未能悉心料理，深为愧悚[32]。吾乡会匪窃发，益阳[33]、龙阳[34]等城相继被扰。此辈游荡无业，常思逐风尘而得逞。湘省年年发难，剿之而不畏，抚之而无术。纵使十次速灭，而设有一次迁延，则桑梓之患不堪设想，殊以为虑[35]。

【注释】

①南屏，见小传。

②以上叙书件之往来。

③单提古文，以下跟此着笔。

④卓绝一。

⑤卓绝二。

⑥陶公，即渊明。

⑦韦、白、苏、陆，唐韦应物、白居易，宋苏轼、陆游。

⑧栩栩，喜貌。《庄子》："栩栩然蝴蝶。"

⑨柳子厚，名宗元，唐河东人。

⑩遘，遇也。

⑪随笔补写一句，绝不费力。

⑫以上称许其文字。

⑬欧阳筱岑，名兆熊，四品卿衔。

⑭刘、姚，谓刘大櫆海峰、姚鼐姬传也。

⑮吕居仁，名本中，宋河南人。所撰有《宋论》四十篇及《师友渊源录》、《春秋解》等书。又作《江西诗派图》，以黄山谷为祖，陈师道次之，己亦列其内。

⑯《孟子》："君子深造之以道，欲其自得之也。"

⑰孔㧑约，名广森，曲阜人。禘祭，王者之大祭也。

⑱钱献之，名坫，嘉定人。

⑲朱竹君，名筠，大兴人。

⑳仪郑堂，孔㧑约堂名。

㉑《南园诗存》，昆明钱沣著。

㉒《绵庄文集》，上元程廷祚著。

㉓敻，高也。

㉔湘乡瓣香桐城，而有雄直之气、驱迈之势，所以救其偏也。

㉕姚鼐国史《文苑》有传。

㉖此是定评。

㉗以上纠其讥评姚氏之过。

㉘曾公以大学士重莅两江总督任。

㉙眴，同"瞬"。

㉚辖，管也。

㉛疝气，即小肠气。

㉜以上叙己之近况。

㉝益阳，县名，今属湖南湘江道。

㉞龙阳，县名，今改汉寿，属湖南武陵道。

㉟以上虑乡里孔萌之潜伏。

大界墓表

王考[①]府君[②]，以道光二十九年十月四日弃养，倏历二十三年。当初葬时，吾父以书抵京师[③]，命国藩为文，纪述先德，揭诸墓道。国藩窃观王考府君，威仪言论，实有雄伟非常之概，而终老山林，曾无奇遇重事一发其意。其型于家、式于乡邑者，

又率依乎中道，无峻绝可惊之行。独其生平雅言有足垂训来叶[4]者，敢敬述一二，以示后昆[5]。

府君之言曰[6]："吾少耽游惰，往还湘潭[7]市肆，与裘马少年相逐，或日高酣寝。长老有讥以浮薄、将覆其家者。余闻而立起自责，货马徒行，自是终身未明而起[8]。

"余年三十五，始讲求农事，居枕高嵋山下。垄[9]峻如梯，田小如瓦[10]。吾凿石决壤，开十数畛[11]而通为一，然后耕夫易于从事。吾昕[12]宵行水，听虫鸟鸣声以知节候，观露上[13]禾颠以为乐[14]。种蔬半畦[15]，晨而耘[16]，吾任之，夕而粪，庸保[17]任之。入而饮[18]豕，出而养鱼，彼此杂职之。凡菜茹[19]手植而手撷[20]者，其味弥甘；凡物亲历艰苦而得者，食之弥安也[21]。

"吾宗自元明居衡阳[22]之庙山，久无祠宇。吾谋之宗族诸老，建立祠堂，岁以十月致祭。自国初迁居湘乡至吾曾祖元吉公，基业始宏。吾又谋之宗族，别立祀典，岁以三月致祭。世人礼神徼福，求诸幽遐，吾以为神之陟降莫亲于祖考，故独隆于生我一本之祀[23]，而他祀姑阙焉。后世虽贫，礼不可堕；子孙虽愚，家祭不可简也[24]。

"吾早岁失学，壮而引为深耻。既令子孙出就名师，又好宾接文士，候望音尘，常愿通材宿儒接迹吾门，此心乃快。其次老成端士，敬礼不怠。其下泛应群伦，至于巫医、僧徒、堪舆[25]、星命[26]之流，吾屏斥之惟恐不远。旧姻穷乏，遇之惟恐不隆。识者观一门宾客之雅正疏数而卜家之兴败，理无爽者[27]。乡党戚好，吉则贺，丧则吊，有疾则问，人道之常也，吾必践焉，必躬焉。财不足以及物，吾以力助焉[28]。

"邻里讼争，吾尝居间以解两家之纷。其尤无状者，厉辞诘责，势若霆摧而理如的[29]破。悍夫往往神沮，或具尊酒通殷勤，一笑散去。君子居下[30]，则排一方之难；在上，则息万物之嚣，其道一耳[31]。

"津梁道涂废坏不治者，孤嫠衰疾无告者，量吾力之所能，随时图之，不无小补。若必待富而后谋，则天下终无可成之事[32]。"盖府君平昔所恒言者如此[33]，国藩既稔闻之，吾父暨叔父又传述而告诫数数矣[34]。

府君讳玉屏，号星冈。声如洪钟，见者惮慑。而温良博爱，物无不尽之情。其卒也，远近咸唏[35]，或涕泣不能自休[36]。

配我祖妣王太夫人，孝恭雍穆，娣姒钦其所为。自酒浆缝纫[37]，以至礼宾承祭，经纪百端，曲有仪法。虔事夫子，卑诎已甚。时逢愠怒，则竦息减食，甘受折辱，以回眷睐[38]。年逾七十，犹检校内政，丝粟不遗。其于子妇、孙曾、群从、外姻、童幼、仆妪，皆思有惠逮之。权量多寡，物薄而意长，阅时而再施[39]。

太夫人道光二十六年九月十八日卒，春秋八十，葬于木兜冲。其后三年而府君卒，春秋七十有六，葬于八斗冲，迁太夫人之柩祔焉。其后十年，为咸丰九年已未十二月，均改葬于大界[40]。

府君之先，六世祖曰孟学，初迁湘乡者也。曾祖曰元吉，别立祀典者也[41]。祖曰辅臣。考曰竟希。曾祖妣氏曰刘。祖妣氏曰蒋，曰刘。妣氏曰彭。以国藩忝窃禄位[42]，府君初貤[43]封中宪大夫[44]，后累赠为光禄大夫[45]，大学士两江总督。祖妣初

封恭人[46]，后累赠为一品夫人。圣朝推恩，追而上之，竟希公累赠光禄大夫，妣彭氏亦赠一品夫人[47]。

府君生吾父兄弟三人，仲父上台早卒，季父骥云无子，以吾弟国华[48]为嗣。孙五人。军兴以来，惟国潢[49]治团练于乡，四人者皆托身兵间。国华、贞干[50]殁于军，国藩与国荃[51]遂以微功列封疆而膺高爵。而高年及见吾祖者，咸谓吾兄弟威重[52]智略不逮府君远甚也，其风采[53]亦可想已。曾孙七人，玄孙七人[54]。

凡兹安居足食、列于显荣者，繄[55]维祖德[56]是赖。于是叙其大致，表于斯阡，令后嗣无忘彝训，亦使过者考求事实，知有众征，无虚美云[57]。

【注释】

①王考，已死祖父之称。

②叙述先世概称府君。

③《公羊传》："京者何？大也。师者何？众也。天子之居，必以众大言之。"

④来叶，后世也。《唐书》："永贻范于来叶。"

⑤以上叙立表之大意。

⑥公尝言：星冈公之教人，则有八字三不信。八者，曰考宝早扫书蔬鱼猪。三者，曰僧巫，曰地仙，曰医药，皆不信也。此文大抵即从此着笔，须看其布局之妙。

⑦湘潭，县名，今属湖南湘江道。

⑧未明而起，遗训一。

⑨垄，田中高处。

⑩二语研炼，能写难状之景。

⑪畛，田中路也。

⑫昕，朝也。

⑬上，升也。

⑭描写农家之乐，殊有恬适之趣。

⑮畦，区也。一曰五十亩为畦。

⑯耘，去草也。

⑰庸，亦作"佣"。庸保，受值而为人役者。《史记》："高渐离变姓名为人庸保。"

⑱饫，同"饲"。

⑲茹，菜之总称。

⑳撷，采也。

㉑至理名言。　讲求农事，遗训二。

㉒衡阳，县名，今属湖南衡阳道。

㉓"礼神徼福"者宜三复斯言。

㉔立祠致祭，遗训三。

㉕今称相地者曰堪舆家。

㉖术数家以人生之年月日时推算禄命，谓之星命之学。

㉗真阅历有得之语。

㉘待遇师友姻戚之道，遗训四。

㉙的，射侯之中也。

㉚"君子居下"云云,亦府君之言。文笔以挺接出之,尤见紧耸。

㉛解纷,遗训五。

㉜谋公益,办善举,遗训六。

㉝一句总束上文。　欧公《泷冈阡表》详叙太夫人之言,此亦叙府君之言,文之机杼正复相同。

㉞以上叙府君之遗训。

㉟哀而不泣曰唏。见《方言》。

㊱博爱可见。　以上叙府君之音容性情。

㊲纫,绳缕展而续之。

㊳是谓良妻。

㊴以上叙王太夫人之懿行。

㊵以上叙府君及太夫人之葬地。

㊶应前。

㊷自叙禄位,为下封赠之地。

㊸貤,移也。

㊹中宪大夫,为从三品文官阶。

㊺光禄大夫,为正一品文官阶。

㊻恭人,为四品封赠之号。

㊼以上叙先世及其封赠。

㊽国华,字温甫,公之三弟。

㊾国潢,字澄侯,公之弟。

㊿贞干,初名国葆,字季洪,后更名贞干,字事恒,公之季弟。以积劳殁于金陵军中,追赠按察使,谥靖毅。

51国荃,字沅甫,公之弟。以平洪杨功封一等威毅伯,官至两江总督、太子太保。卒谥忠襄。

52《后汉书》:"贾复还私第,阖门养威重。"　公尝言:星冈公仪表绝人,全在一"重"字。此处妙从旁人看出。

53风采,仪容也。《后汉书》:"士大夫想望其风采。"

54以上叙子孙。

55繄,语助词。

56归美祖德,最得体要,亦《泷冈阡表》"不辱其先,其来有自"之意。

57总收处言约而尽。　以上结出后嗣之显荣本于先泽及所以表阡之故。

台洲墓表

呜呼!惟我先考先妣既改葬于台洲之十三年,小子国藩始克表于墓道[①]。先考府君讳麟书,号竹亭。平生困苦于学,课徒传业者盖二十有余年。国藩愚陋,自八岁侍府君于家塾。晨夕讲授,指画耳提,不达则再诏之,已而三覆之。或携诸途,呼诸枕,重叩其所宿惑者,必通彻乃已。其视他学童亦然,其后教诸少子亦然[②]。尝曰:"吾固钝拙,训告若辈钝者,不以为烦苦也[③]。"府君既累困于学政之试[④],厥后

挈国藩以就试，父子徒步橐笔[5]，以干有司，又久不遇。至道光十二年，始得补县学生员。府君于是年四十有三，应小试者十七役矣。吾曾氏由衡阳[6]至湘乡[7]五六百载，曾无人与于科目秀才[8]之列，至是乃若创获，何其难也[9]！

自国初徙湘乡，累世力农。至我王考星冈府君，乃大以不学为耻，讲求礼制，宾接文士，教督我考府君，穷年磨厉，期于有成。王考气象尊严，凛然难犯。其责府君也尤峻[10]，往往稠人广坐，壮声呵斥；或有所不快于他人，亦痛绳长子。竟日嗃嗃[11]，诘数愆尤。间作激宕之辞，以为岂少[12]我耶？举家耸惧[13]，府君则起敬起孝[14]，屏气[15]负墙[16]，踧踖[17]徐进，愉色如初。王考暮年大病，痿痹[18]瘖哑，起居造次[19]必依府君。暂离则不怡，有请则如响。然后知夙昔之备责府君，盖望之厚而爱之笃，特非众人所能喻耳[20]。

咸丰二年，粤贼[21]窜湘，攻围长沙[22]。府君率乡人修治团练，戒子弟讲阵法，习技击[23]。未几国藩奔母丧回籍，奉命督办湖南团练。明年，又奉命治舟师，援剿湖北。府君僻在穷乡，志存军国。初令季子国葆募勇讨贼，既又令三子国华、四子国荃募勇北征鄂[24]，东征豫章[25]，粗有成效。而府君遽以咸丰七年二月四日弃养。阅一年而国华殉难于三河[26]。又四年而国葆病殁于金陵。朝廷褒恤，并予美谥[27]。而国藩与国荃遂克复安庆、江宁两省[28]，虽事有天幸，然亦赖先人之教，尽驱诸子执戈赴敌之所致也[29]。

初国藩以道光间官京师，恭遇覃恩[30]，封王考暨府君皆为中宪大夫[31]，祖妣暨先母皆为恭人[32]。逮咸丰间，四遇覃恩，又得封赠三代，皆为光禄大夫[33]，妣皆一品夫人。今上嗣位，四遇覃恩[34]，又以战绩，兄弟谬膺封爵。于是曾祖府君儒胜、王考府君玉屏暨府君皆封为大学士、两江总督、一等侯爵。曾祖妣氏彭、祖妣氏王、先妣氏江仍封一品夫人。呜呼！叨荣至矣[35]！

江太夫人为湘乡处士沛霖公女，来嫔曾门，事舅姑四十余年。饎爨[36]必躬，在视必恪。宾祭之仪，百方检饬[37]。而子男五人、女四人，尺布寸缕，皆一手拮据。或以人众家贫为虑，太夫人曰："某业读，某业耕，某业工贾。吾劳于内，诸儿劳于外，岂忧贫哉！"每好作自强之言，亦或谐语以解劬苦[38]。咸丰二年六月十二日疾卒，九月二十二日葬于下要里宅后。府君以七年闰五月初三日葬于周壁冲。至九年八月某日，并改葬于台洲之猫面脑[39]。

府君有弟二人。仲曰上台，年二十有四而殁。府君视病年余，营治医药，旁皇达旦。季曰骥云，推甘让善，老而弥恭。无子，以国华为之嗣，后府君三年而殁[40]。女四人，其二先卒，其二继逝。诸子今存者，惟国藩与国潢、国荃三人。诸孙七人，曾孙七人[41]。于是略述梗概，以著先人懿德，垂荫无穷，而小子才薄能鲜，忝窃高位，兢兢焉惟不克负荷是惧云[42]。

【注释】

①以上声明墓表迟立之由。

②此等句法亦从《泷冈阡表》得来。

③以上叙课徒课子之严。

④学政之试，即童子试也。

⑤《汉书》："持橐簪笔。"注："橐，盛书。簪笔，插笔于首以纪事。"

⑥衡阳，县名，今属湖南衡阳道。

⑦湘乡，县名，今属湖南湘江道。

⑧唐制取士，有秀才、明经、进士、俊士、明法、明字、明算等五十余科，故曰科目。后世止进士一科，亦称科目，沿用之误也。见《订讹杂录》。

⑨以上叙一第之不易。

⑩先提一句，领起下文。

⑪嗃嗃，严酷貌。《易》："家人嗃嗃。"

⑫少，短也。訾人曰少之，犹称人曰多之也。

⑬极写严峻情状，语语真实。与《大界墓表》两相参观，益见□妙。

⑭公尝言：竹亭公之教人，则专重"孝"字。其少壮敬亲，暮年爱亲，出于至诚。故纂墓志仅叙一事，墓表叙事略多，可悟行文繁简之法。

⑮屏□其气，不敢出息，敬谨畏惧之极也。《论语》："屏气似不息者。"

⑯《礼记》："负墙而立。"谓背壁而立也。

⑰踧踖，恭谨不宁之貌。《论语》："踧踖如也。"

⑱痿痹，肢体不仁之病，患者筋肉疲软。

⑲造次，急遽之时也。

⑳斡旋更妙。　以上叙庭训之严厉及事亲之愉婉。

㉑洪秀全、杨秀清皆广东花县人，故曰粤贼。

㉒长沙，属湖南省，今废，长沙县其旧治。

㉓二句为尽驱诸子执戈赴敌伏笔。

㉔鄂，湖北省。

㉕豫章，今江西南昌县。

㉖三河，镇名，在安徽舒城。李续宾丧师于此，国华死之。

㉗国华谥愍烈，国葆谥靖毅。

㉘咸丰十一年复安庆，同治三年复江宁。

㉙以上叙兄弟之从戎，乃秉府君之教。

㉚覃恩，国有庆典，加恩于下。覃，及也。

㉛中宪大夫，为从三品文官阶。

㉜恭人，为四品封赠之号。

㉝光禄大夫，为正一品文官阶。

㉞叙历朝封赠，亦仿《泷冈阡表》之例。

㉟以上叙历代之封赠。

㊱饎爨，炊黍稷也。《仪礼》："主妇视饎爨于西堂下。"

㊲虚写包括不少。

㊳着墨不多，而太夫人之才亦见。　以上叙江太夫人之嘉言懿行。

㊴以上叙府君及太夫人之葬地。

㊵以上叙府君之友爱。

㊶以上叙子孙。

㊷《泷冈阡表》欧公自谓“幸全大节，不辱其先”。此惧“不克负荷”，措语更觉敛抑。

谨言箴[1]

巧语悦人，自扰其身。闲言送日，亦搅[2]女[3]神。解人[4]不夸，夸者不解[5]。道听涂说[6]，智笑愚骇[7]。骇者终明，谓女贾[8]欺。笑者鄙女，虽矢[9]犹疑。尤悔既丛，铭以自攻。铭而复蹈，嗟女既耄[10]。

【注释】

①道光甲辰年，湘乡方致力程朱之学，仿韩公《五箴》，亦作《五箴》以自警，并以训勉兄弟。兹录《谨言》一首，学者尤当奉为良箴也。　　《前汉·艺文志》：“医经箴石汤火所施。”注：“箴所以刺病，古以石针刺病。”此借作戒饬解。

②搅，乱也。

③女，同“汝”。

④解，谓明识理趣也。《世说》：“谢安年少时，请阮光禄道《白马论》，谢不能解。阮乃叹曰：‘非但能言人不可得，正索解人亦不可得。’”

⑤二句真有得之言。

⑥《论语》：“道听而涂说，德之弃也。”

⑦此句领下四句。

⑧贾，售也。

⑨矢，誓也。言虽自矢不欺，而人犹疑之。

⑩耄，惛忘也。

此首与韩公《言箴》意思相类。

续古文观止卷之七

姚谌

景詹阁遗文自序[①]

余年十三四即学为诗古文，是时独学亡[②]友[③]，冥然[④]无所得。甲寅以后，始弃举业[⑤]，治经史，旁及九流[⑥]百家[⑦]之学。然役于人事，志壹而力不专。辛酉春，自删次所作诗文为四卷，又别录二卷，皆浅薄无足览观。噫！余幼苟得师友之助，所就岂止是乎[⑧]！犹幸知择术，自拔于俗学[⑨]，犹其难若是。世不乏才者，其锢[⑩]于俗亦已矣，况下此乎[⑪]？古教士务育才，而今务锢之[⑫]，锢之诚非也。抑士鲜自振者，亦其才弗古如与？然陋如余得自拔何也[⑬]？其庸非幸与？咸丰十一年岁次辛酉姚谌拙民氏自序。

【注释】

①阁，庐也。

②亡，同“无”。

③《礼·学记》：“独学而无友，则孤陋而寡闻。”

④冥，昧也。

⑤应试文字谓之举业。

⑥儒家者流，道家者流，阴阳家者流，法家者流，名家者流，墨家者流，纵横家者流，杂家者流，农家者流，是为九流。见《汉书·艺文志》。

⑦谓诸子也，此举成数而言。《史记》：“《尚书》独载尧以来，而百家言黄帝，其文不雅训。”

⑧结束上文，领起下文。

⑨俗学，即指举业等。

⑩锢，禁锢，犹拘束也。

⑪有才而不可锢于俗，况其下者，何以堪此？

⑫限以但知举业。

⑬知择术，故自拔。

施补华

题登高图

重九，佳节也。登高，胜会也。饮酒，乐事也。亲旧在异方者，幸此一日之聚焉。然七人[①]之中，唯凌子官于山东，自余六人皆客也。夫客者，西东北南靡定耳。

则此一日之聚，亦不能岁以为常。且七人者年各不同，自今之重九，人自数其齿[②]以至于尽，凡得重九若干日，重九而游者若干日。游于某丘某水，与之游者某人，皆不可知，惟此一日之聚为现在焉。慨其难常，幸其现在，此其作图之意乎[③]？

虽然，庄生有言：夫迹，履之所出。而迹岂履哉？彼一日之聚，忽然以逝者，亦岂图之所能存[④]？盖人必有其不亡者，而后凡所作为依之以存焉[⑤]。古人一日之聚，传于今者多矣。谓迹不足存，而存焉者何也[⑥]？

七人者[⑦]，泉唐赵曈，仁和蒋其章，乌程施补华、朱毓广，归安凌绂曾，山阴汤震，上元臧大勋。图者曈，记者补华。己丑[⑧]九月。

【注释】

①图中七人叙明在下。

②齿，年也。

③点题。

④存与亡不在形迹间。

⑤缭而曲，如往而复。

⑥盖必有其不亡者。

⑦叙明七人姓名。

⑧清光绪十五年。

潘锦芳传

潘锦芳，湖州卖酒翁也。少习拳勇[①]技击[②]，谊[③]心直气[④]，市井[⑤]无赖[⑥]咸惮之。已而折节[⑦]为善，谦谨畏事，犯而不校[⑧]。晚年酒益雠[⑨]，家富，子孙内赀[⑩]为品官[⑪]，翁称封君[⑫]，而谦谨加甚。每入市井，伛偻[⑬]旁行，与庸保[⑭]语，兄之弟之。郡县大夫与缙绅[⑮]之仕而归者敬翁为人，诣之，匿不敢见[⑯]。为人平争斗，偿逋负[⑰]，事解不居其名[⑱]。

咸丰庚申[⑲]，粤贼攻湖州。赵忠节公[⑳]以乡兵守城。指翁告人曰："此游侠[㉑]之雄也，惜乎老矣。"辛酉之冬，贼陷会城[㉒]，围湖州益亟[㉓]。而江苏巡抚[㉔]驻军上海。忠节作血书乞援，募能犯围出者，翁请独行[㉕]。及陈血书，议以松江提督曾秉忠帅水师绝太湖而西，为外内合攻之计。乡人贾于上海者，聚赀十万饷[㉖]之。行有日矣，有尼[㉗]之者中变。翁乃流涕言曰："老夫出城时，城中粮已尽矣。兵一日两鬻[㉘]，民食草根树皮，空巷敝庐，死人相枕。生者数老夫之行，旦暮待援，惧不相保。城外贼如麻，登高叫呼，兵在城上与之应答，岌岌[㉙]将为变。老夫病且死，犯围为此行。乡人贾于此者，念在围城父兄子弟宗族姻连[㉚]，其情愁急，恨水师无翮[㉛]而飞也。彼尼之者何其不仁乎！呜乎[㉜]！吾不复见赵公矣！"举拳击案，大呼呕血以死[㉝]。死之六月，为同治壬戌[㉞]五月。湖州城陷，翁家亦破[㉟]。翁之诸孙至今以酒为业。

施氏曰：同治壬申癸酉间，重修《湖州府志》。余言潘锦芳事，宜附壬戌殉节诸君之后。或以卖酒者少[㊱]之，遂不得书。乌乎！翁卖酒者也，赵忠节公识之矣。

【注释】

①拳勇，善技击有勇力者也。《小知录》："拳勇有内外家之称。外家起于少林，以搏人为主，人亦得而乘之。内则以静制动，犯者应手即仆，盖传自宋之张三丰。"

②技击，击刺之术。《荀子》："齐人隆技击。"注："以勇力击斩敌人也。"今专称习拳法曰技击。

③谊，通"义"。

④一语断定。

⑤市井，《管子》注："立市必四方，若造井之制，故曰市井。"

⑥无赖，无所依赖也。《唐书》："李勣言：我年十二三，为无赖贼，逢人即杀。"

⑦折节，言顿改其旧所为也。《魏略》："徐庶少好任侠击剑，中平末，为人报仇得脱，折节学问，与诸葛亮特相善。"

⑧句见《论语》。　　停顿有致。

⑨益雠，谓多得其偿价也。偿价曰雠。《史记》："高祖每酤留饮，酒雠数倍。"

⑩内赀，古纳粟米入官，后用银款，上兑捐纳。内，通"纳"。赀，财货也。

⑪品官，官之入流品者也，一品至九品皆是。

⑫子孙贵显，其父祖受封典者称封君。

⑬伛偻，恭敬貌。《左·昭》："一命而伛，再命而偻，三命而俯。"

⑭庸保，犹言雇工。《史记》："荆轲死，高渐离变姓名为人庸保。"庸，通"佣"。

⑮缙绅，插笏于带也。古之仕者，垂绅缙笏，故称官族曰缙绅。缙，亦作"搢"，插也。

⑯所谓谦谨。

⑰《左·成》："施舍已责。"注："施恩惠，止逋负。"凡应偿而未偿者谓之逋负。

⑱是谊心直气。

⑲咸丰庚申，咸丰十年。

⑳赵忠节公，名景贤，号竺孙，归安举人，以城破殉难。

㉑好交游，急人难，谓之游侠。《史记》有《游侠列传》。

㉒会城，指杭州省城。

㉓亟，同"急"。

㉔时徐有壬殉节，薛焕护任。薛，广东人。

㉕此亦谊心直气之所发见。

㉖饷，粮食也。《史记》："给馈饷，不绝粮道。"

㉗尼，止也。《孟子》："止或尼之。"

㉘鬻，同"粥"。

㉙岌岌，危也。《孟子》："天下殆哉！岌岌乎！"

㉚姻连，姻亲为连。

㉛翮，羽茎也。

㉜乎，同"呼"。

㉝写得慨慷激烈，结束"谊心直气"句。

㉞同治壬戌，同治元年。

㉟忠节亦遂殉难。

㊱少，犹言卑之也。

别弟文

光绪八年十月，施子之弟自喀什噶尔[1]还湖州。施子饮之以酒，告之曰：吾家故寒敝也，今日之所有，已为异数矣[2]。夫巨富中落，而余千金之产，愀[3]然不可为生。贫人得十金，以为资本，则左宜右有[4]。所处之势异，所操之术殊也。此行归资之外，赢数百金，岂非贫人之雄乎[5]？以此坐市上权量百货，贱入贵出，逐什一之利，终岁之所获，足以赡[6]妻子。营心与力，非所耻也，贤[7]于为官者夺民以肥己[8]。

吾忆道光二十又九年，吾父弃养[9]。吾年十五岁，尔年九岁。家无一笥[10]衣、一贯泉[11]。租屋而居，月偿其直[12]。岁又大凶，米价十倍。吾母晨起坐络丝[13]，率至夜半。得泉一百，籴米作粥，杂以菜根豆屑，母子乃得半饱。一日不络丝，即忍饥清坐。人有问之，则曰已食毕矣[14]。吾痛母氏之勤，涕泣自奋，读书不孰[15]，至啮其指，血斑斑洒书本。尔亦拾薪担水，任炊爨[16]，暇坐母侧，亦学络丝。姻连[17]族鄙[18]恐其开口假贷，不敢至吾门[19]，母氏亦戒勿往来，虑为所厌[20]。甚者议先大夫好施与，勿为子孙计，至有今日。尤笑吾读书，谓渠谋食不暇，尚想作秀才，取饿之道也[21]。当是时，视邻里之有父而温饱者，如天上人。尔年虽小，不应忘之[22]。

其后门户稍立。咸丰十年，寇乱又作，吾随赵忠节公[23]守城。之同治元年，城中粮尽，全家啖马肉，并煮牛羊之革左[24]之。五月城破，吾负母而逃，圣[25]野菜充饥，母子十月身亡寸棉。尔为贼掠几死，脱走至家，形色非人，疾病疮痏[26]，相替而作。其饥寒视道光之末，而颠危忧困过之[27]。

管仲告齐桓曰："愿君勿忘在莒，臣亦念堂阜之囚[28]。"故尔与它[29]人校[30]，则诚不足[31]；以一身先后自校，尔亦苦尽之甘、否极之泰矣[32]。老氏[33]有言："知足不辱。"以今日为过望，则乐[34]；猷[35]有奢望，则辱在其后。吾在军中，不无多费。然每对盛馔，念先人未及食也；每御华服，念先人未及衣也。甘在口，适在体，而痛在心[36]。禄养既不逮，得立功名天壤间，使姓氏不朽，先人而有知，含笑地下矣[37]。蹉跎[38]中岁，此志不衰。至于富贵之乐，不能喜[39]，亦不忍喜也[40]。

人须自量其力。吾才识学问实过于尔，欲有所成就，为先人光[41]。尔则自安愚分，积铢累寸[42]，以足衣食，持门户，保子孙，抑其次也[43]。彦诒长矣，持此篇归，使读其词而识其意。莒与堂阜，居之终身可也，告之后嗣可也。

【注释】

①喀什噶尔，地名，属新疆，清时置疏勒府，今改为县。

②按今思昔，领起下文。

③愀，忧愁貌。

④《诗》："左之左之，君子宜之。右之右之，君子有之。"

⑤此极知足语。

⑥赡，足也，给也。
⑦贤，犹胜也。
⑧直截收住。
⑨弃养，谓父死也。
⑩笥，衣箱之方者。
⑪千钱曰一贯。古谓钱曰泉，谓其流行无不遍也。
⑫直，价值也。
⑬络丝，治丝之事，以丝绕于篗谓之络。
⑭言之慨然，不堪回首。
⑮孰，同“熟”。
⑯爨，以火炊物也。
⑰姻连，见上。
⑱鄗，同“党”。
⑲世情大抵如斯，不胜一叹。
⑳母亦见幾。
㉑世俗之见往往有此。
㉒幼而无父，言之泪下。
㉓见上《潘锦芳传》注。
㉔左，同“佐”。　　助也。
㉕圣，《说文》：“汝颍间谓致力于地曰圣。”
㉖痏，疮也。《抱朴子》：“生疮痏于玉肌。”
㉗历述前事，艰苦备尝。
㉘齐桓公奔莒，归国为君。管仲脱囚，为齐桓相。事见《左·庄》。堂阜，春秋齐地，在今山东蒙阴县西北。
㉙它，同“他”。
㉚校，同“较”。
㉛应上“巨富”。
㉜应上“贫人之雄”句。
㉝姓李，名耳，字伯阳，谥曰聃，故亦称李聃。周守藏室之史也。所著书名《老子》。
㉞应上“非所耻也”。
㉟猷，同“犹”。
㊱真是孝子之言。
㊲立身行道，扬名于后世，以显父母，是之谓孝。
㊳蹉跎，失时也。《晋书·周处传》：“欲自修，而年已蹉跎。”
㊴亯，古“享”字。
㊵沉痛之至，令人泪下。
㊶兄弟之间，不容自谦。说尽自己之事，再作告诫之言。
㊷积铢累寸，言积聚起于细微也。《侯鲭录》：“寒女之丝，铢积寸累。”铢，古衡名。　应上“逐什一之利”。
㊸所谓本立而才不足，故谓其次，并非深贬。

以此别弟，并令告及其子，可作家训读。

李慈铭

猫娘传

猫娘者，居越城[①]偏门外，不知其姓氏。贩妇人珠翠衣襦[②]之属以为生有年矣。貌皱黑，每出城市，喜涂粉黛[③]其面，结发为十余鬟[④]，以红棉缠之，杂插花草其上。修[⑤]视齵笑[⑥]，娭[⑦]游阛阓[⑧]间，往往多得钱文去[⑨]。余见之，盖年四五十矣。时虚[⑩]市人散，湖桥夕阳中，一老丑妇顾景[⑪]行，红紫摇摇满头。儿童数十喧绕之，争唱以为猫娘归也。

论曰：甚矣天下之大也！盖变其术以游于世者，固穷亡复之矣[⑫]。若猫娘者，宜其称也。夫世之人莫不好妍而恶丑，而丑之甚者知必不可于世也，乃益假妍以自形。果以是取笑于世，而世人不之觉，已群售其丑矣[⑬]。然则世之好恶真不可恃哉！虽然，予初见猫娘，则怒以为妖也。继得其故，则为感叹而不能已。呜呼！其感也可思矣[⑭]！

【注释】

①越城，即绍兴城。

②襦，短衣也。

③黛，画眉之物。

④鬟，总发为之。

⑤修，饰也。

⑥汉梁冀妻孙寿能为龋齿笑。注："谓齿痛不忻忻之状也。"

⑦娭，戏也。

⑧阛阓，市门也。

⑨无非为钱文耳，猫娘之计画如此。

⑩虚，同"墟"。　　商贾货物辐凑处。

⑪景，同"影"。

⑫穷斯滥矣，宣圣已早言之。

⑬钱财入我囊中，与英雄入我彀中同一手段。

⑭结句冷隽。

无限感慨，此作论之正旨。今流行之广告术，形容百变，穷谲尽奸，其踵猫娘之故智耶？

复某书

仆息交绝游[①]，政畏见妄人，闻妄语。足下于仆，非总角[②]之好，无平生之欢，乃以绝不相涉之言，妄附于诤友之列[③]，诚仆所不解。顷复以长牍见责，诋仆为妄，且恐仆不能句读而自句读之，吾知妄人自有所归也[④]。足下少年得意，读一二破碎书，自以为见理已深，狂谵[⑤]百出[⑥]。仆诚未闻道，亦不足称文人[⑦]。然如足下者，恐须息心静气，从仆等游十余年，方可启齿牙也[⑧]！仆老多病，无闲气力与后生较是非，元书附还，以后见绝可也[⑨]。

【注释】

①陶渊明《归去来辞》："请息交以绝游。"

②《诗》："总角丱兮。"言童时束发为髻。

③此君太不自量。

④璧还"妄人"之称，此君只自取辱。

⑤谵，多言也，心病也。

⑥狂谵非妄人而何？

⑦"文人"当为来书之称，辞而辟之，为妄人之自命文人者加以棒喝。

⑧骂得痛快。

⑨决绝之至，以妄人之不可与言也。

六十一岁小像自赞

是翁也，无团团之面[①]，乏姁姁[②]之容。形骸落落兮，谨畏匔匔[③]。须眉怊怅兮[④]，天怀畅通。故其貌溪刻兮[⑤]，而心犹五尺之童。其言謇呐[⑥]兮，而辩为一世之雄。不知者以为法官之裔，如削瓜[⑦]而少和气兮；其知者以为柱下之胄[⑧]，能守雌[⑨]而以无欲为宗。乌乎！儒林耶[⑩]？文苑[⑪]耶[⑫]？听后世之我同。独行耶[⑬]？隐佚耶？止足耶？是三者吾能信之于我躬。雨潇，风晦，霜落，叶红；悠然独笑，形行景从[⑭]。待观河[⑮]之将皱兮，拊[⑯]桑海[⑰]而曲终。故俗士疾之，要人[⑱]扼之，而杖履所至，常有千载之清风[⑲]。

【注释】

①袁子才《咏钱》诗："面形团似富家翁。"

②姁姁，和好貌。

③匔匔，谨畏貌。

④怊怅，失意貌。

⑤溪刻，清瘦也。

⑥呐，言之迟钝难出也。

⑦皋陶面如削瓜。

⑧老聃姓李，为周柱下史。
⑨《老子》："知其雄，守其雌。"注："雄谓刚强，雌谓柔弱。"
⑩《史记》有《儒林传》，以后史书皆有之。
⑪史书有《文苑传》，纪载文士之言行。
⑫儒林、文苑，先生两无所愧。
⑬独行，特立独行，不随流俗。《后汉书》有《独行传》。
⑭此表岁寒自励、独往独来之概。
⑮观河，《楞严经》："佛告波斯匿王：'我今示汝不灭性。汝三岁见恒河时，至年十三，其水云何？'王言：'至于今六十三，亦无有异。'佛言：'汝今发白面皱，必今皱于童年。观河之见，有童耄否？'王言：'否也。'"此言阅历之深。
⑯拊，拍也。
⑰桑海，《神仙传》："麻姑云：'接侍以来，已见东海三为桑田。'"此言时势之变迁。时值洪、杨已平之后。
⑱要人，柄政权者。
⑲自命不凡，定论听诸后世。

张裕钊

跋明三原焦公家书[①]

平江[②]钟君以所藏《明三原焦公家书》视裕钊，裕钊受而观之，盖公分巡河东[③]时所示其子兵事也。公大节廪[④]然，其书既可贵重，又所述战事多本传所未及载，尤足以补史氏之遗，是重可宝也[⑤]。

始公以抗疏忤群小[⑥]，媾祸几不测。后以佥都御史巡抚大同[⑦]，不见容，卒罢归。及公家居，抗贼不屈死，而明亦未几亡矣。明季流贼[⑧]之陷京师，实自山西人[⑨]。今观公是书，战绩炳著处，计画尤周尽。使终官山西，竟其用，明疆事或未遽至是亟也。娼嫉[⑩]之病人国，伤哉[⑪]！

余观自古忠臣拂[⑫]士[⑬]，后世得其遗文手泽，臧[⑭]弆[⑮]葆[⑯]贵，虽一字若拱璧，爱之如不克见。而并时之人，乃至戕其身而不忌，排陷之不遗余力。当其世者遇之而不见惜，后人惜之而又莫能相遇，古与今相续，而胥若一也[⑰]，余莫之能知也，悲夫！

书凡十纸。其第二纸、第三纸皆有公名印记，第九纸书"王家允"，为王家印。与史亦少异[⑱]。同治七年夏闰月二十五日，武昌张裕钊敬跋。

【注释】

①三原，县名，今属陕西关中道。焦公，名源溥，字涵一，三原人。官至右佥都御史，巡抚大同。李自成陷关中，公骂贼死。
②平江，县名，今属湖南武陵道。
③河东，山西境内在黄河以东者，统称河东。

④廪，通“懔”。

⑤说出可贵之故。

⑥指疏劾内侍崔文升进药光宗事，卒为文升所排斥。

⑦明之九边，大同其一也，在今山西境。

⑧李自成等。

⑨此言山西之重要。

⑩媢嫉，犹忌嫉也。《礼·大学》：“媢嫉以恶之。”

⑪此承“群小”言。

⑫拂，同“弼”。

⑬拂士，辅弼之贤士也。《孟子》：“入则无法家拂士。”

⑭臧，同“藏”。

⑮弆，藏也。

⑯葆，通“宝”。

⑰推论一段，文情始觉绵密。

⑱此言确为公手迹。

送黄蒙九序[1]

《易》曰：“君子之道，或出或处，或嘿或语[2]。”孟子之称孔子，则曰：“可以止则止，可以仕则仕[3]。”君子之仕不仕，唯其可焉尔，未尝有所意于其间，曰吾必为此与必为彼也[4]。

然吾观伊尹[5]师保太甲[6]，周公[7]相成王[8]，其君臣之遇至矣。伊尹既反太甲于桐[9]，则复政而告归。周公营洛邑[10]成，作诰[11]，亦孳孳以明农[12]为言。即至后世所号称名臣，身居显列，而累疏求退，见于史牒[13]者往往而是[14]。盖贤者之于世，虽是心不能一日以忘，至其于富贵宠利，则泊乎一无与于其身，而不以豪[15]发为吾重轻。故其仕也，则能外势荣，明得丧，一唯其职与其志之所必为，一有不合，则奉身而去，若脱屣耳。后之君子，其仕也，非尽欲行其志也，大都以其荣与利者也。故得志则泰然其自恣，恤[16]乎若恐失之；不得志则展转怫悁[17]，侘[18]焉若不可以终日。一唯时之荣若悴为迁贸[19]，而进退乃无一可者，其志先乱，中无所为自得者以御其外也，其遂沉溺，不亦宜乎[20]？

同年友黄君蒙九，以知府官江南，尝筦[21]征榷[22]通州[23]，摄海州[24]，皆有能名，众谓蒙九且显矣。一旦决然假归，上官留之不可得。江南之官吏皆称以为难，唯裕钊亦以是伟蒙九也。虽然，君子之出处，要惟其志之无累，岂徒以迹之显晦为隆污哉[25]？今蒙九之去，吾未知其于志果有所不得行，浩然决去，以求得其所自慊[26]者邪？抑尚有所不获已，而于心固未能以自释者邪？蒙九且行，索裕钊一言为赠，裕钊为书此，还以敂[27]之。

【注释】

①蒙九，名克家，湖南随州人。道光举人。官江苏候补知府。

②三句见《易·系辞》。
③二句见《孟子·公孙丑》篇。
④此段总冒。
⑤伊尹，商贤相。太甲无道，伊尹放之于桐宫。三年，太甲悔过，迎之复立而告归。
⑥太甲，汤之孙。
⑦周公，文王子。成王幼，周公摄政，天下大治。
⑧成王，武王子。
⑨桐，地名，汤葬地。
⑩洛邑，周之东都，今河南洛阳县治。
⑪洛邑既定，周公遣使告卜，史氏录之，以为《洛诰》。
⑫《书·洛诰》："兹予其明农哉。"
⑬牒，书板。
⑭此段引古。
⑮豪，同"毫"。
⑯恤，忧也。
⑰怫愲，心不安也。
⑱侘，失志貌。
⑲迁贸，改易也。
⑳此段推论，以下入题。
㉑筦，同"管"。
㉒《前汉书》："初榷酒酤。"颜师古注："禁民酿酒，如道路设木为榷，独取利也。" 榷，以木渡水也，后沿为取税之称。
㉓通州，旧为直隶州，今为南通县。
㉔海州，旧为直隶州，今析其地为东海、灌云二县。摄，代理也。
㉕此数句仍抱起首一段。
㉖慊，足也，快也。
㉗敂，通"叩"。 问也。

游狼山记[①]

光绪二年秋八月，黎莼斋筦榷务通州，余过焉。既望，与莼斋游于州南之狼山。山多古松桂，桧柏数百株。倚山为寺，寺错树间。最上为支云塔，危踞山颠，万景毕内。迤下若萃景楼及准提、福慧诸庵，亦绝幽夐[②]。所至僧舍，房廊屈曲，左右苍翠环合，远绝尘境[③]。侧身回瞩，江海荡天，近在户牖。隔江昭文[④]、常熟诸山，青出林际蔚然[⑤]。时秋殷中[⑥]，海气正白，怒涛西上，皓若素霓，灭没隐见[⑦]。余与莼斋顾而乐之。狼山，淮扬以东雄特胜处也。江水自岷[⑧]蜀径吴楚行万里，至是灏漾[⑨]渺莽，与海合会。山川控引，界绝华戎。天地之所设险，王公以是慎固，古今豪杰志士之所睥睨而筹也[⑩]。

昔阮籍[⑪]遭晋室之乱，作《咏怀》诗以见志。登广武山[⑫]，叹悼时之无人。今余

与莼斋幸值兹世，寇乱殄息，区内亡事。蕃夷绝域，约结坚明，中外以恬嬰相庆。深忧长计，复奚以为[13]？余又益槁枯朽钝，为时屏弃。独思遗外身世，捐去万事，徜徉[14]于兹山之上，荫茂树而擷[15]涧芳，临望山海，慨然凭吊千载之兴亡，左挟书册，右持酒杯，啸歌偃仰，以终其身。人世是非理乱，天地四时变移，眇若队[16]叶与飘风，于先生乎何有哉！归书而为之记。

【注释】

①狼山，在江苏南通县之南，与常熟福山对峙，为海防重镇。

②敻，寥远也。

③以上叙近景。

④昭文，江苏县名，今并入常熟县。

⑤蔚，茂也。

⑥中，同“仲”。

⑦见，同“现”。　　以上叙远景。

⑧岷，江名，在四川境。

⑨灏漾，水无际也。

⑩以上叙狼山形势。

⑪阮籍，字嗣宗，三国魏尉氏人，官至步兵校尉。

⑫广武山，在河南河阴县北。

⑬此段叙时事，以下入本题，结以感慨。

⑭徜徉，犹徘徊也。

⑮擷，取也。

⑯队，同“坠”。

与黎莼斋书

前在金陵，相从谭蓺[1]，讥评古今人，私心甚快。别后倏忽月余日矣，寒窗短檠[2]，时时隐几思足下，不可弭[3]忘。裕钊自惟生平于人世都无所耆[4]好，独自幼酷喜文事。顾尝窃怪学问之道，若义理、考据、词章之属，其涂径至博，其号称为专家，亦往往而有。独至于古文，而能者盖寡[5]。自曾文正公[6]没，足下及至甫[7]又不得常聚晤，块坐独处，四顾茕然，无可与语[8]。近者李佛笙[9]乃颇有意于此，时相从问为文法。所入虽未深，然佛笙故天亮出于人人，乃时有解悟处，此差足语耳。

夫文章之事，非资才敻绝而程功致力之深且久者，则必不能以至。才优而力深矣，其能至以几于成与不能成，则亦有天焉。既至而几于成矣，其传不传，与传之显若晦若近与远，则又有天焉。且诚令其至而几于成，成焉而传，传焉而显且远，而吾文信不敝于百世，吾身则既泯然死矣[10]。其取吾文而叹慕贵惜之者，吾皆不得而见之矣。捐弃一世华靡荣乐之娱，穷毕生之力，苦形瘁神，以侥幸于或成或不成、或传或不传之数，而慕想乎千百岁后冥漠杳渺邈不及见之虚誉，而不以自止，岂非所谓

至迂而大惑者哉？宜彼世之所谓贤俊、能一切以取富贵显荣者讪笑而背驰之也[11]。

虽然，主周有言："民食刍豢，麋鹿食荐，蝍蛆甘带，鸱鸦嗜鼠，四者孰知正味[12]？"生人之耆好[13]，各赋受于其生初，其不齐至不可以巧历算。则夫孳孳焉勤一世于文字之业者，无亦所耆出于其性而不能自解者与？且吾观古之能文者，若司马迁、韩愈、欧阳修之徒，其始设心措意，亦无过存乎以文自见，卒其所至，世不得徒以文人目之。是故深于文者，其能事既足以自娱嬖，及其所诣益邃以博，乃与知乎圣人之道，而达乎天地万物之原。独居呕唫一室之中，而敖然睥睨乎尘壒[14]之外，虽天下又孰有能易之者哉[15]？又皇暇校量于我生以前与身后之赢失而为之进退哉？

思足下不得见，索居亡聊，辄一吐其胸臆之所积，自怡取快意而已。非足下，仆亦不发此也[16]。天气骤寒，惟万万保练自爱不宣。

【注释】

①蓺，同"艺"。　　文艺也。

②檠，灯也。

③弭，忘也。

④耆，同"嗜"。

⑤从难能者着手。

⑥曾文正公，曾国藩也。

⑦至甫，即吴挚甫。

⑧此叹同道之寡。

⑨李佛笙，曾官知府。

⑩须知文章之不死。

⑪此一段故作翻腾，文笔如天马行空，不受羁勒。

⑫五句见《庄子·齐物论》。牛羊曰刍，犬豕曰豢。荐，美草也。蝍蛆，蜈公也。带，小蛇，蝍蛆好食其眼。

⑬应上"耆"字。

⑭壒，尘含也。

⑮隐然以三子自命。

⑯可与知己道，难与俗人言也。

祭杨慰农先生文

维某年月日，门下士张裕钊、裕锴谨以酒醪[1]牲体鱼腊[2]之仪致祭于慰农先生之灵：乌乎！在昔我闻，师及先子[3]，总角断金[4]，至于没齿[5]。维锴与钊，甫童而髻[6]，俶[7]从师游，先子命我[8]。我实不材，瓦砾[9]樗[10]薪。师一见之，如涂获珍。加我于膝，饫[11]以圣文。欲落[12]其实，日粪[13]倾碕[14]。锴钊敞罔[15]，或羁或驰。樊山[16]嵽嵲[17]，漾水[18]渺沵[19]。风飏[20]云霾[21]，望师千里[22]。中师假归，先子逝矣。辱师亲吊，室未皇入，问所臧[23]地，往睇[24]而泣。诚结于中，匪世所及。惟师遇物，其厚有倍。尤于旧故，终始不怠。骨肉之爱，延于两世㉕。立今追往，一一可涕。自先子殁，怛㉖焉靡恃。岂知今日，师又逝只㉗！茕㉘茕藐孤，如箨㉙斯委。学既不进，行复不植。百靡一成，孤公盛德㉚。奠此醪羞，以志哀恻。尚飨。

【注释】

①醪，汁滓酒也。

②腊，干肉也。

③先子，谓亡父也。

④断金，喻极坚固之物，虽金可断也。《易》："同心之言，其利断金。"

⑤没齿，终身也。《论语》："没齿无怨言。" 叙先世之交情。

⑥小儿剪发所留者曰鬌。《礼·内则》："剪发为鬌。"

⑦俶，始也。

⑧叙受业之始。

⑨砾，小石也。

⑩樗，不材之木也。

⑪饫，饱也。

⑫落，归也。

⑬粪，治也。

⑭碕，曲岸也。

⑮敞罔，失容也。《史记·司马相如传》："敞罔靡徙。"

⑯樊山，在湖北鄂城县西，一名袁山，又名樊冈。

⑰嵲，山高貌。杜甫诗："凌晨过骊山，御床在嵽嵲。"

⑱漾水，在陕西宁羌县，即汉水之源。

⑲浵，水满也。

⑳蹷，相击也。

㉑霾，晦也。

㉒叙离别。

㉓臧，同"藏"。

㉔睇，小视也。

㉕叙两世交谊之谆挚。

㉖怛，悲惨也。

㉗只，语已词。

㉘茕，忧思也。《左·哀》："茕茕余在疚。"

㉙箨，竹皮也。

㉚以上从师死后说到自己辜恩负德，缴上师谊之高厚。

黎庶昌

读王弼《老子注》

王弼[①]注《老子》甚精妙，得虚无之旨[②]，河上公[③]不可以同日语[④]。及观弼所为《易》注，高下悬绝，与《老子》不类，判若两人言也。世称弼注《易》，其旨多假诸《老子》，予谓不然，有《老子》而后知弼得《易》之浅也[⑤]。

《老子》者，玄同[⑥]以为体，因循[⑦]以为用，无成势，无常形[⑧]，不可与圣人吉凶悔吝忧患[⑨]之旨合。而弼颇能言之，弼深于《老子》而已[⑩]，于《易》强为解事者也[⑪]。强为之，则得失之迹自在。读其书时若有会，反而求诸性命之理无有，甚矣学深浅不可假也！朱子[⑫]曰："王弼《周易》巧而不明。"其知弼者与[⑬]！

【注释】

①王弼，字辅嗣，魏人。

②虚无为《老子》之旨。

③河上公，见《神仙传》。汉文帝时，隐居河滨。尝遣使问《老子》疑义。今《老子》有河上公注。

④就《老子》注说起。

⑤此言就两书参观，而后知其浅。

⑥玄同，《老子》云："故常无欲以观其妙，常有欲以观其徼，此两者同出而异名。同谓之玄，玄之又玄，众妙之门。"

⑦因循，任其自然也。

⑧《老子》云："其上不皦，其下不昧，绳绳不可名，复归于无物。是谓无状之状。无物之象，是谓惚恍。迎之不见其首，随之不见其后。"此即所谓无成势，无常形也。

⑨《易》言吉凶悔吝，又曰："作《易》者其有忧患乎？"《老子》虚无为旨，何吉凶悔吝忧患之足言？

⑩一语断定。

⑪《易》之为道，穷神知化，非天下之至精，其孰能与于此？弼又安能解此？

⑫朱子，宋人，名熹，号晦庵，为理学大儒。

⑬引朱子言作证。

《何忠诚公编年纪略》书后[①]

往时独山[②]莫友芝子偲[③]撰《黔诗》[④]，于邦人[⑤]事搜讨甚力，私怪何公忠诚，为有明一代臣节劲殿[⑥]，其事迹自史传外，罕有能举佚者。因就其家访之，得公从孙[⑦]琮《编年纪略》一卷，首尾完具，足补史氏阙遗，又因以考见全州、桂林两大战绩[⑧]及主将招降不屈、从容殉节诸状[⑨]。曰："噫！烈已！"子偲欲遂旁采他氏[⑩]，为《年谱》[⑪]一书。遭黔乱[⑫]，客游江淮[⑬]，未竟[⑭]也[⑮]。

《纪略》成于康熙末年，距公成仁[16]之岁已七八十年。其时忌讳之禁[17]稍弛。迨乾隆中诏修《通鉴辑览》[18]，史臣珥[19]笔[20]，一秉圣裁[21]，书法至为矜[22]慎。余观《辑览》所附三王事[23]，凡书定者六[24]，克者四十二[25]，入者三[26]，至者五，袭者一[27]，平者三[28]，围者三[29]，击败者二[30]，攻者四[31]，未尝有言战者[32]。独于攻全州也，曰："腾蛟率焦琏[33]、郝永忠[34]、卢鼎[35]、赵印选[36]、胡一青[37]五将，合力拒守，大战全州城下。"攻桂林也，曰："腾蛟督焦琏、胡一青等分三门力战拒守。"于公之攻永州也[38]，曰："围城三月，大小三十六战，遂为所陷[39]。"是王师[40]入关[41]后，放兵南下，触之者皆若焦熬[42]投石已耳[43]，独公坚不可撼[44]。使史公督师江上时[45]，即已能如公之守全州、守桂林，则扬必不失，扬不失，而金陵尚可有为[46]。不或二公者易地以守，明之亡不亡未可知也[47]。晋画守淮[48]，决于肥水一战[49]。宋主和议[50]，成于顺昌、朱仙镇两捷[51]。从古未有不战而能自立者[52]。

《孟子》曰："天时不如地利，地利不如人和。"如公之竭忠尽力，不得令展于江淮用武之地[53]，至全州、桂林，则地利已失[54]，以此挽回全局至难。吾于是不为公惜，而为明之用人惜也[55]。废兴之际，虽曰天命，亦岂非人事措[56]注[57]在善不善哉？虽然，彼弘光者，又乌足以语是哉[58]！

【注释】

①忠诚公，名腾蛟，字云从，贵州黎平卫人。天启进士，历官湖广巡抚。永历时为武英殿大学士，督师湖南。湘潭陷，被执。不屈，死之。

②独山，清时州名，属贵州都匀府。今改县，属黔中道。

③莫子偲，友芝名，子偲字，号郘亭，独山人。道光举人。曾客曾国藩幕。

④黔，贵州省之统称。子偲曾撰《黔诗纪略》。

⑤邦人，谓其乡邦之人也。

⑥军后曰殿。劲，坚也。《左·成》："中权后劲。"谓忠诚为明死节坚烈之臣之最后者。

⑦从孙，昆弟之孙。

⑧全州，旧属广西桂林府，今改县。桂林，府名，旧为广西省会，今为县，亦即桂林道治。永历元年十一月，腾蛟大败清三王之兵于全州，斩级无算，获名马、骆驼而还。诸帅连营，亘三百里。清兵退入楚。二年三月，清师复犯桂林。腾蛟督将校，分三面出，皆殊死战，清兵大奔，追杀二十里，清乌金王几获，北渡甘棠遁去。详见《东明闻见录》。

⑨桂林围解，腾蛟遣焦琏等连复全、衡、永三州及宝庆、常德，进围长沙。四川义兵亦皆起，附永历。清乃命郑郡王济尔哈朗、顺承郡王勒克德浑会孔有德攻湖南之师。适堵胤锡所部李赤心与腾蛟所部马进忠争常德，诸守将皆溃，腾蛟入湘潭空城。清师侦知之，遣将徐勇引军入。勇，腾蛟旧部将也。率其卒罗拜，劝腾蛟降。腾蛟大叱，勇遂拥之去。绝食七日，乃杀之。按：是时主将当是郑郡王，其招降不屈诸事，《明史》未详载者，意必有所忌讳。

⑩他氏，谓别种书籍也。

⑪年谱，用编年法纪载一人生平事实。

⑫咸丰之季，太平军石达开自广西入贵州，陷广顺、永宁，其后又有苗教各匪之乱。

⑬江淮，谓长江、淮河一带也。友芝于乱定之后，寓妻子金陵，客游江淮吴越。

⑭竟，终也。

⑮经上叙其书之事实及子偲得是书后之愿望。

⑯《论语》："志士仁人，有杀身以成仁。"

⑰清初屡兴文字狱。

⑱《通鉴辑览》，书名，起三皇，讫明唐、桂二王事，共一百二十卷。大学士傅恒等修纂。乾隆三十三年乃成书。

⑲珥，插也。

⑳古者史官常插笔于冠侧，以备记事，故谓之珥笔。

㉑裁，制也。谓秉承主上制裁也。

㉒矜，庄重之意。

㉓福王，名由崧，立于南京，号弘光。唐王，名聿键，立于福州，号隆武。桂王，名由榔，立于肇庆，号永历。按：《辑览》纪明事，至丁酉五月弘光失位，则书"明亡"，末附唐、桂二王本末四卷。

㉔定，安也。事详《通鉴辑览》。以下同。

㉕克，《左·庄》："得俊曰克。"谓其才力足以服众，威权足以自固，进不成为外寇强敌，退复狡壮。克而胜之，则不言彼败绩，但书所克之名。

㉖造其国都曰入。

㉗轻行而掩之曰袭。

㉘平，谓平其乱也。

㉙环其城邑曰围。

㉚击败，谓攻杀而败之也。

㉛攻，谓击而伐之也。

㉜《左·庄》："皆陈曰战。"谓坚而有备，各得其所成败，决于志力者也。

㉝焦琏，永历时任参将，封新兴伯。清师初次围桂林，战守三月，琏功独多。

㉞郝永忠，本李自成部将，反正后为湖南北十三镇之一，永历时封南安侯。

㉟卢鼎，左良玉旧将，亦十三镇之一，永历时封宜章伯。

㊱赵印选，本滇镇总兵，永历时封新宁侯。

㊲胡一青，云南援将，永历时封兴宁侯。

㊳永州，湖南府名，今为零陵县治。

㊴永州事亦见《明史》本传。以上历引《辑览》作证，见得是书所纪并非阿好。

㊵王师，指清师。

㊶关，指山海关。

㊷焦熬，干煎也。

㊸言其易破碎也。

㊹撼，摇也。

㊺史公，名可法。弘光时以大学士督师江北，驻扬州。清兵破城入，死之。

㊻转一笔。

㊼再转一笔。

㊽东晋疆域，得失靡常，大抵以淮水为界，淮以南属晋居多。

㊾肥水源出安徽宿州龙山湖，东流入淮。晋孝武大元八年，秦苻坚大举犯晋，晋谢石、谢安大破秦兵于肥水，坚走还长安。盖能战而后能守也。

㊿宋主和议，谓主持与金和议也。

51顺昌，宋府名，今安徽阜阳县治。朱仙镇，在开封府西，距汴京四十五里。建炎八年，东京副留守刘锜大败金人于顺昌，兀术走汴。是年七月，岳飞击走金兀术于郾城，追至朱仙镇，大破之。十年冬，和议遂成。盖能战而后能和也。

52引晋、宋战事作定案。

53江淮一带，四通八达，可以进取，故自古为用武之地。

54因其僻处在南也。

55语重心长，低徊不绝。

56措，举也。

57注，意有所向也。按：安放及料量事件之义，恒作"措置"，此作"措注"，俟考。

58弘光内湛酒色，外惑权奸，诚不足有为。若唐、桂二王易地而处，南北偏安之局未必无成。

卜来敦记

卜来敦者，英国海滨，欧洲胜境也。距伦敦[1]南一百六十余里，轮车可两点钟而至，为国人游息之所[2]。后带冈岭，前则石岸斩[3]然。好事者凿岸为巨厦，养鱼其间，注以原泉，涵[4]以颇黎[5]。四洲[6]之物[7]，奇奇怪怪，无不毕致[8]。又架木为长桥，斗入海中数百丈，使游者得以扳援冯[9]眺。桥尽处有作乐[10]亭。余则浅草平沙，绿窗华屋，与水光掩映，迤逦一碧而已[11]。

人民十万，栉比而居[12]。阛市从[13]衡[14]，日辟益广[15]。其地固无波涛汹涌之观[16]、估客[17]驲[18]樯之集[19]，无机匠厂师之兴作、杂然而尘鄙也[20]，盖独以静絜[21]胜[22]。

每岁会堂散后[23]，游人率休憩于此。方其风日晴和，天水相际，邦人士女，联袂娭[24]游，衣裙缥[25]袭，都丽[26]如云[27]。时或一二小艇，棹漾于空碧之中[28]，而豪华巨家，则又鲜车怒马，并辔[29]争驰，以相遨放[30]。迨夫暮色苍然，灯火粲[31]列，音乐作于水上，与风潮相吞吐，夷犹[32]要眇[33]，飘飘乎有遗世之意矣[34]。

予至伦敦之次月，富绅阿什伯里[35]道[36]往游焉，即叹为绝特殊胜，自是屡游不厌。再逾年而之他邦[37]，多涉名迹，而卜来敦未尝一日去诸怀，其移人若此[38]。

英之为国，号为强盛杰大。议者徒知其船坚炮巨，逐利若驰[39]，故尝得志海内[40]，而不知其国中之优游暇豫，乃有如是之一境也[41]。昔荀卿氏[42]论立国惟坚凝之难[43]，而晋栾鍼之对楚子重，则曰"好以众整"，又曰"好以暇"。夫唯坚凝，斯能整暇[44]，若卜来敦者，可以觇人国已。大清前驻英参赞黎庶昌记[45]。光绪六年七月。

【注释】

①伦敦，英首都。

②以上叙地位及交通，为一篇之纲。

③斩，截也。

④涵，涵盖也。

⑤颇黎，同"玻璃"。

⑥四洲，欧、亚、非、美。

⑦物，水产也。

⑧《英轺日记》："有蟹隆其背，大如龟。有虾奋其螯，大如蟹。"皆是处水产。

⑨冯，同"凭"。

⑩乐，音乐也。

⑪以上叙布景及建筑。

⑫栉，理发器。比，近邻之称。言居处之繁密也。

⑬从，同"纵"。

⑭衡，同"横"。

⑮以上叙居民及商肆。

⑯地在多维尔海峡之西、法国塞纳湾之北，大西洋与北海交流处，至此一束故也。

⑰估客，论物价之商人也。

⑱驲，同"帆"。

⑲英京附近商舶集于太晤士河畔，是处相距较远也。

⑳伦敦人多，工厂林立，烟尘迷漫，天又多雾，而是处特清洁也。

㉑絜，同"洁"。

㉒以上述优胜之处，为一篇筋节。

㉓谓议院散会时也。刘锡鸿《英轺日记》："每新岁后，国王亲临议政院，集臣工士庶，询问政事得失，喻众公议，名曰开会堂。至六月底，即各散归，谓之曰散会堂。其人或携其眷属，逍遥海滨，借名避暑。"

㉔娭，戏也。

㉕缫，合也。

㉖都丽，美也。

㉗如云，多也。《诗·郑风》："有女如云。"

㉘二句写水上之游。

㉙辔，所以牵引马者。

㉚四句写陆上之游。　按：是时摩托车未行，故仅言车马。

㉛粲，明也。

㉜夷犹，犹豫也，不决之意。《楚辞》："君不行兮夷犹。"

㉝要眇，好也。《楚辞》："美要眇兮宜修。"

㉞苏轼《前赤壁赋》："飘飘乎如遗世独立，羽化而登仙。"　以上极写游人及暮景。

㉟阿什伯里，英人，为议院绅，家豪富，岁入租息金钱十万。曾游历至中国。

㊱道，同"导"。

㊲莼斋曾两使日本。

㊳以上叙己之胜赏。

㊴逐利若驰，谓其善经商也。

㊵推开一笔。

㊶拍到本题。

㊷荀卿，名况，楚人，仕终兰陵令。

㊸《荀子·议兵》篇："兼并易能也，唯坚凝之难。"注："凝，定也，坚固定有地为难。"

㊹鍼，晋栾书子。子重，楚司马。鍼使楚，子重问晋国之勇，鍼曰："好以众整。"又曰："好以暇。"见《左·成》。

㊺光绪二年，以郭嵩焘使英，刘锡鸿副之，黎庶昌为参赞官。

薛福成

代曾侯相《忠孝录》序[①]

为臣死忠，为子死孝，此贤者不得已之举也[②]。当咸丰四五年间，粤寇横于荆扬[③]之境，无锡[④]王君恩绶以知县发湖北，将谒行省[⑤]大吏，而武昌被围。巡抚[⑥]陶文节公[⑦]婴城[⑧]固守，執[⑨]且岌岌[⑩]。城中官吏争请大府[⑪]符檄，出外请援兵，稍稍引去[⑫]。君至，则城闭不得入。益阳[⑬]胡文忠公[⑭]时以布政使[⑮]统兵城外，固留君，君不可，縋[⑯]城入[⑰]，明日城陷，遂与陶公同殉，君之子夔亦从死焉。

议者曰：子之侍父，无适不从。方王君忼概[⑱]以陷危难，夔固无不从之理[⑲]。独王君于湖北未有官守，而又初至，宜若可以不死。设令因胡公留城外，而相随杀贼，未尝不可奋有树立也。即不然，而稍迟回以入，其谁议之[⑳]？予谓不然。往者粤寇初发难[㉑]，值海内承平久，所之望风而靡。其或职在战守[㉒]，而能以死殉职者，固不乏人[㉓]。至其分可以无死，则甘蹈死而不栗[㉔]者鲜矣。人习于苟偷[㉕]非一日，往往临危之际，巧伺形便以为趋避，至于相帅[㉖]成风，莫与御寇，而其身之败辱亦随之，此时事所繇[㉗]不振也。夫圣人之道[㉘]之在天下也，天下之人皆跂[㉙]而不及，则虽矫以稍亢[㉚]而不为过[㉛]。以王君力扶颓俗[㉜]，而不恤以身先之，毋亦有苦心存焉？抑非得已而不已也[㉝]。

方武昌之克而复陷，予[㉞]适引孤军，与贼相持江浒[㉟]，娄[㊱]奋娄蹶[㊲]，饱尝嘻危。当此之时，所仗以鼓人心者，只此舍生取谊[㊳]之说，与二三同志申明而倡率之，俾人人奋于杀贼，而不以利害为计。闻王君之事，益令人敬慕不能置云。

今朝廷褒忠之典有加无已，而君父子忠孝之大节[㊴]既炳于天下。岁辛未[㊵]，君之次子庭桢以所辑《忠孝录》征言于予[㊶]。予观君之挚性穆行具载《录》中，独其所以必死之故有未详者，故予复推君之志以序之[㊷]。

【注释】

①曾，谓曾国藩也。

②三句提纲挈领。

③荆，湖南北，古荆州地。扬，江南之统称。

④无锡，江苏县名。

⑤元初于中书省外，各路设行中书省，称为行省。明清因以为地方区域之名。

⑥巡抚，官名。明初有军事，命京官巡抚地方。其后各省因事增制，遂为定员。清因之，为外省行政长官。

⑦陶文节公,名恩培,浙江仁和人。

⑧婴城,闭城而守也。《国策》:“许鄢陵婴城,上蔡召陵不往来也。”

⑨埶,同“势”。

⑩岌岌,危也。

⑪清时称总督、巡抚为大府。

⑫借差使为脱身计。

⑬益阳,湖南县名。

⑭胡文忠公,名林翼,字贶生,号润芝。道光进士。带兵剿匪,克复湖北省城。后为湖北巡抚,卒于任,追赠总督。

⑮布政使,官名,即藩司。明太祖分全国为十三布政司,每司置布政使,管理全省民政财政。清因之。位在总督、巡抚下。

⑯缒,以绳有所悬也。

⑰他人请檄引去,君反缒城而入,忠勇之气,自不可及。

⑱忼概,同“慷慨”。　　意气愤激也。

⑲父忠子孝。　　叙及其子,遂即推开,文极流走,极简括。

⑳故作两层放笔,文气愈紧。

㉑《汉书》:“天下初发难,假立诸侯以伐秦。”发难,为祸首也。

㉒与王君未有官守者不同。

㉓衬笔。

㉔不栗,不恐惧也。

㉕苟偷,苟且侥幸也。

㉖帅,同“率”。

㉗繇,同“由”。

㉘圣人之道,即忠与孝之道。

㉙跂,同“企”。　　举踵也。

㉚矫亢,谓故意与人违异以自高也。矫,匡正也。亢,太过也,极也。

㉛拓开一笔,愈见忠与孝之可贵。

㉜颓俗,坠坏之风俗也。

㉝应文首“不得已之举”句。

㉞予,代曾侯相自称。

㉟浒,水涯也。

㊱娄,同“屡”。

㊲《通俗文》:“事不利曰踬。”

㊳《孟子》:“生亦我所欲也,义亦我所欲也,二者不可得兼,舍生而取义者也。”谊,通“义”。

㊴兼顾文首“为子死孝”句。

㊵同治十年。

㊶点明《忠孝录》一书。

㊷推王君必死之志,并明作序之意。

杂　记[1]（二首）

阶前两蚁穴，东西相望[2]。天将雨，蚁背穴而斗。西蚁数赢什伍，东蚁败，乘势蹙[3]之，将傅[4]垒[5]矣[6]。东蚁纷奔告急，渠[7]出穴如潮涌，济师[8]可三倍，逆[9]诸础[10]下。相齮[11]者，相捡[12]者，胜相嗾[13]者，败相捄[14]者，相持僵毙不动者[15]，沓然眩[16]目。西蚁伏尸[17]满阶，且战且却。又有蚁自穴中出，乡[18]东蚁若偶语[19]者，盖求和也[20]。东蚁稍稍引退[21]，西蚁亦分道收尸。明日视之，则西蚁徙穴益西，无敢东首者矣[22]。

夫蚁，知相若，力相等。两陈[23]交锋，数多者胜，蚁似能用其众者。然儵[24]忽[25]之间，而胜负异焉，则一胜乌足恃哉？余以是知天道好还而盛衰之不常也。

余院中蓄两鸡，其一赤羽高足，其一白羽朱冠。每晨起争食，鼓翼怒目，蹲[26]相向者良久。俄闻肃然有声，方丈[27]之内，风起扬尘，腾蹴犇[28]啄，皆血淋漓染翮[29]距[30]，犹不退，然白羽气少惫矣[31]。余惧其两毙也，呼童执之，分系于庭之槐。一日，邻鸡啄食其旁。赤羽余怒未泧[32]，乘间自断其系，与邻鸡斗疾力[33]。负重伤，损一目，创[34]半月不愈[35]，余命并释白羽。自是赤羽遇敌即逃[36]，而白羽竟称雄院中，食必厌[37]所欲乃已。

异哉[38]！赤羽一挫其威，至令弱敌增气，可为好斗者戒也[39]。然使白羽不获邻鸡之力，则无以雄其侪。吁！蕲[40]胜敌者，可无助乎哉！

【注释】

①四首录二。

②本有并峙之势。

③蹙，迫也。　　胜而不知止，此其所以败也。

④傅，近也。

⑤垒，原作营墙解，此指蚁阵言。

⑥顿一笔，气方不促。

⑦渠，指东蚁。

⑧济师，益师也。《左·桓》：“盍请济师于王？”

⑨逆，迎也。

⑩础，柱下石也。

⑪齮，啮也。

⑫捡，急持也，捉也。

⑬嗾，指使也。

⑭捄，同“救”。

⑮连下五“者”字，大珠小珠落玉盘，错落有致。

⑯眩，乱也。

⑰《国策》：“伏尸百万，流血千里。”

⑱乡，与“向”同。
⑲偶语，相对语也。《史记》：“有敢偶语《诗》、《书》，弃市。”
⑳绘影绘声之笔。
㉑行成而后退兵，蚊亦深知兵机。
㉒此亦割地求和。
㉓陈，与“阵”同。
㉔儵，“倏”本字。
㉕《楚辞》：“儵而来兮忽而逝。”
㉖蹲，《说文》：“踞也。”
㉗方丈，方一丈也。《孟子》：“食前方丈。”
㉘犇，古“奔”字。
㉙翮，羽茎也。《尔雅》：“羽本谓之翮。”
㉚鸡爪曰距。
㉛疲极曰惫。　此作摇曳之笔，描写鸡斗情景，惟妙惟肖。
㉜泶，同“泄”。　歇也。班固赋：“士怒未泶。”
㉝此亦为护己食计，白羽应表同情。
㉞创，伤也。《汉书》：“身被七十创。”
㉟因攘外而牺牲，自是豪杰之士。
㊱所惜一蹶不振。
㊲厌，通“餍”。　足也。
㊳白羽幸灾乐祸，以逞其欲，今之类白羽者何多也？
㊴自是文之正意。
㊵蕲，与“祈”通。

借助于外族者，终为外族所屈辱，史事有明鉴矣，当国者其慎于求助哉！

吴汝纶

跋五公尺牍

胡君列五久客官文恭公[①]幕下，得诸公手书，自曾文正以下，曰胡文忠公，曰今相国合肥李公，曰左文襄公，曰彭刚直公，凡五人[②]，联为大卷弆臧[③]之。间以示汝纶曰：“子为吾发其意。”

汝纶曰：功名之际，盖难言哉[④]！方曾文正之败靖港[⑤]，困南昌[⑥]，守死祁门[⑦]，岂知其后赞明中兴[⑧]盛烈[⑨]如此？官文恭周旋曾、胡诸公间，当时见谓媪相[⑩]，卒与胡公俱飨显名，血食[⑪]至今不绝也[⑫]。湖南初开幕府[⑬]，左文襄调兵竿[⑭]食，以诸葛君[⑮]自待。而彭刚直徒步千里，出入贼中[⑯]，以赴曾文正之急，皆烈士也。功有鸿[⑰]

杀[18]，各非偶然者[19]。二公之论外事，皆以持和议、购船炮为非。越南[20]之役[21]，皆领兵用旧法防海，未遇敌而兵罢，亦云幸矣[22]。然世或多[23]二公威望，谓能固圉[24]走坚敌也[25]。曾文正既殂[26]，今相国合肥李公独膺[27]艰巨，经营远略垂卅年，天下想闻其风采。及国兵挫于日本[28]，中外归过焉。盛衰有时，岂人力也哉！权势既替，历聘方外[29]，周游九万里，所之国君优礼过等。他国使臣望尘不及，皆曰："此东方毕士麻克也！"毕士麻克者，德国名相也[30]，西国人旧以李公妃[31]之，东西并峙[32]焉[33]。国兵新挫，而宿望[34]故在，其是非之不同如此[35]。中国《诗》、《书》之说[36]，《春秋》功罪之律[37]，殆非海外殊方所与闻知也已[38]。

【注释】

①文恭公，姓王佳氏，字秀峰，内务府汉军旗人。洪杨之乱，与胡文忠公同事，能和衷共济，以功入满洲正白旗，官至大学士。文恭其谥也。

②点明五人。

③臧，同"藏"。

④殊含无限感慨。

⑤文正东征，舟初出湖，遇大风，损数十艘。陆师至岳州，前队溃退，引还湘潭，邀击靖港又败。文正愤投水，左右援救得不溺。

⑥文正水军至九江，前锋薄湖口，攻梅家洲贼垒不下，驶入鄱阳湖。贼断其后，不得出，于是外江内湖水师隔绝。外江战船无小艇，贼乘夜袭营，掷火烧数十艘，水师大溃。公愤欲自刭，罗泽南止之。文正至南昌，抚定水师之困内湖者。南昌，府名，为江西省治，民国废。

⑦文正趋祁门，未十日，贼陷宁国。又数日，陷徽州。又东陷婺源，西陷景德镇，围攻羊栈岭。吏士固请移营江干，文正曰："无故退军，兵家所忌。"卒不从。祁门，今县名，属安徽芜湖道。

⑧中兴，谓国家既衰而复兴也。洪杨事起，文正在籍督办团练，遂编制乡勇，连复沿江各省，为同治中兴功臣第一。

⑨盛烈，功也。

⑩宋童贯与蔡京同时为相，时称京为公相，贯为媪相。

⑪血食，享祭也。古者取血膋以祭，故云。

⑫此皆文忠成全之力。

⑬时骆文忠为巡抚。

⑭筭，同"算"。《史记·吴王濞传》："上方与晁错调兵筭军食。"

⑮文襄每与友书，自署"老亮"，又言今亮或胜于古。

⑯文正既至南昌，召刚直自助。刚直时归衡，江西寇隔，道不通。刚直易衣为贾客，草屦徒步七百余里，达南康。文正义之，使领战船，破临江贼垒。

⑰鸿，大也。

⑱杀，减削也。《礼记》："不丰不杀。"

⑲评论亦稍分轩轾。

⑳越南，即安南，本属藩国，光绪十二年为法所并。

㉑此在光绪八年，法兵据安南之东京。

㉒二公之短，不能回护。

㉓多，称美也。《后汉书》："帝以此多之。"

㉔圉，边境也。《左·隐》："亦聊以固吾圉也。"

㉕世多目论之士，夫何足怪？

㉖殂，死也。

㉗膺，当也。

㉘光绪甲午中东一役，陆军溃于平壤，海军挫于大东沟，旅顺、威海俱失。

㉙光绪二十二年，文忠因贺俄皇加冕后，历聘德比和法英美各邦。

㉚一千八百六十一年，威廉一世为普王，改正军制，举毕士麻克为相。其先尝为德意志议员，后出使俄法，以沉毅果断称。通俄、法二国之内情，又娴于德意志之形势。执铁血主义，以图统一各邦，而置之普国下云。

㉛妃，同"配"。

㉜峙，屹立也。

㉝时五洲推李与德相毕士麻克、英相格兰斯登，并称贤相。

㉞宿望，宿昔之威望。

㉟前后成两截人，可为文忠浩叹。

㊱《诗》、《书》以竭忠尽义为人臣之天职。

㊲《春秋》之义，责备贤者。

㊳此言中国之清议有异外人处。

跋蒋湘帆尺牍[①]

余过长崎[②]，知事荒川君一见如故交。荒川有旧藏中国人蒋湘帆尺牍一册视余，属为题记。湘帆名衡，自署拙老人，在吾国未甚知名。而书甚工，竟流传海外，为识者所藏弆，似有天幸者。

乡曲儒生，老死翰墨、名不出闾巷者，曷可胜道？其事至可悲，而为者不止，前后相望不绝也[③]。一艺之成，彼皆有以自得。不能执市人而共喻之，传不传，岂足道哉？得其遗迹者，虽旷世[④]殊域，皆流连慨慕不能已，亦气类之相感者然也。观西土之艺术，争新炫异，日襮[⑤]之五都之市[⑥]，以论定良窳[⑦]，又别一风教矣[⑧]。

【注释】

①湘帆，名衡，江苏金坛人。恩贡生。乾隆初以手书《十三经》进呈，赐国子监学正衔。后太学刻石经，即用其本。有《拙存堂集》。

②长崎，日本地名。本为市，今置长崎县。

③天幸虽不可必，而为者相望，不因不传而自止。下文乃就高一层说，以申明不止之故。

④旷世，远世也。

⑤襮，表白也。

⑥俗称繁盛之市为五都之市。语本《汉书》。

⑦窳，恶也。

⑧此有感于我国守旧而言。

送张廉卿序[①]

孙况[②]、扬雄[③]，世传所称大贤，其著书皆以成名乎后世。而孙卿书称说春申[④]，《法言》叹安汉公[⑤]之懿[⑥]，皆干[⑦]世论之不韪[⑧]，载而以告万世者。世以此颇怪之，我则以谓凡著书者，君子不自得于时者之所为作也。凡所以不自得者，君子之道，不枉实以谀人，而当世贵人在埶[⑨]者，必好人谀已。十人谀之，一人不谀，则贵人恶其慠[⑩]已，十人者恶其异已。贵人与贵人比肩于上，十人与十人比肩于下，上恶其慠，下恶其异，虽穷天地，横四海，而无与容我身，吾且于书也何有？

于此有一在埶者，虽甚恶之，而犹敬乎其名而不之害伤，则君子俛[⑪]嘿[⑫]而就容焉，而以成我书。而是人也，虽敬乎其名，固前知其不谀已也。闻有书则就求而亟观焉，察其褒讥所寓，得其疑且似者，且曰："此谤我也。此怨非我也。"则从而龉龇[⑬]之矣。盖必其章章然称道叹羡我也，夫乃始慭置[⑭]而相忘焉。

彼君子也，其志洁，其行危，其不枉实而谀人，众著于天下后世。及其为书，则往往诡辞[⑮]谬称，谲变[⑯]以自乱，以为我意之是非，后有君子读我书而可以自得之矣，安取彼訾訾[⑰]察察[⑱]者为？嗟夫！此殆君子所遭之不幸，其用意至可悲，而《诗》三百篇[⑲]所为主文而谲谏[⑳]、孔子之《春秋》所为定哀之际微辞者也[㉑]。楚两龚[㉒]、孔北海[㉓]、祢正平[㉔]之徒，背而易之，乃卒会祸殃，至死不悟，岂不哀哉？二子之书意其在此。

我既推而得之[㉕]，会我友张廉卿北来，乃为书告之。复书曰："子言殆是也。"盖自廉卿之北游，五年于兹。我与之岁相往来，日月相问讯，有疑则以问焉，有得则以告焉，见则面相质，别则以书，每如此[㉖]。今兹湖北大吏走书币[㉗]，因李相国[㉘]聘廉卿而南，都讲[㉙]于江汉。廉卿，今世之孙扬也。见今贵人在埶，皆折节下贤，不好人谀已。其所遭，孙扬远不如。其北来也，自李相国已下皆尊师之。老而思欲南归，而湖北君所居乡，其大吏又慕声礼下之如此。我知廉卿可以直道正辞，立信文以垂示后世，无所不自得者。独我离石友[㉚]，无以考道问业，疑无问，得无告，于其归不能无怏怏也[㉛]。因取所意于古而尝质于君者，书赠之以为别[㉜]。

【注释】

①廉卿，见小传。

②孙况，战国赵人，即荀况。倡性恶之说。时人尊之曰荀卿，亦曰荀子。唐司马贞、颜师古等为避宣帝讳，故改"荀"为"孙"，又称孙卿。

③扬雄，字子云，汉成都人。长于词赋，著有《太玄》、《法言》、《方言》等书传世。王莽时，有《剧秦美新》篇以媚莽。

④春申，楚人，姓黄，名歇，春申其封号也。

⑤安汉公，汉王莽之封号。见本传。

⑥懿，美也。

⑦干，犯也。

⑧韪，是也。《左·隐》："犯五不韪。"
⑨埶，同"势"。　　在埶，居尊位也。
⑩《后汉书·崔骃传》："生而贵者慠。"
⑪俛，同"俯"。
⑫嘿，同"默"。
⑬龁龁，谓忌嫉而排挤之也。见《史记》。
⑭慭置，恝置也。
⑮诡辞，不实之辞。《穀梁传》："士造辟而言，诡辞而出。"
⑯谲变，谲诈之意。
⑰訾訾，同"訚訚"。　　争辩貌。扬子《法言》："何后世之訾訾也。"
⑱察察，反复详审也。
⑲古诗三千篇，孔子删为三百十五篇，分"国风"、"小雅"、"大雅"、"颂"四体。
⑳谲谏，不直言而诡谲其词，使闻者自悟也。《诗·关雎》序："主文而谲谏。"
㉑孔子生值定哀之时，作《春秋》，不敢显言以招忌。
㉒两龚，龚舍、龚胜。舍，西汉武原人，字君倩，少好学，明经不仕。哀帝征为谏议大夫，累拜光禄大夫，终不肯起，乃遣归。王莽居摄中卒。胜，彭城人，三举孝廉，哀帝征为谏议大夫。王莽摄政，归隐里第。莽遣使奉印绶，征拜上卿。胜语门人曰："予岂一身事两姓乎？"遂不食死。世因有两龚之称。
㉓孔北海，东汉人，名融，字文举，孔子二十世孙。少有俊才，献帝时为北海相，立学校，表儒术，寻拜大中大夫。值汉室衰乱，志在靖难，顾才疏意广，迄无成功。后为曹操所忌，被杀。
㉔祢正平，东汉平原人，名衡。恃才傲物，与孔融、杨修善。尝曰："大儿孔文举，小儿杨德祖。"其狂放有如此。曹操召为鼓吏，辱之，衡裸衣骂操。操遣衡往说刘表，又以词侵表。未几，为黄祖所害。
㉕以上乃借题发议，以下即拍入本题。
㉖叙两人磋切之交情。
㉗谓以书札礼币遣使走聘也。
㉘李相国，谓李文忠公。文忠时官文华殿大学士，故称相国。
㉙都讲，学舍之长也。《后汉书·杨震传》："都讲取鱼进。"
㉚杜牧诗："同心真石友。"
㉛怏怏，情不满足也。《汉书》："塞其怏怏心。"
㉜仍以交谊作结，不失赠序之本意。

祭李文忠公文

呜呼我公！国之蔡蓍[①]。老谋长算，勤往谤归。卒安天下，名故不堕[②]。

上海誓师，死地[③]背水[④]。贼笼全吴，王土无咫[⑤]。望公旌旗，风靡气死[⑥]。迺疆迺理[⑦]，南东渐[⑧]海[⑨]。分功金陵，牢让不有[⑩]。再清中原[⑪]，卒事[⑫]徒骇[⑬]。群公环师，劳孰与齿[⑭]！洗兵解甲，于京告功[⑮]。出镇荆楚[⑯]，有事梁雍[⑰]。偏陬[⑱]幺麿[⑲]，亵我全锋[⑳]。诏卫郊畿[㉑]，兼控海邦[㉒]。于时天下，交口誉颂[㉓]。大地五洲[㉔]，彊国麻

立。挟其长技，款关[25]竞人。公一怀柔[26]，谈笑和辑。上自宫壶[27]，亲贤[28]枢密[29]。倚公扞城[30]，棱[31]威四詟[32]。

公功所积，谤亦丛集。众聋独昭，毁誉安习[33]。附者妒能，污者横击。期欲败公，而国岌岌[34]。开怨近邻[35]，败若朽拉[36]。出疆议和[37]，遇刺及睫[38]。生归困谗[39]，威脱权劫。衔命远聘[40]，环历地圜。名王大豪[41]，过礼益虔。下逮走卒，童儿妇人。一见矜宠，阗[42]道笑欢[43]。国威新挫，由公而尊。归复伤谗，功不得论。命听外政[44]，通蔽柔骄[45]。又以谤退，不近愈疏[46]。广州之行[47]，我闻有命。维匡弥缝，不陨国问。祸变卒[48]发[49]，銮辂[50]蒙尘[51]。有诏敕公[52]，旋转乾坤[53]。勇入九军，定盟珠槃[54]。还我天下，再厝[55]之安。

在咸同[56]世，中兴四佐。曾公[57]称首，次胡次左[58]。公师曾公，与为唱和。耸身山立[59]，视世少可[60]。曾公即世，钜艰独荷。强力忍诟[61]，旁无助我。鄙儒小拘，持冰入火[62]。有舌烧城[63]，用忌蕴祸。闳毅之谋，败于丛脞[64]。几如是为，而国不挫。盖公外交，厥有五美[65]。五洲推高，屈一二指。维昔三贤[66]，治兵方内[67]。及若交邻[68]，皆所未逮。公功与并，益以驭外。远抚长驾，翳独公最。彼昏[69]不寤，挠成使败。已败缩手，救乃公恃[70]。今之媾和，存亡攸系。沮事之议，尚滋纷起。一任誉毁，爰竣爰济[71]。谥公曰忠，公论斯在。

我承凶问，戒车在行。一市窃语，交走相惊。曰吾且死，赖公有生。公今已矣，谁与嗣公？不佞[72]在门[73]，或仕或止。迹疏意亲[74]，谓公知己。弥天一棺，伤曷云已？粗述硕[75]休[76]，用侑[77]歆祀。尚飨。

【注释】

①蔡，大龟也。蓍，草名。古时用以为卜筮之物。

②堕，毁也。　此四句笼罩全文。

③死地，绝地也。《孙子》："陷之死地而后生。"

④韩信井陉口之战，背水而阵。

⑤周尺八寸曰咫。"无咫"云者，全吴陷贼之意。　时江浙皆陷于贼。

⑥公自上海誓师至克复苏□，凡二十有余月。

⑦《诗·大雅》："迺疆迺理。"朱注："谓画其大界。"

⑧渐，流入也。《书》："东渐于海。"

⑨此叙苏沪浙立功之始。

⑩时曾国荃攻南京垂成，朝命饬公助之，而公疏请先攻湖州，盖不欲分其功也。

⑪今河南及山东西部、直隶、山西之南部、陕西东部，即古之所谓中原地也。　此指公督军河洛，平任柱、赖汶光等。

⑫卒事，犹言毕事。

⑬徒骇，《书·禹贡》："九河既道。"传："九河，一曰徒骇。"其故道在今直隶天津、河间之间。时公围贼在徒骇、黄运之间，张总愚赴水死，西捻于是平。

⑭言功无与并也。

⑮时公入京陛见。

⑯谓以大学士出任湖广总督也。

⑰梁、雍，古九州之二州，即今陕西汉中道及四川境，并甘肃旧阶州，又青海以外之地是。此言公尝率师援陕。

⑱偏陬，僻壤也。

⑲麿，通"麽"。幺麿，言微小也。班彪文："又况幺麿而不及数乎？"

⑳指僧格林沁亲王战没事。

㉑郊畿，京畿也。时西捻渡河北窜，直逼畿辅，公曾奉命入援。

㉒同治间，以天津教案，调公直隶总督兼北洋大臣。

㉓以上叙公之功成名遂。

㉔五洲，欧、美、亚、非、澳。

㉕款关，叩关也。《国策》："款关请见。"

㉖怀柔，《中庸》："柔远人也，怀诸侯也。"言壹意怀柔外人也。

㉗宫壶，指慈安、慈禧两宫太后暨穆宗也。

㉘亲贤，时醇贤恭、忠两王当国，故云。

㉙枢密，宋时以枢密院为宰相，清代因以为军机之别称。

㉚扞城，与"干城"同。《诗》："公侯干城。"谓能扞外而卫内也。

㉛神灵之威曰棱。

㉜詟，惧也。《汉书》："诸将詟服。"此言公之办理外交。

㉝言毁誉听之，安若素习也。

㉞岌岌，危也。

㉟指中日之交战。

㊱朽拉，喻其易也。《晋书》："将军主举武昌，摧枯拉朽，何所顾虑乎？"时与日战，水陆俱败。

㊲中日之役，诏公以全权大臣赴日议和。

㊳公抵日，为日浪人途中枪击，弹伤左颧，几伤目，故云。

㊴议割台湾全省、辽东半岛与日，并赔日兵费三百兆，许朝鲜为独立国。一时舆论哗然，御史安维峻等先后上疏劾公。

㊵时为光绪二十三年，诏遣公赴俄，贺俄皇加冕，缔结《喀西尼条约》。遵陆历聘德、法、英、美诸国，环行地球一周云。

㊶德皇威廉、德相俾司麦、英相格兰斯等均敬礼有加。

㊷阗，满也。

㊸彼邦人士夙钦公名，闻公莅止，皆欲一瞻颜色，公咸与答礼，一时社论称颂不置。

㊹公历聘归后，复命公领总理各国事务大臣。

㊺蔽者通之，骄者柔之。时俄、法、德三国驻使迫日本归我辽东地，恃功骄矜，先后索旅顺、威海卫、胶州等处为租借地。公力与抗争，卒定租借期二十五年。

㊻公自甲午而后，无日不在谗谤之中。

㊼光绪二十五年，英人觊觎广州湾，乃出公任两江总督。公抵粤后，与英领据理力争，其事得寝。

㊽卒，同"猝"。

㊾光绪二十六年夏，近畿义和拳起，内而亲贵端王刚毅辈，外而重臣裕禄、董福祥等惑之，焚教堂，攻使馆，杀德使暨日本书记官。各国联军会攻津京，慈禧后挟德宗仓皇西狩。

㊿銮辂，天子所御车也。

⑤¹天子出走曰蒙尘。《左·僖》："天子蒙尘于外。"

⑤²太后自西安行在诏公赴京，与各国联军言和。

⑤³四字诏语。

⑤⁴珠槃，以珠玉饰槃，为诸侯会盟而设。见《周礼》。　时联军驻京师，公奉诏轻骑北上，与庆亲王奕劻斡旋和议。明年，帝后回銮。

⑤⁵厝，置也。

⑤⁶咸同，咸丰、同治。

⑤⁷曾公，曾文正公国藩。

⑤⁸胡，胡文忠公林翼。左，左文襄公宗棠。

⑤⁹《礼·乐记》："总干而山立。"

⑥⁰言举世无足少当吾意也。

⑥¹询，同"诟"。　辱也。《左·昭》："余不忍其询。"

⑥²中日之战，翁同龢等主战。"持冰"句言其主张之谬。

⑥³《太玄经》："赤舌烧城，吐水于瓶。"测曰："赤舌吐水，君子以解祟也。"按：今以为谗口之喻。

⑥⁴丛脞，烦琐貌。《书》："元首丛脞哉。"

⑥⁵五美，《论语》："君子惠而不费，劳而不怨，欲而不贪，泰而不骄，威而不猛。"

⑥⁶三贤，曾、胡、左也。

⑥⁷方内，国内。

⑥⁸《孟子》："交邻国有道乎？"

⑥⁹彼昏，指当时主与日战之人。

⑦⁰确是当日之情事。

⑦¹是公一生镇定之本领，于和日见之。

⑦²不佞，自谦之称。

⑦³犹言门弟子也。

⑦⁴自处身份之高，而知己之感不能自已，以申明作文之意。

⑦⁵硕，大也。

⑦⁶休，美也。

⑦⁷侑，劝也。

王闿运

今列女传

节　义

织笠[①]女者，河南人也。其县妇女采台草[②]织笠以为事。女自十二三时，每织，择精好细洁之草别藏之。既多，复择其尤。当嫁之岁，自制一笠[③]。既成昏，用献

其夫而语其勤焉。夫戴以出，市人见者无不夸也。久之，旁县亦闻之。它日夫出，有自后呼之者，公子也[④]。问之曰：“物以难得而珍，货以有用为贵。今子之笠，妇所织也。冠之不可以却暑，无食不可以为炊[⑤]。子诚卖之，愿论其价，可乎？”其夫心惜之，而以客为麕言[⑥]，姑应之曰：“吾笠不卖。客幸欲之，若得钱八万，当以与客。不然，无相问也[⑦]。”公子大喜，遽下钱八万，取笠而去。于是其夫辇钱而归，喜告其妇曰：“笠已卖矣，乃得八万。若先靳之，十万可致也[⑧]！”女问其故，默然内悲而无言。其夫出，遂阖户自经而死[⑨]。

君子以织笠女为识微。夫古之妇也，义可求去。今也不然，一入其门，荣辱随之。至于见卖逼淫而求死兴狱者，有司日有闻也。女之死，可谓达时矣。使龙、比知之，则其君无杀谏之名[⑩]；屈平知之，则其先无左徒之宠[⑪]。君子与其待败而俱伤也，不若自洁以全其交[⑫]。《诗》曰：“反是不思，亦已焉哉[⑬]。”此之谓也。

【注释】

①笠，草帽。

②台草，莎也。

③以上叙其制笠与夫之苦心。

④恶魔来矣。

⑤以利饵之，娓娓动听。

⑥麕言，过言也。

⑦一笠而索钱八万，其夫无意于卖也可知，其情似可原。

⑧重利轻情，描摹鄙夫，声情俱见。

⑨一笠而生死以之，可谓贞矣。

⑩龙逄，夏桀臣。比干，商纣诸父。因谏桀纣而死。　此言龙、比之不达时。

⑪屈平，楚同姓，为怀王左徒之官，后遭谗投水以死。　此言屈平之不达时。

⑫自洁全交，织笠之女不愧此义矣。

⑬此二句《国风·氓》诗，男女相怨之词，言不思念其反复前此约誓之言，我无奈何，亦已焉哉。已，止也。此为决绝之词。

辨　通

直辞女童，满洲人。其父为京营四品官，则未知其为参领[①]与？佐领[②]与？咸丰九年冬，选良家女入宫，引见内殿，上亲临视[③]。女童以父官品例在籍中[④]。晨入，天寒，上久不出。诸女至阶下，冰冻缩蹙，莫能自主[⑤]。女童家贫衣薄，不堪其寒，屡欲先出[⑥]。主者大瞋[⑦]怪，固留止之。稍相争论，女童大言曰：“吾闻朝廷立事，各有其时。今四方兵寇，京饷不给，城中人衣食日困，恃粥而活。吾等家无见粮，父子不相保。未闻选用将相，召见贤士。今日选妃，明日挑女。吾闻古有无道昏主，今其是邪[⑧]！”于是上在屏后微闻之，出则诏问谁言者。诸女恐怖失色，莫能对。女童前跪称：“奴适有言[⑨]。”上问曰：“汝何所云？”女童前对：“奴等当引见，驾久不出。诚不胜寒，欲出不得，而总管以朝廷禁令相责。奴诚死罪，忘其躯命，具言

朝廷立事，各有其时。今四方兵寇，京饷不给，城中人衣食日困，恃粥而活，奴等家亡见粮，父子不相保。未闻选用将相，召见贤士。今日选妃，明日挑女。窃闻古有无道昏主，窃以论皇上。愿伏其罪[10]。”于是上嘿然良久，曰：“汝不愿选者，今可出矣。”女童叩头退立，上遂罢选。当女童前后言时，与在旁者莫不皇亟流汗，舌咋[11]不敢卒听。及得温旨遣出，或犹战悚不能正步[12]。

以此女童名闻京师，君子以为能直辞。《诗》[13]曰：“匪饥匪渴，德音来括[14]。”此之谓也。女童既出，上他日以事降其父一阶，欲令后选时，女可不豫也[15]。君子以为女童以一言而悟主，成文宗之宽明，显名于后世。《诗》[16]曰：“静女其姝[17]，诒我彤管[18]。”女童可以炜[19]彤管矣[20]！

【注释】

①参领，满语谓之甲喇章京，下辖佐领，上隶于都统。

②佐领，亦满职。满语谓之牛录章京，京师藩部满蒙诸旗均有此职。

③著此四字，为昏主传神。

④清制，四品以上之家，其女得入籍与选。

⑤此亦专制时代轻蔑女子之证。

⑥昏主早为女童所蔑视矣。

⑦瞋，张目也，怒也。

⑧骂得痛快。

⑨胆量之大，出诸女童，难得。

⑩慷慨直言，已置生死于度外。

⑪咋，骇而吐舌之貌。

⑫补写当时情事。

⑬《诗》，《车舝》之诗。周人深嫉褒姒，思得贤女以妃幽王也。

⑭言贤女既至，虽饥不饥，虽渴不渴，而德音来会也。括，会也。

⑮昏主亦颇曲全之。

⑯《诗》，《卫风》。

⑰姝，美好也。

⑱彤管，女史记事规过所执赤管，示以赤心正人也。

⑲炜，光曜也。

⑳闻此女后嫁一旗人，能尽妇职，以终其身。

赠太子太保兵部尚书世袭一等轻车都尉刚直彭公墓志铭[1]

公讳玉麟，字雪琴，衡阳人，查江何隆甸[2]彭氏也。其先盖明之世官，洪熙[3]中有光禄大夫显明[4]来居成族，遂为著姓。祖启象，父讳鸣九[5]，并有名行，详于县牒[6]。公承先德，功位煊隆。行状登于国史，勋绩纪于赐碑，薄海周知，固无述矣。

爰起孤幼，有志功名。及履崇高，超然富贵。然其遭际，世所难堪。始则升斗无资[7]，终则帷房悼影[8]。但耻于侘傺[9]，一从豪宕。吴音楚服，炯然冰映。其用兵

也，众所疑议，飘然赴之；其辞官也，人所咨[10]趄[11]，倏[12]然去之[13]。常患咯血[14]，乃维纵酒。孤行畸意，寓之诗画。客或过其扁舟，窥其虚榻。萧寥独旦，终身羁旅而已。不知者羡其厚福，其知者伤其薄命。由君子观之，可谓独立不惧者也。

晚遘海氛，起防南越。自谓得其死所[15]，乃复动见扳缠。因积悲劳[16]，加之瘴毒[17]，重感末疾，遂自沉弥[18]。频表请归，释兵养病。咸谓不起，犹强游吴越[19]。光绪十六年三月甲子，卒于湘东里第，年七十有五。粤以其年十有一月甲申，葬于衡阳章木寺之原。

始卜青乌[20]，得吉壤，访其山名，正同公讳。斯盖天启滕室[21]，岳配申神[22]。略取谐声，改曰余庆坦[23]。礼也。埋忧地下，郁郁千年。宜泐幽词，以毕深恨。其铭曰：

豕韦作伯[24]，斟雉师王[25]。一显一隐，何晦何明。烈烈尚书，婉婉儒生。始同公瑾[26]，举酒麾兵。既夺小孤[27]，箫鼓和声。左右杨[28]曾[29]，江南底平[30]。虽辞圭组，卒践台衡[31]。爰四十年，枕戈衽[32]革[33]。军民晏然，还其枕席。公独羁孤，萧条老疾[34]。凡我同袍，莫同其戚。积感终身，浮名四域。贵寿非我，襟情自惜。华采终照[35]，运数俄迁。昔时鼓角，今日山川[36]。虎气腾云，龙剑还渊[37]。长松荫国，美榎[38]在原。祁连[39]赐冢，佝偻[40]负天[41]。华表[42]千岁，玉树[43]重泉。梁鸿[44]可傍，叔誉徒观[45]。

【注释】

①太子太保，赠衔。兵部尚书，如今陆军部总长。轻车都尉，唐始有之，清赐有功之臣，为世职。

②何隆甸，地名。

③洪熙，明太祖年号。

④显明，字声扬，以进士官于衡，遂家焉。

⑤彭鸣九，曾为梁园镇巡检，以廉介明干称。李瀚章为作传，载《衡阳县志》。

⑥县牒，县志也。

⑦公有田为亲族所夺，乃佣书养母。

⑧公妻邹氏不得于姑而别居，终身不面。

⑨侘傺，失志貌。

⑩咨，同“趑”。

⑪咨趄，欲行不行之貌。

⑫倏，忽也。

⑬公自誓不求保举，不受官职，故屡疏辞职。

⑭咯血，吐血也。

⑮法越事起，命公筹防广东，适有疏乞养病，至是力疾请行。平日于通商和约积愤久，每思一当敌以死泄其怒。

⑯时主和议，公力争有五不可，不听。

⑰瘴毒，山川湿蒸郁结之气。

⑱沉弥，病甚也。　　公在粤移营海口草棚，暑湿寒雨，内外煎逼，遂至不治。末疾，手足偏枯之疾。

⑲公仍巡阅长江，安徽巡抚陈彝力奏公笃疾，乃还衡州。

⑳汉有青乌先生，精地理，著有《葬经》行世。

㉑《书》有《金縢》篇。周公以代兄死之祷文藏于金匮，成王不寤，而疏周公。天大雷电以风，王启金縢之书，乃感悟而迎周公。縢，缄也。此盖借用言葬穴之启于天也。

㉒《诗》："惟岳降神，生甫及申。"言公为岳神所降也。

㉓坦，通"坛"。

㉔伯，五霸。商有大彭豕韦。

㉕彭祖好和滋味，善斟雉羹，能事帝尧，尧美而飨食之。见《楚辞》注。又为商大夫，是为王者师也。　　此叙其祖。

㉖公瑾，吴周瑜也，官至都督，与刘备败曹操于赤壁。

㉗小孤，山名，在彭蠡县北大江中。公诗有"彭郎夺得小孤回"之句。

㉘杨，载福也。水师公与杨分统。

㉙曾，国荃。

㉚九洑洲之胜，公功为最。　　此叙其功。

㉛台衡，指尚书言。

㉜衽，席也。

㉝此言在军中四十年。

㉞此言其晚境。

㉟上二句即"孤行畸意，寓之诗画"之意。

㊱此言昔时鼓角之地，今山川尚无恙。

㊲说到公没。

㊳櫘，即梓木，用以作棺。

㊴即天山，在今甘肃张掖县西南，绵亘甘凉之境。汉霍去病冢象祁连山。

㊵佝偻，即"岣嵝"之通用，为湖南衡山之主峰。有碑，相传为夏禹治水所书。

㊶此言碑之高。

㊷华表，墓上石柱。

㊸玉树，《晋书》："庾亮卒，何充会葬，叹曰：'埋玉树于土中，使我情何能已！'"

㊹梁鸿，汉高士，死于吴中，傍要离而葬。

㊺叔誉，叔向也。赵文子与叔誉观于九原。九原，晋士大夫丛葬之所。

曾孝子妻严氏灵表

夫人湘潭[①]严氏之长女，字曰某。其先自山西来迁，致资百万。父讳友信，以敦笃沉识有闻于邦。夫人生习四教[②]，孝敬婉顺[③]。亲慈宝爱，慎难其匹[④]。于时贵族富室多攀淑德，贤父远览，为严相攸[⑤]。以同县曾君讳侗，孝通神明，允型厥室[⑥]。逮夫人年二十有三，乃嫔[⑦]于曾。

曾孝子奉母礼终[⑧]，茕茕[⑨]贫居，借屋而栖迟[⑩]，待米而饔飧[⑪]。夫人敬奉夫子，柔色率礼。屏在家之华施[⑫]，执箕帚而服勤[⑬]。思慕先姑，俯诲所生[⑭]。夙夜劬[⑮]心，十有七载。生二男，长曰传理，次曰传甲。女子子三人，并承慈义，在贫忘贫。造成家道，始大其门。匪爵而重，夫贵妻尊。虽勿优[⑯]豫[⑰]，见敬里人。

仁寿无征[18]。年四十,道光二十有九年某月某日卒。越明年某月某日葬于某原。又三年,夫子病卒。遗命别葬某原,古之道也。又十年,传理以功加按察使[19]衔,为四川道员。援恩赠父母阶封,诰赠夫人为一品夫人,当设碑[20]表[21]。遂为斯文,镌[22]著坚石。颂曰:

严之改庄[23],缀姓滋仍[24]。世绍隐德,邈尚子陵[25]。淑恭之姿,兰尸夙敬[26]。贵道贱荣,归法孝行。仁者久约,我服我劳。内外洁清,箪瓢何忧[27]。霸妇鸿妻[28],其乐穆穆[29]。於[30]显夫人,朝夕有恪[31]。母仪既昭,景[32]命有终[33]。子孙蕃[34]变[35],受禄其充。合葬非古,繄[36]灵实照[37]。耀此贞懿,乃作神诰[38]。

【注释】

①湘潭,今湖南县。

②四教,古者妇人先嫁三月,祖庙未毁,教于公宫;祖庙既毁,教于宗室。教之以妇德、妇言、妇容、妇工。见《礼·昏义》。

③此言其未嫁时。

④说得郑重。　　引起下文。

⑤相,视也。攸,所也。言为女相视其所居也。《诗》:"为韩姞相攸。"

⑥言信足为妻之法也。

⑦嫔,《尔雅·释亲》:"妇也。"

⑧言生事死葬之礼已毕也。

⑨茕茕,独也。

⑩栖迟,游息也。《诗》:"可以栖迟。"

⑪朝食曰饔,夕食曰飧。

⑫华施,犹言装饰也。

⑬执箕帚,《汉书》:"吕公谓高祖曰:'臣有息女,愿备箕帚妾。'"　　此言其相夫。

⑭此言其教子。

⑮劬,劳也。

⑯优,有余也。

⑰豫,逸乐也。

⑱《论语》云:"仁者寿。"　　言此言之无凭证。

⑲清时设臬司,掌一省刑事。

⑳碑,坚石。

㉑表,识也。

㉒镌,刻也。

㉓汉因明帝名庄,讳庄为严。

㉔犹言后嗣之多也。缀姓,一姓相系属也。

㉕子陵,东汉严光字。少与光武同学,后隐居浙江富春江,高尚不仕。

㉖《诗·国风》:"谁其尸之,有齐季女。"尸,主也。《左传》:"置诸宗室,季兰尸之。"注:"使服兰之女为之主。"

㉗颜子居陋巷,一箪食,一瓢饮。人不堪其忧,颜子不改其乐。箪,竹器。瓢,饮器。

㉘王霸,字儒仲,太原人。光武连征不仕。与令狐子伯为友,子伯为廷相,其子为郡功曹。

令子奉书于霸，车马服从，雍容如也。霸子方耕，投耒而归，见令狐子惭沮，不能仰视。霸有愧色，客去，卧而不起。妻诘之，霸曰："向见令狐子容止可观，我子蓬发历齿，未知礼则。父子恩深，不觉自失。"妻曰："今子伯之贵，孰与君之高？奈何忘宿志而惭儿女子乎？"梁鸿，字伯鸾，扶风人。同县孟氏有女，名光，愿嫁之，椎髻布衣而前。偕隐入吴，为人赁舂。每归，妻具食，举案齐眉，不敢仰视。

㉙穆穆，和貌。

㉚於，美也。

㉛恪，敬也。

㉜景，大也。

㉝此言死也。

㉞蕃，盛也。

㉟娈，美好貌。

㊱繄，犹是也。

㊲此指遗命而言。

㊳神诰，即指此文。

杨　岘

安吉施氏遗著序[①]

亡友安吉施君寿民，有令子曰旭臣，举同治癸酉科乡试。喜读书，性通侻[②]，不屑屑与人周旋，人或非笑焉。贫而多病，常依妇贫居。余罢官吴下[③]，怜之而无以助之，负旭臣且负寿民矣。今年旭臣上公车[④]，未及试，渠[⑤]没于京寓。行理[⑥]而外无长物[⑦]，赖同岁生戴君笠青、朱君莲夫[⑧]醵[⑨]金以其榇[⑩]归。又最录所为诗若文若杂著示余，谓余知旭臣，属删订。乌乎！是何足以知旭臣？矧旭臣亦甚自知，知而自删订，已成定本。老朽如余，敢预前龃龃[⑪]邪[⑫]？

大抵诗学汉魏，下者亦不失中唐。文学唐宋八家，骎骎乎突过寿民[⑬]。杂著于经史考据虽未尽谛[⑭]，然而自诗文与考据分涂，往往罕见长，不必为旭臣累[⑮]。即论诗文，当其时诗宗随园[⑯]，文宗惜抱[⑰]，一篇出，哗然以为袁也，姚也。夫舍随园、惜抱，宁无诗文哉[⑱]？而顾不觉其陋邪？旭臣崛起众中，坚据古人，不随时转移，蒙非笑固宜[⑲]。

夫文轩之与敝舆也，锦绣之与裋褐也[⑳]，孰好孰丑，人皆辨之[㉑]。至于诗文而好丑之不辨，是何异睹夷光[㉒]之容，而犹曰嫫母也[㉓]？《淮南子》曰："与其誉尧而非桀也，不如掩聪明而反修其道。"夫欲传旭臣于百年，则姑尽发其诗文，与天下相证，庶几反修之术与[㉔]？戴君、朱君谋并寿民遗稿同付梨枣，盛举也，抑亦为余詶所负也[㉕]。且夫穷达天也，天能使穷而不达，不能使精华之气闷久而不露，旭臣盖自知矣[㉖]。光绪庚寅冬十月归安杨岘序。

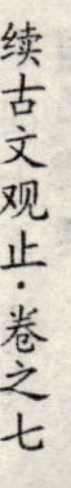

【注释】

①安吉，今浙江县，属钱塘道。

②通侻，简易也。二字见《魏志·王粲传》。

③吴下，即苏州。

④公车，汉时应召之人由公家以车递送。清代举人入京会试，称公车，本此。

⑤渠，通“遽”。

⑥理，通“李”。

⑦长物，余物也。

⑧戴笠青、朱莲夫，均浙江吴兴人，癸酉举人。戴名翊清，工书。朱名廷燮，以词章名。

⑨醵，合钱会饮也。此作合钱解。

⑩�，棺也。

⑪龈龈，争辩貌。

⑫自明不任删订之意。

⑬揭其所长。

⑭不讳其短。

⑮诗文固自可传，原不必以考据见长。

⑯随园，姓袁，名枚，钱塘人。诗主性灵，一时宗之。

⑰惜抱，姓姚，名鼐，桐城人。文以义理、考据、词章为主，世号为桐城派。

⑱自是定论。

⑲此言“非笑”之加，不足为旭臣虑。

⑳裋，短衣。褐，毛布衣。均贱者之服。

㉑低一层说，以喻意显之。

㉒夷光，越之美人。或曰即西施。

㉓嫫母，丑妇，黄帝第四妃。

㉔此勉励戴、朱二君，亦以间执非笑旭臣者之口。

㉕回应前句。

㉖自知胜于人知。

刘可毅

记毗陵驿马[①]

客有以善相马者言予曰[②]：“毗陵驿当孔道[③]，羽檄[④]急，则云阳[⑤]、锡山[⑥]南北三百里，吾驿枢[⑦]其中。蹄声、铎[⑧]声、棰[⑨]声，午[⑩]交衢[⑪]，昼夜不绝。驿置马，故无弗良也[⑫]。江阴金逸亭部卒善畜马，过武进[⑬]，货[⑭]之驿者一。帖耳[⑮]曳尾[⑯]，足涂泥，浸[⑰]下矣[⑱]。而曰：‘是尝陷于贼，沉于渊，摧于锋刃者，固百战余也[⑲]。’而厩故所畜者，兰筋竖面[⑳]，雄健出马上。而马又不任施羁靮[㉑]，蹄啮[㉒]乘者使踣[㉓]。而时或风

厉霜肃，林木瑟瑟下，则又仰首呜呜嘶[24]，足奋掷地，绝辔[25]腾跃，飙[26]忽[27]若鹰[28]隼[29]，追勿得[30]，而他马则驯伏枥[31]下。方是时，善相马者等定[32]他马，此下之。而厩卒[33]以马弗良，益益他马刍[34]。他马益壮，益善走，而马亦益老[35]。"

江阴金逸亭者，从李勇毅[36]百战蕲[37]、黄[38]、潜[39]、太[40]、舒[41]、桐[42]间，折西规[43]德安[44]、随州[45]，北解南阳[46]围，复东下统防休宁[47]。军畜名马，多能绝尘驰[48]，战辄陷阵[49]，奔突[50]矛[51]弹[52]，望景[53]不可见。若客言，马固甚凡也[54]。

则又曰："马既老，部卒以他事再至。见马曰：'是惫[55]至此耶？昔陷于贼，沉于渊，摧于锋刃，而卒以自全。复卒以惫，毋宁其死于贼渊锋刃，犹有令名焉，而顾郁郁久居此耶[56]？'马似闻言悲。卒去，不食死。厩卒剖马革，则腹胁隐旋作龙鳞文[57]，惊报相马者。至，大言曰：'予固言马之良也！而驽[58]视以死[59]！'埋马于驿之阴[60]。"

予闻之悲，而记其语，客亦去。

【注释】

①毗陵，古郡名，即今江苏武进县治。驿，旧时传达官文书之所。

②此客盖以自命善相马者之一事语刘子也。

③孔道，大路。

④羽檄，军书。《史记》："以羽檄征天下兵。"

⑤云阳，三国吴县名，即今江苏丹阳县地。

⑥锡山，即今无锡县西，惠山之支麓也。

⑦枢，枢纽也。

⑧铎，大铃。

⑨棰，击马策也。

⑩《礼》疏："一从一横为午。"

⑪《尔雅》："四达谓之衢。"

⑫目以为良，安得所谓良者之标准耶？

⑬武进，县名，清江苏常州府治。

⑭货，卖也。

⑮帖耳，言驯服也。韩昌黎文："若俛首帖耳，摇尾乞怜者，非吾之志也。"

⑯《庄子》："宁其生而曳尾于涂中乎？"

⑰浸，语助词。

⑱才士之不修边幅，亦如此。

⑲此段反击起下。

⑳兰筋竖面，《相马经》："一筋从玄中出，谓之兰筋。玄中者，目下陷，如'井'字。兰筋竖者千里。"

㉑羁靮，马缰也。《礼·檀弓》："则孰执羁靮而从？"

㉒啮，噬也。

㉓踣，仆也。《吕氏春秋》："将欲举之，必先踣之。"

㉔嘶，鸣也。

㉕绝，断也。辔，马缰。

㉖飙，暴风也。

㉗飙忽，喻其速也。

㉘鹰，鸷鸟。

㉙隼，鹰类之最小者。

㉚此时气象，恨不得松雪绘之。

㉛枥，养马之所。魏武帝诗："老骥伏枥，志在千里。"

㉜等定，定其等次也。

㉝厩卒，养马之卒。

㉞刍，干草也。饲牲曰刍。

㉟一"老"字已了此一生矣。　客言止此。

㊱李勇毅，名续宜，号希庵，清湖南湘乡人。咸丰间，与其兄续宾同佐罗忠节军，再克武汉，屡与洪杨军战，多奇绩。其破陈玉成于挂车河，功尤著。官至安徽巡抚。卒谥勇毅。

㊲蕲，蕲州，清属湖北黄州府，今改为蕲春县。

㊳黄，清湖北黄州府，即今黄冈县。

㊴潜，即今潜江县，清属湖北德安府。

㊵太，即今太平县，清属安徽宁国府。

㊶舒，即今舒城县，清属安徽庐州府。

㊷桐，即今桐城县，清属安徽安庆府。

㊸规，复也。

㊹德安，清湖北德安府，今安陆县其旧治也。

㊺随州，即今随县，清属德安府。

㊻南阳，清河南南阳府，今改县，属汝阳道。

㊼休宁，县名，清属安徽徽州府，今隶芜湖道。

㊽绝尘驰，喻其捷也。

㊾陷阵，破阵也。

㊿奔突，奔走冲突也。

51矛，戈矛也。

52弹，弹丸也。古时用弓弦发之以击远，今枪炮所发之子亦曰弹。

53景，同"影"。

54自"江阴"以下至此，乃作者申叙一段。"马固甚凡"，似应上"以马弗良"、"马亦愈老"等句。

55惫，疲也。《史记》："今天下已定，何其惫也？"

56郁郁，犹闷闷也。《史记》："吾亦欲东耳，安能郁郁久居此乎？"

57亦似盖棺而后论定者。

58下乘之马曰驽。

59归罪厩卒，晚矣。

60阴，背面。　　自"则又曰"起至此皆客言。

此盖感己之不遇，一肚皮牢骚，借客言以宣泄之。世所谓善相马者如此，而自命善相士者可知矣。

王先谦

女慰慈圹铭

女慰慈，期有二月而字自庵[①]先生之第三孙，又八月而殇[②]。女生数月能言，秀外而惠[③]中。问以家人居室，历指不爽[④]。闻予声，辄欢跃叫呼[⑤]，予亦逾时不见不乐也。每日斜，抱至门外。对门墙上青草丛生，葱郁可爱。女注视笑语，良久乃入[⑥]。病剧，数月稍间，至门，犹视青草作笑态，而口已不能言，可伤也已！周氏婿少女六月，予频过其家。红裾[⑦]绣褓[⑧]，奉手[⑨]拜跪。旁人皆笑，予顾之而悲[⑩]。予妻之孕女也，时尽室行大江中。或曰："是生也，无根，易折。"信邪？何以解于舟之人[⑪]？

殇以同治甲戌正月十三日，既厝矣，为之铭：

生女置酒兮，予母欢醉。名女娱祖兮，慰慈其字。划[⑫]而逝焉来何为！予凉德[⑬]兮召之！乌乎！

【注释】

①自庵，姓周。

②殇，不成人而死也。十九至十六为长殇，十五至十二为中殇，十一至八岁为下殇。

③惠，通"慧"。

④此言其聪慧。

⑤描写小儿女之态。

⑥睹此生意，想亦别有会心。

⑦裾，衣前襟。

⑧褓，小儿衣。

⑨奉手，《礼·曲礼》："长者与之提携，则两手奉长者之手。"

⑩抱上周子。

⑪随举随撒，并见语妙。

⑫划，裂也，此作忽遽之义。

⑬凉德，薄德也。《左·庄》："虢之德凉，其何土之能得？"

易顺鼎

哭庵传[①]

哭庵者，不知何许人也。其家世姓名，人人知之，故不述。哭庵幼奇惠[②]。五

岁陷贼中，贼自陕蜀[3]趋郧襄[4]，以黄衣绣褓缚之马背，驰数千里。遇蒙古藩王[5]大军，为骑将所获，献俘[6]于王。哭庵操南音[7]，王不能辨。乃自以右手第二指濡口沫[8]书王掌，王大喜曰："奇儿也！"抱之坐膝上，趣[9]召某县令使送归。

十五岁为诸生[10]，有名。十七岁举于乡，所为诗歌文词，天下见之，称曰才子[11]。已而治经，为训诂[12]考据家言。治史，为文献[13]掌故[14]家言。穷而思反于身心，又为理学[15]语录[16]家言。然性好声色[17]，不得所欲，则移其好于山水方外[18]，所治皆不能竟其业[19]。年未三十而仕，官不卑[20]，不二年弃去。筑室万山中居之，又弃去。

综其生平二十余年内，初为神童[21]，为才子，继为酒人[22]，为游侠[23]。少年为名士，为经生，为学人，为贵官，为隐士，忽东忽西，忽出忽处。其师与友谑之，偁为神龙[24]。其操行无定，若儒若墨[25]，若夷若惠[26]，莫能以一节偁之。为文章亦然，或古或今，或朴或华，莫能以一诣绳[27]之。要其轻天下、齐万物[28]、非尧舜、薄汤武之心，则未尝一日易也[29]。

哭庵平时谓天下无不可哭。然未尝哭，虽其妻与子死不哭[30]。及母没而父在，不得渠[31]殉，则以为天下皆无可哭，而独不见其母可哭，于是无一日不哭，誓以哭终其身，死而后已。因自号曰哭庵。

【注释】

①哭庵，顺鼎自号也。

②"奇惠"二字一篇之根。以下即就此发挥。

③陕蜀，陕西、四川。

④郧襄，郧阳、襄阳，皆湖北府名。今郧阳为郧县，襄阳废府为县。

⑤蒙古藩王，僧格林沁，清科尔沁亲王，蒙古人。咸丰时，洪秀全遣将林凤祥攻天津，僧格林沁擒之，有战功。谥曰忠。俗称僧王。

⑥凡因战而获敌之人物曰俘。

⑦南音，南方口音也。《左·成》："使与之琴，操南音。"

⑧口沫，口中津也。

⑨趣，促也。

⑩清称生员为诸生。

⑪才子之称，其来有自。

⑫训诂，犹言注释。《尔雅》有《释诂》、《释训》两篇，世谓此类之书曰训诂书。

⑬文，典籍也。献，贤也。

⑭掌故，盖言国家之故实也。

⑮理学，性理之学。汉人治经，多诂其义。至宋人乃疏其理，故有理学之称。

⑯宋儒讲学，门弟子集记其言论之书，谓之语录。

⑰声色，谓音乐女色之属。《书》："惟王不迩声色。"

⑱盖僧道之称。

⑲自知之明。

⑳易曾任道员。

㉑唐刘晏八岁献颂行在，授太子正字，人称神童。见《唐书》。

㉒《史记》:"荆轲虽游于酒人乎,然其为人,沉深好书。"

㉓好交游,急人难,谓之游侠。《史记》有《游侠列传》。

㉔文亦如神龙夭矫。

㉕尊孔子教,通谓之儒。墨翟,战国宋人,曾创兼爱之说,孟子辟为异端。《孟子》:"逃墨必归于杨,逃杨必归于儒。"

㉖《孟子》:"伯夷,圣之清者也。柳下惠,圣之和者也。"又:"伯夷隘,柳下惠不恭。"夷、惠盖各造其极而各守一偏者。

㉗纠人之失曰绳,此言不能以一种学问束缚之。

㉘《庄子》有《齐物论》、《天下》等篇。

㉙此其宗旨所在,亦"奇惠"之实证。

㉚自命哭庵,不哭妻子,紧接下笔,以实其哭,妙。

㉛世俗称谓他人曰渠,犹云彼也。假托作传,故亦假托其人。

贺涛

送张先生序[①]

经词质[②],诗独烂然[③]而华[④]。楚人既侈[⑤]其体以为赋[⑥],而贾谊[⑦]、司马相如[⑧]、枚乘[⑨]、扬雄[⑩]、班固[⑪]、张衡[⑫]之伦,用以荐[⑬]功风[⑭]时,抒怀愫[⑮],状物变,益瑰放诡怪而不可穷,承效者多沿用为体。其弊也,庬芜[⑯]而纤[⑰]伪[⑱]。

唐韩愈氏[⑲]急起而持之,汰[⑳]繁抑浮,一归于朴。群天下学者,惟韩之从。自汉讫唐,旷[㉑]数百年,而文章始复于古。习传之既久,或孤抱韩氏之谊法,而不敢他有所涉。其弊也,意固而言俚[㉒]。

国朝[㉓]姚姬传氏[㉔]纂录古文,益以楚词汉赋,其说既美矣。曾文正公[㉕]取其说而益恢[㉖]之,以自治其文,而宋后数百年沿用之体于是始变[㉗]。

汉文伟丽矣,而所谓质者固在也,末流[㉘]汩[㉙]焉耳。韩文简朴矣,而汉文气体固在也,末流靡[㉚]焉耳。韩氏振汉氏之末流反之古,曾公振韩氏之末流反之汉。先生师曾公,尝取姚氏所纂录而独说其辞赋,以示学者[㉛]。涛既蒙不弃,以为可与于兹事,而数进以闳肆[㉜]之境。夫闳肆之境,舍先生所说,固莫由达也。而孰[㉝]思之,而莫窥其涯[㉞]。于先生之归也,敬以问之[㉟]。

【注释】

①张先生,即裕钊。见小传。

②质,朴也。《论语》:"质胜文则野,文胜质则史。"

③烂然,如火之光。

④华,丽也。

⑤侈,大也。

⑥楚屈原作《离骚》,宋玉作《神女》、《高唐》诸赋。汉刘向更哀集屈宋诸赋,谓之《楚辞》。

⑦贾谊，汉洛阳人。文帝召为博士，寻迁大中大夫。为绛、灌等所忌，出为长沙王傅，作《吊屈原赋》。既有鹏飞人其舍，止于坐隅，又作赋以自广。后拜梁王傅，上《治安策》。及梁王堕马死，哭泣逾年，亦遂死。

⑧司马相如，汉成都人，字长卿。武帝时，以通西南夷有功，拜孝文园令。长于辞赋，所著有《子虚》、《上林》、《大人》等赋，丰赡富丽，开汉魏六朝之先。

⑨枚乘，汉淮阴人，字叔。初为吴王濞郎中，王谋逆，乘上书谏之，不听，去而之梁，从梁孝王游。景帝召拜弘农都尉，不乐为吏，又去官游梁。梁客皆善词赋，乘尤高。

⑩扬雄，汉成都人，字子云。初为郎，给事黄门。成帝召对承明庭，奏《甘泉》、《河东》、《长杨》等赋。作《太玄》、《法言》、《训纂》、《州箴》、《反离骚》等书。

⑪班固，后汉安陵人，字孟坚。明帝时征为郎，典校秘书，续成父彪所著《汉书》。感相如、寿王、东方之徒，造构文辞，终以讽劝，为上《两都》之赋。自以二世才术，位不过郎，又作《宾戏》以自通焉。后坐事系狱死。

⑫张衡，后汉西鄂人，字平子。少善属文，通五经六艺。永元中，举孝廉。以天下承平日久，王侯以下，莫不日趋逾侈，因拟班固《两都赋》作《二京赋》，以为讽谏。永和间拜尚书，卒。著有《周易训诂》数十篇传世。

⑬荐，进也。

⑭风，通“讽”。

⑮愫，情愫也。

⑯庬芜，庬杂也。

⑰纤，琐碎也。

⑱以下推论沿用之弊。

⑲韩愈，唐昌黎人，字退之。擢进士，权四门博士，迁监察御史，累进刑部侍郎。宪宗朝，谏迎佛骨，贬潮州刺史。寻拜国子祭酒，转吏、兵两部侍郎。卒赠礼部尚书，谥曰文。其文宏深奥衍，左右六经，卓然成一家言。

⑳汰，裁也。

㉑旷，远也。

㉒俚，俗也。　　此言学韩之弊。

㉓称本朝曰国朝。

㉔姚姬传，见小传。

㉕曾文正公，见小传。

㉖恢，广大也。

㉗曾之功不在韩、姚之下。

㉘末流，犹言末代也。

㉙汩，灭也。

㉚靡，灭也。

㉛此言其师承之有自。

㉜闳肆，韩昌黎文：“所谓闳其中而肆其外矣。”

㉝孰，同“熟”。

㉞涯，际也。

㉟以谦语作结。

续古文观止卷之八

熊其英

章大传

熊其英曰:呜呼!伦纪之间,岂非士大夫责哉!自士大夫不完其性,而独行乃往往见诸农工妇女微贱不识字之人。薛君春畬尝为余言章大,如章大者,不亦伟哉!不亦伟哉!

章大,昆山[①]之扬湘泾人。兄弟二人,同业鬅[②]发。大无名,人以序呼之曰章大、章二云。大有姊嫁匪人,归依大,与大妻不睦。大曰:"姊,吾同胞,妻何为者?弟今有子矣,吾何妻为?"遂出之,终身不复娶。

章二不检于行,胹[③]鸦片。薙所得泉[④],兄弟分贮竹筒中,米盐家用,大独任之。二自私其筒,犹时时苦不足。大窥得其意,辄以入已筒泉误入弟筒以足之[⑤]。二病咯血,大出泉令就医。二糜[⑥]其泉,归诡述医言,谓病无庸药,但多吃肉可愈。大于是日烹肉供弟[⑦]。大与弟章二处,衣食率自取旧恶者。人问之:"女弟吸鸦片乎?"必曰:"无之。""女家衣食,女一人谋乎?"必曰:"无之[⑧]。"大之爱弟妹,出于天性。久之,章二亦爱大甚。大出归或晚,章二与二子候伺之,常相望于道。

而是时里中有诸生某者,事母有违言。大语人曰:"我不意秀才乃如是[⑨]!"言之眦[⑩]欲裂。呼之薙,独望望辟[⑪]之,不某应云[⑫]。

大卒咸丰六七年间,年四十余。

赞曰:章大一镊[⑬]工耳,余遇之,亦将以工役之。乃其内行若此。役人,役于人,名实之间,可不辨哉?春畬述大事甚核[⑭],余据来稿润色为此传,岂第欲为大留其名邪[⑮]!

【注释】

①昆山,今江苏县。

②鬅,俗作"剃"。大人曰髡,小儿曰鬅。

③胹,遽也。此似作"瘾"字解。

④泉,同"钱"。

⑤煞费苦心。

⑥糜,犹空费也。

⑦人子事亲,甘旨之养,未必胜此。而大之事亲,又可推想而知矣。

⑧为弟回护其短,益见天性之爱。

⑨吾不知秀才闻之亦能动天良否?

⑩眦,目崖也。

⑪辟,同“避”。

⑫似有不屑为伍之意。

⑬镊,镊子也。《释名》:“镊,摄取物也。”如今夹钳之类。薙发与镊发相类,故曰镊工。

⑭核,实也。

⑮讽士大夫,使饬伦纪,言在意外。

李 桢

读《信陵君传》[①]

李子曰:平原君[②]所失士,非独毛遂[③]其人而已,其于毛公、薛公[④],失又甚焉[⑤]。吾观二人说信陵君归救魏,独引绳以大谊[⑥],盖非当时说士所有也,可不谓贤乎[⑦]?夫贤者必不肯托豪贵,与食客门下为伍[⑧]。而平原君顾以其博徒卖浆而贱之,甚矣其不能相士也[⑨]!然古今若信陵者何人哉?余每读《信陵君传》,未尝不三复[⑩]流涕也[⑪]!

【注释】

①信陵君,战国魏昭王之少子,名无忌。封于信陵,故号信陵君。《史记》有《信陵君传》。

②平原君,战国赵武灵王之子,名胜。封于平原,故号平原君。

③毛遂,秦围邯郸急,赵使平原君求救于楚。约门下食客得十九人,遂愿备员而行。平原君与之俱至楚,遂按剑劫楚王,定从约,楚王乃遣黄歇将兵救赵。平原君曰:“胜相士多者千人,寡者百数,自以为不失天下士,今乃于毛先生而失之。”

④毛公、薛公,俱战国赵处士,毛公藏于博徒,薛公藏于卖浆家。信陵君间步往从两人游,平原君谓为妄人。

⑤毛遂是陪,二人是正。

⑥秦伐魏,毛公、薛公往见信陵君,曰:“公子所以重于赵,名闻诸侯者,徒以有魏也。今秦攻魏,公子不恤,使秦破大梁,而夷先生之宗庙,公子何面目立天下乎?”

⑦贤毛、薛,益贤信陵。

⑧是毛、薛表异处。

⑨断制谨严。

⑩三复,反复玩诵也。《论语》:“南容三复白圭。”

⑪以慨想信陵作结。

李佳

郑康成画像赞并序

光绪丙申，余在金陵。江都梁君菼以汉大司农[①]高密[②]郑公[③]像见示，凝然[④]湛然[⑤]，载道之贤人也。余敬书赞，以志景崇[⑥]云尔。

秦坑诸儒[⑦]，群籍荡然[⑧]。有汉正统[⑨]，文教聿宣。觥觥[⑩]高密，竺[⑪]生其间。述而不作[⑫]，抱阙守残[⑬]。说经铿铿[⑭]，众论之郛[⑮]。形状草木，诠释虫鱼。不穿[⑯]不亿[⑰]，纷然万殊。小学[⑱]穷经，实而非虚。戴凭重坐[⑲]，朱云折角[⑳]。有光先业，启明后觉[㉑]。若游孔门，是七十贤[㉒]。斯文未丧[㉓]，功在斯人。

【注释】

①大司农，汉官九卿之一，掌钱谷，亦曰司农。玄尝征为大司农，不就。

②高密，县名，汉置，今属山东胶东道。

③郑公，名玄，字康成。肄业太学，博通群经、历算。师事扶风马融。会以党事禁锢，遂杜门隐修经业。党禁解，征辟皆不就。著书凡百余万言，弟子自远方来者数千人。所著之书，今存者，有《毛诗笺》、《三礼注》、《周易注》。其他《箴膏肓》、《发墨守》、《起废疾》，皆后人所辑佚，书残缺不完矣。

④凝然，聚貌。

⑤湛然，厚重貌。《楚辞》："忠湛湛而愿进。"

⑥景崇，景仰而崇拜之也。

⑦秦始皇三十五年，以方士卢生求仙药不得，以为诽谤，诸生连相告引四百余人，皆坑之咸阳。见《尚书序》疏。

⑧荡然，散佚也。

⑨《汉书·高帝赞》："汉承尧运，德祚已盛。断蛇著符，旗帜上赤，协于火德，自然之应，得天统矣。"

⑩觥觥，刚直貌。《后汉书》："觥觥关东郭子横。"子横，郭宪字。

⑪竺，通"笃"。

⑫《论语》："子曰：'述而不作，信而好古，窃比于我老彭。'"

⑬刘歆《移太常博士书》："犹欲保残守阙。"

⑭铿铿，金石声也。《后汉书》："说经铿铿杨子行。"子行，杨政字。

⑮郛，保障也。扬子《法言》："然后知圣人之为郛郭也。"

⑯穿，穿凿也。

⑰亿，未见而意之也。《论语》："不亿不信。"

⑱古之小学教以六艺，故礼、乐、射、御、书、数皆谓之小学。汉始以文字之学为小学。《艺文志》："小学十家所收之书，皆字书训诂之属。"故《说文》等书皆谓之小学书。

⑲戴凭，后汉平舆人，字次仲。治京氏《易》。举明经，征拜郎中，寻迁侍中。建武中，元旦朝贺，帝命群臣能说经者更相诘难，义有不通，辄夺席以益通者，凭遂重坐五十余席，故一时有曰："解经不穷戴侍中。"

⑳朱云，汉平陵人，字游。少轻侠，年四十，折节从师，受《易》、《论语》，能传其业。元帝时，少府五鹿充宗贵幸，为梁邱《易》。云与之论难，连拄五鹿君。诸儒语曰："五鹿岳岳，朱云折其角。"

㉑《孟子》："先觉觉后觉。"

㉒《孟子》："如七十子之服孔子也。"《史记》："孔子弟子受业身通六艺者七十七人。"言七十，举成数也。

㉓《论语》："天之未丧斯文也，匡人其如予何！"

冯　煦

跋成恭恪临《庙堂碑》[①]

往与恭恪羁栖冶山[②]，校雠之暇，每以学书自娱。而皆乡往虞秘监[③]，以唐初诸家，唯秘监于山阴法乳所得为多也[④]。恭恪学《庙堂碑》，予学《破邪论》。予作辍不恒，于秘监无纤芥之得。而恭恪晨橅[⑤]暝写，不懈益勤，临《庙堂》凡数十通[⑥]。此册则其甲申冬十一月所临也[⑦]。静穆中和，几破秘监之扃[⑧]而洞之，与世之以软媚为秘监者相万也[⑨]。

所居在冶山之颠，飞阁冠之。下荫丛竹数百竿，凉碧沁衿带间。风来琤瑽[⑩]，韵于碎玉。穷阴沍[⑪]寒[⑫]，积雪在地，青灯荧然，万象凄寂。时有冻雀踢败叶而堕，疑为鬼物。恭恪枯坐泚翰[⑬]，与秘监相酬对，不复知人间得丧荣郁叩[⑭]寂事。其标寄[⑮]萧淡，度越流辈，宜其书之深造自得也[⑯]。

今距恭恪作书时，三越终星[⑰]。所居已易为讲肆，群儿咿唔[⑱]其中。牛医[⑲]马磨[⑳]，出没亡时。求如昔日孤悬物表，尘嚣不侵，与恭恪日手一编[㉑]，啸傲羲皇以上，邈若旷世，宁可复得？恭恪宰[㉒]树既拱[㉓]，予累然[㉔]一老，十指如椎[㉕]，所书比之春蚓秋蛇[㉖]，几几不可辨识。循省是册，忽不觉其百感之横集也[㉗]。戊午七夕，金坛冯煦跋于白田寄庐，时年七十又六。

【注释】

①成名肇麐，字漱泉，宝应人。官直隶灵寿县。当庚子联军入京时，所过骚然，成因自尽。恭恪其赐谥也。

②冶山，即冶城山，在今江苏江宁县，与石头山相近。

③虞秘监，即虞世南，唐余姚人，字伯施。秘监，官名。虞书丰趣秀逸，为人秘爱。

④山阴，指王羲之，谓其深得羲之之法。

⑤橅，同"模"。

⑥首尾完具曰通。　　此赞其学书之勤。

⑦点明此册所书之年月。

⑧扃，门关也。

⑨此赞其书法之善。

⑩琤玐，玉声也。

⑪沍，闭塞也。

⑫《左·昭》："固阴沍寒。"

⑬泚翰，犹言洒墨于纸也。

⑭叩，惊呼也。俗作"喧"。

⑮标寄，风标所寄。

⑯此叙其学书之专一而能深造自得。

⑰二十八宿随天而行，至季冬而复其故处，此言三岁也。

⑱咿唔，诵书声。

⑲《后汉书》："黄宪，字叔度，其父为牛医，时谓之牛医儿。"

⑳《蜀志》："许靖少与从弟劭俱知名，而私情不协。劭为郡功曹，排摈靖不得齿序，以马磨自给。"

㉑抱上"同居"、"同学"句。

㉒宰，墓也。

㉓《左·僖》："尔墓之木拱矣。"拱，两手合持。按：成死于庚子联军之难。

㉔累然，羸惫之貌。

㉕如椎，言如椎之钝，不能屈伸如心也。

㉖唐太宗《王羲之传论》："萧子云擅名江表，然无丈夫气，行行若萦春蚓，字字如绾秋蛇。"

㉗以感慨语作结。

章炳麟

书黄侃《梦谒母坟图记》后

蕲州黄侃少承父学，读书多神悟，尤善音均[①]。文词淡雅，上法晋宋[②]。虽以师礼事[③]余，转相启发[④]者多矣。颇好大乘[⑤]，而性少绳检[⑥]，故尤乐道庄周[⑦]。

昔阮籍[⑧]不循礼教，而居丧有至性，一恸失血数升[⑨]。侃之念母，若与阮公同符焉[⑩]。录是以见士行不齐，取其近真者是[⑪]。若其清通练要之学，幼眇[⑫]安雅之词，并世固难得其比方。恐世人忘其闳美而以绳墨[⑬]格之，则斯人或无以自解也。《老子》[⑭]云："常捄[⑮]善人，故无弃人。"余每以是风[⑯]侃，亦愿世之君子共喻斯言。章绛记。

【注释】

①均，同"韵"。

②此叙黄之问学。

③《左·昭》："故孟懿子与南宫敬叔师事仲尼。"

④《论语》："不愤不启，不悱不发。"

⑤《传灯录》:“禅有深浅阶级。悟我空偏真之理而修者,是小乘禅;悟吾法空所显真理而修者,是大乘禅。”

⑥不肯为绳墨所检束。

⑦庄子书,都十余万言,以一死生、齐万物为大旨。　　此叙黄之志好。

⑧阮籍,三国魏人,字嗣宗。才藻艳逸,而倜傥放荡,行己寡欲,以庄周为模则。

⑨籍性至孝,居丧虽不率常格,而毁几至灭性。

⑩引阮作陪,其志行相近。

⑪真者难得,近真亦庶乎其可矣。

⑫幼眇,精微也。《汉书·元帝纪赞》:“穷极幼眇。”

⑬绳墨,法度也。《礼·经解》:“绳墨诚陈,不可欺以曲直。”

⑭《老子》,周老聃撰,分上下篇,言道德之意。今所传本为汉河上公、魏王弼所注。

⑮捄,同“救”。

⑯风,同“讽”。

甲寅五月二十三日家书

汤夫人左右:不通函件几四旬,以吾蕉萃[1],知君[2]亦无生人之趣[3]。幽居数月,隐忧少寐。饮食仆役之费,素皆自给,不欲受人喂[4]养,今遂不名一泉[5],延之六月,则槁饿而死矣。亦不欲从人告贷及求家中寄资,盖如劳瘵[6]之人,不可饮以人参上药,使缠绵患苦,不速脱离也。

乌乎!夫复何言!知君存念,今寄故衣以为记志,观之亦如对我耳。斯衣制于日本,昔始与同人提倡大义[7],召日本缝人为之。日本衣皆有员规标章[8],遂标汉字。今十年矣。念其与我同更患难,常藏之箧笥,以为纪念。吾虽覃[9]毙,魂魄当在斯衣也。亡后尚有书籍遗稿留在京师,君幸能北来一抚[10],庶不至与云烟[11]俱散。自度平生,志愿未遂,惟薄宦两年[12],未尝妄取非分,犹可无疚[13]神明耳。

先公及太夫人墓在泉唐[14]留下村九条沙[15],自更患难,东窜[16]嵎夷[17],违冢墓者八岁矣。辛亥旋归,半载中抵杭三次,皆以尘事迫促,又未及躬自展省[18]。违离茔兆,遂十一年。今岁八月四日,则先公九十生辰也。自去岁初春,已拟及时为营佛事[19],以抒永怀,今果不得遂愿。君于是日,当为我谒祭墓前,感且不朽。

吾生二十三岁而孤,愤疾东胡[20],绝意考试,故得研精学术,忝为人师[21]。中间遭离祸乱,辛苦亦已至矣。不死于清廷购捕[22]之时,而死于民国告成之后,又何言哉!吾死已后,中夏[23]文化亦亡矣[24]!

家本寡资,谂君孤苦,能勤修自业,观览佛经以自尉[25]藉。此亦君之所能,而尊舅氏谷臣先生之遗教也。长老如汤蛰仙[26]先生,至戚如龚未生[27],皆宜引以自辅。此二君者,死生之际,必不负人,其余可信者鲜矣[28]。言尽于斯,临颖悲愤。炳麟白。

【注释】

①蕉萃,同“憔悴”。《左·成》:“虽有姬姜,无弃蕉萃。”

②夫称妇曰君。《汉书·东方朔传》："归遗细君。"

③读之使人增伉俪之重。

④喂，饲也。

⑤泉，钱也。

⑥劳瘵，肺病。

⑦此指革命而言。

⑧标章，标识也。

⑨霣，通"陨"。

⑩抚，按也。

⑪苏轼《宝绘堂记》有"烟云过眼"句。

⑫民国初元，曾任东三省筹边使。

⑬疚，病也。

⑭泉唐，即钱塘县，今与仁和并改杭县。

⑮留下村、九条沙，均地名。

⑯窜，逃也。

⑰嵎夷，《虞书·尧典》："宅嵎夷，寅宾出日。"　此指日本。光绪间，先生以提倡革命，有司奉旨缉捕，出亡日本。

⑱展省，展拜省视也。

⑲佛事，谓延僧诵忏之事也。《五代史·石昂传》："禁其家不可以佛事。"

⑳东胡，指前清。

㉑人师，《后汉书》："经师易遇，人师难遭。"

㉒购捕，悬赏而缉捕之也。

㉓中夏，《后汉书》："是以明德耀乎中夏。"

㉔正学之死，姚广孝云："读书种子绝矣！"即此意。

㉕尉，同"慰"。

㉖汤蛰仙，名寿潜，浙江山阴人。辛亥革命，被举为浙江都督，寻卒。

㉗龚未生，先生婿也，曾任浙江图书馆事，今已卒。

㉘以先生声望之崇，交游之广，而仅得二人，其一为婿，知朋友一伦，废绝久矣。

林纾

黜骄

盛生骄，骄生暗，暗生决。骄暗之人而护之以决[①]，授之柄者，必无幸矣[②]。安石明古而不明势，未成而败[③]。商鞅明势而不明祸，既成亦败[④]。安石学邃[⑤]，商鞅术胜，然肥秦而秦甘其诛，富宋而宋幸其去，骄[⑥]其学术，显违于人情也[⑦]。以王商而违人情，犹莫全其身[⑧]，矧[⑨]非王商而欲愚聋天下，悉就我暗[⑩]，得乎？

明[⑪]者之行决[⑫]，事后或有所冀[⑬]；暗者之行决，莫冀[⑭]矣[⑮]。富贵者无勋业可

也[16]，求勋业以固吾富贵，喜事之小人至矣[17]。匿欲者言义必工，浅谋者论事易动[18]。以其术贡之骄暗，犹试火于枯菅[19]，沃盥[20]于湿壤也[21]。国无政而令骄暗者得行其志，吾属虏[22]矣[23]。

【注释】

①妄自尊大，而不明于事，又自以为是。

②以"盛"字透出"骄"字，以暗决洗发"骄"字，断定一句，引起下文证据。

③宋王安石，字介甫，临川人。神宗时为相，封荆国公。谋革政治，兴农田、水利、均输、保甲、免役、市易、保马、方田诸法，号为新法。物议沸腾，时名臣皆被斥。然新法竟无效，遂求补外而卒。

④商鞅，战国卫人。少好刑名之学。相秦孝公，定变法令，废井田，开阡陌，改赋税之法。封于商，号商君。孝公卒，被杀。

⑤邃，精深也。《唐书·韦夏卿传》："少邃于学。"

⑥点"骄"字。

⑦所谓自以为是。

⑧揭明骄之为害如此。

⑨矧，况也。

⑩暗，跟上"暗"字。

⑪以"明"陪"暗"。

⑫决，跟上"决"字。

⑬一时无效，或有后望。

⑭抱上"必无幸"。

⑮挺接。

⑯不求有功，但求无过，则其富贵方可安享。

⑰盛骄暗决，小人乘隙而来。

⑱皆小人之长技。

⑲菅，茅类。

⑳沃盥，洗手也。《左·僖》："奉匜沃盥。"

㉑极言其易。

㉒虏，战时所捕敌人也，生得曰虏。

㉓己无幸，而人亦无幸，冤矣。

湖之鱼[1]

林子啜[2]茗于湖滨之肆，丛柳蔽窗，湖水皆黯[3]碧若染。小鱼百数，来会其下。戏嚼豆脯[4]唾[5]之，群鱼争喋[6]，然随喋随逝[7]，继而存者，三四鱼焉。再唾之，坠缀[8]葑草[9]之上，不食矣，始谓鱼之逝者皆饱也[10]。寻[11]丈[12]之外，水纹攒[13]动，争喋他物如故。

余方悟钓者之将下钩，必先投食以引之，鱼图食而并吞钩。久乃知凡下食者，

皆将有钩矣。然则名利之薮[14]独无钩乎？不及其盛下食之时而去之，其能脱钩而逝者几何也？

【注释】

①湖，即西湖，在今浙江杭县。

②啜，尝也。

③黯，深黑也。

④脯，干肉。

⑤唾，吐也。《左·僖》："不顾而唾。"

⑥喋，聚食。

⑦逝，去也。

⑧缀，结也。

⑨葑草，水草。

⑩顿一笔，藉以开下。

⑪寻，度名，八尺。

⑫十尺曰丈。

⑬攒，聚也。

⑭薮，大泽曰薮。

因小见大，似仿南屏《说钓》而为之。

书杜袭喻繁钦语后[①]

吴人之妇[②]有绮[③]其衣者，衣数十袭[④]，届时而易之。而特居于盗乡，盗涎[⑤]而妇弗觉，犹日炫[⑥]其华绣于丛莽[⑦]之下，盗遂杀而取之。盗不足论，而吾甚怪此妇，知绮其衣，而不知所以置其身[⑧]。夫使托身于荐绅[⑨]之家，健者门焉，严扃深居，盗乌得取？唯其濒[⑩]盗居而复炫其装，此其所以死耳[⑪]。

天下有才之士[⑫]不犹吴妇之绮其衣乎[⑬]？托非其人，则与盗邻。盗贪利而耆[⑭]杀，故炫能于乱邦，匪有全者[⑮]。杜袭喻[⑯]繁钦曰："子若见能不已，非吾徒也。"钦卒用其言，以免于刘表[⑰]之祸。呜呼！袭可谓善藏矣，钦亦可谓善听矣。不尔，吾未见其不为吴妇也[⑱]。

【注释】

①《三国·魏志》：杜袭，字子绪，颍川定陵人。避乱荆州，刘表待以宾礼。知表不足为，适长沙。后仕魏，官至大中大夫。繁钦，字休伯，以文辞知名汝颍间，时同依刘表。钦数见奇于表，袭喻之曰："吾与子俱来，徒欲龙蟠幽薮，待时凤翔，岂谓刘牧乃拨乱之主？子若见能不已，非吾徒也，将与子绝矣！"钦曰："谨受命。"

②以譬喻起端。

③绮，文缯也。《汉书》颜师古注："今之细绫。"

④衣上下皆具曰袭。

⑤涎，口液也。垂涎欲食，以喻欲取之意。

⑥炫，犹耀也。

⑦丛莽，此言草木丛杂之处，为盗之所在。

⑧犹言不知安置其身也。　　引起下文翻笔。

⑨荐，同“搢”。　　插也。绅，大带。插笏于带，是入仕者。《史记》：“荐绅先生难言之。”

⑩濒，水涯。此言近也。

⑪取死之道盖在此。

⑫入正意。

⑬一句拍合。

⑭耆，同“嗜”。

⑮以下点题。

⑯喻，晓也。

⑰刘表，汉宗室，字景升，时为荆州牧。知祢衡之才，而假手于黄祖以杀之。

⑱回应一句，妙。

陈猴传

林先生曰：闽[1]人不畜童[2]而养佣[3]，怒以色则受，杖则叛，盖难御也[4]。同年高啸桐独言其戚王太守[5]贻燕者，畜童陈猴，累杖见血，而猴终弗去。太守需次[6]浙中，赭寇[7]入浙，城火数作。门阖，太守家童十数尽遁。猴裹布寻丈，趣[8]太守登城。猴径下，以布授太守，俾縋[9]其家人。未尽，哗言贼至。幼子自城上颠[10]，猴捷进，承之以手。少女继队[11]，猴张右手再承之，队女适当其怀，若有神鬼阴缀[12]之者。既免，夫人伤足，呻于路周。猴径负其子女行，数百步置之，还负夫人，蹀躞[13]往复，日行不能二十里。经十日，猴道病。太守度城贼且出略[14]旁县，家人必不免，乃逡巡[15]入前村。村人若善太守者，盖其中一人盗也，逮治杭州狱时，太守适权[16]杭州[17]，出之，至是乃具舟脱太守于难。

居闽二年，太守卒，猴大恸数绝。尚书沈文肃公[18]来吊，异之，拊[19]猴将以自随。猴不可，请护丧归仙游[20]，盖太守与猴钧[21]仙游人也。公迺以书抵其县官，叙猴谊[22]，官饩[23]猴月以十缗[24]。猴役于县官[25]，仍以所得悉奉其主人[26]。县官益谊之，无役不随。猴自尔亦稍稍置田筑室，且娶妇生子矣。每至太守家，辄隅立屏息[27]，若常奴焉。乡之士流习猴者，辄与抗礼[28]，曰：“是有古谊，能事主人之孤，安可慢[29]耶！”

【注释】

①福建省，古七闽地。

②童，奴也。

③佣，雇役。

④御，犹言管治。《书》：“御众以宽。”

⑤太守，秦称郡守，汉称太守，宋以后改郡为府，故知府亦称太守。

⑥补官以次，故候补曰需次。《清波杂志》：“选人改秩，当员多阙少时，需次动六七年。”

⑦赭寇，英人须发带赭赤色，故我国人谓之红毛。清道光中，钦差大臣林则徐严禁鸦片，悉焚英商所有。英人遂来入寇，称为赭寇。后偿金议和。

⑧趣，催促也。

⑨缒，以绳悬物使下坠也。《左·僖》："夜缒而出。"

⑩颠，自高下陨也。

⑪队，同"坠"。

⑫缀，止而承之。

⑬蹀躞，往来频数貌。苏轼诗："蹀躞身轻山上走。"

⑭略，同"掠"。　　夺也。

⑮逡巡，行不进之貌。

⑯摄官曰权，唐时始用此字，代理之义，今谓之署。

⑰二句是倒装文法。

⑱沈文肃公，名葆桢，字幼丹，侯官人。道光进士，官至两江总督。

⑲拊，同"抚"。　　言慰而抚之也。

⑳仙游，县名，属福建。

㉑钧，同"均"。

㉒谊，同"义"。

㉓饩，馈饷也。

㉔十缗，十千钱也。

㉕不肯无功受禄。

㉖始终不失其忠，非士大夫所可及。

㉗屏息，谓立于旁角而屏藏其气不敢息，敬谨畏惧之极也。《论语》："屏气似不息者。"

㉘抗礼，行敌体之礼也。《史记》："子贡聘享，国君无不与之分庭抗礼。"

㉙懱，没也，弃也。

答周生书

惠书奖借[①]过力，至引王君薇庵、林君述庵事，推仆为古之义士。传闻失实，此则仆所惭悚不敢遽受，必宜辨白者也[②]。

窃谓五伦中忽有朋友之一伦，戚非兄弟，分则路人，而古人于忧危丧亡之交，冒死扞卫，颇以为过[③]。及仆身被家难，学业不立，朝夜震局[④]，莫省为计，则存问[⑤]、诱掖[⑥]、摩励[⑦]、磋切[⑧]，均吾友之力。方悟古人置朋友于五伦中，今果大享其利也[⑨]。

薇庵王先生天性孝友，仆与游处二十余年。其夫人躬被兄嫂摧残，先生处之夷然，视兄嫂加笃[⑩]。仆窥詧[⑪]其意，咸出至诚，因愈加推重。先生亦畜我如季弟，学问一事，匡奖尤力。先生既死，遗其子女二人，仆私誓将独任其婚嫁，侥幸不负死友之诺。其子元龙依仆十年，已入邑庠，颇以诗笔惊其长老。距薇庵死之数岁，林述庵亦被疫死于乌麓道院。仆犇[⑫]哭吊之，举族咸以幼子阿状为托，仆亦如昔之所以处元龙者处之，亦将十年。阿状入庠，与元龙同[⑬]。其诗笔雄警，不如元龙之逋

峭[14]。仆时时告以诗不足为，当求有用之学，造儒者之道[15]。仆之所以为此者，尔时实未计其力之能至与否。即彼二君，审仆贫薄，亦未料仆之为能教养其子也。仆之为教为养，并为元龙娶妇，殆天幸使然[16]，亦二子志趣不忍忘其死父，始至于此[17]。究皆五伦中之常事，仆习知其故，不敢自奇，而足下为仆奇之，何也[18]？且仆尤有惧者，设彼二子骄荒败德，与仆为难，则仆亦不过太息流涕、委诸气数而已，此外尚有何术[19]？

推之中兴勋臣，力造区夏[20]，苟无天人合德，亦未必遽成绝大勋业。故君子任事，能归功于天，不唯无祸，亦以养德，矧仆纤介[21]之善，尤何足云？足下重我爱我，遂有逾量[22]之誉，故不敢不辨[23]。暑盛，伏唯珍卫不备。

【注释】

①奖借，盛为推许，如有所假借也。《元史》："在中台所奖借名士尤多。"

②此叙答书本意。

③欲扬先抑。

④震局，戒谨恐惧貌。《诗》："为天盖高，不敢不局。"局，拘也，促也，亦作"跼"。

⑤遣使往候曰存问。《史记》："客去，孟尝君已遣使使存问，献遗其亲戚。"

⑥诱掖，匡导扶助之意。在前导曰诱，在旁扶曰掖。

⑦摩励，《礼·学记》："相观而善之谓摩。"励，勉励也。

⑧磋切，《诗》："如切如磋。"切以刀锯，磋以镳铴。此以治物喻治人。

⑨先言得友之力，享友之利，再为自己辨白，入题本事。

⑩竺，同"笃"。　　厚也。

⑪詧，同"察"。

⑫犇，同"奔"。

⑬不负死友，尤见至诚。

⑭遒峭，言曲折多姿也。《却扫编》："文潞公曰：'魏收有遒峭难为之语。'"

⑮可谓因材而教。

⑯归功于天，故曰侥幸。

⑰推重二子，仍不自居其功。

⑱呼应文首，再推开说。

⑲申明其辨白义士之称。

⑳区，区域也。夏，华夏也。《书》："永建乃家，用肇造我区夏。"

㉑介，同"芥"。　　细微之意。《国策》："孟尝君为相数十年，无纤介之祸者，冯煖之计也。"

㉒逾量，犹言过分。

㉓回应文首。

二　箴并序

余少刻苦自励，恪守仲氏"贫而无谄"①之训，至于困馁②不能自振，而言益肆，气益张，乃不知为贫贱之骄人也③。中年渐解敛抑，顾蓄其余焰④，触枯辄爇⑤，老至

仍不自制。良友高子益而谦[6]至于把吾腕痛哭力谏。私计天下之爱惜其朋友者，仁至谊尽，无如吾子益者矣。更弗克勉，将不名为人。因作《二箴》，用以自创[7]。

气　箴

人惟尔愚，故挑尔怒。猵[8]衷弗载[9]，声色呈露。是非俱倒，与尔何与？疥[10]尔行能[11]，痤[12]尔撰述[13]。谬悠之口[14]，尔执为据。以一詈[15]万，侯[16]祝侯诅[17]。日即俚[18]下，嗟尔老暮。让路徐行[19]，胡窒[20]疋[21]步？藉砭[22]吾疵[23]，或起沉痼[24]。流水清冷，闲云高素。尔倘知足，奚谤毁之骛[25]？

言　箴

轻世藐人，言始无惮[26]。阴克[27]易仇，长德成粲[28]。髯鬓花皤[29]，乃类风汉[30]。斥俗淫奢，女[31]言先谩[32]。议人得失，亦可云讪[33]。恃尔能言，指数毛发。转转流播，受者次骨[34]。人之訾[35]女，女曰污予。易地相处，视女何如？人匪圣哲，安得无短？反唇[36]稽女，为悔以晚。伤时非厚，侈长[37]近满[38]。慎弗诋[39]摭[40]，力强餐饭。

【注释】

①《论语》："贫而无谄，富而无骄。"按：此乃子贡语，文引仲氏，或别有出处。

②馁，饿也。

③《史记·魏世家》："子击逢文侯之师田子方于朝歌，引车避，下谒，子方不为礼。子击因问曰：'富贵者骄人乎？且贫贱者骄人乎？'子方曰：'亦贫贱者骄人耳。'"

④焰，火光也。

⑤爇，烧也。《左·僖》："爇僖负羁氏。"

⑥高子益，福建长乐县人，光绪朝官外务部侍郎。

⑦言借此箴以自惩创也。

⑧猵，狭也。

⑨载，容也。

⑩疥，疥疮也。

⑪《史记·冯野王传》："上使尚书选第中二千石，而野王行能第一。"

⑫痤，小肿也。

⑬此言人之訾议其行能、撰述之有疵病者也。

⑭《庄子》："谬悠之说。"盖妄言也。

⑮詈，骂也。正斥曰詈。

⑯侯，发语词。

⑰以言告神曰祝，祈神加殃曰诅。《书》："否则厥口诅祝。"

⑱俚，鄙也。

⑲《孟子》："徐行后长者谓之弟。"

⑳窒，碍也。

㉑疋，同"雅"。　正也。

㉒砭，以石刺病也。

㉓疵，累也，病也。
㉔久病曰痼。《后汉书》："痼疾皆愈。"
㉕言听其谤毁，不必驰骛纷扰也。
㉖惮，忌也。
㉗克，好胜也。
㉘粲，笑也。言贻笑于长德之人。
㉙皤，色白也。
㉚风汉，疯人也。《玉泉子》："刘蕡试策，直言中官。仇士良曰：'奈何放此风汉及第耶？'"
㉛女，同"汝"。
㉜谩，欺也。
㉝讪，毁谤也。
㉞次骨，言怨之至也。《史记》："内深次骨。"
㉟訾，毁也。
㊱《前汉书》："妇姑不相悦，则反唇而相稽。"
㊲侈长，自侈其长也。
㊳《易》："满招损，谦受益。"
㊴诋，毁辱也。
㊵摭，拾取也。

张　謇

儿子怡祖字说

前儿之生十有三年，余膺乡举于顺天[①]。故事，行卷[②]书子姓[③]。余未有子，先府君[④]命书子而怡祖名，以为得孙之祥。越十年甲午[⑤]，成进士，而府君弃养[⑥]。又四年戊戌，而儿生，乃实府君所命之名。痛府君之不及见是孙也，于儿离襁褓[⑦]后，时时举府君之言行节概[⑧]语之，庶几思所以怡夫祖[⑨]。

民国改朔[⑩]，新历之二月，犹旧历之正月也，儿于是年十六矣，将往学于青岛[⑪]。人事之交际[⑫]将始，循今之宜，不可以无字，迺字[⑬]之曰孝若。夫孝之谊，至微而至广，《曲礼》所谓"不登高、不临深、不苟訾、不苟笑、不服暗、不登危"，为凡为卿、大夫、士、庶人之孝言之也。而致其用在顺，《记》曰："孝者，畜也。顺于道，不逆于伦，是之谓畜[⑭]。"若之谊训顺[⑮]，顺必有序。顺于学之序则学进，顺于事之序则事治，顺于人之序则人洽，顺于礼之序则身安，顺之效也。能顺者能爱身，必能知登高临深之为亲忧；能顺者能谨身，必能知苟訾近谗、苟笑近谄之为亲玷[⑯]；能顺者能修身，必能知冥冥堕行[⑰]、行险侥幸[⑱]之为亲羞。无不顺则备矣，《记》所谓福者，备也，而非世所谓福也[⑲]。人亦孰不愿福其子者？勖之以孝而若，所以福余子也，儿知受此福乎哉？

青岛之学，德意志[20]所设东方之大学校也。闻其校严肃，而其地阻海而负山。游其校之学子凡数百人，有高焉，有深焉，有独处之时焉，有众处之时焉，有其校所许之事与所不许之事焉，有为合于孝而若之事焉[21]，有不焉。儿将受此福，儿其思余字儿之意矣，儿其勉乎！

【注释】

①顺天，清府，今改京兆。

②行卷，宋程大昌《演繁露》："唐人举进士，必有行卷为缄轴，录其所著，以献有司。"

③子姓，犹言子孙。《仪礼》："子姓兄弟，如主人之服。"注："言子姓者，子之所生。"

④先府君，父也，已死曰先。

⑤为清光绪二十年。

⑥人子当孝养父母，故谓父母之死曰弃养。

⑦襁，织缕为之，以约小儿于背者。褓，小儿被也。

⑧节概，志节气概也。班固赋："俗有节概之风。"

⑨诠"怡祖"二字之义。

⑩朔，谓民国纪元之第一年。《礼·大传》："改正朔。"

⑪青岛，在山东胶州湾口外半岛之南岸。

⑫交际，《孟子》："敢问交际，何心也？"注："谓人以礼仪币帛相交际也。"

⑬字，《礼·曲礼》："男子二十冠而字。"字者，表其取名之义。

⑭见《礼·祭统》。

⑮《孟子》："瞽瞍亦允若。"注："若，顺也。"

⑯玷，疵瑕也。

⑰《汉书》："君子不为昭昭显节，冥冥堕行。"

⑱《礼·中庸》："小人行险以侥幸。"

⑲《礼·祭统》："是故孝子之祭也，必受其福，非世所谓福也。福者，备也。备者，百顺之名也，无所不顺者之谓备。"

⑳德意志，在欧洲中部，即日耳曼合众帝国，战后改为民主政体。

㉑拍合"孝若"。

博物苑美人石记

石故有名，明顾大司马[1]珠媚园[2]物。园再易主，至王氏[3]复落[4]。光绪癸巳[5]，总兵朱鸿章取送常熟相国[6]，不受[7]，委福山[8]江干[9]。大小凡百六七十枚。尘沙雾雨之所沦湮，舟子樵童之所侵侮，污垢缺裂，且旦且莫[10]，兹石其尤可怜矣[11]。己亥[12]春，起居[13]相国于虞山[14]白鸽峰，归舟见之，恻然若有无穷之感[15]。

阅七年丙午[16]，营博物苑于师范学校之河西，以语今总兵李祥椿，归我所往，度置苑内，群石之幸存者皆媵[17]焉，俪[18]以华产异卉[19]珍花[20]。与众守之[21]，数百年后，或者稍异于一姓之物之变迁乎[22]？朱之旧部，请记朱名，即不请，亦应记以征实[23]。

【注释】

①顾大司马，名养谦，南直隶通州人。嘉靖进士。累迁南户部侍郎，以忧去。时议谓养谦必能办倭，起为兵部侍郎。

②珠媚园，在南通县城东北隅。

③王氏，名景献，南通人，尝为广州太守。

④落，家之凋落也。　　叙石之来历。

⑤清德宗十九年。

⑥常熟相国，谓翁同龢也。

⑦见相国之廉。

⑧福山，在江苏常熟县西北四十里，本名覆釜，以形似名。北临大江，与南通县之狼山相值。清置总兵于此。

⑨干，水涯也。

⑩莫，与“暮”同。

⑪名石可怜，名士之遭弃置者尤可怜。

⑫光绪二十五年。

⑬起居，犹言问候其起居。

⑭虞山，在江苏常熟县西北，昔虞仲治此，故名。亦曰隅山，又名乌目山。翁相国常熟人。

⑮石亦有知己之感。

⑯光绪三十二年。

⑰媵，随送也。

⑱俪，偶也。

⑲卉，草之总名。

⑳石乃相得愈彰。

㉑此四字为题之正意。

㉒暗抱顾、王两家。

㉓不知朱有何名可记，以故家之遗物，作私室之馈赠，是诚何心而欲留此玷耶？

李　详

题吴温叟《清溪泛月图》[①]

缪艺风[②]先生为人伦[③]领袖[④]，海内谈士，依以扬声[⑤]。余与温叟、白石同馆礼卿[⑥]观察所[⑦]，获侍艺老，奉手[⑧]受教。日招余三人及江宁程君一夔，赁一小艓子[⑨]，沿缘青溪之间。垂柳蘸[⑩]波，云景[⑪]半翳，窗[⑫]纳远岫，风吹虚襟[⑬]。已而月上半规[⑭]，渐映四际。林鸟振毳[⑮]，游鱼跃空[⑯]。置身虚明，皭[⑰]然不滓[⑱]。还饮于金陵春[⑲]，越酝[⑳]引满[㉑]，吴语膜怀[㉒]。扶寸肴脩，味逾方丈[㉓]。

集后数日，白石即景为图，追模未失，赠之温叟，臧弆数年。顷者装池[㉔]，属为

小记。时艺风雠校[25]中书[26]，往来京辇。礼翁、白石先后凋丧，一夔久不相闻，余则栾栾[27]衔恤[28]，老病慵[29]疏[30]，温叟辽落[31]寡欢，栖止未定。追念前尘，恻怆人世，不觉涕之横集也[32]！

【注释】

①清溪，一作"青溪"，在江宁县东北，自明故宫绕出淮青桥，与秦淮河合。

②缪艺风，名荃荪，字筱珊，江阴人，以进士入翰林。

③《后汉书·郭太传》："虽善人伦，不为危言核论。"注："伦，类也。"

④此言衣之提挈，必在领袖，故以喻人之能提挈其下者。《晋书》："魏舒堂堂，人之领袖。"

⑤扬声，《文选·孔融〈与魏太祖论盛孝章书〉》："天下谈士，依以扬声。"注："孝章好士，故天下谈文史之士皆依倚孝章，以发扬美声。"

⑥礼卿，姓蒯，名光典，安徽合肥人。博学善文。以进士入翰林，改官道员。

⑦按：唐制有观察使，清时因称道员为观察。

⑧见卷七《慰慈圹铭》。

⑨艓，舟也。张嵩《钓竿篇》："蕖花装小艓。"

⑩蘸，以物投水也。

⑪景，同"影"。

⑫窗，篷窗也。

⑬四句写溪上晚景。

⑭半规，半圆形也。黄庭坚诗："新月吐半规。"

⑮毳，鸟腹毛也。

⑯二句写夜景。月明波静，往往见之。

⑰皭，净貌。

⑱滓，淀也。《史记·屈原传》："皭然泥而不滓者也。"

⑲金陵春，酒肆之名。

⑳酝，酿也。今称浙江旧绍兴府属为越，谓绍兴所酿酒也。

㉑引满，谓酒满杯也。《汉书·叙传》："皆引满举白，谈笑大噱。"

㉒吴人谓腌鱼为鲞腼，又凡熟食皆曰鲞。

㉓扶寸，同"肤寸"。厚四指曰肤。肴，肉。脩，脯也。言肉脯虽少，味过方丈之食也。此二句见应休琏《与从弟书》。

㉔装池，杨慎《墐户录》："古装裱卷轴，卷首以绫贴黏者曰赙，唐人谓之玉池。盖装潢家以卷缝罅处为玉池。"故今亦称装裱为装池。

㉕一人读书，校其上下，得谬误，为校。一人持本，一人读书，若怨家相对，为雠。见刘向《别录》。

㉖中书省，即旧秘书省，掌图籍，至魏文时始分秘书立中书。艺风是时管理京师图书馆，故云。

㉗栾栾，瘠也。《诗》："棘人栾栾兮。"

㉘恤，忧也。　　时先生方丁艰。

㉙慵，懒也。

㉚孟郊诗："举止多疏慵。"

㉛任昉《为范尚书让吏部表》："以臣况之，一何辽落。"

㉜抚今思昔，无限低徊。

梁启超

跋周印昆所藏左文襄书牍[1]

左文襄公书牍[2]三册，皆公上其外姑[3]周太君[4]及致其妻弟汝充、汝光两先生者也。公殁后三十余年，汝光先生之孙印昆始搜[5]缀[6]装池之，自宝袭[7]焉，且以遗子孙。

启超谨按：公微时[8]，馆甥[9]于周者且十岁。其间常计偕[10]如京师[11]，授学陶文毅[12]家[13]，抚其孤，理其产。后乃入骆文忠[14]幕[15]，渐预闻家国事[16]。而筠心[17]夫人犹依母而居，诸女公子亦育[18]于外氏[19]。故公与周氏昆弟分虽姻亚[20]，而爱厚过于骨肉[21]。其事周母若母也。此三册者，则当时十余年间所与往复也。其间以学术相砥砺[22]、以功名相期许者，固往往概见。而其太半乃家人[23]语，谋所以治生产作业，计农畜出入至纤悉[24]。盖文襄自始贫无立锥地[25]，其俨然成家室，无恤饥寒，自此时也。

昔刘玄德[26]论人物，以谓求田问舍，为陈元龙所羞[27]。而躬耕之孔明[28]，则三顾之，抑何以称焉？吾又尝读曾文正家书，其训厉子弟以治生产作业，计农畜出入至纤悉，殆更甚于左公书，又何以称焉？盖恒产[29]之义，岂惟民哉？士亦有然。士不至以家计[30]撄[31]虑，乃可以养廉，可以壹志，持太仓之米[32]，以自赡畜[33]者，其于进退之间，既鲜余裕矣[34]。印昆与启超同生乱世，不能为畸[35]处岩穴[36]之行，寒苦盗廪[37]，而以任天下事解嘲[38]，其视昔贤善保金玉[39]者何如哉？吾跋斯册，而所感仅此，后之览者亦可以知其世也。甲寅七月。

【注释】

①左文襄，清湖南湘阴人。道光举人。咸丰初，洪杨乱作，公以四品京堂统军，转战浙、闽等省。后平甘陕，定新疆，累官闽、浙、陕、甘等省总督，拜东阁大学士，封三等恪靖侯。卒谥文襄。

②书牍，尺牍也。

③《尔雅》："妻之母为外姑。"

④《宋书·职官志》："群臣母封国太夫人、郡太夫人、郡太君、县太君。"后称人母曰太君，本此。

⑤搜，搜罗也。

⑥缀，补缀也。

⑦宝袭，珍藏也。

⑧《汉书·周勃传》："勃微时，常为人吹箫给丧事。"

⑨《孟子》："帝馆甥于贰室。"后因称婿居外舅家为甥馆。

⑩计偕，征召之人偕郡国上会计者至京。此指会试。

⑪京师，首都也。

⑫陶文毅，清安化人，名澍。嘉庆进士，累官两江总督。谥文毅。

⑬家，家塾也。

⑭骆文忠，清花县人，名秉章。道光进士，官湖南巡抚。洪杨之乱，与曾文正、胡文忠等练兵筹饷，内守外战，湘鄂间均赖之。后官四川总督。卒谥文忠。

⑮幕，幕宾也。

⑯家国事，谓国家大计也。

⑰筠心，文襄夫人名。

⑱育，养育也。

⑲外氏，舅家也。《后汉书·杜林传》："外氏张竦父子喜文采，林从竦受学。"

⑳婿之父曰姻，两婿相谓曰亚。《诗》："琐琐姻亚。"

㉑《汉书·宣帝纪》："骨肉之亲，粲而不殊。"

㉒砥砺，如石之磨也。《礼·儒行》："砥砺廉隅。"

㉓家人，《史记》："孝惠帝二年，齐王入朝，惠帝与齐王燕饮，亢礼如家人。"

㉔纤悉，细微也。

㉕《汉书》："富者田连阡陌，贫者无立锥之地。"锥末至微，并立锥之地而无之，甚言其贫也。

㉖刘玄德，三国蜀先主，名备，字玄德。魏篡汉，献帝被废，始即位西川，改元建炎。卒谥昭烈。

㉗许汜与刘备并在荆州牧刘表坐，表与备共论天下人，汜曰："陈元龙湖海之士，豪气未除。"备问汜："君言豪，宁有事耶？"汜曰："昔遭乱过下邳，见元龙，无客主意，久不相与语，自上大床卧，使客卧下床。"备曰："君有国士之名，望君忧国忘家，有救世意。而君求田问舍，是元龙所讳也。当卧君于地，何但上下床之间耶？"元龙名登，下邳人。初为广陵太守，后封伏波将军。

㉘孔明，姓诸葛，名亮，阳都人。隐于隆中，先主三顾其庐，始见之。佐先主平荆蜀，与吴、魏成鼎足。建炎初，拜丞相。帝殁，受遗诏辅政，封武乡侯。后卒于军，谥忠武。

㉙《孟子》："无恒产而有恒心者，惟士为然。"

㉚家室之谋曰家计。魏曹植文："于朝万无损益，于臣家计甚有废损。"

㉛攖，系也。

㉜太仓之米，《庄子》："计中国之在海内，不似稊米之在太仓乎？"此盖甚言其小也。

㉝赡畜，犹赡养也。

㉞《孟子》："岂不绰绰然有余裕哉？"

㉟畸，不偶之名。

㊱《史记》："岩穴之士，取舍有时。"

㊲犹云因贫而仕，偷食廪粟。

㊳《汉书·扬雄传》："雄方草《太玄》……或嘲雄以玄尚白，而进解之，号曰《解嘲》。" 意盖自为解释，以避人之讪笑也。

㊴王逸《离骚》序："所谓金相玉质，百世无比，名垂罔极，永不刊灭者矣。"